Karl Marx

F. Engels

맑스 엥겔스 저작 선집 제VI권

칼 맑스
프리드리히 엥겔스

저작 선집

제 Ⅵ 권

감수   김세균

번역   최인호 외

박종철출판사

우리의 영원한 벗 박종철 동지에게 이 책을 바칩니다.

박종철 출판사가 독자들에게

먼저 『맑스 엥겔스 저작 선집』(전 6 권)의 제6권을 너무 늦게 발간하게 된 것에 대해 독자들에게 미안함을 전한다. 그리고 어쨌든 '약속'이 지켜졌다는 것도 아울러 알린다. 만만하게 생각하고 뛰어든 일은 물론 아니었지만, 작업이 진행될수록 보통 일이 아니라는 것을 깨닫게 되었다. 내용의 이해, 올바른 번역, 편집과 제작 그 어느 하나 쉬운 일이 없었다. 물론 많은 부분은 우리의 무능력에 기인하는 것이어서 누구를 탓할 수 있는 일도 아니지만!

하지만 우리를 정작 슬프게 하고 힘빠지게 한 것은 또다른 역사적 사건과 그 효과였다. 이른바 '현실 사회주의'의 붕괴, 그리고 뒤이은 수많은 사람들의 입장 전환. 물론 우리도 그 사건과 이어 벌어진 사태에 의해 우리의 『저작 선집』에 대해 다른 생각을 가지게 되었다. 우리는 사실 이 『저작 선집』이 우리 '사상 운동'의 교과서 구실을 했으면 하고 생각하였다. 물론 맑스와 엥겔스의 사상을 학습하는 데는 여전히 교과서로서의 역할을 하겠지만 그 이상의 것을 달성해야 하는 우리로서는 『저작 선집』을 교과서라고 우길 생각이 지금으로서는 조금도 없다. 도리어 어느 철학자의 말처럼 이 책들과 더 나아가 맑스와 엥겔스의 저술들이 '사다리'가 되었으면 한다.

맑스와 엥겔스의 사상이 사다리로서의 역할을 할 수 있고, 또 해야만

한다는 것은 우리 눈 앞에서 벌어지고 있는 노동자들의 파업 투쟁에서도 잘 알 수 있다. 과거보다 더 은밀하게, 또 어떤 점에서는 더 노골적으로 자본의 이해를 대변하고 있는 권력과 법조문을 볼 때, 계급들에 기반한 이데올로기와 계급 투쟁의 시대가 끝났다고 '역사의 종말'을 외치는 자의 말을 누가 믿을 수 있겠는가? 그리고 노동자들에게 자신들의 삶의 기반을 아니 삶 자체를 침식하려는 정부, 언론, 지식인들, 자본 들의 말을 믿으라고 말할 수 있을까?

그런데 맑스와 엥겔스의 사상이 정말 사다리가 되려면 단순히 부조리한 현실을 적시하는 것으로 끝나서는 안 된다. 그들의 사상을 깊이 학습하고 연구하는 것, 그것만이 그들의 사상을 정말로 버릴 수 있을 필요 조건이 아닐까? 이런 의미에서 우리는 여전히 앞길을 개척하려는 모든 이들에게 이 『저작 선집』을 권한다.

본 서의 편집과 관련하여, 제3권에서 『자본』의 발췌 부분을 제외한 것과 같은 이유로 독일어 판에 실려 있는 「『자본』 제2권 서문」과 「『자본』 제3권 보충」을 제외하였다. 이것을 보려는 독자들은 이미 나와 있는 번역본을 이용할 수 있을 것이다.

의례적이라고 생각할 수도 있지만 몇몇 사람들에 대한 감사의 말을 빼놓고 간다는 것은 7년 세월에 대한 예의가 아니라고 생각한다. 번역문에 대한 감수를 맡아준 서울대 정치학과의 김세균 교수와 책임 번역자인 최인호 씨에게 누구보다도 앞서 감사의 말을 전해야 할 것 같다. 이들의 헌신적인 노력이 없었다면 오늘이 불가능했을 것이다. 그리고 이름을 밝힐 수 없고, 또 밝힐 필요도 없는 수많은 사람들의 도움이 있었다. 그들의 노고가 진정 헛되지 않기를! 끝으로 『저작 선집』을 열심히 읽어주고, 또 우리의 게으름까지 너그럽게 싸안아준 독자들에게 진심으로 감사한다.

1997년 1월
박종철 출판사

목 차

x

부록

도판 목차

일 러 두 기

1. 대본

(1) 본 『저작 선집』은 독일 사회주의 노동자 통일당 중앙 위원회 부속 맑스-레닌주의 연구소
가 편집한 『칼 맑스·프리드리히 엥겔스 6 권 저작 선집』(Karl Marx/Friedrich Engels:
Ausgewählte Werke in sechs Bänden, Institut für Marxismus-Leninismus beim ZK
der SED, Dietz Verlag, Berlin, 1970-1972)의 번역본이다.

(2) 『6 권 저작 선집』 중 맑스와 엥겔스가 독일어 이외의 언어로 쓴 저작 및 논문의 번역 과
정에서 대본으로 삼은 것은 『맑스·엥겔스 전집』(Karl Marx/Friedrich Engels: Gesamt-
ausgabe, Berlin, 1975), 영어판 『전집』(Karl Marx/Friedrich Engels: Colleted Works)
등이다. 단, 편집은 독일어 판 『선집』을 따랐다.

(3) 번역 과정에서 참고본으로 삼은 것은 『맑스·엥겔스 저작집』(Karl Marx/Friedrich
Engels: Werke, Berlin, 1956)과 일어 판 『맑스·엥겔스 8 권 선집』(マルクス=エンゲルス 8巻
選集, 大月書店, 1974)이다.

2. 주

(1) 대본의 편집자 후주는 여기서도 후주로 처리하였다.

(2) 각주는 맑스와 엥겔스의 것과 역자의 것이 있다. 역자의 것은 주 끝에 '(역자)'라고 표시
하였다. 그 이외의 것은 모두 맑스와 엥겔스의 것이다. 각주는 수록 저작 혹은 논문별로
1), 2). 3)…의 일련 번호를 매겼다.

3. 부호 사용

(1) 괄호

'( )'는 맑스와 엥겔스가 사용한 것이다.

한글에 붙인 '[ ]'는 역자가 보충한 것이다.

제목과 원어에 붙인 '[ ]'는 독일어 판 편집자가 붙인 것이다.

(2) 맞줄표

긴 맞줄표(──)는 맑스와 엥겔스가 사용한 것이다.

짧은 맞줄표(─ ─)는 역자가 사용한 것이다.

(3) '『 』'와 '「 」'

　　'『 』'는 저작과 신문을 의미하고, '「 」'는 논문과 기사를 의미한다.

(4) 따옴표

　　큰따옴표(" ")는 맑스와 엥겔스가 다른 저작으로부터 인용했다는 것이 확실한 경우에, 작은따옴표(' ')는 일반적 강조나 풍자로 보이는 경우에 사용하였다.

4. 강조

대본의 이탤릭 체는 고딕으로, 명조 격자체는 명 조 전 각 띄 어 쓰 기로, 이탤릭 격자체는 고 딕 전 각 띄 어 쓰 기로, 이탤릭 볼드체는 **견출 명조**로 처리하였다. 단, 강조된 원문이 한글에 병기될 때에는 원문을 따로 강조하지 않았다.

5. 기타

(1) 원문 병기

　　맑스와 엥겔스가 독일어 이외의 언어로 중간 중간에 쓴 것이나 풍자, 대구, 특수한 어휘 등은 원문을 병기하였다. 한자를 밝힐 필요가 있는 것은 한자를 병기하였다.

(2) 외국어 표기

　　인명과 지명은 해당 시기의 해당 지역의 언어에 가깝게 표기하는 것을 원칙으로 하였다. 신문, 저작, 논문 등의 원문 철자는 찾아보기 이외에는 따로 밝히지 않았다.

(3) 후주나 각주에 나오는 인용 문헌의 면 표시는, 『6 권 저작 선집』과 『1844년의 경제학 철학 초고』의 경우만 박종철 출판사에서 출판한 것에 따른 것이며 나머지는 모두 독일어 판에 표시된 것 그대로이다.

(4) 번역자는 저작 및 논문 끝에 밝혀 두었다.

프리드리히 엥겔스

맑스와

『신 라인 신문』 1848-49

2월 혁명이 발발했을 때, 독일 "공산주의당" — 우리는 그렇게 불렀다 — 은 비밀 선전 결사로서 조직된 공산주의자 동맹이라는 작은 조직을 근간으로 하고 있을 뿐이었다. 이 동맹이 비밀 조직이었던 것은 오로지 당시 독일에는 결사와 집회의 권리가 전혀 없었기 때문이다. 동맹은 외국의 노동자 단체들에서 새로운 맹원들을 모집하기도 했지만, 국내에만도 약 30 개의 ⁵ 소조 혹은 지부를 갖고 있었고, 그 밖에 많은 곳에 개별적인 맹원들을 두고 있었다. 그러나 이 허약한 전투 부대는 모든 사람이 기꺼이 복종한 지도자, 1급의 지도자를 갖고 있었으니, 그 지도자는 바로 맑스였다. 그리고 맑스 덕분에 동맹은 오늘날까지도 충분한 효력을 유지하고 있는 원칙 및 전술 강령을 갖고 있었다 : 『공산주의당 선언』. ¹⁰

여기서 우선 문제가 되는 것은 바로 강령의 전술 부분이다. 그것은 일반적으로 다음과 같이 말하고 있다 :

"공산주의자들은 다른 노동자 정당들에 대립되는 특수한 당이 결코 아니다. 그들은 프롤레타리아트 전체의 이해 관계로부터 분리된 이해 관계라고는 갖고 있지 않다. 그들은 프롤레타리아트의 운동을 거기에 짜 맞추고자 ¹⁵ 하는 바의 특수한 원리들이라고는 세우지 않는다. 공산주의자들은 그들이 한편으로 프롤레타리아의 다양한 일국적 투쟁들에 있어서 **국적에** 상관없는,

프롤레타리아트 전체의 **공동** 이해를 내세우고 주장한다는 점에서만, 다른 한편으로 프롤레타리아트와 부르주아지 사이의 투쟁이 경과하는 다양한 발전 단계들에 있어서 항상 **운동 전체의** 이해를 대변한다는 점에서만 다른 프롤레타리아 정당들과 구별된다. —— 따라서 공산주의자들은 **실천적으로는** 모든 나라의 노동자 정당들 중에서 가장 단호한 부분, 언제나 운동을 추동적으로 이끌어 가는 부분이다. 그들은 **이론적으로는** 프롤레타리아 운동의 조건들, 진행 및 일반적 결과들에 대한 통찰을 여타 프롤레타리아트 대중에 앞서서 가진다."

그리고 특수하게 독일의 당에 대해서는 이렇게 말하고 있다 :

"독일에서 공산주의당은 부르주아지가 혁명적으로 행동하는 즉시 부르주아지와 함께 절대 군주제, 봉건적 토지 소유 및 소부르주아주의에 대항하여 투쟁한다. 그러나 공산주의당은 부르주아지와 프롤레타리아트 사이의 적대적 대립에 관하여 가능한 한 가장 명확한 의식을 노동자들에게서 만들어 내는 일을 한시도 멈추지 않는바, 이는 노동자들이 부르주아지가 그들의 지배와 함께 도입할 것이 틀림없는 사회적, 정치적 조건들을 부르주아지에 대항하는 그만큼 많은 수의 무기들로 즉시 돌릴 수 있도록 하기 위해서이며, 독일에서 반동적 계급들을 전복한 후에 곧바로 부르주아지 자체에 대항하는 투쟁을 개시하기 위해서이다. 독일은 부르주아 혁명의 전야에 있기 때문에 공산주의자들은 자신들의 주의를 주로 독일에 돌린다" 등등 (『선언』, Ⅳ).[1]

어떤 전술 강령도 이 강령만큼 옳음이 입증된 것은 없다. 이 강령은 혁명 전야에 제출되어 이 혁명의 시험에 합격하였다 ; 그때 이래로 노동자 당은 이 강령을 벗어날 때마다 응분의 대가를 치렀다 ; 그로부터 **40** 년 가까이 흐른 오늘날에도 이 강령은 마드리드에서 뻬쩨르부르크에 이르기까지 유럽의 모든 단호하고 자각한 노동자 당들의 방침이 되고 있다.

빠리에서의 **2**월 사건은 임박한 독일 혁명을 촉진하였고 따라서 그 혁명의 성격을 바꾸어 놓았다. 독일 부르주아지는 자력으로 승리한 것이 아니라 프랑스 노동자 혁명이 끌어 주는 밧줄을 잡고 승리하였다. 독일 부르주아지는 그들의 오랜 적수였던 절대 왕정, 봉건적 토지 소유, 관료, 비겁한

속물 근성 등을 최종적으로 쓰러뜨리기 전에 먼저 새로운 적 즉 프롤레타
리아트와 맞서야 했다. 그러나 여기서 즉각, 프랑스와 영국에 비해 뒤처진
독일의 경제적 상황과 이와 맞물려 마찬가지로 뒤처져 있던 독일의 계급적
상태의 영향들이 나타났다.

　　이제 비로소 대공업의 기틀을 다지기 시작했던 독일 부르주아지는 국　　5
가 내에서 무조건적인 지배를 쟁취할 힘도 용기도 없었으며, 또 반드시 그
렇게 할 필요도 느끼지 못했다 ; 프롤레타리아트는 부르주아지와 같은 정도
로 미발전 상태에 있었고, 완전한 정신적 예속 상태 속에서 성장하고 있었
으며, 조직되어 있지 못했고, 독자적 조직을 꾸릴 능력이 없었기 때문에, 자
신들과 부르주아지의 깊은 이해 대립을 막연하게 느끼고 있을 뿐이었다. 그　　10
리하여 실제로는 부르주아지의 위협적인 적이었음에도 불구하고, 프롤레타
리아트는 다른 한편으로 여전히 부르주아지의 정치적 부속물이었다. 부르
주아지는 프롤레타리아트의 현재의 모습이 아니라 프롤레타리아트가 미래
에 취하게 될 위협적인 모습과 기존의 프랑스 프롤레타리아트의 모습에 겁
을 먹고서, 그것이 어떤 것이든, 그것이 아무리 비겁한 것이 될지라도 군주　　15
제 및 귀족과 타협하는 것을 유일한 탈출구로 보았다 ; 아직 자신의 역사적
역할을 알지 못했던 광범한 프롤레타리아 대중은 우선 부르주아지의 선진
적 분파, 극좌 부르주아지의 역할을 맡아야 했다. 독일의 노동자들은 무엇
보다도, 계급 정당으로서의 자신들의 독자적 조직을 만들기 위해 필수 불가
결한 다음의 권리들을 쟁취해야 했다 : 언론, 결사, 집회의 자유 ── 이 권　　20
리들은 부르주아지가 자신들의 지배를 위해 쟁취했어야 하는 것들이지만,
이제는 그들 스스로가 불안에 떨면서 노동자들에게 이러한 권리들을 인정
하지 않고 있다. 이삼 백 명의 산재한 동맹원들은 갑자기 운동에 내던져진
수많은 대중 속에 사라져 버리고 말았다. 이렇게 독일의 프롤레타리아트는
처음에는 가장 극단적인 민주주의 당으로서 정치 무대에 등장했다.　　25
　　그러므로 우리가 독일에서 큰 신문을 창간했을 때, 깃발은 저절로 정
해졌다. 그것은 민주주의의 깃발일 수밖에 없었다. 그러나 그것은 도처의
개별적 지점들에서 특유한 프롤레타리아적 성격을 강조하는 민주주의의 깃
발이었는데, 이러한 성격을 일거에 군기軍旗에 새겨넣는 것은 아직 불가능

하였다. 우리가 그것을 도모하지 않았다면, 우리가 운동의 현존하는, 가장 선진적인, 사실상 프롤레타리아적인 한쪽 끝을 쥐고서 운동을 더욱 발전시키려 하지 않았다면, 우리가 한 일은 조그마한 지방 신문에서 공산주의를 강의하고 거대한 행동하는 당 대신에 작은 종파를 창립한 것 이외에 아무 것도 없었을 것이다. 그러나 광야에서 설교하기에는 우리는 너무 타락하였다 ; 그러기에는 우리가 유토피아주의자들을 보고 배운 것들이 너무 많았다. 우리는 광야에서 설교하기 위해 우리의 강령을 기초한 것이 아니었다.

우리가 쾰른에 왔을 때, 부분적으로 공산주의자들도 포함하고 있던 그 곳의 민주주의 진영은 큰 신문을 준비하고 있었다. 그들은 이것을 순수한 쾰른 지방 신문으로 만들려 하였고, 우리를 베를린으로 쫓아내려 하였다. 그러나 24 시간만에 우리는 특히 맑스 덕분에 진지를 차지했으며, 하인리히 뷔르거스를 편집장으로 한다는 양보 조건하에 이 신문은 우리의 신문이 되었다. 그는 한 편의 기사를 (제2호에) 쓰고 두 번째 기사를 쓰지 못했다.

우리는 베를린이 아니라 쾰른으로 가야 했다. 첫째, 쾰른은 라인 지방의 중심이었다. 게다가 라인 지방은 프랑스 혁명을 경험했고, 나뽈레옹 법전[2]에서 현대적 법률관을 보존하고 있었으며, 극히 중요한 대공업이 발전했으며, 모든 점에서 당시 독일에서 가장 선진적인 부분이었다. 당시의 베를린에 대해서 말하자면, 겨우 성립했을 뿐인 부르주아지, 입으로만 대담하고 행동은 비겁한 굴종적인 소부르주아지, 아직 총체적으로 발전하지 못한 노동자들, 다수의 관료, 귀족 및 궁정 불한당들 등, 단순한 "정부 소재지"로서의 성격을 고스란히 보여 주고 있던 당시의 베를린을 우리는 우리 눈으로 보아 잘 알고 있었다. 그러나 결정적인 것은 이것이었다 : 베를린에서는 형편없는 프로이센 주 법[3]이 실행되고 있었으며 직업 판사가 정치적 소송을 맡고 있었다 ; 라인 지방에서는 나뽈레옹 법전이 시행되고 있었는데, 이 법은 검열을 전제하고 있었기 때문에 언론 소송이라는 것이 없었다. 어떤 사람이 사소한 정치적 위반이 아니라 범죄를 저질러야만 배심 재판에 회부되었다 ; 베를린에서는 혁명 後에 젊은 슐뢰펠이 사소한 일로 일년 형의 선고를 받았지만, 라인 지방에서는 우리는 무조건적인 언론의 자유를 갖고 있었다 ── 그리고 우리는 마지막 한 방울까지 이 자유를 이용하였다.

이리하여 우리는 1848년 6월 1일에 매우 한정된 주식 자본으로 시작
하였다. 그러나 그중 불입되는 것은 얼마 없었으며, 주주들 자체가 매우 불
안정하였다. 제1호가 나간 직후에 절반이 우리를 떠났으며, 그 달 말경에는
거의 한 명도 남아 있지 않았다.

편집국의 체제는 맑스의 단순한 독재였다. 일정한 시간 안에 신문을   5
내야 하는 거대 일간지는 다른 체제로는 수미 일관한 태도를 결코 견지할
수 없다. 게다가 이 경우에는 맑스의 독재는 자명한 것이었으며, 누구도 이
론을 제기하지 않았고, 우리 모두가 기꺼이 그것을 승인하였다. 이 신문이
혁명기 독일의 가장 유명한 신문이 되었던 것은 무엇보다 맑스의 명석한
식견과 확고한 태도 덕분이었다.   10

『신 라인 신문』의 정치적 강령은 두 개의 중요한 항목으로 이루어졌다 :
단일한 불가분의 민주주의 독일 공화국과 폴란드의 원상 회복을 포함
하는 러시아와의 전쟁.

당시 소부르주아 민주주의는 두 분파로 갈라져 있었다 : 민주주의적인
프로이센 황제를 달게 받아들이려 한 북독일파와 스위스의 모범을 따라 독   15
일을 연방 공화국으로 바꾸려 한 ― 이것은 당시에는 거의 완전히 바덴 특
유의 주장이었다 ― 남독일파. 우리는 이 둘 모두와 싸워야 했다. 프롤레타
리아트의 이해에 근거하는 한, 독일의 프로이센화도 소국 분립 상태의 영구
화도 결코 허락할 수 없었다. 프롤레타리아트의 이해가 요구하는 것은 독일
의 단일 국가로의 궁극적 통일이었다. 그래야만 전래의 모든 작은 걸림돌들   20
이 제거된 전장, 프롤레타리아트와 부르주아지가 자신들의 힘을 겨룰 수 있
는 전장이 마련될 수 있었다. 또한 프롤레타리아트의 이해에 근거하는 한,
프로이센이 꼭대기에 서는 구조를 결코 허락할 수 없었다 ; 프로이센 국가
야말로 그 전체 제도와 그 전통과 그 왕조와 함께 독일 혁명이 타도해야 하
는 국내 유일의 중대한 적이었다 ; 게다가 프로이센은 독일을 분열시켜야만,   25
독일-오스트리아를 배제해야만 독일을 통일할 수 있었다. 프로이센 국가의
해체, 오스트리아 국가의 분해, 공화국으로서의 독일의 진정한 통일 ―― 우
리는 이 이외의 시급한 혁명적 강령을 갖고 있지 않았다. 그리고 이것은 러
시아와의 전쟁을 통해서 실현되어야 했으며, 이 전쟁을 통해서만 실현될 수

있었다. 이 마지막 사항에 대해서는 나중에 다시 이야기하려 한다.

그건 그렇고 신문의 어조는 결코 엄숙하거나 심각하거나 열광적이지 않았다. 우리의 적은 다만 경멸할 존재에 지나지 않았으며, 또 우리는 예외 없이 그들을 가장 경멸적으로 대하였다. 음모적인 왕권, 궁정 도당, 귀족, 『십자 신문』, 속물의 도덕적 분노의 대상이 된 이 모든 "반동"——우리는 그들을 다만 조롱과 냉소로 대하였다. 그리고 또한 혁명에 의해서 부상한 새로운 우상들에 대해서도 결코 이에 못지않은 대우를 해 주었다 : 3월 장관들, 프랑크푸르트 의회와 베를린 의회, 거기서의 우파와 좌파. 제1호는 곧바로, 프랑크푸르트 의회의 부실함, 그 장황한 연설의 무의미함, 그 비겁한 결의의 무가치함을 조소하는 기사로 시작하였다.[4] 이 기사 덕분에 우리는 주주의 절반을 잃었다. 프랑크푸르트 의회는 토론 클럽도 되지 못했다 ; 거기에서 토론되는 것은 거의 전무하였다. 대부분 미리 써 온 학술적인 논문을 읽어댈 뿐이었고, 독일의 속물들을 열광시키려는 목적으로 결의들이 채택되었지만 어느 누구도 그 결의들에 주의를 기울이지 않았다.

베를린 의회는 확실히 보다 큰 의의가 있었다. 그것은 현실적인 권력에 마주서 있었다. 그것은 프랑크푸르트 의회의 사상 누각에서가 아니라 평지 위에서 토론하고 결의하였다. 따라서 그것은 보다 상세히 다루어졌다. 그러나 그곳의 좌파 우상들, 슐쩨-델리취, 베렌츠, 엘스너, 슈타인 등등은 프랑크푸르트와 마찬가지로 가혹한 대접을 받았다. 신문은 그들의 우유부단함, 소심함, 계산적 행동을 가차없이 폭로하였고, 그들이 타협에 의해서 한걸음 한걸음 혁명의 배신에 다가서고 있다는 것을 증명하였다. 이것은 당연히, 무엇보다 자신들의 용도에 써먹기 위해서 이 우상들을 만들어 낸 민주주의적 소부르주아들을 전율케 하였다. 이들의 전율은 우리가 과녁을 제대로 맞췄음을 보여주는 것이었다.

또한 우리는 소부르주아지가 열심히 퍼뜨리고 있던 환상, 즉 혁명은 3월의 날들로 종료되었으며 사람들은 이제 그 열매를 거둬들이기만 하면 된다는 환상에도 반대하였다. 우리에게 2월과 3월은, 그것이 종결이 아니라 반대로 장구한 혁명 운동의 출발점이 될 때에만 진정한 혁명의 의미를 가질 수 있는 것이었다. 이 혁명 운동 속에서 프랑스 대변혁에서와 마찬가지로 인민은 그 자신의 투쟁을 통해서 더욱 발전하게 되며, 당들은 더욱 날카롭게 분화하여 마침내 부르주아지, 소부르주아지, 프롤레타리아트라는 대 大 계급들과 완전히 일치하게 되며, 프롤레타리아트는 일련의 전투를 통해서 개개의 진지를 하나씩 획득해 나간다. 따라서 우리는 어디에서나 민주주의적 소부르주아지가 다음과 같은 인기 있는 문구로 자신들과 프롤레타리아 트의 계급 대립을 얼버무릴 때마다 그들에 반대하였다: 우리는 모두 같은 것을 바라고 있고, 모든 차이들은 단순한 오해에 기인한다. 그러나 우리의 프롤레타리아 민주주의를 소부르주아지가 오해하는 것을 허락하지 않으면 않을수록, 그들은 우리에게 더 온순하고 더 순종적인 태도를 취했다. 그들에게 더 날카롭고 더 단호하게 반대할수록, 그들은 더욱 자발적으로 머리를 조아리며 노동자 당에 더 많은 양보를 한다. 우리는 그것을 보았다.

　　마지막으로 우리는 다양한 이른바 국민 의회의 의회 크레틴 병 (이것은 맑스가 붙인 이름이다) 을 폭로하였다. 이 신사들은 자신들의 손에서 권력 수단이 모두 빠져나가도록 방치하였다. 부분적으로는 자발적으로 그것을 정부들에 다시 넘겨주었다. 프랑크푸르트에서도 베를린에서도 새로이 강화된 반동적 정부들 옆에 무력한 의회들, 그럼에도 불구하고 자신들의 무기력한 결의들이 세상을 뒤흔들 것이라고 상상하는 의회들이 서 있었다. 극좌익에 이르기까지 이러한 크레틴 병적 자기 기만이 지배하였다. 우리는 그들에게 이렇게 갈채를 보냈다: 당신들의 의회에서의 승리는 현실의 패배와 함께 할 것이다.

　　그리고 베를린에서도 프랑크푸르트에서도 그렇게 되었다. '좌익'이 다수를 획득하자 정부는 의회 전체를 해산시켜 버렸다; 정부가 그렇게 할 수 있었던 것은 의회 자체가 인민들 사이에서 신용을 잃어버렸기 때문이다.

　　나는 나중에 마라에 대한 **부제르**의 책을 읽고 다음의 사실을 알게 되었다. 우리는 여러 가지 점에서 다름아닌 진정한 (정통 왕당파에 의해 위조된 것이 아닌)『인민의 벗 Ami du peuple』을 위대한 모범으로 삼아 무의식적으로 그것을 모방하였으며, 거의 일백 년 동안이나 정반대의 마라만을 알게 만들어 온 천인 공노할 역사 날조는 다음에 그 원인이 있었다: 마라가 동시대의 우상들이었던 라파예뜨, 바이이 등등의 가면을 무자비하게 벗겨 버리고 그들이 이미 혁명에 대한 완전한 배신자들이었음을 폭로한 것 ; 우리와 마찬가지로 그도 혁명을 종결된 것이 아니라 영속적인 것으로 선언하려 한 것.

우리는, 독일에 존재하는 공식적 당들 중에서 가장 급진적인 당이 키를 잡았을 때 비로소 우리가 대표하는 경향이 우리 당의 진정한 목표를 달성하기 위한 투쟁에 돌입할 수 있을 것이라고 공표하였다 : 그때에야 비로소 우리는 그들에 맞서서 반대파를 형성할 수 있을 것이다.

그러나 사태는 독일의 적들에 대한 조소와 함께 불 타는 정열도 북받쳐 나오게 하였다. 1848년 6월 빠리 노동자들의 폭동은 당장 우리의 지지를 받았다. 최초의 총성이 울리자마자 우리는 무조건적으로 폭동자들을 지지하였다. 그들이 패배한 후에 맑스는 그의 힘있는 기사에서 패배자들을 찬미하였다.[5]

그리하여 남아 있던 주주들마저 모두 우리를 떠났다. 그러나 우리는, 모든 나라의 부르주아들과 속물들이 패배자들에게 중상 모략의 쓰레기를 덮어 씌우는 바로 그 순간에, 독일 내에서 그리고 거의 유럽 전역에서 유일하게, 짓밟힌 프롤레타리아트의 깃발을 높이 치켜 든 신문이라는 데 만족하였다.

대외 정책은 간단하였다 : 모든 혁명적 인민을 지지하는 것, 유럽 반동의 거대한 원군 援軍 —— 러시아 —— 에 맞서는 혁명적 유럽의 전반적 전쟁을 호소하는 것. 2월 24일[6] 이후 우리에게 분명해진 사실은, 진정으로 두려운 혁명의 적은 오직 하나 러시아라는 것, 운동이 유럽적 규모의 운동이 되면 될수록 이 적은 더욱더 투쟁에 개입하지 않을 수 없게 된다는 것이었다. 빈, 밀라노, 베를린의 사태는 러시아의 공격을 지체시켰다. 그러나 혁명이 러시아를 더욱 세차게 밀어부칠수록 러시아의 궁극적 개입은 더욱 확실해졌다. 그러나 독일을 러시아와의 전쟁으로 내모는 데 성공했다면, 합스부르크 가와 호엔쫄레른 가는 끝장났을 것이며 혁명은 모든 전선에 걸쳐서 승리를 거두었을 것이다.

실제로 러시아 군이 헝가리에 침입할 때까지, 우리는 매호 신문을 낼 때마다 이러한 정책을 표방하였다. 이 침입으로 우리의 예상은 완벽하게 확증되었으며 이것으로 혁명의 패배가 결정되었다.

　　1849년 봄 결전이 다가오고 있을 때, 신문은 호를 거듭할수록 더욱 격렬하고 더욱 정열적인 어조를 띠었다. **빌헬름 볼프**는 「슐레지엔의 십억」(여덟 편의 기사)에서, 영주들이 봉건적 부담들의 상각을 통해 슐레지엔 농민들에게서 돈과 소유지를 **뺏**아 갈 때 얼마나 많이 정부의 도움을 받았나를　　　5
상기시키고 십억 탈러의 배상금을 요구하였다.

　　동시에 사월에 우리의 정책의 사회적 목표를 명백하게 내건 임금 노동과 자본에 관한 맑스의 논문이 일련의 사설[7]로 게재되었다. 매호, 매호외에서 예비된 거대한 전투와 프랑스, 이딸리아, 독일, 헝가리에서의 대립의 격화를 지적하였다. 특히 사월과 오월에 나온 호외들은 한 호도 **빠**짐없이 전　　10
투 준비 태세를 갖출 것을 인민에게 호소하였다.

　　"제국 내의 다른 곳에서는", 우리가 프로이센 제1급의 요새 안에서 8, 000 명의 수비대에 맞서 경비 본대의 눈앞에서 이 모든 일들을 거리낌없이 행하는 것을 보고 놀라워했다 ; 그러나 편집실에 있던 8 정의 총검이 부착된 소총과 250 발의 실탄 그리고 식자공들의 붉은 자꼬뱅 모자들 때문에　　15
우리의 건물은 장교들에게 간단한 기습 공격으로 점령할 수 없는 요새로 여겨졌다.

　　마침내 1849년 5월 18일 전투가 개시되었다.

　　드레스덴과 엘버펠트에서의 봉기는 진압되었다. 이저론에서의 봉기는 포위되었다. 총검이 라인 지방과 베스트팔렌을 겨누고 있었다. 이 총검은　　20
또한 프로이센의 라인 지방을 무자비하게 진압한 후에는 팔쯔와 바덴으로 진격할 예정이었다. 그리하여 정부는 마침내 우리에 대한 공격을 감행하였다. 편집 위원의 절반은 재판소에 의해 기소起訴 되었고, 나머지 절반은 비프로이센 인으로서 추방되었다. 정부의 뒤에 일개 군단이 버티고 있는 한이에 대항하는 어떠한 행동도 할 수 없었다. 우리는 우리의 요새를 넘겨줄　　25
수밖에 없었다. 그러나 우리는 무기와 배낭을 들고, 군악을 울리면서, 붉은 잉크로 인쇄된 종간 호의 깃발을 휘날리면서 철수하였다. 종간 호에서 우리는 쾰른의 노동자들에게 희망 없는 소요를 경고하면서 다음과 같이 이야기하였다 :

　"『신 라인 신문』 편집부는 이별에 즈음하여 그동안 여러분이 보내준 성원에 감사드립니다. 우리의 마지막 말은 언제 어디서나 같습니다 : 노동 계급의 해방!"[8]

　이렇게 『신 라인 신문』은 창간 일주년을 눈앞에 두고 종간하였다. 거의 없다시피 했던 자금 —— 앞서 말했듯이 약속 받았던 얼마 안 되는 자금도 얼마 안 있어 사라졌다 —— 으로 출발했으나, 우리 신문의 발행 부수는 9월에 이미 5,000 부에 달하였다. 쾰른의 계엄 상태가 신문을 정간시켰다 ; 시월 중순에 신문은 처음부터 다시 시작해야 했다. 그러나 1849년 오월에 신문은 탄압받는 와중에서도 다시 6,000 명의 정기 구독자를 확보하였다. 반면 『쾰른』은 당시 그들 자신의 고백에 따르면 정기 구독자가 9,000 명을 넘지 못했다. 독일의 그 어떤 신문도 『신 라인 신문』만큼 힘과 영향력을 갖고 프롤레타리아 대중을 고무할 수 있는 신문은 그 전에도 그 후에도 없었다.

　그런데 이 모든 것은 무엇보다 맑스 덕택이었다.

　공격이 감행되어 편집부가 뿔뿔이 흩어지자 맑스는 결전을 준비하고 있던 빠리로 갔다. 이 결전은 1849년 6월 13일에 일어났다[9] ; 빌헬름 볼프는 이제 프랑크푸르트 의회에 자리를 잡았다 —— 이때는 마침 의회가 위로부터의 해산을 감수할 것인가 혁명에 참가할 것인가를 결정해야 할 때였다 ; 그리고 나는 팔쯔로 가서 빌리히 의용 군단의 부관이 되었다.[10]

Fr. 엥겔스

1884년 2월 중순에서
3월 초 사이에 씌어짐.
출전 : 『사회 민주주의자』,
제11호, 1884년 3월 13일.

맑스 · 엥겔스 저작집,
제21권, 16~24면.

최인호 번역

프리드리히 엥겔스

가족, 사적 소유 및 국가의 기원

루이스 H. 모건의 연구와 관련하여[11]

(handwritten inscription)

Der Ursprung

der

Familie, des Privateigenthums

und

des Staats.

———

Im Anschluß an Lewis H. Morgan's Forschungen

von

Friedrich Engels.

———

Vierte Auflage.
Sechstes und siebentes Tausend.

———

Stuttgart
Verlag von J. H. W. Dietz
1892.

『가족, 사적 소유 및 국가의 기원』 제4판 표제면

1884년 초판 [서문]

　　이하의 장章들은 어느 정도까지는 유언의 집행이다. 그 자신의——
어느 선까지는 우리의 것이라고 말해도 좋다——유물론적 역사 연구의 성
과들과 결부하여 모건의 연구 결과들을 서술하고 그리하여 그 결과들이 갖
고 있는 전체적 의미를 밝히고자 했던 것은 다름 아닌 맑스였다. 모건은 40
년 전에 맑스가 발견한 유물론적 역사 파악을 아메리카에서 자신의 방식으
로 새로이 발견하였고, 미개와 문명을 비교하는 주요 지점들에서 이 역사
파악으로부터 맑스와 동일한 결론을 이끌어 냈다. 그리고 독일의 쭌프트적
인 경제학자들이 오랫동안 한편으로『자본』을 열심히 표절하면서도 다른
한편으로 완강한 침묵으로 그것을 묵살했듯이, 영국의 '선사'학 대표자들도
모건의『고대 사회』[1]를 이와 마찬가지의 방식으로 취급하였다. 나의 저작은
고인이 된 나의 친구가 수확하지 못한 열매에 대한 미약한 대용물에 불과
하다. 그는 모건의 글을 상세히 발췌하고 거기에 비판적 평주들을 달아 놓
았는데, 그 자료들은 지금 내 수중에 있다. 나는 이 비판적 평주들을 별일

5

10

---

1)『고대 사회, 또는 야만에서 미개를 거쳐 문명에 이르는 인류의 진보 경로에
　대한 연구』, 루이스 H. 모건, 런던, 맥밀런 사, 1877년. 이 책은 미국에서 인
　쇄되었으며, 런던에서는 아주 구하기 어렵다. 저자는 몇 년 전에 타계했다.

이 없는 한 그대로 본 서에 옮겨 놓았다.

유물론적 파악에 따르면, 다음의 요인들이 역사를 종국적으로 규정한다 : 직접적 생활의 생산과 재생산. 그런데 이것 자체는 다시 두 측면으로 나누어진다. 한편으로 그것은 생활 수단들의 생산, 즉 의식주의 대상들과 그것에 필요한 도구들의 생산이다 ; 다른 한편으로 그것은 인간 자체의 생산, 즉 종의 번식이다. 특정한 역사 시기와 특정한 지역의 인간들이 그 속에서 생활하는 사회적 제도는 두 종류의 생산에 의해 규정된다 : 한편으로 노동의 발전 단계에 의해, 다른 한편으로 가족의 발전 단계에 의해. 노동의 발전이 미약할수록, 노동 생산물의 양이 제한적일수록, 따라서 또한 사회의 부가 제한적일수록, 사회 질서는 더욱 혈연적 유대의 지배를 받는 것처럼 보인다. 그러나 이렇듯 혈연적 유대에 근거한 사회 구조 하에서도 노동 생산성은 계속 발전해 간다 ; 이와 함께 사적 소유와 교환, 빈부의 차이가 생겨나고, 타인의 노동력을 이용할 가능성이 생기며, 이에 따라 계급 대립의 기초가 생긴다 : 이러한 새로운 사회적 요소들은 몇 세대에 걸쳐 낡은 사회 제도를 새로운 상태에 적응시키려고 노력하지만, 이 양자는 양립할 수 없는 것이기 때문에 결국 완전한 변혁이 일어나게 된다. 혈연 단체에 근거한 낡은 사회는 새롭게 발전해 나온 사회 계급들과 충돌하여 산산이 부서진다 ; 그 자리에 국가로 총괄되는 새로운 사회가 들어선다. 국가의 하부 단위는 이제 혈연 단체가 아니라 지연 단체이다. 이 새로운 사회에서는 소유 질서가 가족 질서를 완전히 지배하며, 지금까지의 모든 **씌어진** 역사의 내용을 구성하는 저 계급 대립과 계급 투쟁은 이 사회에서 비로소 자유롭게 전개된다.

씌어진 역사의 선사적 기초를 주요한 지점들에서 발견·복원하고, 극히 중요함에도 불구하고 지금까지 풀 수 없는 수수께끼로 남아 있던 까마득한 옛날의 그리스, 로마, 독일의 역사를 해명할 열쇠를 북아메리카 인디언들의 혈연 단체 속에서 발견한 것은 모건의 위대한 공적이다. 그러나 그의 글은 하루아침에 생겨난 것이 아니다. 자신의 연구 자료를 완전히 파악하고 지배하는 데 이르기까지 그는 40 년의 세월을 바쳐 그의 자료와 씨름해야 했다. 그런 이유에서도 그의 저서는 우리 시대의 몇 안 되는 획기적 저작 중의 하나이다.

　이하의 서술에서 무엇이 모건에 근거하는 것이고 무엇이 내가 덧붙인
것인지 독자들은 대체로 쉽게 알아볼 것이다. 그리스와 로마에 관한 역사를
다루는 장들에서 나는 모건의 전거에 그치지 않고 내가 이용할 수 있는 자
료들을 덧붙여 두었다. 켈트 족과 독일인에 관한 장들은 주로 나의 것이다 ;   5
모건은 이 부분에서 거의 2차 자료에 의존할 수밖에 없었으며, 독일의 상태
에 관해서는――타키투스를 제외하면――오로지 프리먼 씨의 조악한 자
유주의적 날조 자료에만 의존했다. 경제적 논술은 모건이 자신의 목적을 달
성하는 데는 그 정도면 충분했겠지만 나의 목적을 위해서는 턱없이 모자랐
기 때문에 전부 내가 새로 집필하였다. 그리고 마지막으로 모건에게서 인용   10
한 것이라고 명기하지 않은 모든 결론들에 대한 책임은 당연히 나에게 있
음을 밝혀 둔다.

1891년 제4판 [서문]

　　많은 부수로 발간된 이 책의 구판들은 약 반년 전에 품절되었으며, 출판업자[12]는 이미 오래 전에 나에게 신판 준비를 해 달라고 요청하였다. 그러나 더 긴급한 용무로 인해 나는 여태껏 그 요청에 응하지 못하고 있었다. 초판이 발행된 지 7 년이 지났고 그 동안에 원시적 가족 형태의 연구에서 커다란 진보가 이루어졌다. 그렇기 때문에 이제는 면밀히 개정하고 보충할 필요가 생겼다 ; 더구나 현재의 원문을 예정대로 연판 鉛版 으로 굽고 나면 당분간 더 이상 정정을 할 수 없을 것이므로 더욱 그러하였다.

　　그래서 나는 원문 전체를 신중히 재검토하고 일련의 보충 작업을 했다. 바라건대, 이것이 과학의 현 상태를 충분히 반영한 작업이 되었으면 한다. 그리고 또 나는 이 서문에서 바호펜에서 모건에 이르는 가족사에 대한 견해의 발전을 간단히 개괄해 둔다 ; 그것은 주로, 국수주의적 색채를 띤 영국 선사학파가 모건의 발견으로 이루어진 원시 사관에서의 변혁을 온갖 수단을 동원하여 계속 묵살하면서도 조금도 주저하지 않고 모건의 성과를 횡령하고 있기 때문이다. 그 밖의 여러 나라들에서도 영국의 이러한 수법을 너무나 열심히 모방하고 있다.

　　나의 저작은 여러 나라 말로 번역되었다 : 우선 이딸리아 어 번역 : 『가족, 사적 소유 및 국가의 기원』, 베네벤또, 1885년. 그 다음 루마니아 어 번

역 : 『가족, 사적 소유 및 국가의 기원』, 요안 나데지데 역, 야시에서 발행되는 잡지 『동시대인』의 1885년 9월 호부터 1886년 5월 호에 수록. 그 다음 덴마크 어 번역 : 『가족, 사적 소유 및 국가의 기원』, 코펜하겐, 1888년. 이번의 독일어 판을 대본으로 한 앙리 라베의 프랑스 어 번역도 인쇄중에 있다.

---

60 년대 초까지는 가족사는 문제가 될 수 없었다. 역사학은 이 분야에서 아직도 완전히 모세 5경의 영향하에 있었다. 가부장제적 가족 형태는 다른 어느 책에서보다도 모세 5경에서 상세히 묘사되어 있는바, 사람들은 이 가부장제적 가족 형태를 주저 없이 가장 오래된 가족 형태로 간주했을 뿐 아니라 그것을 —— 일부다처제라는 점을 제외하고는 —— 오늘날의 부르주아적 가족과 동일시하였다. 그러므로, 사람들은 가족 일반이 아무런 역사적 발전도 거치지 않았다고 생각했던 셈이다 ; 기껏해야 원시 시대에는 성적 무규율의 시기가 있었을지도 모른다는 것을 시인하는 정도였다.—— 물론 사람들은 단혼 이외에도 동양의 일부다처제라든가 인도-티베트의 일처다부제 같은 것도 알고 있었다 ; 그러나 사람들은 이 세 가지 형태를 역사적 순서로 정리하지 못하고, 서로 아무런 연관 없이 묘사하였다. 고대사의 몇몇 민족들과 아직 현존하고 있는 몇몇 야만인들은 아버지의 혈통이 아니라 어머니의 혈통을 따졌으며, 따라서 여계만을 단 하나의 유효한 혈통으로 인정했다는 것 ; 오늘날의 민족들 중에서도 일정한 규모의 큰 집단 — 당시에는 이 집단에 대한 자세한 연구가 없었다 — 내부에서의 결혼을 금지하는 민족들이 많다는 것 ; 그리고 이러한 관습을 세계 도처에서 볼 수 있다는 것 —— 물론 사람들은 이러한 사실들을 알고 있었고, 이러한 사례들을 계속해서 모으고 있었다. 그러나 이 사례들을 어떻게 취급해야 하는가에 대해서는 아무도 모르고 있었다. 예컨대 E. B. 타일러가 쓴 『인류의 원시사 …… 에 관한 연구』(1865년)조차, 이러한 사례들이 불타는 나무에 철기를 대는 것을 금지하는 몇몇 야만인들의 관습이나 이와 유사한 종교적 우행들과 별 차이가 없는 "괴상한 관습"에 불과하다고 보았다.

　　가족사의 연구는 바호펜의『모권』이 출판된 1861년부터 시작되었다. 이 책에서 저자는 다음과 같은 주장들을 펼쳤다 : 1. 인간들은 처음에는, 그가 '난교Hetärismus '라는 부적절한 명칭을 붙였던 무제한적 성교 생활을 했다 ; 2. 이러한 관계는 아버지를 확정할 온갖 가능성을 배제하며, 따라서 혈통은 여계에 따라서만 —— 모권에 따라서만 —— 따질 수 있었다. 그리고 고대 민족들의 초기에는 모두 그러하였다 ; 3. 그 결과 여자는, 어머니로서 즉 젊은 세대의 확실히 알려진 유일한 어버이로서 아주 높은 존경과 신망을 받았으며, 바호펜의 의견에 따르면 더 나아가서 완전한 여성 지배(Gynaikokratie)에 도달했다는 것이다 ; 4. 여자가 오로지 한 남자에게만 속하는 단혼으로의 이행은 태고의 한 종교적 계율의 침해(즉, 사실상 같은 여자에 대한 다른 남자들의 전통적 권리의 침해)를 의미하는 것이었다. 이 침해에 대하여 여자는 일정한 기간 다른 남자들에게 몸을 맡김으로써 속죄하지 않으면 안 되었다. 다시 말해, 이 침해가 허용되는 데 대해 그것으로 보상하지 않으면 안 되었다.

　　바호펜은 아주 열심히 수집한 고대 고전 문헌의 무수한 구절에서 이 명제들에 대한 논거를 찾고 있다. "난교"에서 일부일처제로 또 모권에서 부권으로의 발전은, 그의 의견에 따르면 특히 그리스 인의 경우에 종교적 표상의 계속적 발전의 결과이며, 새로운 견해를 대표하는 새로운 신들이 낡은 견해를 대표하는 전통적인 신들 사이에 끼어들어 후자를 점차 뒤로 밀어내게 된 결과라는 것이다. 그리하여 바호펜에 따르면, 남녀 상호간의 사회적 지위에서 역사적 변천이 일어난 것은 사람들의 현실적 생활 조건들의 발전 때문이 아니라 사람들의 두뇌에서의 이 생활 조건들의 종교적 반영 때문이라는 것이다. 그렇기 때문에 바호펜은 애쉴로스의『오레스테이아』를 몰락해 가는 모권과 영웅 시대에 발생하여 승리를 거두고 있는 부권 간의 투쟁의 극적 묘사로 보고 있다. 클리템네스트라는 자기의 정부 아이기스토스 때문에 트로이 전쟁에서 돌아오는 자기의 남편 아가멤논을 죽였다 ; 그러나 그 여자와 아가멤논 사이에 낳은 아들 오레스테스는 어머니를 죽여 아버지의 복수를 한다. 이 때문에 모권을 수호하는 신들인 에리니에스는 그를 고소한다. 모권에 의하면 어머니를 죽이는 것은 무엇으로도 갚을 수 없는 가장 엄중한 범죄이기 때문이다. 그러나 신탁을 통해서 오레스테스로 하여금 이런 범죄를 감행케 한 아폴로와 재판관으로 호출된 아테나——이 두 신은 여기에서는 부권 제도라는 새 제도를 대표한다——는 오레스테스를 옹호한다 ; 아테나는 쌍방의 말을 청취한다. 전체 소송 사건은 오레스테스와 에리니에스 사이에 진행되는 논쟁으로 간단히 요약된다 : 오레스테스는, 클리템네스트라가 자기의 남편을 죽임과 동시에 그의 아버지를 죽여 두 가지 죄를 범하였다고 주장한다. 그런데 왜 에리니에스는 훨씬 더 죄가 많은 그 여자를 고소하지 않고 오레스테스를 고소하는가? 대답은 그럴 듯하다 :

"그 여자는 그가 죽인 남편과 혈연 관계가 없다."

혈연 관계가 없는 사람을 죽이는 것은 피살자가 자기의 남편일지라도 속죄될 수 있으므로 그것은 에리니에스에게는 아무런 관계도 없다 ; 그들의 임무는 혈연 관계가 있는 자들 사이의 살해를 고소하는 것뿐이며 또한 모권에 의하면 어머니를 죽이는 것은 무엇으로도 갚을 수 없는 가장 엄중한 범죄이다. 그러나 아폴로는 변호사로서 오레스테스를 옹호한다 ; 아테나는 문제를 아레오파고스 회의의 의원들——아테네의 배심원들——의 표결에 부친다 ; 투표 결과는 무죄와 유죄가 동수였다 ; 여기서 아테나는 재판장으로서 오레스테스를 지지하여 투표하고 그에게 무죄 판결을 내린다. 부권은 모권에 승리하였다. 에리니에스 자신들이 말하듯이 "젊은 세대의 신들"이 에리니에스를 이겼고 마침내 에리니에스도 새 질서에 복무할 직책을 지니는 데 동의한다.

『오레스테이아』에 대한 새롭고도 아주 정당한 이 해석은 바호펜의 책 전체를 통하여 가장 아름답고 훌륭한 부분의 하나이다. 그러나 이 해석은 동시에 바호펜이 적어도 당시 애쉴로스가 그랬던 것처럼 에리니에스와 아폴로와 아테나를 믿고 있었다는 것을 말해 준다 ; 그는 이 신들이 그리스의 영웅 시대에 모권을 전복하고 그 대신 부권을 세웠다는 기적을 믿고 있는 것이다. 종교를 세계사의 결정적인 지렛대로 보는 이러한 견해가 결국에 가서는 그야말로 순수한 신비주의에 빠지게 된다는 것은 명백한 일이다. 그러

므로 바호펜의 두터운 책자를 다 연구한다는 것은 어려운 일이기도 하거니
와 결코 반드시 유익한 일도 아니다. 그러나 그렇다고 해서 새 길을 개척한
연구자로서의 그의 공적이 감소되는 것은 아니다; 그는 처음으로 미지의
원시 상태에서는 무규율적인 성교가 진행되었다는 공문구 대신에 다음과
같은 것들을 논증하였다. 그리스 인들과 아시아 인들 사이에서는 단혼이 있
기 전에 한 남자와 여러 여자 사이뿐만 아니라 한 여자와 여러 남자 사이에
도 관습에 조금도 저촉됨이 없이 성교를 맺는 그러한 상태가 실지로 있었
던 흔적을 고대 고전 문헌에서 허다하게 찾아 볼 수 있다는 것; 이 관습이
이미 소멸되기는 하였지만 그 흔적은 여자가 일정한 기간 다른 남자들에게
몸을 허락하는 것을 대가로 하여 단혼의 권리를 사야 한다는 형태로 남아
있다는 것; 그렇기 때문에 혈통은 최초에는 오직 여계에 따라서, 즉 어머니
에게서 어머니에게로만 따질 수 있었다는 것; 부자 관계가 확실한 것으로
되었거나 어쨌든 그것이 인정되게 된 단혼의 시기에 들어와서도 오랫동안
여계만이 중요시되었다는 것; 아이들의 유일하고 확실한 어버이로서의 어
머니의 이러한 시초의 지위는 어머니들에 대하여, 동시에 여성 일반에 대하
여 그 후에는 그들이 다시는 획득하지 못한 그러한 높은 사회적 지위를 보
장하였다는 것. 바호펜은 물론 이러한 명제들을 위에서 말한 것처럼 그렇게
명백하게 정식화하지는 못했다.——그것은 그의 신비주의적 견해 때문이었
다. 그러나 그는 이러한 명제들을 논증하였다. 그리고 이것은 1861년에는
그야말로 하나의 완전한 혁명을 의미하였다.

바호펜의 두터운 책자는 독일어로, 즉 현대 가족의 선사에는 당시 가
장 관심이 없었던 민족의 언어로 집필되었다. 그렇기 때문에 그 저서는 세
상에 알려지지 않았다. 이 분야에서의 첫 후계자가 1865년에 나타났는데,
그 역시 바호펜에 관해서 들어 본 일이 없었다.

이 후계자는 J. F. 맥레넌이었다. 그는 자기의 선행자와는 정반대의 사
람이었다. 그는 천재적인 신비주의자가 아니라 무미 건조한 법률가였다; 그
는 거침없는 시인다운 공상이 아니라 변론에 나선 변호사처럼 그럴 듯한
논증을 내놓는 인물이었다. 맥레넌은 고대와 현대의 여러 미개 민족과 야만
민족들 사이에서, 아니 문명 민족들 사이에서까지도 신랑이 혼자서 또는 자

기의 친구들과 함께 신부를 그 친척들한테서 외견상 폭력을 써서 약탈하지
않으면 안 되는 그런 결혼 형태를 발견하고 있다. 이 관습은 확실히 한 종
족의 남자가 자기의 여자를 딴 데서, 즉 다른 종족한테서 실제로 폭력을 써
서 약탈하던 옛날 관습의 유물일 것이다. 그러면 이 '약탈혼'은 어떻게 발생
하였는가? 남자들이 자기 종족 내에서 충분히 아내를 발견할 수 있을 때는   5
그런 식의 결혼을 할 이유가 전혀 없었다. 그런데 우리가 역시 흔히 보게
되는 바와 같이 발전하지 못한 민족들에게는 그 내부에서의 혼인이 금지되
어 있는 일정한 집단(1865년 경에는 아직도 이 집단을 부족 자체와 동일시
하는 일이 종종 있었다)이 있어서 남자는 아내를 또 여자는 남편을 자기 집
단 밖에서 구해야만 했다. 한편, 또 다른 민족들에게서는 일정한 집단의 남   10
자가 자기 자신의 집단 내에서만 아내를 얻어야 하는 그런 관습이 있다. 맥
레넌은 전자를 족외혼 집단, 후자를 족내혼 집단이라고 부르고 그저 덮어놓
고 족외혼과 족내혼의 두 '부족' 사이에 엄격한 대립을 설정하고 있다. 그리
고 이러한 대립은 대부분의 경우나 모든 경우는 아니더라도 많은 경우에
그의 표상 가운데만 존재한다는 사실을 족외혼에 대한 그 자신의 연구를   15
통하여 모를 리 없음에도 불구하고, 그는 이 대립을 자기의 전체 이론의 기
초로 삼고 있다. 이 이론에 의하면 족외혼 부족은 다른 부족으로부터만 아
내를 얻을 수 있었다 ; 그리고 야만 시기에 상응하는 부족 사이의 부단한 전
쟁 상태로 인해 그것은 다만 약탈에 의할 수밖에 없다는 것이다.

　　계속하여 맥레넌은 다음과 같이 묻는다 : 이러한 족외혼의 관습은 어디   20
서 발생하였는가? 혈연 관계나 근친 상간의 관념은 이것과 아무런 관계도
없다. 이 관념들은 훨씬 후기에 와서야 발전한 것이다. 아마 이 족외혼의
관습은 여자애를 낳으면 곧 죽이는, 야만인들 사이에 널리 보급된 관습에
기인할 것이다. 그 결과 개개의 모든 부족 내에서 남자가 남아돌게 되고 그
직접적인 필연적 결과로서 남자 여럿이 아내 하나를 공유하게 된다 : 일처   25
다부제. 그런데 그 결과 또 아이의 어머니가 누구인지는 알지만 아버지는
누구인지 모르게 되었다 : 이 때문에 친족 관계는 남계가 아니라 여계를 따
라서만 따지게 되었다──모권. 그리고 부족 내에서의 여자의 부족──일
처다부제에 의하여 완화는 되었지만 제거되지는 않았다──의 두 번째 결

과가 곧 다른 부족 여자에 대한 체계적인 폭력적 납치였다.

    "족외혼과 일처다부제는 동일한 원인——남녀 양성의 수적 불균형
——의 산물이기 때문에 우리는 **족외혼** 인종에서는 모두 일처다부제가 본래부
터 실시되고 있었다고 보지 않을 수 없다……그렇기 때문에 족외혼 인종들이
5   가지고 있던 최초의 친족 제도가 어머니 편을 따라서만 혈연을 따지는 제도
였음은 논쟁할 여지가 없다고 보아야 한다."(맥레넌, 『고대사 연구』, 1886,
『원시 결혼』, 124면).

    맥레넌의 공적은 그가 족외혼이라고 부르는 것이 도처에 널리 보급되
어 있으며 또 큰 의의를 가지고 있다는 것을 지적한 데 있다. 그가 결코 족
10   외혼 집단의 존재 사실을 **발견**한 것도 아니며, 또 그 사실을 처음으로 옳게
이해한 것도 아니다. 그보다 앞서 여러 관찰자들에게서 볼 수 있는 단편적
기록——이것들이야말로 맥레넌의 전거였다——은 말할 것도 없거니와,
래덤(『서술적 민족학』, 1859년)은 인도의 마가르 인들 사이에서 볼 수 있는
이 제도를 상세하고 정확하게 서술하였으며 그것이 널리 보급되어 세계 도
15   처에서 찾아볼 수 있음을 지적하였다——이것은 맥레넌 자신이 인용하고
있는 대목이다. 그리고 우리의 모건도 이미 1847년에 이로쿼이 인에 관한
자기의 서한(『아메리카 평론』)에서, 그리고 1851년에 『이로쿼이 족 연맹』에
서 같은 제도가 이 부족에게도 있다는 것을 증명하고 또 정확히 서술하였
다. 그런데 우리가 나중에 보게 되겠지만, 맥레넌의 변호사적 두뇌는 모권
20   문제에서 바호펜의 신비주의적 공상이 불러일으킨 것보다 훨씬 더 큰 혼란
을 족외혼 문제에서 불러일으켰다. 맥레넌의 그 다음 공적은, 후에 그 자신
도 승인한 바와 같이 바호펜이 그보다 앞서 인정한 것이지만 모권적 혈통
제도를 본원적 혈통 제도로 인정한 점이다. 그러나 이 문제에서도 그의 견
해는 명확하지 않다 ; 그는 "여계에 의한 친족 관계"(kinship through fem-
25   ales only)라는 말을 되뇌면서 초기 단계에 타당한 이 말을 후기의 발전 단
계, 즉 혈통과 상속권은 물론 아직도 여계에 따라서만 따지지만 친족 관계
는 남자 편에 대해서도 인정하고 표현하는 그러한 단계에 대해서도 계속
적용하고 있다. 이것은 엄밀한 법률 용어를 일단 만든 다음에는 그것이 이

미 적용될 수 없게 된 그런 상태에 대해서도 그것을 그대로 계속 적용하려
는 법률가의 편협함을 말해 주는 것이다.

그런데 맥레넌의 이론은 매우 그럴 듯하기는 하나 저자 자신에게도 아
마 그다지 확고한 근거를 가진 것으로는 생각되지 않았던 모양이다. 그 자
신도 적어도 다음과 같은 생각은 들었던 모양이다.   5

(외견상의) "여자 약탈의 형태는 다름아닌 남자 측 친족 관계"(즉 남계
의 혈통)"가 지배하는 민족들 사이에서 가장 뚜렷하고 명백하다는 사실은
주목할 만하다."(140면)

그리고 또:

"갓난아기의 살해는 우리가 알고 있는 한, 족외혼과 가장 오랜 친족 형   10
태가 병존하는 곳에서는 결코 체계적인 것으로 되어 있지 않다는 것은 기이
한 일이다"(146면)[13]

이 두 사실은 그의 설명 방식과 직접 모순된다. 그는 오직 새로운, 한
층 더 혼란스러운 가설을 가지고서만 이 사실들에 대항할 수 있다.

그럼에도 불구하고 그의 이론은 영국에서 대단한 찬동과 공명을 받았   15
다 : 영국에서는 모두가 맥레넌을 가족사학의 창시자로, 이 분야의 제1의 권
위자로 인정하였다. 그에 의한 족외혼과 족내혼의 두 "부족"의 대립은 그
개별적인 예외도 있고 변종도 있다는 것이 확인되었음에도 불구하고, 여전
히 지배적인 견해의 기초로 공인되었다. 이러한 대립은 이 연구 분야에 대
한 일체의 자유로운 고찰, 따라서 일체의 결정적인 전진을 가로막는 장애물   20
이 되었다. 맥레넌을 과대 평가하는 것이 영국과 영국을 따르는 기타 나라
들에서 의무로 되어 있지만, 우리는 순전한 오해에 기초한 그의 족외혼 "부
족"과 족내혼 "부족"의 대립으로 그가 끼친 해독은 그의 연구가 가져다 준
이익보다 오히려 더 크다는 것을 강조하지 않을 수 없다.

그런데 얼마 안 있어 그의 말쑥한 틀에 들어맞지 않는 사실들이 속속   25
출현하였다. 맥레넌은 다음 세 가지 결혼 형태밖에 알 수 없었다 : 일부다처

제, 일처다부제, 단혼. 그러나 일단 이 점이 주의를 끌자, 발달하지 못한 민족들 사이에서는 일련의 남자들이 일련의 여자들을 공유하는 결혼 형태가 있었다는 증거들이 속속 나타났다 ; 그리고 러복(『문명의 기원』, 1870년)은 이 군혼(communal marriage)을 역사적 사실로서 승인하였다.

5   그 직후인 1871년에 **모건**이 여러 가지 점에서 결정적인 새로운 자료를 갖고 등장하였다. 그는 이로쿼이 족에게서 통용되는 특유한 친족 체계는 비록 그곳에서 통용되는 결혼 제도로부터 실제로 도출되는 촌수와 직접 모순됨에도 불구하고 합중국의 모든 원주민들에게 공통된 것이고, 따라서 그것이 대륙 전체에 퍼져 있다는 것을 확인하였다. 그래서 그는 아메리카 연방
10   정부를 움직여 자신이 직접 만든 질문 용지와 표를 기초로 하여 기타 민족들의 친족 체계에 관한 정보를 모으게 하였다. 거기서 나온 답변들로부터 그는 다음의 사실들을 알게 되었다. 1. 아메리카 인디언의 친족 체계는 아시아에서도 통용되고 있으며 아프리카와 오스트레일리아의 많은 부족들에게서도 다소 변용된 형태로 통용되고 있다는 것, 2. 이 친족 체계는 하와이
15   와 기타 오스트레일리아의 섬들에서 지금 사멸해 가고 있는 군혼의 한 형태를 통해서 완벽하게 설명된다는 것, 3. 그런데 이 섬들에는 이 결혼 형태와 나란히, 지금은 사멸한 한층 원시적인 군혼 형태를 통해서만 설명할 수 있는 친족 체계가 존재한다는 것. 그는 자신이 수집한 보고들을, 그것들에서 도출한 그의 결론들과 함께, 1871년에 『혈족 및 친족 체계들』이라는 책
20   을 통해 발표하였고, 이로써 논의를 엄청나게 광대한 분야로 몰고 갔다. 그는 친족 체계에서 출발하여 그것에 조응하는 가족 형태를 재구성함으로써, 새로운 연구의 길을 열었으며 훨씬 더 과거까지 인류의 선사를 거슬러 올라가 볼 수 있는 길을 열어 놓았다. 이 방법은 유효함을 인정받았으며, 맥레넌의 말쑥한 구성은 안개처럼 사라져 버렸다.

25   맥레넌은 『원시 결혼』의 신판(『고대사 연구』, 1876년)에서 자신의 이론을 옹호하였다. 맥레넌 자신은 터무니없는 가설에 근거해서 극히 인위적으로 가족사를 조립해 놓고서는, 러복과 모건에 대해서는 각각의 주장에 대한 증거뿐만 아니라 스코틀랜드의 법정에서 채택할 만큼 항변의 여지가 없는 설득력을 갖는 증거를 제시하라고 요구하였다. 그런데 이러한 요구를 한

사람은, 독일인들 사이에는 외삼촌과 생질 사이에 밀접한 관계가 있었다는
것(타키투스, 『게르마니아』, 제20장)으로부터, 브리튼 족은 10명 혹은 12
명이 자신들의 여자를 공유했다는 케사르의 보고로부터, 미개인들의 여성
공유제에 대한 고대 저술가들의 그 밖의 모든 보고들로부터 주저 없이 이
모든 민족들 사이에서는 일처다부제가 지배했다는 결론을 이끌어 낸 사람   5
이 아닌가! 자신이 기소를 할 때는 자신에게 모든 자유를 허용하고 변호인
에게는 말끝마다 모든 요건을 갖춘 법률상 유효한 증거를 요구하는 검사의
말을 듣고 있는 기분이다.

그는 군혼은 순전히 공상이라고 주장하는바, 이는 바호펜보다 더 후퇴
하는 것이다. 그는, 모건이 말하는 친족 체계는 사회적 예의에 지나지 않으   10
며 이는 인디언들이 이방인인 백인들을 향해서도 형제 또는 아버지라고 부
르는 사실로 증명된다고 말한다. 이는 마치, 카톨릭의 성직자와 수녀원장이
아버지, 어머니라 불리고, 수도사와 수녀가 그리고 심지어 프리메이슨 단원
들과 영국의 동직 조합원들도 장엄한 집회에서 형제, 자매라고 불리기 때문
에 아버지, 어머니, 형제, 자매라는 명칭들은 한낱 의미 없는 호칭 형태에   15
불과하다고 주장하는 것과 같다. 요컨대, 맥레넌의 변론은 안쓰러울 정도로
박약하다.

그런데 그가 도전 받지 않은 점이 한 가지 있다. 그의 체계 전체가 토
대로 삼고 있는 족외혼 '부족'과 족내혼 '부족'의 대립은 별 충격을 받지 않
았을 뿐더러 심지어 가족사 전체의 중심축으로 널리 승인 받고 있었다. 이   20
대립을 설명하는 맥레넌의 시론이 불충분하며 그 자신이 열거한 여러 사실
들과 모순된다는 것, 이것은 인정되었다. 그러나 이 대립, 즉 서로 용납할
수 없는 두 종류의 독자적이고 독립적인 부족이 존재하고 그 한편은 부족
내부에서 여자를 구해야 하고 다른 편 부족은 그것이 절대적으로 금지된다
는 것 ── 이것은 논쟁의 여지가 없는 복음으로 통용되고 있었다. 예컨대,   25
지로-뙬롱의 『가족의 기원』(1874년)과, 나아가 러복의 『문명의 기원』(제4
판, 1882년)을 참조해 보라.

바로 이 점에서 본 서가 기초로 삼고 있는 모건의 저작인 『고대 사회』
(1877년)가 출발한다: 모건이 1871년에는 희미하게만 감지했던 것이, 이 책

에서는 완전히 의식적으로 전개되어 있다. 족외혼과 족내혼은 결코 대립하지 않는다 ; 족외혼 "부족"은 지금까지 어디서도 증명되지 않았다. 그렇지만 군혼──모든 개연성으로 보아 이것은 한때 모든 곳에서 지배적이었다──이 아직 지배하던 때에는, 부족은 어머니 편의 혈족에 따른 몇 개의 집단들, 즉 씨족들로 나뉘어져 있었다. 이 씨족 내부에서의 결혼은 엄격히 금지되어 있었으므로, 한 씨족의 남자들은 아내를 부족 내부에서 구할 수 있었고 또 그것이 통례였지만 반드시 자신의 씨족 외부에서 구해야 했다. 그러므로 씨족은 엄격히 족외혼을 하였지만, 이 씨족 전체를 포괄하는 부족은 족내혼을 하였다. 이로써 맥레넌이 인위적으로 만들어 낸 가설은 그 최후의 잔재까지 완전히 사라져 버렸다.

그러나 모건은 이것으로 만족하지 않았다. 아메리카 인디언 씨족은 그에게 자신의 연구 영역에서 두 번째 결정적인 진보를 할 수 있는 길을 열어 주었다. 모권에 따라 조직된 이 씨족 내에서 모건은, 우리가 고대 문화 민족들에게서 보는 바와 같은 부권에 따라 조직되는 이후의 씨족이 발전해 나오는 원형을 발견하였다. 지금까지의 모든 역사 서술가들에게 하나의 수수께끼로 남아 있던 그리스와 로마의 씨족들은, 이제 인디언 씨족들을 통해 설명되었으며 이로써 원시사 전체를 위한 새로운 기초가 발견되었다.

문화 민족의 부권 씨족의 전 前 단계로서의 본원적 모권 씨족의 이러한 재발견은, 다윈의 발전 이론이 생물학에서 그리고 맑스의 잉여 가치 이론이 정치 경제학에서 가지는 의의와 동일한 의의를 원시사에서 가진다. 이 재발견 덕분에 모건은 처음으로 가족사의 윤곽을 그려낼 수 있었으며, 오늘날 알려진 자료가 허용하는 한 이 가족사 안에서 적어도 전형적 발전 단계만큼은 일단 대체적으로 확립되었다. 이로써 원시사 연구의 새로운 시대가 열렸음은 누가 보더라도 명확한 사실이다. 모권 씨족은 이 학문의 중심축이 되었다 ; 그의 발견 이래 사람들은 어느 방향으로 무엇을 연구해야 하고, 연구한 것들을 어떻게 분류해야 하는가를 알게 되었다. 그리하여 오늘날 이 영역에서는 모건의 책이 나오기 전과는 비교할 수 없을 정도로 급속한 진보가 이루어지고 있다.

모건의 발견은 지금 영국에서도 선사학자들로부터 일반적 승인을 받

고 있다. 아니 횡령당하고 있다. 그렇지만 이 관점상의 혁명이 바로 모건
덕분이라는 것을 솔직히 고백하는 사람은 거의 없다. 영국에서 그의 저서는
있을 수 있는 최고의 침묵으로 외면당하고 있으며, 모건이라는 사람 자체에
대해서는 그의 이전의 업적을 놓고 교만한 자세로 몇 마디 칭찬의 말을 하
는 것이 전부이다 ; 그의 서술들의 몇몇 단편들은 열심히 들춰내서 비평을   5
하면서도, 그의 진정으로 위대한 발견들에 대해서는 집요하게 침묵으로 일
관하고 있다. 『고대 사회』의 원판은 품절되었다 ; 아메리카에는 이런 종류의
서적에 대한 이윤이 남을 만한 시장이 없다 ; 영국에서 이 책은 조직적으로
억압받고 있다. 아직 서점에서 유통되고 있는 이 획기적인 저작의 유일한
판은——독일어 번역판이다.   10

　　이러한 냉담함은 특히 우리의 유력한 선사학자들의 저술들에서 숱하
게 만나 볼 수 있는 단순한 예의상의 인용이라든지 그 밖의 동료애의 증거
들을 생각할 때 묵살의 음모라고밖에 볼 수 없는데, 그렇다면 이러한 냉담
함은 무엇 때문인가? 그것은 아마 모건이 미국인이기 때문일 것이며 또한
자료를 모으는 데에서도 영국 선사학자들이 가장 인정받을 만한 노력을 기   15
울였음에도 불구하고 이 자료를 정리하고 분류하는 일반적 관점, 요컨대 사
상에서는 바호펜과 모건이라는 두 천재적인 외국인에 의존한다는 사실이
그들에게는 너무나 고통스러운 일이기 때문이 아니겠는가? 독일인은 그래
도 감수할 수 있지만 미국인은? 미국인과 상대할 때는 영국인은 모두 애국
자가 된다. 나는 그런 우스꽝스러운 실례를 합중국에서 여러 번 보았다. 또   20
다른 이유가 있다. 맥레넌은 말하자면 관에 의해서 임명된 영국 선사학파의
설립자이고 지도자였다 ; 어느 정도는, 유아 살해로부터 일처다부제와 약탈
혼을 거쳐 모권 가족으로 이어지는 그의 인위적 역사 구성에 대해 지고의
경외심을 갖고 이야기하는 것이 선사학자들 사이의 예의에 맞는 행동이었
다 ; 서로 절대적으로 배척하는 족외혼 '부족'과 족내혼 '부족'의 존재에 대해   25
약간의 의혹만 보여도 그것은 극악한 이단으로 간주되었다 ; 그러므로 모건
은 이 모든 신성한 도그마를 안개처럼 사라지게 만듦으로써 일종의 성물聖
物 모독을 저지른 것이다. 더욱이 그가 이 도그마를 해체하는 데 사용한 방
식이란 단지 언명하는 것만으로도 즉각 명확하게 이해되는 방식이었다 ; 따

라서 그때까지 족외혼과 족내혼 사이에서 우왕좌왕하던 맥레넌의 숭배자들은 파우스트처럼 자신들의 이마를 치면서 이렇게 외치지 않을 수 없었다 : 우리는 얼마나 어리석었던가! 그걸 왜 지금껏 생각하지 못했던가!

    그리고 이것이 설령 관학파에게 냉랭한 무시 이외의 다른 대응을 금지할 만큼 큰 범죄는 아니었다 하더라도, 모건은 문명 즉 오늘날의 사회의 기본 형태인 상품 생산 사회를 푸리에를 연상시키는 방식으로 비판할 뿐 아니라 이 사회의 미래의 개조에 대해서 칼 맑스가 말했을 만한 것과 같은 이야기를 함으로써 범죄의 요건을 확실히 충족시켰다. 그러므로 맥레넌이 격분하여 모건에 대해 "그는 역사적 방법을 극히 혐오한다"고 비난한 것은 그리고 제네바의 지로-툇롱 교수가 1884년이 되어서도 맥레넌의 비난에 동조한 것은 어쩌면 당연한 일이었다. 그런데 이 지로-툇롱 씨로 말하면 1874년에도(『가족의 기원』) 아직 맥레넌의 족외혼이라는 미궁을 헤매고 있다가 모건 덕분에 비로소 그곳을 탈출한 사람이 아니었던가!

    모건 덕분에 원시사에서 이루어진 그 밖의 진보에 대해서는 여기서 다룰 필요가 없다 ; 본 서의 중간중간에 필요할 때마다 언급할 것이다. 그의 주저가 출판되고 십사 년이 지난 지금 인류의 원시 사회의 역사에 대한 자료는 매우 풍부해졌다 ; 인류학자, 여행자, 전문적 선사학자들 외에 비교 법학자들도 가세하여 한편으로 새로운 소재, 한편으로 새로운 관점을 제공하였다. 이로 인해 모건의 개별적 가설들 중에서 동요하게 된 것들도 적지 않으며 더 이상 지탱할 수 없게 된 것들도 적지 않다. 그러나 어느 경우에도 새로이 수집된 자료들은 역사에 대한 그의 기본 관점을 다른 관점으로 대체하지는 못했다. 그가 원시사에 부여한 질서는 기본 줄기에서 오늘날에도 유효하다. 아니 오히려, 이 위대한 진보를 일으킨 장본인이 모건이라는 것이 은폐되면 될수록 그가 원시사에 부여한 질서는 더욱더 일반적 인정을 받고 있다고 말하는 것이 더 나을 듯하다.[2]

---

2) 1888년 9월 뉴욕에서 돌아오는 길에 나는 루이스 모건을 안다고 하는, 로체스터 선거구 출신의 전 前 하원 의원을 만났다. 유감스럽게도 그는 모건에 대해서 많은 것을 이야기해 주지는 못했다. 모건은 로체스터에서 민간인으로 살면서 오로지 자신의 연구에만 몰두하였다 ; 그의 형은 육군 대령이었으

1891년 6월 16일, 런던   프리드리히 엥겔스

며 워싱턴의 국방부에서 근무하였다 ; 이 형을 통해서 그는 정부로 하여금 그의 연구에 흥미를 갖게 하고 그의 책 중의 상당수를 국고로 출판하게 할 수 있었다 ; 이 이야기를 해 준 사람도 의원 임기 동안 여러 번 그 일에 발벗고 나섰다고 한다.

I

선사 시대의 문화 단계들

모건은 전문 지식을 가지고 인류의 선사에 일정한 질서를 부여하려고 시도한 최초의 인물이다 ; 이후에 자료가 한층 더 많아져서 변경할 필요가 생기지 않는 한, 그의 시기 구분은 여전히 유효할 것이다.

주요한 세 시기가 있다 : 야만, 미개, 문명. 이 중에서 그가 다루고 있는 것은 말할 것도 없이 처음 두 시기와 셋째 시기로의 이행뿐이다. 그는 처음 두 시기를 생활 수단 생산의 진보에 따라 낮은 단계, 중간 단계, 높은 단계로 각각 구분한다 ; 그는 그 이유를 다음과 같이 밝힌다 :

"인간이 얼마나 우월한지, 인간이 자연을 얼마나 지배하는지는 인간이 이것의 생산에 얼마나 숙달되어 있는가에 달려 있다 ; 모든 생물 중에서 인간만이 식품의 생산을 거의 무조건적으로 지배할 수 있는 단계에까지 이르렀다. 인류 진보의 큰 시기들은 모두 생존 자원 확대의 시기와 어느 정도 직접 일치한다."[14]

가족의 발전도 이와 병행하긴 하지만, 확실한 시기 구분의 징표를 보여주지는 않는다.

1. 야만

1. 낮은 단계. 인류의 유년기. 인류는 이때까지만 해도 자신들의 원초적 거처인 열대 또는 아열대의 삼림 속에서 살았다. 적어도 그 일부는 나무 위에서 살았다고 말할 수 있다. 그들이 맹수들 가운데 생존할 수 있었던 것은 이 때문이라고밖에 설명할 수 없다. 열매, 견과, 뿌리가 그들이 구할 수 있   5
는 식량이었다 ; 이 시기의 중요한 성과는 분절 언어의 발생이다. 역사 시기에 살았거나 살고 있다고 알려진 민족들 중에서 이러한 원시 상태에 있는 것은 하나도 없다. 이 원시 상태가 아마 수천 년 지속되었을 테지만, 그것을 증명할 만한 직접적 증거는 없다 ; 그러나 인간의 혈통이 동물계로부터 나왔다는 것을 인정한다면, 이러한 과도적 상태를 가정하지 않을 수 없다.   10

2. 중간 단계. 어류(여기에는 갑각류, 패류, 기타 수생 동물도 포함된다)를 식량으로 이용하고 불을 사용함으로써 시작된다. 불을 이용해야만 어류를 완벽하게 식량으로 이용할 수 있기 때문에, 이 두 가지는 서로 관련되어 있다. 사람들은 이 새로운 식량을 이용하면서 더 이상 기후나 장소에 의존하지 않게 되었다 ; 야만 상태에 있었음에도 불구하고 하천과 해안을 따라   15
지구상 대부분의 지역에 퍼져서 살 수 있게 된 것이다. 초기의 석기 시대, 즉 이른바 구석기 시대에 만들어진 조잡하고 연마되지 않은 석기들은 전부 또는 대부분이 이 시기의 것들인데, 이것들이 모든 대륙에 분포되어 있다는 사실은 이러한 이동이 이루어졌다는 증거이다. 마찰을 이용해서 불을 피울 수 있게 된 인류는 새로운 정착 지역을 구하고 끊임없는 발견 욕구를 발휘   20
하면서 새로운 식품을 얻게 되었다 : 전분을 함유한 뿌리와 덩이줄기를 뜨거운 재나 구이용 구멍(흙 아궁이)에서 구워 먹게 되었다 ; 최초의 무기인 몽둥이나 창을 발명함으로써 짐승 고기를 때때로 보충 음식으로 먹게 되었다. 책에 씌어 있는 것과 같은 순수한 수렵 민족, 즉 **오로지** 수렵만으로 생활하는 사람들은 결코 존재하지 않았다 : 그러기에는 수렵의 수확물은 너무   25
나 불확실했다. 식량 자원이 항상 불안정했기 때문에 이 단계에서 식인 食人이 시작된 듯한데, 그것은 그 후 오랫동안 계속된다. 오스트레일리아 인과 많은 폴리네시아 인은 지금도 이 야만의 중간 단계에 머물러 있다.

3. 높은 단계. 이 시기는 활과 화살의 발명으로 시작된다. 이로써 짐승이 일상적 식품이 되고 수렵이 정상적인 노동 부문의 하나가 되었다. 활과 시위와 화살은 이미 매우 복잡한 도구이다. 이러한 복잡한 도구의 발명은 오랫동안 축적된 경험과 정신적 능력의 연마를 전제하며, 따라서 그 밖의 허다한 발명들도 역시 그와 동시에 확보되었다는 것을 전제한다. 활과 화살은 알고 있지만 아직 도기 제조법(모건은 이것에서부터 미개로의 이행이 시작된다고 본다)을 모르고 있는 민족들을 살펴보면, 실제로 이미 촌락 형태로 정착 생활을 한 약간의 단서들을 볼 수 있고 이미 어느 정도 생활 자료의 생산을 통제했음을 알 수 있다. 요컨대, 이 민족들은 목제 용기와 도구, 나무껍질 섬유로 (직기 없이) 만든 수직물, 나무껍질이나 갈대로 엮은 바구니, 마제 석기(신석기) 등을 사용했다. 대부분의 경우에 불과 돌도끼로 이미 통나무 배를 만들었으며, 각재와 널빤지가 가옥 건축에 부분적으로 이용되었다. 예컨대 활과 화살은 알고 있으나 도기 제조법은 모르고 있던 아메리카 서북부 인디언들의 경우를 보면 이러한 진보가 고스란히 이루어졌음을 확인할 수 있다. 야만 시대의 활과 화살은 미개 시대의 철검이나 문명 시대의 총포와 같은 결정적 무기였다.

2. 미개

1. 낮은 단계. 도기 제조로부터 시작된다. 도기는 식물의 줄기 따위를 엮어서 만든 용기나 목제 용기에 내화용 진흙을 바른 것에서 시작되었는데, 이는 여러 경우에서 증명될 수 있고 또 도처에서 그러하였을 것으로 여겨진다 ; 그 후 얼마 안 가서 진흙이 어떤 형태를 갖추면 내부에 용기를 넣지 않아도 된다는 것을 알게 되었다.

지금까지는 발전 과정을 아주 일반적으로 고찰할 수 있었다. 즉, 어떤 발전 과정을 지역에 상관없이 일정한 시기의 모든 민족에 타당한 것으로 고찰할 수 있었다. 그러나 미개를 다루면서부터 우리는 두 큰 대륙의 자연적 조건의 차이가 의미를 갖게 되는 단계에 들어선다. 미개 시기의 특징적인 계기는 동물을 길들이고 사육하며 식물을 재배하는 것이다. 동쪽 대륙,

즉 이른바 구세계에는 길들이기에 적당한 거의 모든 동물과, 한 가지를 제외하고는 재배할 수 있는 모든 곡물이 있었다 ; 서쪽 대륙, 즉 아메리카에는 길들일 수 있는 포유 동물 중 오직 라마만이, 그것도 남아메리카 일부에만 있었으며 전체 재배 곡물 중에서는 단 한 가지가, 그러나 가장 좋은 것이 있었다 : 옥수수. 이 자연 조건의 차이로 말미암아 이때부터 두 반구의 주민은 각각 다른 길을 걷게 되고, 각 발전 단계를 구분하는 경계표도 두 반구에서 각각 달라지게 된다.

2. **중간 단계.** 동쪽 대륙에서는 가축을 길들이는 것에서 시작하고, 서쪽 대륙에서는 관개를 통해 식용 작물을 재배하고 어도비(햇볕에 말린 벽돌)와 돌을 건축에 사용하는 것에서 시작한다.

서쪽 대륙부터 시작하자. 왜냐하면 유럽 인이 아메리카를 정복할 때까지 이 대륙의 어느 곳도 이 미개의 중간 단계를 넘어서지 못했기 때문이다.

미개의 낮은 단계에 있던 인디언들(미시시피 강 동부 지역의 부족은 모두 이 단계에 있었다)은 그들이 발견될 당시 이미 옥수수라든가 아마도 호박, 멜론 그리고 기타 야채들의 텃밭 재배술을 알고 있었는데, 이것은 그들의 식량 중에서 아주 중요한 부분을 차지하였다 ; 이들은 울타리를 친 촌락을 이루고 목조 가옥에서 살았다. 서북부의 부족들, 특히 콜롬비아 강 유역의 주민들은 아직도 야만의 높은 단계에 있었으며 도기 제조법과 식물 재배법을 모르고 있었다. 이에 반해 뉴멕시코에 살던 이른바 푸에블로 인디언, 멕시코 인, 중앙 아메리카 인 및 페루 인은 정복될 당시 미개의 중간 단계에 있었다 ; 그들은 어도비나 돌로 지은 요새 모양의 가옥에서 살았으며, 인공 관개가 이루어지는 텃밭에 옥수수를 재배하였다. 그리고 옥수수 외에도 지형과 기후에 따라 여러 가지 식용 작물을 재배하였으며 그것들을 중요한 식량 자원으로 삼았다. 그리고 또 몇몇 동물들을 길들이기도 하였다 —— 멕시코 인은 칠면조와 기타 조류를, 페루 인은 라마를 길들였다. 그 밖에 그들은 금속 가공법도 알고 있었다 —— 그러나 철은 예외였다. 그렇기 때문에 그들은 아직 석제 무기나 식기 없이는 살아갈 수 없었다. 에스빠냐 인의 정복으로 말미암아 그들은 그 이상의 독자적 발전을 할 수 없었다.

동쪽 대륙에서 미개의 중간 단계는 젖과 고기를 얻을 수 있는 동물을

길들이는 것에서 시작하였다. 한편, 이 대륙에서 작물 재배법은 이 시기가
시작된 후에도 오랫동안 알려지지 않았던 것 같다. 가축을 길들이고 사육하
여 상당히 큰 가축 떼를 형성하게 됨에 따라 아리아 인과 셈 인이 기타 미
개인 무리에서 분리된 것으로 보인다. 유럽의 아리아 인과 아시아의 아리아
인은 지금도 가축의 이름을 같은 이름으로 부르고 있지만, 재배 작물의 이
름은 같은 것이 거의 없다.

　　가축 떼를 형성함에 따라 적당한 지역에서 유목 생활이 시작되었다 ;
셈 인의 경우에는 유프라테스 강과 티그리스 강의 초원에서 유목 생활을
했고, 아리아 인의 경우에는 인도의 초원, 옥서스 강과 약사르테스 강, 돈
강과 드네프르 강의 초원에서 유목 생활을 했다. 그들은 이런 목초 지대의
변두리에서 처음으로 가축을 길들였을 것이 틀림없다. 그리하여 후세 사람
들은, 유목 민족은 인류의 요람이 아니라 인류의 야만 시기의 선조나 미개
의 낮은 단계 사람들조차 거의 살 수 없는 그런 지역에서 유래한다고 생각
하게 되었다. 사실은 그 반대이다. 즉, 일단 유목 생활에 익숙해진 이 중간
단계의 미개인들은 풀이 많은 하천 유역의 평원을 버리고 자진해서 자기
선조들이 거처하던 삼림 지대로 돌아간다는 것을 꿈에도 생각할 수 없었을
것이다. 사실 셈 인과 아리아 인은 북쪽과 서쪽으로 쫓겨났을 때에도 서아
시아나 유럽의 삼림 지역으로는 이동할 수 없었다. 그들은 아직 곡물을 경
작하지 않았기 때문에 이러한 불리한 조건의 토지에서 가축을 기를 수 없
었고, 특히 겨울을 보낼 수가 없었던 것이다. 이런 지대에서의 곡물 경작은
우선 가축 사료에 대한 필요에서 발생하였고 그 후에야 비로소 인간들의
식품으로서 의미를 갖게 되었다고 보는 것이 정확할 것이다.

　　아리아 인과 셈 인이 육류와 젖을 풍부히 섭취하게 된 것, 특히 그것이
아이들의 발육에 좋은 영향을 준 것이 아마도 이 두 인종이 다른 인종을 압
도하는 발전을 이룩한 원인이었을 것이다. 사실상 뉴멕시코의 푸에블로 인
디언은 거의 채식만 했기 때문에, 미개의 낮은 단계에 있으면서도 육류와
물고기를 더 많이 먹었던 인디언보다 뇌의 크기가 작았다. 어쨌든 이 단계
에 오면서 식인은 점차 없어지고 단지 종교적 행위로서만 또는, 이 경우에
는 거의 동일한 것이지만, 주술로서만 유지된다.

3. **높은 단계.** 철광석의 제련에서 시작하여, 문자를 발명하여 그것을 문헌 기록에 이용하는 것을 거쳐서 문명으로 이행한다. 이 단계는 이미 말한 바와 같이 동반구에서만 독자적으로 진행된 단계이다. 이 단계의 생산에서 이루어진 진보는 그 이전의 모든 단계를 합친 것보다 더 풍부하다. 영웅 시대의 그리스 인, 로마가 건설되기 직전의 이딸리아 부족들, 타키투스가 서　5 술한 독일인, 바이킹 시대의 노르만 인이 이에 속한다.

　이 단계에서 우리가 무엇보다도 먼저 보게 되는 것은 가축이 끄는 철제 쟁기날이다. 이것 덕분에 대규모의 농업, 즉 **농경**이 가능하게 되었으며 또 그와 함께 당시의 사정으로서는 사실상 무한하다고 할 만한 생활 수단의 증대가 가능하게 되었다 ; 그 다음에는 삼림을 개간하고 그것을 경지나　10 목장으로 개척하는 것을 보게 된다——이것 역시 대규모로 하자면 철 도끼나 철 삽 없이는 불가능하다. 이와 함께 인구도 급속히 증가하여 좁은 지역에 밀집해서 살게 되었다. 농경 이전 시기에 오십만 명의 사람들이 단일한 중앙 지도부 아래 통일되려면 그야말로 비상한 조건이 있어야만 했다 ; 그러나 그런 조건은 결코 없었을 것이다.　15

　미개의 높은 단계의 전성기는 호머의 서사시, 특히 『일리아드』[15]에서 찾아볼 수 있다. 발전한 철기 ; 풀무 ; 손절구 ; 녹로 ; 식물성 유지 및 주류의 제조 ; 공예 수준에 육박한 발전된 금속 가공 ; 짐차와 전차 ; 각목과 널빤지를 이용한 선박 건조 ; 예술로서의 건축의 시작 ; 성벽과 성가퀴로 둘러싸인 도시 ; 호머의 서사시와 온갖 신화——바로 이러한 것들이 미개 시기에 그　20 리스 인들이 문명에 넘겨준 중요한 유산이다. 이러한 것을 호머 시대의 그리스 인들이 한층 높은 단계로의 이행을 준비하고 있던 문화 단계의 입구에 있었던 게르만 인에 관한 케사르의 저술과 비교해 보고, 나아가 타키투스가 쓴 것과 비교해 본다면, 미개의 높은 단계가 생산의 발전에서 얼마나 많은 성과를 거두었는가를 알 수 있다.　25

　나는 모건의 견해를 좇아서 야만과 미개를 거쳐 문명의 시초에 이르는 인류의 발전 광경을 거칠게 서술하였다. 이 광경에는 새로운 특징이 이미 아주 풍부하다. 더구나 그것들은 직접적으로 생산에서 나왔기 때문에 논쟁할 여지가 없다. 그렇지만 이 광경은 우리가 여행을 끝냈을 때 우리 앞에 전개될 광경과 비교하면 빈약하고 보잘것없는 것으로 보일 것이다 ; 그때에야 비로소 미개에서 문명으로의 이행과 이 양자 간의 현저한 대립이 충분히 해명될 수 있을 것이다. 우선 모건의 구분을 다음과 같이 일반화할 수 있다 : 야만——주로 기성의 자연 산물을 획득하는 시기 ; 인간이 만든 것들은 주로 그 자연 산물을 획득하기 위한 보조 도구로 사용된다. 미개——목축과 경작을 도입하는 시기, 인간의 활동으로 자연물 생산을 증대하는 방법을 습득하는 시기. 문명——자연 산물에 대한 더 발전된 가공 기술을 습득하는 시기, 본래적 의미에서의 공업 및 기술의 시기.

II

가족

　　지금도 아직 뉴욕 주에 거주하고 있는 이로쿼이 인들 사이에서 생애의
대부분을 보내고 그중 한 부족(세네카 부족)의 양자가 된 모건은, 그들에게
실제 가족 관계와 모순되는 친족 체계가 존재한다는 것을 발견하였다. 이로
쿼이 인들에게서는 모건이 "대우혼 가족"이라고 부른, 쌍방에서 용이하게
이혼할 수 있는 단혼이 지배하고 있었다. 그렇기 때문에 이러한 부부의 자
녀들은 모든 사람이 다 알고 있었고 모든 사람에게서 인정받았다 ; 아버지,
어머니, 아들, 딸, 형제, 자매란 호칭을 누구에게 쓸 것인가는 의심할 여지
가 없었다. 그러나 이러한 표현들의 실제적 사용법은 이것과 모순된다. 이
로쿼이 족의 남자는 자신의 자녀들뿐만 아니라 자기 형제의 자녀들까지도
자기의 아들, 자기의 딸이라고 부른다 ; 이 자녀들은 또 그를 아버지라고 부
른다. 그런데 그는 자기 자매의 자녀들을 자기의 조카 또는 조카딸이라고
부르며, 그 자녀들은 그를 아저씨라고 부른다. 반대로, 이로쿼이 족의 여자
는 자기 자매의 자녀들을 자신의 자녀들과 같이 자기의 아들, 자기의 딸이
라고 부르며, 그 자녀들은 그녀를 어머니라고 부른다. 그런데 그녀는 자기
의 남자 형제의 자녀들은 조카 또는 조카딸이라고 부르며, 이 자녀들은 그
녀를 아주머니라고 부른다. 형제의 자녀들은 서로 형제 또는 자매라고 부르

며, 이와 꼭 마찬가지로 자매의 자녀들도 역시 서로 형제 자매라고 부른다. 반대로, 한 여자의 자녀들과 그 여자의 남자 형제의 자녀들은 서로 종형제 또는 종자매라고 부른다. 그리고 이것은 결코 공허한 명칭이 아니라, 혈족 관계의 멀고 가까움과 같은 항렬인가 아닌가에 대한 실제적 견해의 표현이

5 다 ; 또 이 견해는 개개인의 서로 다른 수백 가지 친족 관계를 표시할 수 있는 완성된 친족 체계의 기초 역할을 한다. 그뿐만이 아니다. 이 체계는 모든 아메리카 인디언들 사이에서 전면적으로 실행되고 있을 뿐 아니라(지금까지 단 하나의 예외도 발견되지 않았다) 인도의 원주민, 즉 데칸의 드라비다 부족, 그리고 힌두스탄의 가우라 부족들도 거의 그대로 실행하고 있다.

10 남인도 타밀 족의 친족 관계 표현들과 뉴욕 주의 세네카-이로쿼이 족의 친족 관계 표현들은 지금도 이백 종 이상의 친족 관계에서 서로 일치한다. 그리고 이 인도 부족들의 현행 가족 형태에서 생겨나는 친족 관계는 역시 모든 아메리카 인디언들과 마찬가지로 친족 체계와 모순된다.

　　그러면 이것은 어떻게 설명해야 하는가? 모든 야만인과 미개인의 사

15 회 질서에서 친족이 결정적인 역할을 한다는 점을 고려할 때, 이렇게 널리 보급되어 있는 체계의 의의를 상투적 설명으로 어물쩍 외면해 버릴 수는 없다. 아메리카에서 일반적으로 실행되고 있으며 아시아에서 인종이 전혀 다른 민족들 사이에 존재하고, 또 형태가 좀 다를 뿐이지 아프리카나 오스트레일리아의 어디에서나 흔히 찾아볼 수 있는 이러한 제도에 대해서 우리

20 는 역사적으로 설명해야 할 필요가 있다. 예컨대 맥레넌이 시도하였던 것처럼[16] 상투적 설명으로 어물쩍 외면해서는 안 된다. 아버지, 자녀, 형제, 자매라는 호칭은 단순한 존칭이 아니며, 아주 명확하고 극히 엄숙한 서로간의 의무를 수반하는 것으로서, 이 의무의 총체가 이 민족들의 사회 제도의 본질적인 부분을 이룬다. 설명할 길이 없지 않았다. 샌드위치 제도(하와이)에

25 는 금세기 전반까지도 아메리카-고대 인도의 친족 체계가 요구하는 바로 그러한 아버지와 어머니, 형제와 자매, 아들과 딸, 아저씨와 아주머니, 조카와 조카딸을 볼 수 있는 가족 형태가 존재하였다. 그런데 이상한 점이 한 가지 있다! 하와이에서 실행되고 있던 친족 체계도 역시 그곳에 실제로 존재하는 가족 형태와 일치하지 않았다. 요컨대, 그곳에서 사촌들은 예외 없

이 모두 형제 자매이고, 또 그들은 비단 자기 어머니와 어머니의 자매의 공동의 자녀들 혹은 자기 아버지와 아버지의 형제의 공동의 자녀들로 인정받을 뿐 아니라, 더 나아가 자기들의 부모의 동기 전체의 공동의 자녀들로도 인정받는다. 따라서 아메리카 친족 체계가 아메리카에서는 사라졌으나 하와이에는 아직 실제로 남아 있는 한층 원시적인 가족 형태를 전제한다면, 한편 하와이의 친족 체계는 그보다 더 원시적인 가족 형태가 있었다는 것을 말해 준다. 물론 우리는 이런 가족 형태가 있었다는 증거를 어디서도 찾을 수 없다. 하지만 그것은 **틀림없이** 존재했다. 왜냐하면, 그렇지 않다면 그에 상응하는 친족 체계가 성립할 수 없었을 것이기 때문이다.

모건은 다음과 같이 말했다. "가족은 능동적인 요소이다; 그것은 결코 한 자리에 머물러 있지 않으며, 사회가 낮은 단계에서 높은 단계로 발전함에 따라 낮은 형태에서 높은 형태로 전진한다. 반대로 친족 체계는 수동적이다; 그것은 가족이 시간과 함께 이룬 진보를 오랜 시간이 지나서야 비로소 기록하며, 가족이 근본적으로 변화하고 난 뒤에만 근본적인 변화를 겪는다."[14]

맑스는 다음과 같이 덧붙였다. "그리고 정치, 법률, 종교, 철학 등의 각 체계에서도 사태는 일반적으로 이와 똑같다." 가족이 계속 살아서 움직이는 동안에, 친족 체계는 화석화한다. 그리고 친족 제도가 관습으로서 존속하는 동안에, 가족은 성장하여 이 체계의 틀을 벗어난다. 그리고 퀴비에가 빠리 근처에서 발견된 동물 골격의 주머니 뼈를 보고서 그것이 육아낭 동물의 뼈이며 지금은 멸종된 육아낭 동물이 옛날에 그곳에 살았다고 확실하게 결론 내릴 수 있었던 것처럼, 우리도 그만큼 확실하게, 역사적으로 물려받은 친족 체계에 근거하여 지금은 사라지고 없지만 이 친족 체계에 상응하는 가족 형태가 예전에 존재했다는 결론을 내릴 수 있다.

방금 언급한 친족 체계들과 가족 형태들이 오늘날 지배적인 친족 체계들 및 가족 형태들과 다른 점은 어떤 아이라도 여러 명의 아버지와 어머니를 갖고 있다는 것이다. 하와이 식 가족에 상응하는 아메리카 식 친족 체계에서는, 형제와 자매는 동일한 한 아이의 아버지와 어머니가 될 수 없다; 그러나 하와이 식의 친족 체계는 그와 반대로 이것을 규칙으로 하는 가족을 전제한다. 여기서 우리는 지금까지는 보통 한 가지밖에 없는 것으로 여겨졌던 가족 형태와 직접 모순되는 일련의 가족 형태들을 보게 된다. 종래의 표상에서는 다만 단혼, 그리고 이와 아울러 일부다처제, 더 나가 봤자 일처다부제가 있었을 뿐이다. 그리고 종래의 표상은, 공적 사회가 강요하는
5 이 경계들이 실제 생활에서는 슬그머니 그리고 거침없이 무시되고 있다는 사실을 위선적 속물답게 침묵으로 덮어두려 한다. 그런데 원시사 연구가 보여주는 바에 따르면, 남자들이 다처제 생활을 하는 한편 그 여자들도 동시에 다부제 생활을 하며, 이에 따라 쌍방의 아이들이 그들 모두의 공동의 아이들로 인정되는 상태가 있었다 ; 그런데 이 상태 자체는 또한, 그것이 종국
10 적으로 분해되어 단혼이 될 때까지 일련의 변화를 겪게 된다. 이 일련의 변화란, 공동 부부의 유대가 포괄하는 범위가 처음에는 대단히 광범위하다가 점차 축소되어 결국 오늘날 지배하고 있는 바와 같은 일대일의 부부만이 남게 되는 과정을 말한다.

　　모건은 이처럼 가족사를 거슬러 올라가면서 구성하다가, 그의 다수의
15 동료들과 일치하는 견해로서, 다음과 같은 하나의 원시 상태, 즉 한 부족 내부에서 무제한적 성교가 지배하는 따라서 모든 여자가 모든 남자에게 속하고 또 모든 남자가 모든 여자에게 속하는 상태가 있었다고 결론짓게 되었다. 이러한 원시 상태에 대한 논의는 이미 지난 세기부터 있었지만, 그것은 일반적이고 상투적인 문구 이상의 것이 아니었다 ; 바호펜이 처음으로
20 이것을 진지하게 언급하고 역사적 종교적 전통 속에서 이 상태의 흔적들을 찾는 시도를 하였는바, 이것이 그의 위대한 공적 가운데 하나이다. 오늘날 우리가 알고 있는 바에 따르면 그가 발견한 흔적들은, 무규율적 성교라는 사회 단계에서 연원하는 것들이 아니라 훨씬 더 이후의 형태인 군혼에서 연원하는 것들이다. 위와 같은 원시 상태는 설령 그것이 존재했었다 하더라
25 도 까마득한 옛날의 시기에 속하는 것이어서, 미발달한 야만인들의 경우에 그러한 것처럼 사회적 화석 속에서 그것이 한때 존재했다는 **직접적** 증거를 찾는다는 것은 거의 기대할 수 없다. 바호펜의 공적은 딴 데 있는 것이 아니라 바로 이 문제를 연구의 전면에 내세웠다는 데 있다.[3]

---

3) 바호펜이 자신이 발견한 것, 아니 차라리 추측한 것에 대해서 얼마나 제대로

최근에는 인류의 성생활에 이러한 시초 단계가 있었다는 것을 부정하는 것이 하나의 유행이 되었다. 사람들은 인류에게 이러한 '치욕'을 면제해 주고 싶은 것이다. 이에 대해 사람들은 어떠한 직접적 증거도 없다는 것을 구실로 삼을 뿐만 아니라, 특히 다른 동물계의 사례를 구실로 삼는다 ; 르뚜르노(『결혼 및 가족의 진화』, 1888년)는 동물계에서 수많은 사실들을 수집하여 동물계에서도 무규율적 성교는 낮은 단계에만 존재한다고 주장했다. 그러나 내가 그 모든 사실들로부터 내릴 수 있는 유일한 결론은 인간과 인간의 원시 시대 생활 관계들에 대해서 그 사실들이 아무것도 증명하지 못한다는 것이다. 척추 동물에게 상당 기간 동안 대우 관계가 존재한다는 것은 생리학적 원인들로 충분히 설명된다. 예컨대 조류의 경우에 암컷은 알을 품고 있는 동안 도움을 필요로 한다는 식으로 설명할 수 있다 ; 조류에서 볼 수 있는 충실한 일부일처제의 사례는 인간에 대해서는 아무것도 증명해 주지 못한다. 왜냐하면 인간은 조류의 혈통을 잇고 있지 않기 때문이다. 그리고 엄격한 일부일처제가 지고의 덕이라면, 촌충이야말로 월계관을 써야 할 것이다. 촌충은 50 개에서 200 개에 이르는 각각의 편절 또는 체절마다 완벽한 자웅의 생식기를 갖고 있으며, 이 각각의 체절에서 자기 교미를 하면서 전 생애를 보낸다. 그런데 포유 동물에 국한해 보면, 우리는 여기서 무규율적인 성생활, 군혼을 상기시키는 성생활, 일부다처제, 단혼 등 모든 종류의 성생활을 볼 수 있다 ; 일처다부제만 없는데, 이것은 인간에게만 있을

이해하지 못했는가는 그가 이 원시 상태에 대해서 난교라는 이름을 붙인 데서 드러난다. 난교란 말은, 그리스 인들이 이 말을 처음 쓸 무렵에는, 독신 또는 단혼 생활을 하는 남자가 독신 여자와 관계를 맺는 것을 가리켰다. 요컨대 그것은 언제나 그러한 관계 바깥에 존재하는 일정한 결혼 형태를 전제하는 것이며, 적어도 이미 가능성으로서 매춘을 내포하는 것이었다. 이 말이 이러한 의미 외의 다른 뜻으로 사용된 적은 한 번도 없었으며, 나는 모건과 같이 이러한 의미로만 이 말을 사용할 것이다. 바호펜의 극히 중요한 발견들은 그의 상상, 요컨대 역사적으로 성립한 남녀 관계를 인간의 현실적 생활 관계에서 연원하는 것이 아니라 각 시기에 인간들이 가졌던 종교적 표상들에서 연원하는 것이라고 본 그의 상상으로 말미암아 도처에서 황당 무계한 것들로 신비화되고 만다.

수 있다. 우리와 가장 가까운 네 발을 가진 척추 동물조차도 암컷과 수컷의 결합은 천차만별이다 ; 범위를 좀더 좁혀 네 종류의 유인원만을 보더라도, 르뚜르노는 그것들은 때로는 일부일처제, 때로는 일부다처제 생활을 한다고 이야기할 수밖에 없다. 지로-떨롱의 인용에 따르면, 소쉬르는 그것들은 일부일처제 생활을 한다[17]고 주장한다. 또한 베스테르마르크(『인류 결혼사』, 런던, 1891년)가 최근에 들고 나온 주장, 즉 유인원이 일부일처제 생활을 한다는 주장 역시 결코 증거가 될 수 없다. 요컨대 보고들의 성격을 짐작하려면, 정직한 르뚜르노의 다음과 같은 인정이 참고가 될 것이다 :

"그런데 포유 동물에서는 지능의 발전 정도와 성교 형태 사이에 엄밀한 관계가 전혀 없다."

그리고 에스뻬나(『동물 사회』, 1877년)는 솔직하게 다음과 같이 말한다 :

"무리는 동물들에게서 관찰할 수 있는 최고의 사회 집단이다. 그것은 가족들로 구성되어 있는 것처럼 보이지만, 가족과 무리는 이미 처음부터 적대 관계에 있으며 양자의 발전은 반비례한다."[18]

이상에서 명백히 알 수 있듯이, 우리가 유인원의 가족 집단과 그 밖의 사회적 집단에 대해서 확실히 알고 있는 것은 거의 전무하다시피 하다 ; 보고들은 서로 직접적으로 모순된다. 이것 역시 놀랄 만한 일이 아니다. 야만인 부족들에 대해 우리가 갖고 있는 보고들조차 얼마나 서로 모순되고 또한 비판적으로 검토하고 걸러 낼 필요가 있는 것들인가 ; 그런데 원숭이 사회는 인간 사회보다 훨씬 더 관찰하기 어렵다. 그러므로 당분간 우리는 전혀 믿을 수 없는 그러한 보고들로부터 이끌어 낸 결론들을 일체 거부하지 않으면 안 된다.

이와는 반대로, 위에서 인용한 에스뻬나의 명제는 우리에게 훨씬 더 훌륭한 실마리가 된다. 고등 동물에서 무리와 가족은 상호 보충적이지 않고 대립한다. 에스뻬나는 교미기의 수컷 간의 질투심이 어떻게 사회적 무리들을 느슨하게 하거나 일시적으로 해체하는가를 훌륭하게 묘사하였다.

"가족이 긴밀하게 결합되어 있는 곳에서, 무리의 형성은 아주 드문 예
외에 속한다. 반대로 자유 성교 또는 일부다처제가 지배적인 곳에서는 무리
는 거의 자연적으로 생겨난다……무리가 생겨나기 위해서는 가족 유대가
느슨해지고 개체가 다시 자유로워지지 않으면 안 된다. 그런 이유 때문에 조
류에서는 조직적인 무리를 거의 발견할 수 없다……이와는 반대로 포유 동   5
물들에서는 어느 정도 조직 사회를 볼 수 있는데, 왜냐하면 이 경우에는 개
체가 가족에 용해되어 있지 않기 때문이다……그러므로 무리의 공동 감정
의 성립에서 가족의 공동 감정보다 더 큰 적은 있을 수 없다. 우리는 다음과
같이 말하지 않으면 안 된다 : 만약 가족보다 높은 사회 형태가 발전했다면,
그것은 가족이 근본적 변화를 겪고서 그 사회 형태에 흡수되었기 때문이라   10
고밖에 볼 수 없다 ; 그렇다고 해서 이 때문에 나중에 훨씬 더 유리한 상황에
서 이 가족이 재조직될 가능성이 배제되지는 않는다."(에스삐나, 앞의 책, 지
로-뙬롱, 『결혼 및 가족의 기원』, 1884년, 518-520면에서 인용.)

이상에서 명백해지듯이, 동물 사회는 물론 인간 사회를 유추하는 데
어떤 가치를 갖고 있다──그러나 그것은 부정적 가치일 뿐이다. 우리가   15
확인한 한에서, 고등 척추 동물의 가족 형태는 두 가지밖에 없다 : 일부다처
제와 개별적 대우 관계 ; 어느 경우에도 오직 한 마리의 성숙한 수컷, 오직
하나의 남편만이 허용된다. 수컷의 질투는 가족의 유대의 끈임과 동시에 가
족을 가둬 놓는 장벽인바, 동물 가족과 무리를 대립시킨다 ; 더 높은 군거
형태인 무리는 수컷의 질투 때문에 때로는 불가능해지고, 때로는 느슨해지   20
며, 때로는 교미기 동안에 완전히 해체되기도 하는바, 가장 영향을 덜 받는
경우에도 수컷의 질투심은 무리의 지속적 발전에 방해가 된다. 이것만으로
도, 동물 가족과 인간의 원시 사회는 서로 양립하지 않는다는 것 ; 동물 상
태를 막 벗어난 원시인은 가족을 전혀 몰랐거나 기껏해야 동물에게서는 볼
수 없는 가족을 알았다는 것을 증명하기에 충분하다. 생성 과정에 있는 인   25
류와 같은 방어력 없는 동물의 경우에서, 베스테르마르크가 사냥꾼들의 보
고에 의거하여 고릴라와 침팬지가 바로 그렇다고 밝히고 있듯이, 개별적 대
우 관계를 최고의 군거 형태로 할 정도의 고립적 상태에서도 소수는 살아
남을 수 있었다. 동물 상태를 벗어나는 발전을 이루기 위해서는, 자연계에
서 이룰 수 있는 최대의 진보를 이루기 위해서는 또 다른 추가 요소가 필요

하였다 : 개체의 불충분한 방어력을 무리의 결합된 힘과 협동 작업으로 보충하는 것이다. 오늘날 유인원들이 살고 있는 바와 같은 생활 관계들로부터는 결코 인류로의 이행을 설명할 수 없을 것이다 ; 오히려 이 유인원들은 점차 멸종해 가는, 어쨌든 쇠퇴의 길을 걷고 있는, 옆길로 들어선 방계라는

5 인상을 준다. 이것만으로도 유인원의 가족 형태와 원시인의 가족 형태의 유사성에 근거해서 내린 어떠한 결론들도 거부할 만한 충분한 이유가 된다. 그런데 동물에서 인간으로의 발달은 비교적 크고 영속적인 집단 속에서만 이루어질 수 있는 것이기 때문에, 그러한 집단이 형성되기 위한 첫째 조건은 성숙한 수컷들이 서로를 묵인하는 것, 즉 질투에서 자유로워지는 것이었

10 다. 그런데, 역사 속에 부인할 수 없는 증거가 있고 또 오늘날에도 이곳 저곳에서 연구할 수 있는 가장 오래되고 가장 원시적인 가족 형태는 어떤 것인가? 군혼, 즉 남성 집단 전체와 여성 집단 전체가 서로에게 속하며 질투의 여지를 거의 남기지 않는 가족 형태이다. 더구나 이후의 발전 단계에서 일처다부제라는 예외적인 형태를 보게 되는데, 이것은 질투의 감정과 더욱

15 더 어울릴 수 없는 것이며, 따라서 동물에게서는 볼 수 없는 것이다. 그런데 우리가 알고 있는 군혼의 형태들은 아주 독특하고 복잡한 조건들을 수반하는바, 이는 결국 필연적으로 앞선 시기에 더 단순한 성관계의 형태들이 있었음을 따라서 결국에는 동물의 상태에서 인간의 상태로의 이행기에 상응하는 무규율 성교의 시기가 있었음을 암시한다. 따라서 동물의 결혼을 언

20 급하는 것은 우리가 영원히 떠나지 않으면 안 되었던 바로 그 지점에 다시 우리를 데리고 가는 것이 된다.

그러면 무규율적 성교란 무엇을 의미하는가? 그것은 오늘날 통용되고 있는 또는 이전 시대에 통용되었던 금제禁制의 장벽이 당시에는 존재하지 않았다는 것을 의미한다. 앞서 목격했듯이, 질투의 장벽은 이미 무너졌다.

25 확실히 말할 수 있는 게 있다면, 그것은 질투가 비교적 늦게 발달한 감정이라는 것이다. 근친 상간이라는 관념에 대해서도 마찬가지로 말할 수 있다. 형제와 자매는 태초에는 서로 부부였을 뿐 아니라, 부모와 자식 사이의 성교도 오늘날 많은 민족들 사이에서 허용되고 있다. 반크로프트(『북아메리카 태평양 연안 주들의 원주민 종족들』, 1875년, 제1권)는 베링 해협 연안

의 카비아트 족, 알라스카 부근의 카디아크 족, 영국령 북아메리카 오지의
틴네 족 들 사이에 이런 관계가 있음을 증명하고 있다 ; 르뚜르노는 치페웨
인디언, 칠레의 쿠쿠 족, 인도차이나의 카라이브 족과 카렌 족 들 사이에서
동일한 사실에 대한 보고들을 수집하였다 ; 파르티아 인, 페르시아 인, 스키
타이 족, 훈 족 등에 관한 고대 그리스 인과 로마 인의 이야기에 관해서는　5
더 말할 것도 없다. 근친 상간이 발명(이것은 하나의 발명이며, 그것도 극히
가치 있는 발명이다)되기 전에는 부모와 자식 사이의 성교가 세대를 달리
하는 사람들 사이의 성교보다 더 혐오스러운 것일 수 없었다. 사실 후자의
경우는 오늘날 극히 속물적인 나라들에서조차 이루어지고 있으며, 크게 놀
라운 일로 받아들여지지 않는다 ; 간혹 60 세가 넘는 늙은 '처녀'라도 재산만　10
많으면 30 세쯤 되는 젊은 남자와 결혼하는 경우가 있다. 그런데 만일 우리
가 알고 있는 가장 원시적인 가족 형태에서 그것과 연결되어 있는 근친 상
간에 대한 표상들 —— 이 표상들은 현대의 그것과는 전혀 다르며, 또 종종
그것과 직접 모순된다 —— 을 제거한다면 무규율적이라고밖에 말할 수 없
는 성교 형태를 얻게 된다. 이 성교 형태가 무규율적이라고 하는 것은, 나　15
중에 관습에 의해 만들어진 제한들이 아직 존재하지 않았던 한에서이다. 그
러나 그렇다고 해서 일상의 실천에서조차 뒤죽박죽의 성교가 이루어졌다는
것은 결코 아니다. 일시적인 개별적 대우 관계는 사실 오늘날의 군혼의 경
우에서조차 대부분 그러한 것처럼, 결코 배제되지 않는다. 그리고 이러한
원시 상태를 부정하는 가장 최근의 인물인 베스테르마르크는 양성 兩性 이　20
아이를 낳을 때까지 대우 관계를 유지하는 모든 경우를 결혼이라고 했는데,
그렇다면 이런 종류의 결혼은 무규율 성교 상태에서도 무규율 즉 관습에
의해 세워진 성교 장벽이 없는 것과는 조금도 모순되지 않고 충분히 존재
할 수 있었다고 말해야 할 것이다. 물론 베스테르마르크는 다음과 같은 관
점에서 출발하였다.　25

　"무규율은 개인적 기호의 억압을 포함한다." 따라서 "매음은 그 가장 순수한
　형태이다."

　나는 오히려, 매음굴의 안경을 통해서 보는 한 원시 상태를 이해하는

것은 영원히 불가능하다고 생각한다. 이 문제는 군혼을 고찰할 때 다시 다루도록 하자.

모건에 따르면 이와 같은 무규율 성교의 원시 상태로부터 다음과 같은 가족 형태가 아마도 매우 일찍부터 발전해 나왔다 :

1. **혈연 가족, 가족의 첫째 단계**. 여기서는 혼인 집단이 세대별로 나눠진다 : 가족의 범위 내에 있는 모든 조부와 조모는 서로 남편과 아내이며, 그들의 자녀들 다시 말해서 아버지들과 어머니들의 경우도 마찬가지다. 또한 이 후자의 자녀들은 공동 배우자의 제3집단을 형성하며, 그 자녀들 즉 제1집단의 증손들은 제4집단을 형성한다. 그러므로 이 가족 형태에서는 다만 선대와 후대 간에서만, 즉 부모와 자녀들 간에서만 서로 결혼할 권리와 의무(우리라면 이렇게 말할 것이다)가 배제된다. 형제와 자매, 즉 친형제와 친자매, 종형제와 종자매, 재종 형제와 재종 자매 등등은 모두 서로 형제 자매이며 **바로 그렇기 때문에** 서로가 모두 부부이다. 이 단계에서 형제 자매의 관계 속에는 서로간의 성교 행위가 당연한 일로서 포함되어 있다.[4] 이와

---

4) 맑스는 1882년 봄의 한 편지에서 바그너의 『니벨룽엔』의 대본에서 나타나는 원시 시대의 완전한 위조에 대해서 극히 격렬한 어구로 자신의 견해를 피력하였다.[19] "오빠가 누이를 아내로서 포용한다는 이야기를 들어본 적이 있는가?"[20] 자신들의 애정 문제에 그야말로 현대적인 양식으로 근친 상간이라는 양념을 친 바그너의 이 '색욕의 신들'에 대하여, 맑스는 다음과 같이 대답하였다 : "원시 시대에 누이는 아내였다. 그리고 그것은 도덕적이었다." ──(제4판에 붙인 주.) 바그너의 친구이며 숭배자인 어느 프랑스 인은 이 주석에 동의하지 않고 다음과 같이 지적하였다. 바그너가 전거로 삼았던 『구舊 에다』에 있는 「외기스드렉카」의 노래를 보면 이미 로키는 프레이아를 이렇게 비난하고 있다 : "너는 신들 앞에서 너의 오빠를 포용하였다." 따라서 형제 자매 사이의 결혼은 당시 벌써 금지되어 있었다. 그러나 「외기스드렉카」는 고대 신화에 대한 믿음이 완전히 무너진 시대의 반영이다 ; 그것은 신들에 대한 순전히 루치안 식의 풍자시이다. 그 풍자시로 로키가 메피스토펠레스로서 프레이아를 비난하는 것은 오히려 바그너를 논박하는 것이다. 또 몇 구절 다음에 로키는 니요르드에게 이렇게 말한다 : "너는 너의 누이와 함께 (그런) 자식을 낳았다"(vidh systur thinni gaztu slikan mög).[21]

같은 가족의 전형적인 모습은 한 쌍의 부부의 자손들로 이루어질 것이다. 각 세대의 자손들은 모두 서로가 형제 자매이며 바로 그렇기 때문에 서로가 모두 부부이다.

혈연 가족은 사멸하였다. 역사가 이야기하는 가장 자연 그대로의 민족들조차 이에 대한 입증 가능한 실례를 단 하나도 제공하지 않고 있다. 그러나 이러한 가족 형태 하에서가 아니면 도저히 성립할 수 없는, 혈연의 촌수를 표현하는 하와이 식 친족 체계가 지금도 폴리네시아 전역에서 통용되고 있는 것으로 보아 이러한 가족이 **틀림없이** 존재했음을 인정하지 않을 수 없다. 또한 그 후 가족의 발전 전체가 이러한 형태를 필연적 선행 단계로서 전제하는 것을 보더라도 이것을 인정하지 않을 수 없다.

2. **푸날루아 가족.** 가족의 조직에서 부모와 자녀의 성교를 배제하는 것이 첫 번째의 진보라면, 두 번째의 진보는 형제와 자매의 성교를 배제하는 것이었다. 이 두 번째의 진보는 당사자들의 연령차가 적기 때문에 훨씬 더 중요한 일이었으나 또 훨씬 더 어려운 일이기도 했다. 그것은 점차적으로 이루어졌다. 아마 친형제 자매들(즉, 어머니 편의)의 성교를 배제하는 몇몇 고립적인 경우들이 먼저 나타나고, 이것이 점차 규칙이 되어 가다가(하와이에서는 현 세기에서도 이러한 규칙들에 대한 예외가 있었다), 마침내는 방계 형제 자매, 즉 오늘날의 호칭으로 하자면 사촌, 육촌, 팔촌 들 사이의 결혼이 금지되는 수준에 이르게 되었을 것이다 ; 모건에 따르면, 이것은

"자연 도태의 원리가 어떻게 작용하는가를 보여주는 훌륭한 실례이다".[14]

물론 니요르드는 아사 족이 아니고 바나 족이다. 그리고 그는 「잉글링가 사가」에서 형제 자매의 결혼은 바나 족의 땅에서는 보통 일이나 아사 족의 땅에서는 그렇지 않다고 말하고 있다. 이것은 바나 족이 아사 족보다 훨씬 더 오래 된 신들임을 보여주는 것이다.[22] 그래도 니요르드는 아사 족 사이에서 그들과 대등한 존재로서 살아간다. 그러므로 「외기스드렉카」는 오히려 노르웨이 신화 발생기에는 형제 자매 간의 결혼이 적어도 신들 사이에서 아직 아무런 혐오감도 불러일으키지 않았다는 증거가 된다. 바그너를 변호하고 싶다면 『에다』 대신에 괴테를 인용하는 것이 더 좋을 것이다. 괴테는 신과 무희에 관한 담시에서 여자가 몸을 바치는 종교적 행동과 관련하여 이를 현대의 매춘에 너무나 접근시키는 비슷한 오류를 범하고 있다.

말할 필요도 없겠지만, 이러한 진보로 근친 상간에 제한을 받게 된 부족들은 여전히 형제와 자매의 결혼을 법칙과 의무로 삼는 부족들보다 더 급속하게 더 전면적으로 발전했을 것이다. 또 이 진보의 영향이 얼마나 강하게 느껴졌는가는 이 진보의 직접적 산물이며 또한 그 목적을 훨씬 넘어서 버린 씨족 제도가 증명하고 있다. 이 씨족은 지구상의 미개 민족 전부는 아닐지라도 그 대부분의 사회 제도의 기초를 이루며, 그리스나 로마에서는 이 씨족에서 곧바로 문명으로 이행한다.

모든 원시 가족은 늦어도 두세 세대를 거치면 분해될 수밖에 없었다. 미개의 중간 단계에 이르기까지 예외 없이 지배하고 있던 원시 공산주의적 공동 세대는 가족 공동체의 최대 한도를 규정하였다. 이 한도는 사정에 따라 다르기는 했지만, 각 지역에서 대체로 일정하였다. 한 어머니의 자녀들 간의 성교가 온당치 않다는 관념이 생기자, 그것은 낡은 세대 공동체의 분해와 새 세대 공동체(그러나 이 공동체가 반드시 가족 집단과 일치하는 것은 아니었다)의 수립에 영향을 주지 않을 수 없었다. 한 집단 또는 여러 집단의 자매가 한 세대 공동체의 핵심이 되고 그들의 친형제들은 다른 세대 공동체의 핵심이 되었다. 이러한 또는 이와 유사한 방법으로 모건이 말한 푸날루아 가족이라는 가족 형태가 혈연 가족으로부터 발전해 나왔다. 하와이의 관습에 의하면, 일정한 수의 친자매 또는 방계의 자매들(즉, 사촌 자매, 육촌 자매 또는 그보다 촌수가 먼 자매 등등)은 그들의 공동 남편들의 공동 아내들이었다. 그러나 그들의 형제들은 그들의 공동 남편들에서 제외되었다 ; 이 남편들은 이제 더 이상 서로 형제라고 부르지 않았고, 또 그렇게 부를 필요도 없었다. 그들은 서로를 푸날루아라고 불렀다. 푸날루아란 친근한 동료, 말하자면 동반자 Associé 를 말한다. 이와 마찬가지로 한 집단의 친형제 또는 방계의 형제들도 자신의 자매가 아닌 일정한 수의 여자들과 공동의 결혼 생활을 하였다. 이 여자들도 서로를 푸날루아라고 불렀다. 이것이 가족 구성체의 고전적인 형태이다. 이것은 그 후 일련의 변화를 겪게 되지만 그 본질적 특징은 다음과 같다 : 일정한 가족 권역 내에서 남편들과 아내들이 서로를 공유한다는 것. 그러나 이 가족 권역에서 최초에는 아내 편의 친형제, 나중에는 또 방계의 형제가 배제되었으며, 따라서 다른 편에서는 또 남편들의 자매가 배제되었다.

　　이 가족 형태는 아메리카 식 친족 체계가 표현하는 촌수 관계를 가장 완전하고 정확하게 우리에게 제공한다. 내 어머니의 자매의 자녀들은 역시 내 어머니의 자녀이기도 하다. 그와 마찬가지로 내 아버지의 형제의 자녀들은 또한 내 아버지의 자녀이기도 하다. 그리고 그들 모두는 또 나의 형제 자매이다 ; 그러나 내 어머니의 형제의 자녀들은 내 어머니의 조카 또는 조카딸이고, 내 아버지의 자매의 자녀들은 내 아버지의 조카 또는 조카딸이며, 그들 모두는 또 나의 사촌 형제 또는 사촌 자매이다. 왜냐하면 내 어머니의 자매의 남편들은 역시 내 어머니의 남편이고, 마찬가지로 내 아버지의 형제의 아내들은 내 아버지의 아내들이며——실제로는 반드시 그런 것도 아니지만 법적으로는 그렇다——친형제 자매 간의 성교가 사회적으로 금지됨으로써 종래에는 차별 없이 형제 자매라고 인정되던 형제 자매의 자녀들이 두 부류로 구분되었기 때문이다 : 한 쪽은 전과 마찬가지로 서로 (방계의) 형제 자매지만, **다른 한** 쪽은 형제의 자녀들과 자매의 자녀들이 더 이상 형제 자매일 **수 없다.** 그들은 더 이상 아버지건 어머니건 어느 쪽이건 공동의 부모를 가질 수 없다. 따라서 여기서 처음으로 이전의 가족 질서 하에서는 아무런 의미가 없던 조카와 조카딸, 사촌 형제와 사촌 자매라는 촌수가 필요하게 된다. 이러저러한 종류의 단혼에 기초하는 가족 형태 하에서는 아주 불합리한 것으로 보였던 아메리카 식 친족 체계가 푸날루아 가족에 의해서는 극히 세밀한 점에 이르기까지 합리적인 설명과 자연적인 근거를 얻게 된다. 적어도 이 친족 체계가 이만큼 보급되어 있었다면, 푸날루아 가족 또는 그와 유사한 형태도 틀림없이 이만큼 존재했을 것이다.

　　만일 경건한 선교사들이 이전에 아메리카에 와 있던 에스빠냐 수도사들처럼 이와 같은 비기독교적 관계 속에서 단순한 '혐오' 이상의 무언가를 간파할 능력이 있었더라면, 하와이에 실제로 존재했음이 입증된 이 가족 형태는 아마 폴리네시아 전체에 걸쳐서 증명될 수 있었을 것이다.[5] 케사르는

5

10

15

20

25

---

5) 바호펜이 자신이 발견했다고 믿는 무차별 성교, 즉 그의 이른바 '문란한 생식'의 흔적이 군혼에 귀착된다는 사실은 지금에 와서는 이미 의심의 여지가 없다. "바호펜은 이 푸날루아 결혼을 '무법률적인 것'으로 간주했지만, 당시

당시 미개의 중간 단계에 있던 브리튼 족에 관하여 "그들은 10 명 내지 12 명마다 아내를 공동으로 소유하고 있으며, 그것도 대부분 형은 동생들과 함께, 부모는 자녀들과 함께 소유하고 있다"고 말하고 있다──이것은 군혼으로 설명하는 것이 가장 타당하다. 미개 시대의 어머니들에게는 공동의 아내들을 가질 수 있을 만큼 성장한 아들이 10 명 내지 12 명씩 있을 수 없지만, 푸날루아 가족에 상응하는 아메리카 식 친족 체계에는 많은 형제가 있게 된다. 왜냐하면 멀고 가까움을 가릴 것 없이 한 남자의 사촌 형제들은 모두 형제들이기 때문이다. "부모는 자녀들과 함께"라는 표현은 아마도 케사르의 오해일 것이다 ; 이 아메리카 식 친족 제도가 아버지와 아들, 혹은 어머니와 딸이 동일한 혼인 집단에 속해 있을 가능성을 절대적으로 배제하는 것은 아니다. 그렇지만 아버지와 딸, 어머니와 아들이 하나의 혼인 집단에 속하는 것은 허용되지 않는다. 이와 마찬가지로 이러한 혹은 이와 유사한 군혼 형태에 기초한다면 야만인과 미개인들의 아내 공유제에 관한 헤로도투스와 기타 고대 저술가들의 보고는 아주 간단하게 설명될 수 있다. 아우드(갠지즈 강 북부)의 티쿠르 족에 관한 왓슨과 케이(『인도의 주민』)의 다음과 같은 묘사에 대해서도 그렇게 말할 수 있다 :

> "그들은 큰 공동체 안에서 거의 무차별한 동거 생활"(요컨대, 성적인 동거 생활)"을 하고 있다. 그리고 두 사람이 부부라고 인정되고 있는 경우에도 이 유대는 명목적인 것에 불과하다."

씨족이라는 제도는 대부분의 경우 푸날루아 가족에서 직접 발생한 것으로 보인다. 하긴 오스트레일리아의 분족分族 제도 Klassensystem 역시 씨족 제도의 출발점을 제공한다 ; 이 오스트레일리아 인들에게는 씨족은 있으나 아직 푸날루아 가족은 없고 한층 조야한 군혼의 한 형태가 있다.

군혼 가족 제도의 어떤 형태에서도 누가 아이의 아버지인가는 확실하

의 사람들은 아버지 편 또는 어머니 편의 혹은 멀고 혹은 가까운 사촌 형제들 사이에 맺어지는 오늘날의 결혼의 대부분을 근친 상간으로, 즉 혈연이 있는 형제 자매 간의 결혼으로 볼 것이다." (맑스)

지 않지만 누가 어머니인가는 확실하다. 설령 그녀가 전체 가족의 **모든** 자녀들을 자기의 자녀라고 부르고 또 그들에 대해 어머니로서의 의무를 진다 하더라도, 그녀는 자신의 친자녀들을 다른 자녀들과 구별한다. 여기서 명백한 바와 같이, 군혼이 존재하는 한 혈통은 어머니 편에 따라서만 입증될 수 있으며 따라서 여계만이 승인된다. 이것은 어떤 야만인과 어떤 낮은 단계의 미개인들에게서도 그러하다 ; 그리고 이것을 처음으로 발견한 것이 바로 바호펜의 두 번째 커다란 공적이다. 이와 같이 모계 혈통만이 인정되고 또 시간이 지남에 따라 여기서 발전하여 나온 상속 관계를 바호펜은 모권제라고 불렀다 ; 간단하기 때문에 나는 이 명칭을 그대로 둔다. 그러나 이러한 사회 단계에서는 법학적인 의미에서의 권리가 아직 문제될 수 없었기 때문에, 이 것은 적절하지 않은 표현이다.

이제 만일 우리가 푸날루아 가족 중에서 두 개의 전형적인 집단 중 하나를 취한다면, 즉 한 집단의 친자매들과 방계(즉 친자매에서 파생하는 제1 대, 제2대 또는 그 이상으로 먼) 자매들, 그리고 그들의 자녀들 및 어머니 편의 친형제나 방계 형제들(이들은 우리의 전제에 의하면 그 여자들의 남편이 아니다)을 취한다면, 나중에 씨족 제도의 원시 형태에서 한 씨족의 성원이 될 사람들의 범위를 알게 된다. 그들은 모두 공통의 한 족조모 族祖母 를 가진다. 이 족조모의 혈통을 이어 나왔기 때문에 각 세대의 여자 후손들은 모두 자매이다. 그러나 이 자매들의 남편들은 더 이상 그들의 형제일 수 없으므로 이 족조모의 혈통을 이을 수 없다. 따라서 앞으로 씨족이 될 이 혈연 집단에 속하지 않는다 ; 그러나 그들의 자녀들은 이 집단에 속한다. 왜 냐하면 오직 모계 혈통만이 확실하므로 그것만이 결정적이기 때문이다. 가장 먼 방계의 친족까지 포함하여 어머니 편의 모든 형제와 자매 간의 성교 금지가 확립되자, 위에서 말한 집단은 씨족으로 전화하였다. 즉, 서로 결혼해서는 안 되는 여계 혈연자들의 공고한 집단이 구성되었다. 이 집단은 그후 그 밖의 사회적, 종교적 성격의 공동 제도들에 의해 더욱더 공고해지고, 동일 부족의 다른 씨족들과 구별되게 된다. 이에 관해서는 후에 상세히 논하기로 하자. 그런데 푸날루아 가족에서 씨족으로의 발전이 필연적일 뿐만 아니라 명백하다는 것이 이해된다면, 씨족 제도가 이전에 존재했었음이 인

정되는 모든 민족, 요컨대 거의 모든 미개인과 문명인이 과거에 이러한 가
족 형태를 가졌음이 거의 확실하다고 추측할 만한 근거가 있게 된다.

모건이 자기의 저서를 쓰던 당시에는 군혼에 관한 우리의 지식은 아직
극히 제한적이었다. 분족으로 조직된 오스트레일리아 인의 군혼에 관한 것
이 어느 정도 알려져 있었고, 그 밖에는 이미 1871년에 모건이 발표했던[23]
것들, 즉 그가 입수한 하와이 푸날루아 가족에 관한 보고들뿐이었다. 푸날루
아 가족은, 한편으로는 모건의 전체 연구의 출발점이었던 아메리카 인디언
들 사이에 널리 퍼져 있는 친족 체계에 대한 완벽한 설명을 제공했다 ; 다른
한편으로 그것은 모권 씨족의 유래를 찾아가는 출발점이 되었다 ; 마지막으
로 그것은 오스트레일리아의 분족보다 훨씬 더 높은 발전 단계를 나타내는
것이었다. 그러므로 모건이 푸날루아 가족을 대우혼에 필연적으로 선행하는
발전 단계로 보고, 태고 시기에는 이것이 일반적으로 널리 퍼져 있었다고
생각한 것도 무리가 아니다. 그때 이후로 우리는 군혼의 여러 가지 다른 형
태들을 알게 되었으며, 그리하여 이제는 모건이 이 점에서 너무 많이 나갔
다는 것을 알게 되었다. 그러나 그가 만난 푸날루아 가족은 다행히도 군혼
의 최고 형태, 그 고전적 형태, 요컨대 더 높은 단계로의 이행이 아주 간단
히 설명되는 군혼 형태였다.

군혼에 관한 우리의 지식이 근본적으로 풍부해진 것은 영국 선교사 로
리머 파이슨 덕택이다. 그는 이 가족 형태를 그것의 고전적 터전인 오스트
레일리아에서 여러 해 동안 연구하였다. 그는 이 가족 형태의 가장 낮은 발
전 단계를 남오스트레일리아 마운트갬비어 지방의 오스트레일리아 흑인들
사이에서 발견하였다. 여기서는 모든 종족이 양대 분족, 크로키와 쿠미테로
갈라져 있다. 이 각 분족 내에서의 성교는 엄격하게 금지된다 ; 반대로 한
분족의 모든 남자는 다른 분족의 모든 여자의 타고난 남편이며, 또 후자는
전자의 타고난 아내이다. 개인이 아니라 집단 전체가, 요컨대 분족과 분족
이 서로 결혼한다. 그리고 주의해야 할 것은 여기서는 족외혼적인 두 분족
으로의 분열에 따른 제약을 제외하고는 연령의 차이나 특별한 혈연 관계에
근거한 제한 조건은 전혀 없었다는 점이다. 크로키 남자는 합법적으로 쿠미
테의 모든 여자를 자신의 아내로 삼는다 ; 그러나 크로키 남자가 쿠미테 여

자를 통해 얻은 딸은 모권에 의해 역시 쿠미테 여자가 되며, 따라서 자신의
아버지를 포함한 모든 크로키 남자의 타고난 아내가, 된다. 어쨌든 우리가
알기로는, 이 분족 조직은 여기서 아무런 제한도 두지 않는다. 그러므로 이
조직은 근친 상간을 제한하려는 희미한 충동이 있었음에도 불구하고 아직
부모와 자신 사이의 성교를 특별히 공포스러운 것으로 생각하지 않았던 시   5
대에 성립했던가——그렇다면 이 분족 제도는 무규율 성관계의 상태에서
직접 생겨났을 것이다——아니면 이 분족들이 성립했을 때는 그전에 이미
부모와 자식 사이의 성교가 관습에 의해 금지되어 있던 상태였던가 — 그렇
다면 오늘날의 상태는 그것에 선행하는 혈연 가족이 있었음을 보여주는 것
이며 또한 그것을 뛰어넘는 제1보를 내디뎠음을 말해 주는 것이다 — 둘 중   10
하나이다. 후자의 경우가 더 개연성이 있다. 내가 알고 있는 한, 부모와 자
식 사이의 결혼 관계의 실례는 오스트레일리아에서 보고된 적이 없다. 또한
족외혼의 후기 형태인 모권 씨족도 대체로 이러한 성관계의 금지가 씨족의
성립 이전에 이미 존재했었다는 것을 암묵적으로 전제하고 있다.

　　이 두 분족 제도는, 남오스트레일리아의 마운트갬비어 지방 외에도 동   15
부 다알링 강 유역이나 북동부의 퀸즈랜드에서도 볼 수 있으므로, 상당히
넓게 퍼져 있는 셈이다. 이 제도는 어머니 편의 형제 자매 사이, 형제의 자
녀들 사이, 자매의 자녀들 사이의 결혼만을 배제한다. 이들은 같은 분족에
속하기 때문이다 ; 이에 반해 자매의 자녀들과 형제의 자녀들은 결혼할 수
있다. 뉴사우스웨일즈의 다알링 강 유역의 카밀라로이 족 사이에서는 근친   20
상간을 방지하는 한 발 앞선 조치를 찾아볼 수 있다. 여기서는 원래의 두
분족이 네 개의 분족으로 나뉘지고, 이 각각의 네 분족은 다른 특정한 한
분족과 일괄적으로 결혼한다. 최초의 두 분족은 서로의 타고난 배우자이다 ;
자녀들은 어머니가 제1분족에 속하는가 제2분족에 속하는가에 따라서 제3
분족 또는 제4분족의 성원이 된다 ; 제3분족과 제4분족도 서로 결혼하게 되   25
는데, 이 두 분족의 자녀들은 다시 제1분족 또는 제2분족에 속하게 된다.
그러므로 언제나, 한 세대가 제1 또는 제2분족에 속할 때는, 그 다음 세대
는 제3 또는 제4분족에 속하게 되며, 또 그 다음 세대는 다시 제1 또는 제2
분족에 속하게 된다. 이 제도에 따르게 되면, (어머니 편의) 형제 자매의 자

녀들이 부부가 되는 것은 불가능하지만, 형제 자매의 손자 손녀들은 부부가 될 수 있다. 이 독특하고 복잡한 질서는 그 위에——어쨌든 나중 시기의 일이지만——다시 모권 씨족이 접목되면 한층 더 복잡해진다. 그러나 여기서는 이 문제를 다룰 수 없다. 우리가 여기서 확인할 수 있는 것은 근친 상간을 방지하려는 충동이 몇 번이고 다시 모습을 드러낸다는 것, 단 그것은 명확한 목적 의식 없이 자연 발생적으로 암중 모색적 양상으로 나타난다는 것이다.

군혼은 오스트레일리아의 경우에는 아직 분족혼, 즉 종종 대륙 전체에 걸쳐서 산재하고 있는 남자들의 한 분족 전체와 그만큼 넓게 퍼져 있는 여자들의 한 분족의 집단적 결혼 상태이지만——이 군혼은, 잘 관찰해 보면 매음굴을 생각하는 속물의 추잡한 상상과는 달리 그렇게 경악할 만한 것이 아니다. 반대로 오랜 세월이 지나서야 사람들은 겨우 그것의 존재를 어렴풋이 느끼게 되었으며, 최근에 와서야 그것의 존재가 다시 논쟁의 대상이 되었다. 피상적으로 관찰하는 사람들이 보기에 그것은 일종의 느슨한 단혼으로 보일 것이며, 곳에 따라서는 이따금씩의 부정 不貞 을 동반하는 일부다처제로 보일 것이다. 실제로 보통의 유럽 인에게 오히려 고국의 부부 관습을 연상시키는 이 결혼 상태를 규정하는 법칙을 발견하려면, 파이슨과 호위트가 그랬던 것처럼 몇 년에 걸친 작업을 해야만 한다. 이 규칙에 따르면, 오스트레일리아 흑인은 고향에서 수천 마일 떨어진 땅, 말도 통하지 않는 사람들 사이에서도 이 마을에서 저 마을, 이 부족에서 저 부족으로 돌아다니면서 반항도 하지 않고 서슴없이 몸을 허락하는 여자들을 쉽게 찾아낸다. 또 이 법칙에 따르면 여러 명의 아내를 가진 남자는 그의 아내 중의 한 명을 손님에게 제공하여 같이 자도록 한다. 유럽 인이 보기에 부도덕하고 규율이 없는 것으로만 보이는 곳에서도 실제로는 엄격한 규율이 지배한다. 여자들은 다른 통혼 분족의 것이며 따라서 그 분족의 타고난 아내이다 ; 양자를 서로 상대방으로 정하는 바로 이 도덕률은 각자가 속한 통혼 분족 외의 분족과 성교하는 것에 대해서 추방 등의 형벌을 통해 일절 금지한다. 여자를 유괴하는 것은 종종 발생할 뿐더러 어떤 지역에서는 관습이기도 한데, 이 경우에서조차 이 분족 법칙은 철저하게 지켜진다.

　　여자를 유괴한다는 것 자체가 이미, 적어도 대우혼의 형태로 단혼으로
의 이행의 기미를 보여주는 것이다 : 어떤 남자가 친구들의 도움을 받아 여
자를 유괴하거나 꾀어냈을 때, 그들 모두는 그녀와 차례로 성교를 한다. 그
러나 그 후에는 그녀는 유괴를 제안한 남자의 아내로 여겨진다. 그런데 반
대로 이 유괴 당한 여자가 그 남자에게서 달아나서 다른 남자에게 포획되　　5
면, 그녀는 이 다른 남자의 아내가 되며 그전 남자는 그의 특권을 잃는다.
이런 식으로 배타적 관계들 즉 길거나 짧은 일정 기간 동안의 대우 관계와
일부다처제는 전체로서 계속 존속하는 군혼 제도와 나란히 혹은 그 내부에
자리를 잡게 된다. 그러므로 이 경우에도 군혼은 점차 사멸의 길을 걷고 있
는 것이며, 문제는 다만 유럽 인의 영향 아래 먼저 무대에서 사라지는 것이　　10
무엇인가 하는 것뿐이다 : 군혼인가 아니면 그것을 실행하고 있는 오스트레
일리아 흑인인가.

　　어느 경우든 오스트레일리아에 퍼져 있는 분족 전체끼리의 결혼은 극
히 낮은 원시적 군혼 형태이며, 반면에 우리가 아는 한 푸날루아 가족은 군
혼의 가장 높은 발전 단계이다. 전자는 정처 없이 떠돌아다니는 야만인의　　15
사회적 상태에 상응하는 형태로 보이는 반면에, 후자는 상대적으로 안정적
인 공산주의적 공동체의 정착을 전제하며 그 다음의 더 높은 발전 단계로
곧바로 이어진다. 물론 언젠가 이 두 단계 사이의 중간 단계들이 틀림없이
발견될 것이다 ; 그러나 우리가 마주하고 있는 것은 이제 막 연구가 시작되
었을 뿐인 분야, 간신히 한 발을 내딛는 데 성공한 연구 분야이다.　　20

　　3. **대우혼 가족**. 시기의 길고 짧음의 차이는 있지만 어느 정도의 대우
관계는 군혼 하에서도 혹은 그 이전에도 존재했다 ; 남자는 많은 아내들 중
에서 한 사람의 본처(아직 애처라고는 말하기 힘들다)를 갖고 있었으며, 그
는 그녀에게 있어 여러 남편들 중에 가장 중요한 남편이었다. 이런 상황은
선교사들을 적잖이 당황하게 만드는 데 기여하였고, 그들은 군혼을 때로는　　25
무규율적 부인 공유제, 때로는 제멋대로의 간통으로 보게 되었다. 그런데
이렇게 하나의 관습으로서 존재하던 대우 관계는, 씨족이 점점 더 많이 생
겨나고 결혼할 수 없는 '형제' 집단과 '자매' 집단의 수가 점점 더 많아짐에
따라 더욱 굳어질 수밖에 없었다. 씨족은 친족 사이의 결혼 방지에 자극을

주었고 그 자극은 더욱 커져 갔다. 그리하여, 우리가 보다시피, 이로쿼이 족과 미개의 낮은 단계에 있는 그 밖의 대부분의 인디언들에게서는 친족 체계에 포함되어 있는 **모든** 친족들 사이의 결혼이 금지되어 있다. 그리고 이 친족의 종류는 수백 가지에 이른다. 이처럼 결혼이 금지되는 관계들이 더욱 많아지고 복잡해짐에 따라 군혼은 더욱 불가능하게 되었다; 군혼은 **대우혼** 가족에 밀려났다. 이 단계에서 한 남자는 한 여자와 동거한다. 그러나 일부다처제가 비록 경제적 원인들 때문에 드물게 일어나는 일이라 하더라도, 일부다처제와 때에 따라서 정조를 지키지 않아도 되는 남자의 권리는 존속한다; 반면에 여자는 동거 기간 동안 대개 아주 엄격한 정조를 요구받으며 간통은 아주 잔혹한 벌을 받는다. 그러나 결혼이라는 유대의 끈은 어느 쪽에서도 쉽게 풀어 버릴 수 있으며, 아이들은 전과 마찬가지로 오로지 어머니에게만 속한다.

또한 이처럼 친족이 결혼 관계에서 더욱더 배제되는 과정 속에서 자연 도태가 계속 영향을 미치게 된다. 모건의 말에 따르면:

"혈연 관계가 없는 씨족들 사이의 결혼은 육체적 정신적으로 더 강력한 종족을 만들어 낸다; 진보해 가는 두 부족이 서로 섞이게 되면 새로운 두개골과 두뇌는 자연히 확대되고 마침내 **두 부족**의 소질들을 포괄하게 된다."[14]

이처럼 씨족 제도를 가진 부족은 뒤처진 부족에 대해 우위를 점하거나 아니면 그 부족들이 자신들의 선례를 따르게 했음에 틀림없다.

그러므로, 원시사에서 가족 발전의 요체는 양성간의 결혼 공동체가 지배하는 범위가 처음에는 부족 전체를 포괄하는 수준이었다가 지속적으로 좁아지는 데 있다. 처음에는 가까운 친족이, 다음에는 점차 먼 친족이, 그리고 급기야는 결혼으로 인척 관계가 된 친족까지 배제됨으로써 결국 어떤 종류의 군혼도 실제로 불가능하게 되며, 종국에는 잠시 느슨하게 결합되는 한 쌍의 배우 관계만이 남게 된다. 이 배우 관계는 하나의 분자로서, 이것이 분해되면 결혼 일반이 없어지게 된다. 이것을 보더라도 오늘날의 의미에서의 개별적 성애가 단혼의 성립과 얼마나 관계가 없는 것인가를 명확히 알 수 있다. 더구나 이 단계에 있던 모든 민족들의 관행이 이것을 증명한다.

이전의 가족 형태들에서 남자들은 여자를 못 구해서 안달할 필요가 없었으며, 반대로 여자들은 얼마든지 있었다. 그런데 이제는 여자들이 희소해졌으며 청혼을 받는 처지가 되었다. 그리하여, 대우혼 이래 여자의 약탈과 구매가 시작된다──이것은 훨씬 더 깊은 곳에서 시작된 변화의 널리 퍼져 있는 **징후**이지만, 단지 징후일 뿐 그 이상의 것은 아니다. 그럼에도 불구하고   5
현학적 스코틀랜드 인인 맥레넌은 여자를 조달하는 단순한 방법에 불과한 이 징후를 "약탈혼"과 "매매혼"이라는 특별한 가족 부류로 둔갑시켰다. 게다가 아메리카 인디언들 사이에서, 그리고 (같은 단계의) 다른 종족들 사이에서, 혼인을 맺는 것은 당사자들의 일이 아니라 그들의 어머니들의 일이었던바, 당사자의 의향을 전혀 묻지 않는 경우도 종종 있었다. 서로 얼굴도   10
모르는 두 사람이 약혼을 하고 결혼 날짜가 임박해서야 비로소 자신들에 대한 거래가 성사되어 있다는 것을 알게 되는 경우도 종종 있었다. 결혼식 전에 신랑은 신부의 씨족 내 친족들(즉, 아버지 또는 아버지 쪽의 친족들이 아니라 어머니 쪽의 친족들)에게 선물을 하는데, 이것은 처녀를 양도해 주는 데 대한 몸값으로 여겨졌다. 부부 중 어느 한 쪽의 의사에 따라 이혼이   15
이루어질 수 있는 것도 전과 마찬가지이다 : 그런데 점차 많은 부족들에서, 예를 들면 이로쿼이 족 같은 경우에, 그러한 이혼을 달가워하지 않는 여론이 생겨났다 ; 부부간에 분쟁이 생기면 쌍방 씨족의 친족이 중재에 나서고 중재가 성과를 거두지 못할 때에야 비로소 이혼이 성립한다. 이 경우 자녀들은 어머니에게 남으며, 그 후 어느 쪽이든 자유로이 재혼할 수 있다.   20

　　대우혼 가족은 너무 허약하고 불안정했기 때문에 독자적인 세대를 요청할 수 없었고 또 그런 것은 생각할 수조차 없었다. 따라서 대우혼 가족이 생겨났다고 해서 이전 시대부터 전승된 공산주의적 세대가 사라지는 것은 결코 아니다. 그런데 공산주의적 세대는 가내에서의 여성의 지배를 의미한다. 그것은 친아버지를 확인할 수 없었기 때문에 친어머니만을 인정하는 것   25
이 여성, 즉 어머니에 대한 높은 존경을 의미하는 것과 꼭 마찬가지이다. 여성이 사회의 초기에는 남자의 노예였다는 것은 18 세기 계몽 사상에서 넘어온 가장 불합리한 관념들 중의 하나이다. 모든 야만인들에게서, 그리고 낮은 단계와 중간 단계의 모든 미개인들에게서, 그리고 부분적으로는 높은

60

단계의 야만인들에게서조차, 여성은 자유로울 뿐 아니라 높은 존경을 받는
지위에 있었다. 대우혼 하에서 여성의 지위가 어떠했는가에 대해서는 세네
카-이로쿼이 족 사이에서 수년 동안 선교사 생활을 한 아더 라이트의 증언
을 들어 보는 것이 좋을 듯하다 :

5   "그들의 가족에 대해서 말하자면, 그들이 아직 오래 된 긴 가옥"(여러
   가족으로 이루어진 공산주의적 세대)"에 거주하던 때는……항상 어떤 한 클
   란"(씨족)"이 우위를 점했다. 따라서 여자들은 남편을 다른 클란들"(씨족들)
   "에서 구했다……보통 여자 쪽이 집을 지배하였다 ; 저장품은 공유하였다 ;
   그러나 공동의 저장품에 자신의 몫을 기여할 만큼 부지런하지 못하거나 재
10 주가 없는 불운한 남편 혹은 정부情夫는 불쌍한 처지에 있었다. 아무리 많
   은 아이들을 두고 있었어도, 혹은 집안에 아무리 많은 개인 물품을 갖고 있
   었어도, 그는 언제라도 짐을 꾸려 떠나라는 명령을 받아들일 각오를 하고
   있어야 했다. 그리고 이 명령에 저항을 시도하는 것이 그에게 과히 이로운
   것도 아니었다 ; 집은 그에게 더 이상 견딜 수 없는 것이 되었기 때문이다.
15 그러므로 그가 할 수 있는 것은 자기의 클란"(씨족)"으로 돌아가거나, 대개
   의 경우 그렇지만, 다른 클란에서 새로운 짝짓기를 시도하는 것밖에 없었다.
   여자들은 클란들"(씨족들)"에서, 아니 그 밖의 어느 곳에서든 거대한 세력이
   었다. 때로 그녀들은 족장族長을 파면하고 그를 보통 병졸로 강등시키는 일
   조차 대수롭지 않게 해치웠다."[24]

20   여자들의 대부분 혹은 전부가 동일한 한 씨족에 속하는 한편, 남자들
   은 여러 씨족에 나뉘어 있는 공산주의적 세대야말로 원시 시대에 여성들이
   어디서나 우월한 지위를 차지할 수 있었던 물적 기초이다. 이것을 발견한
   것이 바호펜의 세 번째 공적이다.——덧붙여 말한다면, 야만인과 미개인에
   게 있어서 여성들이 과도한 노동을 부담하고 있다는 여행가 또는 선교사들
25 의 보고는 결코 상술한 바와 모순되는 것이 아니다. 양성 간의 분업은 여성
   이 사회 내에서 차지하는 지위와는 전혀 다른 원인에 의한 것이다. 여성들
   이 우리가 적당하다고 생각하는 것보다 훨씬 더 많은 노동을 해야 하는 민
   족들은 종종 우리 유럽 인보다 여성들에게 훨씬 더 강한 참된 존경심을 표
   한다. 외견상 대단히 존경을 받으면서도 실제적 노동이라고는 전혀 하지 않

는 문명 시대의 귀부인은 심한 노동을 하는 미개 시대의 여성보다 훨씬 더 낮은 사회적 지위에 있다. 후자는 자기 민족 사람들에게서 진정한 귀부인 (lady, frowa, Frau = 여주인)으로 여겨졌으며, 또 그 성격상으로 보더라도 귀부인이었다.

오늘날 아메리카에서 대우혼 가족이 군혼을 완전히 대체했는가 하는   5
문제는 아직도 야만의 높은 단계에 있는 서북부 지방 민족들에 대한, 그리고 특히 남아메리카 민족들에 대한 한층 더 상세한 연구가 있어야 결론이 날 것이다. 남아메리카 민족들에 대해서는 성적 무구속을 보여주는 다양한 사례들이 보고되어 있는바, 옛날의 군혼이 그곳에서 완전히 극복되었다고는 생각하기 어렵다. 어쨌든 아직은 군혼의 흔적이 모두 소멸되지는 않았   10
다. 북아메리카의 적어도 40 개 부족들에서는 첫째 딸과 결혼한 남자는 그녀의 동생들이 적당한 연령에 도달하면 이들도 마찬가지로 모두 자기의 아내로 삼을 권리를 가지고 있다 : 이것은 한 집단의 자매들 전체가 남편들을 공유하던 관습의 유물이다. 그리고 반크로프트는, 캘리포니아 반도의 주민들(야만의 높은 단계)에게는 무차별 성교를 목적으로 여러 "부족들"이 한   15
데 모이는 어떤 축제가 있다고 말하고 있다. 이것은 명백히 씨족들인바, 이 씨족들은 한 씨족의 여자들이 다른 씨족의 남자들 전원을 공동의 남편으로 삼고, 또 그 역도 성립했던 시대에 대한 희미한 기억을 이런 축제를 통해 보존하고 있는 것이다. 오스트레일리아에서는 아직도 이와 동일한 관습이 지배한다. 어떤 민족들에서는 장로들, 즉 족장과 주술사-사제가 부인 공유   20
제를 이용하여 대부분의 여자들을 독점하는 것을 볼 수 있다 ; 그 대신 그들은 어떤 축제나 큰 민회가 열릴 때에는 옛날의 공유제를 현실에 부활시켜 자신들의 아내들이 젊은 남자들과 향락을 즐기는 것을 허락해야만 한다. 옛날의 자유 성교를 짧은 기간 동안 부활시키는 이러한 정기적인 사투르날리아 축제의 많은 실례들을 베스테르마르크는 자신의 저서 28/29면에서 들고   25
있다 : 인도의 호 족, 산탈 족, 판쟈 족, 코타르 족, 아프리카의 몇몇 민족들, 기타 등등. 기묘하게도 베스테르마르크는 이로부터, 이 풍습은 그가 부인해 오던 군혼의 잔재가 아니라 —— 원시인이 다른 동물들과 공통으로 가지고 있던 교미기의 유습이라는 결론을 내리고 있다.

여기서 우리는 바호펜의 네 번째 위대한 발견에 도달한다. 그는 군혼으로부터 대우 관계에 이르는 동안에 널리 퍼져 있던 과도기적 형태를 발견하였다. 바호펜이 옛 신들의 계율을 침범한 데 대한 속죄라고 서술하고 있는 것 : 여자가 정조에 대한 권리를 얻는 데 대한 속죄라고 서술하고 있는 것은, 실제로는 여자가 옛날의 남편 공유제에서 벗어나 오직 한 남자에게만 몸을 바치는 권리를 획득하기 위한 속죄의 신비적 표현에 불과한 것이다. 이 속죄란 일정한 기간 몸을 제공하는 것을 말한다 : 바빌로니아의 여자들은 일년에 한 번은 뮐리타 신전에서 몸을 제공하지 않으면 안 되었다 ; 기타 서부 아시아 민족들은 딸들을 수년간 아나이티스 신전에 보냈는데, 거기서 그 딸들은 마음에 드는 남자들을 지목하여 마음껏 자유로운 정사를 한 후에야 비로소 결혼을 허락 받았다 ; 종교적 외피를 둘러쓴 이와 유사한 관습들은 지중해와 갠지즈 강 사이의 거의 모든 아시아 민족들에게서 공통으로 볼 수 있다. 속죄를 위한 이러한 희생은 바호펜이 이미 지적한 바와 같이 시간이 지남에 따라 점차 완화된다 :

"매년 몸을 바치던 것이 한 번만 바쳐도 무방하게 된다. 기혼 여성의 난교는 처녀들의 그것으로 바뀌고, 혼인 중에도 이루어지던 것이 혼인 전에만 이루어지며, 구별 없이 누구에게나 몸을 바치던 것이 일정한 사람에게만 바치는 것으로 된다." (『모권』, 19면)

다른 민족들에게는 이러한 종교적 외피가 없다 ; 몇몇 민족들에서는 ── 고대에는 트라키아 족, 켈트 족 등이 그랬고 오늘날에는 인도의 많은 원주민, 말레이의 여러 민족들, 남태평양 제도의 토인들, 많은 아메리카 인디언들이 그렇다 ── 처녀들이 결혼하기 전에 최대의 성적 자유를 향유한다. 특히 남아메리카에서는 거의 어디서나 그러하였으며, 이 대륙의 오지에 몇 번 들어가 본 사람이면 누구라도 그것을 증언할 수 있다. 예컨대 아가씨 (『브라질 여행』, 보스턴과 뉴욕, 1868년, 266면)는 인디언 계통의 어떤 부유한 가족에 대해서 다음과 같이 이야기한다 ; 그가 그 집의 딸과 인사하게 되었을 때, 그는 그녀의 아버지의 소식을 물어 보았는데, 이는 그녀의 어머니의 남편으로 당시 파라과이와의 전쟁에 장교로 참가하고 있던 사람이 그녀의 아버지일 것이라고 생각했기 때문이다 ; 그러나 그녀의 어머니는 웃으면서 이렇게 대답했다 : Naõ tem pai, é filha da fortuna, 그 애는 아버지가 없답니다, 그 애는 우연히 생긴 애지요.

> "인디언 여자들과 혼혈 여자들은 언제나 이런 식으로 수치스러워하지
> 도 않고 나쁘다는 생각도 없이 자기의 사생아에 관해 이야기한다 ; 그리고   5
> 이것은 조금도 이상한 일이 아니며 오히려 그 반대의 경우가 예외적인 일인
> 것처럼 보인다. 아이들은……종종 어머니만을 알고 있다. 왜냐하면 일체의
> 배려와 책임이 어머니에게 있기 때문이다 ; 아이들은 아버지에 관해서 아무
> 것도 모른다 ; 그리고 여자 역시도 자기나 자기 아이들이 아버지에 대하여
> 무엇을 요구할 권리가 있다고는 조금도 생각하지 않는 것 같다."   10

이 경우 문명인에게 이상하게 생각되는 것이 모권제에 따르면, 그리고 군혼 하에서는 그저 통상적인 일일 뿐이다.

또 다른 민족들에서는 신랑의 친구나 친족 또는 결혼식에 초대받은 손님들이 결혼식에서 신부에 대한 옛부터 내려온 권리를 요구한다. 그리고 신랑의 순번은 맨 마지막이다 ; 예를 들면, 고대에는 발레아게스 제도에서 그   15
리고 아프리카의 아우질라 족 사이에서 그러하였으며, 아비씨니아의 바레아 족은 오늘날에도 그러한 관습을 가지고 있다. 또 다른 민족들에서는 부족 또는 씨족의 수장, 카지크, 샤만, 사제, 영주 등등 그 칭호야 어찌됐든 한 명의 공직자가 공동체의 대표자로서 신부에 대해 초야권을 행사한다. 신낭만주의자들이 아무리 이것을 호도하려 해도, 이 초야권 jus primae noc-   20
tis 은 군혼의 잔재로서 오늘날에도 아직 알래스카 지역 대부분의 주민들(반크로프트, 『원주민 종족들』, 제1권, 81면), 멕시코 북부의 타후 족(같은 책, 584면), 그리고 그 밖의 민족들 사이에서 현존하고 있다 ; 그리고 그것은 적어도 원래의 켈트 계 나라들에서는 중세의 전 기간에 걸쳐서 존속하였는데, 이 나라들에서 초야권은 군혼에서 직접 전해졌다. 예를 들면 아라곤이 그러   25
하다. 카스띠야에서는 농민이 한 번도 농노가 된 적이 없었지만, 아라곤에서는 1486년의 카톨릭 왕 페르디난드의 중재 판결이 나오기 전까지 가장 굴욕적인 농노제가 지배하고 있었다. 이 문서에는 이렇게 씌어 있다 :

"나는 다음과 같이 판결하고 선언한다. 상기 영주들"(senyors, 남작들) "은……농민이 아내를 얻은 첫날밤에 동 아내와 동침하거나 또는 혼례를 올린 첫날밤에 동 아내가 침대에 들어간 후 지배권의 표시로서 그 침대와 동 아내를 넘어갈 수 없다 ; 또한 상기 영주들은 유상, 무상을 막론하고 농민의 딸이나 아들을 그들의 의사에 반하여 사역시킬 수도 없다."(주겐하임, 『농노제』, 뻬쩨르부르크, 1861년, 35면에 카탈로니아 어 원문으로부터 인용.)

그리고 바호펜은 자신이 이름 붙인 "난교" 또는 "문란한 생식"으로부터 단혼으로의 이행이 본질적으로 여자의 힘에 의해 이루어졌다고 일관되게 주장하고 있는데, 이는 무조건 정당하다. 경제적 생활 조건들이 발전할수록, 그리하여 고대의 공산주의가 무너지고 인구 밀도가 증가함에 따라 옛부터 내려오던 성관계가 태고의 소박한 성격을 잃게 될수록, 이 성관계는 여자들에게 더욱더 굴욕적이고 억압적인 것으로 여겨질 수밖에 없었다 ; 그만큼 여자들은 더욱더 절실하게 정조권, 즉 오직 한 남자와의 일시적 또는 지속적 결혼에 대한 권리를 하나의 구원책으로 여기고 그것을 갈구하지 않을 수 없었다. 오늘날에 이르기까지도 사실상의 군혼이 주는 매력을 포기한다는 것을 꿈에도 생각해 본 일이 없는 남자들은 이러한 진보를 가져올 수 없었다. 여자들의 힘으로 대우혼으로의 이행이 실현된 후에야 비로소 남자들은 엄격한 일부일처제를 받아들일 수 있었다——물론 여자들에게만 적용되는 일부일처제를.

대우혼 가족은 야만과 미개의 경계에서, 대개는 이미 야만의 높은 단계에서 발생하였지만 곳에 따라서는 미개의 낮은 단계에 와서 비로소 발생하였다. 야만 시대에는 군혼, 문명 시대에는 일부일처제가 그러한 것처럼, 미개 시대에는 대우혼 가족이 특징적인 가족 형태이다. 대우혼 가족이 더욱 발전하여 고정적인 일부일처제가 되려면 우리가 지금까지 그 작용 과정을 살펴본 원인들과는 다른 원인이 필요하였다. 집단은 대우혼에서 이미 그 마지막 단위, 즉 두 개의 원자로 이루어진 분자로 귀착되어 있었다 : 한 명의 남편과 한 명의 아내로. 자연 도태는 결혼 공동체에서 배제되는 대상이 더욱 많아지게 함으로써 자신의 임무를 다하였다 ; 이 방향에서 자연 도태는 더 이상 할 일이 없게 되었다. 따라서 새로운 **사회적** 추동력이 작용하지 않왔다면, 대우 관계에서 새로운 가족 형태가 생겨날 이유는 전혀 없었다. 그러나 이 추동력은 작용하였다.

이제는 대우혼 가족의 고전적 터전인 아메리카를 떠나기로 하자. 아메리카에 한층 고도의 가족 형태가 발전했다거나, 아메리카가 발견되고 정복되기 전의 어떤 시점 어느 장소에선가 고정적인 일부일처제가 있었다고 추론할 만한 징후는 보이지 않는다. 그러나 구세계에서는 사정이 다르다.

구세계에서는 가축을 길들이고 가축 떼를 사육함으로써 이전에는 생각할 수도 없었던 부의 원천이 발전하였고 완전히 새로운 사회 관계들이 형성되었다. 미개의 낮은 단계 이전에는 항구적인 부라고 하면 거의 가옥, 의복, 조잡한 장식품, 식료를 획득하고 조리하는 다음과 같은 도구들뿐이었다 : 배, 무기, 극히 단순한 종류의 살림살이. 식료품은 매일 새로 획득하지 않으면 안 되었다. 그런데 이제 선진적인 목축 민족들——인도의 5개 강 지방과 갠지즈 강 유역과 당시 아직 물이 훨씬 풍부했던 옥서스 강과 약사르테스 강 유역의 초원 지대에 살던 아리아 인, 유프라테스 강과 티그리스 강 연안의 셈 인——은 말, 낙타, 당나귀, 소, 양, 산양, 돼지 등의 가축 떼를 갖게 됨에 따라, 감시하고 적당히 돌보기만 하면 끊임없이 대량 번식하여 젖과 고기를 매우 풍부하게 공급해 주는 재산을 보유하게 되었다. 그 이전의 모든 식료 조달 수단은 이제 뒷전으로 밀려났다 ; 이전에는 필요한 일이었던 수렵이 이제는 하나의 사치가 되었다.

그런데 이 새로운 부는 누구의 것이었는가? 원래는 물론 씨족의 것이었다. 그러나 가축 떼의 사적 소유는 이미 일찍부터 발전했을 것이 틀림없다. 이른바 모세 제1경의 필자가 아버지 아브라함을 그의 가축 떼의 소유자로 본 것은 하나의 가족 공동체의 장으로서의 그의 권리 때문이었는지, 그렇지 않으면 한 씨족의 사실상 세습적인 수장으로서의 자격 때문이었는지는 단언하기 어렵다. 하지만 그를 현대적 의미의 소유자로 생각해서는 안 된다는 것만은 틀림없다. 그리고 또 하나 확실한 것은, 인증된 역사로 들어설 무렵에 이미 가축 떼는 미개 시대의 공예품, 금속기, 사치품, 그리고 마지막으로 인간 가축——노예——과 꼭 마찬가지로 어디서나 가장의 특유 재산이었다는 것이다.

왜냐하면 이제 노예제도 발명되어 있었기 때문이다. 낮은 단계 미개인들에게 노예는 무가치한 것이었다. 그러므로 아메리카 인디언들이 포로를 취급한 방식은 한층 높은 단계에서 이루어진 방식과는 완전히 달랐다. 남자는 살해되거나 또는 형제로서 승자의 부족에 편입되었다 ; 여자는 결혼하거나 그렇지 않으면 자신의 살아남은 아이들과 함께 마찬가지로 편입되었다. 아직 이 단계에서는 인간의 노동력은 그 유지비를 넘는, 주목할 만한 잉여를 창출하지 못했다. 목축, 금속 가공, 직조, 그리고 마지막으로 전야 경작이 도입되면서, 사정은 달라졌다. 이전에는 그렇듯 쉽게 얻을 수 있었던 아내가 이제는 교환 가치를 지니게 되어 매매의 대상이 된 것과 마찬가지로, 특히 가축 떼가 종국적으로 가족의 재산이 된 이후로 노동력에서도 같은 일이 벌어졌다. 가족은 가축처럼 그렇게 빨리 늘어나지 않았다. 가축을 감시하기 위해서는 더 많은 사람이 필요하였다 ; 포로가 된 적을 여기에 이용할 수 있었고, 더구나 그는 가축 자체와 마찬가지로 번식할 수 있었다.

이러한 부는 일단 개별적 가족의 사유 재산이 되어 급속히 번식하자 대우혼과 모권제 씨족에 기초한 사회에 강력한 타격을 주었다. 대우혼은 가족에 새로운 요소를 끌어들였다. 대우혼은 친어머니와 함께 확실한 친아버지를 가져다주었다. 게다가 이 친아버지는 아마도 오늘날의 많은 '아버지들'보다 더 확실했을 것이다. 당시의 가족 내에서의 분업에 따르면, 식료품을 조달하고 그에 필요한 노동 수단을 조달하는 것은 남편의 일이었으며, 따라서 후자의 소유권은 그에게 있었다 ; 이혼하는 경우에는 이 노동 수단을 남편이 차지하고, 아내는 자기의 가구를 차지하였다. 그러므로 당시 사회의 관례에 따르면, 남편은 새로운 식료원인 가축의 소유자이기도 하였으며 후에는 새로운 노동 수단인 노예의 소유자이기도 하였다. 그러나 바로 이 사회의 관례에 따르면, 그의 자녀들은 그의 재산을 상속할 수 없었다. 왜냐하면 상속 문제에서는 다음과 같은 사정이 있었기 때문이다.

모권제에 의하면, 요컨대 여계에 따라서만 혈통을 따졌던 동안에는, 그리고 씨족 내에서의 원시적인 상속 관습에 의하면, 처음에는 씨족 내 친족이 사망한 씨족원의 재산을 상속하였다. 재산은 씨족에 남아 있어야 했다. 그러나 상속 대상이 보잘것없었으므로 사실상 재산은 오래 전부터 씨족 내에서 가장 가까운 친족, 따라서 어머니 편의 혈족에게 넘어갔을지도 모른다. 그런데 사망한 남편의 자녀들은 남편의 씨족에 속하는 것이 아니라 그 어머니의 씨족에 속하였다 ; 그들은 어머니의 재산을 처음에는 어머니의 그 밖의 혈족과 함께, 후에는 아마 우선적으로 상속했을 것이다 ; 그러나 그들은 아버지의 재산은 상속할 수 없었는데, 왜냐하면 그들은 아버지의 씨족에   5
속하지 않았고 아버지의 재산은 아버지의 씨족 내에 남겨 놓아야 했기 때문이다. 따라서 가축 떼의 소유자가 사망한 경우에 그의 가축 떼는 우선적으로 그의 형제 자매 및 그의 자매의 자녀들, 또는 그의 어머니의 자매의 자손들에게 넘어갔을 것이다. 그러나 그 자신의 자녀들에게는 상속권이 없었다.   10

그러므로 부가 증대함에 따라 한편으로 가족 내에서 남편이 아내보다 더 중요한 지위를 차지하게 되었으며 다른 한편으로 남편은 이 강화된 지위를 이용하여 자녀들을 위해 전래의 상속 순위를 파기하려는 충동을 느끼게 되었다. 그러나 모권제에 의해 혈통을 따지는 한, 그것은 불가능한 이야기였다. 그러므로 이 모권제는 파기되어야 했으며 또 파기되었다. 그것은   15
오늘날 우리가 생각하듯이 그렇게 어려운 일은 결코 아니었다. 왜냐하면 이 혁명——인류가 경험한 가장 결정적인 혁명 중의 하나——은 살아 있는 씨족 성원 중의 단 한 사람도 건드릴 필요가 없었기 때문이다. 씨족에 속한 사람들은 모두 이전 그대로 있을 수 있었다. 앞으로는 남자 씨족원의 자손이 씨족에 남아 있고, 여자 씨족원의 자손은 씨족에서 제외되어 자기 아버   20
지의 씨족으로 넘어간다는 간단한 결의로 충분하였다. 이로써 여계에 의한 혈통의 산정과 어머니 쪽의 상속권은 파기되고 남계에 의한 혈통과 아버지 쪽의 상속권이 정립되었다. 우리는 이 혁명이 문화 민족들에게서 어떻게 일어났는지, 그리고 언제 일어났는지에 대해 아무것도 아는 게 없다. 이 혁명은 전적으로 선사 시대에 속하는 일이다. 그러나 이 혁명이 일어났다는 것   25
은 특히 바호펜이 수집한 모권제의 풍부한 흔적들을 통해서 충분히 증명되고도 남는다 ; 이 혁명이 얼마나 쉽게 이루어졌는가는 수많은 인디언 부족들의 예를 통해서 알 수 있는데, 이 부족들은 최근에 와서 겨우 이 혁명을 이루었거나 또는 지금 이루고 있다. 한편으로 부의 증대와 생활 방식의 변

화(삼림에서 초원으로의 이주)가 여기에 영향을 주었으며 다른 한편으로
문명과 선교사의 정신적 영향이 있다. 미주리의 8개 부족 중에서 6개 부
족은 남계의 혈통과 상속 순위를 지키고 있으나, 두 종족은 아직 여계의 혈
통과 상속 순위를 지키고 있다. 쇼니 족, 마이애머 족, 델라웨어 족 사이에
5 서는 자식들이 아버지의 재산을 상속할 수 있도록 그들에게 아버지의 씨족
명을 붙여 아버지의 씨족에 편입시키는 관습이 퍼져 있었다. "사물의 이름
을 바꿈으로써 사물을 바꾸려는 인간의 타고난 결의론적 습성! 그리고 직
접적 이해가 충분한 동기를 제공할 때마다 전통의 내부에서 전통을 극복할
활로를 찾으려는 결의론적 습성!"(맑스) 그 결과 손쓰기 어려운 혼란이 일
10 어났고, 이 혼란은 부권으로의 이행을 통해서만 수습될 수 있었으며, 또 부
분적으로는 실제로 그렇게 수습되었다. "이것이 일반적으로 가장 자연스러
운 이행 깃로인 듯하다."(맑스)──이러한 이행이 구세계의 문화 민족들
사이에서 이루어진 방식에 대해서 비교 법학자들이 우리에게 이야기해 줄
수 있는 것이 무엇인가──물론 거의 가설들일 뿐이지만──에 대해서는
15 M. 꼬발레프스끼, 『가족 및 재산의 기원과 진화 개설』(스톡홀름, 1890년)을
참조하라.

모권제의 전복은 **여성의 세계사적 패배**였다. 남자는 집안에서도 주도권
을 잡게 되었다. 여자는 지위가 하락하여 예속적 처지에 놓이게 되었고, 남
자의 정욕의 노예로, 단순한 산아 도구로 전락하였다. 특히 영웅 시대의 그
20 리스 인, 더욱이 고전 시대의 그리스 인들 사이에서 노골적으로 나타나는
여성의 이러한 굴욕적인 지위는 점차 치장되고 포장되어, 때로는 한층 완화
된 형태를 취하기도 했다 ; 그러나 그 지위 자체는 전혀 없어지지 않았다.

이렇게 확립된 남성 전제의 최초의 결과는 당시 막 출현하고 있던, 가
부장제적 가족이라는 중간 형태로 나타난다. 그 주된 특징은 나중에 살펴보
25 게 될 일부다처제가 아니라,

"일정한 수의 자유민과 비자유민을 가장의 가부장적 권력하에 한 가족으로
조직하는 것이다. 셈 인의 형태에서는 이 가장은 일부다처제 생활을 하며,
비자유민은 한 명의 아내와 자식들을 가진다. 그리고 이 조직 전체의 목적은
일정한 지역 내에서 가축 떼를 돌보는 것이다."[14]

본질적인 점은 비자유민의 편입과 가부 권력에 있다 ; 그러므로 이 가족 형태의 완성된 유형은 로마의 가족이다. familia 라는 말은 원래 감상과 가정 불화로 이루어져 있는, 오늘날의 속물들의 이상을 의미하는 것이 아니었다 ; 로마 인들에게서 이 말은 처음에는 부부와 그들의 아이들을 가리키는 것이 전혀 아니었고 오로지 노예들만을 가리키는 것이었다. famulus 는   5
한 사람의 가내 노예를 의미하였고 familia 는 한 남자가 갖고 있는 노예들의 총체였다. 가이우스 시대에도 아직 familia, id est partrimonium(즉, 상속분)은 유언을 통해서 증여되었다. 이 표현은, 우두머리가 처자와 일정한 수의 노예들을 로마 식의 가부 권력하에 거느리고 그들 전원에 대해서 생사 여탈권을 지니는 하나의 새로운 사회적 조직체를 가리키기 위해 로마   10
인이 고안해 낸 것이다.

　　"따라서 이 말은 라틴 계 부족들의 준엄하기 그지없는 가족 제도보다 오래된 것은 아니다. 그리고 이 가족 제도는 전야 경작과 법정法定 노예제가 채용된 후에, 또 아리아 계 이딸리아 인이 그리스 인에게서 분리된 이후에 생겨난 것이다."[14]   15

　　맑스는 다음과 같이 덧붙이고 있다 : "현대의 가족은 노예제(servitus) 뿐만 아니라 농노제도 맹아 형태로 품고 있다. 왜냐하면 그것은 처음부터 농경을 위한 노력과 관련을 맺고 있기 때문이다. 현대의 가족은 그 후 사회와 그 국가에서 광범하게 발전한 온갖 대립들을 **축소판의 형태로** 내포하고 있다."   20
　　이러한 가족 형태는 대우혼에서 일부일처제로의 이행을 보여준다. 아내의 정조, 따라서 자녀들의 아버지의 확실성을 확보하기 위해 아내는 남편의 무조건적 권력하에 놓인다 : 남편이 아내를 살해한다고 해도 그것은 그의 권리를 행사한 것에 불과하다.
　　가부장제 가족과 함께 우리는 씌어진 역사의 영역에, 그와 함께 또한   25
비교 법학이 우리에게 현저히 도움을 줄 수 있는 영역에 들어선다. 그리고 사실 비교 법학의 덕택으로 우리는 여기서 중요한 진보를 이룩하였다. 오늘날에도 세르비아 인과 불가리아 인 사이에서 자드루가(우인 단체라고 번역할 수 있을 것이다) 또는 브라스트보(형제 단체)라는 명칭으로 존재하며, 또 변형된 형태로 동양 민족들 사이에도 존재하는 가부장제적 세대 공동체가 군혼에서 발생한 모권제 가족과 현대 세계의 개별 가족 사이의 과도 단계를 이룬다는 것을 증명한 것은 막심 꼬발레프스끼(『가족 및 재산의……

5   개설』, 스톡홀름, 1890년, 60-100면)의 공적이다. 적어도 구세계의 문화 민족들, 즉 아리아 인이나 셈 인의 경우에는 이 문제가 이미 증명된 것으로 보인다.

남슬라브 인의 자드루가는 아직까지도 존재하는 이러한 가족 공동체의 가장 좋은 실례이다. 그들의 자드루가는 한 사람의 아버지에게서 나온

10   여러 세대의 자손들과 그들의 아내들을 포괄하고 있다. 이들은 모두 한 집안에서 같이 살면서 공동으로 전야를 경작하고 공동 저장물로 먹고 입으며, 잉여 수확물을 공동으로 보유한다. 이 공동체는 최고 관리자인 가장(domač in)의 관리하에 있는데, 가장은 외부에 대해서 공동체를 대표하고, 작은 물품을 양도할 수 있으며, 회계를 담당하고, 회계 및 규칙적인 사업 진행에

15   대해서 책임을 진다. 가장은 선출되지만 결코 최고 연장자일 것을 요구하지는 않는다. 여자들과 그들의 노동은 주부(domačica)의 지휘하에 있는데, 주부는 보통 domačin의 아내이다. 주부는 또한 처녀들의 배우자를 선택하는 데서도 중요한, 종종 결정적인 발언권을 가진다. 그러나 최고 권력은 가족 회의, 즉 남녀 성인 가족원들의 전체 회의에 있다. 가장은 이 회의에 보고

20   를 한다 ; 이 회의는 최종 결정을 내리며, 가족 성원에 대한 재판권을 행사하고, 중요한 매매 특히 보유지 매매 등등에 관해서 결정을 내린다.

약 10 년 전에야 비로소 이러한 거대한 가족 공동체가 러시아에도 존속하고 있다는 것이 증명되었다.[25] ; 이 가족 공동체가 오브시치나, 즉 촌락 공동체처럼 러시아의 민족 관습에 뿌리박고 있음은 이제 일반적으로 승인

25   되는 사실이다. 이 가족 공동체는 러시아의 가장 오래 된 법전인 야로슬라브 법전[26]에 달마치야 법전[27]에서와 동일한 명칭(werwj)으로 나타나며, 또 폴란드와 체코의 사료를 통해서도 증명될 수 있다.

독일인들 사이에서도, 호이즐러(『독일 사법 제도들』)에 따르면, 원래의 경제 단위는 현대적 의미에서의 개별 가족이 아니라 "세대 공동체"이다. 이

세대 공동체는 여러 세대 내지 개별 가족들로 구성되며, 그 밖에 종종 비자유민을 포함하는 경우도 있다. 로마의 가족도 이 유형으로 환원된다. 그리하여 최근에는 가부장의 절대적 권력과 가부장에 대한 다른 가족 구성원의 무권리에 대해 강한 이론異論이 제기되고 있다. 마찬가지로 켈트 인들의 경우에도 아일랜드에서 이와 유사한 가족 공동체가 존재했다고 한다 ; 프랑스의 경우에 가족 공동체는 프랑스 혁명 직전까지만 해도 니베르네 지방에 parçonneries라는 명칭으로 유지되고 있었고, 프랑슈 꽁떼 지방에서는 아직도 완전히 사멸되지 않고 있다. 루앙 지방(소느에르와르)에서는 커다란 농가를 볼 수 있는데, 이 농가에는 지붕까지 닿는 높다란 공동의 중앙 광실이 있고, 이 광실 주위에 침실들이 있어서 6 단 내지 8 단의 계단을 통해서 출입하게 되어 있으며, 거기에 한 가족에 속하는 여러 세대의 사람들이 살고 있다.

토지를 공동으로 경작하는 인도의 세대 공동체에 관해서는 이미 알렉산더 대왕 시대에 네아르코스가 언급한[28] 바 있는데, 이 세대 공동체는 오늘날에도 네아르코스가 언급한 그 지방, 즉 펀잡과 서북부 인도 전체에 걸쳐 존속하고 있다. 코카서스에서는 꼬발레프스끼 자신이 그것의 존재를 증명할 수 있었다. 알제리의 경우 그것은 아직도 카빌 족 사이에 존속하고 있다. 그것은 아메리카에도 있었다고 보는 견해가 있다. 즉, 주리타가 기술하고 있는 고대 멕시코의 "칼풀리스"[29]를 그것으로 보려는 시도가 이루어지고 있다 ; 다른 한편 쿠노브(『외국』, 1890년, 42-44호)는 정복 당시의 페루에 경지를 정기적으로 분배하는, 따라서 개별 경작이 이루어지는 일종의 마르크 제도(게다가 이 마르크는 불가사의하게도 Marca라고 불렸다)가 있었다는 것을 상당히 명확하게 입증하였다.

여하튼 토지를 공동 소유하면서 공동 경작하는 가부장제적 세대 공동체는 이제 이전과 전혀 다른 의미를 지닌다. 그것이 구세계의 문화 민족들과 기타 많은 부족들에게서 모권제 가족으로부터 개별 가족으로의 이행에서 중요한 역할을 했다는 것을 우리는 이제 더 이상 의심할 수 없다. 꼬발레프스끼는 한걸음 더 나아가, 이 세대 공동체는 개별 경작이 이루어지는 한편으로 경지와 목초지를 처음에는 정기적으로 분배하고 나중에는 최종적으로 분배하는 촌락 공동체 또는 마르크 공동체를 낳은 과도 단계이기도 했다는 결론을 이끌어 냈는데,[30] 이에 대해서는 나중에 다시 다룰 것이다.

이 세대 공동체 내부의 가족 생활과 관련해서 지적해 두어야 할 점은 적어도 러시아에서는 가부장이 공동체의 젊은 여자들, 특히 며느리들에 대하여 자신의 지위를 마구 남용하여 종종 그들을 자기의 소실 Harem 으로 삼는다는 평판이 있다는 것이다 ; 이에 대해서는 러시아 민요가 잘 이야기해 주고 있다.

모권제의 전복과 함께 급속히 발전한 일부일처제로 넘어가기 전에, 일부다처제와 일처다부제에 대해서 두세 가지 더 이야기하기로 하자. 이 두 결혼 형태는, 한 나라에 두 형태가 나란히 존재하지 않는 한, 예외적인 것, 말하자면 역사적인 사치품일 수밖에 없다. 그런데 알다시피 이 두 형태가 한 나라에 나란히 존재하는 경우는 없다. 그러므로 일부다처제에서 배제된 남자들이 일처다부제로 말미암아 남아도는 여자들에게서 위안을 구할 수 없기 때문에, 또 남녀의 수는 사회 제도와는 상관없이 지금까지 대체로 동일하였기 때문에, 당연히 이 두 결혼 형태 중 어느 한 쪽도 보편적 형태가 될 수 없다. 사실상 일부다처제는 명백히 노예제의 산물이었으며, 몇몇 예외적인 지위를 가진 자들에게 국한된 것이었다. 셈 인의 가부장제 가족에서는 가부장 자신과 기껏해야 그 자식들 중 두세 사람만이 일부다처제 생활을 하며, 그 밖의 사람들은 한 명의 아내에 만족해야 한다. 오리엔트에서는 오늘날에도 그러하다 ; 일부다처제는 부자와 귀한 신분의 특권이며 주로 여자 노예의 구입을 통해 충원된다 ; 인민 대중은 일부일처제 생활을 한다. 인도나 티벳의 일처다부제도 마찬가지로 예외적인 것이며, 그 기원이 군혼에 있는지 어떤지는 확실히 흥미로운 문제인바, 금후 더 자세히 연구될 필요가 있다. 덧붙여 말해 두자면, 일처다부제는 실상에 있어서 회교도의 질투에 찬 소실 제도보다는 훨씬 더 견딜 만한 것으로 보인다. 적어도 인도의 나이르 족의 경우에는 서너 명 내지 그 이상의 남자들이 한 명의 공동의 아내를 가지고 있다 ; 그러나 그와 동시에 그들은 또 각각 다른 세 명 내지 그 이상의 남자들과 함께 제2의 아내를 공유할 수 있으며, 또 이와 마찬가지로 제3, 제4의 아내를 공유할 수 있다. 한 사람이 여러 클럽의 회원이 될 수 있는 이러한 결혼 클럽을 맥레넌 자신이 기술했으면서도, 거기서 **클럽혼**이라는 새로운 부류를 발견하지 못한 것은 이상한 일이다. 더욱이 이러한 결혼 클럽 제도는 결코 진정한 일처다부제가 아니다 ; 그와는 반대로 지로-뛸롱이 이미 지적한 것처럼, 이것은 군혼의 특수한 한 형태이다 ; 남자들은 일부다처제, 여자들은 일처다부제 생활을 하는 것이다.   5

4. 일부일처제 가족. 이것은 앞에서 말한 바와 같이 미개의 중간 단계와 높은 단계의 경계 시대에 대우혼 가족에서 발생한다 ; 일부일처제 가족의 궁극적 승리는 문명이 시작된다는 표식들 중의 하나이다. 일부일처제 가족은 누가 친아버지인가를 따질 필요가 없는 아이들을 낳는다는 확실한 목적 하에 남편의 지배에 기초해 있다. 그리고 친아버지를 확실히 해야 하는 이 10
유는 아이들이 훗날 직계 상속인으로서 아버지의 재산을 상속해야 하기 때문이다. 일부일처제 가족은 혼인의 유대가 훨씬 더 공고하다는 점에서 대우혼과 구별된다. 혼인의 유대는 이제 더 이상 쌍방의 의사에 따라 자유롭게 끊어 버릴 수 없는 것이 된다. 이제는 보통 남편만이 이 유대를 끊고 자기 아내를 버릴 수 있다. 남편은 이 단계에서도 정조를 지키지 않을 권리를 적 15
어도 관습상 보장받으며(나뽈레옹 법전[2]은, 본처가 있는 집에 첩을 끌어들이지 않는 한, 남편에게 그러한 권리가 있음을 명문화하고 있다), 또 사회가 한층 더 발전함에 따라서 그 권리는 더욱 왕성하게 행사된다 ; 그런데 아내가 옛날의 성적 관행을 생각해 내고 그것을 부활시키려 하면, 그녀는 이전의 그 어느 때보다 엄중한 처벌을 받는다.   20

이 새로운 가족 형태의 가혹함이 남김없이 나타나는 것은 그리스 인의 경우다. 맑스가 지적하고 있듯이, 신화에 나오는 여신들의 지위는 여자들이 아직 한층 자유롭고 한층 존경받는 지위를 점하고 있던 초기의 한 시기를 보여주는 데 반해, 영웅 시대에 들어와서 그들은 이미 남성의 우위와 여자 노예와의 경쟁으로 인해 굴욕적 처지에 놓여 있음을 볼 수 있다. 이는 『오 25
딧세이』[31]에서 텔레마쿠스가 자기 어머니를 꾸짖고 침묵을 명하는 것만 보아도 잘 알 수 있다. 호머의 작품에서는 전리품이 된 젊은 여자들이 승리자의 정욕의 제물이 된다 ; 상관들은 자기들의 지위 서열에 따라 그 여자들 중 가장 아름다운 자를 선택한다 ; 주지하다시피, 『일리아드』[15] 전체는 그러한

여자 노예들 중의 한 명을 둘러싼 아킬레스와 아가멤논 사이의 싸움을 축
으로 전개된다. 호머가 묘사하는 중요한 영웅들의 이야기에서도 한결같이
막사와 침상을 같이하는 포로 처녀에 대한 이야기가 나온다. 애쉴로스의 작
품에서 아가멤논이 카산드라를 데려가듯이, 장군들이 이 처녀들을 고향으
로, 본처가 있는 집으로 데려가는 경우도 있다 ; 이런 여자 노예들이 낳은
아들들은 일부나마 아버지의 유산을 상속받으며 완전한 자유민으로 인정된
다 ; 테우크로스는 텔라몬의 이러한 서자였으며, 아버지의 성을 따라 자신의
이름을 지을 수 있었다. 본처는 이러한 모든 일을 참아야 하며, 그러면서도
자신은 엄격한 정조를 지키고 남편에게 충실해야 한다. 영웅 시대의 그리스
아내들은, 문명 시대의 그리스 아내들보다는 더 많은 존경을 받았지만 결국
남편에게 있어서는 그저 그의 상속자인 적자의 어머니일 뿐이고, 우두머리
가정부일 뿐이며, 남자들이 자기 마음대로 첩으로 만들 수 있었으며 또 실
제로 그렇게 하였던 여자 노예들의 감독자일 뿐이다. 일부일처제와 나란히
노예제가 존재한다는 것, 남자가 자기 마음대로 할 수 있는 젊고 아름다운
여자 노예가 존재한다는 것, 이것은 애초부터 일부일처제에 여자에게만 일
부일처제이고 남자에게는 그렇지 않은 그런 특유한 성격을 각인해 놓았다.
그리고 일부일처제는 오늘날에도 이러한 성격을 갖고 있다.

후대의 그리스 인에 대해서는 도리스 인과 이오니아 인을 구별해야 한
다. 스파르타가 그 전형적 예인 도리스 인은 많은 점에서 호머가 보여주는
것보다 훨씬 더 고대적인 결혼 관계를 갖고 있다. 스파르타에서는 그곳의
국가관에 따라 변형된 대우혼이 이루어지고 있었는데, 이 대우혼에는 군혼
을 연상시키는 요소들이 아직 상당히 많이 내재해 있었다. 자식이 없는 부
부는 이혼하게 된다 ; 아낙산드리다스 왕(기원전 560년 경)은 아내가 아이
를 낳지 못했기 때문에 후처를 얻어 두 살림을 하였다 ; 비슷한 시기에 아리
스톤 왕은 두 아내가 모두 아이를 갖지 못해서 세 번째 아내를 얻고 전처
중 한 사람을 내보냈다. 한편 형제 여럿이 아내를 공유할 수도 있었으며,
자기 친구의 아내가 마음에 드는 사람은 친구와 함께 그의 아내를 공유할
수도 있었다. 그리고 비스마르크라면 이렇게 말했겠지만, 건장한 "종마 種
馬"에게 아내를 맡기는 것은 설령 그 종마가 시민이 아니라 해도 풍속에

어긋나지 않은 일로 간주되었다. 플루타크의 한 절 節에는 어떤 스파르타 부인이 자신에게 사랑을 구하는 구애자에게 자기 남편과 이야기해 보라고 하는 장면이 나오는데, 이 장면에서 볼 수 있듯이 —— 쇼에만에 따르면 —— 한층 더 자유로운 풍습이 있었다고 볼 수 있다. 그러므로 진짜 간통, 즉 아내가 남편 몰래 부정을 저지르는 것은 들을 수조차 없는 일이었다. 한 편 스파르타에서 가내 노예제는 적어도 그 전성기에는 알려져 있지 않았으며, 농노적인 헬로트들[32]은 농장에 따로 거주하고 있었다 ; 그러므로 스파르타 남자들에게 헬로트 여자들과 관계를 맺으려는 유혹은 비교적 적은 편이었다. 이 모든 사정으로 말미암아 스파르타 여자들이 다른 그리스 인 여자들보다 훨씬 더 존경받는 지위를 누렸음은 너무나 당연한 것이었다. 스파르타 여자들과 아테네의 헤테라[6] 엘리트들은 고대인들이 존경심을 갖고서 이야기할 만하고, 그 말한 바를 기록해 둘 만한 가치가 있다고 생각한 유일한 그리스 여자들이었다.

아테네를 전형으로 하는 이오니아 인의 경우에는 사정이 전혀 달랐다. 처녀들은 실잣기, 천짜기, 바느질하기, 거기서 더 나가 봤자 기껏해야 얼마간의 읽고 쓰기를 배울 뿐이었다. 그들은 유폐된 것과 다름없는 상태에 있었으며, 교제 대상도 오직 다른 여자들뿐이었다. 여자의 방은 위층 또는 뒤채와 같은 집안의 외딴 곳에 있었는데, 남자들 특히 낯선 남자는 거기에 쉽게 들어갈 수 없었으며, 남자 손님이 오면 여자들은 그곳으로 불려 갔다. 여자들은 여자 노예를 대동하지 않고는 외출할 수 없었다 ; 집에서는 문자 그대로 감시하에 있었다 ; 아리스토파네스는 간부 姦夫를 쫓아내기 위해 몰로시아 개를 길렀다는 이야기를 전한다. 그리고 적어도 아시아의 도시들에서는 고자들을 고용하여 아내를 감시하게 하였다. 이 고자들은 이미 헤로도투스 시대에 키오스 섬에서 판매용으로 제조되고 있었다. 바흐스무트에 따르면 그것은 단지 외국인 Barbaren 만을 염두에 둔 것이 아니었다. 에우리피데스의 시를 보면 아내는 oikurema, 즉 가정을 돌보는 물건(이 단어는 중성 명사이다)이라는 말로 적혀 있다. 그리고 아테네 인들에게 아내는 아이 낳는 일을 제외하면 다음의 것에 불과하였다 : 우두머리 하녀. 남편은 체육

---

6) 고대 그리스의 창녀. (역자)

활동이라든가 공사 公事 의 심의 등에 참가하였으나, 아내는 그런 활동에서 배제되었다 ; 게다가 남편은 종종 여자 노예들을 자기 마음대로 할 수 있었으며, 아테네 전성 시대에는 적어도 국가의 비호를 받는 매음 제도가 널리 퍼져 있었다. 스파르타의 여성들의 품성이 그랬던 것처럼, 재기와 예술적 5 취미라는 점에서 고대 여성의 일반적 수준을 훨씬 뛰어넘는 유일한 그리스 여성들이 나올 수 있었던 것도 바로 이 매춘 제도라는 토대가 있었기 때문이다. 그러나 여자가 되기 위해서는 우선 헤테라가 되어야 했다는 것은 아테네의 가족에 대한 가장 준엄한 선고이다.

시간이 지남에 따라 다른 이오니아 인뿐 아니라 점차 본토와 식민지의 10 그리스 인 모두가 자신의 가내 관계를 형성하는 데서 이 그리스의 가족을 모범으로 삼았다. 그러나 그러한 모든 격리와 감시에도 불구하고 그리스 여자들에게는 자기 남편을 속일 기회는 종종 충분히 있었다. 남편은 아내에 대해서는 그 어떤 사랑을 드러내는 것조차 수치로 여기면서도 헤테라를 상대로 해서는 온갖 정사를 즐겼다 ; 그러나 아내에 대한 모욕은 남편들 자신 15 에 대한 모욕으로 되돌아와 마침내 혐오스러운 남색에 빠지게 되었고, 가뉘메데스 신화를 통해서 자기들뿐만 아니라 자기의 신들까지도 모욕하게 되었다.

이상이 고대의 가장 문명적인, 가장 발달한 민족들에 있어서 우리가 추적할 수 있는 데까지 추적해 본 일부일처제의 기원이었다. 일부일처제는 20 결코 개인적 성애의 소산이 아니었으며, 그것과는 절대적으로 아무런 관계도 없었다. 왜냐하면 결혼은 변함없이 정략 결혼이었기 때문이다. 일부일처제는 자연적 조건이 아니라 경제적 조건에 기초한, 즉 원시적인 자연 성장적 공동 소유에 대한 사적 소유의 승리에 기초한 최초의 가족 형태였다. 가족 내에서 남편이 지배하는 것, 그의 부를 상속할 틀림없는 자신의 아들을 25 얻는 것——이것이 그리스 인이 숨김없이 표명한 단혼의 유일한 목적이었다. 그 밖의 점에서는 단혼은 그들에게 부담이었으며 반드시 이행해야 할 신들과 국가와 선조에 대한 의무였다. 아테네에서는 법률이 비단 결혼만을 강요한 것이 아니라, 남편이 이른바 최소한의 혼인상 의무를 이행할 것도 강요하였다.

　그러므로 단혼은 남녀의 화해로서 역사에 모습을 드러낸 것이 아니며, 더욱이 이 화해의 최고 형태로서 나타난 것은 더욱더 아니다. 그 반대이다. 그것은 한 성에 의한 다른 성의 예속으로서, 그때까지 선사 시대 전체를 통해서도 나타난 적이 없던 양성 간의 항쟁의 선언으로서 등장한 것이다. 1846년에 맑스와 내가 쓴 오래된 한 미간행 원고에는 다음과 같이 씌어 있다 : "최초의 분업은 자식을 낳기 위한 남녀의 분업이다."[33] 이제 나는 여기에 다음과 같이 덧붙일 수 있다 : 역사에 나타난 최초의 계급 대립은 단혼에서의 남녀의 적대적 발전과 일치하고, 또 최초의 계급 억압은 남성에 의한 여성의 억압과 일치한다. 단혼은 위대한 역사적 진보였지만 동시에 그것은 노예제 및 사적 부와 함께, 오늘날에도 계속되는 저 시대, 모든 진보가 동시에 상대적 퇴보이며 한 사람의 행복과 발전이 다른 사람의 불행과 억압을 통해서 달성되는 그러한 시대를 열어 놓았다. 단혼은 문명 사회의 세포 형태인바, 우리는 이것을 실마리로 해서도 문명 사회 속에서 완전히 전개되는 이 대립들과 모순들의 본성을 연구할 수 있다.

　옛날의 비교적 자유로웠던 성교는 대우혼이 승리했어도, 나아가 단혼이 승리했어도 결코 소멸하지 않았다.

　　"옛날의 혼인 제도는 푸날루아 집단이 점차 사멸함에 따라 한층 좁은 한계 안으로 축소되기는 했지만, 그래도 역시 그것은 발전해 가는 가족을 둘러싸고 문명이 동트기 직전까지 가족을 따라다녔다……그것은 결국 난교라는 새로운 형태 속에 소멸되었다. 이 난교라는 형태는 가족 위에 드리운 짙은 그림자처럼 문명기에 와서까지 인간을 따라다닌다."[14]

　모건은 난교라는 말을 **단혼**과 나란히 존재하는, 남자와 미혼 여자의 혼외 성교라는 뜻으로 사용한다. 그것은 주지하다시피 문명 시기 전체에 걸쳐서 천차만별의 형태로 번성하여, 갈수록 공공연한 매춘이 되고 있다. 이 난교는 아주 직접적으로는 군혼에서, 또 여자가 정조의 권리를 사기 위해 다른 남자에게 몸을 바치는 봉헌 행위에서 유래한다. 돈을 받고 몸을 허락하는 것은 처음에는 종교적 행위였다. 그것은 사랑의 여신의 신전에서 이루어졌고, 그 돈은 처음에는 신전의 재산이 되었다. 아르메니아의 아나이티스와

코린토스의 아프로디테의 히에로둘레[34], 특히 인도의 사원에 부속된 종교
적 무녀, 이른바 바야데레(이 말은 뽀르뚜갈 어의 bailadeira, 즉 무희가 와
전된 것이다)들이 최초의 매춘부였다. 딴 남자에게 몸을 허락하는 것은 원
래는 모든 여자의 의무였으나, 후에는 그 밖의 모든 여자들을 대신하여 이
5 무녀들만이 수행하였다. 다른 민족들의 경우에는 난교는 결혼 전의 처녀들
에게 허용된 성적 자유에서 유래한다.──그러므로 이것 역시 군혼의 잔재
이며, 다만 다른 길을 따라 오늘날까지 전해 내려왔을 따름이다. 재산의 차
이가 생기면서 따라서 이미 미개의 높은 단계에서, 노예 노동과 나란히 임
금 노동이 산발적으로 나타나고 또 그와 동시에 임금 노동의 필연적 상관
10 물로서 자유민 여자의 영업적 매춘이 여자 노예에게 강요된 육체 제공과
나란히 나타난다. 이처럼 군혼이 문명에 물려준 유산은, 문명이 만들어 낸
모든 것이 양면적이고 표리 부동하며 자기 분열하고 대립적이듯이, 역시 양
면적이다 : 이곳에는 일부일처제가 존재하고 저곳에는 난교가 그 극단적 형
태인 매춘과 나란히 존재한다. 난교는 다른 모든 사회 제도와 마찬가지로
15 하나의 사회 제도이다 ; 그것은 옛날의 성적 자유의 계속이다──남자를 위
한 성적 자유. 그것은 실제로 용인되고 있을 뿐 아니라 특히 지배 계급에
의해서 열심히 이용되고 있으며, 말로만 비난받는다. 그러나 거기에 참가한
남자들은 실제로 결코 이 비난의 표적이 되지 않으며 오직 여자들만 표적
이 된다 : 이렇듯 여성이 추방되고 배제되는 것은 여성에 대한 남성의 무조
20 건적인 지배를 사회의 기본 법칙으로서 거듭 선포하기 위해서이다.

　　그러나 이와 함께 일부일처제 자체 내부에서 제2의 대립이 발전한다.
난교를 통해 자신의 인생을 즐기고 있는 남편 곁에는 버림받은 아내가 있
다. 그리고 사람들이 사과의 절반을 먹어 버린 다음에는 온전한 하나의 사
과를 손에 쥘 수 없는 것처럼, 사람들은 대립의 한 측면 없이는 나머지 한
25 측면을 가질 수 없다. 그럼에도 불구하고 남편들은 자신의 아내가 생각을
교정시켜 주기 전에는 그런 생각이 들지 않았던 모양이다. 단혼과 함께 종
전에는 알려진 적이 없는 두 사회적 인물이 언제 어디서나 등장한다 : 아내
의 정부와 간부 姦婦 의 서방. 남자가 여자에 승리하기는 하였으나, 승리자
에게 월계관을 씌워 주는 일은 대담하게도 패배자가 가져가 버렸다. 단혼

및 난교와 함께 간통도 불가피한 사회 제도가 되었다 ── 엄금되고 가혹하
게 처벌되기는 하였으나 근절될 수 없는 제도. 어떤 아이가 확실히 그 아버
지의 아들인가 아닌가는 이전과 마찬가지로 기껏해야 도덕적 믿음에 입각
한 것이었다. 그리고 이 해결할 수 없는 모순을 해결하기 위하여 나뽈레옹
법전[2] 제312조는 다음과 같이 포고하였다 :   5

"L'enfant conçu pendant le mariage a pour père le mari ; 혼인 중
에 수태된 아이의 아버지는 ── 남편이다."

이것이 3,000 년에 걸친 단혼의 최후의 귀결이다.
이처럼 개별 가족이 자신의 역사적 성립을 충실하게 반영하고 남자의
배타적 지배로 표명된 남녀의 항쟁을 확실하게 드러내는 경우에 우리는 이   10
개별 가족 속에서 문명이 개시된 이래 계급들로 분열된 사회가 그 속에서
운동하면서도 해결할 수도 극복할 수도 없었던 대립들과 모순들의 축소판
을 보게 된다. 물론 나는 여기서, 혼인 생활이 실제로 이 제도 전체의 본래
적 성격에서 나온 요구에 부합하는 과정을 밟고 아내가 남편의 지배에 반
기를 드는 그러한 단혼의 경우에 대해서만 말하고 있다. 모든 혼인이 이런   15
과정을 밟지는 않는다는 것은 독일의 속물이 누구보다도 잘 알고 있다. 이
독일의 속물은 국가에서와 마찬가지로 가정에서도 자신의 지배권을 지킬
줄 모르는바, 따라서 부인이 그가 하지 못하는 남편 역할을 다 하는 것은
너무나 당연하다. 그런데 그 대신에 그는 동병상련의 처지에 있는 자신의
프랑스 친구는 자기보다 더 자주 흉악한 꼴을 당하기 때문에 그 친구보다   20
는 자기가 훨씬 나은 처지에 있다고 생각하고 있다.
그런데, 개별 가족이 언제 어디서나 그리스 인들의 경우처럼 그렇게
고전적인 가혹한 형태로 등장한 것은 결코 아니다. 미래의 세계 정복자로서
그리스 인보다 명민하지는 않았지만 훨씬 원대한 식견을 가졌던 로마 인의
경우에, 여자는 한층 더 자유로웠고 한층 더 존경을 받았다. 로마 인은 아   25
내에 대한 생사 여탈권을 통해서 아내의 정절은 충분히 보장된다고 믿었다.
또한 로마에서는 아내도 남편과 마찬가지로 자유로이 이혼할 수 있었다. 그

러나 단혼의 발전에서의 최대의 진보는 역사에 독일인이 등장하면서 결정
적으로 이루어졌다. 게다가 그 이유는, 필시 독일인들이 빈곤했기 때문이겠
지만 당시의 그들 사이에서는 대우혼에서 일부일처제로의 발전이 아직 완
료되지 않은 듯한 것에서 찾을 수 있다. 우리의 이런 추론은 타키투스가 들
5 고 있는 다음의 세 가지 사정들에 근거하는 것이다 : 첫째로 혼인이 대단히
신성시되어 있었음——"그들은 하나의 아내에 만족하고, 여자들은 정조의
울타리 안에서 산다"——에도 불구하고 귀한 신분과 부족 지도자들 사이에
서는 일부다처제가 이루어지고 있었다. 그러므로 이는 대우혼이 이루어지
고 있던 아메리카 인의 상태와 유사한 상태이다. 둘째로, 모권제에서 부권
10 제로의 이행은 얼마 전에 비로소 이루어질 수 있었다. 왜냐하면 어머니의
형제——모권제에 의하면 씨족 내의 가장 가까운 남성 친족이다——가 아
직도 자기의 친아버지보다 더 가까운 친족으로 여겨지고 있었기 때문이다.
그리고 이것은 또한 아메리카 인디언의 관점에도 부합하는 것인바, 맑스는
그가 가끔 말한 바와 같이 이들에게서 우리들 자신의 원시 시대를 이해하
15 는 열쇠를 발견하였다. 셋째로, 독일인 여자들은 많은 존경을 받았으며 공
무公務에 대해서도 큰 영향력을 갖고 있었다. 이것은 일부일처제 하의 남
성 지배와는 직접 대립하는 것이다. 이상의 거의 모든 점에서 독일인은 이
미 우리가 본 바와 같이 대우혼을 완전히 극복하지 못한 스파르타 인과 일
치한다. 이리하여 이 점에서도 독일인의 출현과 함께 전혀 새로운 한 요소
20 가 세계를 지배하게 되었다. 이제 로마 세계의 폐허 위에서 민족 혼합을 통
해 발전한 새로운 일부일처제는 남성 지배에 한결 부드러운 형태를 부여하
였으며, 여자들에게는 적어도 외견상으로는 고전적 고대의 그 어느 때보다
도 훨씬 더 존경받고 훨씬 더 자유로운 지위를 부여하였다. 이리하여 처음
으로 일부일처제로부터——사정에 따라 때로는 일부일처제 내부에서, 때
25 로는 그것과 나란히, 때로는 그것과 대립하여——최대의 도덕적 진보가 발
전해 나올 수 있는 가능성이 열리게 되었다. 요컨대 다음의 진보는 일부일
처제 덕택이다 : 과거의 어느 세계에도 없었던 현대적인 개인적 성애.
　　그러나 이러한 진보가 있게 된 것은 다름아니라 독일인이 아직 대우혼
가족 생활을 하였고 이 가족에 상응하는 여자의 지위를 가능한 한 일부일

처제에 접목시켰다는 사정에 의한 것이지, 결코 전설적이고 놀랄 만큼 도덕
적으로 순결한 독일인의 천성에 기인한 것이 아니다. 그리고 독일인의 이
천성이라는 것은 대우혼에는 사실상 일부일처제에서처럼 현저한 도덕적 대
립이 없다는 것에 국한된다. 반대로 독일인은 그들의 이동 시기에, 특히 흑
해 연안의 초원 유목민들이 있는 동남쪽으로 이동하던 시기에 도덕적으로   5
몹시 타락하여 그들의 승마술뿐만 아니라 엄청난 반자연적 악덕까지도 받
아들였다. 이에 대해서는 암미아누스가 타이팔리 족의 예를 들어, 또 프로
코피우스가 헤룰리 족의 예를 들어 확실히 증언하고 있다.

　　그러나 우리가 알고 있는 모든 가족 형태 중에서 일부일처제만이 현대
적 성애가 발전할 수 있는 유일한 형태였다고 해서 이 현대적 성애가 전적   10
으로 또는 주로 일부일처제 하에서 부부 상호간의 애정으로서 발전하였다
고 볼 수는 없다. 남편의 지배하에 있는 견고한 단혼의 본성 전체가 이것을
배제한다. 역사적으로 능동적인 모든 계급 즉 모든 지배 계급들에 있어서
결혼이란, 대우혼 이래 그러하였던 것처럼 부모가 정하는 바대로 이루어지
는 정략적인 것이었다. 그리고 정열로서의, 더욱이 어떤 인간이든 (적어도   15
지배 계급이라면) 당연히 가지고 있는 정열로서의, 그리고 성적 충동의 최
고 형태——이것이야말로 성애의 특성을 이루는 것이지만——로서의 성
애가 역사에 등장하는 최초의 형태인 중세 기사의 사랑은 결코 부부간의
사랑이 아니었다. 정반대이다. 프로방스 인들 사이에 고전적 모습으로 나타
나는 기사의 사랑은 전력을 다해 간통으로 달려가는 형상이며, 또 프로방스   20
의 시인들은 간통을 찬미하고 있다. 프로방스 연애시의 정수는 Albas, 독일
어로 하면 여명의 노래 Tagelieder이다. 이 노래들은 현란한 색채로 다음과
같은 장면을 묘사하고 있다. 기사는 자기 애인——다른 사람의 아내——
과 동침한다. 그 동안에 파수꾼이 밖에 서 있다가 최초의 서광(alba)이 밝
아 오면 기사를 불러 몰래 빠져나갈 수 있게 해 준다;그 다음의 이별 장면   25
이 이 노래의 클라이맥스를 이룬다. 북부 프랑스 인도, 그리고 씩씩한 독일
인도 역시 이러한 시의 양식을 그것에 부합하는 기사의 연애 방식과 아울
러 채택하였다. 그리고 우리의 늙은 볼프람 폰 에센바하는 이와 동일한 외
설적인 제재로 세 편의 절묘한 여명의 노래를 남겨 놓았는데, 나로서는 그

의 3편의 장편 영웅시보다 이것이 더 마음에 든다.

오늘날의 부르주아적 결혼에는 두 가지의 방식이 있다. 카톨릭 나라들에서는 종전과 마찬가지로 부모가 어린 부르주아 아들을 위해 적당한 여자를 구해 준다. 그 결과 일부일처제에 내재되어 있는 모순이 그야말로 전면적으로 전개되는 것은 물론이다 : 남편 측의 왕성한 난교와 아내 측의 왕성한 간통. 카톨릭 교회가 이혼을 폐지한 것도 틀림없이 간통과 죽음은 당해낼 약이 없다는 것을 확신했기 때문일 것이다. 이에 반해 프로테스탄트 나라들에서 부르주아지의 아들은 보통 자기 계급 중에서 다소 자유롭게 아내를 선택할 수 있다. 그러므로 어느 정도의 연애가 결혼의 토대가 될 수 있으며 또 체면상 그러한 연애가 언제나 전제되는바, 그렇게 하는 것이 프로테스탄트적 위선에도 걸맞은 것이다. 이 나라들에서는 남편의 난교도 그다지 활발하지 않고 아내의 간통도 그리 빈번하지 않다. 그러나 인간은 어떤 종류의 결혼을 하든 결혼 전과 다른 인간이 되지 않기 때문에, 그리고 프로테스탄트 나라들의 부르주아지는 대개가 속물들이기 때문에, 이러한 프로테스탄트적 일부다처제는, 최선의 경우들을 평균해 보더라도 사람들이 가정적 행복이라는 이름으로 부르는 납처럼 무겁고 권태로운 부부 공동체가되고 만다. 이 두 결혼 방법의 가장 좋은 거울은 소설이다. 카톨릭 풍의 거울은 프랑스 소설이고, 프로테스탄트 풍의 거울은 독일 소설이다. 어느 소설에서든 "그는 그녀를 얻는다" : 독일 소설에서는 청년이 처녀를 얻으며 프랑스 소설에서는 남편이 뿔을 얻는다.[7] 이 경우 어느 쪽이 더 불운하다고일률적으로 말하기는 어렵다. 그러므로 또한 프랑스 소설이 독일의 속물에게는 몸서리칠 정도로 "부도덕한" 것처럼, 독일 소설이 프랑스 부르주아에게는 몸서리칠 정도로 싫증나는 것이다. 하긴, 최근에 와서 "베를린이 세계적 도시가 된" 이래 독일의 소설은 오래 전부터 이곳에서는 주지의 일이 되어 버린 난교와 간통을 그리 겁내지 않고 취급하기 시작하였다.

그러나 어느 경우를 막론하고 결혼은 당사자의 계급적 처지에 의해 조

---

7) 뿔의 원어 Hörner는 복수이기 때문에 그 4격 대명사는 여성 4격 대명사인 sie와 같은 꼴이다. "뿔을 얻는다"는 것은 "간통한다"는 뜻의 관용어이다. (역자)

건지어지며, 그런 한에서 언제나 정략 결혼이다. 어느 경우를 막론하고 이 정략 결혼은 실로 자주 극심한 매춘——때로는 쌍방의, 그러나 훨씬 더 흔히는 아내의 매춘——으로 변한다. 이 아내가 보통의 매춘부와 다른 점이 있다면 그것은 임금 노동자처럼 한 번에 얼마씩 받고 자신의 육체를 임대하는 것이 아니라 자신의 육체를 종신 노예로 매각해 버린다는 것뿐이다. 푸리에의 다음과 같은 말은 모든 정략 결혼에 타당하다:

> "문법에서 두 개의 부정이 하나의 긍정이 되듯이, 결혼 도덕에서 두 개의 매춘은 하나의 덕행으로 간주된다."[35]

아내와의 관계에서 성애가 진정한 규칙이 되고, 또 될 수 있는 것은 오직 피억압 계급들 사이에서뿐이다. 따라서 오늘날에는 프롤레타리아트 사이에서뿐이다——이 관계가 공식적으로 인정되는 관계인가 아닌가 하는 것은 상관이 없다. 그런데 이 계급에게서는 고전적 일부일처제의 기초도 모두 제거되어 있다. 일부일처제와 남성의 지배는 다름아닌 재산의 보존과 상속을 위해서 이룩된 것인데, 그들은 그러한 재산을 전혀 가지고 있지 않으며 따라서 그들에게는 남성의 지배권을 행사할 아무런 동기도 없다. 뿐만 아니라 그들에게는 그렇게 할 수단도 없다；남성의 지배를 보호하는 민법은 오직 유산자들을 위해, 그리고 프롤레타리아들에 대한 유산자의 관계를 위해 존재한다；그것은 돈이 드는 것이므로, 가난한 노동자의 그의 아내에 대한 관계에는 아무런 효력도 갖지 못한다. 그의 경우에 결정을 내려 주는 것은 이와는 전혀 다른 개인적, 사회적 관계들이다. 게다가 대공업으로 인해 여자가 가정에서 노동 시장과 공장으로 나와 종종 가족의 부양자가 된 이래, 프롤레타리아 가정에서의 남편의 지배는 그 마지막 잔재마저 존재할 여지가 없게 되었다——단, 일부일처제의 도입이래 곳곳에 뿌리를 내린 아내에 대한 야만적 행위의 편린은 아직 완전히 없어지지 않았다. 그러므로 프롤레타리아 가족은——쌍방이 더할 나위 없이 열렬히 사랑하고 더할 나위 없이 엄격하게 정조를 지키더라도, 또 있을 수 있는 모든 종교적 세속적 축복을 다 받았다 하더라도——엄밀한 의미에서는 더 이상 일부일처제 가족이 아니다. 따라서 일부일처제의 영원한 동반자인 난교나 간통도 여기서는 미미한 역할을 할 뿐이다 ; 아내는 이혼의 권리를 사실상 회복하였으며, 또 남자와 여자가 서로 잘 살아갈 수 없을 경우에는 그들은 차라리 이혼해 버린다. 요컨대 프롤레타리아트의 결혼은 어원적 의미에서는 일부일처제지만 역사적 의미에서는 결코 일부일처제가 아니다.

5   물론 우리 법률가들은 입법이 진보할수록 여자들이 불평할 근거가 점점 더 사라진다고 생각한다. 현대의 문명적 법체계는 첫째로 혼인이 유효하기 위해서는 雙方의 자유 의지에 의해 맺어진 계약이어야 한다는 것, 둘째로 혼인 중에도 雙方은 평등한 권리와 의무를 갖고서 상대해야 한다는 것을 승인하는 방향으로 점점 나아가고 있다. 이 두 가지 요구가 수미 일관하

10   게 실행된다면, 여자는 아무것도 더 바랄 것이 없을 것이다.

이러한 순 법률가적인 논의는 급진 공화파 부르주아지가 프롤레타리아트를 진정시키려고 할 때 사용하는 논법과 전적으로 일치한다. 노동 계약은 雙方의 자유 의지에 의해 체결되어야 한다. 그런데 법률이 雙方을 종이 위에서 대등한 위치에 두게 되면, 그 즉시 이 노동 계약은 자유 의지에 의해

15   체결된 것으로 된다. 계급적 지위가 달라서 한편에서는 권력을 가지게 되고 다른 편에서는 억압을 당하게 된다는 것 —— 요컨대 雙方의 현실적인 경제적 지위 —— 에 대해서 법률은 아무런 관심을 갖지 않는다. 또한 노동 계약 기간 중에 어느 한 쪽이 명시적으로 권리를 포기하지 않는 한, 雙方은 역시 동등권을 가져야 한다. 경제적 사정으로 말미암아 노동자가 동등권의 마지

20   막 가상마저 포기할 수밖에 없게 되는 것에 대해서도 역시 법률은 아무런 관심을 갖지 않는다.

결혼과 관련해서 법률은, 아무리 진보한 법률이라도 당사자들이 자기들의 임의성을 형식적으로 기록에 남도록 진술하기만 하면 완전히 만족한다. 법률의 무대 뒤에서 그리고 현실 생활에서 어떤 일이 벌어지며, 이 임

25   의성이 어떻게 실현되는가에 대해서는 법률이나 법률가로서는 알 바 아니다. 그런데 여기서 이 임의성이 어떤 것인가를 법률가로 하여금 깨닫게 하려면 법제를 대충 비교해 보여주는 것으로 충분할 것이다. 부모의 재산 일부를 자식들이 반드시 상속할 수 있도록 법률로 보장하고 있는 나라들, 따라서 자식들의 상속권을 박탈당할 수 없는 나라들 —— 독일 법, 프랑스 법

이 지켜지는 나라들 등등──에서는 자식들은 결혼할 때 부모의 동의를
얻어야 한다. 부모의 동의를 결혼의 법률상 요건으로 하지 않는 영국 법이
지켜지는 나라들에서는 부모는 또한 자기 재산의 유증에 있어서 완전한 자
유를 가지며, 자기 자식들의 상속권을 자유로이 박탈할 수 있다. 그럼에도
불구하고, 아니 바로 그렇기 때문에 상속할 재산이 있는 영국 및 아메리카　5
의 계급들에서의 결혼의 자유는 사실상 프랑스 및 독일의 동일한 경우보다
털끝만큼도 더 크지 않음이 명백하다.

　결혼한 남녀의 법률상 동등권과 관련해서도 사정은 위와 별반 다르지
않다. 이전의 사회 상태로부터 우리가 물려받은 남녀의 법률상 불평등은 여
성에 대한 경제적 억압의 원인이 아니라 결과이다. 많은 쌍의 부부와 그 자　10
녀들을 포괄하던 옛날의 공산주의적 세대에서 아내들이 가사를 돌보는 것
은 남편들이 식료품을 조달하는 것과 마찬가지로 하나의 공적인, 사회적으
로 필요한 산업이었다. 가부장제 가족의 발생과 함께, 더욱이 일부일처제적
개별 가족의 발생과 함께 사태는 변하였다. 가사는 그 공적 성격을 상실하
였다. 그것은 더 이상 사회와 아무런 관련도 없게 되었다. 그것은 하나의 사　15
적인 근로가 되었다 ; 아내는 사회적 생산에의 참여로부터 배제된 우두머리
하녀가 되었다. 현대의 대공업이 비로소 여성에게──그것도 오직 여성 프
롤레타리아에게만──사회적 생산으로의 길을 다시 열어 주었다. 그러나
이 경우에도 만일 여성이 가정에서의 사적 근로의 의무만 다한다면, 그녀는
여전히 공적 생산에서 배제되어 아무것도 벌 수 없게 된다 ; 또 만일 그녀가　20
공적 산업에 참가하여 독립적인 벌이를 하려고 하면, 그녀는 가정에서의 의
무를 다할 수 없게 된다. 그리고 여성은 공장에서뿐만 아니라 의사와 변호
사에 이르는 모든 직업 부문에서 이와 동일한 처지에 있다. 현대의 개별 가
족은 아내의 공공연한 또는 은폐된 가내 노예제에 기초하고 있으며, 현대
사회는 순전히 이러한 개별 가족들만을 분자로 하여 구성된 집단이다. 오늘　25
날 대다수의 경우에 남편이 가족을 벌어 먹여야 한다. 적어도 유산 계급에
있어서는 그렇다. 그리고 바로 이것이 그에게 지배적 지위를 부여한다. 그
것은 법률상의 어떠한 별도의 특권도 필요로 하지 않는다. 가족 내에서 남
편은 부르주아이고 아내는 프롤레타리아트를 대표한다. 그런데 산업의 세

계에서는 자본가 계급의 법률상의 특수한 우선권이 모두 제거되고 두 계급의 완전한 법률상의 동등권이 확립된 후에 비로소 프롤레타리아트를 누르고 있는 경제적 억압의 특유한 성격이 극히 첨예하게 드러난다 ; 민주주의 공화제는 이 두 계급의 대립을 폐기하지 못한다. 반대로 그것은 이 대립이

5 싸움으로 해결될 지반을 비로소 제공한다. 이와 마찬가지로 부부가 법률상 완전히 동등한 권리를 갖게 되었을 때 비로소 현대의 가족 내에서의 남편의 아내에 대한 지배의 독특한 성격도, 부부의 진정한 사회적 평등을 수립할 필요성과 방법도 또렷이 드러날 것이다. 그러면 여성 해방의 첫 번째 선결 요건은 여성 전체가 공적 산업에 복귀하는 것이며, 그러기 위해서는 또

10 한 사회의 경제 단위로서의 개별 가족의 성질이 제거되어야 한다는 것이 명백해질 것이다.

이상에서 본 바와 같이 혼인에는 인류 발전의 주요 세 단계에 대체로 조응하는 세 개의 주요 형태가 있다. 야만 시대에는 군혼, 미개 시대에는 대우혼이 있었고, 문명 시대에는 간통과 매춘으로 보충되는 일부일처제가

15 있다. 대우혼과 일부일처제의 중간에, 미개의 높은 단계에서, 여자 노예에 대한 남자의 지배와 일부다처제가 끼어든다.

이상의 서술에서 증명된 바와 같이, 이러한 순서로 나타난 진보는 여자들이 군혼의 성적 자유를 점차 박탈당하는 반면에 남자들은 그렇지 않다는 특징을 띠고 있다. 사실상 남자들은 오늘날까지도 실질적으로 변함없이

20 군혼 생활을 하고 있다. 여자의 경우에는 범죄가 되고 법률적 사회적으로 중대한 결과를 초래하는 일도 남자의 경우에는 명예스러운 일로 간주되며, 최악의 경우에도 기꺼이 용인되는 사소한 도덕적 오점으로 간주된다. 그러나 전래의 난교가 우리 시대에 와서 자본주의적 상품 생산에 의해 변화되어 그것에 부응하면 할수록, 공공연한 매춘으로 전화할수록, 난교는 더욱더

25 사람들을 타락시킨다. 더욱이 그것은 여자들보다 남자들을 훨씬 더 타락시킨다. 매춘은 여자들 중 불행하게도 그런 길에 빠지게 된 사람들만을 타락

시키며, 또 보통 생각하는 것처럼 그렇게 심하게 타락시키는 것도 아니다. 이에 반해 매춘은 남성 세계 전체의 품성을 비천한 것으로 만든다. 그리하여 특히 남자의 장기간의 약혼 생활은 십중팔구 사실상 부부간의 부정을 공부하는 예비 학교가 된다.

우리는 이제, 일부일처제의 지금까지의 경제적 기초도 그 보충물인 매 5 춘의 경제적 기초도 동시에 확실하게 소멸하고야 말 하나의 사회적 변혁을 향해 나아가고 있다. 일부일처제가 생겨난 것은 비교적 거대한 부가 한 사람의——그것도 한 남자의—— 수중에 집적된 결과이며, 또한 이 부를 다름 아닌 바로 그 남자의 자식에게 상속시키려는 욕구의 결과였다. 이 목적을 위해 필요한 것은 여자의 일부일처제였지 남자의 일부일처제가 아니었다. 10 따라서 이 여자의 일부일처제는 남자의 공공연한 혹은 은폐된 일부다처제 생활을 결코 방해할 수 없었다. 그러나 다가올 사회적 변혁은 적어도 내구적인, 상속 가능한 부—— 생산 수단——의 최대 부분을 사회적 소유로 전화시킴으로써, 상속 문제에 대한 근심의 총량을 최소한도로 줄일 것이다. 그런데 일부일처제가 경제적 원인에서 생겨났다고 해서 이 원인이 소멸하 15 면 그것도 소멸할 것인가?

이렇게 대답해도 틀리지 않을 것이다 : 일부일처제는 소멸하기는커녕 비로소 완전히 실현될 것이다. 왜냐하면 생산 수단이 사회적 소유로 전화됨과 함께 임금 노동, 프롤레타리아트도 소멸할 것이고, 따라서 또한 일정한 수——통계적으로 산정 가능한 수——의 여자가 돈을 받고 몸을 팔 필요 20 도 소멸할 것이기 때문이다. 매춘은 소멸되지만, 일부일처제는 붕괴되는 대신에 마침내—— 남자에 대해서도—— 현실이 된다.

그러므로 남자의 지위는 어쨌든 크게 변한다. 그러나 여자의 지위, 모든 여자의 지위도 상당한 변동을 겪는다. 생산 수단이 공동 소유가 됨으로써 개별 가족은 사회의 경제적 단위가 아니게 된다. 사적인 가사는 사회적 25 산업으로 전화한다. 아이들을 양육하는 것은 공무가 된다 ; 사회는 적자건 사생아건 모든 아이들을 똑같이 돌보아 준다. 그리하여 오늘날 처녀가 마음 놓고 사랑하는 남자에게 몸을 맡길 수 없게 만드는 가장 중요한 사회적——도덕적 및 경제적——요인인 그 '결과'에 대한 근심이 사라지게 된다.

이것은 한층 거리낌없는 성교가, 따라서 또 처녀의 명예 및 여성의 수치에 대한 보다 관대한 여론이 점차 생겨나는 충분한 원인으로 되지 않을까? 그리고 끝으로, 우리가 이미 본 바와 같이 현대 세계에서는 일부일처제와 매춘이 서로 대립물이기는 하지만, 불가분의 대립물이며 동일한 사회 상태의 양극이 아닌가? 일부일처제와 함께 매장되지 않는 이상 매춘이 소멸할 수 있겠는가?

여기에서 하나의 새로운 계기, 즉 일부일처제가 형성되던 무렵에는 기껏해야 맹아적으로만 존재했던 계기가 작용하게 된다 : 개인적 성애.

중세 이전에는 개인적 성애 같은 것은 전혀 문제가 될 수 없었다. 용모의 준수함, 친밀한 교제, 같은 취미 등등이 이성 사이에 성교에 대한 욕망을 불러일으켰다는 것, 남자든 여자든 이 가장 친밀한 관계를 누구와 맺는지에 대해 아무래도 좋다는 태도를 취할 리 없었다는 것은 자명한 일이다. 그러나 그것과 오늘날의 성애 사이에는 아직 엄청난 거리가 있다. 고대의 전 기간 동안에 혼사는 부모가 정하는 것이었고, 당사자들은 잠자코 이에 따를 뿐이었다. 고대에 알려져 있는 약간의 부부애는 결코 주관적 애착이 아니었으며 객관적 의무였다. 그리고 그것은 결혼의 기초가 아니라 상관물이었다. 현대적 의미의 연애 관계는 고대에는 공식 사회 바깥에만 존재하였다. 테오크리투스와 모스쿠스가 노래한 사랑의 기쁨과 슬픔의 주인공인 목동들, 즉 롱고스의 다프니스와 클로에는 모두 노예들이었으며, 자유 시민의 생활 범위인 국가에는 관여할 수 없는 인물들이었다. 그러나 노예들 사이의 정사를 제외한다면 기타의 정사는 오직 몰락해 가는 고대 세계의 분해의 산물로서만 존재하였고, 그 상대는 공식 사회 바깥에 있는 여자들 즉 헤테라였으며, 따라서 외국인 아니면 해방된 노예들이었다 : 이것은 몰락 전야의 아테네와, 제정 시대의 로마에서 볼 수 있다. 남녀 자유 시민 사이에 실제로 정사가 벌어졌다면, 그것은 간통일 뿐이었다. 그리고 고대의 고전적 연애 시인인 늙은 아나크레온에게는 현대적 의미의 성애 같은 것은 아무래도 좋은 것이었던바, 심지어 애인의 성별조차 그에게는 아무래도 좋은 것이었다.

현대인의 성애는 고대인들의 단순한 성욕, 즉 에로스와는 본질적으로 다르다. 첫째로 오늘날의 성애는 사랑을 받는 자에게도 상대방에 대한 애정이 있다는 것을 전제로 한다 ; 그런 한에서 여자는 남자와 평등하다. 그렇지만 고대의 에로스에서는 여자의 마음은 전혀 문제가 되지 않았다. 둘째로, 오늘날의 성애가 갖고 있는 강도와 지속성은 실연과 이별이 쌍방에게 최대의 불행은 아닐지라도 대단한 불행으로 느껴질 정도의 것이다 ; 남녀는 서로를 얻기 위하여 그야말로 커다란 모험을 하며 심지어 생명까지도 바친다. 고대에는 기껏해야 간통의 경우에만 이런 일이 있었다. 그리고 마지막으로 성관계를 판단하기 위한 새로운 도덕적 기준이 나타난다 ; 다음이 문제가된다 : 성관계가 혼인에 의한 것인가 혹은 혼인 외적인 것인가? 뿐만 아니라 다음도 문제가 된다. 그것이 서로의 애정에 근거한 것인가 아닌가? 물론 봉건적 혹은 부르주아적 실천에서 이 새로운 기준이 다른 모든 도덕적 기준보다 더 나은 대접을 받고 있지 않음은 자명하다——요컨대 그것은 무시되고 있다. 그러나 다른 기준보다 더 나쁜 대접을 받는 것도 아니다. 그것은 다른 기준과 마찬가지로 승인 받고 있다——이론적으로, 종이 위에서. 그리고 당분간 그 이상의 것을 요구할 수 없다.

　　고대가 성애로의 발걸음을 멈춘 지점, 바로 그 지점에서 중세가 바통을 넘겨받는다 : 간통. 우리는 여명의 노래를 만들어 낸 기사의 연애에 대해서 이미 서술한 바 있다. 혼인을 파괴하려는 이런 연애에서부터 혼인의 토대가 될 연애까지의 길은 아직 멀다. 그리고 기사도는 결코 이 길을 끝까지 걸을 수 없었다. 문란한 라틴 민족을 떠나 품행 방정한 독일인에게로 눈을 돌리기만 해도, 우리는 「니벨룽엔의 노래」에서 다음과 같은 것을 보게 된다. 크림힐트는 지그프리트가 그녀를 연모하는 것 못지않게 내심으로 그를 연모하고 있었지만, 군터에게서 이름도 모르는 어떤 기사에게 그녀를 주기로 약속했다는 말을 듣고 그저 이렇게 대답한다 :

　　　"저에게 부탁할 필요가 없습니다 ; 저는 언제나 명하신 대로 행할 것입니다 ; 왕께서 어느 분을 남편으로 정해 주시든 기꺼이 그 분과 약혼하겠습니다."

　　그녀는 도대체 자신의 애정이 고려되리라고는 생각조차 하지 않는다.

군터는 브륀힐드에게, 에첼은 크림힐트에게, 얼굴도 한 번 보지 않고 구혼한다 ; 이와 마찬가지로 「구트룬」[36]에서도 아일랜드의 지게반트가 노르웨이의 우테에게, 혜겔링엔의 혜텔이 아일랜드의 힐데에게, 끝으로 모를란트의 지그프리트, 오르마니엔의 하르트무트, 젤란트의 헤르비히가 구트룬에게 구혼한다 ; 그리고 여기서 처음으로 구트룬은 자유 의지로 헤르비히를 선택하게 된다. 보통 젊은 군주의 신부는 부모가 아직 살아 있는 경우에는 부모가 고르고, 그렇지 않은 경우에는 어떤 경우에든 이 문제에 대해서 강력한 발언권을 가진 대신들의 조언을 듣고 군주 자신이 직접 고른다. 또 이밖에 다른 길이 없었다. 기사 또는 제후에게도, 군주 자신에게도 결혼은 하나의 정치적 행위이며, 새로운 동맹에 의한 세력 확장의 기회이다 ; 사태를 결정하는 것은 가문의 이해 利害 이지 개인의 의향이 아니다. 그러니 결혼 문제에서 어떻게 연애가 결정적 역할을 할 수 있겠는가?

중세 도시의 쭌프트 시민의 경우도 이와 다르지 않았다. 쭌프트 시민을 보호하고 있던 특권들, 여러 가지 유보 조건이 붙은 쭌프트 규칙, 혹은 다른 쭌프트로부터 혹은 자기 쭌프트의 조합원으로부터 혹은 자기의 직인 및 도제들로부터 자신을 법률적으로 구분하고 있던 인위적 경계선, 이러한 것들이 쭌프트 시민이 적당한 아내를 구할 수 있는 범위를 이미 상당히 좁혀 놓고 있었다. 그리고 이런 복잡한 제도하에서 누가 가장 적당한 상대인가를 결정하는 것은 절대로 쭌프트 시민의 개인적 의향이 아니었던바, 가족의 이해가 그것을 결정하였다.

그리하여 결혼은 처음에 그랬을 때와 마찬가지로 중세 말에 이르기까지 절대 다수의 경우에 여전히 당사자들에 의해 결정될 수 없는 문제였다. 처음에는 누구든지 태어나면서부터 누구와 결혼할 것인지 정해져 있었다 ── 즉, 이성의 한 집단 전체와 이미 결혼하기로 되어 있었다. 군혼의 후기 형태들에서도 다만 그 집단의 범위가 계속 좁아졌을 뿐이지 실정은 별로 다르지 않았을 것이다. 대우혼의 경우에는 보통 어머니가 자식들의 혼사를 정하는 것이 통례이다 ; 이 경우에도 새로운 친족 유대를 통해 젊은 부부가 씨족과 부족 내에서 한층 지위를 강화하게 되는가 어떤가에 대한 고려가 결정적 역할을 하였다. 그리고 사적 소유가 공동 소유를 압도하게 되고 상

속에 대한 관심이 나타나면서 부권제와 일부일처제가 지배하게 되자, 결혼
은 확실히 경제적 고려에 좌우되게 되었다. 매매혼의 **형식**은 소멸하지만,
실체는 더욱 강력하게 실행되어 그 결과 여자뿐만 아니라 남자도 가격을
갖게 된다──그의 개인적 성질이 아니라 그의 재산에 의거한 가격을. 다
른 어느 것보다도 당사자 서로간의 애착이 결혼의 근거가 된다는 것은 지   5
배 계급의 관행에서는 애당초 있을 수조차 없는 일이다 ; 그런 것은 기껏해
야 낭만파 문예 작품이나──별 가치도 없는 피억압 계급들 사이에서만
볼 수 있는 일이었다.

　　자본주의적 생산이 지리상의 발견 시대 이래 세계 무역과 매뉴팩처를
수단으로 하여 세계 지배를 향한 돛을 내걸었을 때의 형편은 이러하였다.   10
이러한 결혼 방식은 자본주의적 생산에 꼭 들어맞는 것이었다고 생각할 만
하였고, 또 사실 그러하였다. 그럼에도 불구하고──세계사의 아이러니는
헤아리기 어려운 것이기에──이 자본주의적 생산을 허물어뜨릴 결정적
돌파구를 뚫을 수밖에 없었던 것은 다름아닌 자본주의적 생산 자신이었다.
모든 것을 상품으로 전화시킴으로써 자본주의적 생산은 옛부터 내려온 모   15
든 전통적 관계들을 해체하였고, 전래의 관습과 역사적 권리를 매매, '자유'
계약으로 대체하였다 ; 영국의 법률가 H. S. 메인이 그 자신의 엄청난 발견
이라고 믿는 바에 따르면, 이전 시대와 비교해 볼 때 우리가 이룩한 모든
진보라는 것은 신분에서 계약으로 from status to contract, 세습적으로 계
승되는 상태에서 자유 의지로 계약되는 상태로 이행했다는 점에 있다. 이   20
논지는, 그것이 정당한 한에서, 이미 『공산주의당 선언』에 서술되어 있
다.[37]

　　그러나 계약을 체결하기 위해서는 자신의 인격, 행위, 재산을 자유로이
처분할 수 있는, 서로 동등한 권리를 갖고 상대하는 사람들이 있어야 한다.
이러한 '자유롭고' '평등한' 인간들을 만들어 내는 것이 바로 자본주의적 생   25
산의 주된 일거리 중의 하나였다. 처음에 이것은 채 의식적이지 않은 방식,
더욱이 종교적으로 위장된 방식으로만 이루어졌다. 루터와 깔벵의 종교 개
혁 이래 인간은 오직 완전한 자유 의사를 가지고 행동했을 때만 자신의 행
동에 대해 전적으로 책임을 지며 일체의 비도덕적인 행위의 강요에 대해서

반항하는 것이 도덕적 의무라는 명제가 확립되었다. 그런데 이것은 지금까지의 결혼의 관행과 어떻게 조화를 이루었을까? 부르주아지의 견해에 따르면, 결혼은 계약이며 법률 행위이다. 더구나 그것은 두 인간의 신체와 정신을 일생 동안 처분하는 것이기 때문에 무엇보다도 모든 계약, 모든 법률 행위 중에서 가장 중요한 것이다. 과거에도 물론 결혼은 형식상 자유 의지에 따라 이루어졌다 ; 당사자들의 승낙을 얻지 않고는 이루어지지 않았다. 그러나 사람들은 이 승낙이 어떻게 얻어지는가 또 누가 사실상 혼인을 맺는 것인가를 너무나 잘 알고 있었다. 그런데 다른 모든 계약에서는 진정한 결정의 자유가 요구되었는데 어째서 이 계약에서는 그것이 요구되지 않았을까? 결혼하게 된 두 젊은이도 자기 자신을, 자기의 신체와 그 기관을 자유로이 처분할 권리를 가지지 않았을까? 기사도 덕분에 성애가 유행하지 않았을까? 그리고 기사들의 간통애 姦通愛에 비해 부부애야말로 성애의 정당한 부르주아적 형태가 아니었을까? 그런데 서로 사랑하는 것이 부부의 의무라면, 사랑하는 사람하고만 결혼할 뿐 다른 누구와도 결혼하지 않은 것 역시 애인들의 의무가 아니었을까? 애인들의 이 권리는 부모, 친족, 기타 인습적인 결혼 중개인 따위의 권리보다 더 귀중하지 않았을까? 자유로운 개인적 조사 調査의 권리가 교회나 종교의 영역을 거침없이 뚫고 들어온 터에, 젊은 세대의 육체, 영혼, 재산, 행불행을 자기들 마음대로 하려는 낡은 세대의 견딜 수 없는 요구를 앞에 두고 이 권리가 어떻게 가만히 참고 있을 수 있겠는가?

사회의 모든 낡은 유대의 끈들이 느슨해지고 모든 전래의 관념들이 흔들리고 있던 시대에는 이러한 의문들이 생겨날 수밖에 없었다. 세계는 일거에 거의 10 배나 커져 있었다 ; 이제 서유럽 인의 시계 視界에는 반구의 4분의 1이 아니라 지구 전체가 있었다. 그들은 나머지 8분의 7을 소유하려고 서둘렀다. 그리고 낡고 좁은 고국의 울타리가 무너진 것처럼, 천년을 내려온 중세적 사고 방식의 울타리도 무너졌다. 인간의 육체의 눈에도 마음의 눈에도 훨씬 더 광대한 지평이 열렸다. 인도의 부, 멕시코와 포토시의 금은 광에 마음을 빼앗긴 젊은이에게는 예절바르다는 평판이나 대대로 물려받은 영예로운 쭌프트 특권은 아무런 의미가 없었다. 그것은 부르주아 계급의 편

력 기사 시대였다 ; 그리고 이 시대에도 그 나름의 낭만주의와 그 나름의 열
광적 사랑이 있었지만, 그것은 부르주아적 토대 위의 것이었으며 결국 부르
주아적 목적을 가진 것이었다.

그리하여 신흥 부르주아 계급, 특히 기존 질서의 동요가 가장 심한 프
로테스탄트 나라들의 부르주아 계급은 결혼에 대해서도 점차 계약의 자유   5
를 승인하게 되었고, 앞서 서술한 바와 같은 방식으로 이를 실행하게 되었
다. 결혼은 여전히 계급 결혼이었으나 계급 내부에서는 당사자들에게 어느
정도 선택의 자유가 허용되었다. 그리고 종이 위에서는, 즉 도덕 이론이나
시적 서술에서는 상호간의 성애와 부부의 진정으로 자유로운 합의에 기초
하지 않은 결혼은 모두 부도덕하다는 명제가 그 어떤 것보다 굳건하게 확   10
립되었다. 요컨대, 연애 결혼은 인권으로서, 그것도 남자의 권리 droit de
l'homme 로서뿐만 아니라 예외적으로 여자의 권리 droit de la femme 로서
도 선포되었다.

그러나 이 인권은 한 가지 점에서 이른바 다른 모든 인권들과 달랐다.
다른 모든 인권들은 사실상 지배 계급 즉 부르주아지의 것에 국한되어 있   15
었고, 피억압 계급 즉 프롤레타리아트는 직간접적으로 그것을 침해당했다.
그렇지만, 여기서 다시 역사의 아이러니가 작용한다. 지배 계급은 여전히
앞서 말한 경제적 영향의 지배를 벗어나지 못하기 때문에, 참으로 자유로운
결혼이란 그들 사이에서는 예외적인 경우에 불과하지만 피지배 계급 사이
에서는 이미 본 바와 같이 그것이 통례이다.   20

그러므로 결혼의 완전한 자유는, 자본주의적 생산과 이 생산이 만들어
놓은 소유 관계들이 제거되고 그 결과 오늘날 아직도 배우자의 선택에 아
주 큰 영향을 미치고 있는 모든 부차적인 경제적 고려들이 제거되는 때에
야 비로소 일반적으로 실행될 수 있다. 그때는 상호간의 애착 이외에 다른
어떤 동기도 남아 있지 않게 된다.   25

그런데 성애는 그 본성상 배타적이기 때문에 —— 오늘날 이 배타성을
완전히 실현하는 것은 여자 쪽뿐이지만 —— 성애에 근거한 결혼은 그 본성
상 단혼이다. 이미 본 바와 같이 바호펜은 군혼에서 단혼으로의 진보는 주
로 여자가 이룩한 것이라고 옳게 말했다 ; 다만 대우혼에서 일부일처제로의

진전만은 남자의 힘에 의해 이루어졌다 ; 그런데 이 진전의 요체는 역사적
으로 본질상 여자의 지위를 악화시키는 데, 남자의 부정을 용이하게 하는
데 있었다. 여자로 하여금 남자의 이러한 습관적인 부정을 가만히 보고 있
도록 만드는 원인인 경제적 고려——자기 자신의 생활에 대한 염려와 특
5 히 자녀들의 장래에 대한 염려——가 없어지면, 이로써 달성된 여자의 평
등한 지위는 지금까지의 경험 전체에 비추어 보아 여자가 일부다처제적으
로 되는 방향보다는 훨씬 더 강하게 남자가 진정으로 일부일처제적으로 되
는 방향으로 작용할 것이다.

　　그러나 일부일처제로부터 완전히 제거될 것은 일부일처제가 소유 관
10 계에서 성립함에 따라 그것에 각인되었던 일체의 성격들이다. 그것은 첫째
로 남자의 우위이며 둘째로 이혼 불가능성이다. 결혼에 있어서 남자의 우위
는 남자의 경제적 우위의 결과일 뿐이며, 후자가 소멸하면 이것도 저절로
소멸한다. 이혼 불가능성은 부분적으로는 일부일처제를 성립시킨 경제적
사정의 결과이며, 부분적으로는 이 경제 사정과 일부일처제 사이의 연관이
15 아직 올바르게 이해되지 않은 채 종교적으로 과장되어 있던 시대의 전통이
다. 이혼 불가능성은 이미 오늘에도 몇 천 번 위반되었다. 사랑에 기초한
결혼만이 도덕적이라면, 또한 사랑이 지속되는 동안의 결혼만이 도덕적이
다. 그러나 개인적 성애의 정열이 지속되는 기간은 사람마다 아주 다르며,
특히 남자의 경우에 그러하다. 그리고 애착이 완전히 없어지거나 혹은 새로
20 운 정열적 사랑이 그것을 밀어냈을 때, 이혼은 부부 쌍방에 대해서나 사회
에 대해서나 선한 행위가 된다. 이혼 소송이라는 쓸데없는 진흙탕을 거치지
않아도 되는 것이다.

　　그리하여 얼마 안 있어 자본주의적 생산이 일소된 후의 양성 관계의
질서에 대해 우리가 지금 할 수 있는 예측들이란 주로 소극적인 것에 국한
25 된다. 대개의 경우, 소멸하는 것들에 대한 예측에 국한되는 것이다. 그런데
새로이 나타나게 될 것은 어떤 것들인가? 그것은 새로운 세대가 성장했을
때 결정될 것이다 : 일생 동안 화폐나 그 밖의 사회적 권력 수단으로 여자의
몸을 사는 경우가 단 한 번도 없는 남자들과 진정한 사랑 이외의 다른 어떤
고려로 남자에게 몸을 맡기거나 경제적 결과에 대한 두려움으로 애인에게

몸을 맡기는 것을 거부하는 적이 일생 동안 한 번도 없는 여자들의 세대. 이러한 사람들이 생겨났을 때는 그들은, 그들이 해야 할 것을 판단할 때 오늘날의 사람들이 믿고 있는 것에 대해 전혀 개의치 않게 될 것이다 ; 그들은 그들 자신의 실천을 스스로 꾸려나갈 것이며, 또 이에 근거하여 각인의 실천에 대한 여론을 스스로 만들 것이다 ── 그것이 전부이다.

그런데 우리는 지금 모건에게서 상당히 멀리 떨어졌으니 이제 모건에게 되돌아가기로 하자. 문명 시기에 발전한 사회 제도를 역사적으로 연구하는 것은 그의 저작의 범위를 벗어난다. 따라서 이 시기의 일부일처제의 운명에 대해서 그는 아주 간단히 언급하고 있다. 그도 역시 일부일처제 가족의 발전을 하나의 진보, 양성의 완전한 동등권으로의 접근이라고 보고 있으나, 이 목표가 이미 달성되었다고는 생각하지 않는다. 그러나 그는 이렇게 말한다.

"가족이 네 가지의 형태를 차례로 거치고 지금은 다섯 번째 형태에 있다는 사실을 승인한다면, 이 형태가 장래에도 지속될 수 있을 것인가 하는 의문이 생겨난다. 이에 대한 유일한 대답은, 지금까지와 꼭 마찬가지로 가족은 사회가 전진함에 따라 전진하고 사회가 변화하는 것과 같은 정도로 변화할 것이 틀림없다는 것이다. 가족은 사회 제도의 산물이며, 사회 제도의 문화 수준을 반영할 것이다. 일부일처제 가족은 문명이 시작된 이래 개선되어 왔으며, 현대에 와서는 현저히 개선되었다. 그러므로 적어도, 그것은 이후에도 계속 개선되어 마침내는 양성의 평등이 달성될 가능성이 있다는 예측은 할 수 있다. 일부일처제 가족이 먼 장래에 가서 사회적 욕구를 충족시킬 수 없게 되면 그 뒤를 잇는 것은 어떤 속성을 가질 것인가에 대해서는 예언할 수 없다."[14]

III

이로쿼이 족의 씨족

이제 모건의 또 다른 발견을 살펴보기로 하자. 이 발견은 적어도 친족 체계로부터 유추하여 원시 가족 형태를 재구성한 것과 마찬가지의 중요성
5   을 지닌다. 모건이 증명한 바에 따르면, 아메리카 인디언의 부족 내부에서 동물의 이름으로 불리는 혈연 단체는 본질상 그리스 인의 genea, 로마 인의 gentes와 동일하다는 것 ; 아메리카의 형태가 원시적인 것이고, 그리스-로 마의 형태는 나중의 것이며 파생적인 것이라는 것 ; 씨족, 프라트리 Phratrie, 부족으로 이루어진 원시 시대 그리스 인과 로마 인의 사회 조직은 아메리
10 카 인디언의 사회 조직과 아주 유사하다는 것 ; 씨족은 문명 진입 전이나 나 아가서는 그 이후 시기에도 모든 미개인이 공통으로 가지고 있던 제도라는 것(현재까지의 우리의 사료에 근거하는 한)──이러한 것들이 증명됨으로 써 그리스와 로마의 최고대사에서 가장 난해한 부분들이 일거에 해결됨과 동시에, 뜻밖에 원시 시대의──국가의 성립 이전의──사회 제도의 근본
15 적 특징이 해명되게 되었다. 알고 보면 극히 간단하게 보이지만, 이러한 사 실은 최근에 와서야 모건에 의해 비로소 발견되었다[14] ; 1871년에 출판된 그의 이전 저서[23]에서는 아직 이 비밀이 밝혀지지 않았다. 이 비밀이 밝혀 지자 평소에 그토록 자신에 차 있던 영국 선사학자들도 한동안 쥐죽은 듯

이 있을 수밖에 없었다.

모건이 이러한 혈연 단체를 총괄적으로 지칭하는 말로 쓰고 있는 라틴 어 gens는 같은 뜻의 그리스 어 genos와 마찬가지로 낳는다는 뜻의 아리안 어 공통의 어근 gan(독일어로는 kan이다. 왜냐하면 독일어에서는 아리안 어의 g를 규칙에 따라 k로 쓰기 때문이다)에서 유래한 것이다. gens, genos,   5 산스크리트 어의 dschanas, 고트 어의 kuni(위에서 말한 규칙에 따라), 고 대 북유럽 어 및 앵글로색슨 어의 kyn, 영어의 kin, 중부 고지 독일어의 Kü nne는 모두 혈족, 혈통을 의미한다. 그런데 라틴 어의 gens와 그리스 어의 genos는 공통의 혈통(이 경우에는 공통의 시조에서 나온 혈통)을 자랑하며 일정한 사회 제도와 종교 제도에 의해 하나의 특수한 공동체를 이룬 그러   10 한 혈연 단체를 특별히 지칭하는 말로 쓰인다. 그럼에도 불구하고 이 혈연 단체의 발생과 본성에 대해서는 현재까지 우리 시대의 어느 역사 서술가도 해명하지 못하고 있었다.

앞에서 푸날루아 가족을 고찰할 때 원시적 형태의 씨족 구성이 어떠한 것인가를 이미 살펴보았다. 그것은 다음의 사람들, 요컨대 푸날루아 결혼을   15 매개로 하여 그리고 푸날루아 결혼 하에서 필연적으로 통용되는 관념에 따 라 씨족의 창시자인 특정한 한 시조모의 자손들로 인정되는 모든 사람들로 이루어진다. 이러한 가족 형태에서는 아버지를 확인할 수가 없으므로 여계 만이 통용된다. 형제들은 자기의 자매들과는 결혼할 수 없고 다만 다른 혈 통의 여자들과 결혼할 수 있으므로, 이러한 족외의 여자들과의 사이에 출   20 생한 아이들은 모권제에 의하여 씨족 외부의 인물이 된다. 그러므로 각 세 대의 **딸**들의 자손들만이 남게 된다 ; 아들들의 자손은 자기 어머니의 씨족으 로 넘어간다. 그런데 이러한 혈연 집단은, 부족 내부의 유사한 집단들과 나 란히 특수한 집단으로서 형성되고 나면 그 다음에는 어떤 것이 되는가?

이러한 원시적 씨족의 고전적 형태로서 모건은 이로쿼이 족, 특히 세   25 네카 부족의 씨족을 든다. 이 부족에는 동물의 명칭을 가진 8 개의 씨족이 있다 : 1. 이리, 2. 곰, 3. 거북, 4. 비버, 5. 사슴, 6. 도요새, 7. 왜가리, 8. 매. 각 씨족에는 다음과 같은 관습이 있다 :

1. 씨족은 자기 씨족의 사쳄(평상시의 수장)과 수령(군사 지휘자)을 선

출한다. 사쳄은 반드시 씨족 자체 내에서 선출되어야 한다. 그리고 그 직무는 공석이 되면 즉시 보충되어야 했던 한에서 씨족 내에서 세습되는 것이었다 ; 전시 지휘관은 씨족 외부에서도 선출될 수 있었으며 때로는 전혀 없을 수도 있었다. 전임 사쳄의 아들이 사쳄으로 선출되는 일은 전혀 없었다. 왜냐하면 이로쿼이 족 사이에서는 모권제가 지배하고 있었고 따라서 아들은 다른 씨족에 속했기 때문이다 ; 그러나 전임 사쳄의 형제나, 그 자매의 아들이 사쳄에 선출되는 일은 종종 있었다. 선거에서는 남녀 모두가 투표하였다. 그러나 선거는 나머지 일곱 개 씨족의 확인을 받아야 했으며, 이 확인을 받고서야 비로소 당선자는 공식적으로, 그것도 전 이로쿼이 족의 공동 평의회에 의해 임명되었다. 이것이 어떤 의미를 갖고 있는가에 대해서는 후에 가서 알게 될 것이다. 씨족 내에서의 사쳄의 권력은 부성적이며, 순전히 도덕적인 성질의 것이었다 ; 그는 강제 수단을 가지지 않았다. 이와 함께 그는 그 직무상 세네카 부족 평의회의 성원이었고 또 그 때문에 전 이로쿼이 족 동맹 평의회의 성원이었다. 군사 수령은 출정 시에만 어떤 명령을 내릴 수 있었다.

2. 씨족은 임의로 사쳄과 군사 수령을 해임한다. 이것도 역시 남녀가 공동으로 결정한다. 해임된 자는 해임 후에는 다른 사람들과 마찬가지의 평전사이며 사인 私人 이다. 그 밖에 부족 평의회도, 심지어 씨족의 의사에 반하면서까지도, 역시 사쳄을 해임할 수 있다.

3. 씨족 성원은 누구도 씨족 내부에서는 결혼할 수 없다. 이것은 씨족의 기본 규칙이며 씨족을 하나로 묶는 유대의 끈이다 ; 이것은 씨족에 포함된 개인들을 비로소 한 씨족으로 묶어내는 극히 적극적인 혈연 관계의 소극적인 표현이다. 이런 간단한 사실을 발견함으로써 모건은 처음으로 씨족의 본성을 밝혔다. 씨족에 대한 종래의 이해가 보잘것없었다는 것은 야만인과 미개인에 관한 종전의 보고들이 잘 말해 준다. 이 보고들에서는 씨족 질서를 구성하는 다양한 단체들이 아무런 분별도 구별도 없이 부족, 클란 clan, 툼 thum[8] 등등으로 뒤죽박죽으로 지칭되었으며, 이 단체들 내부에서는 결혼이 금지되어 있다는 주장도 때로 찾아볼 수 있다. 물론 그 결과 건

---

8) 클란은 스코틀랜드의 부계 씨족, 툼은 네팔의 마가르 족의 부계 씨족. (역자)

잡을 수 없는 혼란이 빚어졌고, 이 혼란 속에서 맥레넌 씨가 나뽈레옹으로서 등장하여 다음과 같은 절대 명령으로 질서를 세우기에 이르렀다 : 모든 부족은 내부에서 혼인이 금지되는 (족외혼적인) 부족과 그것이 허락되는 (족내혼적인) 부족으로 나뉘어진다. 이와 같이 문제를 아주 수습하기 곤란한 지경에 몰아넣고 나서야, 그는 자기의 이 어리석은 두 부류 중 어느 것이 더 오래 된 것인가 하는 참으로 심오한 연구에 몰두할 수 있었다 : 족외혼인가 족내혼인가. 혈연 관계에 그리고 이에 기인하는 씨족 성원간 혼인의 불가능성에 기초한 씨족이 발견됨에 따라 그러한 허튼소리는 더 이상 나오지 않게 되었다.── 우리가 알게 된 당시의 이로쿼이 인들의 발전 단계에서 씨족 내 혼인의 금지가 엄수되고 있었음은 말할 필요도 없다.

4. 사망자의 재산은 남아 있는 씨족원들의 것이 되었다. 그것은 씨족 내에 남아 있어야 했다. 한 이로쿼이 인이 유산으로 남겨 놓을 수 있는 물품은 보잘것없었으므로 그의 유산은 가장 가까운 씨족 내 친족들이 나누어 가졌다 ; 남자가 사망했을 때는 그의 친형제, 친자매들과 어머니의 남자 형제들끼리 유산을 나누어 가졌다 ; 여자가 사망했을 때는 그 여자의 자녀들과 친자매들끼리 유산을 나누어 가졌는데, 그 여자의 남자 형제들은 여기서 제외되었다. 바로 그 때문에 남편과 아내는 서로 상속할 수 없었으며, 부자간에도 역시 상속할 수 없었다.

5. 씨족 성원들은 서로 돕고 보호할 의무가 있었으며, 특히 족외자의 침해에 대한 복수에 협력할 의무가 있었다. 개인은 자기의 안전을 씨족의 보호에 맡겼으며, 또 그럴 수 있었다 ; 개인을 침해한 자는 씨족 전체를 침해한 자였다. 이로부터, 요컨대 씨족의 혈연적 유대로부터 피의 복수에 대한 의무가 발생하였다. 이로쿼이 족은 이것을 무조건적으로 승인하였다. 어떤 씨족원이 다른 씨족원에게 살해당했을 때는 피살자 측 씨족 전체가 피의 복수를 할 의무가 있었다. 우선 조정이 시도된다 ; 살해자 측 씨족은 평의회를 소집하여 피살자 측 씨족의 평의회에 대부분의 경우 애도의 뜻을 표하고 상당한 선물을 제공하면서 화해를 제안한다. 이 제안이 받아들여지면 그것으로 사건은 마무리된다. 그렇지 않을 경우에는 피해자 측 씨족이 한 명 또는 여러 명의 복수자를 지명하여 가해자를 추적하여 죽일 의무를

지운다. 이 복수가 이루어져도 살해된 자의 씨족은 불평할 권리가 없었다. 사건은 이것으로 종결되었다.

6. 씨족은 전체 부족 내에서 그 씨족만이 사용할 수 있는 특정한 이름 혹은 이름의 계열을 가지고 있다. 그리하여 각 개인의 이름이 동시에 그가 소속한 씨족을 말해 준다. 씨족원의 이름은 애초부터 씨족권과 붙어 다닌다.

7. 씨족은 족외자를 편입시켜 부족 전체의 성원으로 받아들일 수 있다. 그리하여 죽임을 당하지 않은 포로는 어느 한 씨족에 편입되어 세네카 부족의 성원이 되었으며, 그와 함께 완전한 씨족권과 부족권을 취득하였다. 편입은 개별적 씨족원들의 제안에 따라 이루어졌다. 제안자가 남자면 족외자를 형제나 또는 자매로서 받아들였고, 여자면 그를 자기의 자녀로서 받아들였다 ; 확인을 위해서는 씨족 편입 의식이 필요하였다. 그리하여, 예외적으로 인원이 감소한 몇몇 씨족이 다른 한 씨족의 동의를 얻어 그 씨족으로부터 대량 편입을 시켜 자기 씨족을 새로이 강화하는 일도 종종 있었다. 이로쿼이 족의 경우에 씨족 편입 의식은 부족 평의회의 공식 회의에서 이루어졌다. 이로써 그것은 사실상 하나의 종교적 의식이 되었다.

8. 인디언 씨족들에게 특별한 종교적 제의가 있었다는 것을 증명하기란 어렵다 ; 그러나 인디언의 종교적 의식은 많건 적건 씨족과 연관되어 있다. 매년 여섯 차례씩 이루어지는 이로쿼이 족의 종교적 제전에서는 각 씨족의 사쳄과 군사 수령들이 그 직무상 '신앙의 수호자'로 취급되어 사제의 기능을 수행하였다.

9. 씨족은 공동 묘지를 가지고 있다. 백인에 둘러싸여 있는 뉴욕 주의 이로쿼이 족의 경우에 지금은 공동 묘지를 가지고 있지 않지만, 전에는 가지고 있었다. 다른 인디언들은 아직도 가지고 있다 ; 예컨대 이로쿼이 족과 혈연적으로 가까운 투스카로라 족의 경우가 그러한데, 그들은 기독교도이면서도 교회 묘지 안에 씨족별로 묘지 구역을 가지고 있다. 그러므로 어머니는 아이들과 나란히 같은 묘지 구역에 매장되었으나 아버지는 그렇지 않았다. 그리고 이로쿼이 족의 경우에도 장례식에는 죽은 사람의 씨족 전체가 참가하여 무덤도 만들고 조사도 읽는다.

10. 씨족에는 평의회가 있다. 그것은 성년의 남녀 씨족원 전원으로 이루어지며, 모두 평등한 투표권을 가지는 민주주의적 회의이다. 이 평의회는 사쳄과 군사 수령을 뽑고 또한 그들을 해임하였다 ; 여타 '신앙의 수호자들'에 대해서도 마찬가지였다 ; 평의회는 살해된 씨족원에 대한 배상금(살인 배상금) 또는 피의 복수에 관한 결정을 내렸다 ; 평의회는 족외자를 씨족으로 편입시켰다. 요컨대, 그것은 씨족 내의 지상권이었다.

이러한 것들이 전형적인 인디언 씨족의 권한이다.

"그 성원들은 모두 자유민이며, 각인은 타인의 자유를 지켜 줄 의무를 지고 있다 ; 그들의 개인적 권리는 모두 평등하다——사쳄도 군사 지휘자도 어떤 우선적 권리를 요구하지 않는다 ; 그들은 혈연적 유대로 결합된 하나의 형제단을 이루고 있다. 자유, 평등, 우애는, 정식화된 적이 한 번도 없었지만 씨족의 근본 원리였다. 그리고 씨족은 또한 사회 제도 전체의 단위이며, 조직된 인디언 사회의 기초였다. 누구나 인정하는 인디언의 불굴의 독립 정신과 개인적인 위엄 있는 태도는 이것으로 설명된다."[14]

발견될 당시에 북아메리카 전역의 인디언은 모권제에 기초하여 씨족으로 조직되어 있었다. 다만 다코타 부족들 같은 몇몇 부족들의 경우에는 씨족이 몰락한 상태였고 몇몇 다른 부족들, 즉 오지브와 족과 오마하 족의 경우에는 부권제에 기초하여 씨족이 조직되어 있었다.

아주 많은 인디언 부족들이 대여섯 개 이상의 씨족들을 거느리고 있었는데, 이 다수의 인디언 부족들에서 서너 개 또는 그 이상의 씨족이 결합하여 하나의 특수한 집단을 이루고 있음을 볼 수 있다. 이러한 집단을 모건은 프라트리(형제단)라고 불렀다. 이것은 인디언의 명칭을 그에 대응하는 그리스 어 명칭으로 충실하게 옮겨 놓은 것이다. 예컨대 세네카 족에는 두 개의 프라트리가 있었다 ; 첫째 프라트리에는 제1씨족부터 제4씨족까지가 있었고, 둘째 프라트리에는 제5씨족부터 제8씨족까지가 있었다. 좀더 자세히 연구해 보면 이들 프라트리는 대개, 최초에 부족을 이루고 있던 원래의 씨족들을 나타낸다는 것을 알 수 있다 ; 왜냐하면 씨족 내부의 결혼이 금지되어 있었으므로 각 부족이 자립적으로 존속할 수 있으려면 필연적으로 적어도 두 개의 씨족을 포괄하지 않으면 안 되었기 때문이다. 부족의 인원이 늘어남에 따라 각 씨족이 다시 두 개 내지 그 이상의 씨족으로 분열되어 이것들이 이제는 각각 독자적인 씨족으로서 나타나게 된다. 한편 딸 씨족들 전부를 포괄하는 원래의 씨족은 프라트리로서 존속한다. 세네카 족과 기타 대부분의 인디언들 사이에서는 한 프라트리에 속하는 씨족들은 형제 씨족이며 다른 프라트리에 속하는 씨족들은 그 씨족들의 종형제 씨족이다——이 호칭들은 이미 본 바와 같이 아메리카 식 친족 체계에서는 극히 실질적이고 깊은 의미를 지닌다. 사실 원래는 어느 세네카 족 사람도 자기 프라트리 내부에서 결혼할 수 없었지만, 이런 관습은 이미 오래 전에 없어지고 현재는 씨족 내에서만 결혼할 수 없게 되어 있다. 세네카 족에서 전승되는 이야기에 따르면, 곰과 사슴이 원래의 두 씨족이었으며 다른 씨족들은 거기서 갈라져 나온 것이라고 한다. 이러한 새 제도가 일단 뿌리를 내리면, 그것은 필요에 따라 수정되었다 ; 어떤 프라트리 내의 씨족들이 사멸하면, 균형을 맞추기 위해 다른 프라트리 내의 몇 개 씨족을 통째로 그 프라트리로 옮기는 일도 가끔 있었다. 따라서 우리는 같은 명칭을 가진 씨족들이 다양한 방식으로 프라트리로 묶여 있는 것을 여러 부족들에게서 보게 된다.

이로쿼이 족에 있어서 프라트리의 기능은 일부는 사회적인 것이었으며, 일부는 종교적인 것이었다. 1. 프라트리들은 서로 공놀이 대항전을 펼친다 ; 프라트리들은 각각 가장 우수한 경기자를 내보내고 나머지 사람들은 프라트리별로 자리를 차지하고 구경하면서 자기 편의 승리를 걸고 내기를 한다.——2. 부족 평의회에서는 각 프라트리의 사쳄들과 군사 수령들이 따로 무리지어 앉으며, 양 측은 서로 마주본다. 각 발언자는 각각의 프라트리 대표들을 향해 그들을 특수한 단체로서 간주하고 발언한다.——3. 부족 내에서 살인이 일어나고 죽은 자와 죽인 자가 같은 프라트리 사람이 아닐 때는 피해를 입은 씨족은 종종 자기의 형제 씨족들에게 호소하였다 ; 호소를 받은 형제 씨족들은 프라트리 평의회를 소집하고 전체로서 다른 프라트리에 대해서도 역시 사건의 평화적 해결을 위해 자기의 평의회를 소집할 것을 요청하였다. 그러므로 여기서는 프라트리가 다시 원래의 씨족으로서 등장하는 셈이며, 이렇게 하는 편이 그 딸 씨족들 즉 더 허약한 개별 씨족들보다 성공할 가능성이 더 크다.── 4. 유력한 사람이 죽을 경우에는 반대편 프라트리가 매장과 장례와 관련된 처리를 도맡았으며 사망자 편 프라트리 사람들은 상가 사람들로서 장례에 참가하였다. 사쳄이 죽었을 때는 그 자리 가 공석임을 반대편 프라트리가 이로쿼이 족 동맹 평의회에 통지하였다. ── 5. 사쳄 선거 때에도 역시 프라트리 평의회가 하는 역할이 있었다. 선 거에 대한 형제 씨족들의 확인을 얻는 것은 거의 자명한 것으로 간주되었 으나, 다른 쪽 프라트리의 씨족들이 반대할 수도 있었다. 이런 경우에는 그 프라트리의 평의회가 소집되었다 ; 이 평의회가 반대 의견을 유지하면 선거 는 무효가 되었다.── 6. 이전에 이로쿼이 족에게는 백인들이 주술 집회소 medicine-lodges 라고 부른 특수한 종교적 비밀 의식이 있었다. 이 비밀 의 식은 세네카 족의 경우에는 두 개의 종교 단체에 의해 거행되었고, 또한 새 로운 성원에 대해서는 정식의 성별식聖別式 을 거행하였다 ; 이 종교 단체 는 두 프라트리에 각각 하나씩 있었다.── 7. 거의 확실한 사실이지만 만 일 정복 당시에[38] 틀라스칼라의 네 개 지역에 거주하였던 네 개의 line- ages(혈족)가 네 개의 프라트리였다면, 이는 이 프라트리들이 그리스 인들 의 프라트리나 이와 유사한 독일인들의 혈연 단체처럼 역시 군사적 단위의 역할을 하기도 했다는 것을 증명하는 셈이다 ; 이들 네 개의 혈족은 각각 별 개의 부대로서, 각각의 제복과 군기軍旗를 갖추고 각각의 지휘자를 따라 싸움에 나갔다.

　　몇 개의 씨족이 모여서 하나의 프라트리를 형성하는 것처럼 고전적인 형태에서는 몇 개의 프라트리가 모여서 하나의 부족을 형성한다 ; 사람이 적은 부족들에서 프라트리라는 중간 고리가 없는 경우도 많다. 그러면 아메 리카 인디언 부족의 특징은 무엇인가?

　　1. 자기 자신의 영역과 자기 자신의 명칭. 각 부족은 자기의 실제의 거 주지 외에 수렵과 어로를 위한 상당히 광대한 영역을 점유하고 있었다. 그 밖에, 인근 부족의 영역에까지 다다르는 광대한 중립 지대가 있었다. 언어 가 서로 비슷한 부족들 사이에서는 이 중립 지대는 약간 좁았고, 그렇지 않 은 부족들 사이에서는 약간 넓었다. 예컨대 독일인의 경계림, 케사르가 말 한 스웨브 족이 자기 영역 주위에 설정한 무인지, 덴 족과 독일인 사이에

있던 îisarnholt(덴마크 어로는 jarnved, [라틴 어로는] limes danicus), 독일인과 슬라브 인 사이에 있던 작센발트, 브란덴부르크라는 지명의 어원인 branibor(슬라브 어=방어림)가 그러한 것들이다. 이처럼 불확실한 경계선으로 구획된 영역은 부족의 공유지였으며 인접 부족들도 그것을 승인하였고, 또 부족 자신이 그것을 침략으로부터 방위하였다. 경계의 불확실성이 실제로 불편하게 된 것은 대개는 인구가 현저히 증가하면서부터였다.—— 부족의 명칭은 대개는 의식적으로 선택된 것이라기보다는 우연히 생격난 것이다 ; 시간이 가면서 어떤 부족이 자신을 부르는 것과 다른 이름으로 인근 부족들이 그 부족을 부르는 경우도 자주 생겼다 ; 이것은 독일인이 그 최초의 역사상의 총칭, 즉 게르만 인이라는 이름을 켈트 족으로부터 얻은 것과 유사하다.

2. 특수한, 이 부족에게만 특유한 **방언**. 사실상 부족과 방언은 실질적으로 일치한다 ; 분열에 의한 부족과 방언의 새로운 형성은 아주 최근까지 아메리카에서 이루어지고 있었고, 또 지금도 전혀 중단되지 않았을 것이다. 두 개의 허약한 부족이 하나로 통합된 경우에, 예외적으로 같은 부족 내에 두 개의 유사한 방언이 쓰이는 경우가 생긴다. 아메리카 부족들의 평균 인구는 2,000 명 이하이다 ; 그러나 체로키 족은 26,000 명으로서 같은 방언을 사용하는 인디언으로서는 합중국에서 가장 인구가 많은 부족이다.

3. 씨족들이 선출한 사쳄과 군사 지휘자를 정식으로 임명할 권리 그리고

4. 그들을 선출한 씨족의 의사에 반하면서까지도 그들을 해임할 권리. 이 사쳄과 군사 지휘자는 부족 평의회의 성원이므로, 부족이 이들에 대해 이러한 권리를 가지는 것은 쉽게 이해된다. 부족 동맹이 형성되어 부족들 전체가 하나의 동맹 평의회에 대표를 파견했을 때는 위의 권리는 동맹 평의회로 넘어갔다.

5. 공통의 종교적 관념(신화)과 제식 祭式 의 보유.

"인디언은 미개인의 방식을 따르는 종교적 민족이었다."[14]

인디언의 신화는 아직 비판적으로 연구된 적이 없다 ; 그들은 자기의 종교적 관념들의 화신—— 온갖 종류의 정령—— 을 이미 인간의 모습으로 생각하고 있었다. 그러나 그들이 처하고 있던 미개의 낮은 단계에서는 조형적 표현, 소위 우상은 아직 없었다. 그것은 다신교로 발전하는 과정에 있는 자연 및 자연력 숭배이다. 각 부족은 일정한 예배 형식을 갖춘, 특히 춤과 경기를 동반하는 정기적인 제전을 가졌다 ; 특히 춤은 모든 종교 의식의 중요한 구성 부분이었다 ; 각 부족은 자기들의 제전을 따로 거행하였다.

6. 공동 사무를 처리하기 위한 부족 평의회. 평의회는 각 씨족의 사쳄과 군사 지휘자 전원으로 구성되었다. 그들은 언제든지 해임될 수 있었기 때문에 각 씨족의 진정한 대표자들이었다 ; 평의회는 토론에 참가하여 자기 의견을 발표할 권리를 가지는 다른 부족 성원들이 둘러싼 가운데 공개적으로 진행되었다 ; 평의회는 결정을 채택하였다. 보통, 회의 참가자들은 누구나 발언을 요구하고 의견을 피력할 수 있다 ; 여자들도 자기들이 선정한 발언자를 통해 의견을 제시할 수 있었다. 이로쿼이 족의 경우에는, 독일의 마르크 공동체가 많은 결정들에서 그러했던 것처럼, 최종 결정은 만장 일치로 가결되어야 했다. 특히 다른 부족과의 관계를 조정하는 것이 부족 평의회의 임무였다 ; 부족 평회회는 사절을 접견 또는 파견하였으며, 선전을 포고하고 강화를 체결하였다. 전쟁이 일어나면 그것은 대개 지원병들에 의해 수행되었다. 원칙적으로, 각 부족은 명시적인 평화 조약을 체결하지 않은 다른 모든 부족과 전쟁 상태에 있는 것으로 간주되었다. 이러한 적들에 대한 출정은 대개 각각의 우수한 전사들에 의해 조직되었다 ; 그들은 전쟁무戰爭舞를 췄으며, 여기에 동참해 춤을 춘사람들은 모두 그것으로 출정에 동참하겠다는 뜻을 표명한 것으로 간주되었다. 곧 파견 부대가 편성되어 출동하였다. 마찬가지로 공격당한 부족 영역의 방위도 대개 지원병들에 의해 수행되었다. 이러한 파견 부대의 출발과 귀환은 언제나 공적 제전이 이루어지는 기회가 되었다. 이러한 출정에 대해서는 부족 평의회의 동의가 필요치 않았고 요구되지도 않았으며 주어지지도 않았다. 그것은 타키투스가 묘사하는 독일의 종사단의 사적 출정과 똑같은 것이었다. 다만 다른 점은 독일인의 경우에는, 종사단이 이미 보다 상설적인 성격을 띠면서 하나의 견고한 핵심

을 이루고 이러한 핵심이 평화시에 미리 조직되어 있다가 전쟁이 일어날 경우에 그 주위에 다른 지원병들이 결집한다는 것이다. 이러한 파견 부대가 많은 인원으로 구성되는 경우는 드물었다 ; 인디언의 어떤 중요한 출정도, 그것이 원거리 출정인 경우일 때라도 그리 많지 않은 병력으로 수행되었다.

5 어떤 큰 계획을 위해서 이러한 몇몇 종사단들이 협력하는 경우에는, 각 종사단은 오로지 각자의 지휘자에게만 복종하였다 ; 출정 계획의 통일은 이 지휘자들의 평의회를 통해서 어느 정도 보장되었다. 암미아누스 마르켈리누스가 서술한 바에 따르면, 4 세기에 상부 라인 지방에서 알라만 족이 보여준 전쟁 수행 방법이 바로 그러하였다.

10   7. 몇 개의 부족에는 한 사람의 대수장이 있지만, 그의 권한은 극히 미약하다. 그는 사쳄의 한 사람으로서, 긴급한 행동이 요구되는 경우에는 평의회가 소집되어 최종 결정을 내릴 수 있을 때까지 임시 조치를 취할 책임이 있다. 그것은 집행권을 가진 관리의 약한 맹아이지만, 그 후의 발전 과정 속에서 대개 열매를 거두지 못하였다 ; 오히려 이러한 관리는, 나중에 보

15 게 되듯이, 모든 경우는 아니지만 대부분의 경우에 최고 군통수권자에서 발전해 나왔다.

    대다수의 아메리카 인디언은 부족으로의 통합 이상으로 나아가지 못했다. 아메리카 인디언의 각 부족의 인구는 얼마 되지 않았고, 광대한 경계 지대를 사이에 두고 서로 떨어져 있었으며, 끊임없는 전쟁으로 인해 약화되었

20 기 때문에 얼마 안 되는 인원으로 광대한 영역을 점거하고 있었다. 근친 부족들 사이의 연합이 여기저기서 결성된 경우도 있었으나, 그것은 일시적인 긴급 사태로 인한 것이었고 그러한 긴급 사태가 소멸되면 붕괴되었다. 그러나 몇몇 지방에서는 원래 근친 관계에 있던 부족들이 분열 상태를 거친 후 다시 결합하여 영속적인 동맹을 만들고, 그리하여 국민 형성을 위한 첫걸음

25 을 내디뎠다. 합중국에서 우리는 이러한 동맹의 가장 발전된 형태를 이로쿼이 족의 경우에서 본다. 미시시피 강 서쪽에 거주할 당시에는 그들은 아마 대 人 다코타 계의 한 가지를 이루고 있었다고 생각되지만, 그들은 그곳을 떠나 오랜 방랑 끝에 현재의 뉴욕 주에 다음의 다섯 부족으로 갈라져서 정착하였다 : 세네카, 카유가, 오논다가, 오네이다, 모호크. 그들은 어로, 수렵

및 조잡한 채마밭 경작으로 생활했으며, 대개는 방어용 울타리가 둘러쳐진 촌락에서 살았다. 그들의 인구는 20,000 명을 넘은 적이 없었다. 몇 개의 공통된 씨족이 다섯 부족 전부에 존재하였다. 그들은 동일한 언어에 속하고 근친 관계에 있는 방언들을 썼으며 통합된 한 지역을 점거하여 거기에 다섯 부족이 나뉘어 살았다. 이 지역은 새로이 정복된 것이기 때문에 밀려난 부족들에 대항하여 그들이 통상적으로 결속하는 것은 당연한 일이었다. 이러한 통상적 결속이 발전하여 늦어도 15 세기 초에 와서는 본격적인 '영구 동맹', 즉 연합이 생겨나게 되었다. 그런데 이 연합은 자기들의 새로운 힘을 자각하게 되자 즉각 공격적 성격을 갖게 되었다. 이 연합은 그 세력이 절정에 달했던 1675년 경에는 주변의 광대한 지역을 정복하고 그 주민들을 쫓아내거나 공물을 바치게 하였다. 이로퀴이 족 동맹은, 인디언이 미개의 낮은 단계를 넘어서지 못했던 한에서(그러므로, 멕시코 인, 뉴 멕시코 인 및 페루 인은 제외된다), 인디언이 도달한 가장 발전한 사회 조직을 보여준다. 동맹의 기본 특징들은 다음과 같았다 :

1. 완전한 평등과 부족 내부의 일체의 문제에 대한 자주성에 기초한, 다섯 개 혈연 부족들의 영구 동맹. 이 혈연 관계는 동맹의 진정한 기초였다. 다섯 개 부족 중에서 세 부족은 아버지 부족이라 불렸고, 서로 형제간이었다 ; 다른 두 부족은 아들 부족이라 불렸고 역시 서로 형제 부족이었다. 세 개의 씨족——가장 오랜——은 전체 다섯 개 부족 내에 아직도 살아 있는 대표를 가지고 있었으며, 다른 세 개의 씨족은 세 개의 부족 내에 역시 살아 있는 대표를 가지고 있었다. 이들 각 씨족의 성원들은 다섯 개 부족 전체에 걸쳐서 모두 형제였다. 방언상의 차이밖에 없는 공통의 언어는 혈통이 같다는 표현이며 증거였다.

2. 동맹의 기관은 지위와 권위가 모두 평등한 50 명의 사쳄으로 구성된 동맹 평의회였다 ; 이 평의회가 동맹의 모든 문제에 대해 최종적인 결정을 내렸다.

3. 이 50 명의 사쳄은 동맹의 여러 가지 목적을 위하여 특별히 설치된 새로운 직무의 담당자로서 동맹 설립 시에 부족들과 씨족들 사이에 할당되었다. 사쳄은 공석이 생기면 해당 씨족에 의해 새로 선출되었으며, 또 해당

씨족은 언제라도 그를 해임할 수 있었다 ; 그러나 사쳄직에 임명하는 권리는 동맹 평의회에 있었다.

4. 이 동맹 사쳄은 동시에 자기 부족의 사쳄이었으며, 부족 평의회에 참석할 권리와 투표할 권리를 가지고 있었다.

5. 동맹 평의회의 모든 결정은 만장 일치로 가결되어야 했다.

6. 투표는 부족 단위로 이루어졌다. 그러므로 결정이 유효한 것이 되기 위해서는 각 부족이, 그리고 각 부족 내에서는 평의회의 전원이 동의해야 했다.

7. 다섯 개의 부족 평의회 중 어느 평의회나 동맹 평의회를 소집할 수 있었다. 그러나 동맹 평의회는 자기 자신의 발의로 소집될 수는 없었다. ·

8. 회의는 인민이 모인 앞에서 진행되었다 ; 이로쿼이 족이면 누구나 발언할 수 있었다 ; 그러나 결정은 평의회만이 내릴 수 있었다.

9. 동맹에는 개인적인 우두머리, 요컨대 집행 권력의 장은 없었다.

10. 그 대신 동맹에는 평등한 권한과 평등한 권력을 가진 두 사람의 최고 군사 지휘자가 있었다(스파르타 인의 두 '왕', 로마의 두 집정관).

이것이 이로쿼이 족이 사백 년 이상 그 아래서 생활했으며 지금도 생활하고 있는 공적 제도의 전부였다. 내가 모건에 의거하여 이 제도를 비교적 상세히 서술한 것은 이로써 아직 국가라는 것을 알지 못하던 한 사회의 조직을 연구할 기회를 얻을 수 있기 때문이다. 국가는, 그때그때의 구성원들의 총체로부터 분리된, 하나의 특수한 공적 권력을 전제한다. 그러므로 마우러——그는 독일의 마르크 제도가, 설령 그 대부분이 후에 국가의 기초가 되었을지라도 국가와는 본질적으로 다른, 그 자체로 순 사회적인 제도라는 것을 정확한 본능으로 인식한 사람인데——는 자신의 모든 저작에서 마르크, 촌락, 장원, 도시라는 원시적 제도로부터, 또 그 제도와 나란히 공적 권력이 점차적으로 성립하는 과정을 연구하였다. 북아메리카 인디언의 실례에서, 처음에는 단일했던 한 종족이 어떻게 광대한 대륙에 점차 퍼져 가는가, 어떻게 부족들은 분열을 통하여 민족, 요컨대 전체 부족군 部族群이 되는가, 어떻게 언어는 변화하여 마침내 서로 이해할 수 없게 될 뿐만 아니라 원래의 통일성의 흔적조차 거의 상실하게 되는가 ; 이와 함께 어떻

게 여러 부족들 내에서 개별 씨족이 몇 개의 씨족들로 분열하여 원래의 모
씨족母氏族이 프라트리로 유지되며, 또 가장 오래 된 이 씨족들의 명칭이
멀리 떨어져 있고 오래 전에 분리된 여러 부족들에게서도 그대로 유지되는
가――이리와 곰은 지금도 전 인디언 부족의 대부분이 씨족 명칭으로 쓰
고 있다――를 보게 된다. 그리고 위에서 묘사한 제도는 대체로 이들 인디   5
언 부족 모두를 포괄한다――다만 다른 것은 많은 부족들이 근친 부족들
의 동맹에까지 이르지 못했다는 것뿐이다.

    그리고 또한――씨족이 일단 사회적 단위로서 성립하면――씨족, 프
라트리, 부족이라는 전 제도가 거의 불가항력적인 필연성을 가지고――왜
냐하면 그것은 자연적이기 때문이다――이 단위로부터 발전해 나오는 것   10
도 보게 된다. 이 세 가지는 모두 혈연 관계의 상이한 단계에 속하는 집단
들이며, 각각 그 자체로 완결되어 있어서 그 자신의 사업을 처리하지만, 또
서로 보충하기도 한다. 이 세 집단이 관장하는 사업의 범위는 낮은 단계의
미개인이 해야 할 공무의 전체를 포괄한다. 따라서 어떤 민족에게 씨족이
사회적 단위로서 존재한다면, 거기서 또한 상술한 것과 유사한 부족 조직을   15
찾아 보아도 좋을 것이다 ; 그리고 그리스 인이나 로마 인의 경우처럼 사료
가 풍부한 경우에 우리는 그러한 부족 조직을 발견하게 될 뿐만 아니라 사
료가 없는 경우에도 아메리카의 사회 제도와 비교하는 것이 가장 풀기 힘
든 의문과 수수께끼를 푸는 데 도움이 되리라고 확신하게 될 것이다.

    그리고 유치하고 단순함에도 불구하고 이 씨족 제도는 얼마나 놀라운   20
조직인가! 병사도 헌병도 경찰관도 없고, 귀족도 국왕도 총독도 지사도 재
판관도 없고, 감옥도 없고, 소송도 없지만 모든 일이 말끔하게 처리된다.
모든 분쟁과 다툼은 관계자 전체에 의해, 즉 씨족 또는 부족에 의해 해결되
거나 또는 각 씨족과 씨족 사이에서 해결된다――다만 드물게 사용되는
극단적인 수단으로서 피의 복수로 위협을 가할 뿐이다. 오늘날의 사형이라   25
는 것도 이 피의 복수의 문명화된 형태에 불과하며 문명의 모든 장점과 단
점을 걸머지고 있다. 공동 사무가 지금보다 훨씬 많았음에도 불구하고――
세대는 여러 가족들의 공동의 것이었고 공산주의적이었으며, 토지는 부족
의 소유이고, 다만 작은 채마밭만이 각 세대에게 일시적으로 할당되었다

——오늘날과 같은 광범하고 복잡한 행정 기구가 전혀 필요하지 않았다. 결정을 내리는 것은 당사자들이며 대부분의 경우에 수백 년 동안 내려온 관습이 이미 만사를 규정해 놓았다. 빈곤하거나 빈궁한 사람은 있을 수 없었다——공산주의적 세대와 씨족은 노인, 병자, 전쟁 불구자들에 대한 자기들의 의무를 잘 알고 있었다. 만인이 평등하고 자유로웠다——여자도 그러하였다. 노예는 아직 존재할 여지가 없었으며 다른 부족에 대한 억압의 여지도 대체로 아직 없었다. 이로쿼이 족은 1651년 경에 이리 부족과 '중립민족'[39]을 정복했을 때 이들에게 동등권을 가진 성원으로서 동맹에 가입하라고 제의하였다 ; 그들은 피정복자들이 그것을 거절한 뒤에야 비로소 자신들의 영역에서 이들을 추방하였다. 그런데 이러한 사회가 어떠한 남녀를 만들어 내는가는, 아직 타락하지 않은 인디언과 접촉해 본 백인들이면 누구나 이 미개인들의 인격적 위엄, 솔직함, 성격의 강인함, 용감함에 경탄하는 것만 보아도 잘 알 수 있다.

우리는 아주 최근에 아프리카에서 이러한 용감함의 실례를 경험하였다. 몇 년 전에는 줄루 카피르 족이 그리고 몇 달 전에는 누비아 족이——이 두 부족들은 씨족 제도가 아직 사멸하지 않은 부족들이다——유럽의 어떤 군대도 할 수 없는 일을 해냈다. 창과 투창만으로 무장하고 화기도 없었던 그들이지만 영국 보병——밀집 전투에 관한 한 세계 제일이라고 인정받는——이 비오듯 쏘아대는 후장총을 뚫고 총검 앞까지 진격하여, 무기가 훨씬 열세에 있었음에도 불구하고 그리고 병역 기간이 전혀 없었기 때문에 군사 훈련이 무엇인지조차 몰랐음에도 불구하고, 한 번도 아니고 여러 번에 걸쳐 영국 보병을 혼란에 빠트렸으며 심지어 격퇴하기까지 하였다. 그들이 무엇을 견딜 수 있고 무엇을 해낼 수 있는가 하는 것은 카피르 인이 24 시간 동안 말보다 더 빨리 더 먼 길을 달린다는 영국인의 탄식으로 잘 알 수 있다——그들의 근육은 가장 작은 것까지도 혁대처럼 질기고 단단하게 튀어 나와 있다고 어떤 영국 화가는 말하고 있다.

각종 계급으로 분열되기 전까지의 인류와 인류 사회는 이러하였다. 그리고 그들의 처지와 현대 문명인의 압도적 다수의 처지를 비교해 보면, 오늘날의 프롤레타리아 및 소농민과 옛날의 자유로운 씨족원 간에는 천양지

차가 있다.

　이것은 한 측면이다. 이 조직이 몰락할 운명에 있었다는 것을 잊지 말
도록 하자. 이 조직은 부족 이상으로는 나아가지 못했다 ; 나중에 보게 되는
바와 같이 그리고 이로쿼이 족이 다른 부족들을 억압하려고 한 데서 이미
본 바와 같이, 부족 동맹은 이미 이 조직의 붕괴가 시작되었음을 보여준다.　　5
부족 밖에 있는 것은 법 바깥에 있었다. 명시적인 평화 조약이 없는 경우에
는 전쟁이 부족과 부족 사이를 지배했고, 그 전쟁은 인간 이외의 동물에서
는 찾아볼 수 없는 잔인성을 띤 것이었다. 이 잔인성은 나중에 와서 타산에
의해 비로소 완화되었다. 우리가 아메리카에서 본 바와 같은 전성기의 씨족
제도는 극히 미발달한 생산을, 따라서 광대한 영역에 퍼져 있는 극히 희박　　10
한 인구를 전제한다 ; 따라서 그것은 낯선 것으로서 인간과 대립하고 있는
불가해한 외적 자연에 의해서 인간이 거의 완전히 지배되는 상태를 전제한
다. 이러한 상태는 그들의 유치한 종교적 관념에 반영되어 있다. 부족은 인
간에게 있어서 족외자에 대한 한계임과 동시에 자기 자신에 대한 한계이기
도 하였다 : 부족, 씨족 및 그 제도들은 신성 불가침의 것이었고 자연에 의　　15
해 주어진 더 높은 힘이었다. 개인은 감정, 사고, 행위에 있어서 무조건적으
로 이 힘에 복종하고 있었다. 이 시대의 사람들이 우리에게는 당당하게 보
이지만, 그들 한 사람 한 사람은 서로 구별되지 않는다. 맑스가 말하듯이,
그들은 아직 자연 성장적 공동체의 탯줄에서 떨어지지 못하고 있었다. 이
자연 성장적 공동체의 힘은 분쇄되어야 했으며—— 분쇄되었다. 그러나 그　　20
것은 우리들에게는 애초부터 타락으로, 즉 옛날의 씨족 사회의 소박한 도
덕적 고지로부터의 [아담과 이브의] 타락으로 여겨지는 여러 영향들에 의해
분쇄되었다. 새로운 문명 사회, 계급 사회를 탄생시킨 것은 저급하기 그지
없는 이해들——비천한 소유욕, 짐승 같은 향락욕, 더러운 탐욕, 공유 재산
의 이기적 약탈——이다 ; 옛날의 무계급 씨족 사회를 균열시키고 붕괴시킨　　25
것은 파렴치하기 그지없는 수단들—— 절도, 폭행, 간계, 배신이다. 그리고
이 새로운 사회 자체는, 그것이 존속해 온 2,500 년의 전 기간 동안 착취당
하고 억압받는 다수를 희생시킨 위에서의 소수의 발전 이외에 아무것도 아
니었다. 그리고 과거의 그 어느 때보다도 오늘날은 특히 그러하다.

IV

그리스의 씨족

그리스 인들은 펠라스기 족과 기타 이와 같은 계열의 민족들처럼 이미 선사 시대부터 아메리카 인과 같은 유기적 계열에 따라 편성되어 있었다 : 씨족, 프라트리, 부족, 부족 동맹. 프라트리는 도리스 인의 경우처럼 없을 수도 있었다. 부족 동맹은 아직 어디서나 형성되어 있을 만한 형편은 아니었다. 그러나, 어떤 경우에도 씨족이 단위였다. 그리스 인들이 역사에 등장했을 때 그들은 이미 문명의 문턱에 서 있었다 ; 그들과 위에서 말한 아메리카의 부족들 사이에는 두 개의 큰 발전 시기가 가로놓여 있다고 말할 만하다. 그러므로 영웅 시대의 그리스 인들은 이로쿼이 족보다 앞서 있다. 따라서 그리스 인들의 씨족도 결코 이로쿼이 족의 태고 형태일 수 없다. 군혼의 흔적은 현저히 사라지기 시작하였다. 모권제는 이미 부권제에 자리를 내주었다 ; 이에 따라 발생 중에 있던 사적 부는 씨족 제도에 첫 번째 균열을 만들었다. 두 번째 균열은 첫 번째 균열의 자연적 결과였다 : 부권제가 도입되면서 부유한 여자 상속인의 재산은 그녀의 결혼과 함께 그녀의 남편이, 요컨대 다른 씨족이 차지하게 되어 씨족법 전체의 기초가 파괴되었다. 따라서 그런 경우에는 그 여자의 재산을 자기 씨족 내에 보존하기 위해 처녀가 자기 씨족 내에서 결혼하는 것이 허용되었을 뿐만 아니라 그것이 **의무적인 것**

이 되었다.

그로트의 그리스사에 따르면, 특히 아테네의 씨족을 결속시킨 것은 다음의 것들이었다 :

1. 공동의 종교적 제사와 그 씨족의 시조로 추정되는 특정의 신을 모시는 제관의 배타적 권리. 이 신은 이 자격으로 특별한 별명으로 불렸다.   5

2. 공동 묘지(데모스테네스의 『에우불리데스』를 참조하라).

3. 상호 상속권.

4. 서로 돕고 보호하고, 위해가 닥쳤을 때 서로 지원할 의무.

5. 일정한 경우에, 특히 처녀가 고아이거나 여자가 상속인인 경우에 씨족 내에서 결혼할 상호간의 권리 및 의무.   10

6. 적어도 약간의 경우에, 씨족 자신의 아르콘(수장)과 출납인을 두고 공유 재산을 소유하는 것.

그리고 몇몇 씨족들이 프라트리로 결합되기는 하였지만, 씨족만큼 긴밀하지는 못했다 ; 그러나 여기서도 우리는 유사한 상호간의 권리와 의무, 특히 일정한 종교적 행사의 공동 거행, 프라트리원이 살해당했을 경우의 소   15
추권 등을 보게 된다. 또 한 부족에 속하는 프라트리들 전체는 귀족(에우파트리데) 중에서 선출된 필로바실레우스(부족장)의 주재 하에 정기적으로 반복되는 공동의 신성한 제전을 거행하였다.

이상은 그로트가 설명한 것이다. 맑스는 여기에 다음과 같이 덧붙이고 있다 : "그러나 또한 그리스의 씨족을 통하여 야만인(예컨대 이로쿼이 족)이   20
확실하게 모습을 드러낸다." 우리의 연구가 좀더 진전되면 야만인의 모습은 더욱 확실해질 것이다.

즉, 그리스의 씨족은 다음과 같은 특징들도 가지고 있다 :

7. 부권제에 의해 혈통을 따지는 것.

8. 여자 상속인의 경우를 제외한, 씨족 내 결혼의 금지.   25

이러한 예외가 있다는 것, 그리고 그것을 법칙으로 정해 두고 있다는 것은 옛날의 규칙이 통용되고 있었음을 증명하는 것이다. 이것은 또한 여자는 결혼하게 되면 그녀가 속한 씨족의 종교적 제식 祭式 을 버리고 남편의 그것을 따르며 남편의 프라트리에 그녀도 편입된다는 원칙이 일반적으로 통용되고 있었던 것에서도 추론된다. 이를 보더라도, 또 디캐아르쿠스의 유명한 한 구절을 보더라도, 씨족 외부에서의 결혼이 규칙이었다.[40] 그리고 베커는 『카리클레스』에서 누구도 자기 씨족 내에서 결혼할 수 없었다고 단적으로 추정하고 있다.

9. 씨족에 편입시킬 권리 ; 이것은 가족에 편입됨으로써 이루어졌다. 그러나 그것은 공개적인 수속을 밟아야 했으며 또 예외로서만 이루어졌다.

10. 수장을 선출하고 해임할 권리. 각 씨족이 각자의 아르콘을 가지고 있다는 것을 우리는 알고 있다 ; 그러나 이 직무가 특정한 가족에게 세습된다는 이야기는 어디에도 적혀 있지 않다. 미개 시대가 끝날 때까지는 엄격한 세습제가 없었다는 것이 일반적 추측이다. 이것은 부자와 빈자가 씨족 내부에서 완전히 동등한 권리를 가지는 상태와 결코 양립할 수 없는 것이다.

그로트뿐만 아니라 니부르, 몸젠, 그리고 기타 고전적 고대를 다룬 종래의 모든 역사가들은 씨족이라는 암초에 부딪쳐 좌초하였다. 그들은 씨족의 많은 특징들을 올바르게 기록하였고, 또 씨족을 언제나 가족들의 집단로 보았는데, 바로 그러한 것들이 그들로 하여금 씨족의 본성과 기원을 이해할 수 없게 만들었다. 가족은 씨족 제도 하에서는 결코 조직 단위가 아니었으며, 또 그럴 수도 없었다. 왜냐하면 남편과 아내는 어디까지나 서로 다른 두 씨족에 속해 있었기 때문이다. 씨족은 그 전체가 프라트리에 소속되어 있었고 프라트리도 그 전체가 부족에 소속되어 있었다 ; 가족의 절반은 남편의 씨족에, 나머지 절반은 아내의 씨족에 소속되어 있었다. 국가도 공법상으로는 가족을 인정하지 않는다 ; 가족은 오늘날까지도 사법에서만 존재한다. 그럼에도 불구하고 우리의 종래의 모든 역사 서술은, 특히 18 세기에 불가침의 것이 된 터무니없는 전제, 요컨대 문명보다 별로 더 오래된 것도 아닌 일부일처제 개별 가족이 핵이 되어 사회와 국가가 점차적으로 그 핵을 중심으로 결정을 이루어 왔다는 전제에서 출발하고 있다.

맑스는 이렇게 덧붙인다. "그로트 씨에게 또 지적해 주어야 할 것은, 그리스 인들이 자기 씨족의 기원을 신화에서 구하고 있음에도 불구하고, 저 씨족들은 그들 스스로가 만든 저 신화보다, 그리고 거기에 나오는 신들과 반신 半神 들보다 더 오래되었다는 점이다."

그로트는 높은 명성의 소유자이고 또 전적으로 신뢰할 만한 증인이었기 때문에, 모건은 그를 즐겨 인용하였다. 그로트는 계속해서 다음과 같이 이야기한다. 아테네의 각 씨족에게는 그들의 상상 속의 시조에게서 유래하는 이름이 있었다. 솔론 이전에는 모든 경우에 그리고 솔론 이후에도 유언이 없는 경우에는, 사망자의 씨족원들(gennêtes)이 그의 재산을 상속하였다. 그리고 살인이 일어났을 경우에는 우선 피살자의 친척에게, 그 다음에는 씨족원에게, 그리고 마지막으로 같은 프라트리원에게 범인을 재판소에 소추할 권리와 의무가 있었다 :

"가장 오래된 아테네의 법률에 대해서 우리가 듣는 것은 모두 씨족과 프라트리로의 구분에 기초하고 있다."

씨족들이 공통의 시조의 혈통을 잇는다는 사실은 "탁상 공론이나 하는 속물들"(맑스)의 두통거리가 되었다. 그들은 당연히 씨족의 시조란 순전히 신화적인 존재라고 주장하기 때문에, 그들로서는 서로 병존하고 있는, 원래 친족 관계가 전혀 없는 가족들로부터 어떻게 씨족이 성립했는가를 도저히 설명할 수 없다. 그래도 그들은 씨족의 존재만이라도 설명하기 위해서는 이러한 설명을 할 수밖에 없다. 그리하여 그들은 다람쥐 쳇바퀴 돌듯 허튼 이야기들을 반복하는데, 그 이야기들은 결국 다음의 명제를 넘어서지 못한다 : 계보는 허구지만, 씨족은 현실적인 것이다. 그리하여 결국 그로트에 와서는 다음과 같은 이야기 —— 삽입은 맑스의 것 —— 가 나오기에 이른다 :

"우리가 이 계보에 대해서 듣게 되는 것은 드문 일이다. 왜냐하면 계보가 공표되는 것은 다만 일정한 경우, 특히 의식이 거행되는 경우뿐이기 때문이다. 그러나 미미한 씨족들은 그들 공통의 종교적 행사를 갖고 있었고" (기묘하군요, 그로트 씨!) "공통의 초인간적인 시조와 계보를 갖고 있었다는 점에서 유명한 씨족들의 경우와 똑같았다"(이 얼마나 기묘합니까, 그로트 씨, 미미한 씨족에서 그러하다니!) ; "그 기본 구도와 관념적 기초"(선생, 관념적인 것이 아니라 육체적인 것입니다. 독일어로 말하면 fleischlich한 것입니다!)

116

"는 모든 씨족들의 경우에서 동일하다."

이에 대한 모건의 대답을 맑스는 다음과 같이 요약하고 있다 : "원시 형태의 씨족——그리스 인들에게도 다른 유한한 인간들과 마찬가지로 한 때 이러한 형태가 있었다——에 상응하는 혈연 체계는 모든 씨족 구성원 상호간의 친족 관계에 대한 지식을 보장해 주었다. 그들은 자신들에게 결정적으로 중요한 이 혈연 체계를 유아기 때부터 실천을 통해서 습득하였다. 일부일처제 가족이 출현하면서 이것은 잊혀지게 되었다. 씨족명은 하나의 계보를 만들어 냈다. 여기에 비하면 개별 가족의 계보는 중요치 않은 것으로 보였다. 씨족명을 이름으로 하는 사람은 같은 혈통이라는 사실을 보장하는 것이 이제 이 씨족명의 역할이 되었다 ; 그러나 씨족의 계보는 아주 오랜 옛날로 거슬러 올라가는 것이었기 때문에, 씨족원은, 비교적 근래의 공통의 선조를 둔 몇몇 경우를 제외하면 자기들 상호간의 실제적인 친족 관계를 더 이상 증명할 수 없었다. 편입시키는 경우를 제외한다면, 이름 자체가 공통의 혈통을 갖는다는 증거, 그것도 결정적인 증거였다. 이와 반대로 씨족을 순전히 상상의 창작물로 바꿔 버리는 그로트와 니부르처럼 씨족원들 간의 일체의 친족 관계를 사실상 부인하는 것은 '관념적인', 즉 책상물림의 율법학자에게나 어울리는 일이다. 세대의 연쇄는 특히 일부일처제의 출현과 더불어 아득히 먼 과거의 일이 되고 과거의 현실은 신화적 환상에 반영되어 나타나기 때문에, 우직한 속물들은 환상적인 계보가 현실의 씨족을 창조했다고 결론지었으며 지금도 그렇게 결론짓고 있다!"

프라트리는, 아메리카 인의 경우에도 그렇지만 몇 개의 딸 씨족으로 분열되어 그것들을 통합하고 있는 모씨족이었다. 그리고 이 모씨족 덕분에 모든 딸 씨족들이 공동의 시조까지 거슬러 올라갈 수 있는 경우도 종종 있었다. 예컨대 그로트에 따르면,

"헤카테우스 프라트리에 속하는 당대의 모든 성원들은 동일한 신을 자신들의 16 대 시조로"

갖고 있었다 ; 그러므로 이 프라트리 내의 모든 씨족은 문자 그대로 형제 씨

족이었다. 프라트리는 호머에서는, 즉 네스토르가 아가멤논에게 충고하는
저 유명한 구절에서는, 아직 군사적 단위로서 나타나고 있다 : 프라트리는
프라트리대로 부족은 부족대로 정렬시켜, 프라트리가 프라트리를 원조하고
부족이 부족을 원조하도록 하라.[41]——그 밖에 프라트리는 프라트리원에
게 저질러진 살인죄에 대해서 소추할 권리와 의무를 가지고 있다. 그러므로   5
그전에는 프라트리가 피의 복수의 의무도 지니고 있었던 것이다. 게다가 프
라트리는 공동의 성전과 제사를 갖고 있었다. 그리스 신화 전체는 사실 고
대 아리아 인의 전래의 자연 숭배에서 형성되어 나온 것인바, 이러한 형성
과정을 본질적으로 규정한 것은 씨족과 프라트리였으며, 그것들 내부에서
이러한 형성이 이루어졌다. 다음으로 프라트리에는 한 사람의 수장(phra-   10
triarchos)이 있었고, 또 드 꿀랑제에 따르면, 회의, 구속력 있는 결정, 재판
권, 행정권 등이 있었다. 씨족을 무시했던 후대의 국가도 프라트리에 일정
한 공적 직무의 집행을 허락하였다.

　　부족은 친족 관계에 있는 몇 개의 프라트리로 이루어진다. 아티카에는
네 개의 부족이 있었고, 각 부족에는 세 개의 프라트리가 그리고 각 프라트   15
리에는 삼십 개의 씨족이 있었다. 각 집단이 이렇게 정연하게 배치되어 있
으려면 자연 성장적으로 성립된 질서에 대한 의식적이고 계획적인 간섭이
있어야 한다. 어떻게, 언제, 왜 이렇게 되었는가에 대해서 그리스 역사는 침
묵을 지키고 있다. 그리스 인 자신이 그리스 역사에 대해서 기억하고 있는
것은 영웅 시대 이후의 것들뿐이다.   20

　　비교적 좁은 영역에 밀집해서 살았던 그리스 인들의 경우에는 광대한
아메리카의 삼림에서만큼 방언의 차이가 발달하지 않았다 ; 여기서도 우리
는 동일한 주요 방언을 쓰는 부족들만이 하나의 거대한 전체로 통일되었으
며, 작은 아티카에서조차 특수한 방언이 쓰였음을 본다. 후에 보편적 산문
어로서 지배적으로 쓰이게 된 것은 이 아티카의 방언이다.   25

　　호머의 시에서 우리가 보는 그리스의 부족들은 대개 이미 작은 부족
집단으로 통일되어 있었으나 씨족, 프라트리, 부족들은 그 내부에서 아직
그 자주성을 완전히 보존하고 있었다. 그들은 이미 성벽으로 둘러싸인 도시
에 살고 있었다 ; 가축 떼와 전야 경작이 확대되고 수공업이 시작되면서 인

118

구가 증대하였다 ; 그와 함께 부의 차이가 증대하였고 또 그와 함께 옛날의
자연 성장적 민주주의 내부에 귀족적 요소가 성장하였다. 각각의 소부족단
은 가장 좋은 지대를 점유하기 위해 또 당연히 전리품을 얻기 위해 끊임없
는 전쟁을 수행하였다 ; 포로 노예제는 이미 공인된 제도였다.

5   이 부족들과 소부족단의 제도는 다음과 같았다 :

1. 상설적 기관은 평의회, 즉 불레 bulê 였다. 이것은 원래는 아마도 씨
족의 수장들로 구성되었겠지만, 후에 인원이 많아지면서부터 그중에서 선
발된 사람들로 구성되었고, 이로써 귀족적 요소가 형성·강화되는 기회가
제공되었다 ; 사실 디오니시우스도 영웅 시대의 평의회는 귀한 신분의 사람

10   들(kratistoi)로 구성되어 있었다고 숨김없이 말하고 있다. 평의회는 중요
사안에 대한 최종적인 결정을 내렸다 ; 예컨대 애쉴로스의 작품을 보면, 테
바스의 평의회는 에테오클레스에 대해서는 정중하게 장례를 치르지만 폴뤼
니케스의 시체는 내버려서 개밥이 되게 하는, 당면 사태에 대해 단호한 결
정을 내리고 있다.[42] 후에 국가가 수립되면서, 이 평의회는 원로원으로 변

15   했다.

2. 민회(agora). 우리는 이로퀴이 족의 경우에서, 남녀 인민이 평의회에
입회하여 정돈된 방식으로 토론에 참가하여 평의회의 결정에 영향을 주는
것을 보았다. 호머가 묘사한 그리스 인의 경우에 이 '입회인' — 고대 독일의
재판소 용어로 하면 — 은, 원시 시대 독일인들의 경우에 그러했던 것처럼

20   이미 완전한 민회로 발전해 있었다. 민회는 중요한 사안의 결정을 위해 평
의회에 의해서 소집되었다 ; 남자는 누구라도 발언할 수 있었다. 결정은 거
수(애쉴로스의 『구조를 요청한 여자들』)나 갈채로 이루어졌다. 민회의 결정
은 종국적인 지고의 것이었다. 왜냐하면 쇼에만(『고대 그리스』)이 말하고
있듯이,

25   "인민의 협력이 있어야만 수행할 수 있는 일이 문제가 될 때에 인민의 의지
에 반하여 인민에게 그 일을 강제할 수단에 대해 호머는 우리에게 아무것도
말해 주지 않았"

기 때문이다.

성년의 모든 남자 부족원이 전사였던 시대에는 인민과 대립할 수 있는, 인민으로부터 분리된 공적 권력이 아직 전혀 존재하지 않았다. 자연 성장적인 민주주의는 아직 전성기에 있었다. 그리고 평의회나 바실레우스의 권력과 지위를 판단함에 있어 언제나 이 점이 출발점이 되어야 한다.

3. 군사 지휘자(바실레우스). 이에 대해 맑스는 다음과 같이 지적하고 5
있다 : "대다수가 군주의 타고난 종복인 유럽의 학자들은 바실레우스를 현대적 의미의 군주로 만든다. 이에 대해 양키-공화주의자 모건은 이의를 제기한다. 그는 유들유들한 글래드스턴과 그의 『세계의 청춘』에 대해서 극히 빈정대는 어투로 그러나 또한 적절하게 이렇게 말한다 :

'글래드스턴 씨는 우리에게 영웅 시대 그리스의 수장들을 군주들로 소 10
개할 뿐만 아니라 그들이 신사들이기도 하다고 덧붙이고 있다 ; 그러나 그
자신은 다음의 것을 인정하지 않을 수 없다 : 대체로 장자 상속의 관습 또는
법률은 충분히 명확해 보이지만 아주 명확해 보이지는 않는다고 여겨진
다.'"[14]

아마 글래드스턴 씨 자신에게도, 충분히 명확하긴 하되 너무 명확하지 15
는 않다는 단서가 붙은 장자 상속권은 있으나마나한 것으로 여겨질 것이다.
우리는 이미, 이로쿼이 족과 기타 인디언들의 경우에 수장직의 세습이
어떤 형편에 있었는가를 보았다. 모든 공직은 대개 씨족 내에서의 선거에
의한 공직이었으며, 그런 한에서 그것은 씨족 내에서 세습되었다. 자리가
비었을 때에는 가장 가까운 씨족 내 친족이 —— 형제가 혹은 자매의 아들 20
이 ——, 배제될 이유가 없는 한 순차적으로 선택되게 되었다. 그러므로 부
권제 하의 그리스 인들의 경우에 바실레우스의 직무가 아들에게 또는 아들
들 중의 한 사람에게 넘어가는 것이 통례였다 하더라도, 이는 이 경우에 아
들들이 인민의 선거에 의해 후계자가 될 공산이 컸다는 것을 증명할 뿐이
지 인민의 선거에 의하지 않는 세습제가 법률상 유효했다는 것을 증명하는 25
것은 결코 아니다. 여기서 우리는, 이로쿼이 족의 경우건 그리스 인의 경우
건 씨족 내부에 움튼 특별한 귀족적 가족의 최초의 맹아를 보게 되며, 더욱
이 그리스 인의 경우에는 장래의 세습적 지배권 또는 군주제의 최초의 맹

120

아를 보게 된다. 그러므로 그리스 인의 경우에서 바실레우스는 인민에 의해
선출되어야 했거나 혹은 적어도 로마의 '왕'(rex)처럼 인민이 승인한 기관
──평의회 또는 아고라──에 의해 확인되어야 했다고 추정할 수 있다.

　　『일리아드』에서 병사들의 통솔자 아가멤논은 그리스 인의 최고의 왕
5　으로서가 아니라 한 도시를 포위한 연합군의 최고 사령관으로서 나타나고
있다. 그리고 그리스 인들 사이에 반목이 생겼을 때, 오딧세우스가 다음의
유명한 구절을 통해 가르쳐 주고 있는 것은 아가멤논의 이러한 자격이다 :
지휘하는 자가 여럿인 것은 좋지 않다, 사령관은 한 명이 좋다 등등(이 구
절에 이어서 나오는, 널리 인용되는 왕위에 관한 시구는 후세의 가필이
10　다).[41] "오딧세우스는 여기서 통치 형태에 대해 강의하고 있는 것이 아니라
전쟁에서는 최고 사령관에게 복종할 것을 요구하고 있는 것이다. 트로이 시
를 포위했을 때는 그저 군인으로서만 나타나는 그리스 인도 아고라에서는
충분히 민주주의적으로 활동하였다. 아킬레스는 선물, 즉 전리품의 분배에
대해서 이야기할 때는 언제나 아가멤논뿐 아니라 그 어떤 다른 바실레우스
15　도 분배자로 보지 않고 '아카이아의 아들들', 즉 인민을 분배자로 본다. 제
우스에게서 났다던가 제우스에 의해 길러졌다던가 하는 술어들은 아무것도
증명하지 못한다. 왜냐하면 어느 씨족이나 하나의 신을 시조로 삼고 있으며,
부족장의 씨족은 확실히 '더 고귀한' 신──이 경우에는 제우스──을 시
조로 삼고 있기 때문이다. 양돈업자 에우마에우스 등등과 같은 인신적 비자
20　유인조차 '신적'(dioi와 theoi)이다. 더욱이 이것은 『오딧세이』[31]에 나오는
이야기이며, 따라서 『일리아드』보다 더 후세의 일이다 ; 바로 그 『오딧세이』
에서는 전령관 물리오스에게도 맹인 가수 데모도코스에게도 영웅이라는 명
칭이 붙는다. 요컨대 그리스의 저술가들이 호머의 이른바 왕권을 가리키기
위해 쓰는 바실레이아라는 말은 (군사 지휘자라는 직책이 그 주요한 특징
25　이기 때문에) 평의회 및 민회와 아울러──군사적 민주주의를 의미할 뿐
이다."(맑스.)

　　바실레우스는 군사적 직권 외에, 제관 및 재판권의 직권도 가지고 있
었다 ; 후자에 대해서는 자세히 규정되어 있지 않지만, 전자는 부족 또는
부족 동맹의 최고 대표자로서 그 자격에 의해 주어지는 직권이다. 민사적,

행정적 권한에 대해서는 어디에도 이야기되는 바 없다 ; 그러나 바실레우스는 직무상 평의회의 일원이었을 것이다. 그러므로 바실레우스를 König로 번역하는 것은 어원적으로 완전히 옳다. 왜냐하면 König(kunnig)는 kuni, künne에서 유래하며 씨족의 수장을 의미하기 때문이다. 그러나 고대 그리스의 바실레우스는 König라는 말의 오늘날의 의미와는 전혀 일치하지 않   5
는다. 투키디데스는 옛날의 바실레이아를 명시적으로 파트리케 patrikē 라고, 즉 씨족에서 유래하는 것이라고 부르면서, 바실레이아는 확정된 따라서 제한된 권한을 갖고 있었다고 말한다. 그리고 아리스토텔레스는 영웅 시대의 바실레이아는 자유민에 대한 지휘직이었고 바실레우스는 군사 지휘자, 재판관, 최고 제관이었다고 말한다 ; 그러므로 바실레우스는 후세의 의미에   10
서의 통치 권력을 갖고 있지 않았다.[9]

이처럼 우리는 영웅 시대 그리스의 제도에서는 옛날의 씨족 조직이 아직 생생한 힘을 지니고 있었다는 것을 보게 된다. 그러나 또한 이 조직의 몰락의 여러 단초들도 보게 된다 : 자식들에 대한 재산의 상속을 수반하는 부권제. 이로써 가족 내의 부의 축적이 조장되었고 가족이 씨족에 대립하는   15
하나의 세력이 되었다 ; 부의 차이가 세습 귀족과 왕권의 최초의 맹아를 만들어 냄으로써 이 제도에 미친 반작용 ; 노예제. 처음에는 포로의 노예제에 그쳤으나, 노예제 자체는 이미 같은 부족원 더 나아가 같은 씨족원까지도 노예화시킬 가능성을 이미 열어 놓는 것이었다 ; 그리고 옛날의 부족 대 부족의 전쟁이 가축, 노예, 재화에 대한 약탈을 목적으로 하는 육지와 해양에

---

9) 그리스 인의 바실레우스와 마찬가지로, 아즈텍 인의 군 지휘자도 현대적인 군주로 변조되었다. 처음에는 오해와 과장의 소산이었지만 나중에는 완전히 날조된 에스빠냐 인의 보고들에 모건은 처음으로 역사적 비판을 가하여 다음의 것들을 증명하였다. 멕시코 인이 미개의 중간 단계에, 그것도 뉴 멕시코의 푸에블로 인디언보다 더 높은 수준에 있었다는 것과 왜곡된 보고에 근거하여 판단한다 할지라도 그들의 제도는 그러한 단계에 상응한다는 것 : 세 부족의 동맹이 있었고 이 동맹이 다른 몇 개 부족들을 복속시켜 공납을 바치게 하였으며, 또 하나의 동맹 평의회와 한 사람의 동맹 지휘자가 이 동맹을 통치하고 있었다. 이 동맹 지휘자를 에스빠냐 인은 '황제'로 만들어 버렸던 것이다.[14]

서의 조직적 약탈로, 요컨대 정규적인 영리 원천으로 이미 변질되어 가고 있었다는 것 ; 요컨대 부가 최고의 선으로서 찬미되고 존경받았으며, 옛날의 씨족 제도들은 부의 폭력적 약탈을 정당화하는 데 악용되고 있었다는 것. 그러나 한 가지만은 없었다 : 개인이 새로 획득한 부를 씨족 제도의 공산주의적 전통에 대항하여 안전하게 지켜낼 뿐만 아니라, 이전에는 그토록 경시되었던 사적 소유를 신성화하고 이 신성화야말로 모든 인간 공동체의 최고의 목적이라고 선언할 뿐만 아니라, 점점 발전해 가는 재산 획득의 새로운 형태들 따라서 점점 속도를 더해 가는 부의 증식의 새로운 형태들에 일반적인 사회적 승인의 도장을 찍는 하나의 제도 ; 이미 시작되고 있던 계급들로의 사회의 분열을 영구화할 뿐만 아니라 무산 계급을 착취할 유산 계급의 권리와 후자의 전자에 대한 지배를 영구화하는 하나의 제도.

그리고 이 제도는 나타났다. 국가가 발명된 것이다.

V

아테네 국가의 성립

국가가 발전해 온 과정, 즉 씨족 제도의 기관들이 일부는 개조되고 일부는 새로운 기관들에 밀려나면서 마침내 진정한 국가 관청에 의해 완전히 대체되는 한편으로, 각자의 씨족, 프라트리, 부족에서 스스로를 지키던 진정한 '무장 인민'이 있던 자리에 이 국가 관청에 봉사하고 따라서 인민에 대항하여 사용될 수도 있는 무장한 '공적 권력'이 들어서는 과정 —— 적어도 이러한 과정의 제1막을 추적하는 데 있어서 고대 아테네보다 더 좋은 곳은 없을 것이다. 이 형태 전화는 모건에 의해서 대체적으로 서술되었으나, 그것을 일으킨 경제적 내용에 대해서는 대부분 내가 덧붙여야 한다.

영웅 시대에 아티카에 있던 아테네 인의 네 부족은 아직 서로 분리된 영역을 차지하고 있었다 ; 이 네 부족을 구성하고 있던 12 개의 프라트리들도 아직 케크로프스의 12 개 도시에 따로 거주지를 갖고 있었던 것으로 보인다. 그 제도는 영웅 시대의 그것이었다 : 민회, 인민 평의회, 바실레우스. 씌어진 역사의 한도 내에서는, 토지는 이미 분배되어 사적 소유로 되어 있었다. 이것은 미개의 높은 단계가 끝나갈 무렵에 이미 어느 정도 발전해 있었던 상품 생산과 그것에 조응하는 상품 거래에 부합하는 것이다. 곡물 외에 포도주와 올리브유가 만들어졌다 ; 에게 해의 해상 무역은 점차 페니키아 인의 손을 떠나 대부분 아티카 인의 손에 넘어갔다. 소유지가 매매된 결과, 또 농경과 수공업의 분업, 상업과 항해의 분업이 더욱 진전된 결과, 얼마 안 있어 씨족, 프라트리, 부족의 성원들은 서로 섞일 수밖에 없게 되었고, 프라트리나 부족의 거주 지역은 같은 민족원이긴 하지만 이 단체들에는 속하지 않는 주민 따라서 자기의 현재 거주지에서 타자로 존재하는 사람들을 포함할 수밖에 없게 되었다. 타자라고 하는 이유는, 각 프라트리와 각 부족은 평상시에 아테네의 인민 평의회 또는 바실레우스에 의뢰하지 않고 자기들의 사무를 스스로 처리하였기 때문이다. 프라트리 혹은 부족의 영역 내에 거주하면서도 거기에 속하지 않는 사람은 당연히 이러한 처리 과정에 참여할 수 없었다.

그리하여 씨족 제도의 기관들이 수행하던 규칙적인 기능이 혼란에 빠지게 되었고, 따라서 영웅 시대에 벌써 그것을 시정할 필요가 있게 되었다. 그리하여 테세우스가 제정했다고 하는 제도가 채용되었다. 변경의 요점은 무엇보다도 아테네에 하나의 중앙 행정부가 설치되었다는 것, 즉 그때까지 각 부족이 자주적으로 처리해 오던 사무의 일부가 공동의 사무로 선언되어 아테네에 위치한 공동 평의회로 이관되었다는 것에 있었다. 이로 인해 아테네 인은 아메리카의 어느 원주 민족보다 더 멀리 한 걸음을 내딛게 되었다 : 인접 부족들의 단순한 동맹 대신에 부족들의 단일한 시민단으로의 융합이 나타났다. 그와 함께 부족이나 씨족의 법 관습보다 우월한 아테네의 일반 시민법이 생겨났다 ; 아테네 시민은 자신이 족외자가 되는 영역에서도 아테네 시민으로서의 자격으로 일정한 권리와 새로운 법의 보호를 얻게 되었다. 그러나 이것은 씨족 제도 붕괴의 첫걸음이었다 ; 왜냐하면 이것은 아티카 전역에서 족외자이고 그때까지 완전히 아테네의 씨족 제도 밖에 머물러 있던 사람들을 시민으로 인정하는 첫 걸음이었기 때문이다. 테세우스가 제정했다고 하는 두 번째 제도는 씨족, 프라트리, 부족에 상관없이 전체 시민을 세 개의 계급으로 나누었다 : 에우파트리데 즉 귀족, 게오모르 즉 농민, 데미우르그 즉 수공업자. 그리고 귀족에게 공직을 차지할 독점권을 부여하였다. 그러나 이 구분은 귀족이 공직을 차지한다는 점을 제외하면 별 다른 효과를 거두지 못했다. 이 구분은 그것 이외에는 계급들 사이에 어떤 권리의 차

이도 두지 않았기 때문이다. 그러나 이 구분은, 조용히 발전해 온 새로운
사회적 요소들을 우리 앞에 보여준다는 점에서 중요하다. 이 구분은, 특정
한 가족들이 통상적으로 씨족의 공직을 차지하던 것이 이제 공직에 대한
그러한 가족들의 별로 논쟁할 여지가 없는 요구권으로까지 발전했다는 것,
그렇지 않아도 부에 의해 세력을 얻은 이 가족들이 자기 씨족 바깥에서 독   5
자적인 특권 계급을 결성하기 시작했다는 것, 그리고 이제 막 싹트기 시작
한 국가가 이 월권을 신성화했다는 것을 보여주고 있다. 더 나아가 이 구분
은, 농민과 수공업자 사이의 분업이 이미 사회적 의의라는 점에서 씨족과
부족에 의거한 과거의 편제와 우위를 다툴 정도로 강력해졌다는 것을 보여
주고 있다. 마지막으로 이 구분은 씨족 사회와 국가의 양립할 수 없는 대립   10
을 선언하고 있다 ; 국가를 형성하는 최초의 시도의 요점은, 각 씨족의 성원
을 특권을 누리는 자와 괄시받는 자로, 후자를 다시 두 개의 직업 계급으로
나누어 서로 대립하게 함으로써 씨족을 분열시키는 데 있다.

　　그 후 솔론에 이르기까지의 아테네의 정치사는 불완전하게만 알려져
있다. 바실레우스의 직무는 쓸모 없게 되었다 ; 국가의 꼭대기에 선 것은 귀   15
족 중에서 선발된 아르콘들이었다. 귀족의 지배는 점점 더 강화되어 기원전
600년 경에는 견딜 수 없는 지경에 이르렀다. 그리고 서민의 자유를 억압하
는 주요한 수단은——화폐와 고리 대금이었다. 귀족의 본거지는 아테네와
그 주변이었는데 이 지역에서 이루어지는 해상 무역과, 그 밖에 지금도 때
때로 자행되는 해적 행위가 그들을 부유하게 하였고 화폐 부를 그들의 손   20
에 집적시켰다. 이때부터, 발전 중에 있던 화폐 경제는 부식 작용을 하는
초산처럼 현물 경제에 기초를 둔 농촌 공동체의 전래의 생활 양식을 침식
해 들어갔다. 씨족 제도는 화폐 경제와 결코 양립할 수 없다 ; 아티카의 분
할지 농민은 그들을 감싸고 보호하던 옛날의 씨족적 유대가 허물어지는 것
과 때를 같이 하여 몰락하였다. 채무 증서와 부동산 담보(말할 것도 없이   25
아테네 인은 이미 저당권을 발명한 터였다)는 씨족이나 프라트리를 염두에
두지 않았다. 그리고 옛날의 씨족 제도는 화폐도 선대 先貸도 화폐 채무도
전혀 알지 못했다. 따라서 점점 더 덩치를 불려 가던 귀족의 화폐 경제는
또한 채무자에 대항하여 채권자를 보호하고 화폐 소유자에 의한 소농민의

착취를 신성화하기 위한 하나의 새로운 관습법을 만들어 냈다. 아티카의 평야 어디를 가나 저당 기둥이 서 있었고, 그 기둥에는 이 땅이 누구 누구에게 얼마에 저당잡혀 있다는 표시가 되어 있었다. 그러한 표시가 없는 경지의 대부분은 저당 기한이 지났거나 이자가 밀리는 통에 이미 매각되어 귀족 고리 대금업자의 소유로 넘어간 것들이었다 ; 농민은 소작인으로서 그 경지에 그대로 남아서 자기 노동 수익의 **6분**의 **5**을 새로운 주인에게 소작료로 지불하면서 자기 노동 수익의 **6분**의 **1**로 살아가는 것이 허락된다면 그나마 다행이었다. 그뿐만이 아니다. 만약 토지를 매각한 대금이 채무를 변제하는 데 모자라거나 이 채무가 저당에 의한 담보 없이 이루어진 채무일 경우에는, 채무자는 채권자에게 변제하기 위해 자식들을 외국에 노예로 팔지 않으면 안 되었다. 아버지가 아이들을 파는 것 —— 이것이 부권제와 일부일처제의 첫 열매였다! 게다가 이것에도 만족하지 못할 경우, 흡혈귀는 채무자 자신을 노예로서 팔아버릴 수 있었다. 이것이 아테네 인민들에게 내리비친 문명의 찬란한 서광이었다.

이전에 인민의 생활 상태가 아직 씨족 제도에 부합하던 때에는 이러한 변혁은 불가능하였다 ; 그런데 그 변혁은 일어났고, 그것이 어떻게 일어났는지 사람들은 알 수 없었다. 이로쿼이 족을 다시 살펴보기로 하자. 지금 아테네 인에게, 말하자면 그들의 관여 없이 또 확실히 그들의 의지에 반하여 강요되고 있는 그러한 상태는 이로쿼이 족의 경우에는 생각할 수도 없는 것이었다. 이로쿼이 족의 경우에는 생활 자료를 생산하는 방식이 해가 가나 해가 오나 같았고, 그러한 방식 하에서는 그러한 외부에서 강요된 충돌, 부자와 빈자의 대립, 착취자와 피착취자의 대립은 결코 생겨날 수 없었다. 이로쿼이 족은 아직 자연을 지배하기에는 거리가 멀었다. 그러나 그들을 둘러싼 자연적 한계 내부에서는 그들은 그들 자신의 생산을 지배하고 있었다. 그들의 작은 밭에서의 흉작, 그들의 호수와 하천에서의 어류 자원의 고갈, 그들의 삼림에서의 짐승의 고갈 등의 경우를 제외한다면, 그들은 자기들의 생계 획득 방식으로부터 어떤 결과가 생겨나는가를 알고 있었다. 그 결과로 양의 많고 적음을 떠나서 반드시 생활 자료가 생겨났다 ; 그러나 결코 생겨날 수 없는 것이 있었으니, 그것은 의도하지 않은 사회적 변혁,

씨족적 유대의 단절, 대립하고 서로 투쟁하는 계급들로의 씨족원 및 부족원의 분열 따위였다. 생산은 극히 좁은 경계 안에서 이루어졌다 ; 그러나 —— 생산자들은 그들 자신의 생산물을 지배하였다. 이것은 미개인의 생산의 거대한 장점이었다. 이 장점은 문명의 출현과 함께 사라졌다. 그것을 다시 쟁취하는 것, 단 오늘날 달성된 인간의 강력한 자연 지배를 기초로 하여 그리고 이제 가능하게 된 자유로운 연합을 기초로 하여 그것을 다시 쟁취하는 것은 다음 세대들의 임무가 될 것이다.

그리스 인들의 경우에는 사정이 달랐다. 가축 떼와 사치품에 대한 사적 소유의 출현은 개인들 사이의 교환, 생산물의 **상품**으로의 전화를 가져왔다. 그리고 바로 여기에 이후에 일어난 모든 변혁의 맹아가 놓여 있다. 생산자가 자신의 생산물을 더 이상 자신이 직접 소비하지 않고 교환을 통해서 그것을 떠나 보내자마자 그는 자기 생산물에 대한 지배를 상실하였다. 그는 더 이상 생산물이 자신을 떠나서 어떻게 되는지 알 수 없게 되었다. 이리하여 이후에 생산물이 생산자에 대항하여 생산자를 착취하고 억압하는 데 사용될 가능성이 생겨났다. 그러므로 어떤 사회도 개인들 사이의 교환을 폐지하지 않는 동안에는, 자기 자신의 생산에 대한 지배와 자기의 생산 과정의 사회적 결과에 대한 통제를 유지할 수 없다.

그러나 개인들 사이의 교환이 성립한 후 그리고 생산물이 상품으로 전화함에 따라, 얼마나 급속하게 생산자에 대한 생산물의 지배가 위세를 떨치게 되는가를 아테네 인은 몸소 경험하지 않으면 안 되었다. 상품 생산과 더불어 개인이 자기 경리 하에 토지를 경작하게 되었고, 곧 이어 개인의 토지 소유가 나타났다. 더 나아가 화폐가 즉 다른 모든 상품과 교환될 수 있는 일반적 상품이 나타났다 ; 그러나 인간들은 화폐를 발명할 당시에는, 이로써 그들이 또 하나의 새로운 사회적 힘을, 그 앞에 사회 전체가 허리를 구부리지 않으면 안 되는 유일의 보편적 힘을 창조했다고 생각하지 못했다. 그리고 그것의 창조자가 알지도 못하고 바라지도 않았는데 갑자기 분출한 이 새로운 힘은 그 혈기 넘치는 난폭성을 유감없이 발휘하여 아테네 인들에게 그 지배력을 느끼게 만들었다.

어떻게 해야 했는가? 옛 씨족 제도는 화폐의 승리의 진군 앞에서 자신의 무력함을 증명한 것만은 아니었다 ; 옛 씨족 제도는 또한, 자신의 틀 안에 화폐, 채권자와 채무자, 채무의 강제 징수 같은 것들이 존재할 공간을 전혀 찾을 수가 없었다. 그러나 이 새로운 사회적 힘이 일단 출현한 이상, 좋았던 옛 시절로의 복귀를 경건히 소망하고 갈망한다고 해서 화폐와 고리
5 대금이 다시 세상에서 없어지는 것은 아니었다. 게다가 씨족 제도에는 부차적이긴 하지만 또 다른 일련의 틈들이 생겨났다. 당시만 해도 아직 아테네인은 자기 씨족이 아닌 사람에게 땅은 판매할 수 있어도 주택은 판매할 수 없었음에도 불구하고, 아티카 전역에서, 특히 아테네 시 자체에서, 여러 씨족 및 여러 프라트리 성원들의 잡거는 세대를 거치면서 더욱 심해졌다. 여
10 러 산업 부문들 사이의 분업 : 농경, 수공업, 특히 수공업 내의 무수한 직종들, 상업, 항해 등등의 분업은 공업과 교환이 진보함에 따라 더욱더 완성되어 갔다 ; 이제 주민은 직업에 따라 상당히 고정적인 집단들로 나뉘어졌으며, 이 집단들은 각각 일련의 새로운 공통 이해를 가지고 있었고, 씨족 또는 프라트리에는 이러한 이해가 존재할 공간이 없었으므로 그것을 돌보기
15 위해 새로운 공직이 필요하게 되었다. 노예의 수는 현저히 증가하여 당시에 이미 자유로운 아테네 시민의 수를 훨씬 넘었을 것이 틀림없다 ; 씨족 제도는 원래 노예제라는 것을 몰랐고, 따라서 이러한 비자유민 대중을 제어할 수단도 몰랐다. 그리고 마지막으로 상업은 다수의 외국인을 아테네로 끌어들였다. 그들은 돈벌이가 쉬웠기 때문에 여기에 정착하였지만, 마찬가지로
20 낡은 제도에 의거하면 그들은 권리가 없었고 보호를 받을 수 없었다. 전통적으로 묵인되고 있었음에도 불구하고 이들은 여전히 인민 속에서 성가신 이종 분자를 이루고 있었다.

요컨대, 씨족 제도의 종말이 다가온 것이다. 사회는 나날이 성장하여 씨족 제도의 틀에서 벗어났다 ; 씨족 제도는 눈앞에서 벌어지는 최악의 폐
25 해조차 저지할 수도 제거할 수도 없었다. 그러나 그 동안에도 국가는 조용히 발전해 갔다. 먼저 도시와 농촌 사이의, 다음에는 다양한 도시 노동 부문들 사이의 분업에 의해 만들어진 새로운 집단들은 자신들의 이익을 보호하기 위해 새로운 기관들을 만들어 냈다 ; 각종 공직이 설치되었다. 다음으로 젊은 국가는 무엇보다 자신의 무력을 필요로 하였다. 항해를 업으로 하

는 아테네 인의 경우에 무력은 우선은 개개의 작은 전쟁과 상선 보호를 위
한 해군력밖에 없었다. 솔론 이전의, 언제인지 확실히 모르는 시대에 나우
크라리아라는 소小지구가 각 부족별로 12 개씩 설치되었다 ; 각 나우크라
리아는 한 척의 군선을 제공하고 무장을 하고 승무원을 배치해야 했으며,
그 밖에 또 두 명의 기병을 제공하였다. 이 제도는 씨족 제도를 두 가지 방   5
식으로 공격하였다. 첫째, 무장한 인민의 총체와는 더 이상 전혀 일치하지
않는 공적 권력을 만들어 넴으로써 ; 둘째, 공적 목적을 위해 인민을 구분함
에 있어 처음으로 친족 집단이 아니라 **지역적 동거**에 의거함으로써. 이것이
무엇을 의미할 수밖에 없는가는 나중에 밝혀질 것이다.

착취받는 인민에게 씨족 제도는 아무런 도움도 줄 수 없었던 한에서,   10
남은 것이라고는 성립 중에 있던 국가밖에 없었다. 그리고 국가는 솔론의
제도를 통해서 도움을 주었지만, 동시에 옛 제도를 희생시켜 자신을 새로이
강화하였다. 솔론──기원전 594년에 이루어진 그의 개혁이 어떤 방법으
로 이루어졌는가는 여기서 우리의 관심사가 아니다──은 그 뒤에 벌어질
이른바 정치 혁명들의 서막을 열었다. 그것도 소유에 대한 침해를 통해서   15
열었다. 지금까지의 모든 혁명은 한 종류의 소유에 대해서 다른 종류의 소
유를 보호하기 위한 혁명이었다. 그것은 한 쪽을 침해하지 않고서는 다른
쪽을 보호할 수 없었다. 프랑스 대혁명에서는 부르주아적 소유를 구출하기
위해서 봉건적 소유가 희생되었다 ; 솔론의 혁명에서는 채무자의 소유를 위
해서 채권자의 소유가 손해를 감수해야 했다. 채무는 간단하게 무효라고 선   20
언되었다. 세부 사항은 정확히 모르겠지만, 솔론은 자신의 시에서 저당 잡
힌 땅에서 저당 기둥을 뽑아내고 채무 때문에 외국에 팔려간 자나 도망한
자를 돌아오게 하였다고 자랑하고 있다. 이것은 소유권에 대한 공공연한 침
해를 통해서만 이루어질 수 있는 것이었다. 이른바 정치 혁명은 최초의 것
에서 최후의 것에 이르기까지 모두──어떤 한 종류의──소유를 보호하   25
기 위해 이루어졌고──**다른** 종류의──소유의 몰수, 소유의 절취라고도
불려지는 것에 의해 수행되었다. 그러므로 2, 500 년 동안 사적 소유는 소유
권의 침해에 의해서만 유지될 수 있었다는 것이 진실이다.

그러나 이제는 자유로운 아테네 인이 이처럼 노예화되는 일이 다시 일

어나지 않게 하는 것이 중요하였다. 그것은 우선 일반적인 방책에 의해서, 예컨대 채무자의 인신을 담보로 하는 채무 계약을 금지함으로써 이루어졌다. 나아가 농민의 토지에 대한 귀족의 탐욕을 적어도 어느 정도나마 제한하기 위해서 한 개인이 보유할 수 있는 토지 소유의 최대 한도가 설정되었
5   다. 다음으로 여러 가지 제도 변화들이 이루어졌다 ; 우리에게 가장 중요한 것은 다음과 같은 것들이다 :

평의회는 각 부족에서 100 명씩 400 명의 인원으로 구성되었다 ; 그러므로 여기서는 아직 부족이 기초를 이루고 있었다. 그러나 이것은 새로운 국가체가 낡은 제도로부터 받아들인 유일한 측면이었다. 왜냐하면 그 밖에
10   솔론은 시민을 소유지와 거기서 나오는 수확량에 따라 네 계급으로 나누었기 때문이다 ; 500, 300 그리고 150 메딤누스(1 메딤누스＝약 41 리터)의 곡물이 각각 상위의 세 계급이 되기 위한 최저 수확량이었다 ; 이보다 적거나 토지가 전혀 없는 자는 제4계급에 속하였다. 모든 공직은 상위의 세 계급 출신만이, 그리고 최고의 공직은 제1계급 출신만이 차지할 수 있었다 ; 제4
15   계급은 민회에서 발언하고 투표할 권리를 가질 뿐이었지만, 모든 공직자는 이 민회에서 선출되었고 또 여기에서 활동 보고를 해야 했다. 법률은 모두 여기에서 만들어졌다. 게다가 여기서는 제4계급이 다수를 점하고 있었다. 귀족의 특권은 부의 특권이라는 형태로 부분적으로 갱신되었지만, 인민이 결정적 힘을 가지고 있었다. 또 이 네 계급은 새로운 군대 조직의 기초를
20   이루었다. 상위의 두 계급은 기병을 맡았다 ; 제3계급은 중무장 보병으로 근무해야 했다 ; 제4계급은 갑옷을 입지 않은 경무장 보병으로서 혹은 해군으로서 근무해야 했지만, 근무시에는 급료를 받은 듯하다.

그러므로 여기서 완전히 새로운 요소가 제도 안에 도입되고 있다 : 사적 소유. 국가 시민의 권리와 의무가 각자의 토지 소유의 크기를 기준으로
25   정해지고 자산 계급이 세력을 얻는 만큼, 그만큼 옛날의 혈연 단체는 밀려난다 ; 씨족 제도는 새로운 패배를 당한 것이다.

그렇지만 재산을 기준으로 한 정치적 권리의 대소 결정은 국가 성립에 없어서는 안 될 제도들 중의 하나는 아니었다. 그것이 국가의 제도사에서 큰 역할을 했다 하더라도 그것을 필요로 하지 않은 국가는 매우 많았고, 또

가장 완전한 발전을 이룬 국가들이야말로 그것을 필요로 하지 않았다. 아테네에서도 그것은 일시적 역할을 했을 뿐이다 ; 아리스티데스 이래 모든 공직은 시민 누구에게나 개방되었다.

　그 후 80 년 동안에 걸쳐서 아테네 사회는 점차 일정한 방향을 잡아나갔고, 그 후 수백 년 동안 아테네 사회는 이 방향을 따라 계속 발전하였다. 솔론 이전 시대에 성행하던 토지 담보에 의한 고리 대금업은 토지 소유의 과도한 집적과 마찬가지로 제한되었다. 상업과, 노예 노동을 사용하면서 더욱더 대규모로 운영되어 가던 수공업 및 공예가 지배적인 영업 부문이 되었다. 사람들은 더 똑똑해졌다. 처음에는 동료 시민을 잔혹하게 착취했지만 이제 그런 방식 대신에 주로 노예와 아테네 외부의 고객을 착취하였다. 동산, 즉 화폐, 노예 및 선박 등으로 이루어진 부가 더욱더 증대하였다. 그러나 동산은 이제 더 이상 초기의 국한된 시기에 그랬던 것처럼 단순한 토지 소유 획득 수단이 아니었다. 그것은 자기 목적이 되었다. 그리하여 한편에서는 부유한 상공업자로 이루어진 새로운 계급이라는 형태로 옛 귀족 세력에 대한 경쟁이 일어나 승리를 거두었고, 다른 한편에서는 옛 씨족 제도의 잔재가 최후의 지반을 상실하게 되었다. 씨족, 프라트리, 부족은, 그 성원들이 이제 아티카 전역에 산재하여 완전히 섞여 살게 되었기 때문에 정치적 단체로서는 전혀 쓸모 없게 되었다 ; 아테네 시민의 다수는 어느 씨족에 전혀 속하지 않았다. 그들 다수 아테네 시민은 이주자들로서, 시민권을 가진 자로 받아들여지긴 했지만 어떤 옛 혈연 단체도 그들을 받아들이지는 않았다 ; 이와 더불어 단순한 거류민인 외국인 이주자[43]의 수도 지속적으로 늘어갔다.

　그러는 동안에 당파들 사이의 투쟁이 진행되었다 ; 귀족은 이전의 특권을 다시 장악하려고 시도하였고 한동안 다시 우위를 점하였지만, 클레이스테네스의 혁명(기원전 509년)이 귀족을 최종적으로 타도하였다 ; 귀족과 함께 씨족 제도의 마지막 잔재도 타도하였다.[44]

　클레이스테네스의 새로운 제도에서는 씨족과 부족에 기초를 둔 옛날의 네 부족들이 무시되었다. 그것들 대신에 이미 나우크라리아에서 시도된, 단순한 정주지에 따른 시민의 구분에 기초를 둔, 완전히 새로운 조직이 나타났다. 이제 혈연 단체로의 소속이 아니라 거주지만이 결정적인 것이 되었다 ; 인민이 아니라 영역이 구분되었다. 주민은 정치적으로는 영역의 단순한 부속물이 되었다.

전체 아티카는 100 개의 자치구 즉 데모스로 나뉘어, 각 데모스는 자치 행정을 하였다. 각 데모스에 정주하는 시민들(데모테스)은 그들의 수장(데마르코스)과 출납 책임자, 그리고 작은 소송 사건들에 대한 재판권을 가지는 30 명의 재판관을 선출하였다. 그들은 또한 자신들의 신전과, 수호신 즉 영웅을 갖고 있었으며, 이들을 섬기는 제관을 선출하였다. 데모스의 최고 권력은 데모테스의 총회에 있었다. 모건이 옳게 지적했듯이, 그것은 아메리카의 자치적인 도시 공동체의 원형이다.[14] 성립 중에 있던 아테네 국가는 최고로 완성된 현대 국가의 종착점과 동일한 단위를 출발점으로 삼았던 것이다.

이러한 단위, 즉 데모스 10 개가 모여 하나의 부족을 형성하였다. 그러나 이것은 옛날의 혈연 부족과 구별하기 위해 이제는 지연 부족이라 불린다. 지연 부족은 자치적 정치 단체였을 뿐 아니라 군사 단체이기도 하였다 ; 그것은 기병대를 지휘하는 퓰라르코스, 요컨대 부족장, 보병대를 지휘하는 타키아르코스, 그 부족의 영역에서 징집된 전 병사들을 지휘하는 스트라테고스를 선출하였다. 그것은 또한 승무원과 지휘관이 딸린 다섯 척의 군선을 비치하고 있었고, 아티카의 영웅 중의 한 명을 수호 성자로 모시고 그의 이름을 따서 자기 부족명으로 삼았다. 마지막으로 그것은 아테네 평의회에 참가할 50 명의 평의원을 선출하였다.

이러한 것들이 매듭지어진 결과가 아테네 국가였다. 아테네 국가는 10 개 부족에서 선출된 500 명의 대표로 구성된 평의회에 의해 통치되었으나, 종국적으로는 모든 아테네 시민이 출석권과 투표권을 가지는 민회에 의해 통치되었다 ; 그 밖에 아르콘과 기타 관리들이 여러 가지 행정 부문과 재판 관할구를 담당하였다. 집행 권력의 단일한 최고 관리는 아테네에 없었다.

이 새로운 제도가 시행됨에 따라 그리고 일부는 이주민으로, 일부는 해방 노예로 이루어진 극히 많은 거류민이 받아들여짐에 따라, 혈연 제도의 기관들은 공무에서 밀려났다 ; 그것들은 사적 단체와 종교 단체로 전락했다.

그러나 옛 씨족 시대의 도덕적 영향, 전래의 견해와 사고 방식은 오랫동안 지속되다가 점차적으로 사멸하였다. 이것은 그 후의 국가 제도에서 밝혀졌다.

이미 보았다시피, 국가의 본질적인 한 가지 표징은 인민 대중과 구별된 공적 권력이라는 점에 있다. 아테네 인은 당시에 인민의 군대와 인민이 직접 제공한 함대를 갖고 있을 뿐이었다 ; 군대와 함대는 외적으로부터 아테네를 방위하고, 당시 이미 인구의 대다수를 점하고 있던 노예를 통제하였다. 시민들에 대해서는 공적 권력은 처음에는 오직 경찰로서만 존재하였다. 경찰은 국가만큼 오래된 것이다. 그리하여 18 세기의 소박한 프랑스 인들은 문명 국민에 대해서는 이야기하지 않았지만 경찰 국민(nations polices)에 대해서는 이야기했던 것이다. 아테네 인들은 국가와 도시에 경찰도 창설하였다. 그것은 도보 및 기마 궁수로 이루어진 진짜 헌병대——남독일과 스위스에서 말하는 농촌 경찰대——였다. 그러나 이 헌병대는——노예들로 편성되었다. 자유로운 아테네 인은 이 형리 일을 너무나 불명예스러운 일로 생각했기 때문에 자신이 이 수치스러운 일을 하느니 차라리 무장 노예에게 체포되는 편을 택했다. 이것은 옛 씨족 시대의 사고 방식이었다. 국가는 경찰 없이 존재할 수 없었다. 그러나 이 국가는 아직 생긴 지 얼마 안 되었고 또 충분한 도덕적 존경을 받지 못했기 때문에, 옛 씨족원에게 불명예스러운 것으로 비칠 수밖에 없는 직업을 존경할 만한 것으로 만들 재간이 없었다.

이제 기본 골격이 완성된 국가가 아테네 인의 새로운 사회 상태에 얼마나 적합한 것이었는가는 부와 상공업이 급속히 번창했다는 것에서 잘 드러난다. 사회·정치 제도의 기초를 이루는 계급 적대는 이제 더 이상 귀족과 평민의 대립이 아니라 노예와 자유민, 거류민과 시민의 대립이 되었다. 아테네가 가장 번영했던 시기에 아테네의 자유 시민은 여자와 아이를 포함하여 약 90,000 명이었고, 그들과 나란히 365,000 명의 남녀 노예와 45,000 명의 거류민——외국인과 해방 노예——이 있었다. 그러므로 성인 남자 시민 한 명 당 적어도 18 명의 노예와 두 명 이상의 거류민이 있었던 셈이다. 노예의 수가 이처럼 많은 것은 그들 다수가 수공업 작업장에서, 커다란

실내에서 감독의 지휘하에 모여서 일했기 때문이다. 그러나 상공업이 발전
하면서 소수자의 손으로 부가 축적·집적되고 자유 시민 대중은 빈곤하게
되었다. 자유 시민 대중에게 남은 선택은 스스로 수공업 노동을 하여 노예
노동과 경쟁하거나——그것은 창피하고 천한 일로 간주되었으며 별 다른
5 성과가 약속되는 것도 아니었다——그렇지 않으면 룸펜이 되는 것밖에 없
었다. 이러한 사정 하에서 그들은 필연적으로 후자의 길을 택하였다. 그들
은 시민의 다수를 이루고 있던 만큼 아테네 국가 전체를 몰락으로 이끌었
다. 아테네를 몰락으로 이끈 것은 군주에 아첨하는 유럽의 학교 교사들이
주장하는 것처럼 민주주의가 아니라 자유 시민의 노동을 추방한 노예제였
10 다.
　아테네 인들에게서 이루어진 국가의 성립은 국가 형성 일반의 아주 전
형적인 견본이다. 왜냐하면 첫째 그것은 외적 또는 내적 폭력의 개입 없이
이루어졌기——피시스트라투스의 권력 찬탈은 그 짧은 존속 기간의 흔적
조차 남기지 못했다[45]——때문이고, 둘째 민주주의 공화제라는 아주 고도
15 로 발전한 형태의 국가를 씨족 사회로부터 직접 출현시켰기 때문이며, 마지
막으로 그 모든 중요한 세부 항목들이 우리에게 충분히 알려져 있기 때문
이다.

VI

로마의 씨족과 국가

로마 창건 전설에 따르면, 최초에 정주한 것은 한 부족으로 결합한 몇 개(전설에 따르면 100 개)의 라틴 씨족들이었고, 얼마 안 가서 역시 100 개의 씨족으로 이루어졌다고 하는 사벨리 족이 결합했으며, 마지막으로 역시 100 개의 씨족이라 불리는 잡다한 요소들로 구성된 세 번째의 부족이 결합하였다. 이야기 전체로부터 금방 알 수 있듯이, 여기에는 씨족을 제외하면 자연 성장적인 것은 이미 거의 없었으며, 그 씨족 자체도 많은 경우 과거의 고향에 아직 존속하고 있는 모씨족의 곁가지에 불과하였다. 부족의 이마에는 인위적으로 구성된 것이라는 각인이 찍혀 있다. 그러나 부족은 대개 혈연적 요소들로 구성되었으며, 만들어진 것이 아니라 자연적으로 이루어진 옛 부족의 원형을 따라서 구성되었다 ; 그렇다고 해서 이 세 부족 각각의 핵심이 진짜 옛 부족일 수 있다는 사실이 배제되지는 않는다. 중간 고리를 이루는 프라트리는 10 개의 씨족으로 이루어졌으며, 쿠리아라고 불렸다 ; 따라서 쿠리아는 30 개였다.

로마의 씨족이 그리스의 씨족과 동일한 제도였다는 것은 일반적으로 인정되고 있다 ; 아메리카 인디언이 우리에게 그 원초 형태를 보여주는 저 사회적 단위가 한층 발전한 것이 그리스의 씨족이라고 한다면, 로마의 씨족에 대해서도 똑같이 말할 수 있다. 그러므로 여기서는 좀더 간단히 서술해도 좋을 것이다.

로마의 씨족은 적어도 그 시市의 최고最古 시대에는 다음과 같은 제도를 갖고 있었다:

1. 씨족원들의 상호 상속권; 재산은 씨족 내에 남겨졌다. 그리스의 씨족과 마찬가지로 로마의 씨족에서도 이미 부권제가 이루어지고 있었으므로, 여계의 자손은 상속에서 제외되었다. 오늘날 알려져 있는 가장 오래 된 로마의 성문법인 십이표 법[46]에 따르면, 먼저 자식들이 실자實子 상속인으로서 상속하였다; 자식들이 없는 경우에는 아그나테(남계의 친족)가 상속하였다; 그리고 이들도 없는 경우에는 씨족원들이 상속하였다. 어떤 경우가 되더라도 재산은 씨족 내에 남았다. 우리는 여기서 부의 증대와 일부일처제에 기인한 새로운 법 제정이 씨족 관습을 점차 침해했음을 알 수 있다: 씨족원들이 애초에 가졌던 평등한 상속권은 관행에 의해 우선——위에서 언급했듯이, 아마 매우 초기부터——아그나테로 국한되었고, 마지막에는 자식들과 자식들의 남계의 자손에 국한되었다; 쉽게 알 수 있듯이, 십이표 법에는 이와 반대의 순서로 되어 있다.

2. 공동 묘지의 소유. 클라우디우스라는 귀족 씨족은 레길리에서 로마로 이주할 당시에 자기 씨족의 땅으로 한 구획의 토지를 얻었으며, 따로 시내에 공동 묘지를 얻었다. 아우구스투스가 통치할 때에도 로마에 옮겨진, 토이토부르크 숲에서 전사한 바루스의 머리는 씨족 묘총gentilitius tumulus에 묻혔다; 그러므로 이 씨족(크인틸리아)은 이미 전용 묘총을 갖고 있었던 것이다.

3. 공동의 종교적 제사. 이 씨족제sacra gentilitia는 잘 알려져 있다.

4. 씨족 내에서 결혼하지 않을 의무. 이것은 로마에서는 단 한 번도 성문법으로 된 적이 없는 것 같다. 그러나 그 관습은 남아 있었다. 오늘날까지 그 이름이 전해지는 수많은 로마의 부부들 중에서 남편과 아내가 같은 씨족명을 쓰는 경우는 하나도 없다. 상속법도 이러한 규칙이 있었다는 것을 증명하고 있다. 여자는 결혼하면 아그나테로서의 권리를 상실하면서 자기 씨족을 떠난다. 그녀도 그녀의 아이들도 그녀의 아버지나 아버지의 형제의

재산을 상속할 수 없다. 그렇게 하지 않으면 아버지 쪽 씨족이 상속받을 부
분이 없어지기 때문이다. 이것은 여자가 같은 씨족원과 결혼할 수 없다는
전제 위에서만 의미를 가진다.

5. 공유지. 이것은 원시 시대에는, 부족 토지가 분할되기 시작했을 때
부터, 항상 존재하였다. 우리는 라틴 부족들 사이에서는 토지가 일부는 부
족의 소유, 일부는 씨족의 소유, 일부는 세대 ─ 당시에는 아직 개별 가족이
아니었다 ─ 의 소유로 되어 있었음을 볼 수 있다. 로물루스가 처음으로 각
개인에게 한 사람 당 약 1 헥타(2 유게라)씩 토지를 분배했다고 한다. 그렇
지만 우리는, 그 후에도 토지가 씨족의 수중에 있음을 본다. 공화국의 내부
역사 전체의 중심축을 이루는 국유지는 더 말할 것도 없다.

6. 씨족원들의 상호 보호와 원조 의무. 씌어진 역사는 이에 대한 파편
들만을 보여주고 있다; 로마 국가는 애초부터 매우 강대한 힘을 갖고서 등
장했기 때문에, 가해로부터 로마를 보호할 권리는 국가에 이전되어 있었다.
아피우스 클라우디우스가 체포되었을 때, 그의 씨족 전체가, 그의 개인적
적이었던 사람도 상복을 입었다. 제2차 포에니 전쟁[47] 때, 씨족들은 포로가
된 자기 씨족원들을 되찾기 위해 결속하였다; 원로원은 이것을 **금지시켰다**.

7. 씨족명을 달 권리. 이것은 제정 시대에 이르기까지 존속하였다; 해
방 노예는 자기의 전 주인의 씨족명을 붙일 수 있었지만, 씨족권은 얻지 못
했다.

8. 족외자를 씨족에 편입시킬 권리. 이것은 (인디언의 경우와 마찬가지
로) 가족에 편입시키는 것을 통해서 이루어졌으며, 그와 동시에 씨족에 받
아들여진 것이 되었다.

9. 수장을 선출하고 해임할 권리에 대해서는 어디에서도 언급이 없다.
그러나 로마 초기에는 선거왕을 비롯한 모든 공직 취임이 선거 또는 지명
에 의해서 이루어졌고 쿠리아의 제관도 쿠리아에 의해서 선출되었으므로,
씨족의 수장들(프린키페스)도 마찬가지였다고 생각할 수 있다──비록 씨
족 내의 동일한 한 가족 내에서 선출되는 것이 이미 규칙이 되어 있었다 하
더라도.

이상이 로마 씨족의 권리들이었다. 이미 부권제로의 이행을 완료했다

는 점을 제외하면, 그것은 이로쿼이 씨족의 권리 의무를 그대로 거울에 비춘 것과 같다 ; 여기서도 "이로쿼이 족은 확실하게 모습을 내보인다."

오늘날 가장 정평 있는 역사 서술가들 사이에서조차 아직 로마의 씨족 제도에 대해 얼마만큼의 혼란이 지배하고 있는가에 대해서 한 가지 예만 들어 보기로 하자. 공화제 시대와 아우구스투스 시대의 로마의 고유 명사에 관한 몸젠의 논문(『로마 연구』, 베를린, 1864년, 제1권)에는 이렇게 씌어 있다 :

"노예는 물론 제외되지만 편입자와 피보호자를 포함한 모든 남성 동족 자 외에, 여자들에게도 족명이 붙는다……부족"(몸젠은 여기서 gens 를 이렇게 번역하고 있다)"은……공통의 —— 현실적인 혹은 상상 속의 혹은 허구의 —— 혈통을 가진, 공동 제사, 공동 묘지, 공동 상속에 의해 결합된 공동체 인바, 인신이 자유로운 모든 개인은 따라서 여자도 또한 거기에 소속될 수 있으며 소속되어야 한다. 결혼한 여자들의 족명 族名 을 확정하는 데서 곤란한 점이 생긴다. 여자가 동족원하고만 결혼할 수 있었던 한에서는, 물론 이러한 곤란은 없었다 ; 그리고 이미 증명된 바와 같이, 오랜 기간 여자들은 족 외부에서 결혼하는 것보다 족 내부에서 결혼하는 데서 더 어려움을 겪었다. 사실 이 권리, 즉 gentis enuptio [씨족 외부에서의 결혼]은 6 세기에 들어와서도 아직 개인적 특권으로서 포상으로 주어졌던 것이다……그런데 이러한 외혼이 이루어졌을 경우에 여자는 최고 시대에는 남편의 부족으로 옮아간 것이 틀림없다. 고대의 종교적 혼인에서 여자가 남편의 법적 종교적 공동체로 완전히 편입되고 자기의 공동체를 떠난다는 것만큼 확실한 사실도 없다. 결혼한 여자가 자기 씨족원에 대한 상속권을 능동적으로도 수동적으로도 상실하며, 그 대신에 그녀의 남편, 자식들 및 일반적으로 말하면 남편의 씨족원과 함께 상속 단체에 들어간다는 것을 모르는 사람이 있는가? 그리고 그녀가 그녀의 남편의 양녀가 되어 그의 가족에 들어갈 때 어떻게 그녀가 남편의 일족에 대해 타인으로 남아 있을 수 있겠는가?"(8-11면.)

이처럼 몸젠은 어떤 씨족에 속하는 로마의 여자들은 처음에는 그녀의 씨족 내부에서만 결혼할 수 있었고, 따라서 로마의 씨족은 족외혼적이지 않고 족내혼적이었다고 주장하고 있다. 다른 민족들의 모든 경험과 모순 되는 이 견해는, 전적으로는 아니지만 주로는 많은 논쟁을 불러일으킨 리비우스의 단 한 구절(제39권, 제19장)에 근거한 것이다. 그 구절에 따르면, 원로원은 로마 시력 市曆 568년, 즉 기원전 186년에 다음과 같이 결정하였다. uti Feceniae Hispalae datio, deminutio, gentis enuptio, tutoris optio item esset quasi ei vir testamento dedisset ; utique ei ingenuo nubere liceret,   5 neu quid ei qui eam duxisset, ob id fraudi ignominiaeve esset —— 페케니아 히스팔라는 그녀의 재산을 처분하고, 그것을 감소시키고, 씨족 밖에서 결혼하고, 자신의 후견인을 선택할 권리를 가지는바, 이는 마치 그녀의 (죽은) 남편이 유언에 의해 이 권리를 그녀에게 양도한 경우와 같다 ; 그녀는 선천적 자유민과 결혼할 수 있으며, 그녀를 아내로 삼는 자에게 이 결   10 혼이 비행이나 오욕으로 간주되어서는 안 된다.

그러므로 여기서 해방 여자 노예 페케니아에게 씨족 밖에서 결혼할 권리가 주어져 있음은 의심할 여지가 없다. 또한 이에 따르면 남편이 그의 아내에게 그의 사후에 씨족 밖에서 결혼할 권리를 유언으로 양도할 권리를 가지고 있었다는 것도 역시 의심할 여지가 없다. 그러나 씨족 밖에서라고   15 할 때 이 씨족은 **누구의** 씨족인가?

몸젠이 추정하고 있는 것처럼 여자가 자기 씨족 내부에서 결혼해야 했다면, 그녀는 결혼 후에도 이 씨족 내에 머물러 있었을 것이다. 그러나 첫째, 씨족이 족내혼적이었다는 이 주장 자체가 증명을 필요로 하는 것이다. 둘째 여자가 씨족 내에서 결혼해야 했다면, 당연히 남자도 그러했을 것이   20 다. 그렇지 않다면 남자는 아내를 얻지 못했을 것이다. 그렇다면 남편은 자신이 가지고 있지 않은 권리를 유언을 통해 그의 아내에게 줄 수 있었다는 이야기가 된다 ; 법률상의 배리에 도달하게 된다. 몸젠도 이 점을 감지하여 다음과 같이 추측하고 있다 :

"족 외부에서 결혼하기 위해서는 법률상 아마 친권자의 동의뿐만 아니   25 라 전 씨족원의 동의가 필요했을 것이다."(10면, 주.)

이것은 첫째 매우 대담한 추측이고, 둘째로 위에서 언급한 명백한 문구와 모순 된다 ; 원로원은 **남편을 대신하여** 이 권리를 그녀에게 주고 있다.

원로원이 명문화하여 그녀에게 주고 있는 것은 그녀의 남편이 그녀에게 줄 수 있었던 것보다 더 크지도 않고 작지도 않다. 그런데 원로원이 그녀에게 주고 있는 것은 다른 어떠한 제한도 받지 않는 절대적인 권리이다 ; 그러므로 그녀가 이 권리를 행사하더라도 그녀의 새로운 남편이 그것 때문에 피해를 입어서는 안 된다 ; 원로원은 심지어 그것 때문에 그녀가 어떤 부당한 대우도 받지 않도록 조심할 것을 현재 및 미래의 집정관과 법무관에게 위임하고 있기까지 하다. 따라서 몸젠의 추측은 결코 받아들일 수 없는 것으로 보인다.

혹은 : 그녀가 다른 씨족의 남자와 결혼했지만, 그녀 자신은 자기가 태어난 씨족에 그대로 남아 있다고 가정해 보자. 그렇다면 앞서 인용한 구절에 따르면, 그녀의 남편은 아내가 그녀 자신의 씨족 밖에서 결혼할 수 있도록 허가할 권리를 가지고 있었다는 이야기가 된다. 즉, 그는 자신이 전혀 속해 있지 않은 씨족의 문제에 대해서 처분을 내릴 권리를 가지고 있었다는 이야기가 된다. 이것은 너무나 황당무계한 이야기이므로, 더 논할 것도 없다.

그러므로 남아 있는 유일한 가정은, 몸젠도 이러한 경우를 사실상 인정하고 있지만, 여자가 첫 번째 결혼 때에는 다른 씨족의 남자와 결혼하고 그 결과 무조건 남편의 씨족으로 옮아갔다는 것뿐이다. 그럴 경우 전체 연관이 곧 명료해진다. 결혼함으로써 자기의 그전 씨족에서 분리되어 남편의 새로운 씨족 단체에 편입된 여자는 거기서 매우 특수한 지위를 차지한다. 그 여자는 씨족원이기는 하나 혈연 관계는 없다 ; 그녀가 그 씨족에 받아들여진 과정의 성격 자체가 그러하기 때문에, 그녀는 그녀가 결혼에 의해 편입한 바로 그 씨족 내부에서의 결혼 금지로부터 애초부터 완전히 벗어나 있다 ; 더욱이 그녀는 씨족의 혼인 단체에 받아들여졌기 때문에 그녀의 남편이 사망할 경우에는 그의 재산, 즉 한 씨족원의 재산을 상속한다. 이 재산은 씨족 내에 남아 있어야 하므로 그녀가 그녀의 첫 번째 남편의 씨족원과 결혼할 의무를 지는 것, 요컨대 다른 씨족원과는 결혼할 수 없게 되는 것보다 더 당연한 일이 있겠는가? 그리고 만약 예외를 두어야 한다면, 그녀에게 이 재산을 유증한 당사자, 즉 그녀의 첫 번째 남편만큼 그녀에게 그

러한 권리를 부여할 자격이 있는 사람이 있는가? 그가 그녀에게 재산의 일
부를 유증하고 그와 동시에 그녀에게 결혼에 의해서 또는 결혼의 결과로서
이 재산을 다른 씨족에 넘겨도 좋다고 허락하는 순간에는 이 재산은 아직
그의 것이다. 그러므로 그는 문자 그대로 자신의 재산을 처분할 뿐이다. 아
내 자신에 대해서 그리고 남편의 씨족에 대한 그녀의 관계에 대해서 말하   5
자면, 자유로운 의지 행위——결혼——에 의해 그녀를 이 씨족에 끌어들
인 사람은 바로 그이다 ; 그러므로 그녀에게 재혼에 의해서 이 씨족을 탈퇴
할 권리를 부여할 자격이 있는 인물도 역시 그라는 것 또한 당연한 듯하다.
요컨대, 족내혼적인 로마 씨족이라는 기묘한 생각을 버리고 모건과 함께 그
것이 원래 족외혼적이었다고 파악하는 즉시, 사태는 간단하고 자명하게 드   10
러난다.

　마지막으로 추측이 가능한 경우가 또 하나 있는바, 이 설을 주장하는
사람들이 실제로 존재할 뿐더러 아마 그 수가 가장 많을 것이다 : 위의 구절
은 다음을 의미할 뿐이다.

　　"해방된 하녀들(libertae)은 특별한 승인을 받지 않고서는 e gente enube-   15
　　re"(씨족 밖에서의 결혼)"을 할 수 없을 뿐더러, 가족권의 상실 capitis
　　deminutio minima 과 관련하여 liberta 의 씨족 단체 탈퇴를 초래하는 그 밖
　　의 어떠한 행위도 할 수 없었다."(랑에, 『고대 로마』, 베를린, 1856년, 제1권,
　　195면. 리비우스의 문제의 문구에 대한 후쉬케의 견해를 인용하는 부분.)[48]

　이러한 추측이 옳다면, 문제의 구절은 태어날 때부터 자유민인 로마   20
여성의 상태에 대해서는 아무것도 증명하지 않으며, 그들이 씨족 내부에서
결혼할 의무가 있었는가 하는 것과는 아무런 상관도 없다.

　enuptio gentis 라는 표현은 이 한 구절에만 있으며 그 외에는 로마의
문헌 전체를 다 뒤져도 더 이상 나오지 않는다 ; enubere, 외혼 外婚 한다라
는 말은 리비우스의 책에서도 세 번밖에 나오지 않으며, 그것도 씨족과는   25
관련 없이 나온다. 로마 여성들이 씨족 내부에서만 결혼할 수 있었다는 환
상이 생겨난 것은 오로지 이 단 한 구절에 기인하는 것이다. 이 구절은 해
방된 여자 노예에 대한 특별한 제한에 대해서 말하고 있는 것이던가 아니

면 선천적 자유민 여자들에 대해서도 타당한 것이던가 둘 중 하나일 수밖에 없다. 첫 번째 경우에는 그 구절은 선천적 자유민 여자들(ingenuae)에 대해서는 아무것도 증명하지 못하게 된다 ; 두 번째 경우에는 이 구절은 오히려, 여자들이 보통 자기 씨족 밖에서 결혼하였지만 결혼과 함께 남편의 씨족으로 옮아갔다는 것을 증명할 뿐이다 ; 따라서 그것은 몸젠을 논박하고 모건을 변호하는 증명이 되고 만다. 이러한 이유에서 그러한 환상은 결코 유지될 수 없다.――

　　　로마 창건 후에도 거의 300 년 동안은 씨족적 유대가 매우 견고하여, 파비우스 씨족이라는 한 귀족 씨족은 원로원의 동의를 얻어 자력으로 인접 도시 베이로의 출정을 꾀할 수 있을 정도였다. 306 명의 파비우스 씨족원들이 출정했지만, 복병을 만나 전멸하였다고 한다 ; 뒤에 남은 단 한 명의 소년이 그 씨족을 번식시켰다고 한다.

　　　앞서 말했듯이, 10 개의 씨족이 한 개의 프라트리를 형성했는데, 프라트리는 여기서는 쿠리아라고 불렸고, 그리스의 프라트리보다 더 중요한 공적 권한을 가지고 있었다. 각 쿠리아는 자신의 종교적 행사, 성전, 제관들을 갖고 있었다 ; 이 제관들의 총체가 로마 제관단의 하나를 이루었다. 10 개의 쿠리아가 하나의 부족을 형성하였다. 부족은 다른 라틴 부족들과 마찬가지로 아마 원래는 한 사람의 선출 수장――군사 지휘자 겸 제관장――을 갖고 있었을 것이다. 세 부족들의 총체가 로마 시민단, 즉 포풀루스 로마누스 Populus Romanus 를 이루었다.

　　　그러므로 로마 시민단에는 씨족의 성원이면서 이 씨족을 통해서 쿠리아와 부족의 성원인 사람만이 속할 수 있었다. 이 시민단의 최초의 제도는 다음과 같았다. 공적인 사무는 우선적으로 원로원에 의해서 처리되었다. 원로원은, 니부르가 처음으로 정확하게 알아낸 바와 같이, 300 개 씨족의 수장들로 구성되었다 ; 바로 그렇기 때문에 그들은 씨족의 장로로서 아버지들 즉 patres 라고 불렸으며, 그들의 총체는 원로원 Senat(장로들의 평의회라는 뜻으로, senex 즉 늙은이라는 말에서 왔다)이라고 불렸다. 통상적으로 언제나 각 씨족의 동일한 한 가족 중에서 선출되었기 때문에 여기서도 최초의 부족 귀족이 생겨났다 ; 이 가족들은 스스로를 파트리치어 Patrizier 라고 불렀으며, 원로원과 그 밖의 모든 공직에 대해 독점적 권리를 요구하였다. 시간이 지남에 따라 인민이 이러한 요구를 받아들였고, 그리하여 이러한 요구가 실제적인 권리가 되었다는 것은 로물루스가 최초의 원로원 의원들과 그 자손들에게 귀족의 신분 Patriziat 과 그 특권을 나누어 주었다는 전설에서 잘 표현되고 있다. 원로원은, 아테네의 불레 bulē 와 마찬가지로 많은 사무들에 대해서 결정권을 갖고 있었으며, 특히 새로운 법률과 같은 한층 중요한 문제들에 대해서는 사전 심의권을 갖고 있었다. 새로운 법률을 결정하는 것은 comitia curiata (쿠리아 회의)라고 불리는 민회였다. 인민은 쿠리아 별로 모여 앉았으며, 각 쿠리아에서는 아마도 씨족 별로 모여 앉았을 것이다. 결정을 내릴 때는 30 개의 쿠리아 각각이 한 표씩을 행사하였다. 쿠리아 회의는 모든 법률을 채택 또는 부결하였으며, 레크스 rex (이른바 왕)를 포함한 모든 고급 공직자를 선출하고, 선전 포고를 하였다 (단, 강화를 체결하는 것은 원로원이었다). 뿐만 아니라 쿠리아 회의는 로마 시민의 사형이 문제가 되는 모든 사건에서 당사자의 상소에 따라 최고 재판소로서 결정을 내렸다.——마지막으로 원로원 및 민회와 나란히 레크스가 있었는데, 레크스는 그리스의 바실레우스와 정확히 일치하는 것으로서 몸젠이[49] 묘사하고 있는 것처럼 절대 군주였던 것은 결코 아니다.[10] 또한 레크스는 군사 지휘자였고, 제관장이었으며, 어떤 종류의 재판에서는 재판장이었다. 그는 군사 지휘자로서의 징벌권, 또는 재판장으로서의 판결 집행권에서 유

5

10

15

---

10) 라틴 어 rex 는 켈트-아일랜드 어 righ (부족장), 코트 어 reiks 에 해당한다 ; 이 reiks 도 독일어 Fürst 도 원래는 그러했던 것처럼 (즉, 영어의 first, 덴마크 어의 förste 와 마찬가지로 제1인자라는 의미) 씨족장 혹은 부족장을 의미했다는 것은, 고트 족이 이미 4 세기에 후세의 König, 요컨대 한 부족단 Volkes 전체의 군사 지휘자를 가리키는 특별한 말을 갖고 있었다는 것으로 알 수 있다 : thiudans. 울필라스의 성서 번역에서는 아르타크세르크세스와 헤로데스를 결코 reiks 라 부르지 않고 thiudans 라고 부르고 있으며, 티베리우스 황제의 제국을 reiki 라 부르지 않고 thiudinassus 라고 부르고 있다. 고트 족의 티우단스 — 즉, 우리의 부정확한 번역에 따르면 König — 에 해당하는 티우다레익스 thiudareiks, 테오도릭 Theodoric 즉 디트리히 Dietrich 라는 이름에는 위의 두 호칭이 융합되어 있다.

래하는 것이 아닌 한, 시민의 생명, 자유, 재산에 대한 민정상의 권한 혹은 권력을 전혀 가지지 않았다. 레크스의 직무는 세습되지 않았다 ; 반대로 그 것은 아마 전임자의 제안에 따라 쿠리아 회의에서 우선 선출되고 그 담에 두 번째의 쿠리아 회의에서 정식으로 임명되었을 것이다. 그가 해임될 수도

5 있었다는 것은 타르쿠이니우스 수페르부스의 운명이 증명하고 있다.

영웅 시대의 그리스 인들과 마찬가지로 이른바 왕정 시대의 로마 인들 도 씨족, 프라트리, 부족을 기초로 하는, 그것들로부터 발전된 군사 민주주 의 하에서 생활하였다. 비록 어느 정도 인위적인 구성물이긴 하였지만, 쿠 리아와 부족은 그것들을 발생시키고 모든 방향에서 아직 그것들을 둘러싸

10 고 있던 그 사회의 진정한 원형, 자연 성장적 원형을 따라 만들어졌던 것이 다. 자연 성장적인 파트리치어 귀족이 이미 지반을 확보하였고, 또 레크스 들이 점차 그 권한을 확대하려 했지만——그렇다고 해서 제도의 본원적인 기본 성격이 변하지는 않는다. 그리고 바로 이 기본 성격에 문제의 핵심이 있다.

15 그러는 동안에 로마 시와 정복에 의해서 확대된 로마 영토의 인구는 일부는 이주민에 의해서 일부는 복속 지역, 주로 라틴 족 지역의 주민에 의 해서 증가하였다. 이 새로운 국가 신민들(피보호자들의 문제는 여기서 논 외로 한다)은 모두 과거의 씨족, 프라트리, 부족의 밖에 있었고, 따라서 po- pulus romanus, 즉 본래의 로마 시민단의 구성 부분이 아니었다. 그들은

20 인신적으로는 자유인이었으며, 토지 재산을 가질 수 있었고, 세금을 내야 했고 병역에 복무해야 했다. 그러나 그들은 어떠한 공직도 차지할 수 없었 으며, 쿠리아 회의에 참가할 수도, 정복한 국유지의 분배에 참여할 수도 없 었다. 그들은 어떠한 공적 권리도 가지지 못한 플렙스 Plebs를 이루었다. 수 가 점점 늘어가고 군사 훈련을 쌓고 무장을 하게 됨으로써 그들은 이제 외

25 부인의 가입을 철저히 차단하고 있던 과거의 포풀루스에게 하나의 위협적 인 힘이 되었다. 게다가 소유지는 포풀루스와 플렙스 사이에 상당히 균일하 게 분배되어 있었던 것으로 보이며, 다른 한편 상공업의 부는 아직 그렇게 발달하지는 않았지만 어쨌든 주로 플렙스의 수중에 있었다.

전설적인 로마의 원시사 전체는 짙은 어둠에 둘러싸여 있기 때문에

── 게다가 법학적 교양을 갖춘 후대의 사료 필자들의 합리주의적이고 실용주의적인 해석 시도와 보고는 이 어둠을 더욱 짙게 만들었다── 과거의 씨족 제도를 끝장낸 혁명의 시기, 경과, 동기 그 어느 것에 대해서도 확실한 것을 말하기란 불가능하다. 확실한 것은 다만 그 원인이 플렙스와 포풀루스 사이의 투쟁에 있었다는 것뿐이다.

세르비우스 툴리우스라는 레크스가 제정하였다고 하는 새로운 제도, 그리스의 모범, 특히 솔론에 의거한 그 제도는 하나의 새로운 민회를 만들어 냈다. 이 민회에의 참가 여부는 포풀루스냐 플렙스냐 하는 차이가 아니라 병역을 수행했는가 아닌가에 따라 결정되었다. 병역 의무를 지는 남성 주민은 재산의 많고 적음에 따라 여섯 계급으로 나뉘었다. 다섯 계급 각각의 최저 재산액은 다음과 같았다 : 제1계급, 100,000 아스 ; 제2계급, 75,000 아스 ; 제3계급 50,000 아스 ; 제4계급 25,000 아스 ; 제5계급 11,000 아스 ; 뒤로 드 라 말르에 따르면 이것은 대략 14,000, 10,500, 7,000, 3,600, 1,570 마르크에 해당한다. 제6계급, 즉 프롤레타리아들은 그 이하의 재산을 소유한 사람들로 이루어졌으며, 병역 및 납세를 면제받았다. 새로운 켄투리아 민회(comitia centuriata)에는 시민들이 군대 식으로, 100 명씩의 켄투리아 별로 부대를 이루어 도열하였다. 그리고 각 켄투리아는 한 표를 가졌다. 그런데 제1계급은 80 켄투리아를 이루었다 ; 제2계급은 22, 제3계급은 20, 제4계급은 22, 제5계급은 30 켄투리아를 이루었고, 제6계급도 체면상 한 켄투리아를 이루었다. 그 외에 가장 부유한 자들로 이루어진 18 켄투리아의 기병대가 있었다 ; 도합 193 ; 투표의 과반수 : 97. 그런데 기병대와 제1계급을 합하기만 해도 98 표, 즉 과반수였다 ; 그들이 단합하면, 다른 계급의 의견은 전혀 물어보지 않고 유효한 결의를 할 수 있었다.

이전의 쿠리아 회의가 가지고 있던 정치적 권리는 이제 모두 (몇 개의 명목상의 것을 제외하고) 이 새로운 켄투리아 회의로 넘어갔다 ; 이로써 쿠리아와 그것을 구성하는 씨족들은 아테네의 경우와 마찬가지로 단순한 사적ㆍ종교적 단체로 전락하였고 또 그러한 것으로서 오랫동안 남은 목숨을 보존하였으나, 쿠리아 회의는 얼마 안 가서 완전히 영면하였다. 또한 세 개의 낡은 혈연 부족을 국가에서 구축하기 위해 시의 4분의 1에 나누어 사는 네 개의 지연 부족이 만들어져 이 부족들에 일련의 정치적 권리들이 주어졌다.

이처럼 로마에서도, 이른바 왕정이 폐지되기 전에 이미, 인신적인 혈연적 유대에 기초를 둔 낡은 사회 제도가 분쇄되고 그 대신에 영역의 구분과 재산의 차이에 기초를 둔 새로운 진정한 국가 제도가 들어서 있었다. 여기서 공권력은, 노예들뿐만 아니라 병역과 무장에서 제외된 이른바 프롤레타리아들에 대립하여, 병역 의무를 지는 시민들에게 있었다.

이 새로운 제도——이 제도는 진정한 왕권을 찬탈한 마지막 레크스인 타르쿠이니우스 수페르부스가 추방되고 (이로쿼이 족의 경우와 마찬가지로) 평등한 직권을 가진 두 명의 군사 지휘자(집정관)가 레크스를 대체함으로써 비로소 더욱더 발전하였다——내부에서 관직 취임권과 국유지의 분배를 둘러싼 귀족 Patrizier 과 평민 Plebejer 의 투쟁으로 점철된 로마 공화국의 전 역사가 진행되었으며, 파트리치어 귀족은 마침내 대토지 소유자 및 화폐 소유자로 이루어진 새로운 계급으로 해소된다. 이 새로운 계급은 병역 때문에 영락한 농민의 모든 소유지를 점차 흡수하였고, 이렇게 만들어진 광대한 영지를 노예를 부려 경작하면서 이딸리아의 인구를 감소시켰다. 이리하여 제정에 대해서뿐만 아니라 그 후계자인 독일의 미개인에 대해서도 문을 열어주게 되었다.

VII

켈트 인과 독일인의 씨족

아직도 다양한 야만 민족들과 미개 민족들 사이에서 혹은 순수한 형태로 혹은 불명료한 형태로 존속하고 있는 씨족 제도들이나 아시아 문화 민족들의 고대사에서 볼 수 있는 씨족 제도의 흔적들은 지면 관계상 여기서 다룰 수 없다. 그것들은 어디서나 볼 수 있다. 몇 개의 예만 들기로 하자 : 씨족이라는 것이 아직 인식되기 전에, 맥레넌은 많은 노력을 들였으나 단지 그것을 오해한 데 그쳤지만 카밀켄 족, 체르케센 족, 사모예드 족 그리고 인도의 세 민족 : 와랄리스 족, 마가르스 족, 무니푸리스 족 사이에 씨족이 있다는 것을 증명하였고, 그것에 대해서 대체로 옳게 기술하였다.[16] 최근에는 M. 꼬발레프스끼가 샤벤 족, 쉐브수르 족, 스바네트 족, 그리고 기타 코카서스의 부족들 사이에서 씨족을 발견하고 그것에 대해서 기술하였다.[50] 여기서는 켈트 인과 게르만 인 사이에서의 씨족의 존재에 대해서 간단히 서술하는 데 그치려 한다.

지금까지 보존되고 있는 켈트 인의 가장 오래 된 법률을 보면 씨족이 당시에도 아직 충분한 활력을 갖고 있었다는 것을 알 수 있다 ; 아일랜드에서 씨족은, 잉글랜드 인이 그것을 폭력적으로 파괴한 후에도 오늘날 아직 적어도 본능적으로는 인민의 의식 속에 살아 있다 ; 스코틀랜드에서 씨족은

5

10

15

지난 세기 중엽까지도 전성기에 있었으며, 여기서도 잉글랜드 인들의 무기, 입법, 재판소만이 그것을 굴복시켰다.

　　잉글랜드 인들이 정복하기 여러 세기 전에[51] 즉 늦어도 11 세기에 제정된 고대 웨일즈의 법률을 보면, 설령 이전의 일반적 관습의 잔재가 예외적으로 남아 있는 것이라 할지라도 아직 촌락 전체의 공동 경작이 이루어지고 있었음을 알 수 있다 ; 각 가족은 자가 경작용으로 5 에이커를 갖고 있었다 ; 그것과 나란히 한 뙈기의 땅이 공동으로 경작되고 그 수확물이 분배되었다. 이 촌락 공동체가 씨족 혹은 씨족의 곁가지를 나타낸다는 것은, 설령 웨일즈의 법률에 대한 새로운 검토 — 지금 내게는 그럴 시간이 없다(나의 발췌는 1869년의 것이다)[52] — 가 그것을 직접적으로 증명할 수 없다 하더라도, 아일랜드와 스코틀랜드의 경우에서 유추해 보면 의심할 여지가 없다. 또한 아일랜드의 사료와 더불어 웨일즈의 사료가 직접 증명하고 있듯이, 켈트 인들 사이에서는 11 세기가 되어서도 아직 대우혼이 일부일처제에 의해 결코 밀려나지 않았다. 웨일즈에서 결혼은 결혼한 지 7 년이 지나면 이혼할 수 없는 것, 더 정확히 말하면 종신적인 것이 되었다. 7 년에서 3 일만 모자라도 부부는 헤어질 수 있었다. 그때는 재산을 서로 나누었다 : 나누는 사람은 아내였으며, 남편은 자신의 몫을 선택하였다. 가구는 일정한, 극히 우스꽝스러운 규칙에 따라 나누어졌다. 남편 쪽이 파탄의 책임자면, 남편은 아내에게 지참품과 기타 약간의 가구들을 돌려줘야 했다 ; 아내가 파탄의 책임자면, 아내가 가져가는 몫은 적어졌다. 아이들은 남편이 두 명을 차지하고, 아내가 한 명을 그것도 제일 중간의 아이를 차지했다. 이혼 후 여자가 다른 남편을 얻은 상태에서 첫 남편이 그녀를 다시 데려가려 하면, 설령 이미 한 쪽 다리가 신혼 침대에 들어가 있는 상태라도 여자는 그를 따라가야 했다. 그러나 두 사람이 칠 년 간 동거했다면, 이전에 정식의 결혼을 하지 않았더라도, 그들은 부부였다. 처녀의 혼전 순결은 결코 엄격하게 지켜지지도 않았으며, 요구되지도 않았다 ; 이에 대한 규정들은 극히 소박해서 규정이라고 할 수도 없으며 부르주아 도덕과는 전혀 어울리지 않는 것이다. 아내가 간통을 했을 때, 남편은 아내를 구타할 수 있었다(이것은 남편이 아내를 구타할 수 있는 세 가지 경우 중 하나였는데, 다른 경우에 구타하면 처벌을 받았다). 그러나 한 번 구타한 이후에는 남편은 다른 어떤 배상도 요구할 수 없었다. 왜냐하면

> "한 가지 범행에 대해서 속죄나 복수의 어느 하나를 취하는 것은 온당하지만, 두 가지를 다 취하는 것은 부당하"[53]

기 때문이다.

아내 쪽에서 재산 분배에서 청구권을 잃지 않으면서 이혼을 요구할 수 있는 이혼 사유들은 매우 광범위하였다 : 남편의 입에서 악취가 난다는 것으로도 충분하였다. 초야권의 대가로서 부족장 또는 왕에게 지불해야 하는 속죄금(gobr merch, 이로부터 중세의 marcheta라는 명칭, 프랑스 어 marquette가 나왔다)은 법전에서 큰 역할을 한다. 여성들은 민회에서 투표권을 가지고 있었다. 덧붙이자면, 아일랜드에서도 이와 유사한 상태가 존재했음이 증명되었다 ; 거기서도 역시 기간을 정해 놓은 결혼이 아주 통상적이었으며 또 이혼을 하게 되면 아내에게는 정확히 규정된 많은 특전이 보장되어 있었고, 그녀의 가사 노동에 대한 보수까지도 보장되어 있었다 ; 거기서는 다른 아내들과 나란히 '본처'가 있으며, 유산을 나눌 때 적자와 서자 사이에는 아무런 차별도 없었다 —— 이는 대우혼의 광경이다. 이것과 비교하면 북아메리카의 결혼 형태는 엄격한 것으로 보이지만, 케사르 시대에도 아직 군혼 생활을 하던 민족이 11 세기에 그러했다는 것이므로 별로 놀랄 만한 일이 못 된다.

아일랜드의 씨족(sept, 부족은 Clainne 즉 클란이라고 불린다)은 고대의 법전들뿐만 아니라, 클란의 토지를 잉글랜드 국왕의 직영지로 바꾸기 위해 그곳에 파견된 17 세기 잉글랜드의 법률가들도 그 존재를 확인해 주었고 그것에 대해서 기술하였다. 토지는, 수장들이 그것을 이미 자신들의 사영지로 바꾸어 버리지 않은 한에서는, 17 세기까지만 해도 클란 또는 씨족의 공동 소유였다. 한 명의 씨족원이 죽으면, 따라서 한 세대가 없어지면, 수장(잉글랜드의 법률가들은 이것을 caput cognationis라고 불렀다)은 남은 세대들 사이에 토지 전체를 재분배하였다. 재분배는 대체로 독일에서 이루어지던 것과 같은 규칙에 따라 이루어졌음에 틀림없다. 아직도 몇몇 촌락

150

농지가 이른바 런데일 Rundale 이라는 형태로 남아 있다——사오십 년 전에는 매우 많았다. 농민들, 즉 이전에는 씨족의 공유지였으나 잉글랜드 정복자들에게 빼앗긴 토지의 개별적 차지인들은 각각 자신들이 경작하는 토지에 대해서 차지료를 지불하였다. 그러나 그들은 경지와 목초지 전체를 위치와 지질에 따라, 모젤 강 유역에서 부르는 대로 하면 '게반 Gewanne'으로 나누었고 각인에게 각각의 게반에 대한 몫을 할당하였다 ; 소택과 방목지는 공동으로 이용되었다. 50 년 전까지만 하더라도 때때로 재분할이 이루어졌는데, 매년 이루어지는 경우가 많았다. 이러한 런데일 촌락의 지적도를 보면 모젤 강 유역 또는 호호발트에서 볼 수 있는 독일 촌락 공동체의 농지도와 똑같은 모양새임을 알 수 있다. 또 씨족은 '파벌 factions'의 형태로도 존속하고 있다. 아일랜드 농민들은 종종 여러 파벌로 나뉜다. 그것은 얼핏 보기에 아주 불합리하거나 무의미한 구별에 근거하고 있으며, 잉글랜드 인들로서는 도저히 이해할 수 없는 것일 뿐만 아니라, 그들끼리 즐겨 벌이는 장엄하게 벌이는 패싸움 이외에 다른 어떤 목적도 없는 것처럼 보인다. 그것은 파괴되어 버린 씨족을 인위적으로 소생시키려는 행위이고, 죽어 버린 씨족의 대용물이며, 씨족적 본능이 상속되어 존속하고 있음을 그 나름의 방식으로 입증하는 행위이다. 게다가 몇몇 지방에서는 아직도 같은 씨족원들끼리 옛날부터 그들이 살았던 지역에 한데 모여 살고 있다 ; 예컨대 삼십 년 대에만 하더라도 모나간 백작령에 살던 주민들의 대다수는 4 개의 성 姓 밖에 가지고 있지 않았다. 즉, 이 주민들 대다수는 4 개의 씨족 혹은 클란에서 발생한 것이다.[11]

---

11) 제4판 주. 아일랜드에서 며칠 지내는 동안에 나는 아직도 이곳 시골 사람들이 얼마나 씨족 시대의 관념들을 갖고 살아가는가를 다시금 생생하게 깨닫게 되었다. 농민들을 차지인들로 두고 있는 토지 소유자를 농민들은 아직도 전체의 이익을 위해 토지를 관리해야 하는 클란장 長으로 생각하고 있었다. 농민들은 차지료라는 형태로 그에게 공납을 바치지만, 그들이 궁핍한 상태에 빠졌을 때는 응당 토지 소유자가 자신들을 보조해야 한다고 생각하고 있었다. 이와 마찬가지로, 잘 사는 사람에게는 가난한 이웃이 궁핍한 상태에 빠졌을 때 응당 그들을 보조할 의무가 있다고 생각하였다. 이러한 도움은 자선이 아니다. 그것은 못 사는 클란원이 잘 사는 클란원 또는 클란장

스코틀랜드에서 씨족 제도의 몰락은 1745년 봉기[54]의 진압과 때를 같이한다. 스코틀랜드의 클란이 정확히 씨족 제도의 어느 고리를 나타내는 것인가에 대해서는 아직 연구할 여지가 남아 있다; 그러나 그것이 씨족 제도의 한 고리라는 것은 의심할 여지가 없다. 월터 스코트의 소설에는 이 고지 스코틀랜드의 클란이 생생히 묘사되어 있다. 모건이 말하고 있듯이 그것은,   5

"그 조직과 정신으로 보아 씨족의 완벽한 전형이며, 씨족원에 대한 씨족 생활의 지배력을 보여주는 적절한 실례이다……그들의 다툼과 피의 복수, 클란에 따른 지역 할거, 그들의 공동의 토지 이용, 수장과 그들 상호간에 대한 충성 등 어디에서나 우리는 씨족 사회의 변함없는 특징들을 보게 된다…… 혈통은 부권에 따라 따졌다. 따라서 남자 아이들은 클란에 남게 되는 반면,   10
여자 아이들은 아버지의 클란으로 넘어갔다."[14]

그러나 이전에는 모권제가 스코틀랜드를 지배했다는 것은, 베다에 따르면, 픽트 족의 왕가에서 여계의 상속이 이루어졌다는 사실에 의해 증명된다. 그뿐 아니라 스코트 족 사이에서도 웨일즈 인의 경우와 마찬가지로 푸날루아 가족의 한 조각이 초야권의 형태로 중세에 이르기까지 보존되고 있   15
었다. 그것이 대속되지 않는 한, 클란의 수장 혹은 왕은 이전의 공동의 남편들의 최후의 대표자로서 어떤 처녀에 대해서도 이 초야권을 행사할 권리를 갖고 있었다.

에게 하나의 권리로서 받는 도움이다. 현대의 부르주아적 소유 개념을 아일랜드 농민에게 가르치는 것은 불가능하다고 한 경제학자들과 법률가들의 하소연이 이해가 간다; 권리만 있고 의무는 없는 소유란 아일랜드 인들로서는 도저히 생각할 수 없는 것이다. 그러나, 이러한 소박한 씨족적 관념을 갖고 있는 아일랜드 인이 갑자기 잉글랜드나 아메리카의 대도시에, 전혀 다른 도덕 관념과 법 관념을 갖고 있는 주민들 속에 던져졌을 때, 이들이 크나큰 도덕적 법적 혼란에 빠져 어찌할 바를 모르게 되고 종종 무더기로 타락의 길에 들어설 수밖에 없다는 것 또한 이해할 만하다.

독일인이 민족 대이동 전까지 씨족으로 조직되어 있었다는 것은 의심의 여지가 없다. 그들은 기원 수 세기 전에 처음으로 도나우 강, 라인 강, 비스와 강과 북해 사이의 지역을 점거할 수 있었다 ; 킴베르 족과 튜튼 족은 아직 한창 이동하는 중이었으며, 수에브 족은 케사르 시대에 와서 비로소
5 정주지를 갖게 되었다. 케사르의 확언에 따르면, 수에브 족은 씨족과 친족별로(gentibus cognationibusque) 정주했다고 한다. 그리고 이 말이 율리우스 씨족 출신의 한 로마 인의 말이라고 할 때, 이 gentibus라는 말은 논박할 수 없는 명확한 의미를 가지고 있는 것이다. 이러한 정주 형태는 모든 독일인에게 적용되는 것이었다 ; 심지어 로마 속주 屬州에 정주할 때조차
10 씨족별로 정주가 이루어진 것으로 보인다. 알라만 민족법은 이 민족이 도나우 강 남쪽의 정복지에 친족(genealogiae)별로 정주했음이 확실하다는 것을 뒷받침해 주고 있다[55] ; genealogia는 후세의 마르크 공동체나 촌락 공동체와 똑같은 의미로 사용되고 있다. 근래에 꼬발레프스끼가 내놓은 견해에 따르면, 이들 genealogiae는 대규모의 세대 공동체였다고 하며, 토지가
15 이들 genealogiae 사이에 분배되었고 이들 genealogiae에서 이후에 비로소 촌락 공동체가 발전해 나왔다고 한다.[25] 그렇다면 fara에 대해서도 같은 이야기를 할 수 있다. 부르군트 족과 랑고바르트 족——요컨대 고트 족 계열의 한 부족과 헤르미네스 족 계열, 즉 고지 독일인 계열의 한 부족——에서 fara라는 표현은 알라만 법전의 genealogia와 똑같지는 않지만 거의 비
20 슷한 것을 가리키는 데 쓰였다. 실제로 이것이 무엇인가, 씨족인가 아니면 세대 공동체인가에 대해서는 더 자세히 연구해야 할 것이다.

어느 독일인이나 씨족을 가리킬 때 공통으로 사용하는 표현이 있었는가, 있다면 어떤 것인가 하는 문제에 대해서 현재 남아 있는 언어 자료들을 통해서는 확실한 답을 내릴 수 없다. 어원적으로는 고트 어의 kuni, 중고지
25 독일어의 künne가 그리스 어의 genos, 라틴 어의 gens에 상응하고, 또 그것과 같은 뜻으로 사용된다. 다음의 언어들에서 여성을 가리키는 명사들이 이것과 동일한 어근을 갖는다는 것은 모권 시대가 존재했음을 보여주는 것이다 : 그리스 어의 gyne, 슬라브 어의 žena, 고트 어의 qvino, 고대 북유럽 어의 kona, kuna.——랑고바르트 족과 부르군트 족은 앞서 말한 것처럼

fara라는 말을 썼는데, 그림은 이 말이 낳는다는 뜻의 fisan이라는 가설적
어근에서 유래한 것이라고 보았다. 나는 차라리 이동한다, 방랑한다, 돌아온
다는 뜻의 faran에서 이 말이 유래한다고 보고 싶으며, 그것이 더 명확하다
고 생각한다. faran은, 당연한 것일 테지만 친족들로 구성된 유목 집단
중의 고정된 한 무리를 가리키는 것이었다가, 처음에는 동쪽으로 다음에는   5
서쪽으로 이동하는 수백 년 동안 점차 혈족 공동체 자체를 가리키는 말로
바뀌게 되었다.──그리고 또 고트 어의 sibja, 앵글로색슨 어의 sib, 고지
독일어의 sippia, sippa, 즉 [현대 독일어의] Sippe[혈족]가 있다. 고대 북유
럽 어로는 복수형인 sifjar, 친족이 있을 뿐이다 ; 단수형은 sif인데 그것은
다만 한 여신의 이름을 나타낼 뿐이다.──끝으로 「힐데브란트의 노래」[56]   10
를 보면 또 다른 표현이 나온다. 거기서 힐데브란트는 하두부란트에게 다음
과 같이 묻는다.

"너의 아버지는 이 남자 백성들 중에 누구냐……또 너는 어느 혈족의 사람
이냐"(eddo huêlîhhes *cnuosles* du sîs).

독일인이 씨족을 나타내기 위해 공통으로 쓰는 명사가 있었다면, 그것   15
은 아마 고트 어 kuni였을 것이다 ; 이 말이 친족 관계에 있는 다른 언어들
의 해당 표현과 일치한다는 것도 그렇지만, 원래는 씨족 혹은 부족의 수장
을 나타내는 kuning, 즉 König라는 말이 이 말에서 유래한다는 것도 이러
한 추측을 뒷받침한다. sibja, Sippe는 고려할 필요가 없을 것 같다. 적어도
고대 북유럽 어 sifjar는 혈족뿐 아니라 인척도 의미한다. 그러므로 그것은   20
적어도 두 씨족의 성원을 포함한다 ; 따라서 sif는 씨족을 나타내는 표현이었
을 리 없다.

멕시코 인이나 그리스 인의 경우와 마찬가지로 독일인의 경우도 네모
모양 기병 중대건 쐐기 모양 보병대건 씨족 단체별로 전투 대형을 편성하
였다 ; 타키투스는 가족 및 친족별로라고 말했지만, 이러한 불명확한 표현은   25
따라서 그가 살던 시대의 로마에서는 씨족이 이미 오래 전에 소멸된 결합
체였음을 말해주는 것이다.

타키투스의 다음 구절들은 결정적 의미를 지닌다 : 어머니의 형제는 자

신의 조카를 자신의 아들과 같이 생각한다. 그뿐만 아니라 외삼촌과 조카 사이의 혈연적 유대가 아버지와 아들 사이보다 더 신성하고 긴밀하다고 생각하는 사람들도 있다. 따라서 인질을 요구하는 경우에 인질 제공자의 아들보다 외조카를 더 큰 담보로 생각한다. 우리는 여기서, 모권제에 따라 조직
5 된 씨족, 따라서 원시적 씨족의 살아 있는 파편, 그것도 독일인을 특별히 특징짓는 파편을 본다.[12] 이러한 씨족의 한 성원이 어떤 서약의 담보로 자기 아들을 내놓았다가 약속을 못 지키는 바람에 이 아들이 희생되었다면, 그것은 그 아버지 한 사람의 일로 그치는 것이었다. 그러나 희생된 것이 외조카라면, 씨족의 가장 신성한 권리가 침해된 것이 되었다 ; 다른 누구보다
10 그 소년 또는 청년을 보호할 의무가 있는 씨족 내의 가장 가까운 친족이 그의 죽음에 대해서 책임이 있었다 ; 이 친족은 그를 인질로 만들지 말거나 계약을 지키거나 해야 했다. 설령 독일인의 씨족 제도의 흔적이 이것밖에 없다고 하더라도, 이 한 구절로도 충분할 것이다.

신들의 황혼과 세계의 몰락을 노래한 고대 북유럽의 「벨루스파」[57]의
15 한 구절은 그보다 약 800 년 후의 것이므로 더욱 결정적인 의미를 지닌다. 오늘날 방과 부게가 증명한 것처럼 기독교적 요소들도 들어 있는 이 『무녀

---

12) 모권제 시대에서 유래하는, 외삼촌과 조카 사이의 유대가 보여주는 이러한 특별히 긴밀한 성격은 많은 민족들에게서 볼 수 있지만, 그리스 인들의 경우에는 그것은 영웅 시대의 신화에만 있을 뿐이다. 디오도루스에 따르면 (제4권, 제43장) 멜레아그르는 자기의 어머니 알테아의 형제인 테스티우스의 아들들을 살해하였다. 알테아는 이 행위를 씻을 수 없는 죄로 보았기 때문에 살인자, 즉 자기 아들을 저주하고 그의 죽음을 빈다. "전해지는 이야기에 따르면, 신들은 그녀의 소원을 들어주어 멜레아그르의 생명을 끊어 버렸다." 또 디오도루스에 따르면(제4권, 제44장) 헤라클레스가 이끄는 아르고 선의 선원들이 트라키아에 상륙했는데, 거기서 그 선원들은 피네우스가 자신이 내쫓은 아내인 보레아다이 가의 클레오파트라의 두 아들들을 후처의 사주를 받고 심하게 학대하고 있다는 것을 알게 되었다. 그러나 아르고 선의 선원들 중에는 클레오파트라의 형제들이 되는 보레아다이 가의 사람들, 즉 학대받는 아들들의 외삼촌들이 있었다. 그들은 즉각 자기 조카들의 일에 발벗고 나서서 그들을 풀어주고 감시인을 살해하였다.

의 신탁』에서 대파국의 발단이 되는 일반적 타락과 퇴폐의 시대를 묘사하고
있는 장면을 보면 다음과 같은 구절이 있다 :

> Broedhr munu berjask　　　　ok at bönum verdask,
> 　　munu *systrungar*　　　　　sifjum spilla.
> "형제들은 서로 다투며 서로 살해할 것이다. 자매의 아이들은 혈연 관계를 끊　　5
> 을 것이다."

　　systrungr는 어머니 자매의 아들들을 뜻한다. 그리고 이 시인은 서로
혈연 관계를 부인한다는 표현이 형제 살해의 범죄라는 표현의 점층법漸層
法이라고 보고 있다. 이 점층법은 어머니 쪽의 친족 관계를 강조하는 sys-
trungar라는 표현을 통해서 이루어진다 ; 만약 이 말 대신에 syskina-börn,　　10
즉 형제 자매의 아이들, 또는 syskina-synir, 즉 형제 자매의 아들들이라는
말을 썼다면, 제2행은 제1행에 비해 강화되는 것이 아니라 약화되었을 것
이다. 여기서 알 수 있듯이, 「벨루스파」가 성립한 바이킹 시대에 이르러서
도 스칸디나비아에서는 모권제의 기억이 아직 소멸되지 않았다.
　　어쨌든 타키투스 시대에는, 적어도 그가 비교적 잘 알고 있는 독일인　　15
들 사이에서는, 모권제가 이미 부권제에 자리를 내주고 있었다 : 아이들은
아버지의 재산을 상속하였다 ; 아이들이 없는 경우에는 형제들과 아버지 편
및 어머니 편의 삼촌들이 상속하였다. 어머니의 형제가 상속할 수 있는 경
우가 있다면 그것은 방금 말한 관습이 아직 유지되고 있었다는 것과 관련
이 있으며, 또한 당시 독일인들 사이에서 부권제가 아직은 새로운 것이었다　　20
는 것을 증명하는 것이다. 중세가 시작된 지 한참 지난 후에도 모권제의 흔
적을 찾아볼 수 있다. 당시까지 아버지의 혈통은, 특히 농노의 경우에, 별로
믿을 만한 것으로 여겨지지 않은 듯하다 ; 따라서 봉건 영주가 도망친 농노
를 반환해 줄 것을 어떤 도시에 요구할 때, 예컨대 아우구스부르크, 바젤,
카이저스라우테른 등지에서는 도망친 사람이 농노라는 것을 그와 가장 가　　25
까운 6 명의 혈족들이, 그것도 모두 어머니 쪽의 혈족들이 서약으로 증명하
지 않으면 안 되었다(마우러, 『도시 체제』, 제1권, 381면).
　　이제 사멸해 가고 있던 모권제의 또 다른 잔재는 여성에 대한 독일인

들의 존경으로서, 이것은 로마 인들로서는 도저히 이해할 수 없는 것이었다. 독일인과 계약을 맺을 때는 귀족 가문 출신의 처녀가 가장 구속력 있는 인질로 간주되었다 ; 그들의 아내나 딸이 포로나 노예의 처지에 빠질지도 모른다는 생각은 독일인들로서는 끔찍한 것이었으며, 따라서 이것은 전투

5 에서 다른 어떤 것보다 그들의 용기를 채찍질하는 것이 되었다 ; 그들은 여성을 어떤 신성한 존재, 예언자적인 존재로 보았다. 그들은 아주 중요한 문제를 결정할 때에도 여성의 의견을 들었다. 예컨대 리퍼 강변에 정주하던 브룩테르 족의 무녀 벨레다는 바타비아 족의 봉기 전체의 정신적 원동력이었다. 이 봉기에서는 키빌리스가 독일인과 벨기에 족의 선두에 서서 로마의

10 갈리아 지배 전체를 뒤흔들어 놓았다.[58] 가정 내에서의 여성의 지배는 논쟁의 여지조차 없는 것으로 보인다 ; 물론 모든 노동은 여성과 노인과 아이들의 몫이었고, 남자는 사냥을 하거나 술을 마셨고 그렇지 않으면 빈둥거리며 놀았다. 이상은 타키투스가 말한 것이다 ; 그러나 그는 누가 밭을 가는가에 대해서는 말하지 않았으며, 또 노예는 공납을 바칠 뿐 아무런 부역도

15 하지 않는다고 확실하게 말하였다. 따라서 아마도 대다수 성인 남자들은 농경에 필요한 약간의 노동을 감당했어야 할 것이다.

결혼 형태는 앞서 말한 것처럼 점차 일부일처제에 접근해 가는 대우혼이었다. 그것은 아직 엄격한 일부일처제는 아니었다. 왜냐하면 상류 계층의 일부다처제는 허용되었기 때문이다. 대체로 처녀들의 순결은 (켈트 인과는

20 반대로) 엄격히 지켜지는 편이었다. 마찬가지로 타키투스는 독일인들 사이에서 부부간의 유대가 견고하다는 점에 대해 특별히 열심히 이야기하였다. 그는 아내의 간통만이 이혼의 사유가 된다고 이야기했다. 그러나 그의 보고는 이 부분에서 많은 결함이 있으며, 더구나 방탕한 로마 인들에게 너무 지나치게 덕행의 모범을 보여주려 하였다. 다음 한 가지는 확실하다 : 독일인

25 들이 자기들의 삼림 속에서는 그처럼 예외적인 덕행의 기사일지 몰라도, 조금만 외부 세계와 접촉하면 그들은 보통 유럽 인들의 수준으로 굴러떨어질 것이다 ; 도덕적 엄격함은 로마 세계의 한가운데 들어서자 그 마지막 흔적까지 사라져 버렸다. 그것은 독일어보다 더 빨리 사라졌다. 이를 확인하려면 그레고리우스 드 투르의 책만 읽어 보라. 당연한 일이지만, 독일의 원

시립 속에서는 로마에서처럼 세련된 관능의 성찬이 베풀어질 수 없었다. 그러므로 이 점에서도 독일인은 로마 세계보다 우월하다. 그러나 우리는 어디에도 없었던 한 민족 전체에 걸친 육욕의 절제가 독일인에게 있었다고 꾸며대는 것은 아니다.

　아버지나 친족의 우정 관계뿐만 원수 관계까지 상속할 의무는 씨족 제도에서 유래한 것이다 ; 살인 배상금, 즉 살해 또는 상해에 대한 피의 복수 대신에 지급되는 배상금도 마찬가지로 상속되었다. 한 세대 전까지만 하더라도 이 살인배상금은 독일인 특유의 제도라고 간주되었다. 그러나 오늘날 이것은 씨족 제도에서 유래한 피의 복수의 완화 형태로서 수백에 달하는 민족들에 보편적으로 존재했다는 것이 입증되어 있다. 이것은 손님에 대한 환대 의무와 마찬가지로 특히 아메리카 인디언들 사이에서 볼 수 있다 ; 손님에 대한 환대가 어떻게 이루어졌는가에 대한 타키투스의 묘사(『게르마니아』, 제21장)는 세세한 점에 이르기까지 모건이 아메리카 인디언에 대해 서술한 것과 거의 일치한다.

　타키투스 시대의 독일인들이 이미 경지를 최종적으로 분할했는가 아니면 계속 재분할을 실시했는가 그리고 이에 관한 해당 구절을 어떻게 해석해야 할 것인가에 대해 끝없이 계속되었던 격렬한 논쟁은, 이제 지나간 과거의 일이 되었다. 케사르의 증언에 따르면 수에브 족 사이에서는 당시까지도 씨족에 의한, 후에는 공산주의적 가족 공동체에 의한 경지의 공동 경작이 이루어지고 있었다. 그것에 뒤이어 개별 가족들에 대한 토지의 분배가 이루어졌지만, 정기적으로 재분배되었다. 이러한 공동 경작과 토지 재분배는 거의 모든 민족들에게서 이루어졌음이 증명된 이상, 그리고 이러한 정기적인 경지의 재분할이 독일 자체 내에서도 오늘날에 이르기까지 이곳 저곳에서 유지되었음이 확인된 이상, 이 문제에 대해서는 더 이상 왈가왈부할 필요가 없다. 독일인들이 150 년 동안에, 즉 수에브 족에 대해서 케사르가 확언한 바 있는(그들에게는 분할지도 사유지도 전혀 없었다고 그는 말하고 있다) 토지의 공동 경작 시대부터 타키투스 시대에 이르는 150 년 동안에 토지를 매년 재분할하면서 개별 경작으로 이행했다면, 그것은 대단한 진보라고 이야기할 만하다 ; 그러나 그렇게 짧은 기간 동안에 그것도 외부의 간

섭 없이 공동 경작 단계에서 완벽한 사적 소유로 이행한다는 것은 간단히
말해서 있을 수 없는 일이다. 따라서 나는 타키투스의 다음과 같은 간단한
구절만을 읽는다 : 그들은 매년 경지를 변경하지만(혹은 재분할하지만), 공
유지는 충분히 남겨 둔다. 이것이 독일인들의 당시의 씨족 제도에 정확히
5 부합하는 농경 및 토지 소유의 단계이다.

　　나는 위의 단락을 수정하지 않고 그전 판에 있는 그대로 놔두었다. 그
동안 문제의 방향이 바뀌었다. 꼬발레프스끼가 모권제적 공산주의적 가족과
현대의 고립적 가족의 중간 단계로서 가부장제적 세대 공동체가 보편적으로
는 아니지만 퍼져 있었다는 것을 증명한 이후로(앞의 **44**면을 참조하라[59]),
10 문제는 더 이상 마우러와 바이츠 사이의 논쟁 때처럼 토지의 공동 소유냐
사적 소유냐 하는 것이 아니게 되었다. 이제 공동 소유의 **형태**가 문제가 되
었다. 케사르 시대의 수에브 족 사이에서는 공동 소유뿐만 아니라 공동 경리
에 의한 공동 경작 또한 존재했으며, 이는 의심의 여지가 없다. 경리의 단위
가 씨족이었는가 세대 공동체였는가 아니면 양자 사이의 공산주의적 친족
15 집단이었는가 또는 토지의 조건에 따라서 이 모든 집단이 다 경리 단위의
역할을 했는가에 관해서는 아직 논쟁할 여지가 많다. 그런데 꼬발레프스끼
는 다음과 같이 주장한다. 타키투스가 묘사한 상태는 마르크 공동체 또는 촌
락 공동체를 전제하는 것이 아니라 세대 공동체를 전제한다 ; 이 세대 공동
체로부터 한참 후에 인구 증대의 결과로 촌락 공동체가 발전해 나왔다.

20 　　이 견해에 따르면 독일인들은 로마 시대에 점거하고 있던 지역에서건
그 후 로마 인들에게서 빼앗은 지역에서건 촌락 단위로 정주한 것이 아니
라 대규모의 가족 공동체 단위로 정주했을 것이다. 이 가족 공동체는 여러
세대를 포괄하고 있었기 때문에 그만큼 넓은 땅을 경작했으며, 주위의 황무
지를 이웃들과 공동 마르크로 이용했을 것이다. 그렇다면 경지의 변경에 대
25 한 타키투스의 구절은 사실상 농학적 의미로 이해해야 할 것이다 : 공동체
는 매년 다른 땅을 경작했으며 작년의 경지는 휴한지로 남겨 두거나 완전
히 황폐해지도록 내버려 두었다. 인구가 희박하여 황무지가 항상 널려 있었
기 때문에 토지 소유를 둘러싼 다툼이 생길 여지가 없었다. 여러 세기가 지
난 후 세대원들의 수가 크게 증가하여 당시의 생산 조건 아래서는 더 이상

공동 경리를 할 수 없게 되었을 때에야 비로소 세대 공동체가 해체되었다 ; 그때까지 공동의 것이었던 경지와 목초지는 이제 막 형성되어 가던 개별 세대들 사이에 이미 알려진 방식으로, 처음에는 기한을 두고, 이후에는 영구히 분할되었다. 한편 삼림, 방목지, 하천과 호수는 계속 공동의 것으로 남았다.

러시아의 경우에는 이러한 발전 과정이 역사적으로 완전히 증명된 것으로 보인다. 독일 그리고 제2차적으로 기타 게르만 나라들의 경우로 말한다면, 한 가지 부인할 수 없는 사실은 위와 같은 추론이 타키투스 시대에도 촌락 공동체가 있었다고 보는 기존의 추론보다 많은 점에서 사료를 한층 더 잘 설명해 주며 난점을 더 쉽게 해결해 준다는 것이다. 가장 오래 된 기록 문서, 예를 들면 로르슈 문서[60]는 대체로 촌락 마르크 공동체보다 세대 공동체의 도움을 받으면 훨씬 더 잘 설명된다. 다른 한편 이러한 추론은 다시 새로운 난점을 낳으며, 따라서 풀어야 할 새로운 문제를 낳는다. 이 부분과 관련해서는 새로운 연구가 있어야만 최종적인 해결이 가능하다 ; 그렇지만 나는 세대 공동체라는 중간 단계가 독일, 스칸디나비아, 잉글랜드 등지에도 존재했을 개연성이 크다는 것을 부인하지 않는다.

케사르 시대만 하더라도 독일인들은 한편으로 이제 겨우 정착했거나 아니면 정착지를 찾고 있는 수준이었지만, 타키투스 시대에 와서는 이미 한 세기 동안이나 정착 생활을 하고 난 다음이었다 ; 이에 상응하여 생활 자료의 생산에서 진보가 이루어졌음은 명백하다. 그들은 작은 통나무집에 살았다 ; 그들의 옷은 아직 원시 삼림 주민 식이었다 ; 조잡한 모직 겉옷, 짐승 가죽, 여성과 상류 계층이 입는 아마 속옷. 그들의 음식은 짐승 젖, 짐승 고기, 야생 과일 등이 있었고, 그 밖에 플리니우스가 덧붙인 것처럼 귀리죽(귀리죽은 지금도 아일랜드와 스코틀랜드의 켈트 인이 먹는 민족적 음식이다)을 먹기도 했다. 그들의 부는 가축으로 이루어져 있었다 : 그러나 열등 품종의 가축들이어서, 소들은 작고 볼품없었으며 뿔도 없었다 ; 말은 작은 포니로서 잘 달리는 품종이 아니었다. 화폐를 사용하는 경우도 드물었으며 로마 화폐뿐이었다. 그들은 금은을 가공하지 않았으며 중히 여기지도 않았다. 철은 귀했으며, 적어도 라인 강 과 도나우 강 연안의 부족들은 거의 수입에 의존

할 뿐 독자적으로 채굴하지는 않은 것으로 보인다. 룬 문자(그리스 어 또는
라틴 어의 자모를 모방한 것)는 비밀 문자로서만 존재하고, 종교적 주술 행
위에 사용될 뿐이었다. 아직도 산 사람을 제물로 바치는 풍습이 남아 있었
다. 요컨대, 이 민족은 이제 막 미개의 중간 단계에서 높은 단계로 올라선
5 것이다. 그러나 로마 인들과 바로 붙어 있는 부족들은 로마의 공업 제품들
을 수입하기가 쉬웠기 때문에 독자적인 금속 공업이나 섬유 공업을 발전시
키는 데 그것이 방해 요인으로 작용했지만, 북동부의 발트 해 연안에서는
틀림없이 이러한 공업이 발달했을 것이다. 슐레스비히 늪 지대에서 발견된
무장 도구들 —— 철제 장검, 쇠사슬 갑옷, 은제 투구 등등이 2 세기 말 경의
10 로마 주화와 함께 발견되었다 —— 과 민족 대이동을 통해서 널리 퍼지게
된 독일인의 금속 제품을 보면, 로마의 것을 본딴 초기의 것들조차 상당히
높은 수준의 아주 독자적인 유형을 보여주고 있다. 문명화된 로마 제국에
이주하게 됨으로써 잉글랜드를 제외한 도처에서 독일인의 토착 공업은 소
멸하게 되었다. 이 토착 공업이 얼마나 균등하게 발생하고 발전했는가는 예
15 컨대 청동제 고리쇠에서 잘 알 수 있다 ; 부르군트, 루마니아, 아조브 해 연
안 등지에서 발견된 고리쇠들은 잉글랜드와 스웨덴에서 발견된 것들과 같
은 작업장에서 만들어졌을 가능성이 있으며, 또 의심할 바 없이 게르만적인
기원을 가진 것들이다.

　　그들의 제도도 역시 미개의 높은 단계에 상응하는 것이었다. 타키투스
20 에 따르면 어디에나 수장들(principes)의 평의회가 있었다. 작은 문제들은
평의회가 직접 결정을 내렸고 중요한 문제들에 대해서는 민회의 결정을 위
한 사전 심사를 하였다 ; 미개의 낮은 단계에서 민회는, 적어도 우리가 알고
있는 아메리카 인들의 경우, 씨족에만 있었고 부족이나 부족 동맹에는 없었
다. 수장들(principes)은 이로쿼이 족의 경우와 마찬가지로 아직 군사 지휘
25 자들(duces)과 확실하게 구별되었다. 수장들은 이미 부분적으로는 부족원
들이 존경의 표시로 바치는 가축과 곡물 등으로 생활하였다 ; 그들은 아메
리카에서와 마찬가지로 대개 동일한 한 가족에서 선출되었다 ; 부권제로의
이행은 그리스 및 로마에서와 마찬가지로 선출제에서 세습제로의 점차적
전화를 촉진하였으며, 아울러 각 씨족 내에서의 귀족 가족의 형성을 촉진하

였다. 이러한 고대의 소위 부족 귀족은 대부분 민족 대이동 때에 혹은 그 직후에 몰락하였다. 군사 지휘자는 혈통과 상관없이 오로지 능력에 따라 선출되었다. 그들의 권력은 대단한 것이 아니었으며, 모범을 통해 영향력을 행사해야만 했다 ; 타키투스는, 군대에 대한 실제적 징계권을 갖고 있던 사람은 제관이었다고 분명히 말하고 있다. 실제적 권력은 민회에 있었다. Kö 5
nig, 즉 부족장이 사회를 보고 인민이 결정을 내렸다.—— 반대일 때는 투덜거렸고 찬성일 때는 환호성을 지르며 무기를 두들겼다. 민회는 동시에 재판회의이기도 했다 ; 여기서 고소가 이루어지고 판결이 내려졌다. 여기서 사형선고가 내려졌다. 그나마 사형 선고는 비겁한 행위, 인민을 배신한 행위 및 반자연적인 음탕 행위에 대해서만 내려졌다. 씨족과 기타의 하부 조직에서 10
도 역시 수장의 사회 아래 전원이 재판하였다. 독일의 모든 원시적 재판이 그러했듯이 수장은 오직 심리의 지휘자 내지 심문자밖에 될 수 없었다 ; 판결자가 되는 것은 독일인들의 경우에는 옛날부터 어디서나 전체 집단이었다.

케사르 시대 이래 부족 동맹들이 형성되었다 ; 그중 몇몇은 이미 왕을 15
두었다 ; 최고 군사 지휘자는 그리스 인이나 로마 인들의 경우와 마찬가지로 이미 참주 정치를 획책했으며 때로 그 목적을 달성하였다. 그런데 이러한 행운의 권력 찬탈자들도 결코 무제한적인 지배자는 아니었다 ; 오히려그들은 이미 씨족 제도의 질곡을 타파하기 시작했다. 해방된 노예들은 어떤씨족에도 속할 수가 없었기 때문에 보통 그들의 지위는 아래쪽에 있었지만, 20
그들 중에서도 새 왕의 총애를 받게 된 자들은 종종 높은 직위와 부와 영예를 얻기도 했다. 이제는 큰 나라의 왕이 된 군사 지휘자들이 로마 제국을 정복한 후에도 똑같은 일이 일어났다. 프랑크 인들의 경우에 왕의 노예나노예의 신분에서 벗어난 자유민들은 처음에는 궁정에서 그리고 나중에는국가에서 커다란 역할을 하였다 ; 새 귀족 계급의 대부분은 이들의 혈통을 25
이은 자들이다.

왕권의 발흥을 촉진한 제도가 있었다 : 종사단 從士團. 우리는 이미 아메리카 인디언의 실례에서 자력으로 전쟁을 수행하기 위해 조직된 사적 단체가 어떻게 씨족 제도와 나란히 형성되는가를 보았다. 이 사적 단체는 독일인들의 경우에 이미 상설적인 단체가 되어 있었다. 명성을 얻은 군사 지 휘자는 약탈욕에 가득 찬 한 무리의 청년들을 자기 주위에 끌어모아 그들에게 자신에 대한 개인적 충성의 의무를 지우고 자신도 그들을 성실하게 대우할 의무를 졌다. 군사 지휘자는 그들을 부양하고 상을 주었으며 그들을
5 위계에 따라 편성하였다 ; 그들은 소규모의 출정에서는 친위대 내지 기동 부대였으며, 대규모의 출정에서는 훈련된 장교단이었다. 이러한 종사단은 허약했을 것이 틀림없고 또 후에 이딸리아의 오도바카르의 경우에서처럼 실제로 허약함을 보였지만, 그럼에도 불구하고 그것은 이미 과거의 인민의 자유가 붕괴하는 맹아였던바, 그것은 민족 대이동 시기와 그 이후 시기에
10 걸쳐서 실증되었다. 왜냐하면 그것은 첫째로 왕권의 발흥을 촉진했기 때문이다. 둘째 그것은 타키투스가 이미 지적한 바와 같이 끊임없는 전쟁과 약탈 출정에 의해서만 조직체로 유지될 수 있었다. 약탈이 목적이 되었다. 종사단의 지휘관은 근방에서 할 일이 없을 때는 전쟁이 일어나서 전리품을 획득할 가망이 있는 다른 민족들이 있는 곳으로 부하들을 데리고 출정하였
15 다 ; 로마의 깃발 아래 대군을 이루어 독일인들과도 싸웠던 독일인 보조 부대는 부분적으로는 이러한 종사단을 모아서 만든 것이었다. 독일인의 수치와 저주꺼리인 용병 제도의 맹아가 이미 여기에 있었다. 로마 제국이 정복된 후에 왕들이 거느리던 이 종사들은 로마 궁정의 비자유민 신하들과 더불어 후세의 귀족 계급의 두 번째 주요 구성 부분을 이루었다.
20 　　연합하여 여러 민족들을 형성한 독일인 부족들은 대체로 영웅 시대의 그리스 인들이나 소위 왕정 시대의 로마 인들이 발전시킨 것과 동일한 제도를 갖추고 있었다 : 민회, 씨족장들의 평의회, 이미 진정한 왕권을 움켜쥐려고 하는 군사 지휘자들. 그것은 일반적으로 말해서 씨족 제도 아래서 이룩될 수 있었던 가장 완성된 제도였다 ; 그것은 미개의 높은 단계의 전형적
25 제도였다. 사회는 어느 경계까지는 이 제도로 충분하였으나 사회가 그 경계를 벗어나자 씨족 제도는 종말을 고하였다 ; 그것은 파괴되고 대신 국가가 나타났다.

VIII

독일인의 국가 형성

타키투스에 따르면, 독일인은 인구가 대단히 많은 민족이었다. 케사르의 언급을 참조하면 우리는 독일의 각 부족단이 얼마쯤의 인구였는가에 대해 대략 감을 잡을 수 있다 ; 그는 라인 강 왼쪽 강변에 살았던 우지페테스족과 텡크테리 족의 인구를 여성과 아이를 포함하여 18만 명으로 잡았다. 따라서 각 부족단은 약 10만 명쯤 되는 셈인데, 이는 예컨대 전성기의 이로쿼이 족의 인구를 다 합친 것보다 훨씬 더 많은 것이다. 이로쿼이 족은 전성기에 오대호에서 오하이오 강과 포토맥 강에 이르는 지역 전체를 공포에 떨게 할 당시에도 2만 명을 넘지 않았다.[13] 라인 강 근처에 정주했으며 여러 보고들에 의해 비교적 잘 알려져 있는 부족단들을 한데 모아 보면, 그러한 한 부족단이 지도상에서 차지하는 면적은 평균적으로 대략 프로이센의

___
13) 여기서 든 숫자는 갈리아의 켈트 족에 관한 디오도루스의 다음 한 구절에 의해 재차 입증된다 : "갈리아에는 인구가 다양한 부족 집단들이 살고 있다. 가장 많은 경우는 약 20만에 달하며, 가장 적은 경우는 5만에 달한다."(디오도루스 시칠루스, 제5권, 제25장) 따라서 평균 인구는 12만 5천 명이다 ; 갈리아의 부족단이 더 높은 발전 수준에 있었으므로, 우리는 주저하지 않고 그들이 독일인들보다는 약간 더 많았다고 간주할 수 있다.

한 행정 구역의 넓이에 해당한다. 따라서 약 10,000 평방 킬로미터 혹은 182 평방 지리 마일이 된다. 그런데 비스와 강에까지 이르는, 로마 인들이 말하는 대大 게르마니아 germania magna 는 어림잡아 500,000 평방 킬로미터에 달한다. 부족단의 평균 인구가 100,000 명이라고 할 때, 대 게르마니아의 총인구는 5백만 명으로 추산된다 ; 미개인의 부족단 집합군으로서는 상당한 숫자지만, 현재의 상태와 비교하면──1 평방 킬로미터 당 10 명 혹은 1 평방 지리 마일 당 550 명이라는 숫자는──매우 적은 것이다. 그러나 당시에 살았던 독일인들의 숫자는 이것이 다가 아니다. 알고 있다시피, 카르파티아 산맥을 따라 도나우 강 입구에 이르는 지역에 거주하던 고트 족 계열의 독일 민족들, 즉 바스타르너 족, 페우키너 족 등등은 그 수가 매우 많아서 플리니우스는 이들이 독일인의 제5의 큰 줄기라고 보았다. 알다시피, 그들은 이미 기원전 180년에 마케도니아 왕 페르세우스의 용병으로 근무하면서 역사에 모습을 드러냈고 아우구스투스의 통치 초기에만 하더라도 아드리아노펠 지역까지 진출하였다. 이들의 숫자를 100만 명으로만 잡더라도 기원 초기의 독일인의 인구는 적어도 6백만 명쯤은 되었을 것이다.

인구는 게르마니아에 정착한 후부터 급속히 늘어났을 것이 틀림없다 ; 앞에서 이야기한 바 있는 공업상의 진보만으로도 이것에 대한 증명이 될 것이다. 슐레스비히 늪 지대에서 발굴된 것들은 당시 함께 묻혀 있던 로마 주화들로 미루어 볼 때 3 세기의 것이다. 그러므로 이때쯤에 발트 해 연안에 금속 공업과 섬유 공업이 발달해 있었고 로마 제국과의 교류가 빈번했으며 부자들은 어느 정도 사치를 부렸다고 볼 수 있다──이 모두는 당시에 인구가 조밀했음을 보여주는 흔적들이다. 그런데 또한 이때쯤에 북해에서 흑해에 이르는 전 지역, 즉 라인 강, 로마의 국경 방어벽, 도나우 강으로 이어지는 전 지역에 걸쳐서 독일인들의 대대적인 공격 전쟁이 시작되었다──이것은 인구가 점점 늘어나서 바깥쪽으로 팽창했음을 보여주는 직접적 증거이다. 이 싸움은 3백 년 동안이나 지속되었고, 그 동안에 고트 족 계열의 주류(스칸디나비아의 고트 족과 부르군트 족을 제외하고)는 남동쪽을 향해 진군하면서 전체 공격선의 왼쪽 날개를 이루었다. 공격선의 중앙에는 고지 독일인들(헤르미노에스 족)이 도나우 강 상류 지역을 진출하였고, 그 오른쪽 날개에서는 지금은 프랑크 족이라 불리는 이스카에우오네스 족이 라인 강변으로 진출하였다; 브리타니아 지방을 정복하는 것은 잉가에우오네스 족의 일이었다. 5 세기 말경에 로마 제국은 아무런 힘도 원기도 없는 구제 불능의 상태에서 침입해 들어오는 독일인들을 무방비 상태로 맞았다.

　　앞에서 우리는 고대 그리스 로마 문명의 요람을 다루었다. 이제 우리가 다룰 것은 그 문명의 관棺이다. 지중해에 인접한 모든 나라들에 걸쳐서 로마의 세계 지배는 대패의 작용을 하여 그 나라들을 모두 평준화시켰으며, 그것은 수 세기 동안 지속되었다. 그리스 어가 저항한 곳을 제외하고, 모든 국민어가 부패한 라틴 어에 자리를 내주어야 했다; 더 이상 어떠한 민족적 차이도 존재하지 않았으며, 더 이상 갈리아 인도, 이베리아 인도, 리구르 인도, 노리크 인도 없게 되었다. 그들 모두는 로마 인이 되었다. 로마의 행정과 로마의 법은 모든 곳에서 낡은 혈연 단체를 해체하고 지역적 민족적 독자성의 마지막 흔적까지 없애 버렸다. 초기의 로마는 그것을 대신할 만한 어떤 것도 제공하지 않았다; 그것은 어떠한 민족성도 표현하지 않았고 다만 민족성이란 없다는 것만을 표현하였다. 새로운 국민의 요소는 어디에나 있었다; 여러 지방들의 라틴 어 방언들은 점점 더 분화해 갔다; 이전에 이딸리아, 갈리아, 에스빠냐, 아프리카를 자립적 지역으로 만들어 주었던 자연적 경계들은 여전히 존재하였고 또 여전히 느낄 수 있었다. 그러나 이 요소들을 한데 모아 새로운 민족들을 만들어 낼 힘은 어디에도 없었다; 발전 능력의 흔적도 저항할 힘의 흔적도 없었으며, 하물며 창조 능력의 흔적은 더욱더 있을 리 없었다. 엄청나게 넓은 지역의 엄청나게 많은 사람들이 단 하나의 끈에 묶여 있었다: 로마 국가. 그리고 이 로마 국가는 시간이 가면서 최악의 적, 최악의 억압자가 되었다. 지방들은 로마를 없애 버렸다; 로마 자체는 다른 도시들과 다를 바 없는 하나의 지방 도시가 되었다──특권을 가지기는 했으나 더 이상 지배하지는 못하였고 더 이상 세계 제국의 중심이지도 않았다. 로마는 더 이상 황제들과 부황제들이 사는 곳이 아니었다. 그들은 이제 콘스탄티노플, 트리어, 밀라노 등지에 거주하였다. 로마 국가는 오로지 신민들의 고혈을 빨아 먹을 뿐인 거대하고 복잡한 하나의 기계가

되었다. 온갖 종류의 조세, 부역, 공납이 주민 대중을 억압하여 그들을 점점
더 깊은 빈곤 속으로 밀어 넣었다 ; 이러한 억압은 총독과 세리와 병사들의
착취로 더욱 가중되어 더 이상 견딜 수 없는 정도가 되었다. 이것이 로마
국가가 세계 지배를 통해서 달성해 놓은 것이다 : 로마 국가의 존재 권리는
5 안으로 질서를 유지하고 밖으로 미개인들을 막아내는 데 있었다. 그러나 그
질서는 극심한 무질서보다 더 못한 것이었다. 로마 국가는 시민들을 미개인
들로부터 지킨다고 해 놓고서는 바로 그 미개인들을 기사들로 간주하였다.

　　사회 상태 역시 절망적이었다. 이미 공화정 말기부터 로마의 지배는
정복한 지방들에 대한 무자비한 착취로 치달았다 ; 제정은 이러한 착취를
10 없애기는커녕 규칙적인 것으로 만들었다. 제국이 몰락해 갈수록 조세와 공
납은 더욱 심해졌으며, 관리들의 약탈은 더욱 뻔뻔스러워졌다. 상공업은 결
코 여러 민족들을 지배하는 로마의 일이 아니었다 ; 고리 대금업에서만큼은
로마 인들을 따를 민족은 그전에도 그 후에도 없었다. 한동안 겨우 유지되
었던 상업은 관리들의 착취로 말미암아 몰락하고 말았다 ; 그나마 제국 동
15 쪽의 그리스 지역에는 상업이 살아 남았지만, 이곳은 우리의 고찰 범위 밖
이다. 전반적인 빈곤, 교통, 수공업, 예술의 퇴보, 인구의 감소, 도시의 쇠퇴,
농경의 퇴보——이러한 것들이 로마의 세계 지배가 남겨 놓은 마지막 결
과들이었다.

　　고대 세계 전체에 걸쳐서 결정적인 생산 부문이었던 농업은 이제 다시
20 전보다 더욱 중요하게 되었다. 공화정 말기 이래 이딸리아의 거의 전 지역
을 차지하고 있던 복합 영지(라티푼디움)는 두 가지 방식으로 이용되고 있
었다. 우선, 목장으로 이용되었다. 주민들이 밀려나고 양과 소가 그곳에 살
게 되었다. 이 동물들을 치는 데는 그리 많은 노예가 필요치 않았다. 두 번
째로는 교외 농장으로 이용되었다. 여기서는 많은 노예들이 동원되어 대규
25 모의 원예 농업이 이루어졌는데, 일부는 주인의 사치를 위한 것이었고 일부
는 도시 시장에 판매하기 위한 것이었다. 대목장은 망하지 않고 유지되었으
며 아마 더 확장되었을 것이다 ; 교외 농장과 원예 농업은 그 주인이 빈곤해
지고 도시가 쇠퇴함에 따라 몰락하였다. 노예 노동에 기초를 둔 라티푼디움
경영은 더 이상 채산이 맞지 않았다 ; 그것은 당시에 가능했던 유일한 대규

모 농업 형태였다. 소규모 농업이 다시 유일하게 이익이 남는 농업 형태가
되었다. 교외 농장은 차례차례 작은 분할지로 나누어져서 일정한 소작료를
내는 세습 소작인들이나 파르티아리 partiarii 에게 분배되었다. 이들 파르티
아리는 소작인이라기보다는 관리인의 성격이 강했으며 연간 생산물의 6분
의 1정도를 자기 노동의 대가로 받았다. 심지어 9분의 1밖에 받지 못하는   5
경우도 있었다. 그러나 이 소분할 경지는 주로 콜로누스들에게 분배되었다.
이들은 그 대가로 매년 일정한 양의 수확물을 지불하였으며, 경작지에 붙잡
힌 신세로 그 분할지와 함께 매각될 수 있었다 ; 그들은 노예도 아니었지만,
자유민인 것도 아니었다. 그들은 자유민과 결혼할 수 없었으며, 그들끼리의
결혼은 완전한 효력을 갖는 결혼으로 인정받지 못했고, 노예들의 결혼과   10
마찬가지로 단순한 동거(contubernium)로 간주되었다. 그들은 중세 농노들
의 선행자였다.

　　고대 노예제는 수명을 다하였다. 그것은 농촌의 대규모 농업에서도 도
시의 수공업 작업장에서도 더 이상 그 수고에 값하는 수익을 가져다 주지
못했다——노예제의 생산물이 팔릴 시장은 사라졌다. 그러나 제국 전성기   15
의 거대한 생산이 수축한 결과인 소규모 농업과 수공업에는 수많은 노예들
을 받아들일 여지가 없었다. 사회에는 부자들의 가내 노예나 사치성 노예를
받아들일 여지밖에 없었다. 그러나 사멸해 가는 노예제만으로도 일체의 생
산적 노동을 노예나 할 일이지 자유로운 로마 인——그런데 이제 모든 사
람이 다 자유로운 로마 인이었다——이 할 일이 아니라고 생각하도록 만   20
들기에 충분하였다. 따라서 한편으로 이제 남아돌아서 부담이 된 노예들을
해방시키는 경우가 갈수록 많아졌고, 다른 한편으로 여기서는 콜로누스들
이 증가하였고 저기서는 룸펜이 된 자유민들(아메리카의 노예제 주 州 들의
가난한 백인들poor whites 같은)이 증가하였다. 고대 노예제가 서서히 소
멸한 것은 결코 기독교 때문이 아니었다. 기독교는 수 세기 동안 로마 제국   25
의 노예제에 동참하였으며, 이후에도 북쪽 독일인들의 노예 무역이건 지중
해 베네치아 인들의 노예 무역이건 후대의 흑인 노예 무역이건[14] 기독교도

---

14) 크레모나의 주교 리우트프란트에 따르면, 10세기 베르덩에서는, 즉 신성
　　독일 제국에서는 고자의 생산이 중요한 산업 부문이었다. 그들은 고자들

168

들의 노예 무역을 일체 방해하지 않았다. 노예제는 더 이상 수지가 맞지 않아서 사멸하였다. 그러나 노예제는 사멸하면서 자유민들의 생산적 노동을 추방하는 독침을 쏘고 죽었다. 여기에 로마 세계가 처한 막다른 골목이 있었다 : 노예제는 경제적으로 불가능했고, 자유민들의 노동은 정신적으로 추
5 방되었다. 앞의 것은 더 이상 불가능했고, 뒤의 것은 아직 사회적 생산의 기본 형태일 수 없었다. 이러한 상황을 타개할 수 있는 것은 완전한 혁명뿐이었다.

지방들의 상황도 이보다 나은 편이 아니었다. 우리가 볼 수 있는 보고 자료들은 대부분 갈리아에 관한 것이다. 갈리아에는 콜로누스들 이외에 자
10 유로운 소농민들이 있었다. 관리, 재판관, 고리 대금업자의 박해를 피하기 위해 자유로운 소농민들은 자주 권세가의 보호, 후견에 몸을 맡겼다 ; 개별적으로 그러는 경우도 있었지만, 공동체 전체가 그러는 경우도 있었다. 그래서 4 세기에는 황제가 여러 번 이것을 금지하는 명령을 내리기도 하였다. 그런데 이것이 피난민들에게 무슨 도움이 되었겠는가? 비호 귀족은 피난민
15 들에게 그들의 토지 소유권을 자신에게 넘기면 그 대신에 그 토지에 대한 용익원을 평생 동안 보장해 주겠다는 식으로 조건을 내걸었다——신성한 교회는 이 술책을 잘 기억해 두었다가 9 세기와 10 세기에 하나님의 나라와 교회 자신의 땅을 늘리는 데 실컷 써 먹었다. 물론 당시에는 그렇지 않았다. 475년 경 마르세유의 주교 살비아누스는 이러한 도둑질에 격분하여
20 그것을 맹렬히 비난하였다. 그는 이렇게 이야기했다. 로마의 관리들과 대지주들의 억압이 너무나 심해져 많은 '로마 인들'이 이미 미개인들이 차지한 지역으로 도주하고 있는바, 거기에 정착한 로마 시민들에게는 다시 로마의 지배하에 들어가는 것보다 더 큰 공포는 없었다고. 당시에 부모들은 가난 때문에 자기 아이들을 노예로 팔아버렸는데, 이는 그것을 금지한 법률이 증
25 명하는 바다.

독일의 미개인들은 로마 인들을 그들 자신의 국가로부터 해방시켜 주는 대신에 전체 토지의 3분의 2를 빼앗아 그것을 자기들끼리 나누어 가졌다. 분배는 씨족 제도에 따라 이루어졌다 ; 정복자들의 수가 별로 많지 않았

을 무어 인의 규방용으로 에스빠냐로 수출하여 많은 이윤을 남겼다.

으므로 매우 광대한 토지가 분배되지 않은 채로 남아 일부는 부족단 전체
의 토지, 일부는 각 부족 및 씨족의 토지가 되었다. 각 씨족 내에서 경지와
목초지는 각 세대에 균등하게 분배되었다 ; 당시에 토지 재분배가 있었는지
는 알 수 없지만, 어쨌든 토지 재분배는 얼마 안 있어 로마의 지방들에서는
자취를 감추었고 개별 토지는 알로트 Allod 라는 양도 가능한 사유 재산이   5
되었다. 삼림과 목초지는 분배되지 않고 공동으로 이용되었다 ; 이러한 공동
이용의 문제도 분배된 토지의 경작 방법의 문제도 옛부터의 관습과 전체의
결정에 따라 규제되었다. 씨족이 자기 촌락에서 오랫동안 거주할수록, 그리
고 독일인과 로마 인이 점차 융합할수록, 유대의 혈연적 성격은 회박해지고
지역적 성격이 강화되었다 ; 씨족은 마르크 공동체 속에서 모습을 감추었지   10
만, 마르크 공동체에도 물론 상당한 정도로 공동체 성원들의 친족적 관계에
서 기원한 흔적들이 남아 있다. 이리하여 혈연 제도는 적어도 마르크 공동
체가 유지되던 나라들──북부 프랑스, 잉글랜드, 독일, 스칸디나비아──
에서는 모르는 사이에 지역적 제도로 이행하였으며, 그에 따라 국가에 적합
한 것이 될 수 있게 되었다. 그럼에도 불구하고 지역적 제도는 씨족 제도   15
전체의 특징인 자연 성장적 민주주의의 성격을 간직하고 있었으며, 또 후기
에 와서 불가피하게 변질되는 가운데서도 조금이나마 씨족 제도의 특성을
간직하고 있었다. 이로써 이것은 하나의 무기로서 피억압자의 수중에 남아
최근에까지 맥을 이어오게 되었다.

　　이처럼 씨족의 혈연적 유대가 얼마 안 있어 사라진 것은 정복으로 말   20
미암아 부족 내에서도 또 민족 전체 내에서도 혈연적 유대의 기관들이 변
질해 버린 데 따른 결과이다. 우리가 알고 있는 바와 같이, 복속민들의 지
배는 씨족 제도와 양립할 수 없다. 우리는 여기서 그것을 보여주는 대규모
의 실례를 보게 된다. 로마 지방들의 지배자가 된 독일의 부족단들은 자기
들의 이 정복을 조직화해야만 했다. 그러나 로마 인 대중을 씨족 단체에 받   25
아들일 수는 없었으며, 또 그것을 매개로 그들을 지배할 수도 없었다. 로마
지방 행정 기관은 얼마 동안은 대부분 그대로 남아 있었기 때문에, 그 정점
에 로마 국가를 대신할 만한 것을 세워야 했다. 그리고 그것은 또 다른 국
가일 수밖에 없었다. 그러므로 씨족 제도의 기관들은 국가 기관으로, 그것

도 사정이 절박했기 때문에 매우 급속히 전화해야 했다. 그러나 정복한 민
족의 우선적 대표자는 군사 지휘자였다. 정복한 지역을 대내외적으로 방위
하기 위해서는 그의 권력을 강화할 필요가 있었다. 군사 지휘자의 지배권이
왕권으로 되어야 할 시기가 왔다 : 이것은 이루어졌다.

5   프랑크 왕국을 예로 들어 보자. 여기서는 승리한 민족인 살리 족이 광
대한 로마의 국가 영지뿐만 아니라 아직 크고 작은 가우 공동체나 마르크
공동체들에 분배되지 않은 극히 광대한 지역 전체, 특히 대삼림 지대 전부
를 차지하고 있었다. 단순한 최고 군사 지휘자에서 진짜 군주가 된 프랑크
왕의 첫 번째로 착수한 일은 이 인민의 재산을 왕의 영지로 바꾸는 것이었
10   으며, 그것을 인민에게서 빼앗아 자기의 종신 從臣 들에게 증여 또는 대여하
는 것이었다. 원래는 왕의 개인적 군사 종사단과 기타 하급 지휘관들로 이
루어져 있던 이 종신들은 얼마 안 가서 로마 인들, 요컨대 로마화한 갈리아
인들 — 이들은 그들의 서기로서의 기능, 교양, 라틴 계 지방어, 라틴 문어,
토지법에 대한 지식 때문에 곧 왕에게는 없어서는 안 될 존재가 되었다 —
15   에 의해서 보강되었을 뿐만 아니라 왕의 궁정 宮廷 을 형성하고 있던 노예,
농노, 해방 자유민들 — 왕은 이들 중에서 자신의 총신 寵臣 을 뽑았다 — 로
증강되었다. 이 모든 사람들에게 인민의 토지들이 처음에는 대개 증여되었
고 후에는 은대지[61]의 형태로 대여되었는바, 처음에는 대개 왕이 살아 있
는 동안으로 한정하였다. 이리하여 인민의 희생 위에서 새로운 귀족의 기초
20   가 만들어졌다.

여기에서 그치지 않았다. 왕국의 규모가 확대되었기 때문에 낡은 씨족
제도를 가지고서는 통치할 수가 없게 되었다 ; 수장들의 평의회는, 남은 목
숨을 유지하고는 있었지만, 소집이 될 수 없었고 얼마 안 가서 왕의 측근들
로 교체되었다 ; 지난 날의 민회는 외관상 존속하긴 했으나, 역시 그것도 점
25   차 하급 지휘관들과 신흥 호족들의 단순한 회의가 되어 갔다. 프랑크 인민
의 대다수를 이루는 토지 소유 농민은 끝없는 내란과 정복 전쟁, 특히 샤를
르 대제 시기의 정복 전쟁으로 말미암아, 한때 공화제 말기의 로마 농민과
마찬가지로 피폐해지고 영락하였다. 초기에는 전체 군대를 충당하였고 프
랑스를 정복한 후에는 군대의 핵심을 이루었던 이 농민들은 9 세기 초에는

너무나 가난해져서 출정할 수 있는 사람이 다섯 명 중 한 명도 되지 않았다. 왕이 직접 소집하던 자유 농민 소집군을 대신하여 신흥 호족의 가사家士들로 구성된 군대가 나타났다. 가사 중에는 예농도 있었는데, 그들은 이전에는 왕 이외의 어떠한 주인도 모르던, 그보다 더 이전에는 왕을 포함하여 도대체 주인이라는 것을 모르던 사람들의 후손이다. 프랑크 농민의 영락 은 샤를르 대제 후계자들의 통치 시기에 내전, 왕권의 쇠약, 이에 따른 호족들— 여기에는 샤를르 대제에 의해 임명된 가우 백작들[62]로서 그 관직을 세습화하려 하던 자들도 포함된다— 의 간섭, 끝으로 노르만 인들의 침입 등으로 말미암아 절정에 달하였다. 샤를르 대제가 죽은 후 50 년이 지나서 프랑크 왕국은 로마 제국이 400 년 전에 프랑크 인들에게 유린당한 것과 마찬가지로 아무런 저항 없이 노르만 인들에게 유린당하였다.

    그리고 프랑크 왕국은 대외적 무능력에서뿐만 아니라 내부의 사회적 질서, 아니 차라리 사회적 무질서에서도 로마 국가와 거의 동일하였다. 프랑크 왕국의 자유 농민들은 그 선행자인 로마의 콜로누스들과 같은 처지에 있었다. 전쟁과 약탈로 영락해 버린 그들은 신흥 호족이나 교회의 보호에 몸을 맡길 수밖에 없었다. 왕권은 그들을 보호하기에는 너무나 미약했던 것이다. 그러나 보호를 받기 위해서 그들은 비싼 대가를 지불해야만 했다. 이전에 갈리아 농민이 그랬던 것처럼, 그들도 자기 토지의 소유권을 보호주에게 양도하고 그것을 소작지로 그에게서 돌려 받아야 했다. 소작지의 형태야 다종 다양했지만, 공통된 것은 언제나 부역과 공납의 급부를 대가로 그것을 돌려 받는다는 것이었다 ; 일단 이러한 형태의 예속 상태에 놓이게 되자, 그들은 점차 자기의 인신의 자유도 잃게 되었다 ; 불과 몇 세대도 지나지 않아 그들 대부분은 농노로 전락하였다. 자유 농민의 몰락이 얼마나 급속히 이루어졌는가에 대해서는 당시에는 빠리 교외에 있었으나 지금은 빠리 시내에 있는 생-제르맹-드-쁘레 대수도원의 이르미농 토지 대장[63]이 잘 말해 주고 있다. 주변에 산재하고 있던 이 대수도원의 광대한 소유지에는 샤를르 대제가 살아 있던 당시에는 2,788 세대가 거주하고 있었고 그 대부분은 예외 없이 독일 이름의 프랑크 인들이었다. 그중 2,080 세대는 콜로누스들이고, 35 세대는 반자유민,[64] 220 세대는 노예였으며, 자유 이주민은 8 세대에 불과하였다! 보호주가 농민의 토지를 자기의 소유로 만들고, 그것에 대한 종신 용익권만을 농민에게 주는 관습에 대해 살비아누스는 신을 배반하는 짓이라고 한 바 있지만, 이것이 이제는 교회를 통해 도처에서 실행되었다. 점차 관습이 되어 버린 부역은 로마의 앙가리아Angarien, 즉 국가를

5 위한 강제 노역을 본뜬 것임과 동시에 독일의 마르크 공동체 성원들이 다리를 놓고 도로를 만들고 기타 공동의 목적을 이루기 위해서 노역을 하던 것을 본뜬 것이었다. 그러므로 외견상 주민 대중은 400 년이 지난 뒤 자신이 출발했던 곳으로 되돌아간 셈이다.

　　그러나 이것은 다음 두 가지를 증명할 뿐이다 : 첫째, 몰락해 가는 로마

10 제국의 사회적 편제와 재산 분배는 당시의 농업과 공업의 생산 단계에 완전히 조응하며, 따라서 불가피했다는 것 ; 둘째, 이 생산 단계는 그 후 400 년 동안 근본적으로 낮아지지도 않았고 근본적으로 높아지지도 않았으며, 따라서 동일한 필연성 하에서 동일한 재산 분배와 동일한 주민 계급들을 다시 낳았다는 것. 도시는 로마 제국 마지막 몇 세기 동안에 농촌에 대한

15 기존의 지배권을 상실했는데, 독일인이 지배하기 시작한 처음 몇 세기 동안에는 그것을 회복하지 못했다. 이것은 농업과 공업의 낮은 발전 단계를 전제로 한다. 이러한 전체 상황은 필연적으로 지배적인 대토지 소유자와 예속된 소농민을 낳는다. 한편으로는 노예에 의거하는 로마의 라티푼디움 경제, 다른 편으로는 부역 노동에 의거하는 근래의 대규모 경작을 이러한 사회에

20 접목하는 것이 얼마나 불가능한 것이었는가는 샤를르 대제의 유명한 황실 장원에서 시도된 거대한 그러나 흔적도 없이 지나가 버린 실험이 잘 증명해 주고 있다. 수도원들만 이 시험을 계속하여, 거기서만 결실을 보았다 ; 그러나 수도원은 독신 생활에 기초를 둔 변칙적인 사회 조직이었다 ; 수도원은 예외적인 일을 달성할 수 있었지만, 바로 그 때문에 예외로 남아 있을

25 수밖에 없었다.

　　그러나 이 400 년 동안에도 진보는 있었다. 이 시기 말에 와서도 기본 계급들은 초기와 거의 같았지만, 이 계급들을 구성하는 인간들은 달라졌다. 고대 노예제는 소멸하였다. 노동을 노예나 할 일로 멸시하던 룸펜화한 가난한 자유민들도 소멸하였다. 로마의 콜로누스와 새로운 예농 사이에는 프랑

크의 자유 농민이 존재하였다. 붕괴해 가는 로마 세계의 '무익한 회상과 쓸데없는 다툼'은 이미 사멸하여 땅속에 묻혔다. 9 세기의 사회 계급들은 몰락해 가는 문명의 늪 속에서가 아니라 새 문명의 진통 속에서 형성되었다. 새로운 세대는 주인도 하인도 로마의 선행자에 비하면 남자의 세대였다. 권세 있는 토지 영주들과 그들에게 부역을 바치는 농민들의 관계는 로마의 선행자들에게는 고대 세계의 절망적인 몰락 형태를 뜻했지만, 새로운 세대에게는 이제 새로운 발전의 출발점이 되었다. 이렇게 볼 때 이 400 년이 아무리 비생산적인 것처럼 보이더라도, 그것은 하나의 위대한 생산물을 남겨 놓았다 : 현대의 여러 민족체들이 그것이며, 다가오는 역사를 위해 서유럽의 인류를 개조하고 편성한 것이 그것이다. 실제로 독일인들은 유럽에 새로운 활력을 불어넣었다. 그러므로 게르만 시기에 일어난 국가들의 해체는 노르만 인과 사라센 인의 침략을 받는 것으로 끝나지 않고, 은대지 제도와 보호위탁 제도(Kommendation[65])가 봉건 제도로 발전하는 것으로, 또 그 후 200 년도 채 지나지 않고 일어난 여러 차례의 십자군 원정에 따른 큰 출혈도 무사히 감당할 만큼의 방대한 인구 증가로 끝났다.

　그런데, 독일인들이 죽어 가는 유럽에 새로운 생명력을 불어넣는 데 쓴 신비한 마술적 수단은 도대체 무엇이었는가? 그것은 우리 나라의 국수주의적 역사 서술이 날조하고 있는 것처럼 독일 민족만이 갖고 있는 놀라운 힘이었는가? 결코 그렇지 않다. 독일인들은, 특히 그 당시에 천부적으로 뛰어난 능력을 갖춘 한 아리안 족이었으며, 한창 활기차게 발전해 가던 중이었다. 그러나 유럽을 다시 젊게 만든 것은 독일인 특유의 민족적 특성이 아니라 단순히——그들의 미개성, 그들의 씨족 제도였다.

　그들의 개인적인 강인함, 용기, 자유 정신, 모든 공적인 일을 자기의 일로 생각하는 민주주의적 본능, 요컨대 로마 인들은 이미 잃어 버렸지만 로마 세계의 진창 위에 새 국가를 이루고 새 민족체를 육성하자면 반드시 있어야 할 그 모든 특성——이것은 높은 단계 미개인들의 특징이 아니고, 또 그들의 씨족 제도의 열매가 아니고 무엇이겠는가?

　독일인들은 일부일처제의 고대적 형태를 개조하여 가정에서 남성의 지배를 완화하고, 일찍이 고전 세계가 알고 있던 것보다 더 높은 지위를 여성에게 부여하였다. 그들이 이렇게 할 수 있었던 것은 그들의 미개성, 그들의 씨족적 관습, 아직도 생기를 잃지 않은 모권제 시대의 유산 덕분이 아니고 무엇이겠는가?

　　그들은 적어도 가장 중요한 세 나라, 독일, 북부 프랑스, 잉글랜드에서
5　마르크 공동체라는 형태로 순수한 씨족 제도의 한 조각을 보존하여 봉건 국가에 도입하였고, 이것은 피억압 계급인 농민들에게 가혹하기 그지없는 중세 농노제 하에서도 고대의 노예나 현대의 프롤레타리아들이 기성 형태로는 가질 수 없었던 지역적 단결력과 저항 수단을 갖게 하는 것이었다 ——이것은 그들의 미개성, 오로지 미개 시대에서만 찾아볼 수 있는 그들
10　의 혈족별 정주 방식에 기인하는 것이 아니고 무엇이겠는가?

　　마지막으로 그들은 이미 자기 고향에서 실시한 바 있는 한층 느슨한 예속 형태, 로마 제국에서도 노예제를 점차 대체하였던 그 예속 형태, 푸리에가 처음 강조했듯이[66] 예속된 자들에게 계급으로서의 점진적 해방 수단을 제공하는(경작자들에게 집단적이고 점진적인 해방 수단을 제공하는.fournit
15　aux cultivateurs des moyens d'affranchissement *collectif et progressif*) 그 예속 형태, 이 점에서 개개인을 과도적 상태를 거치지 않고 즉시 해방시키는 것만이 가능했던 노예제(고대에는 성공적인 폭동에 의해 노예 제도가 폐지된 예가 없다)보다 우월했던 —— 반면에 중세의 농노들은 실제로 계급으로서의 해방을 점차적으로 실현하였다 —— 그 예속 형태를 더 발전시켜
20　그것을 유일한 형태로 만들 수 있었던바, 이는 그들의 미개성 때문이 아니고 무엇이겠는가? 바로 이 미개성 때문에 그들은 완성된 노예제에, 요컨대 고대의 노동 노예제에도 동양의 가내 노예제에도, 도달하지 않은 것이 아닌가?

　　독일인들이 로마 세계에 이식한 생활력 있고 생기 있는 그 모든 것은
25　미개성이었다. 실로 미개인들만이 지칠대로 지친 세계의 죽어 가는 문명을 젊어지게 할 수 있다. 그리고 민족 대이동 전에 게르만 인들이 도달한 미개의 높은 단계야말로 이러한 과정에 가장 유리한 것이었다. 이것으로 모든 것이 해명된다.

IX

미개와 문명

위에서 우리는 그리스 인, 로마 인, 독일인이라는 세 개의 개별적인 큰 실례를 들어 씨족 제도의 분해를 고찰해 보았다. 이제는 이미 미개의 높은 단계에서 씨족적 사회 조직을 땅속에 파묻어 버리고 문명의 도래와 함께 그것을 완전히 제거해 버린 일반적인 경제 조건들을 연구함으로써 이 글을 마무리하기로 하자. 여기서는 모건의 저서[14]와 마찬가지로 맑스의 『자본』이 필요하다.

야만의 중간 단계에서 발생하여 높은 단계에서 더욱 발전한 씨족은, 우리가 가지고 있는 자료를 통해 판단할 수 있는 한, 미개의 낮은 단계에서 전성기에 도달하였다. 이 발전 단계에서 시작하기로 하자.

이 발전 단계의 실례로 들 수 있는 것은 아메리카 인디언인데, 이 단계를 살펴보면 씨족 제도가 완성되어 있음을 볼 수 있다. 한 개의 부족은 몇 개의 씨족으로, 대개는 두 개의 씨족으로 편제되어 있었다 ; 원래의 이 씨족은 인구 증가에 따라 각각 몇 개의 딸 씨족으로 갈라지는데, 이 딸 씨족에 대해서 어머니 씨족은 프라트리로서 나타난다 ; 부족 자체는 다시 몇 개의 부족으로 갈라지며, 갈라진 각각의 부족에서 우리는 대부분 고대 씨족들을 다시 발견한다 ; 적어도 몇몇 경우에는 혈연 관계에 있는 부족들이 모여서

하나의 동맹을 형성한다. 이 단순한 조직은 그것을 낳은 사회 상태를 완전
히 만족시킨다. 그것은 그러한 사회 상태에 고유한 자연 성장적으로 무리를
짓는 것 이외에 아무것도 아니다. 그것은 이와 같이 조직된 사회 내부에서
일어날 수 있는 일체의 갈등을 조절할 힘을 가지고 있었다. 바깥 세계와의
5 갈등은 전쟁을 통해서 해결된다 ; 전쟁은 부족의 전멸로 끝날 수는 있어도
부족의 예속으로는 끝날 수는 없다. 지배와 예속이 있을 수 없다는 데에 씨
족 제도의 위대함과 동시에 한계가 있다. 씨족 내부에서는 권리와 의무 사
이에 아직 아무런 구별도 없었다. 공적인 일의 참가, 피의 복수 혹은 가해에
대한 보상 등이 권리인가 의무인가 하는 것은 인디언에게는 문제가 될 수
10 없었다 ; 이러한 문제는 다음과 마찬가지로 인디언에게는 허무 맹랑한 것으
로 보일 것이다 : 먹는 것, 자는 것, 사냥하는 것이 권리인가 의무인가. 또 부
족이나 씨족이 여러 계급으로 갈라지는 일도 있을 수 없었다. 이 점 때문에
우리는 이 상태의 경제적 토대를 고찰할 필요가 있다.

　　인구는 매우 희박하였다 : 부족의 거주지에서만 조밀하였다. 부족 주위
15 에는 우선 광대한 수렵 지역이 둘러싸고 있었고, 그 다음으로 다른 부족들
과의 경계를 이루는 중립적인 방어 삼림이 있었다. 분업은 순전히 자연 성
장적이다 ; 분업은 남녀 사이에만 있었다. 남자는 전쟁을 치르고, 사냥과 고
기잡이를 하러 나가며, 먹을 거리와 그것에 필요한 도구를 조달한다. 여자
는 집안일을 돌보며 음식과 옷을 만든다. 즉 요리를 하고 천을 짜고 바느질
20 을 한다. 남자와 여자는 각각 자기의 영역에서 주인이다 : 남자는 숲에서, 여
자는 집에서. 각자는 자기가 만들고 자기가 사용하는 도구의 주인이다 : 남
자는 무기, 사냥 도구, 고기잡이 도구의 주인이며, 여자는 가구의 주인이다.
집안 살림은 몇 개의 가족, 종종 많은 가족에 의해 공산주의적으로 운영된
다.[15] 공동으로 만들어 이용하는 것은 공동 재산이다 : 집, 채마밭, 배. 그러
25 므로 이 경우에, 아니 오로지 이 경우에만 문명 사회의 법학자와 경제학자
들이 날조하여 떠벌리고 있는 "자기 노동으로 얻은 재산"이라는 말이 통용

---

15) 특히 아메리카의 북서 해안에 대해서는 반크로프트를 보라. 퀸 샬로트 제
　　도의 하이다 족의 경우에는 700 명까지 한 지붕 아래 포괄하는 세대가 있
　　다. 누트카 족의 경우에는 한 부족 전체가 한 지붕 아래 살고 있었다.

될 수 있는바, 이것은 오늘날의 자본주의적 소유가 아직도 자신의 존립 근거로 내세우는 최후의 법률적 구실이다.

그러나 인간은 어디서나 이 단계에 머물러 있는 것은 아니었다. 아시아에서는 길들일 수 있는 그리고 길들여서 더 번식시킬 수 있는 동물을 발견하였다. 야생 암물소는 사냥을 해서 잡아와야 했지만, 길들인 것은 해마다 한 마리의 새끼를 낳았으며 우유도 제공하였다. 가장 선진적인 몇몇 부족들——아리안 인, 셈 인 등이 여기에 해당되며 아마 투란 인도 이미 그 정도로 발전했을 것이다——에게는 처음에는 길들이기가, 그 다음에는 가축의 사육 관리가 주요한 노동 부문으로 되었다. 목축 부족은 다른 미개인 집단과 분리되었다 : **최초의 거대한 사회적 분업.** 목축 부족은 다른 미개인들보다 많은 것을 생산했을 뿐 아니라 생산하는 생활 수단 또한 달랐다. 목축 부족은 다른 미개인들에 비해 훨씬 더 많은 우유, 유제품, 짐승 고기를 가지고 있었을 뿐만 아니라 짐승 가죽, 양모, 산양모도 가지고 있었으며 또 이러한 원료의 증대와 더불어 그들이 생산하는 실과 직물의 양도 증가하였다. 이로써 처음으로 규칙적인 교환이 가능하게 되었다. 이전의 발전 단계에서는 우연한 교환만이 가능했다 ; 무기나 도구를 제작하는 특별한 기능은 일시적인 분업을 가져올 수 있었다. 예컨대 많은 곳에서 틀림없는 신석기 시대 석기 제작소의 유적이 발견되었다 ; 여기서 자기의 기능을 연마하던 공인들은, 지금도 인도의 씨족 공동체 내의 전임 수공업자가 그러하듯이, 아마 공동체 전체의 지원 아래 일했을 것이다. 이 발전 단계에서는 어떠한 경우에도 부족 내부에서의 교환 이외의 교환은 결코 성립할 수 없었으며, 또 그러한 교환조차 예외적인 현상에 지나지 않았다. 이와 반대로 이제 목축 부족이 분리된 후에는 서로 다른 부족 성원들 간의 교환을 위한 또 이 교환이 규칙적인 제도로서 발전하고 확립되기 위한 모든 조건이 마련되었음을 보게 된다. 최초에는 부족과 부족이 서로의 씨족장을 통해서 교환을 하였다 ; 그러나 가축 떼가 개별 재산으로 되기 시작하자 개인들 간의 교환이 점점 더 우세해졌으며, 마침내 그것이 교환의 유일한 형태가 되었다. 그러나 목축 부족이 그 이웃 부족들과 교환한 물건은 주로 가축이었다 ; 가축은 모든 상품을 평가해 주며, 또 어디서나 기꺼이 교환할 수 있는 상품이 되었다──요컨대, 가축은 이미 이 단계에서 화폐의 기능을 획득하고 화폐의 역할을 하였다. 이와 같이 필연적으로, 이와 같이 신속하게 상품 교환 발생 당초에 화폐 상품에 대한 욕구가 발전하였다.

미개의 낮은 단계에 있던 아시아 인들은 아마도 채마밭 경작을 모르고 있었다고 생각되나, 늦어도 미개의 중간 단계에서 그것은 전야 경작의 선구로서 그들 사이에 나타났다. 투란 고원의 기후에서는 길고 매서운 겨울에 대비하여 사료를 저장해 두지 않고서는 목축 생활을 할 수 없었다 ; 그러므로 여기서는 목초 재배와 곡물 재배가 조건이었다. 흑해 북쪽의 초원에 대해서도 마찬가지로 말할 수 있다. 처음에는 가축을 위해 곡물을 재배했지만, 얼마 안 가서 사람의 식료로도 곡물을 이용하였다. 경작지는 아직 여전히 부족의 소유였으며, 처음에는 씨족이, 후에는 세대 공동체가, 마지막에는 개인들이 그것을 양도받아 이용하였다 ; 그들은 경작지에 대하여 일정한 보유권을 가질 수 있었고, 그 이상의 것은 가질 수 없었다.

이 단계의 산업적 성과들 중에서는 다음 두 가지가 특히 중요하다. 첫째는 직기이고, 둘째는 광석의 용해와 금속 가공이다. 구리와 주석 그리고 그 둘을 합금한 청동은 가장 중요한 금속이었다 ; 청동 덕분에 유용한 도구와 무기를 얻을 수 있었지만, 그것이 석기를 몰아내지는 못했다 ; 철만이 석기를 몰아낼 수 있었지만, 철을 얻는 방법은 아직 모르고 있었다. 금과 은이 장신구와 장식품에 사용되기 시작했는데, 이때 금과 은은 이미 동이나 청동보다 더 큰 가치를 갖고 있었음에 틀림없다.

모든 부문──목축, 농경, 가내 수공업──에서 생산이 증대됨으로써 인간의 노동력은 자기를 유지하는 데 필요한 것보다 더 많은 양의 생산물을 생산할 수 있게 되었다. 이와 동시에 씨족, 세대 공동체 또는 개별 가족의 각 성원에게 부과되는 매일의 노동량이 증대되었다. 이제 새로운 노동력을 들여와야만 했다. 전쟁이 새로운 노동력을 공급하였다 : 전쟁 포로는 노예가 되었다. 최초의 거대한 사회적 분업은 노동 생산성의 상승과 재부의 증대 및 생산 분야의 확대와 더불어 당시의 전체 역사적 조건 아래서 필연적으로 노예제를 가져 왔다. 최초의 거대한 사회적 분업의 결과 다음과 같은 두 계급으로의 최초의 거대한 사회적 분열이 일어났다 : 주인과 노예, 착취자와 피착취자.

어떻게 또 언제 가축 떼가 부족 또는 씨족의 공유 재산으로부터 개별적 가장家長의 소유로 이행했는지에 관해서 우리는 지금까지 아무것도 아는 바가 없다. 그러나 이 이행은 주로 이 단계에서 일어났을 것이 틀림없다. 가축 떼와 기타 새로운 부의 출현과 더불어 가족에 혁명이 일어났다. 생계 획득은 언제나 남자의 일이었다. 생계 획득 수단은 남자가 생산하였고, 남자의 소유였다. 가축 떼는 생계를 위한 새로운 생계 획득 수단이었다. 처음에는 가축 떼를 길들이는 것이, 다음에는 그것을 보살피는 것이 남자의 일이었다. 따라서 가축은 남자의 것이었으며 가축과 교환하여 얻은 상품과 노예들도 역시 남자의 것이었다. 이제 생업에 의해 얻은 일체의 잉여는 남자의 것이 되었다 ; 여자는 그것을 소비하긴 했지만, 그것에 대한 소유권은 조금도 없었다. '사나운' 전사와 사냥꾼은 집에서 여자 다음의 자리에 만족하였다 ; '온화한' 목축민은 자기의 부를 뽐내면서 첫 번째 자리에 올라 여자를 두 번째 자리로 밀어냈다. 그러나 여자는 불평할 수 없었다. 가족 내의 분업은 남녀간의 재산 분배를 규정하였다 ; 가족 내의 분업은 전과 다름이 없었다 ; 그럼에도 불구하고 가족 내 분업은 종래의 가족 내 관계를 뒤집어 버렸는데, 이것은 오로지 가족 밖에서의 분업이 달라졌기 때문이다. 전에는 가정에서의 여자의 지배를 보장해 주었던 바로 그 원인 : 여자가 가사 노동에만 종사하는 것이 이제는 가정에서의 남자의 지배를 보장해 주었다 : 여자의 가사 노동은 이제 남자의 생계 획득 노동 앞에서 꼬리를 감추었다 ; 남자의 노동이 모든 것이었고, 여자의 가사 노동은 보잘것없는 부속물이었다. 여성의 해방, 남녀의 평등은 여자가 사회적 노동에서 배제되어 사적인 가사 노동에만 갇혀 있는 한 불가능하며 앞으로도 불가능할 것이라는 것이 이미 여기서 명백해진다. 여성의 해방은 그들이 거대한 사회적 규모로 생산에 참여할 수 있게 되고 여성이 가사 노동에 시간을 별로 빼앗기지 않게 될 때 비로소 가능해질 것이다. 그런데 이것은 현대의 대공업에 의해서만 가능하게 되었는데, 이 현대의 대공업은 여성 노동을 대대적으로 허용할 뿐만 아니라 그것을 본격적으로 요구하며 또 사적인 가사 노동을 점점 더 공적인 산업으로 해소하려고 한다.

이제 남자가 사실상 가정을 지배하게 되면서 남성 전제 專制의 마지막 장벽이 없어졌다. 이 전제는 모권제의 전복, 부권제의 도입, 대우혼에서 일부일처제로의 점차적 이행에 의해 확인되고 영구화되었다. 그러나 이로써 낡은 씨족 제도에는 균열이 생기게 되었다 : 개별 가족이 씨족과 대립하여
5 그것을 위협하는 하나의 세력이 되었다.

다음의 한 발자욱은 우리를 미개의 높은 단계로, 즉 모든 문화 민족이 다음과 같은 자기의 영웅 시대를 체험하는 시기로 끌고 간다 : 철검의 시대이며 또한 철보습과 철도끼의 시대를. 역사에서 혁명적 역할을 한 모든 종류의 원료 가운데서 최후의 원료 —— 감자의 출현 전까지 —— 이자 가장 중
10 요한 원료인 철이 인간에게 봉사하게 되었다. 철은 대규모의 전야 경작과 광대한 숲의 개간을 가능하게 만들었다 ; 철은 어떠한 돌도 당시 알려져 있던 어떠한 금속도 당해내지 못할 견고하고 날카로운 도구를 수공업자에게 제공하였다. 이러한 것은 모두 서서히 이루어졌다 ; 최초의 철은 청동보다 무른 경우가 종종 있었다. 그러므로 석재 무기의 소멸은 서서히 진행될 수
15 밖에 없었다 ;「힐데브란트의 노래」[56]뿐만 아니라 1066년의 해스팅스[67]에서도 아직 돌도끼가 전투에서 사용되었다. 그러나 이제 진보는 걷잡을 수 없는 힘으로 더 끊임없이 더 급속하게 이루어졌다. 망루와 총구멍이 설치된 석재 성벽으로 석재 가옥이나 벽돌 가옥을 둘러싼 도시가 부족 또는 부족 동맹의 중심지가 되었다 ; 이것은 건축술의 거대한 진보를 보여주는 것이기
20 도 했지만, 또한 위험과 방위의 필요가 증대했다는 이야기이기도 했다. 부는 급속히 증가하였으나 그것은 개인의 부였다 ; 직조업, 금속 가공업, 그리고 점차 분화해 가는 그 밖의 수공업들은 생산의 다양성과 기교를 더욱더 발전시켰다 ; 토지 경작은 이제 옥수수, 콩과 식물 및 과일 외에도 올리브유와 포도주를 제공하였다. 그것들을 만드는 방법은 이미 습득되어 있었다.
25 이러한 다양한 활동은 이제 더 이상 한 개인의 손으로는 해낼 수 없었다 ; 제2의 거대한 분업이 일어났다 : 수공업이 농업에서 분리되었다. 생산이 끊임 없이 증가하고 이에 따라 노동 생산성이 끊임없이 향상됨에 따라 인간 노동력의 가치는 더욱 커지게 되었다 ; 노예제는 이전 단계에서 겨우 발생하였고 당시만 해도 드문드문 볼 수 있었는데, 이제 이 노예제가 사회 제도의

본질적인 구성 부분이 되었다 ; 노예들은 이제 단순한 보조 일꾼이 아니었
으며, 사람들은 전야와 작업장에서 수십 명의 노예를 부렸다. 생산이 농업
과 수공업이라는 두 개의 기본 부문으로 나뉘어지면서 직접 교환을 목적으
로 하는 생산, 즉 상품 생산이 발생하였다 ; 이것과 나란히 부족 내부와 부
족 경계에서 이루어지는 상업뿐만 아니라 해외 무역도 벌써 발생하였다. 그   5
러나 이 모든 것은 아직 극히 덜 발전한 것이었다 ; 귀금속이 우세한 그리고
일반적인 화폐 상품이 되기 시작했지만, 아직 주조되지는 못했고, 오직 무
게에 따라서 교환되었을 뿐이다.

　자유민과 노예의 차별과 나란히 부자와 빈자의 차별이 나타났다.——
새로운 분업과 함께 사회는 계급으로 새로이 분열되었다. 각 가장의 재산   10
차이는 그때까지 낡은 공산주의적 세대 공동체가 유지되고 있던 모든 곳에
서 그것을 파괴하였다 ; 이와 함께 이 세대 공동체의 책임 하에 있던 토지의
공동 경작도 소멸하였다. 경작지는 처음에는 일시적으로, 후에는 영구적으
로 개별 가족들의 용익에 맡겨졌다. 완전한 사적 소유로의 이행은 서서히
또 대우혼의 일부일처제로의 이행과 나란히 진행되었다. 개별 가족이 사회   15
의 경제적 단위가 되기 시작했다.

　인구가 조밀해짐에 따라 대내외적으로 한층 긴밀한 결속이 필요하게
되었다. 혈연 부족들의 동맹이 도처에서 필요하게 되었다 ; 얼마 안 있어 이
부족들을 융합하는 것이, 또 이와 함께 따로 떨어져 있는 부족 영토들을 하
나의 전체 민족 영토로 융합하는 것이 벌써 필요하게 되었다. 민족의 군사   20
지휘자——rex, basileus, thiudans——는 없어서는 안 될 상설적인 공직자
가 되었다. 또한 민회가 없던 곳에서는 민회가 나타났다. 군사 지휘자, 평의
회, 민회는 군사적 민주주의로 발전해 가던 씨족 사회의 기관들을 이루었
다. 군사적이라는 것은——전쟁과 전쟁 조직이 이제 민족 생활의 정규적인
기능이 되었기 때문이다. 이웃 사람들의 부는 부의 획득을 제1의 생활 목적   25
들 중의 하나로 삼고 있는 민족들의 탐욕을 자극하였다. 그들은 미개인들이
다 : 그들에게는 약탈이 노동으로 어떤 것을 얻는 것보다 더 쉬울 뿐 아니라
차라리 명예로운 일로 보인다. 전에는 침해에 대해 복수를 하거나 또는 부
족하게 된 영토를 확장하기 위해서만 전쟁을 했지만, 이제는 오로지 약탈을

위해 전쟁을 하게 되었으며 전쟁이 상시적인 생업 부문이 되었다. 방비를 견고히 한 새 도시 주위에 위협적인 성벽이 솟아 있는 것은 이유 없는 일이 아니다 : 도시의 호壕는 씨족 제도의 묘혈이었으며, 성탑은 이미 문명을 향해서 솟아 있었다. 내부적 사정도 마찬가지였다. 약탈 전쟁은 최고 군사 지
5 휘자의 권력뿐만 아니라 하급 지휘관들의 권력도 강화하였다 ; 관습적으로 동일한 가족 중에서 후계자를 선출하던 것이 특히 부권제가 도입된 이래 점차 세습제로 이행했는데, 세습제는 처음에는 용인되는 수준에 있었으나 이후에는 요구되는 것이 되었고 마침내는 찬탈되는 것이 되었다 ; 세습적 왕권과 세습적 귀족의 기초가 만들어졌다. 이리하여 씨족 제도의 기관들은
10 인민 속의, 즉 씨족, 프라트리, 부족 속의 자기의 뿌리와 점차 유리되었으며, 전체 씨족 제도가 자기의 대립물로 전화하였다 : 전체 씨족 제도는 자기 자신의 일을 자유롭게 처리하기 위한 부족의 조직에서 이웃 사람들을 약탈하고 억압하기 위한 조직으로 전화했으며, 이에 따라서 그 기관은 민의의 도구에서 자기 인민을 지배하고 억압하는 자립적인 기관으로 전화하였다. 그
15 러나 이러한 일들은 만일 부에 대한 탐욕이 씨족 성원들을 부자와 빈자로 분열시키지 않았다면, 만일 "동일한 씨족 내부에서의 재산상 차이가 씨족원들의 이해의 통일성을 그들 사이의 적대로 전화시키지"(맑스) 않았다면, 또 만일 노예제가 확대된 결과 자신의 노동을 통한 생계 수단 획득을 노예만이 해야 할 일로, 또 그것을 약탈보다 더 수치스러운 일로 생각하게 되지
20 않았다면, 결코 일어날 수 없었을 것이다.

이리하여 우리는 이제 문명의 문턱에 도달하였다. 문명은 분업이 한걸음 더 진전되면서 개시되었다. 미개의 가장 낮은 단계에서 인간은 직접 자신의 수요를 위해서만 생산하였다 ; 간혹 교환 행위가 이루어지더라도 산발적인 것에 불과했으며, 우연히 생기는 잉여를 교환하는 것이었을 뿐이다.
25 미개의 중간 단계에 이르러 우리는, 목축민들의 경우에 가축 떼가 일정한 규모가 되어 목축민들의 수요를 초과하는 약간의 잉여를 규칙적으로 제공

함으로써 가축이 재산으로 됨을 보게 된다. 동시에 목축 민족들과 가축 떼
가 없는 후진 부족 사이의 분업, 따라서 서로 나란히 존재하는 상이한 두
생산 단계의 존재, 또 따라서 규칙적 교환에 필요한 조건들을 보게 된다.
미개의 높은 단계에서는 분업이 한층 더 확대되어 농업과 수공업 사이에
분업이 생겨났으며, 그와 함께 노동 생산물 중에서 직접적 교환을 위해 생   5
산되는 부분이 끊임없이 늘어나게 되었다. 이에 따라 개별 생산자들 간의
교환이 사회의 생존을 위해 필수 불가결한 것이 되었다. 문명은 이 모든 기
존의 분업을 특히 도시와 농촌의 대립(그런데 고대에서처럼 도시가 농촌을
경제적으로 지배할 수도 있고 중세에서처럼 농촌이 도시를 경제적으로 지
배할 수도 있다)을 날카롭게 만듦으로써 확고히 하고 강화했을 뿐 아니라   10
더 나아가서 문명에 고유한, 결정적으로 중요한 제3의 분업을 추가하였다 :
문명은 더 이상 생산에 종사하지 않고 오직 생산물의 교한에만 종사하는
계급——상인——을 낳았다. 그전까지 계급 형성의 모든 맹아는 전적으로
생산과 관계 있는 것이었다 ; 그에 따라 생산에 참가하는 사람들은 지휘자와
실행자로 혹은 대규모 생산자와 소규모 생산자로 나뉘어졌다. 이제 비로소   15
한 계급이 등장하여, 생산에는 전혀 참가하지 않으면서 전체적 차원에서 생
산의 지휘권을 획득하여 생산자들을 경제적으로 자기에게 예속시켰다 ; 이
들은 어떤 두 생산자들 사이에 없어서는 안 될 중개자가 되어 양자를 착취
하였다. 생산자들에게 교환의 노고와 위험을 덜어 준다는, 생산물의 판로를
원거리 시장에까지 확대시켜 준다는, 그런 이유에서 자기들이 주민 중에서   20
가장 유익한 계급이라는 구실 하에, 기생자들의 계급, 순전한 사회적 기생
동물들의 계급이 형성되었다. 이 계급은 실제로는 극히 보잘것없는 노력을
기울여 놓고서는, 그에 대한 보수로서 국내와 국외의 생산에서 알짜배기를
독차지하여 엄청난 부와 이에 상응하는 사회적 영향력을 빠른 속도로 획득
해 갔다. 바로 그러한 이유에서 이들은 문명기를 통하여 더욱 큰 영예와 생   25
산에 대한 더욱 강력한 지배력을 얻을 사명을 띠고 마침내 그들 스스로 독
특한 한 생산물을 세상에 내놓게 되기에 이른다—— 주기적 상업 공황.
　　그러나 우리가 고찰하는 발전 단계에서는 아직 청년기에 있던 상인층
은 당연히 그들의 전도 양양한 미래에 대해 꿈조차 꾸지 못했다. 그러나 그

들은 어쨌든 형성되었고 자기들을 없어서는 안 될 존재로 만들었다. 그것으
로 충분하였다. 그런데 상인층과 함께 **금속 화폐**, 즉 주화가 출현했으며, 이
로써 비생산자가 생산자와 그의 생산을 지배하는 새로운 수단이 나타났다.
다른 모든 상품을 은폐된 형태로 내포하고 있는 상품 중의 상품, 즉 마음만
5 먹으면 어떤 물건으로도 탈바꿈할 수 있는 요술 수단이 발견된 것이다. 그
것을 소유한 자가 생산의 세계를 지배하였다. 누가 먼저 그것을 소유했는
가? 상인이다. 상인의 손에 화폐가 들어온 이상 화폐 숭배가 이루어지는
것은 시간 문제였다. 그는 모든 상품, 따라서 모든 상품 생산자들이 화폐
앞에 무릎을 꿇고 그것을 숭배해야 한다는 것을 세상이 다 알게 되도록 신
10 경을 썼다. 그는 다른 모든 형태의 부는 이 부 자체의 화신에 비하면 가상
에 지나지 않는다는 것을 실천을 통해 증명하였다. 화폐의 권력이 이 청년
기 때처럼 원시적 조야함과 폭력성을 가지고 나타난 일은 두 번 다시 없었
다. 화폐를 주고 상품을 구매한 뒤부터 화폐 대부가 나타났고, 이와 함께
이자와 고리 대금업이 나타났다. 그리고 후세의 어떠한 입법도 고대 아테네
15 나 로마의 입법처럼 그렇게 무자비하고 철저하게 채무자를 고리대 채권자
의 발 아래 내던지지 못했다──이 두 입법은 경제적 강제 이외의 다른 어
떤 강제도 없이, 자연 발생적으로, 관습법으로서 성립하였다.

상품 및 노예로 이루어진 부와 나란히, 화폐로 이루어진 부와 나란히,
이제 토지로 이루어진 부가 나타났다. 분할지에 대한 개인들의 점유권은 원
20 래는 씨족 또는 부족에 의해 부여된 것이었는데, 이 점유권이 강화되어 분
할지는 개인들의 세습 재산이 되고 말았다. 최근까지도 이 개인들이 가장
애썼던 것은 바로 그들에게 질곡이 된, 분할지에 대한 씨족 공동체의 요구
권으로부터 해방되는 것이었다. 그들은 결국 이 질곡에서 벗어났다──그
러나 그들은 곧 이어 새로운 토지 소유에서도 벗어났다. 완전하고도 자유로
25 운 토지 소유, 그것은 토지를 송두리째 무제한적으로 보유할 가능성을 의미
하는 데서 그치지 않았다. 그것은 토지를 양도할 가능성도 의미하였다. 토
지가 씨족의 소유였을 때는 그런 가능성이 없었다. 그러나 새로운 토지 소
유자가 씨족 및 부족의 우선적 소유권이라는 질곡을 완전히 벗어 버렸을
때, 그는 또한 지금까지 자기와 토지를 굳게 묶어 놓았던 유대의 끈을 끊어

버린 것이다. 이것이 무엇을 의미하는가는 사적 토지 소유와 동시에 발명된
화폐가 그에게 확실히 가르쳐 주었다. 이제는 토지가 판매해도 좋고 저당
잡혀도 좋은 상품이 되었다. 토지 소유가 도입되자마자 벌써 저당이 발명되
었다(아테네를 보라). 난교와 매춘이 일부일처제의 꽁무니를 따라다니는 것
처럼, 이제부터는 저당권이 토지 소유의 꽁무니를 따라다니게 된다. 너는　　5
완전하고 자유롭고 양도할 수 있는 토지 소유를 원했다. 여기 있다, 가져라
── 네가 원하던 것이다, 조르쥬 당댕![68] tu l'as voulu, Georges Dandin!

　　이렇듯 상업이 확대되고 화폐 및 고리 대금업, 토지 소유 및 저당권이
생겨나면서 소수 계급의 수중으로 부의 집적과 집중이 급속히 이루어졌다.
이와 더불어 대중의 빈곤이 심화되었으며 빈민 대중이 늘어 갔다. 신흥 부　　10
자 귀족은, 그들이 이미 애초부터 옛날의 부족 귀족과 일치하지 않았던 한
에서, 후자를 완전히 뒷전으로 밀어내 버렸다(아테네에서, 로마에서, 독일
인들 사이에서). 그리고 부에 따른 자유민의 이러한 계급 분화와 나란히 특
히 그리스에서는, 노예들의 수가 엄청나게 증가하였으며[16] 그들의 강제 노
동이 전체 사회의 상부 구조의 기초를 이루었다.　　15

　　그러면 이제 이러한 사회적 변혁 속에서 씨족 제도가 어떻게 되었는지
를 살펴보기로 하자. 씨족 제도는 자신의 간여 없이 성장한 새로운 요소들
앞에 무력하게 서 있었다. 씨족 제도의 전제는 한 씨족 또는 한 부족의 성
원들이 한 지역에서 자기들끼리 모여 사는 것이었다. 이러한 생활 방식은
이미 오래 전에 사라졌다. 도처에서 서로 다른 씨족들과 부족들이 뒤섞였으　　20
며, 도처에서 노예, 거류민, 외국인들이 자유민과 뒤섞여 살았다. 미개 중간
단계의 말에 이르러 비로소 이루어졌던 정착 생활은 상업, 생업의 변화, 토
지 소유의 이전 등으로 인해 거주지의 이동과 변동이 생김에 따라 다시 파
괴되어 갔다. 씨족 단체의 성원들은 더 이상 자기들의 공동 사무를 처리하
기 위해 모임을 가질 수 없었다 ; 예컨대 종교적 제전과 같은 중요하지 않은　　25
일들만이 겨우 처리될 뿐이었다. 씨족 단체가 보장해야 했고 또 보장할 수

─────────

16) 아테네에서의 노예 수는 117면[69]을 보라. 전성 시대의 코린트에서는 노예
　　의 수가 46만에 달했으며, 애기나에서는 47만에 달하였다. 두 경우 모두
　　자유민의 10 배에 달한다.

있는 욕구 및 이해와 병행하여, 생업 환경에서의 변혁과 이에 따른 사회 구조 변혁의 결과, 과거의 씨족 제도와 전혀 관계가 없을 뿐만 아니라 어느 면에서나 그것과 어긋나는 새로운 욕구와 이해가 발생하였다. 분업으로 인해 발생한 수공업자 집단의 이해와, 농촌과 대립하는 도시의 특수한 욕구는
5 새로운 기관을 필요로 하였다 ; 그러나 어느 집단이든 서로 다른 씨족, 프라트리, 부족의 사람들로 구성되어 있었고, 심지어 외국인까지 포함하는 경우도 있었다 ; 따라서 이 새로운 기관은 씨족 제도 밖에서, 그것과 나란히, 고로 그것과 대립하여 형성될 수밖에 없었다.——더구나 각 씨족 단체 내에서도 이러한 이해의 갈등이 나타났는데, 이러한 갈등은 부자와 빈자, 고리
10 대금업자와 채무자가 동일한 씨족과 동일한 부족 내에 같이 있게 되면서 절정에 달하였다.——게다가 씨족 공동체와는 전혀 인연이 없는 새로운 주민 대중이 있었다. 그들은 로마에서처럼 국내의 한 세력이 될 수 있었으며, 혈연적 씨족 및 부족에 점차적으로 받아들이기에는 수가 너무 많았다. 이 새로운 주민 대중에 대해서 씨족 공동체는 폐쇄적이며 특권적인 단체로서
15 대립하였다 ; 원래의 자연 성장적 민주주의는 가증스러운 귀족제로 탈바꿈하였다.——마지막으로, 씨족 제도는 어떠한 내부적 대립도 없는 사회에서 성장한 것이었으며, 또 그러한 사회에만 적합한 것이었다. 씨족 제도에는 여론 이외의 어떠한 강제 수단도 없었다. 그러나 이제 그 전체적인 경제적 생활 조건들로 말미암아 자유민과 노예, 착취하는 부자와 착취 당하는 빈자
20 로 분열될 수밖에 없는 사회, 이 대립을 다시는 화해시킬 수 없을 뿐만 아니라 그것을 점점 더 극단으로 몰고 갈 수밖에 없는 사회가 나타났다. 이 사회는 이 계급들 상호간의 끊임없는 공공연한 투쟁 속에서만 혹은 제3의 세력의 지배 하에서만 존립할 수 있는 사회였다. 외견상 서로 싸우는 계급들 위에 서 있는 이 제3의 세력은 계급들의 공공연한 충돌을 억눌렀고 기
25 껏해야 경제적 영역에서만, 이른바 합법적 형태로만 계급 투쟁이 벌어지게 만들었다. 씨족 제도는 수명을 다하였다. 그것은 분업으로 말미암아, 그리고 그 산물인 계급으로의 사회 분열로 말미암아 파괴되었다. 그것은 국가로 대체되었다.

　위에서 우리는 씨족 제도의 폐허 위에 국가가 발흥하는 세 개의 주요 형태를 각각 고찰하였다. 아테네는 가장 순수하고 가장 고전적인 형태를 보여 준다 : 거기서는 국가가 주로 그리고 직접, 씨족 사회 자체 내부에서 발전한 계급 대립으로부터 발생하였다. 로마의 경우에 씨족 사회는 이 사회 밖에 있으면서 권리는 없이 의무만 지고 있던 다수의 평민 Plebs 한가운데　5 서 폐쇄적 귀족제가 되었다 ; 평민의 승리로 과거의 씨족 제도가 파괴되었고, 그 폐허 위에 국가가 건립되었다. 얼마 안 있어 씨족적 귀족도 평민도 모두 국가 속에 완전히 용해되었다. 마지막으로 로마 제국의 정복자인 독일인들의 경우에 국가는 광활한 남의 영토를 정복한 직접적 결과로서 발생하였다. 씨족 제도는 도저히 이러한 영토의 지배 수단을 제공할 수 없었던 것　10 이다. 그러나 이 정복은 기존 주민과의 본격적인 투쟁과도 아무 상관이 없었고 분업의 진보와도 아무 상관이 없었기 때문에 ; 피정복자와 정복자의 경제적 발전 단계가 거의 같았기 때문에, 사회의 경제적 토대는 이전과 달라진 게 없었다. 따라서 씨족 제도는 마르크 제도라는 변화된 지역적 형태를 띠면서 여러 세기 동안 존속할 수 있었다. 그리고 비록 약화된 형태이긴　15 하지만 후세의 귀족적 혈족과 파트리치어 혈족으로, 그리고 디트마르셴에서와 같은 농민 혈족으로 씨족 제도가 다시 살아나는 일이 오랫동안 계속되었다.[17]

　이상에서 알 수 있듯이, 국가는 결코 외부에서 사회에 강요된 권력이 아니다 ; 국가는 또한 헤겔이 주장하는 것처럼 "윤리적 이념의 현실성", "이　20 성의 형상 및 현실성"도 아니다.[71] 국가는 오히려 일정한 발전 단계에 있는 사회의 산물이다 ; 국가는 이 사회가 해결할 수 없는 자기 모순에 빠졌으며, 자기의 힘으로 없앨 수 없는 화해할 수 없는 대립물들로 분열하였다는

---

17) 적어도 씨족의 본질에 근접한 관념을 가지고 있던 최초의 역사 서술가는 니부르였다. 그리고 이것은 —— 그러나 이와 함께 그가 저지른 오류도 ——디트마르셴 혈족[70]에 관한 그의 지식 덕택이다.

사실에 대한 고백이다. 그런데 이 대립물들이, 즉 서로 다투는 경제적 이해를 가진 계급들이 쓸데없는 투쟁으로 자기 자신과 사회를 파멸시키지 않게 하려면 외관상 사회 위에 서 있는 권력, 충돌을 완화시키고 충돌을 '질서'의 틀 내에 잡아 둘 권력이 필요하였다 ; 사회로부터 발생하였으나, 사회 위에
5 서서 점점 더 사회에 낯선 것이 되어 가는 이 권력은 바로 국가이다.

옛날의 씨족적 조직과 비교해 볼 때, 국가의 첫 번째 특징은 국민을 지역에 **따라** 구분하는 것이다. 혈연적 유대를 통해 형성되고 결합되었던 과거의 씨족 공동체가 이미 살펴본 것처럼 불충분하게 된 이유는 대부분 그 성원이 일정한 지역에 붙박혀 사는 것이 씨족 공동체의 전제인데 이 전제가
10 이미 오래 전에 사라져 버린 데 있다. 지역은 변함이 없었는데, 인간은 유동적이 되었던 것이다. 그렇기 때문에 지역적 구분이 출발점으로 되었고, 시민들은 씨족이나 부족과는 상관없이 자기가 거주하는 곳에서 자기의 공적 권리와 의무를 충족하게 되었다. 이처럼 거주지에 따라 국민을 조직하는 것은 모든 국가에 공통된 것이다. 그러므로 우리에게는 이것이 자연스러운
15 것으로 보인다 ; 그러나 이미 본 바와 같이 이러한 조직이 아테네와 로마에서 혈연에 의거한 과거의 조직을 대체할 수 있기까지는 참으로 격렬하고 긴 투쟁이 필요하였다.

두 번째 특징은 자기 자신을 무장력으로서 조직하는 주민과 더 이상 직접적으로 일치하지 않는 **공권력**의 설립이다. 이 특수한 공권력이 필요한
20 것은 계급으로의 분열 이후 주민이 자주적으로 행동하는 무장 조직이 불가능해졌기 때문이다. 노예도 주민의 일부이다 ; 90,000의 아테네 시민은 365,000의 노예에 대해서는 하나의 특권 계급일 따름이다. 아네테 민주제의 시민군은 노예 위에 군림하는 귀족적 공권력으로서 그들에게 재갈을 물렸다 ; 그러나 위에서 말한 바와 같이, 시민에게도 재갈을 물리기 위해서 헌병이
25 필요해졌다. 이러한 공권력은 어느 국가에나 존재한다 ; 공권력은 무장한 사람들로만 이루어진 것이 아니라, 씨족 사회에는 없었던 물적 부속물, 즉 감옥과 온갖 종류의 강제 시설들로도 이루어졌다. 공권력은 계급 대립이 아직 제대로 발전되지 않은 사회나 외딴 지역에서는, 예컨대 아메리카 합중국에서 때때로 곳에 따라 그러하듯이, 아주 미미하고 거의 없는 것이나 마찬가

지일 수 있다. 그러나 공권력은 국가 내부에서 계급 대립이 날카로워지고 인접한 국가들이 더 강대해지고 인구가 많아질수록 강화된다——오늘날의 유럽만을 보더라도 계급 투쟁과 정복 경쟁으로 말미암아 공권력은 전체 사회와 국가 자체까지도 집어삼킬 만한 위세를 얻게 되었다.

이러한 공권력을 유지하기 위해서는 국가 시민의 비용 부담이 필요하 5
다——**조세**. 이것은 씨족 사회가 전혀 모르던 것이다. 그러나 오늘날 우리는 그것에 대한 이야기를 충분히 들어 알고 있다. 문명의 진보와 더불어 조세조차 불충분하게 된다 ; 국가는 나중에 지불하기로 하고 채권을 발행하여 채무를 진다. 즉 **국채**를 발행한다. 이에 관해서도 늙은 유럽은 여러 가지 체험담을 들려줄 수 있다. 10

관리들은 공권력과 징세권을 가짐으로써 사회의 기관이면서도 사회 위에 군림한다. 가령 그들이 씨족 사회의 기관들이 받던 그런 자유로운, 진심에서 우러나오는 존경을 얻는 경우가 있다 할지라도, 그들은 만족하지 않을 것이다 ; 사회와는 낯선 것이 된 권력의 담당자인 그들은 그들로 하여금 특별하고 신성 불가침한 지위를 누릴 수 있게 해 주는 예외법을 통해서 존 15
경을 얻어야 했다. 문명 국가의 말단 경찰관도 씨족 사회의 전체 기관을 다 합친 것보다 더 큰 '권위'를 갖고 있다 ; 그러나 문명 시대의 아무리 유력한 군주라도, 아무리 위대한 정치가 혹은 장군일지라도, 그들은 자발적이고 논란의 여지가 없는 존경을 받았던 가장 미미한 씨족 수장을 부러워할 만하다. 후자는 사회의 한 복판에 서 있다. 그러나 전자는 사회 밖에 그리고 20
사회 위에 서 있는 존재가 될 수밖에 없다.

국가는 계급 대립을 억제할 필요에서 발생했기 때문에, 동시에 그것은 이 계급들의 충돌 한가운데서 발생했기 때문에, 그것은 대개 가장 강력한 계급, 경제적으로 지배하는 계급의 국가이다. 이 계급은 국가의 힘을 빌어 정치적으로도 지배하는 계급이 되며 그리하여 피억압 계급을 억압하고 착 25
취하는 새로운 수단을 획득한다. 따라서 고대 국가는 **무엇보다도** 노예를 억압하기 위한 노예 소유자들의 국가였으며, 봉건 국가는 농노와 예농을 억압하기 위한 귀족의 기관이었다. 그리고 현대의 대의제 국가는 자본이 임금 노동을 착취하기 위한 도구이다. 그러나 예외적으로, 투쟁하는 계급들의 힘

이 균형에 도달하여 국가 권력이 외견상 두 계급의 조정자로서 어느 정도
의 자립성을 일시적으로 획득하는 시기가 있다. 예컨대 귀족과 시민 계급의
힘이 서로 균형을 이루었던 17세기와 18세기의 절대 군주제의 경우가 그
러하다 ; 또한 부르주아지와 프롤레타리아트를 서로 싸우게 한 프랑스의 제
1제정, 특히 제2제정의 보나빠르뜨주의도 그러하다. 이러한 종류의 최신 작
품으로는, 지배자와 피지배자가 모두 희극적으로 나타나는 것으로서, 비스
마르크 국민의 신독일 제국이 있다 : 여기서는 자본가와 노동자의 힘이 서
로 균형을 이루게 되어, 그들은 영락한 프로이센의 시골 융커들의 이익을
위해 다같이 기만당하고 있다.

그 밖의 특징을 말해 보자면, 역사에서 알려진 대부분의 국가들에서
국가 시민들에게 인정되는 권리는 그들의 재산 상태에 따라 차이가 있었다.
이는 국가가 무산 계급에 대해 유산 계급을 지켜주는 조직이라는 것을 단
적으로 말해 준다. 이미 아테네와 로마에서의 재산 계급이 그것을 보여 준
다. 그것은 토지 소유의 규모에 따라 정치 권력적 지위가 나뉘어졌던 중세
봉건 국가에서도 나타난다. 현대 대의제 국가의 선거 자격도 그러하다. 그
러나 이처럼 재산의 차이를 정치적으로 승인하는 것은 결코 본질적인 것이
아니다. 거꾸로 그것은 국가 발전이 낮은 단계에 있을 때의 특징이다. 최고
의 국가 형태인 민주 공화제는 현대 사회의 조건들 하에서 날이 갈수록 점
점 더 불가피하고 필연적인 것이 되어 간다. 그리고 프롤레타리아트와 부르
주아지가 유일하게 최후의 결전을 치를 수 있는 이 국가 형태——이 민주
공화제는 공식적으로는 더 이상 재산의 차이를 문제삼지 않는다. 민주 공화
제에서 부는 자신의 권력을 간접적으로, 그러나 한층 더 확실하게 행사한
다. 한편으로는 관리를 직접 매수하는 형식—가장 전형적인 표본은 아메
리카이다—으로 행사하며, 다른 한편으로는 정부와 주식 거래소의 동맹이
라는 형식으로 행사한다. 이 동맹은, 국채가 증가할수록, 주식 회사들이 운
송뿐만 아니라 생산 자체까지도 자기들의 수중에 집적하고 또 주식 거래소
를 자기들의 중심점으로 삼을수록 쉽사리 실현된다. 아메리카 이외에도 최
근의 프랑스 공화국이 좋은 실례이며 또 우직한 스위스도 역시 이 분야에
서 상당한 일을 했다. 그러나 정부와 주식 거래소가 이러한 친선 동맹을 맺

는 데 반드시 민주 공화제가 요청되는 것은 아니라는 것은 영국 외에도 신
독일 제국이 증명해 준다. 이 신독일 제국에서 보통 선거권이 비스마르크와
블라이히뢰더 은행 중 어느 쪽의 세력을 더 강화해 줬는가는 말할 수 없다.
그리고 마지막으로 유산 계급은 보통 선거권을 매개로 해서 직접 지배를
한다. 피억압 계급은, 그러므로 우리의 경우에는 프롤레타리아트가 아직 스   5
스로를 해방시킬 만큼 성숙하지 않은 한은, 그들 대다수는 현존 사회 질서
를 유일하게 가능한 것으로 인정할 것이며, 정치적으로는 자본가 계급의 후
미 後尾, 즉 자본가 계급 진영의 극좌익을 형성할 것이다. 그러나 그들이 자
기 해방을 향해 성숙해 감에 따라, 그들은 독자적인 당을 결성하여 자본가
들의 대표가 아닌 그들 자신의 대표를 선출할 것이다. 그러므로 보통 선거   10
권은 노동자 계급의 성숙도를 재는 측정기이다. 그것은 오늘날의 국가에서
그 이상의 것이 될 수 없으며, 또 되지 않을 것이다 ; 그러나 그것으로 충분
하다. 보통 선거권이라는 온도계가 노동자들의 비등점을 가리키는 날에, 노
동자들도 자본가들도 자신들이 무엇을 할 것인가를 알게 될 것이다.

　　이상에서 보았듯이, 국가는 아득한 옛날부터 존재하는 것이 아니다. 국   15
가나 국가 권력을 꿈에도 생각하지 않고 국가 없이 일을 꾸려 가던 사회가
있었다. 계급으로의 사회적 분열과 필연적으로 연결된 경제적 발전의 일정
단계에서 국가는 이 분열로 말미암아 필요한 것이 되었다. 우리는 지금 빠
른 걸음으로 모종의 생산 발전 단계, 요컨대 이러한 계급들의 존재가 더 이
상 필요하지 않게 될 뿐 아니라 그 존재가 오히려 생산의 직접적인 장애물   20
이 되는 그러한 단계로 접근해 가고 있다. 계급의 발생이 불가피했듯이 계
급의 소멸도 불가피하다. 계급의 소멸과 함께 국가도 불가피하게 소멸할 것
이다. 생산자들의 자유롭고 평등한 연합에 기초하여 생산을 새로이 조직하
는 사회는 전체 국가 기구를 그것이 응당 가야 할 곳으로 보낼 것이다 : 고
대 박물관으로 보내 물레, 청동 도끼 등과 나란히 전시할 것이다.   25

따라서 상술한 바에 따르면, 문명이란 분업과 이 분업에 기인하는 개

인들 간의 교환 그리고 이 양자를 총괄하는 상품 생산이 전면적으로 발전하여 이전 사회 전체에 변혁을 일으키게 되는 사회 발전 단계이다.

종전의 모든 사회 발전 단계들에서 생산은 본질적으로 공동 생산이었고 소비도 크고 작은 공산주의적 공동체 내부에서 생산물을 직접 분배하는 가운데 이루어졌다. 이러한 공동 생산은 아주 좁은 경계 내부에서 이루어졌다 ; 그러나 그것은 생산 과정과 생산물에 대한 생산자들의 지배를 수반하였다. 그들은 생산물이 어떻게 될 것인지를 잘 알고 있었다 : 생산물은 그들 자신이 소비했고 그들의 수중을 떠나지 않았다 ; 그리고 그러한 기초 위에서 생산이 이루어지는 한에서, 문명 시대에는 보통 그리고 불가피하게 보게 되는 일로서 생산이 생산자들이 감당하기 곤란한 것으로 되거나 생산자들에게 적대적인 낯선 힘으로 되는 일은 일어날 수 없었다.

그러나 이러한 생산 과정에 분업이 서서히 침투해 들어온다. 분업은 생산과 취득의 공동적 성격을 파괴하고, 개인에 의한 취득을 지배적 규칙으로 만들며, 그리하여 개인들 간의 교환을 낳는다——어떻게 해서 그렇게 되는가는 앞에서 고찰하였다. 상품 생산이 점차 지배적인 형태가 된다.

상품 생산이 이루어지면서, 즉 생산이 더 이상 자신의 소비를 위해서가 아니라 교환을 위해 이루어지면서, 생산물은 필연적으로 이 사람에게서 저 사람에게로 넘어간다. 생산자는 교환을 하면서 자신의 생산물을 넘긴다. 그는 이제 그것이 어떻게 될지에 대해 더 이상 알 수가 없다. 화폐가 그리고 화폐와 함께 상인이 생산자들 간의 중개자로서 나타나자 교환 과정은 더욱 복잡해지며, 생산물의 최후의 운명은 더욱더 알 수 없게 된다. 상인들은 다수이며 그들 중 아무도 다른 사람이 무엇을 하는지 모른다. 상품은 이제 이미 이 사람에게서 저 사람에게로 넘어갈 뿐 아니라 시장에서 시장으로 이동한다 ; 생산자들은 자기 생활권의 전체 생산에 대한 지배권을 상실하였다. 그러나 이 지배권이 상인의 손에 넘어간 것도 아니다. 생산물과 생산은 우연의 지배 아래 놓이게 된다.

그러나 우연은 연관의 한 극단일 뿐이다. 그 다른 극단은 필연이라 불린다. 역시 우연이 지배하는 것처럼 보이는 자연에서 우리는 그 어느 영역에서나 이미 오래 전에 이 우연을 관통하는 내적 필연성과 합법칙성을 증명하였다. 그런데 자연에 타당한 것은 사회에도 타당하다. 어떤 사회적 활동, 일련의 사회적 과정이 사람들의 의식적 통제를 벗어나 억제할 수 없게 될수록, 그리하여 이 활동이 순전한 우연에 맡겨져 있는 것처럼 보일수록, 이 활동에 특유한 내적 법칙들은 더욱더 자연 필연성을 가지고 이 우연 속에서 자신을 관철해 간다. 이러한 법칙들이 상품 생산과 상품 교환의 우연   5
도 지배한다 ; 이러한 법칙들은 처음에는 알 수조차 없고 고된 연구를 통해서만 그 본성을 구명하고 해명할 수 있는 낯선 힘으로서 개별적 생산자와 교환자에 대립한다. 상품 생산을 지배하는 이 경제 법칙들은 이 생산 형태의 발전 단계가 달라짐에 따라 그 모습을 바꾸어 간다 ; 그러나 문명 시대 전체는 대체로 이 법칙들의 지배를 받는다. 오늘날에도 역시 생산물이 생산   10
자들을 지배하고 있다 ; 오늘날에도 역시 사회의 전체적 생산은 공동으로 작성한 계획에 의해서가 아니라 맹목적 법칙들, 결국 주기적 상업 공황의 뇌우雷雨로 발현되는 맹목적 법칙들에 의해서 규제되고 있다.

　이미 살펴본 바와 같이, 비교적 초기의 생산 발전 단계에서 인간의 노동력은 생산자의 생존에 필요한 것보다 훨씬 더 많은 생산물을 생산할 수   15
있게 되었고, 또 이 발전 단계는 대체로 분업 및 개인들 간의 교환이 출현하는 바로 그 단계였다. 그런데 오래지 않아 인간도 상품이 될 수 있다는 ; 인간을 노예로 만들면 인간의 힘도 교환할 수 있고 소비할 수 있는 것이 된다는 거대한 '진리'가 발견되었다. 인간이 교환을 하기 시작하자마자 그들 자신도 교환되었다. 인간의 바램과는 상관없이, 능동태는 수동태가 되었다.   20

　문명 시대에 들어와서 최고의 발전을 이룩한 노예제의 출현과 함께 사회의 최초의 대분열이 일어나, 사회는 착취 계급과 피착취 계급으로 분열되었다. 이 분열은 문명기 전체에 걸쳐서 존속하였다. 노예제는 고대 세계에 고유한 최초의 착취 형태였다 ; 그 뒤를 따른 것은 중세의 농노제, 그리고 근래의 임금 노동이다. 이것은 예속의 3대 형태로서 문명의 3대 시기를 각   25
각 특징짓는다 ; 공공연한 것이건 그리고 최근처럼 가장된 것이건, 노예제는 언제나 문명에 붙어다닌다.

　문명이 시작되는 상품 생산 단계는 경제적으로 다음과 같은 것들을 도입한 데 그 특징이 있다. 1. 금속 화폐, 그와 함께 화폐 자본, 이자 및 고리 대금업 ; 2. 생산자들을 중개하는 계급으로서의 상인들 ; 3. 사적 토지 소유와 저당권 그리고 4. 지배적인 생산 형태로서의 노예 노동. 문명에 조응하는, 그리고 문명과 함께 결정적 지배권을 확립한 가족 형태는 일부일처제, 여자에 대한 남자의 지배, 그리고 사회의 경제적 단위로서의 개별 가족이다. 문

5 명 사회를 총괄하는 것은 국가이다. 국가는 모든 전형적인 시기에 예외 없이 지배 계급의 국가이며, 또 어떤 경우에도 본질적으로 피억압, 피착취 계급을 억누르기 위한 기관이다. 문명에는 또 다음과 같은 특징들이 있다 : 한편으로는 전체 사회적 분업의 기초로서의 도시와 농촌의 대립을 고착시킨 것 ; 다른 한편으로 소유자가 자신이 죽은 후에도 자기 재산을 처분할 수 있

10 도록 하는 유언 제도를 도입한 것. 고대의 씨족 제도와 정면으로 충돌하는 이 제도는 아테네에서는 솔론 이전까지는 없었다 ; 로마에서는 그것이 이미 일찍부터 도입되었으나 그 시기에 대해서는 알려진 바 없다[18] ; 독일인들의 경우에는 성직자들이 유산 제도를 도입했는데, 그것은 신앙심 깊은 독일인 신자들이 아무런 장애 없이 자기의 유산을 교회에 유증할 수 있도록 하기

15 위해서였다.

이러한 제도에 기초를 둔 문명은 고대 씨족 사회는 도저히 해낼 수 없는 일들을 해냈다. 그러나 문명이 그렇게 해낸 것은 문명이 인간의 가장 추악한 충동과 정욕을 발동시키고, 인간의 다른 모든 소질을 희생시키면서 그것들을 발전시켰기 때문이다. 문명이 시작된 첫 날부터 오늘날에 이르기

---

18) 라쌀레의 『기득권의 체계』는 제2부에서 주로 다음의 명제를 중심으로 전개되고 있다. 즉 로마의 유언 제도는 로마 자체만큼이나 오래 되었다는 것, 로마사에는 일찍이 "유언 없는 시대는 없었다"는 것 ; 유언은 오히려 로마 이전 시기에 사망자 숭배에서 발생했다는 것이다. 라쌀레는 경건한 노년 헤겔파로서 로마의 법 규범을 로마 인들의 사회적 관계가 아니라 의지라는 "사변적 개념"에서 끌어냈기 때문에, 상술한 바와 같은 전적으로 비역사적인 주장에 도달하고 있다. 그의 책 자체가 역시 같은 사변적 개념에 기초하여 로마의 상속에서는 재산의 양도는 순전히 부수 사항이었다는 결론에 도달하고 있는 책인 만큼 이는 별로 놀랄 만한 일이 아니다. 라쌀레는 로마 법학자들, 특히 초기 법학자들의 환상을 믿었다 ; 또 거기서 그치지 않고 그는 그 환상을 그 극단에까지 밀어 올렸다.

까지 노골적인 탐욕이 문명을 추동해 왔다. 첫째도 부요, 둘째도 부요, 셋째도 부, 그것도 사회의 부가 아니라 탐욕적인 개개인의 부, 이것이야말로 문명의 유일하고 결정적인 목표였다. 그런데 과학의 가속적 발전과 반복적인 예술의 전성기가 문명의 태내에 존재했다 하더라도, 그것은 단지 그러한 것들이 없이는 우리 시대의 부를 남김없이 획득하는 것이 불가능했을   5 것이기 때문이다.

한 계급에 의한 다른 계급의 착취가 문명의 기초인 만큼, 문명의 발전은 끊임없는 모순 속에서 이루어진다. 생산에서 진보가 이루어질 때마다 그것은 동시에 피억압 계급, 즉 대다수 사람들의 처지가 퇴보함을 의미한다. 한 쪽에 좋은 것은 필연적으로 다른 쪽에 나쁜 것이며, 한 쪽 계급의 새로   10 운 해방은 다른 쪽 계급의 새로운 억압이다. 이것을 가장 확실하게 보여주는 실례가 바로 기계의 도입이다. 기계의 도입이 미친 영향들에 대해서는 오늘날 누구나 잘 알고 있는 바이다. 우리가 이미 살펴본 것처럼 미개인들의 경우에는 권리와 의무의 차이가 거의 있을 수 없었다. 반면에 문명은 한 계급에게는 거의 권리만을 부여하고 다른 계급에게는 거의 의무만을 부여   15 함으로써 아무리 미련한 자라도 권리와 의무의 차이와 대립을 알 수 있게 만들었다.

그럴 리가 없다. 지배 계급에게 좋은 것은 전체 사회에도 좋은 것이다. 이런 식으로 말하면서 지배 계급은 전체 사회와 자신을 동일시한다. 그러므로 문명은 전진하면 할수록 자신이 필연적으로 만들어 낸 폐해를 사랑의   20 보자기로 싸서 그것을 미화하거나 부인하지 않을 수 없게 된다. 요컨대, 그 이전의 사회 형태에서는 물론 문명의 첫 단계에서조차 존재하지 않았던 상투적 위선을 떨지 않을 수 없게 된다. 마침내 이 위선은 절정에 달하여 다음과 같은 주장에 이르게 된다 : 착취 계급이 피억압 계급을 착취하는 것은 오로지 피착취 계급 자신의 이익을 위한 것이다 ; 따라서 피착취 계급이 이   25 것을 깨닫지 못하고 반항을 한다면, 그것은 은인, 즉 착취자에게 너무나 배은망덕한 짓을 하는 것이다.[19]

---

19) 처음에는 모건과 나 자신의 문명에 대한 비판과 함께 샤를르 푸리에의 저작 여기저기서 볼 수 있는 빛나는 문명 비판도 인용할 생각이었다. 유감스

그럼 이제 문명에 대한 모건의 판결을 인용하면서 마무리하자 :

    "문명이 개시된 이래 부는 엄청난 속도로 증가했으며, 부의 형태는 매
우 다양해졌고, 부의 이용은 아주 광범위해졌으며, 소유자의 이익을 위한 부
의 관리는 매우 교묘해졌다. 그리하여 이 부는 인민과 대립하는, 제어할 수 없
는 힘이 되고 말았다. 인간의 정신은 자신의 창조물 앞에서 어리둥절한 모습으로 서
있다. 그럼에도 불구하고 인간의 이성이 강화되어 부를 지배하게 되고 국가
와 국가에 의해 보호되는 재산의 관계뿐만 아니라 소유자들의 권리의 한계
도 규정하게 되는 시기가 올 것이다. 사회의 이익은 절대적으로 개인의 이익
에 우선하며, 이 양자 사이에는 공정하고 조화로운 관계가 성립되어야 한다.
만약 진보가 과거의 법칙이었듯이 미래의 법칙이기도 하다면, 단순히 부만
추구하는 것이 인류의 종국적 사명은 아니다. 문명의 개시 이래 지나간 시간
이라는 것은 인류가 살아온 시간의 보잘것없는 한 토막일 뿐이다 ; 또한 인
류가 앞으로 살아갈 시간의 보잘것없는 한 토막일 뿐이다. 부를 유일한 궁극
적 목표로 하는 역사 궤도의 종착역으로서 사회의 해체가 우리를 위협하며
다가오고 있다 ; 왜냐하면 그런 역사 궤도는 자멸의 요소들을 내포하고 있기
때문이다. 행정 Verwaltung 에서의 민주주의, 사회에서의 우애, 권리의 평등,
보편적 교육 들은 경험, 이성 및 과학이 끊임없이 추구하는 한층 높은 다음
단계의 사회를 예고하는 전조이다. 그것은 고대 씨족의 자유, 평등, 우애의——
한층 높은 형태의——부활이 될 것이다."(모건, 『고대 사회』, 552면)

1884년 3월 말에서   맑스 · 엥겔스 저작집,
5월 말까지 씌어짐.   제21권, 25-29면 ;
출전 : 프리드리히 엥겔스,   제22권, 211-222면 ;

럽게도 지금 내게는 그럴 시간이 없다. 다만 푸리에도 이미 일부일처제와
토지 소유를 문명의 주요한 특징으로 간주했다는 것, 문명을 빈자들에 대
한 부자들의 전쟁이라고 불렀다는 것을 지적해 두는 데 그친다. 또한 이미
푸리에에게서, 대립물로 분열된 불완전한 모든 사회에서는 개별 가족(les
familles incohérentes)이 경제적 단위라는 사실에 대한 깊은 통찰을 발견
할 수 있다.[66]

『가족, 사적 소유 및 국가의 기원.   제21권, 30-173면
루이스 H. 모건의 연구와 관련하여』,
제4판, 슈투트가르트, 1892년.

                                              최인호 번역

프리드리히 엥겔스

[칼 맑스의 『철학의 빈곤』

독일어 초판] 서문[72]

　　본 저술은 1846/47년 겨울, 맑스가 자신의 새로운 역사 고찰 방식 및
경제 고찰 방식의 윤곽에 관하여 스스로 분명하게 이해하게 된 시기에 나
온 것이다. 막 출간되었던 프루동의 『경제적 모순들의 체계, 혹은 빈곤의
철학』은, 생존하는 프랑스 사회주의자들 사이에서 그때부터 내내 가장 중
요한 위치를 점하게 되었던 그 인물의 견해에 반대하여 위의 윤곽을 발전
시킬 기회를 맑스에게 주었다. 두 사람이 빠리에서 종종 밤새껏 경제에 관
한 문제들을 토론했던 시기 이래로, 이 두 사람은 점점 더 제각기 다른 길
을 가게 되었다 ; 프루동의 저술은, 이제 이미 두 사람 사이에는 건널 수 없
는 심연이 놓여 있다는 것을 증명하였다 ; 이를 무시한다는 것은 당시 가능
하지 않았다 ; 그리고 맑스는 이와 같은 자신의 응답 속에서 불치의 균열을
확인해 두었다.

　　프루동에 대한 맑스의 전체적인 판단은 이 서문에 뒤이어 나오는 논문
에서 찾아볼 수 있는데, 그것은 베를린의 『사회 민주주의자』 1865년 제16,
17, 18호에 실렸던 것이다[73]. 그것은 맑스가 그 신문에 쓴 유일한 기사였다
; 얼마 지나지 않아 명백하게 드러난 슈바이쩌 씨의 시도, 즉 그 신문을 봉
건적인 항로로, 정부의 항로로 이끌려던 그의 시도는 우리로 하여금 몇 주
도 지나지 않아 우리의 기고 계약의 해소를 공개적으로 통지하지 않으면

안 되게 만들었다.[74]

독일에서 본 저술은 바로 이 순간, 맑스 자신도 결코 예감한 바 없는 그러한 의미를 가지고 있다. 맑스는 프루동을 두들겨 팸으로써, 그 당시 자신에게는 이름조차 알려져 있지 않았던 로드베르투스라고 하는 오늘날의 출세주의자들의 신을 적중시키고 있었는데, 맑스가 이를 어찌 알 수 있었겠는가?   5

여기는 맑스와 로드베르투스의 관계를 논할 곳은 아니다 ; 그러한 것을 위해서는 아마 곧 나에게 기회가 주어질 것이다.[75] 여기서는 다음과 같은 정도만 지적하겠다. 즉 로드베르투스가 맑스는 자신을 "표절"하였고[76] 자신의 저술 『인식을 위하여』를 "자신을 인용하지도 않고 자기의 『자본』에서   10
무지막지하게 이용해 먹었다"[77]며 맑스를 탄핵할 때, 그는 인정받지 못한 천재가 으레 터뜨리는 역정으로밖에 설명되지 않고 또 프로이센 바깥에서 진행되는 일들에 대한, 특히 사회주의 문헌 및 경제학 문헌에 대한 자신의 현저한 무지로밖에 설명되지 않는 그러한 중상에 사로잡히도록 자신을 맡기고 있다는 것만 지적하겠다. 맑스는 이와 같은 탄핵도, 또 언급된 로드베   15
르투스의 저술도 본 적이 전혀 없다 ; 그가 도대체 로드베르투스에 대해 알고 있었던 것이라고는 세 편의 「사회 서한」뿐이었으며, 이나마도 1858년이나 59년 이전에는 전혀 알고 있지 못하였다.

로드베르투스는 이 서한들에서, 자신이 이미 프루동에 앞서 "프루동의 구성된 가치"를 발견하였음을 더 많은 근거를 대며 주장한다 ; 그리고는 그   20
는 최초의 발견자인 양 분명 다시 잘못을 범하며 우쭐한다. 아무튼 그리하여 그는 우리의 저술에서 함께 비판되고 있으며, 이것은 나로 하여금 『우리나라의 경제 상태의 인식을 위하여』(1842년)라는 그의 "기초를 놓는" 소저작을 간략하게 논하지 않을 수 없게 만들고 있다. 이렇게 논하는 것은, 그 저작이 요컨대 그 안에도 마찬가지로 (다시 무의식적으로) 포함되어 있는   25
바이틀링 류의 공산주의 이외에 프루동에 대한 선취도 드러내는 한에서이다.

그 경향이 어떠하든 현대의 사회주의가 부르주아 정치 경제학으로부터 출발하는 한, 그 사회주의는 거의 예외 없이 리카도의 가치 이론과 결부되어 있다. 리카도가 1817년에 자신의 『원리들』의 서두에서 공표한 두 가지 명제, 즉 1. 각각의 상품의 가치는 전적으로 그것의 생산에 요구되는 노동량에 의해서만 규정된다는 것과 2. 전체 사회적 노동의 생산물은 토지 보유자(지대), 자본가(이윤), 노동자(임금)라는 세 계급 사이에 분배된다고 하
5   는 이와 같은 두 가지 명제는 이미 1821년 이래로 영국에서 사회주의적인 결론들을 위해 활용되어 왔으며, 게다가 이제는 거의 사라져 버렸다가 맑스에 의해 대부분이 비로소 다시 발견된 이 문헌은 부분적으로는 『자본』의 출간 전까지는 비할 데 없는 상태로 있었을 정도로 예리하고 단호하게 활용되어 왔다. 이에 대해서는 다른 기회에 살피기로 하겠다.[78] 따라서 로드
10 베르투스 측에서 1842년에 위의 명제들로부터 사회주의적인 결론들을 이끌어 냈다면, 그것은 한 사람의 독일인에 대해서는 당시 확실히 매우 의미 있는 진전이었겠지만, 기껏해야 독일에 대해서만 새로운 발견으로 통용될 수 있는 것이었다. 리카도 이론의 그러한 적용이 새로운 것과 얼마나 거리가 먼 것인지는, 유사한 망상병에 걸린 프루동에 맞서 맑스가 입증하였다.
15   "영국에서의 정치 경제학의 발전에 대해 조금이라도 익숙해 있는 사람이라면, 이 나라의 거의 모든 사회주의자들이 서로 다른 시기에 리카도 이론의 **평등주의적**(즉, 사회주의적) 적용을 제안한 바 있다는 사실을 어쨌든 알고 있을 것이다. 우리는 프루동 씨에게 아래와 같은 것들을 인용해 줄 수도 있다 : 홉킨스의 『정치 경제학』, 1822년 ; 윌리엄 톰슨, 『인간의 행복에 최
20 고로 공헌하는 부의 분배 원리에 관한 연구』, 1824년 ; T. R. 에드몬즈, 『실천 도덕, 정치 경제학』, 1828년, 등등 등등. 이러한 등등은 네 면이나 더 된다. 우리는 영국의 한 공산주의자에게만 귀를 기울이려 한다 : 브레이가 자신의 주목할 만한 저술인 『노동의 부당한 처우와 그 구제책』(리즈, 1839년)에서 하고 있는 이야기가 그것이다."[79] 그리고 여기에 주어진 브레이로부
25 터의 인용문만으로도 로드베르투스에 의해 청구되는 우선권의 상당 부분은 제거된다.
        당시 맑스는 아직 대영 박물관의 열람실에 전혀 발을 들여놓고 있지 않았다. ᄤ리와 브뤼셀의 도서관말고는, 나의 책들과 발췌들말고는, 그가 열ᄆ할 수 있었던 책이라곤 단지 1845년 여름 우리가 함께한 여섯 주에 걸친

영국 여행 동안 맨체스터에서 조달할 수 있는 책들뿐이었다. 따라서 사십
년대에 해당 문헌을 가까이하기가 지금보다 훨씬 더 어려운 것은 결코 아
니었다. 그럼에도 불구하고 그 문헌이 로드베르투스에게는 언제나 알려져
있지 않은 채로 있었다면, 그것은 다만 그의 프로이센 식 지방적 편협성이
책임질 일일 뿐이다. 그는 특유의 프로이센 사회주의의 원래의 창시자이며,   5
이제는 마침내 그러한 사람으로 인정되고 있다.

　하지만 그의 가장 사랑스러운 프로이센에서도 로드베르투스는 교란되
지 않은 상태로 있을 운명은 아니었다. 1859년에 베를린에서 맑스의『정치
경제학의 비판을 위하여. 제1분책』이 출간되었다. 거기에서는 리카도에 대
한 반박들 가운데 다음과 같은 것이 두 번째 반박으로서 40면에서 제기되   10
고 있다 :

　"만약 어떤 생산물의 교환 가치가 그 안에 포함되어 있는 노동 시간과
동일한 것이라면, 일 노동일의 교환 가치는 그 생산물과 동일하다. 또는 임
금은 노동의 생산물과 동일하지 않으면 안 된다. 그런데 실상은 정반대이
다." 거기에 다음과 같은 주가 이어지고 있다 : "경제학자들 진영이 리카도   15
에 대해 제출한 이와 같은 반박은 후에 사회주의자들 진영에 의해서 끄집
어내어졌다. 정식의 이론적 올바름을 가정하여, 이론과 모순인 실천이 견책
되었으며, 부르주아 사회는 자신의 이론적 원리로부터 나온 것이라고 추정
되는 결론들을 실천적으로 이끌어 내는 데에 관여하게 되었다. 영국의 사회
주의자들은 적어도 이런 식으로 리카도의 교환 가치 정식을 정치 경제학에   20
반하는 것으로 전환시켰다."[80] 바로 이 주에서 맑스의『철학의 빈곤』이 언
급되고 있는데, 그 책은 당시 어디서나 책방에서 손에 넣을 수 있었다.

　따라서 로드베르투스에게는, 자신의 1842년의 발견들이 참으로 새로운
것이었는지 아니었는지를 스스로 확인해 볼 수 있는 기회가 충분히 있었던
것이다. 그렇게 하는 대신에 그는 그 발견들을 재차 공표하고 있으며, 또   25
그것들을 너무도 비길 데 없는 것으로 여기고 있어서, 맑스가 자기, 즉 로
드베르투스 자신만큼 독자적으로 리카도로부터 결론들을 도출할 수 있으리
라는 생각은 단 한 번도 그의 머리에 떠오르지 않는다. 절대 불가능하다!
맑스는 그를 "표절했다"──조야한 형태로나마 로드베르투스에게서도 여

전히 나타나는 이러한 최종 결론들이 두 사람보다 얼마나 오래 전에 영국에서 이미 공표되었는가를 확인할 모든 기회를 그에게 제공한 바로 그 맑스가 그를!

리카도 이론의 가장 단순한 사회주의적 응용은 위에서 제시된 것이다.
5 그 응용은 많은 경우, 리카도를 넘어서는 잉여 가치의 원천과 본질에 대한 통찰로 통한다 ; 다른 누구보다도 로드베르투스의 경우에 그렇다. 이 점과 관련하여 로드베르투스가 자신보다 이전에 적어도 그 자신의 수준에 버금갈 만한 어떤 것도 언급되지 않았음을 그 어디에서도 제시하지 못하고 있다는 것은 별도로 하더라도, 그의 선행자들의 서술과 마찬가지로 그의 서
10 술은 다음과 같은 사실로부터 고통을 겪고 있다. 즉 노동, 자본, 가치 등등과 같은 경제학적 범주들을 그것들의 내용을 탐구하지 않은 채 경제학자들로부터 그에게 넘겨진 조야하고 외관에 달라붙어 있는 형태로 검토하지도 않고 받아들임으로써 고통을 겪고 있다. 그는 이와 같이 하여——이제 64년 전 이래로 그렇게도 자주 되풀이되고 있는 이와 같은 명제들로부터 그
15 무엇인가를 비로소 만들어 낸 맑스와는 반대로——더 이상의 발전의 모든 길로부터 점점 더 멀어졌을 뿐만 아니라, 앞으로 보게 되듯이 그 자신을 유토피아로 인도하는 직통 코스를 열어 놓게 되었다.

유일한 현실적 생산자인 노동자들에게 전체 사회적 생산물, **그들의** 생산물이 속하는 것이라고 하는 위와 같은 리카도 이론의 응용은 직접적으로
20 공산주의로 통한다. 그러나 맑스가 위의 문장에서도 암시하고 있듯이 그러한 것은 경제학적으로는 형식상 잘못된 것인데, 그 이유는 그것은 그저 도덕을 경제학에 적용한 것에 불과하기 때문이다. 부르주아 경제학의 법칙들에 따르면, 생산물의 대부분은 그것을 산출한 노동자들에게 속하는 것이 아니다. 우리가 지금, 그것은 부당하고 또 그렇게 되어서는 안 된다고 말한다
25 고 해도, 이것이 바로 경제학과 관련이 있는 것은 아니다. 그것은 이와 같은 경제학적 사실이 우리의 도의적 감정에 모순된다고 말하는 것에 불과한 것이다. 맑스는 따라서 결코 자신의 공산주의적인 요구들을 이와 같은 것 위에 정초한 것이 아니라, 필연적이며, 우리의 눈앞에서 날마다 점점 더 완성되어 가는 자본주의 생산 양식의 붕괴 위에 정초하였다 ; 그는 잉여 가치

가 불불 노동으로 구성된다고 말할 뿐이며, 이는 단순한 사실이다. 그러나 경제학적으로는 형식상 잘못된 것이라도 세계사적으로는 올바른 것일 수도 있다. 만약 대중의 도의적 의식이 한때의 노예제나 부역 노동과 같은 경제적 사실을 부당한 것으로 선언한다면, 이것은 그러한 사실들 자체가 이미 시대에 뒤떨어진 것이라는, 또 그와는 다른 경제적 사실들이 대두하게 되어   5
이러한 것 때문에 앞의 것들은 견딜 수 없고 유지될 수 없게 되었다는 증거이다. 형식적인 경제학적 부정확함의 배후에는 따라서 아주 참된 경제학적 내용이 숨겨져 있을 수도 있다. 잉여 가치 이론의 의미와 역사를 더 깊숙이 파고드는 일은 여기서 할 일이 아니다.

그러나 사람들은 이와 나란히 리카도의 가치 이론으로부터 다른 결론   10
들을 도출할 수도 있으며, 또 도출해 왔다. 상품의 가치는 그것의 산출에 요구되는 노동에 의하여 규정된다. 그러나 이제, 조악한 세상에서 상품들은 때로는 그 가치 이상으로 때로는 그 이하로 판매되고 있으며, 게다가 이것은 참으로 경쟁의 동요에만 기인하는 것이 아님이 밝혀지게 된다. 마치 상품 가격이 수요와 공급을 매개로 노동의 가치로 환원되는 경향을 가지고   15
있는 것과 꼭 마찬가지로, 이윤율은 모든 자본가들에 대해 동일한 수준으로 평준화되는 경향을 가지고 있다. 이윤율은 그러나 하나의 업계에 투자된 총자본에 근거해서 계산되는 것이다. 그런데 이제 두 개의 서로 다른 부문의 업계에서 연 생산물이 동일한 노동량을 체화하고 따라서 동일한 가치를 표현할 수 있으며 또 양자에서의 임금은 동일할 수 있다. 하지만, 이때 한   20
부문의 업계에 입체된 자본이 다른 부문에 입체된 자본보다 두 배 또는 세 배나 더 많을 수도 있고 또 종종 그러하다. 그렇다면 리카도의 가치 법칙은 리카도 자신이 이미 발견하였듯이 동일 이윤율의 법칙과 모순되는 것이다. 만약 양 부문의 업계의 생산물들이 그 가치대로 판매된다면, 이윤율은 동일할 수 없을 것이다 ; 그러나 만약 이윤율이 동일하다면, 양 부문의 업계의   25
생산물들은 틀림없이 그 가치대로 판매될 수 없을 것이다. 이와 같이 우리는 여기서 하나의 모순, 즉 두 가지 경제 법칙의 이율 배반을 마주하게 된다 ; 실제적인 해결은, 리카도에 의하면(제1장 4, 5편) 통상적으로 이윤율을 위하여 가치를 희생시키는 것에서 찾아진다.

그러나 이제 리카도의 가치 규정은, 그 불길한 속성들에도 불구하고, 갸륵한 시민에게 사랑을 받고 또 소중한 것으로 여겨지게 만드는 어떤 측면을 가지고 있다. 그것은 거역할 수 없는 힘으로 그들의 정의감에 호소한다. 정의와 권리 평등, 그것은 18 세기와 19 세기의 시민이 봉건적 불의, 불평등, 특권 등의 폐허 위에 자신들의 사회라는 건물을 세우고자 했던 주추기둥이다. 그리고 노동에 의한 상품 가치의 규정과 이러한 가치 척도에 따라 동등한 권리의 상품 보유자들 사이에서 수행되는 노동 생산물의 자유로운 교환, 이것이 이미 맑스가 지적하였듯이 현대 시민 층의 전체 정치적, 법적, 철학적 이데올로기가 건축되는 실제적 기초이다. 노동이 상품 가치의 척도라는 인식이 일단 주어지게 되면, 갸륵한 시민의 선량한 감정이라 해도, 이러한 정의의 기본 법칙을 명목상으로는 인정하지만 실상은 어느 순간에나 거리낌없이 제쳐놓은 것으로 보이는 세계의 조악함으로 인해 상당히 기분이 언짢아지게 된다. 그리고 특히 자신의 성실한 노동——비록 이것이 그저 그들의 일꾼들이나 도제들의 성실한 노동이라 할지라도——이 대규모 생산 및 기계로 인한 경쟁에 의하여 날마다 점점 더 가치를 상실하게 되는 소시민 층, 특히 소생산자들은, 노동 가치에 따른 생산물의 교환이 마침내 언젠가 하나의 완전하며 예외 없는 진리가 되는 그러한 사회에 눈길을 돌리지 않을 수 없다 ; 다른 말로 하면 이렇다 : 그는, 단 하나의 상품 생산 법칙이 배타적이면서 손상되지 않은 채 통용되기는 하지만 그 법칙이라는 것이 전반적으로 통용될 수 있는 조건이 제거된, 즉 상품 생산의 그 밖의 법칙과 나아가서는 자본주의적 상품 생산 법칙이 제거된 그러한 사회에 눈길을 돌리지 않을 수 없다.

이와 같은 유토피아가 현대의——현실적인 것이든 이념적인 것이든——소시민 층의 사유 방식에 얼마나 깊숙이 파고들었는지는 다음과 같은 사실이 증명해 주고 있다. 그러한 유토피아는 이미 1831년에 존 그레이에 의해 체계적으로 전개되었으며, 삼십 년대에 영국에서는 실제로 시도되고 이론적으로 퍼졌으며, 1842년에는 독일에서 로드베르투스에 의해, 1846년에는 프랑스에서 프루동에 의해 최신의 진리로 선포되었으며, 게다가 1871년에는 로드베르투스에 의해 다시 한 번 사회 문제의 해결책, 말하자면 그

의 사회적 유언으로 공포되었으며[81], 1884년에는 로드베르투스의 이름으로
프로이센 국가 사회주의를 이용해 먹을 채비를 하는 엽관 운동가 무리에서
다시 추종자가 나타났다는 사실이 그것이다.

　　이러한 유토피아에 대한 비판은 맑스에 의해 프루동에 대해서뿐만 아
니라 그레이에 대해서도(이 저술의 부록을 보라[82]) 남김없이 제공되었으므　　　5
로, 나는 여기서 유토피아를 정초하고 채색하는 로드베르투스 특유의 형식
에 대한 약간의 언급에 그칠 수 있을 것이다.

　　이미 다음과 같은 것을 말한 바 있다 : 로드베르투스는 전래의 경제학
적 개념 규정들을, 그것들이 경제학자들로부터 그에게 넘겨진 형태 그대로
받아들인다. 그는 그것들을 탐구해 보려는 어떠한 시도도 하지 않는다. 가　　　10
치란, 그에게는

　　　"양에 따른 그 밖의 다른 사물들에 대한 한 사물의 통용력이며, 이 통용력은
　　　척도로 파악된다."[83]

　　이와 같은, 부드럽게 말하면 전혀 야무진 데가 없는 정의는 기껏해야
우리로 하여금 가치가 대략 어떤 것처럼 보이는지에 대한 표상은 제공하겠　　　15
지만, 가치가 어떤 것인지에 대해서는 전혀 말해 주지 않는다. 그러나 이것
이 로드베르투스가 가치에 대해서 우리에게 말할 줄 아는 전부이므로, 그
가 가치의 외부에 놓여져 있는 가치 척도를 추구한다는 것은 이해할 만하
다. 아돌프 바그너 씨가 그토록 무한히 찬미한 추상적 사유의 힘을 가지고
삼십 면에 걸쳐 사용 가치와 교환 가치를 뒤범벅이게 만든 후에, 그는 현실　　　20
적인 가치 척도는 존재하지 않으며 어떤 대용 척도로 만족해야만 한다는
결론에 도달한다. 그러한 것으로 노동이 제시될 수도 있겠지만, 이는 동일
한 노동량의 생산물들이 항상 동일한 노동량의 생산물들과 교환될 때에만
그러하다 ; 이것이 "이미 자체로 실정이 그러하든 또는" 이를 보증하는 "대
비책이 강구되어 있든" 마찬가지이다.[83] 따라서 첫째 장 전체가 상품이　　　25
"노동을 필요로 하며" 게다가 다른 것이 아닌 노동을 필요로 한다는 것과
또 왜 그런지를 우리에게 설명해 주는 데에 할애되고 있음에도 불구하고,
가치와 노동은 그 어떠한 사실상의 연관 항도 없는 채로 남아 있게 된다.

노동은 이제 검토되지 않은 채, 경제학자들에게서 나타나는 형태로 취해진다. 그리고 그것조차 못 된다. 왜냐하면, 비록 두세 마디의 말로 노동의 강도 차이를 지적함에도 불구하고, 노동은 여전히 아주 일반적으로 "필요로 되는" 것으로 내세워지고 있으며, 따라서 표준적인 사회적 평균 조건에서 지출된든지 그렇지 않든지 상관없이 가치를 측정하는 것으로 내세워지고 있기 때문이다. 생산자가 하루에 제조될 수 있는 생산물의 제조에 열흘을 사용하든 아니면 하루만을 사용하든, 최고의 작업 도구를 사용하든 아니면 최악의 것을 사용하든, 자신의 노동 시간을 사회적으로 필수적인 물품에 사회적으로 요구되는 양만큼 제조하는 데 사용하든, 아니면 전혀 열망하지 않는 물품을 제작하든 열망하는 물품을 수요 이상으로 제작하든 수요 이하로 제작하든——모든 것은 이야깃거리도 안 된다 : 노동은 노동이며, 동일한 노동의 생산물은 그것과 동일한 노동의 생산물과 교환되지 않으면 안 된다. 그런데 그렇지 않으면 적절하든 그렇지 않든 간에 언제나 민족적 입장에 서서 일반적인 사회적 고려라는 관측소의 높이에서 개별 생산자의 관계들을 조망할 채비가 되어 있는 로드베르투스는 여기서는 아주 근심스레 삼가고 있다. 게다가 그 이유는 단지, 그가 이미 자신의 저서의 첫째 줄부터 직접적으로 노동 화폐라는 유토피아로 육박하기 때문이며, 또 노동을 가치 형성적인 속성에서 탐구하는 일이 매번 그에게는 통과할 수 없도록 항로에 바위 덩이를 던지는 일임에 틀림없기 때문이다. 그의 본능은 여기서, 로드베르투스에게는 가장 구체적인 무사유를 통해서만 부수적으로 발견될 수 있는 추상적 사유보다 훨씬 더 의미 심장하다.

유토피아로의 이행은 이제 손바닥 뒤집듯 이루어진다. 노동 가치에 따른 상품 교환을 예외 없는 규칙으로 보증하는 "대비책"은 어떠한 어려움도 야기하지 않는다. 그레이로부터 프루동에 이르는 이러한 경향의 그 밖의 유토피아주의자들은 이러한 목표를 실현할 사회 장치들을 머리를 짜내 생각해 내기 위해 천신만고를 하고 있다. 그들은 적어도 경제 문제는 경제상의 방식으로, 교환하는 상품 소유자들 자신의 행위를 통해서 해결하려고 시도하였다. 로드베르투스에게는 훨씬 손쉬웠다. 선량한 프로이센 인으로서 그는 국가에 호소한다 : 국가 권력의 칙령 하나가 개혁을 명령한다.

이렇게 한다면 가치는 운 좋게도 "구성되게" 되지만, 로드베르투스에 의해 청구되는 이러한 구성의 우선권은 어림도 없는 이야기이다. 이와는 반대로 그레이와 브레이 —— 많은 다른 사람들 가운데에서 —— 는 로드베르투스에 앞서 오랫동안, 그리고 빈번히, 넌더리가 날 정도로 반복되어 오고 있는 이러한 사상을 가지고 있다 : 생산물들이 모든 상황에서 항상 그 노동 가치대로, 그리고 단지 그 노동 가치대로만 교환되도록 하는 대비책들에 대한 경건한 소망.

국가는 가치 —— 적어도 생산물의 일부의 가치라고 하겠는데, 그 이유는 로드베르투스도 신중하기 때문이다 —— 를 이런 식으로 구성한 다음에, 자신의 노동 지폐를 발행하여 그것 가운데서 산업 자본가들에게 입체금을 지불하는데, 그들은 그것으로 노동자들에게 임금을 지불하고, 노동자들은 얻은 노동 지폐로 생산물을 구매하고, 그리하여 지폐의 출발점으로의 역류를 매개한다. 이러한 일이 얼마나 놀라우리 만큼 아름답게 일어나는지, 우리는 로드베르투스 자신의 말에 귀를 기울이지 않을 수 없다.

"두 번째 조건과 관련하여 말하자면, 전표에 증명된 가치가 현실적으로 교통 속에 현존하도록 하는 필수 대비책은 어떤 생산물을 실제로 내놓은 사람만 전표를 얻는다는 것을 통해 행해지는데, 그 전표에는 생산물을 제조한 노동량이 정확히 기록되어 있다. 이틀 노동의 생산물을 내놓는 사람은 '이틀'이 기록되어 있는 전표를 받는다. 발행할 때 이러한 규칙을 엄격히 준수함으로써 필연적으로 이러한 두 번째 조건 또한 충족됨에 틀림없다. 그 이유는, 우리의 전제에 따르자면 재화의 현실적 가치는 항상 그것의 제조에 필요로 된 바로 그 노동량과 일치하며, 또 이러한 노동량은 일상적인 시간 분할을 그 척도로 보유하고 있으므로, 이틀 노동이 사용된 생산물을 내준 사람은 누구든지 이틀이 증명된 것을 얻는다면 이는 그가 실제로 제공했던 것보다 더 많거나 더 적은 가치를 증명 받거나 할당받게 되는 것도 아니다 ; —— 그리고 나아가 현실적으로 교통 속에 생산물을 제공한 사람들만이 그와 같은 증명서를 얻으므로, 전표에 기록된 가치가 사회를 충족시키기 위해 현존하고 있다는 것 또한 명백하다. 분업의 범위를 아무리 넓게 생각한다 해도, 이러한 규칙이 정확히 지켜진다면, **현존하는 가치의 총액은 증명된 가치의 총액과 정확히 같게 될 것이다.** 하지만 증명된 가치의 총액은 정확히, 할당받은 가치의 총액이기도 하기 때문에, 이것 또한 **현존하는** 가치와 **필연적으로** 상쇄되지 **않을 수** 없으며, 모든 요구가 **충족될** 것이며, 청산은 올바로 매개될 것이다." (166, 167면)[83]

이제까지는 로드베르투스가 자신의 새로운 발견들과 함께 너무 늦게 5 도착하는 불행을 항상 맛보았다면, 이번에는 적어도 일종의 독창성이라는 공적을 가지고 있다 : 그의 어떤 경쟁자들도 이러한 어린애처럼 순진한, 뻔히 들여다보이는, 참으로 포메른 식이라고 말할 수 있는 형태로 노동 화폐-유토피아의 어리석음을 감히 말로 표현하지 않았다. 모든 종이 증명서에 대하여 그에 상응하는 가치 대상이 제공되고 또 어떤 가치 대상도 그에 상응 10 하는 종이 증명서 이외에는 그 어떤 것에 대해서도 내놓아지지 않기 때문에, 종이 증명서의 총액은 항상 가치 대상의 총액에 의하여 담보가 제공되지 않을 수 없다; 계산은 조금의 나머지도 남기지 않고 진행되며, 그것은 노동초勞動秒에 이르기까지 일치하고, 제 아무리 장기 근속한 정부-중앙 금고-출납국 회계원도 조금의 계산 착오를 입증할 수 없다. 더 이상 무엇을 15 바라려 하는가?

오늘날의 자본주의 사회에서 모든 산업 자본가들은 자신이 원하는 것을, 자신이 원하는 방식으로, 자신이 원하는 만큼, 단독으로 생산한다. 하지만 사회적 수요는 그들에게 미지의 크기로 남아 있는데, 이는 그 질, 수요되는 대상의 종류뿐만 아니라 그 양과 관련해서도 그렇다. 오늘 신속히 충 20 분히 제공될 수 없는 것이, 내일은 수요를 훨씬 초과하여 매물로 나올 수도 있다. 그럼에도 불구하고 결국 수요는 이러저러하게, 좋게든 나쁘게든 충족될 것이며, 이렇게 하여 이제 생산은 전체적으로 보아 결국 수요되는 대상을 겨냥하게 될 것이다. 모순의 이와 같은 조정은 어떻게 실현되는가? 경쟁을 통해서. 그러면 경쟁은 어떻게 하여 이와 같은 해결책을 준비해 내는 25 가? 이것은 아주 단순한 것인데, 이 경쟁이 그 종류나 양에 있어서 목전의 사회적 수요를 위해서는 쓸모가 없는 상품들을 노동 가치 이하로 평가 절하하고 또 이와 같은 우회적인 방식으로 생산자들이 도대체 쓸모가 없는 물품을 만들었다거나 아니면 쓸모가 있는 물품일지라도 그것을 쓸모 없이 흘러 넘치는 양으로 제조했음을 느끼게 함으로써이다. 이로부터 다음과 같

은 두 가지가 뒤따른다 :

첫째, 상품 가치로부터 상품 가격의 지속적인 이탈이 필요 조건이며, 이 조건 아래에서, 그리고 이 조건을 통해서만 상품 가치는 현존할 수 있다. 경쟁의 동요들, 따라서 상품 가격의 동요들을 통해서만, 상품 생산의 가치 법칙은 자신을 관철시키며, 사회적으로 필요한 노동 시간에 의한 상품 가치   5
의 규정이 현실로 된다. 이와 함께 가치의 현상 형태인 가격이 일반적으로는 가격이 현상시키는 가치와는 다른 그 무엇처럼 보인다고 하는 것, 이 운명은 가치가 대부분의 사회적 관계들과 함께하고 있는 것이다. 왕은 자신이 역할을 맡고 있는 왕정하고는 대개 완전히 다르게 보인다. 교환하는 상품 생산자들의 사회에서 경쟁으로 하여금, 일반적으로 가치 규정이 성립될 수   10
있는 유일한 방식인 가격에 압력을 가하여 가치 규정을 성립시키는 것을 금지시킴으로써 노동 시간에 의한 이러한 가치 규정을 성립시키려 하는 것은 따라서 경제 법칙에 대한 그 밖의 유토피아적 경멸을 적어도 이 영역에서는 전유했음을 증명할 뿐이다.

둘째 : 교환하는 상품 생산자들의 사회의 내부에서 경쟁은, 상품 생산   15
의 가치 법칙이 통용력을 갖도록 하는 가운데 위와 같은 작용을 함으로써 그 상황에서 유일하게 가능한 사회적 생산의 조직과 질서를 관철시킨다. 생산물들의 평가 절하와 과대 평가를 매개로 하여서만 개별 상품 생산자들은 생산물들 가운데 어떤 것을, 또 얼마만큼을 사회가 필요로 하는지 그렇지 않은지를 뼈저리게 느끼게 된다. 그런데 로드베르투스가 함께 대표하고 있   20
는 유토피아는 바로 이와 같은 유일한 조절기를 폐지시키고자 하는 것이다. 그리고 만약 그때 우리가 묻는다면, 즉 생산물 가운데 필수적인 양만큼 생산되어 더 많이 생산되지 않게 되도록 하는, 우리가 첨채당에 질식하고 감자 소주에 익사하면서도 곡식과 고기가 없어 굶주림으로 고통 당하지 않게 되도록 하는, 바지 단추는 수백만 개씩이나 여기저기 넘치는데도 우리의 맨   25
몸을 가릴 정도밖에 바지가 없게 되지 않게 되도록 하는 어떤 보장이 있는지를 묻는다면 —— 로드베르투스는 의기양양하게 자신의 유명한 계산법을 가리켜 보이는데, 그것에 의하면 여분의 설탕 파운드마다, 판매되지 않은 화주 통마다, 바지에 달리지 않은 단추마다 정확한 증명서가 발행된다. 이 계산법은 정확히 "일치하며", 그것에 따르면 "모든 요구가 충족될 것이며, 청산은 올바로 이루어"진다. 그리고 믿지 못하는 사람은 누구든지, 이러한 계산을 감사하고 옳은지 인정해 주는 일을 하고 있으며 또 여태껏 현금 부족으로 체포되어 본 적이 없는 완전히 믿을 만한 포메른의 정부-중앙 금고
5 -출납국 회계원 X에게 의뢰해 보라.

그러면 이제는 로드베르투스가 자신의 유토피아를 매개로 산업 공황과 상업 공황을 제거하려고 할 때 보여 주는 순진함을 보기로 하자. 상품 생산이 세계적 차원의 시장을 획득하자마자, 사적 계정으로 생산하는 개별 생산자들과 시장 사이의 조정, 즉 그들이 그것을 위해 생산하며 또 그 수요
10 의 양과 질의 면에서 다소간 그들에게 알려져 있지는 않은 시장 사이의 조정은 세계 시장의 뇌수, 상업 공황에 의해 이루어지고 있다.[1] 그런데 이제 만약 개별 생산자들에게 세계 시장의 상태가 어떤지를 가격의 상승이나 하락을 통하여 알리는 일을 경쟁에게 금지시킨다면, 그것은 생산자들의 눈을 완전히 가리는 일이 될 것이다. 생산자들이 시장, 즉 그들이 그것을 위해
15 생산하고 있는 시장의 상태에 대해 더 이상 전혀 알 수 없도록 상품 생산을 조직하는 것——이것이야말로 참으로 아이젠바르트 박사로 하여금 로드베르투스를 부러워하게 만들 수 있었던 공황 병에 대한 치유책인 것이다.

이제 사람들은 왜 로드베르투스가 상품의 가치를 "노동"에 의하여 쉽사리 규정하며 기껏해야 노동의 서로 다른 강도를 허용하고 있는지 이해할
20 것이다. 만약 그가 노동이 무엇을 통해 또 어떻게 가치를 창조하는지, 따라서 또한 규정하고 측정하는지를 탐구하였더라면, 그는 사회적으로 필요한 노동, 즉 동일한 종류의 다른 생산물들뿐만 아니라 사회적 총수요에 대해서도 개별 생산물에 필요한 노동에 도달하게 되었을 것이다. 그럼으로써 그는

---

1) 적어도 이것이 최근까지의 사태이다. 영국의 세계 시장 독점이 프랑스, 독일, 특히 아메리카의 세계 무역 참가에 의해 점점 와해된 이래로, 새로운 조정의 형태가 대두되고 있는 것처럼 보인다. 공황에 선행하는 전반적 호황의 시기는 여전히 도래하려 하지 않고 있다. 만약 전혀 생기지 않는다면, 경미한 동요만을 수반하는 만성적 정체가 현대 산업의 정상 상태로 되지 않을 수 없다.

다음과 같은 질문을 마주하게 된다 : 사회적 총수요에 대한 개별 상품 생산자의 생산의 적응은 어떻게 이루어지는가 ; 그리고 그럼으로써 그의 유토피아 전체는 불가능한 것으로 되어 버린다. 그는 이번에는 사실상 "추상화하는" 것을, 즉 바로 문제로 되고 있는 것을 "추상화하는" 것을 택하였다.

　　이제 드디어 우리는 로드베르투스가 우리에게 새로운 그 무엇을 현실　　5
적으로 제시하는 지점에 도달하였다 ; 그를 노동 화폐-교환 경제의 그의 모든 무수히 많은 동료들로부터 구분시켜 주는 그 무엇. 그들 모두는 이러한 교환 장치를 자본에 의한 임금 노동의 착취를 폐지할 목적으로 주장한다. 모든 생산자는 자신의 생산물의 완전한 노동 가치를 얻어야 한다는 것이다. 이러한 점에서는 그레이로부터 프루동에 이르기까지 그들 모두가 일치한　　10
다. 절대 아니라고 로드베르투스는 말한다. 임금 노동과 그 착취는 여전히 남아 있다는 것이다.

　　첫째, 생각할 수 있는 그 어떠한 사회 상태에서도 노동자는 자신의 생산물의 가치 전체를 소비를 위해 얻을 수는 없다는 것이다 ; 생산된 기금으로부터, 경제적으로는 비생산적이긴 하지만 필요한 일련의 기능들이 지출　　15
되어야 하고 따라서 관련 인물들도 함께 유지되어야 한다는 것이다. 이러한 것은 오늘날의 분업이 통용되는 한에서만 올바르다. 전반적인 생산적 노동의 의무가 있는 사회 또한 분명히 "생각할 수" 있으며, 그런 사회에서는 이러한 것은 없어진다. 그러나 사회적 예비 기금 및 축적 기금의 필요성은 남아 있을 것이며, 따라서 그때에도 노동자들, 즉 모두가 자신들의 총생산물　　20
을 소유하고 향유한 채 있을 것이지만, 각각의 개별 노동자들이 자신의 "완전한 노동 수익을" 향유하지는 않을 것이다. 노동 생산물로부터 경제적으로 비생산적인 기능들이 유지된다는 것은 다른 노동 화폐-유토피아주의자들에게서도 간과되지 않고 있다. 하지만 그들은 노동자들로 하여금 이러한 목적을 위해 통상의 민주주의 방식으로 스스로에게 과세하도록 하는 반면　　25
에, 1842년의 사회 개혁안을 모두 당시 프로이센 국가에 맞게 마련한 로드베르투스는 노동자들에게 그들 자신의 생산물에 대한 그들의 몫을 위로부터 아래로 규정해 주며 또 은총을 베풀어 양도해 주는 관료제의 재량에 사태 전체를 맡긴다.

그러나 둘째로, 지대와 이윤 또한 손상을 입지 않은 채 지속되지 않으면 안 된다는 것이다. 왜냐하면 토지 보유자와 산업 자본가도, 비록 경제적으로 비생산적인 기능이라 하더라도 특정한, 사회적으로 유용한 또는 필수적이기까지 한 기능을 행하고 있으며, 그에 대한 대가로 지대와 이윤으로 일정한 봉급을 받고 있기 때문이다.── 잘 알려져 있다시피 1842년에는 전혀 새롭지 않은 파악이다. 오늘날 그들은 자신들이 수행하고 있는, 게다가 나쁘게 수행하고 있다고 충분히 말할 수 있는 그런 아주 자그마한 일에 비해 너무 많은 것을 벌고 있다. 그러나 로드베르투스는 실로 적어도 다가올 500 년에 대해서는 하나의 특권 계급을 필요로 하는데, 만약 그렇다면 ─ 내 생각을 올바르게 표현하자면 ─ 현재의 잉여 가치율이라고 하는 것은 유지된 채 있어야 상승해서는 안 된다. 이 현재의 잉여 가치율을 로드베르투스는 200 퍼센트로 상정하고 있으니, 다시 말하자면 열두 시간 노동의 경우에 날마다 노동자가 12 시간이 아니라 단지 4 시간이 증명된 것을 받게 되며 나머지 8 시간에 생산된 가치는 토지 보유자와 자본가 사이에 분배된다는 것이다. 로드베르투스의 노동 증명은 따라서 직접적인 거짓말을 하고 있는 것이다. 그러나 사람들은, 노동자 계급이 4 노동 시간이 증명된 것을 얻기 위해 12 시간 노동하는 것을 감수할 것이라고 상상해 보려면, 다시 한 번 포메른의 기사령 보유자가 되지 않으면 안 된다. 만약 자본주의적 생산의 마법 주문이 이와 같은 순진한 언어로 번역된다면, 그것은 노골적인 강도짓으로 보일 것이며 절대로 이루어지지 않을 것이다. 노동자들에게 주어진 모든 증명서들은 직접적인 반란 도발이 될 것이며, 독일의 제국 형법전 제110조에 해당될 것이다. 사람들은, 곤봉과 채찍이 지배하고 마을의 모든 반반한 계집들은 자비로운 영주의 규방에 소속되는 포메른 기사령에 사실상 절반은 농노 신분으로 갇혀 있는 날품팔이 프롤레타리아트와는 다른 프롤레타리아트를 전혀 본 적이 없음이 틀림없는바, 이는 그러한 모욕을 노동자들에게 가할 수도 있다고 상상하기 때문이다. 그러나 우리의 보수주의자들이 이제 바로 우리의 가장 위대한 혁명가들이다.

그러나 만약 우리의 노동자들이 고된 열두 시간 노동 내내 현실적으로는 네 시간만 노동했다고 하는 것에 속아 줄 정도로 그렇게 온유한 사람들이라면, 그에 대한 임금으로 그들은 영원히 그들 자신의 생산물에 대한 그들의 몫은 삼분의 일 이하로 떨어지는 일이 없게 되리라는 보장을 받는 것이다. 이것은 실로 어린애의 나팔로 부는 미래 음악이며, 이를 위해서는 단한마디라도 허비할 가치가 없다. 따라서 로드베르투스의 노동 화폐-교환유토피아에서 무언가 새로운 것이 제시되고 있는 한, 이 새로운 것이란 단지 유치한 것에 지나지 않으며 또 그것은 로드베르투스 이전이나 이후의그의 수많은 동지들의 업적보다 한참 아래에 있는 것이다.

로드베르투스의 『인식을 위하여 등등』이 나왔던 시기로 보자면, 그 책은 무조건 중요한 저서였다. 그가 리카도의 가치 이론을 한 방향으로 진전시킨 것은 전도 유망한 출발이었다. 비록 그것이 그와 독일에게만 새로웠다고 할지라도, 전체적으로 그것은 그 사람보다 더 훌륭한 영국의 선행자들의 업적과 동등한 높이에 올라 있는 것이었다. 그러나 그것은 겨우 출발일뿐이었으며, 이로부터 근본적이고 비판적인 그 이상의 작업을 통하여서만이론을 위한 현실적인 성과에 도달할 수 있었다. 하지만 그는 이렇게 계속전개해 나아가는 것을 그 스스로 차단하였다. 그는 리카도를 이어 계속 전개하는 것을 애초부터 두 번째 방향에서, 즉 유토피아의 방향에서 착수함으로써 그렇게 하였다. 그럼으로써 그는 모든 비판의 첫째 조건인 다음과 같은 것을 상실하였다—— 공평 무사. 그는 사전에 규정된 목표를 향해 노력하였고, 그는 경향 경제학자가 되었다. 일단 자신의 유토피아에 사로잡히게되자, 그는 과학에서 전진할 수 있는 모든 가능성을 스스로 봉쇄하였다. 1842년부터 죽을 때까지 그는 원 안에서 돌고 있었으니, 이미 최초의 저술에서 언급했거나 암시해 놓았던 생각들을 끊임없이 반복하였고, 자신이 인정받지 못하고 있다고 느꼈으며, 표절될 것도 없는데 표절 당했다고 알고있었으며, 결국에 가서는 자신이 근본적으로는 이미 오래 전에 발견된 것들을 재발견했을 뿐이라는 인식에 대해 고의적으로 눈을 감고 말았다.

몇몇 구절들에서 번역은 인쇄된 프랑스 어 원본과는 상이하다. 이것들

은 맑스가 손으로 적어 놓은 변경 사항들에 근거한 것인데, 준비되고 있는 새로운 프랑스 어 판에서는 이러한 변경 사항들도 받아들여질 것이다.

이 저술에서 사용되고 있는 표현 방식이 『자본』의 것들과 완전히 일치 하지는 않는다는 점에 주의를 환기시킬 필요는 거의 없을 것이다. 그래서 여기서는 여전히 노동력 대신에 **노동**이 상품으로 간주되고, 노동의 구매와 판매에 대해 이야기되고 있다.

이 판에는 부록으로 다음과 같은 것들이 추가되었다 : 1. 맑스의 저술 『정치 경제학의 비판을 위하여』(베를린, 1859년) 가운데서 존 그레이의 **최 초의 노동 화폐-교환 유토피아에 관한 부분**[82]과 2. 저자의 『빈곤』과 동일 한 발전 시기에 해당하는, 자유 무역에 관한 맑스의 브뤼셀에서의 연설 (1848년)[84]의 번역.

1884년 10월 23일, 런던   프리드리히 엥겔스

출전 : 칼 맑스, 『철학의 빈곤.   『맑스 · 엥겔스 저작집』,
프루동의 『빈곤의 철학』에 대한 응답』,   제21권, 175-187면.
E. 베른슈타인과 K. 카우츠키의 독일어 번역.
프리드리히 엥겔스의 서문과 주해 첨부.
슈투트가르트, 1885년.

김태호 번역

프리드리히 엥겔스

공산주의자 동맹의 역사에 관하여[85]

　　1852년 쾰른 공산주의자들에 대한 유죄 판결과 함께 독일의 독자적 노동자 운동의 제1기는 막을 내렸다. 이 시기는 오늘날 거의 잊혀졌다. 그렇지만 이 시기는 1836년부터 1852년까지 지속되었고 또한 독일 노동자들이 외국으로 퍼져 나감에 따라 그 운동은 거의 모든 문명국에서 전개되었다. 그뿐만이 아니다. 오늘날의 국제 노동자 운동은 사실상 당시의 독일 노동자 운동의 직접적 계속이다. 당시의 독일 노동자 운동은 일반적으로 말해서 **최초의 국제 노동자 운동**이었으며 국제 노동자 협회에서 지도적 역할을 하게 되는 많은 인물들을 배출하였다. 그리고 공산주의자 동맹이 1847년의 『공산주의당 선언』을 통해서 그 깃발에 새긴 이론적 원칙들은, 오늘날 유럽과 아메리카에서 전개되는 전체 프롤레타리아 운동의 가장 튼튼한 국제적 결속 수단을 이루고 있다.

　　오늘날까지 이 운동의 체계적인 역사를 보여 주는 기본 사료는 하나밖에 없다. 그것은 이른바 검은 책이다 : 『19 세기 공산주의자들의 음모』. 베르무트, 슈티버 공저, 베를린. 전 2 부, 1853년과 1854년. 금세기 가장 비열한 두 경찰 룸펜이 쓴 이 책, 거짓과 의도적 날조로 가득 찬 이 졸렬한 책이 현재까지도 그 시기에 관한 모든 비공산주의적 저술들의 가장 기초적인 사료 역할을 하고 있다.

내가 여기서 제공할 수 있는 것은 대략적 개요일 뿐이다. 게다가 그것은 동맹 자체가 문제가 되는 경우에 한에서 대략적 개요일 뿐이며 ; 또 『폭로』를 이해하는 데 절대적으로 필요한 것일 뿐이다. 나는 맑스와 내가 수집한 국제 노동자 운동의 이 영광스러운 청년 시대의 역사에 관한 풍부한 자료를 정리할 기회가 또 있으리라고 생각한다.

1834년에 빠리에서 독일인 망명자들이 만든 민주주의적-공화주의적 비밀 단체인 "추방자" 동맹에서 대부분 프롤레타리아적인 가장 급진적인 분자들이 1836년에 갈라져 나와 새로운 비밀 단체인 의인 동맹을 만들었다. 야콥 베네디 류의 à la Jacobus Venedey 그야말로 비활동적인 분자들만이 남게 된 동맹의 모체는 얼마 안 가서 완전히 쇠퇴하고 말았다 : 1840년에 독일에 있는 몇 개 지부를 경찰이 탐지해 냈을 때는 이 동맹은 거의 흔적조차 남지 않은 상태였다. 이에 반해 새로운 동맹은 비교적 급속히 발전하였다. 이 동맹은, 원래 바뵈프주의의 전통[86]에 의지하여 같은 시기에 빠리에서 형성된 프랑스 노동자 공산주의가 독일에 가지를 친 것이었다 ; 이 동맹은 "평등"의 필연적 귀결로서 재산 공유를 요구하였다. 그 목적은 같은 시기 빠리 비밀 단체들의 목적과 동일하였다 : 반은 선전 단체이고 반은 음모적 단체. 그리고 이 음모적 성격과 관련하여, 그들은 언제나 빠리를 혁명적 활동의 중심지로 간주하였다. 경우에 따라 독일에서의 폭동을 준비하는 일이 전혀 없는 것은 아니었지만, 그러나 결정적인 전장은 어디까지나 빠리였다. 그렇기 때문에 당시 동맹은 사실상 프랑스의 비밀 단체들, 특히 블랑끼와 바르베가 지도하던 계절단[87]의 독일인 지회에 지나지 않았으며, 계절단과 밀접한 관계를 맺고 있었다. 프랑스 인들은 1839년 5월 12일에 싸움을 시작하였다 ; 동맹의 각 지부들은 그들과 함께 진격했다가 그들과 함께 패배하였다.

독일인들 가운데에서 특히 칼 샤퍼와 하인리히 바우어가 체포되었다 ; 루이-필립 정부는 그들을 오랫동안 구금한 후에 국외로 추방하는 것으로 만족하였다. 이 두 사람은 모두 런던으로 건너갔다. 샤퍼는 나싸우의 바일부르크 출신이다. 그는 기센에서 입학 학생 시절인 1832년에 게오르크 뷔흐너가 만든 음모단의 일원이 되어 1833년 4월 3일에 프랑크푸르트 경찰서 습격[88]에 참가하였다가 외국으로 도주하였으며 1834년 2월에는 마찌니의 사브와 원정[89]에 참가하였다. 체구가 당당하고 과감하고 정력적이고 시민 5 적인 생활과 생명을 언제든지 바칠 각오를 가지고 있던 그는, 삼십 년대에 일정한 역할을 수행한 직업적 혁명가의 전형이었다. 사고가 어느 정도 둔하기는 했지만, 그가 이미 "데마고그"[90]에서 공산주의자로 발전했다는 사실이 보여 주는 바와 같이 그에게 한층 더 깊은 이론적 통찰에 도달할 능력이 없는 것은 결코 아니었다. 따라서 그는 자신이 한번 인정한 것은 그만큼 완 10 강하게 고집하였다. 바로 그렇기 때문에 그의 혁명적 열정이 때때로 그의 이성과 어긋나기도 했다 ; 그러나 그는 지나고 나서는 항상 자신의 오류를 깨닫고 그것을 솔직히 인정하였다. 그는 훌륭한 사나이였다. 독일 노동자 운동을 기초하는 데 그가 공헌한 바는 결코 잊혀지지 않을 것이다.

하인리히 바우어는 프랑켄 출신의 제화공이었다 ; 이 사람은 씩씩하고 15 쾌활하고 재치 있는 작은 체구의 사나이였으나 그 자그마한 체구에는 또한 기민성과 결단성이 깃들어 있었다.

빠리에서 식자공이었던 샤퍼는 런던에서는 어학 교사로서 자신의 생계를 해결하려 했는데, 두 사람은 런던에 도착한 후 끊어졌던 동맹과의 연계를 다시 맺음으로써 이제는 런던이 동맹의 중심지가 되게 하였다. 이미 20 앞서 빠리에서의 일일지도 모르지만 여기서 쾰른 출신의 시계공 요제프 몰이 그들에 가담하였다. 몰은 보통 키의 헤라클레스였으며――그와 샤퍼가 회의실 문에 위풍당당하게 버티고 서서 몰려드는 수백 명의 반대파를 막아낸 일이 몇 번이었던가!――그는 정력과 결단성에서 두 동지에 비해 결코 손색이 없었으며 지적인 면에서는 그들보다 우수하였다. 그가 여러 번의 출 25 장에서 거둔 성과가 증명하다시피 그는 타고난 외교가였다 ; 또한 그는 이론 문제에서도 이해가 빠른 편이었다. 나는 1843년에 런던에서 이 세 사람들 모두와 알게 되었다 ; 그들은 내가 만난 최초의 혁명적 프롤레타리아들이었다 ; 당시 세부적인 지점에서는 우리들의 견해는 서로 엇갈리는 경우가

많았으나──그들의 견해는 협애한 평등 공산주의[1]였고 당시 나에게는 아
직 협애한 철학적 교만의 요소가 있었기 때문이다──당시에 나 자신은
겨우 한 사람의 인간이 되려고 하던 때였던 만큼 이 진실한 세 사람에게서
받은 깊은 인상을 나는 결코 잊지 못할 것이다.

5   런던에서는, 그리고 조금 못 하지만 스위스에서도 결사와 집회의 자유
는 그들에게 도움을 주었다. 이미 1840년 2월 7일에 공개 단체인 독일인 노
동자 교육 협회가 만들어졌는데, 이 단체는 아직까지도 존속되고 있다.[91]
이 협회는 동맹이 새로운 회원을 모으는 원천이었다. 게다가 언제나 그렇듯
이 공산주의자들은 협회에서도 가장 활동적이고 가장 지적인 협회 회원이
10   었고, 따라서 동맹이 이 협회의 지도권을 전적으로 장악하게 된 것은 지극
히 당연한 일이었다. 얼마 안 가서 동맹은 런던에 몇 개의 소조 즉, 당시에
도 여전히 불렸던 대로 하면 "오두막들"을 갖게 되었다. 이와 동일한 명백
한 전술이 스위스와 기타 지방에서도 채용되었다. 노동자 협회를 만들 수
있는 곳에서는 어디서나 이와 동일한 방식으로 그 협회를 이용하였다. 이것
15   이 법률로 금지된 곳에서는 합창단, 체육 협회 기타 그와 유사한 단체에 들
어갔다. 상호간의 연락은 대부분 끊임없이 왔다갔다하는 동맹원들에 의해
유지되었으며, 필요할 경우에는 그들이 밀사 역할도 했다. 이 두 가지 점에
서 동맹은 각국 정부의 현명한 처신에 많은 도움을 받았다. 즉 이 정부들은
마음에 들지 않는 노동자들──열이면 아홉은 동맹원이었다──을 모조
20   리 추방함으로써 그들을 밀사로 만들었던 것이다.

       부활한 동맹은 대폭 확대되었다. 특히 스위스에서는 바이틀링, 아우구스
트 베커(극히 우수한 두뇌의 소유자였으나 많은 독일인이 그랬던 것처럼 내
적으로 지조가 없었기 때문에 몰락하였다) 등등이 많건 적건 바이틀링의
공산주의 체계를 신봉하는 다른 하나의 강력한 조직을 만들었다. 여기서 바
25   이틀링의 공산주의를 비판하는 것은 적절하지 않다. 그러나 독일 프롤레타
리아트의 최초의 독자적인 이론적 활동으로서 그것이 가지는 의의에 대해
서 말한다면, 나는 지금도 1844년 빠리의 『전진!』에 실린 맑스의 다음과 같

─────────────

1) 내가 이해하는 평등 공산주의란 앞서 말한 바와 같이 전적으로 혹은 주로
   평등의 요구에 입각한 공산주의만을 말한다.

은 말에 동의한다 : "과연 그 어디에서" (독일의) "부르주아지 —— 그들의 철학자들과 율법 학자들을 포함하여 —— 가 **부르주아지의 해방**—— 정치적 해방——과 관련하여 바이틀링의 『조화와 자유의 보장』에 필적하는 저작을 내세울 수 있단 말인가? 독일의 정치적 문헌의 김빠진, 원기 없는 평범함을 독일 노동자들의 이 대단하고 찬란한 등단과 비교한다면 ; **프롤레타리아** **트의 이 거인만한 어린아이 구두**를 부르주아지의 닳아 **빠진** 정치적 구두의 난장이만함과 비교한다면, 독일의 신데렐라에게 우람한 체격의 운동 선수의 모습을 예언해 주지 않을 수 없다."[92] 이 우람한 운동 선수의 모습은 아직 성장하려면 멀긴 하나 현재 우리 앞에 서 있다.

독일에도 많은 지부들이 있었다. 이 지부들은 일의 성질상 일시적인 것들이었다 ; 그러나 새로 생겨나는 것이 소멸하는 것보다 훨씬 많았다. 경찰은 7 년이 지난 1846년 말에야 비로소 베를린(멘텔)과 마그데부르크(베크)에서 동맹의 흔적을 발견했으나, 그 이상 그것을 추적할 수는 없었다.

빠리에서는 1840년에 아직 거기에 머물러 있던 바이틀링이, 스위스로 출발하기 전에 사방에 흩어져 있던 분자들을 다시 규합하였다.

동맹의 핵심 부대는 재봉사들이었다. 독일인 재봉사들은 스위스, 런던, 빠리 등 도처에 있었다. 빠리에서는 독일어가 업무상 아주 지배적인 언어였다. 내가 1846년에 빠리에서 알게 된 한 노르웨이 재봉사는 드론트하임에서 해로를 통해 곧바로 프랑스에 온 사람인데 18 개월 가량 있는 동안에 프랑스 어는 거의 한 마디도 배우지 못했으나 독일어는 아주 잘했다. 1847년에 빠리의 소조들 중에서 두 개 소조는 주로 재봉사로 구성되어 있었고 한 개 소조는 소목장이들로 구성되어 있었다.

무게 중심이 빠리에서 런던으로 옮겨진 이후 하나의 새로운 특징이 전면에 나타났다 : 동맹은 독일인들의 동맹에서 점차 **국제적인** 동맹이 되었다. 노동자 협회에는 독일인과 스위스 인 외에 주로 독일어를 외국인과의 교제 수단으로 하는 모든 민족체들의 회원들, 즉 특히 스칸디나비아 인, 네덜란드 인, 헝가리 인, 체코 인, 남슬라브 인 등이 있었고 러시아 인과 알사스 인들도 있었다. 1847년에는 그중에 정복을 착용한 영국 근위 척탄병 한 사람도 정기적으로 늘 나오곤 하였다. 협회는 얼마 안 가서 다음과 같이 불리

게 되었다 : 공산주의 노동자 교육 협회. 그리고 회원증에는 때때로 틀리게
적은 경우도 없지 않았지만 적어도 20 개 국어로 다음과 같은 어구가 새겨
졌다 : "모든 사람은 형제이다." 공개 단체인 협회와 마찬가지로 비밀 단체
인 동맹도 얼마 안 가서 더욱 국제적인 성격을 띠게 되었다 ; 처음에는 물론
5 좁은 의미에서 국제적이었다. 실천적으로는 그 회원의 민족체들이 다양하
다는 것과 이론적으로는 어떤 혁명이든 승리하기 위해서는 반드시 유럽적
이어야 한다는 것을 통찰했다는 의미에서 국제적이었다. 그 이상은 나아가
지 못했다 ; 그러나 기초는 닦아진 셈이었다.

동맹은 1839년 5월 12일의 전우로서 런던에 와 있는 망명자들을 통해
10 서 프랑스 혁명가들과 긴밀한 연계를 맺고 있었다. 급진적인 폴란드 인들과
도 같은 방식으로 연계를 맺고 있었다. 폴란드의 공식 망명자들은 물론 마
찌니와 마찬가지로 동맹자라기보다는 오히려 적이었다. 영국의 차티스트들
은 그들의 운동이 가지는 영국 특유의 성격 때문에 혁명적이지 않은 자로
서 무시되었다. 런던의 동맹 지도자들은 이후에 나를 통해서 비로소 그들과
15 연계를 맺었다.

그 외에도 사건들을 보고 겪으면서 동맹의 성격은 다른 점에서도 변화
하였다. 사람들은 여전히 —— 당시로서는 지극히 당연하게 —— 빠리를 혁명
의 고향으로 간주하고 있었지만, 빠리의 음모가들에게 의존하는 경향은 사
라졌다. 동맹이 확대되면서 동맹의 자각도 높아졌다. 독일의 노동자 계급
20 속에 더욱더 뿌리를 내리고 있다는 것, 독일 노동자들이 유럽 북부와 동부
노동자들의 기수가 될 역사적 사명을 띠고 있다는 것을 느끼기 시작했다.
동맹은 당시의 프랑스 경쟁자들과 대담하게 맞설 만한 공산주의 이론가로
서 바이틀링을 갖고 있었다. 끝으로 5월 12일의 경험을 통해 당분간은 폭동
을 시도할 생각을 말아야 한다는 것을 알게 되었다. 그리고 무슨 사건이 일
25 어나면 아직도 그것을 모두 다가올 폭풍우의 전조로 해석한다 하더라도,
절반은 음모적인 낡은 규약을 그대로 둔다 하더라도, 그것은 오히려 낡은
혁명가들의 완고함에 책임이 있었다. 그러나 이 완고함은 자기의 길을 개척
하고 있던 한층 올바른 견해와 이미 충돌하기 시작하고 있었다.

이에 반해 동맹의 사회적 학설은, 아주 불명확하였을 뿐더러 매우 큰

오류를 가지고 있었다. 그러나 이 오류는 사정 자체에 근거하고 있었다. 동맹원들이 일반적으로 노동자들인 한에서 그들은 거의 대부분 본래의 수공업자들이었다. 그들을 착취하고 있던 자는 세계적인 대도시에서조차 대부분의 경우 소小 장인에 불과하였다. 재봉 수공업이 대자본가의 계산 아래 이루어지는 가내 공업으로 전화함에 따라 이루어진 재봉업의 대규모 착취, 오늘날의 이른바 기성복 제조업의 착취조차 당시는 심지어 런던에서도 막 싹이 트는 형편에 있었다. 한편으로 이 수공업자들의 착취자는 소장인이었고, 다른 한편으로 수공업자들 자신 또한 모두 결국은 소장인이 되기를 희망하고 있었다. 게다가 당시의 독일 수공업자들은 여전히 전래의 쭌프트적 표상에 상당히 매달려 있었다. 그들 자신이 아직은 진정한 프롤레타리아가 아니고 현대 프롤레타리아트로 이행하고 있는 소부르주아의 부속물, 아직은 부르주아지 즉 대자본과 직접 대립하고 있지 않은 부속물에 불과하였다는 것——이 수공업자들이 자신들의 장래의 발전을 본능적으로 내다 보고, 충분히 의식적으로는 아니었지만 프롤레타리아트의 당을 결성할 수 있었다는 것, 이것은 그들이 정말로 명예롭게 여길 만한 일이었다. 그러나 현존 사회에 대한 세세한 비판 즉 경제적 사실들의 연구가 문제가 될 때마다 그들이 수공업자로서 가지고 있던 낡은 편견이 그들에게 걸림돌이 되었다는 것도 역시 불가피한 일이었다. 그리고 당시 동맹 전체를 통틀어 정치 경제학 서적을 단 한 권이라도 읽은 사람은 한 사람도 없었다고 생각된다. 그러나 그러한 것은 별로 문제가 안 되었다; 당분간은 '평등', '우애', '정의'가 어떠한 이론적 난관도 극복할 수 있게 해 주었다.

그러는 동안에 동맹과 바이틀링의 공산주의와 나란히 이와 본질적으로 다른 또 하나의 공산주의가 만들어졌다. 나는 맨체스터에서 다음과 같은 사실을 분명히 깨달았다. 종래의 역사 서술에서는 아무런 역할도 하지 않거나 보잘것없는 역할만을 하는 경제적 사실들이 적어도 현대 세계에서는 결정적인 역사적 힘이라는 것; 이 경제적 사실들이 오늘날의 계급 대립이 발생하는 기초를 이룬다는 것; 대공업이 충분히 발전한 나라들에서는 따라서 특히 영국 같은 데서는, 이 계급 대립이 다시 정당의 형성, 정당의 투쟁 및 전체 정치사의 기초를 이룬다는 것. 맑스도 이와 같은 견해에 도달해 있었을 뿐만 아니라 이미 『독불 연보』(1844년)에서 그것을 다음과 같이 일반화하였다. 대체로 국가가 시민 사회를 조건짓고 규제하는 것이 아니라 시민 사회가 국가를 조건짓고 규제한다. 따라서 정치와 정치사는 경제적 관계들과 그 관계들의 발전으로부터 설명되어야 하며 그 반대가 되어서는 안 된다. 내가 1844년 여름에 빠리로 맑스를 방문했을 때 모든 이론 영역에서 우리는 완전히 일치하였다. 바로 그때부터 우리의 공동 작업은 시작되었다. 1845년 봄에 브뤼셀에서 다시 만났을 때, 맑스는 이미 앞서 말한 기초로부터 자신의 유물론적 역사 이론의 기본 골격을 완전히 발전시켜 놓고 있었다. 그리하여 이제 이 새로이 획득한 견해를 각 방면에서 세세하게 완성하는 것이 우리의 일이 되었다.

그러나 역사 과학에 일대 변혁을 일으킨 이 발견, 알다시피 본질적으로는 맑스의 업적이며 나에게로 돌릴 수 있는 몫은 아주 미미한 이 발견은 당시의 노동자 운동에 대해서 직접적 중요성을 가지는 것이었다. 이제 프랑스 인과 독일인의 공산주의, 영국인의 차티즘은 존재하지 않을 수도 있는 어떤 하나의 우연으로 보이지 않게 되었다. 이 운동들은 이제는 현대의 피억압 계급인 프롤레타리아트의 운동들로서, 지배 계급인 부르주아지에 맞선 프롤레타리아트의 역사적으로 필연적인 투쟁의 다소 발전된 형태들로서 나타나게 되었다 ; 오늘날의 피억압 계급인 프롤레타리아트가 동시에 사회 전체를 계급 분열 따라서 계급 투쟁으로부터 해방시키지 않고서는 자신의 해방을 성취할 수 없다는 점에서 종래의 모든 계급 투쟁과 구별되는 그러한 계급 투쟁의 형태들로서 나타나게 되었다. 그리고 공산주의는 이제는 환상을 매개로 해서 가능한 한 완성된 사회적 이상을 고안해 내는 것이 아니라 프롤레타리아트가 수행하는 투쟁의 본성, 조건들 및 거기에서 나오는 일반적 목적에 대한 통찰을 의미하게 되었다.

우리는 이 새로운 과학적 성과를 두꺼운 책에 써서 "학"계에만 속삭일 생각은 조금도 없었다. 그 반대였다. 우리 두 사람은 이미 정치 운동에 깊이 들어가 있었고 교양 사회, 특히 서부 독일의 교양 사회 속에 일정한 정도의 지지자들을 확보하고 있었으며, 조직된 프롤레타리아트와 다방면으로 접촉하고 있었다. 우리에게는 우리의 견해에 과학적 기초를 마련할 의무가

있었다 ; 그러나 또한 유럽의 프롤레타리아트, 우선 독일의 프롤레타리아트
로 하여금 우리의 신념을 지지하게 하는 것 역시 그에 못지않게 우리에게
는 중요한 일이었다. 우리 자신이 우리의 생각을 확실히 이해한 다음에 우
리는 즉각 작업에 착수하였다. 우리는 브뤼셀에 독일인 노동자 협회를 창립
하였고 『독일어-브뤼셀 신문』을 손에 넣고 2월 혁명 때까지 우리의 기관지   5
로 삼았다. 우리는 내가 기고하고 있던 운동의 중앙 기관지인 『북극성』의
편집자 줄리언 하니를 통해 영국 차티스트들의 혁명적 부분과 교류하였다.
또한 우리는 브뤼셀의 민주주의자들(맑스는 민주주의 협회의 부의장이었
다)이나 내가 영국과 독일의 운동에 관한 소식을 보내고 있었던 『개혁』의
프랑스 사회민주주의자들과도 일종의 협약을 맺고 있었다. 요컨대, 급진적   10
이고 프롤레타리아적인 조직 및 기관지와 우리의 연계는 더 바랄 것이 없
을 정도로 잘 이루어지고 있었다.

　의인 동맹과 우리의 관계는 다음과 같았다. 우리는 이 동맹의 존재에
대해서 물론 알고 있었다 ; 1843년에 샤퍼가 나에게 가맹을 권고하였고 당
시 나는 당연히 이 권고를 거절하였다. 그러나 우리는 런던의 사람들과 지   15
속적인 서신 연락을 취하고 있었을 뿐 아니라 당시 빠리 소조들의 지도자
였던 에버베크 박사와 긴밀한 교류를 하고 있었다. 우리는 동맹의 내부 문
제에는 관계하지 않았다. 그렇지만 중요한 일들은 모두 알고 있었다. 다른
한편 우리는 구두로, 서한으로, 출판물을 통해서 가장 중요한 동맹원들의
이론적 견해에 영향을 주고 있었다. 이를 위해서 각종 석판 인쇄 회람장도   20
이용되었는데, 당시 형성되고 있던 공산주의당 내부의 일이 문제가 되는 특
별한 경우에는 우리는 이러한 회람장을 세계 곳곳에 있던 벗들과 통신원들
에게 보냈다. 이 회람장에서는 동맹 자체가 문제가 되는 일도 종종 있었다.
예컨대 베스트팔렌의 한 젊은 대학생 헤르만 크리게는 미국으로 건너가 거
기서 동맹의 밀사로 활동하면서 동맹을 매개로 해서 남아메리카를 일변시   25
키기 위해 미치광이인 하로 하링과 연계를 맺었다. 그는 신문[93]을 창간하
여, 거기에서 동맹의 이름으로 '사랑'에 근거한, 사랑으로 충만한, 다정다감
한 얼빠진 사랑의 공산주의를 설교하였다. 우리는 어느 한 회람장에서[94]
이러한 움직임에 일격을 가했고 그것은 확실한 효과를 보았다. 크리게는 동

맹의 무대에서 자취를 감추었다.

  그 후 바이틀링이 브뤼셀로 왔다. 그러나 그는 이미 자기 자신의 재능에 놀라며 도대체 공산주의 사회란 어떤 것인가를 알려고 하는 소박한 젊은 재봉 직인이 아니었다. 그는 자신의 탁월함 때문에 시기하는 사람들로부터 박해를 당하는 위대한 인물, 도처에서 경쟁자들과 비밀의 적 그리고 함정을 느끼는 위대한 인물이었다 ; 지상에 천국을 실현할 비방이 주머니에 있으며 모두가 그것을 훔쳐갈 궁리를 하고 있다고 망상하는, 이 나라에서 저 나라로 쫓겨다니는 예언자였다. 바이틀링은 런던에서도 이미 동맹 사람들과 사이가 좋지 못하였고, 특히 맑스와 그의 부인이 거의 초인간적인 인내로 그를 대했음에도 불구하고 브뤼셀에서도 누구와도 사이좋게 지낼 수 없었다. 그리하여 그는 얼마 안 있어 아메리카에서 예언자 노릇을 하기 위해 그곳으로 건너갔다.

  이러한 모든 사정들은 동맹 내부에서, 특히 런던의 지도자들 사이에서 일어나고 있던 조용한 변혁을 촉진하였다. 프랑스의 소박한 평등 공산주의나 바이틀링의 공산주의 같은 공산주의에 대한 기존의 파악이 불충분하다는 것이 그들에게 더욱더 명백해졌다. 바이틀링이 공산주의를 원시 기독교로 환원함으로 말미암아──그의 『가난한 죄인의 복음』이 몇 가지 점에서 천재적이었음에도 불구하고──스위스에서 대부분의 운동이 처음에는 알브레히트와 같은 바보들의 손에 들어갔고 다음에는 쿨만과 같은 사기꾼 예언자의 손에 들어가고 말았다. 몇몇 통속 작가들에 의해 유포된 "진정한 사회주의"는 프랑스 사회주의의 어법을 파멸한 헤겔식 독일어로 번역한 것이며 감상적인 얼빠진 사랑(『공산주의당 선언』의 독일 사회주의 혹은 "진정한" 사회주의 장을 보라[95])에 불과했다. 이 사회주의는 크리게를 통해서, 그리고 관련 서적들의 독서를 통해서 동맹에도 도입되었다. 그러나 침이나 질질 흘리는 그 무기력함만으로도 동맹의 오랜 혁명가들에게 충분히 혐오감을 불러일으키지 않을 수 없었다. 기존의 이론적 표상의 빈약함에 비하면, 이로부터 나타난 실천적 오류들에 비하면 우리의, 즉 맑스와 나의 새 이론이 정당하다는 것을 런던의 사람들은 더욱더 통찰하였다. 당시 런던의 지도자들 가운데는 상술한 사람들보다 훨씬 뛰어난 이론적 인식 능력을 가

진 두 사람이 있었고, 이 두 사람이 이러한 통찰을 촉진한 것은 의심할 여
지가 없었다 : 하일브론 출신의 삽화 작가 칼 팬더와 튀링엔 출신의 재단사
게오르크 에카리우스.[2]

요컨대, 1847년 봄에 몰은 자신의 동지들의 이름으로 다시 한 번 우리
의 동맹 가입을 권유하기 위해 브뤼셀의 맑스를 찾아갔고 곧바로 나를 찾   5
아서 빠리로 왔다. 그들은 우리들의 파악 방식이 일반적으로 정당하다는 것
을 납득하고 있으며 동맹을 낡은 음모적인 전통과 형태에서 해방시킬 필요
가 있음을 납득하고 있다고 했다. 우리가 가입할 의사가 있다면 우리에게
동맹의 총회에서 우리의 비판적 공산주의를 선언으로 진술할 기회를 주고
그 다음에는 그것을 동맹의 선언으로서 발표하겠다고 했다 ; 또한 동맹의   10
낡은 조직을 시대와 목적에 부합하는 조직으로 대체하는 데 우리가 응분의
기여를 할 수 있다고 했다.

선전만을 위해서라도 독일 노동자 계급 내부에 하나의 조직이 필요하
다는 것, 그리고 이 조직은 순전히 지방적 성격만을 갖는 것이 아닌 이상
독일 바깥에서조차 비밀 조직일 수밖에 없다는 것을 우리는 조금도 의심하   15
지 않았다. 그런데 바로 그러한 조직이 동맹으로 이미 존재하고 있었다. 우
리가 그때까지 동맹에 대해 비난하던 것을 지금 동맹의 대표자들 자신이
결함이라 하여 포기하였다 ; 게다가 동맹의 재조직에 협력해 달라고 우리를
부르는 것이었다. 우리가 안 된다고 말할 수 있었겠는가? 물론 없었다. 따
라서 우리는 동맹에 가입하였다 ; 맑스는 브뤼셀에서 우리의 가까운 벗들로   20
동맹의 한 소조를 결성하였고, 다른 한편 나는 빠리의 세 개 소조를 찾아갔
다.

1847년 여름에 런던에서 동맹의 제1차 총회가 개최되었다. 여기에서

---

2) 팬더는 약 8 년 전에 런던에서 사망했다. 그는 아주 치밀한 두뇌의 소유자로
서 기지와 풍자에 능했으며 변증법적이었다. 에카리우스는 알다시피 후에
여러 해 동안 국제 노동자 협회의 총서기로 있었다. 이 협회의 총평의회에
는 특히 다음과 같은 오랜 동맹원들이 있었다 : 에카리우스, 펜더, 레쓰너,
로흐너, 맑스 그리고 나. 에카리우스는 그 후 전적으로 영국의 노동 조합 운
동에 종사하였다.

W. 볼프는 브뤼셀의 소조들을 대표하였고 나는 빠리의 소조들을 대표하였다. 여기에서는 먼저 동맹의 재조직이 수행되었다. 음모적 시기에 나타난 낡은 신비적 명칭들에 남아 있던 것들은 이제 모두 폐지되었다 ; 동맹은 이제 소조, 지구, 지도 지구, 중앙 위원회 및 총회로 조직되었고 이제 동맹은 다음과 같은 이름으로 불리게 되었다 : "공산주의자 동맹". "동맹의 목적은 부르주아지의 타도, 프롤레타리아트의 지배, 계급 대립에 기반한 낡은 부르주아 사회의 폐지, 그리고 계급들도 없고 사적 소유도 없는 새로운 사회의 건설이다"—— 제1조는 이렇게 되어 있다[96]. 조직 자체는 철저하게 민주주의적이었으며 위원회는 선거에 의해 구성되었으며 언제든지 경질할 수 있게 되어 있었다. 이 한 가지만으로도 독재를 요하는 일체의 음모적 경향이 봉쇄되었으며 동맹은—— 적어도 평화적인 평상시에는—— 순수한 선전 단체가 되었다. 이 새로운 규약은 각 소조에서 토론에 부쳐졌고—— 이제는 이렇게 민주적으로 이루어졌다——, 그 다음 제2차 총회에서 다시 한 번 심의되어 1847년 12월 8일의 총회에서 최종적으로 채택되었다. 이 규약은 베르무트와 슈티버가 쓴 책, 제1권, 239쪽, 부록 제10에 수록되어 있다.

제2차 총회는 같은 해 11월 말부터 12월 초에 걸쳐 개최되었다. 여기에는 맑스도 출석하여 긴 토론에서—— 총회는 적어도 10 일간이나 계속되었다—— 새로운 이론을 주장하였다. 마침내 이론異論과 의문이 모두 사라지고 새로운 원칙이 만장 일치로 채택되었다. 맑스와 나는 선언을 기초할 것을 위임 받았다. 우리는 이 위임을 그 후 즉시 이행하였다. 선언은 2월 혁명이 일어나기 몇 주 전에 런던으로 발송되어 인쇄에 들어갔다. 그때부터 이 선언은 전 세계를 일주하여 거의 모든 나라 말로 번역되었으며 지금도 여전히 아주 많은 나라에서 프롤레타리아 운동의 지침이 되고 있다. "모든 사람은 형제이다"라는 낡은 동맹의 모토 대신에 투쟁의 국제적 성격을 공공연히 선언한 "만국의 노동자여, 단결하라!"라는 새로운 전투 구호가 나타났다. 이 전투 구호는 십칠 년 후에는 국제 노동자 협회의 함성으로 세계에 울려퍼졌고 현재는 모든 나라의 전투적 프롤레타리아트가 이 전투 구호를 자신들의 깃발에 새겨넣고 있다.

2월 혁명이 발발했다. 즉시 기존의 런던의 중앙 위원회는 브뤼셀의 지

도 지구에 권한을 넘겨주었다. 그러나 이 결정이 브뤼셀에 도착하였을 때에
는 브뤼셀은 이미 사실상 계엄 상태에 있었고 그리고 특히 독일인들은 더
이상 어디서도 집회를 가질 수 없게 되었다. 우리는 모두 막 빠리로 가려던
참이었다. 그러므로 새 중앙 위원회도 역시 해산을 결정하고 전권을 맑스에
게 위임하고 빠리에서 새 중앙 위원회를 즉시 구성할 전권 또한 맑스에게   5
부여하기로 결정하였다. 이 결정(1848년 3월 3일)을 채택한 다섯 사람이 채
헤어지기도 전에 경찰은 맑스의 주택에 침입하여 맑스를 체포하였고 그 이
튿날 그가 바로 가려고 하던 프랑스로 떠날 것을 그에게 강요하였다.

　　우리는 모두 곧 빠리에서 다시 만났다. 거기서 새로운 중앙 위원회 위
원들이 서명한 다음과 같은 문서가 작성되어 전 독일에 배포되었다. 그것은   10
현재도 많은 사람들이 아직 무언가를 배울 수 있는 문서이다 :

"독일에서의 공산주의당의 요구들"[97]

1. 독일 전체는 단일한 불가분의 공화국으로 선언된다.
3. 노동자들도 독일 인민의 의회에 의석을 가질 수 있게 하기 위하여 인민
　의 대표자는 급료를 받는다.   15
4. 전 국민의 무장.
7. 군주의 영지 그리고 여타의 봉건적 영지, 모든 광산, 탄갱 등등은 국가
　소유로 전환된다. 이들 영지들에서 농업은 대규모로, 그리고 과학의 가
　장 현대적인 보조 수단들을 가지고서 전체의 이익을 위하여 경영된다.
8. 농민 소유지에 대한 저당권은 국가 소유로 선언된다. 이 저당권에 대한   20
　이자는 농민에 의해 국가에 납부된다.
9. 소작세가 발전된 지역에서 지대 혹은 소작료는 조세로서 국가에 납부된
　다.
11. 모든 운송 수단 : 철도, 운하, 증기선, 도로, 우편 등등은 국가가 장악한
　다. 이것들은 국가 소유로 전환되고 무산 계급이 무료로 이용할 수 있게   25
　한다.
14. 상속권의 제한.

15. 소비세의 폐지와 강력한 누진세의 시행.

16. 국립 작업장들의 건립. 국가는 모든 노동자들의 생존을 보장하고 노동 능력 상실자를 부양한다.

17. 무상 보통 국민 교육.

상술한 방책들을 관철하기 위해 전력 투구하는 것은 독일의 프롤레타리아트, 소부르주아 신분, 농민 신분의 이해에 있어서 중요하다. 왜냐하면 오직 이러한 방책들의 실현을 통해서만, 이제까지 독일에서 소수에 의해 착취당해 왔고 앞으로도 계속 억압 속에 있게 될지도 모를 수백 만의 사람들이 자신들의 권리를 획득할 수 있으며, 모든 부의 생산자로서 그들에게 응당 귀속되어야 할 권력을 획득할 수 있기 때문이다.

위원회 :

칼 맑스 칼 샤퍼 H. 바우어 F. 엥겔스 J. 몰 W. 볼프

당시 빠리에서는 혁명 의용군에 대한 열병이 지배하고 있었다. 에스빠냐 인, 이딸리아 인, 벨기에 인, 네덜란드 인, 폴란드 인, 독일인은 각자 자신의 조국을 해방하기 위해 집결하여 무리를 이루었다. 독일인 의용군은 헤르베크, 보른슈테트, 뵈른슈타인이 이끌었다. 혁명 직후에 모든 외국 노동자들은 실직했을 뿐 아니라 군중들의 박해를 받고 있었으므로 그들은 이 의용군에 대대적으로 밀려들었다. 새로운 정부는 이 의용군을 외국인 노동자들을 쫓아낼 수단으로 보고 그들에게 l'etape du soldat, 즉 행군 막사와 국경에 도착할 때까지 하루 50 쌍띰의 행군 수당을 승인하였다. 그러면 이 국경에서는 언제나 눈물이 헤픈 외무 장관, 능변가 라마르띤느가 그들을 각 정부에 팔아 넘길 적절한 기회를 찾아 내었다.

우리는 이러한 혁명 유회에 단호히 반대하였다. 당시 들끓고 있던 독일에 침입하여 혁명을 외부에서 강제로 수입한다는 것은, 독일 혁명 자체를 방해하는 것, 정부들을 강화하는 것, 의용군 자체——이에 대해서는 이미 라마르띤느가 보증하였다——를 무방비 상태로 독일군에 넘겨 준다는 것을 의미하였다. 그 후 빈과 베를린에서 혁명이 승리하게 되면서 의용군은 더욱더 아무런 목적도 없는 것이 되었다 ; 그러나 일단 시작된 이 유회는 그칠 줄 모르고 계속되었다.

　우리는 독일 공산주의 클럽[98]을 설립하고, 이 클럽에서 노동자들에게 의용군에 들어가지 말고 각자 고향으로 돌아가 거기서 운동을 하라고 권고하였다. 임시 정부의 일원이었던 우리의 옛 친구 플로꽁은 우리가 보내는 노동자들에 대해서도 의용병들이 약속 받았던 바와 동일한 여행의 편의를 　　5 도모해 주었다. 우리는 이러한 방법으로 3백 명 내지 4백 명의 노동자들을 독일로 귀환시켰으며, 그 대다수는 동맹원들이었다.

　쉽사리 예견할 수 있었듯이, 동맹은 이제 폭발적으로 일어난 인민 대중의 운동을 감당하기에는 너무나 허약한 수단이라는 것이 판명되었다. 이전에 외국에 거주하던 동맹원들의 사분의 삼이 귀향과 함께 주소가 변경되　　10 었다 ; 그 결과 그들의 이전의 소조도 대부분 해체되었고 그들은 동맹과의 접촉을 완전히 잃어버렸다. 그들 가운데 일부 야심가들은 이 접촉을 회복하려고도 하지 않고 각자 자기 지방에서 소규모의 개별적 운동을 자기 지휘하에 전개하기 시작했다. 이리하여 결국 각 소국, 각 지방, 각 도시에 따라 사정이 너무나 다르게 되어 동맹은 그야말로 일반적인 지시밖에 줄 수 없　　15 게 되었다 ; 그런데 그런 일반적인 지시라면 신문을 통해서 전달하는 편이 훨씬 나았다. 요컨대 꼭 비밀 동맹이어야 하는 원인들이 없어진 그 순간부터 비밀 동맹 역시 비밀 동맹으로서는 아무런 의미도 없게 되었다. 그러나 바로 이 비밀 동맹에서 음모적 성격의 마지막 잔재를 벗겨 버린 바로 그 사람들은 이러한 사태에 대해서 조금도 놀라지 않았다. 　　　　　　　　　　　20

　그러나 동맹은 혁명적 활동을 위한 훌륭한 학교였다는 것, 그것은 이제 명백하게 되었다. 『신 라인 신문』이 견고한 중심이었던 라인 지방, 나싸우, 라인헤센 등 도처에서 동맹원들은 가장 급진적인 민주주의 운동의 선두에 서 있었다. 함부르크에서도 그러하였다. 남부 독일에서는 소부르주아 민주주의가 길을 막고 서 있을 정도로 우세하였다. 브레슬라우에서는 1848년 　　25 여름까지 빌헬름 볼프가 활동하여 큰 성과를 거두었다 ; 게다가 그는 슐레지엔에서 프랑크푸르트 의회의 예비 의원으로 선출되었다. 마지막으로 베를린에서는, 브뤼셀과 빠리에서 적극적인 동맹원으로서 활동했던 식자공 슈테판 보른이 "노동자 친목회"를 설립했다. 이 단체는 상당히 넓게 세력을 넓히면서 1850년까지 존속하였다. 보른은 꽤 재능 있는 청년이기는 하였으나 정치 대가로 변신하려고 좀 조급히 서둘렀다. 그는 군중을 집결시키기만 하면 된다고 별의별 어중이떠중이들과 다 "친목을 맺었다". 그런데 그는 반대되는 경향들에 통일을 주며 혼돈에 광명을 줄 수 있는 사람은 결코 아니었다. 그러므로 이 단체의 공식적 출판물에서는, 『공산주의당 선언』의 견해가 쯘프트의 추억이나 희망, 루이 블랑이나 프루동의 쓰레기더미, 보호 관세론자의 짓거리 등등과 난잡스레 뒤섞여져 있었다. 한 마디로 말하면 팔방미인이 되려는 희망이 있었다. 특히 친목회는 파업도 일으키고 노동 조합, 생산 협동 조합 등도 조직하고 있었으나 무엇보다 중요한 것은 정치적 승리에 의하여 유일하게 이러한 것들이 지속적으로 실행될 수 있는 그러한 지반을 우선 쟁취해야 한다는 것을 망각하고 있었다. 그러다가 반동이 승리한 결과 이 친목회의 지도자들이 혁명 투쟁에 직접 참가할 필요를 느끼게 되었을 때에는, 당연하게도 그들의 주위에 모여 있던 군중들은 혼란을 일으키면서 그들을 저버리고 말았다. 보른은 1849년 5월 드레스덴 폭동에 참가하였는데 요행히 죽음은 면하였다. 그러나 프롤레타리아트의 위대한 정치 운동과 비교하면 "노동자 친목회"는 순수한 분리 동맹임이 입증되었는데, 그것은 대부분 종이 위에서만 존재하는 것이었고 또 부차적인 역할밖에 하지 못하였기 때문에 반동도 1850년에야 비로소 그 폐쇄의 필요성을 인정하였고 아직도 계속 존재하고 있던 그 지부들에 대해서는 여러 해 후에야 겨우 폐쇄의 필요성을 발견하였다. 본명이 부테르밀히인 보른은 정치 대가는 되지 못하고 더 이상 맑스를 쯘프트 조합원의 독일어로 번역하는 것이 아니라 온건한 르낭을 자기의 독특한 달콤한 독일어로 번역하는 스위스의 평범한 대학 교수가 되고 말았다.

빠리에서의 1849년 6월 13일[9]로, 독일에서의 5월 봉기의 패배로, 러시아에 의한 헝가리 혁명 진압으로, 1848년 혁명의 위대한 시기는 끝났다. 그러나 이때까지는 반동의 승리는 아직 결코 최종적인 것은 아니었다. 분산되어 있는 혁명 세력을 재조직하고 따라서 또 동맹의 세력을 재조직하는 것이 요구되었다. 사정은 1848년 전과 마찬가지로 프롤레타리아트의 공개적 조직을 다시 불가능하게 하였다 ; 따라서 우리는 새로이 비밀로 조직하지 않을 수 없었다.

　1849년 가을, 이전의 중앙 위원회 및 총회의 의원들 대부분이 다시 런던에 모였다. 다만 샤퍼와 몰만 없었다. 샤퍼는 비스바덴 감옥에 있다가 1850년 봄에 무죄로 판명되어 마찬가지로 왔다. 몰은 일련의 극히 위험한 임무 및 선동 여행을 완수한 후——마지막으로 그는 라인 지방의 프로이 　5 센 군 한 가운데서 팔쯔 포병대를 위하여 포병들을 모집하였다——, 빌리히 부대의 브장송 노동자 중대에 들어가 무르크 전투 때 로텐펠스 다리 앞에서 머리에 탄환을 맞고 전사하였다. 반면에 빌리히가 무대에 나섰다. 1845년 이후 빌리히는 서부 독일에서 매우 흔한 감정적 공산주의자였다. 따라서 그는 이 때문에 벌써 본능적으로 우리들의 비판적 경향에 은밀히 　10 대립하였다. 그뿐만 아니라 그는 완전한 예언자였고, 신의 은총으로 예정된 독일 프롤레타리아트의 해방자로서의 자기 자신의 사명과 그러한 사람으로서 정치적 독재뿐만 아니라 군사적 독재의 직접적 요구자로서의 자기 자신의 사명을 확신하고 있었다. 이리하여 일찍이 바이틀링이 설교한 원시 기독교적 공산주의에 일종의 공산주의적 이슬람교가 첨가되었다. 그렇다고는 　15 하지만 이 새로운 종교의 선전은 아직 빌리히가 지휘하는 망명자들의 병영의 울타리를 넘지 못하였다.

　이리하여 동맹은 새로 조직되고 부록(IX, 제1호)으로 출판된 1850년 3월의 호소[99]가 발표되었으며 또 하인리히 바우어는 밀사로서 독일에 파견되었다. 이 호소는 맑스와 내가 작성한 것인데, 지금도 여전히 흥미가 있다. 　20 왜냐하면 이제 곧 만기가 되는(유럽 혁명의 만기는 1815년, 1830년, 1848-1852년, 1870년으로, 금세기에는 15 년 간 내지 18 년 간의 간격을 두고 있다) 바로 다음의 유럽 동란기에 독일에서 공산주의적 노동자들보다도 앞서 사회를 구제할 자로서 무조건적으로 제일 먼저 방향타를 장악할 정당은, 현재도 여전히 소부르주아 민주주의이기 때문이다. 따라서 호소에서 말한 많 　25 은 것들이 지금도 적용된다. 하인리히 바우어의 출장은 완전히 성공하였다. 키가 작고 명랑한 이 제화공은 타고난 외교가였다. 그는 한편으로는 방치되어 있던 다른 한편으로는 제멋대로 행동하고 있던 이전의 동맹원들을 활동적인 조직에 다시 끌어넣었다. 특히 그는 "노동자 친목회"의 당시의 지도자들을 끌어넣었다. 동맹은 노동자 단체, 농민 단체, 체육 단체 내에서 1848년 이전보다 훨씬 더 지배적인 역할을 하게 되었으며, 그런 까닭에 소조에 보내는 1850년 6월의 차기 사분기 호소는 벌써 소부르주아적 민주파의 이해에 입각하여 독일을 순회하고 있던 본 출신의 대학생 슐쯔(후의 미국 공사)가 "모든 유능한 역량이 이미 동맹의 수중에 있다는 것을 알았다"(부록 IX, 제2호를 보라)[100]고 한 것을 확인할 수 있었다. 동맹은 확실히 독일에서 의미 있는 유일한 혁명적 조직이었다.

그러나 이 조직이 어디에 소용이 될 것인가 하는 것은, 본질적으로 혁명의 새로운 비약에 대한 기대가 실현되는가 안 되는가 하는 데 달려 있었다. 그런데 이것은 1850년 내내 더욱더 있을 법하지 않았고 게다가 불가능하였다. 1848년의 혁명을 준비한 1847년의 산업 공황은 극복되었다 ; 새로운, 전대 미문의 산업 번영기가 시작되었다 ; 두 눈이 있고 또 그 눈으로 볼수 있는 사람 누구에게나 1848년의 혁명의 폭풍우가 점차 잦아드는 것은 분명한 사실임에 틀림없었다.

"부르주아 사회의 생산력이 대체로 부르주아적 관계내에서 가능한 한 왕성하게 발전하는 이러한 전반적 번영기에는, **진정한 혁명에 대해서는 논할수 없다.** 이러한 혁명은 두 요인, 즉 현대적 생산력과 부르주아적 생산 형태가 서로 모순에 **빠지는** 시기에만 가능하다. 대륙 질서당의 각 분과의 대표들이 서로 명예를 훼손시키면서 지금 일삼고 있는 수많은 말다툼은, 결코 새 혁명을 일으키지 않는다. 반대로 이러한 말다툼은 관계의 기초가 현재 매우 공고하며 또 반동은 모르고 있지만 매우 **부르주아적**이기 때문에만 가능한 것이다. 부르주아적 발전을 억제하려는 모든 반동적 시도는, **민주주의자들의 온갖 도덕적 분개와 모든 열렬한 선언과 마찬가지로 반드시 이 기초에 부딪혀 튀어 나올 것이다.**" 맑스와 나는 『신 라인 신문. 정치 경제 평론』에 게재된 「평론. 1850년 5월에서 10월까지」, 제5-6호, 함부르크, 1850년, 153면에서 이상과 같이 썼다.

그러나 당시 르드뤼-롤랭, 루이 블랑, 마찌니, 코슈트, 그리고 독일의 비교적 낮은 급의 명사들인 루게, 킨켈, 괴그 등이 그들의 이름이 무엇이든 간에 각자의 조국을 위해서 뿐만 아니라 전 유럽을 위해서 런던에서 장래

의 임시 정부로 떼를 지어 결합하고 있던 때에, 그리고 유럽 혁명과 이것의
당연한 결과인 다양한 공화국을 삽시간에 실현하기 위하여 필요한 자금을
미국에서 혁명 공채로 획득하는 것만이 여전히 문제로 되고 있던 때에, 이
러한 냉정한 정세 파악은 많은 사람들에게 이단시되었다. 빌리히와 같은 사
람이 여기에 빠져들었다는 것, 그리고 샤퍼도 옛 혁명적 열정에 사로잡혀   5
속게 되었다는 것, 또 대부분 망명가로 구성된 런던 노동자들의 다수가 그
들을 뒤쫓아 부르주아 민주주의적 혁명 제조업자들의 진영으로 따라갔다는
것, 누가 여기에 놀라겠는가? 요컨대 우리들이 자제하라고 주장하는 것은
이들의 마음에 들지 않았던 것이다 ; 혁명의 제조에 착수해야 한다고 한다 ;
우리는 이러한 것을 단호히 거부하였다. 그 결과 분열이 일어났다 ; 더 자세   10
한 것은 『폭로』에서 읽어 주기 바란다. 그 후 노트융이 우선 체포되고 이어
서 함부르크에서는 하우프트가 체포되었다. 하우프트는 변절자가 되어 쾰
른의 중앙 위원회의 명단을 대었고 재판에서는 주요 증인으로서 나타나기
로 되어 있었다 ; 그러나 그의 친척들은 이와 같은 불명예스러운 일을 당하
지 않으려고 그를 리오데자네이로로 보냈는데, 거기에서 그는 후에 상인으   15
로 입신하였고 그 공적이 인정되어 처음에 프로이센 총영사로, 다음에는
독일 총영사로 임명되었다. 그는 현재 유럽에 다시 돌아와 있다.[3]

이해를 돕기 위하여 나는 쾰른의 피고 명단을 다음에 소개한다 : 1.
P.G. 뢰저, 담배 공장 노동자 ; 2. 하인리히 뷔르거스, 후에 진보당의 주의회
의원, 사망 ; 3. 페터 노트융, 재단사, 브레슬라우의 사진사로 수년 전에 사망 ;   20
4. W. J. 라이프 ; 5. 헤르만 베커 박사, 현 쾰른 시장, 상원 의원 ; 6. 롤란트
다니엘스 박사, 의사, 재판 수년 후 옥중에서 얻은 폐병으로 사망 ; 7. 칼 오
토, 화학자 ; 8. 아브라함 야코비 박사, 현재는 뉴욕의 의사 ; 9. J. J. 클라인

---

3) 샤퍼는 60 년대 말에 런던에서 사망하였다. 빌리히는 아메리카 내전에 참가
하여 두각을 나타내었다 ; 그는 무르프리즈보로(테네시) 전투에서 가슴에 총
상을 입었으나 완쾌되었다. 그는 약 10 년 전에 미국에서 사망하였다.──상
술한 사람 가운데 기타 사람들에 대해서는 하인리히 바우어가 오스트레일리
아에서 행방불명이고 바이틀링과 에버베크는 아메리카에세 사망하였다는 것
을 부연하여 둔다.

박사, 현재 의사, 쾰른 시의 시의회 의원, 10. 페르디난트 프라일리그라트, 당시 이미 런던에 거주; 11. J. L. 에르하르트, 점원; 12. 프리드리히 레쓰너, 재단사, 현재 런던에 거주. 공판이 배심 재판정에서 1852년 10월 4일부터 11월 12일까지 계속된 후 이들은 대반역죄를 저질렀다는 이유로 다음과 같이 유죄 판결을 언도받았다 : 뢰저, 뷔르거스, 노트융은 요새 금고 6 년, 라이프, 오토, 베커는 동 5 년, 레쓰너는 동 3 년, 다니엘스, 클라인, 야코비, 에르하르트는 무죄.

쾰른 재판으로서 독일 공산주의 노동자 운동의 제1기는 끝났다. 우리는 유죄 판결 직후에 동맹을 해산시켰다 ; 몇 달 후에 빌리히-샤퍼의 분리 동맹도 소멸하였다.

그때부터 지금까지 어언 한 세대가 지났다. 당시 독일은 수공업의 나라, 손노동에 기초한 가내 공업의 나라였다 ; 지금의 독일은 산업의 변혁이 부단히 전개되고 있는 대공업의 나라이다. 당시로서는 자기의 계급적 처지와 자본에 대한 자기의 역사적, 경제적 대립을 이해하고 있는 노동자를 한 사람 한 사람 찾아 모아야 했다. 왜냐하면 이 대립 자체가 당시는 겨우 발생하기 시작했을 뿐이기 때문이다. 지금은 독일 프롤레타리아트가 피억압 계급으로서의 자기 처지를 완전히 의식하는 방향으로 발전해 가는 과정을 다소나마 지연시키는 데도 독일 프롤레타리아트 전체를 예외법 아래 두지 않으면 안 되는 형편에 있다. 당시에는 프롤레타리아트의 역사적 역할을 인식하게까지 된 소수 사람들이, 세 사람 내지 스무 사람의 작은 소조에 은밀히 모이기 위해서도 비밀리에 회합하지 않으면 안 되었다. 지금은 독일 프롤레타리아트에게는 공개적인 것이든 비밀적인 것이든 더 이상 공식적인 조직이 필요하지 않다 ; 동일한 의식을 가진 계급적 동지 간의 단순하고 자명한 연계만 있다면, 일체의 규약, 위원회, 결의 및 그 밖의 구체적인 형식이 없더라도 독일 제국 전체를 뒤흔들기에 충분하다. 비스마르크는 유럽에서, 즉 국경 밖에서는 중재 재판관이다. 그런데 국내에서는 맑스가 이미

1844년에 예견한 독일 프롤레타리아트라는 장사가 나날이 무섭게 자라고
있다. 이 거인에게는 속물을 측정하여 만든 좁은 제국 건물이 이미 너무나
협소한 것으로 되었고 그의 후리후리한 체격과 넓은 어깨는 지금 건장해지
고 있는데, 이로 인하여 마침내 그가 한 번 자리에 일어서는 것만으로도 제
국 헌법의 건물 전체가 분쇄되어 버리고 말 것이다. 그뿐만이 아니다. 유럽   5
과 미국의 프롤레타리아트의 국제적 운동은 현재 매우 강화되었으며 그 결
과 그 최초의 좁은 형태——비밀 동맹——뿐만 아니라 그 제2의, 무한히
광범한 형태——공개적 국제 노동자 협회——까지도 그 국제적 운동에 질
곡이 되었다. 또한 모든 나라와 모든 언어의 노동자들 가운데서 하나의 동
일한 프롤레타리아 당을 창건하고 그 단결을 유지하기 위해서는 계급적 처   10
지의 동일성에 대한 이해에 기초한 단순한 연대성의 감정만으로도 충분하
게 되었다. 1847년부터 1852년에 걸쳐 동맹이 대표하고 있던 학설, 당시 현
명한 속물들이 미치광이의 잠꼬대로서 그리고 고립된 몇몇 종파주의자의
밀교로서 경멸의 눈으로 바라보고 있던 학설, 이 학설이 현재 전 세계의 모
든 문명국에서, 시베리아 광산의 죄수들과 캘리포니아 금광의 인부들 사이   15
에 무수한 신봉자를 가지고 있다 ; 그리고 당시 가장 미움을 받고 중상모략
을 당하던 사람인 이 학설의 창시자 칼 맑스는, 죽을 때에는 부단히 질문을
받고 이에 기꺼이 응하는 양세계 프롤레타리아트의 상담자였다.

1885년 10월 8일, 런던   프리드리히 엥겔스

출전 : 칼 맑스   『맑스 · 엥겔스 저작집』,
『쾰른 공산주의자 재판의 폭로』,   제21권, 206-224면.
호팅엔-쥐리히, 1885년.

최인호 번역

프리드리히 엥겔스

루드비히 포이에르바하
그리고 독일 고전 철학의 종말[101]

LUDWIG FEUERBACH

UND DER AUSGANG DER

KLASSISCHEN DEUTSCHEN PHILOSOPHIE

VON

FRIEDRICH ENGELS

REVIDIRTER SONDER-ABDRUCK AUS DER „NEUEN ZEIT"

MIT ANHANG:

KARL MARX ÜBER FEUERBACH
VOM JAHRE 1845.

STUTTGART
VERLAG VON J. H. W. DIETZ
1888.

『루드비히 포이에르바하 그리고 독일 고전 철학의 종말』
교열 별쇄본 표제면

[서문]

1859년 베를린에서 나온 『정치 경제학의 비판을 위하여』의 서문에서 칼 맑스는, 어떻게 우리 두 사람이 1845년에 브뤼셀에서 "독일 철학의 이데올로기적 견해에 대립하는 우리의 견해"——특히 맑스에 의해 완성된 유물론적 역사 파악——"를 공동으로 만들어 내고 사실상 우리의 그 이전의 철학적 의식과 결별하는 일"에 착수했는지를 설명하고 있다. "이러한 시도는 헤겔 이후의 철학에 대한 비판이라는 형태로 실행되었다. 두 권의 두꺼운 8절판으로 된 원고[102]가 베스트팔렌의 출판사에 도착한 지 한참 되었을 때, 우리는 사정이 변해서 출판할 수 없다는 소식을 들었다. 우리는 우리의 주요 목적——자기 구명究明——에 도달해 있었던 만큼 기꺼이 그 원고를 쥐들이 갉아먹는 비판에 맡겨 두었다."[103]

그 후 40여 년이 흘렀고, 우리 가운데 누구에게도 그 주제로 되돌아갈 기회가 주어지지 않은 채 맑스는 세상을 떠났다. 헤겔과 우리의 관계에 대해서 우리는 곳곳에서 말했지만 폭넓은 연관 속에서 말한 적은 없었다. 포이에르바하는 비록 많은 맥락에서 헤겔의 철학과 우리의 파악 사이의 중간이지만 우리는 포이에르바하로 되돌아 간 적이 없었다.

그 동안 맑스의 세계관은 독일과 유럽의 국경을 훨씬 넘어 세계의 모든 문명 언어들에서 대변자들을 얻었다. 한편 독일 고전 철학은 외국 특히 영국과 스칸디나비아에서 일종의 부활을 경험하고 있으며, 심지어 독일에서도 사람들은 그곳 대학들이 철학이라는 이름 아래 떠먹고 있는 절충적인 거지 국에 신물이 난 듯하다.

5 　　이런 상황에서 나에게는, 헤겔의 철학에 대한 우리의 관계 즉 우리가 어떻게 이 철학에서 출발했고 이 철학과 결별했는지를 짧고 조리있게 서술하는 일이 더욱더 필요한 것처럼 보였다. 마찬가지로 헤겔 이후의 다른 어떤 철학자보다 포이에르바하가 질풍 노도의 시기에 우리에게 미친 영향을 충분히 인정하는 것도 나에게는 아직 갚지 못한 신용 빚으로 보였다. 그래

10 서 『신시대』의 편집부가 나에게 포이에르바하에 관한 슈타르케의 책을 비평해 달라고 부탁했을 때 나는 그 기회를 얼른 붙잡았다. 나의 저작은 그 잡지 1886년 4호와 5호에 게재되었는데, 여기에 교열한 인쇄본으로 발행한다.

　　나는 이 글을 인쇄하러 보내기 전에 1845/46년의 낡은 초고를 다시 찾

15 아내어 살펴보았다. 포이에르바하에 관한 절은 완성되어 있지 않았다. 완결된 부분은 유물론적 역사 파악에 관한 서술이지만, 이 서술은 경제사에 관한 그 당시의 우리의 지식이 얼마나 불완전했는지를 보여줄 뿐이었다. 포이에르바하의 교의 자체에 대한 비판도 빠져 있었다 ; 그러므로 그 초고는 현재의 목적을 위해서는 쓸모가 없었다. 대신 나는 맑스의 낡은 한 공책에서

20 부록에 실린 포이에르바하에 관한 열한 개의 테제들[104]을 발견했다. 이 테제들은 나중에 가다듬으려고 급히 흘려 쓴 메모였으며 출판하려고 예정한 것은 결코 아니지만, 새로운 세계관의 천재적인 맹아를 간직하고 있는 최초의 기록으로 매우 귀중하다.

1888년 2월 21일, 런던　　　　　　　　　　　　　　　　프리드리히 엥겔스

I

이 저술[1]에 의하면 우리는, 시간적으로는 우리보다 한 세대 남짓 전에 있으나 독일의 현 세대에게는 이미 꼬박 한 세기나 된 것처럼 낯설게 된 시기로 되돌아간다. 그런데 이 시기는 독일이 1848년 혁명을 준비하던 시기였다 ; 그리고 그때부터 우리에게 일어난 모든 일은, 모두 1848년의 계속 즉 혁명의 유언 집행일 뿐이다.

18 세기의 프랑스에서와 마찬가지로 19 세기의 독일에서도, 철학의 혁명은 정치적 붕괴의 서곡을 울렸다. 그러나 둘은 어떻게 이렇듯 다르게 보였는가! 프랑스 인들은 공인 학문 전체, 교회, 때로는 국가와도 공공연하게 투쟁하였다 ; 그들의 저술들은 국경을 넘어 네덜란드와 영국에서 인쇄되었고, 그들 자신은 자칫하면 바스티유 감옥에 갇히기 일쑤였다. 이에 반해 독일인들은——교수들이며 국가가 임명한 청년 교사들이었고, 그들의 저술들은 공인된 교과서였으며, 모든 발전을 완결한 체계인 헤겔의 체계는 더욱이 어느 정도는 프로이센 왕국의 국가 철학의 자리에까지 올라가 있었다! 이런 교수들 뒤에, 그들의 현학적이고 애매한 글 뒤에, 그들의 답답하고 지루한 문장 안에 혁명이 숨어 있을 수 있을까? 당시 혁명의 대표자로 여겨

---

1) 철학 박사 C. N. 슈타르케의 『루드비히 포이에르바하』——슈투트가르트, 페르디난트 엔케, 1885년.

진 사람들은, 바로 머리를 어지럽히는 이 철학의 가장 격렬한 적인 자유주의자들이 아니었던가? 그러나 어느 정부도 어느 자유주의자도 보지 못한 것을 이미 1833년에 적어도 한 사람이 보고 있었으니, 그 사람이 바로 하인리히 하이네였다.[105]

한 가지 예를 들어 보자. 헤겔의 유명한 다음 명제처럼 속좁은 정부들의 찬사와 역시 속좁은 자유주의자들의 분노를 한 몸에 받은 철학 명제는 없었다 :

"현실적인 모든 것은 이성적이고 이성적인 모든 것은 현실적이다."[106]

이 명제는 확실히 현존하는 모든 것을 성스러운 것으로 예찬하고 전제 정치, 경찰 국가, 전단 재판專斷裁判, 검열 등을 철학적으로 축복하는 것이었다. 또 프리드리히 빌헬름 3세는 이 명제를 그렇게 받아들였고 그의 신하들도 마찬가지였다. 그러나 헤겔에게는 현존하는 모든 것이 곧 현실적이기도 한 것은 결코 아니다. 그에게는 현실이라는 속성은 동시에 필연적이기도 한 것에만 속한다 ;

"현실은 자신의 전개 과정에서 필연으로 증명된다" ;

따라서 헤겔은 결코 정부의 이러저러한 조치 —— 헤겔 자신은 "어떤 조세 제도"[107]를 예로 든다 —— 를 곧 현실적인 것으로 여기지 않는다. 그러나 필연적인 것은 종국에는 이성적인 것으로 증명된다. 그리고 당시 프로이센 국가에 적용하면 헤겔의 명제는 이런 뜻일 뿐이다 : 이 국가는 필연적인 한 이성적이고 이성에 조응한다 ; 그러나 만일 국가가 그럼에도 우리 눈에 악으로 보이고 이런 악에도 불구하고 존속한다면, 정부의 악은 이 악에 조응하는 신하들의 악으로서 정당화되고 설명된다. 당시 프로이센 사람들은 자기들에게 마땅한 정부를 가지고 있었다.

그러나 헤겔에 따르면 현실은 어떤 상황이나 어떤 시대하에서도 주어진 사회와 정치의 상태에 걸맞는 속성이 결코 아니다. 오히려 반대다. 로마 공화국은 현실적이었지만 이 공화국을 몰아낸 로마 제국 또한 현실적이었

다. 프랑스 군주제는 1789년에는 너무나 비현실적인 것이 되었다. 즉 모든
필연을 잃고 비이성적인 것이 되었다. 따라서 프랑스 군주제는 헤겔이 언제
나 매우 열광하며 이야기한 대혁명에 의해 무너지지 않을 수 없었다. 그러
므로 이 경우에는 군주제가 비현실적인 것이었고 혁명이 현실적인 것이었
다. 따라서 이전의 현실적인 모든 것은 발전 과정에서 비현실적인 것이 되   5
고 자신의 필연, 존재 권리, 이성적 성질 등을 잃는다 ; 죽어가는 현실적인
것 대신 생존력 있는 새로운 현실이 나타난다──만일 낡은 것이 거역하
지 않고 사멸할 만큼 분별력이 있다면 평화적으로 나타나고, 만일 낡은 것
이 이 필연에 저항하면 폭력적으로 나타난다. 그러므로 헤겔의 명제는 헤겔
의 변증법 자체에 의해 반대 쪽으로 돌아선다 : 인간 역사의 영역에서 현실   10
적인 모든 것은 시간이 지나면 비이성적인 것이 되고 따라서 이미 비이성
적인 것이 되기로 정해져 있으며 처음부터 비이성적인 성질이 붙어 있다 ;
인간의 머리 속에서 이성적인 모든 것은 비록 현존하고 눈으로 볼 수 있는
현실과 아무리 모순되더라도 현실적인 것이 되기로 정해져 있다. 모든 현실
적인 것의 이성적 성질에 관한 명제는, 헤겔의 사유 방법의 모든 규칙에 따   15
라 다음의 다른 명제로 용해된다 : 현존하는 모든 것은 멸망하여 마땅하
다.[108]

그러나 헤겔 철학(여기서 우리는 칸트 이래 모든 운동의 완결로서 이
철학에 제한할 수밖에 없다)의 진정한 의미와 혁명적 성격은, 인간의 사유
와 행위의 모든 성과가 궁극적인 것이 될 수 있다는 생각을 확실히 끝장내   20
버린 데 있다. 헤겔의 경우 철학에서 인식해야 한다고 여긴 진리는, 일단
발견되면 암기하기만 하면 되는 완성된 독단적 명제들의 집합이 더 이상
아니었다 ; 이제 진리는 인식 과정 자체에, 낮은 인식 단계에서 점점 더 높
은 인식 단계로 상승하는 과학의 오랜 역사적 발전 속에 있게 되었다. 그러
나 과학은 언젠가 이른바 절대적 진리를 발견하여 획득된 절대적 진리를   25
팔장낀 채 멍하니 쳐다보는 일말고는 더 이상 나아갈 수 없고 더 이상 남은
일이 없는 지점에 이르지는 않는다. 철학적 인식의 영역에서뿐만 아니라 다
른 모든 인식과 실천 행위의 영역에서도 사정은 똑같다. 인식과 마찬가지로
역사도 인류의 완전한 이상 상태에서 완결될 수 없다 ; 완전한 사회, 완전한

'국가'란 환상 속에서만 현존할 수 있는 것이다 ; 반대로 꼬리를 물고 이어
지는 역사의 모든 상태는 낮은 데서 높은 데로 나아가는 인간 사회의 끝없
는 발전 행정 속에 있는 일시적 단계들일 뿐이다. 각 단계는 필연적이며 따
라서 그 단계를 낳은 시대와 조건에 대해서는 정당하다 ; 그러나 각 단계는
5   자신의 태내에서 서서히 발전하는 새롭고 더 높은 조건에 대해서는 무기력
하고 정당하지 않다 ; 각 단계는 더 높은 단계에 자리를 물려주어야 하고 이
더 높은 단계 또한 다시 일련의 쇠락과 몰락의 길을 걷게 된다. 부르주아지
가 대규모 산업 및 경쟁과 세계 시장을 통해 모든 안정되고 유서 깊은 제도
를 실제로 해체하듯이, 이 변증법 철학은 궁극적, 절대적 진리와 이에 조응
10   하는 절대적 인류 상태에 대한 모든 표상을 해체한다. 이 철학 앞에서는 궁
극적인 것, 절대적인 것, 신성한 것은 하나도 존재하지 않는다 ; 이 철학은
모든 것에 대해 그리고 모든 것에서 무상을 보여 준다. 이 철학 앞에서는
생성과 소멸, 낮은 데서 높은 데로의 끝없는 상승의 부단한 과정 이외에는
아무것도 없다. 이런 과정을 사유하는 뇌에 그대로 반영한 것이 이 철학 자
15   체이다. 물론 이 철학은 보수적인 면도 가지고 있다 : 이 철학은 특정 인식
단계와 사회 단계가 그 시대와 상황에 대해 정당하다고 인정한다 ; 그러나
그뿐이다. 이러한 고찰 방식의 보수성은 상대적이며 그 혁명적 성격은 절대
적이다——이 혁명적 성격이야말로 이 철학이 타당하다고 인정할 수 있는
유일하게 절대적인 것이다.
20   여기서 우리는 이런 고찰 방식이 자연 과학의 현재 입장과 꼭 들어맞
는가라는 문제를 고찰할 필요는 없다. 자연 과학은 지구의 존재 자체에 대
해서는 있을 수 있는 종말을 예언하지만 지구에 사람이 거주할 가능성에
대해서는 거의 확실한 종말을 예언하고 있으며 따라서 인간 역사에도 상승
하는 가지뿐 아니라 하강하는 가지도 있다는 것을 인정한다. 아무튼 사회의
25   역사가 내리막 길로 접어드는 전환점까지는 아직 상당히 멀었다. 따라서 당
시에 자연 과학이 전혀 검토하지 않았던 대상을 헤겔 철학이 다루기를 요
구할 수는 없다.
        그러나 사실 여기서 말해야 하는 것은 다음과 같다 : 위의 설명은 헤겔
의 경우 그다지 정확하게 들어맞지 않는다. 그 설명은 헤겔의 방법의 필연

적 귀결이지만 그 자신은 이 귀결을 이토록 분명하게 끌어내지 않았다. 더욱이 그 이유는 간단했는데, 그는 하나의 체계를 만들어야 했고 철학 체계는 재래의 요구에 따라 어떤 종류든 절대 진리로 끝나야 했기 때문이다. 그래서 비록 헤겔이 특히 『논리학』에서 이런 영원한 진리란 논리적 또는 역사적 과정 자체일 뿐이라고 아무리 강조하더라도, 그는 바로 자기의 체계 　5
를 어디선가 끝내야 하기 때문에 스스로 이 과정에 종착점을 줄 수밖에 없다고 생각한다. 『논리학』에서 그는 이 종착점을 다시 출발점으로 만들 수 있다. 이때 최종 지점인 절대 이념——이 절대 이념은 그가 이것에 관해 절대로 아무것도 말할 수 없는 한에서 절대적이다——은 자연으로 '외화되며' 즉 전화하며 그 후 정신, 즉 사유와 역사에서 다시 자기 자신으로 되돌 　10
아 온다. 그러나 철학 전체의 종결점에서 출발점으로 비슷하게나마 되돌아오는 것은 단 하나의 길에서만 가능하다. 즉 인류가 바로 이 절대 이념을 인식하는 것을 역사의 종착점으로 설정하고 절대 이념에 대한 이런 인식이 헤겔 철학에서 이루어졌다고 선언하는 것이다. 그러나 이렇게 하면 헤겔 체계의 독단적 내용 전체는 독단적인 모든 것을 해체하는 그의 변증법적 방 　15
법과 모순되게 절대적 진리로 선언된다 ; 또 혁명적인 면은 무성하게 자란 보수적인 면에 깔려 질식된다. 그리고 철학적 인식에 들어맞는 것은 역사적 실천에도 들어맞는다. 헤겔이라는 인물에서 절대 이념의 완성을 성취한 인류는, 실천적으로도 절대 이념을 현실 속에서 관철할 수 있을 정도까지 나가 있어야 한다. 그러므로 동시대인에 대한 절대 이념의 실천적, 정치적 요 　20
구가 너무 높아서는 안된다. 그래서 『법 철학』 결론에서 보다시피 절대 이념은 프리드리히 빌헬름 3세가 자기 신민들에게 굳게 약속했으나 허사가 된 신분제적 군주제에서, 따라서 당시의 독일 소부르주아 관계에 알맞는 유산 계급의 제한되고 완화된 간접적 지배에서 실현된다 ; 여기서는 여전히 귀족의 필연이 사변적 방식으로 증명된다. 　25

그러므로 철저하게 혁명적인 사유 방법을 매개로 매우 온건한 정치적 결론이 생겨난다는 사실을 설명하는 데에는 체계의 내적 필연만으로도 충분하다. 물론 이런 결론의 독특한 형식은, 헤겔이 독일인이었고 자신과 동시대인인 괴테와 마찬가지로 자신의 등 뒤에 속물들의 변발 한자락을 매달고 있었다는 사실에서 생겨난다. 괴테나 헤겔은 각자 자기 영역에서는 올림푸스 산의 제우스였지만 두 사람 모두 독일 속물에서 완전히 벗어나지는 못했다.

그러나 이 모든 것은, 헤겔의 체계가 이전의 어떤 체계와도 비교할 수
5 없이 광범한 영역을 포괄하고 이 영역에서 오늘날에도 놀랄 만한 풍부한 사상을 발전시키는 것을 방해하지 않았다. 정신 현상학(이것은 정신의 발생학 및 고생물학과 비슷한 것으로 부를 수 있는데, 개인의 의식이 서로 다른 단계를 거쳐 발전하는 것을 인간의 의식이 역사적으로 겪는 단계들을 압축적으로 재현한 것으로 파악한다), 논리학, 자연 철학, 정신 철학. 그리고 이 정
10 신 철학은 다시 다음과 같은 그 역사적 개별 하위 형태로 완성된다 : 역사 철학, 법 철학, 종교 철학, 철학사, 미학 등등.——이 모든 서로 다른 역사 영역에서 헤겔은 발전을 관통하는 가닥을 찾고 증명하는 데 몰두한다 ; 또 그는 창조적 천재일 뿐 아니라 백과 사전처럼 박식한 사람이기도 했기 때문에 도처에서 획기적인 역할을 하였다. '체계'의 필요에 의하여 헤겔이 여기
15 에서 저 억지 구조 속으로 매우 자주 도피하지 않을 수 없다는 것은 자명한 일인데, 이 구조에 관해서는 보잘것없는 비평가들이 오늘날까지 말도 안되는 악평을 하고 있다. 그러나 이 구조는 그의 작업의 틀과 발판일 뿐이다 ; 우리가 여기에 쓸데없이 머물지 않고 웅대한 건물 속으로 더 깊이 들어가 보면 오늘날에도 충분한 가치가 있는 수많은 보물을 찾을 것이다. 모든 철
20 학자에게 '체계' 그 자체는 일시적인 것일 뿐이며, 게다가 그 이유는 바로 체계란 인간 정신의 불변하는 욕구 즉 다음에서 생겨나기 때문이다 : 모든 모순을 극복하려는 욕구. 그러나 모든 모순이 영원히 제거되면 우리는 이른 바 절대적 진리에 도달하게 되고 세계사는 끝나게 된다. 그렇지만 세계사는 더 할 일이 남아있지 않는 데도 계속되어야 한다——그러므로 이것이야말
25 로 해결할 수 없는 새로운 모순이다. 이렇게 설정된 철학의 과제란 한 사람의 철학자가 수행해야 하는 과제를 의미하는 것이 아니라 인류 전체만이 진보적 발전 속에서 수행할 수 있는 것을 의미한다는 사실을 우리가 통찰하기만 하면,——이런 통찰에는 결국 헤겔 자신보다 우리에게 더 많은 도움을 준 사람이 없다——우리가 이 점을 통찰하기만 하면 지금까지의 의미에서

철학 전체는 끝난다. 사람들은 이런 방식으로는 그리고 각 개인으로서는 도달할 수 없는 '절대 진리'를 내버려 두고 대신 변증법적 사유를 매개로 실증과학의 방법과 그 성과들의 총괄적 파악을 통해 도달할 수 있는 상대적 진리를 추구한다. 철학 일반은 헤겔로서 종결된다 ; 왜냐하면 한편으로는 그가 철학 발전 전체를 그의 체계 속에서 가장 훌륭한 방식으로 총괄적으로 파악 5 했기 때문이고, 다른 한편으로는 그가 비록 무의식적이나마 체계의 이 미궁 속에서 세계에 대한 진짜 실증적인 인식으로 빠져나가는 길을 보여주기 때문이다.

우리는 이런 헤겔의 체계가 철학으로 물든 독일의 분위기 속에서 얼마나 엄청난 영향을 줄 수밖에 없었는지를 알고 있다. 그 결과는 하나의 개선 10 행렬이었고 이 행렬은 수십 년 동안 지속되었으며 헤겔이 죽은 뒤에도 결코 잠잠해지지 않았다. 잠잠해지는 것과는 반대로 바로 1830년부터 1840년까지 '헤겔류'는 독보적으로 우세했고 그의 반대자들조차 어느 정도 감염시켰다 ; 바로 이 시기에 헤겔의 견해는 의식적으로나 무의식적으로나 아주 다양한 과학 속에 매우 충분히 스며들었고 또한 평범한 '교양 있는 의식'을 15 가진 사람들이 자신의 사상의 원천으로 삼는 대중 문학과 일간 신문도 충분히 발효시켰다. 그러나 모든 전선에 걸친 이 승리는 단지 내부 투쟁의 전주곡일 뿐이었다.

헤겔의 전 학설은, 우리가 보는 바와 같이 아주 다양한 실천적 당파의 견해를 수용할 넉넉한 공간을 남겨 놓았다 ; 그리고 당시 이론적인 독일에 20 서는 무엇보다 다음의 두 가지가 실천적이었다 : 종교와 정치. 헤겔의 체계에 큰 비중을 둔 사람들은 두 영역에서 상당히 보수적이었다 ; 변증법적 방법을 핵심으로 본 사람들은 종교적으로나 정치적으로나 아주 극단적인 반대 편에 속했다. 헤겔 자신은 비록 그의 저작에서 꽤 자주 혁명적 분노를 터뜨렸지만 대체로 보수적인 측면에 기운 듯이 보였다 ; 아마 그로서는 그 25 의 방법에서보다 그의 체계에서 훨씬 더 '신물나는 사고 노동'을 하였을 것이다. 삼십 년대 말 무렵 학파는 점점 더 눈에 띄게 분열했다. 좌익, 이른바 청년 헤겔파는 경건주의 정통파 및 봉건적 반동과의 투쟁에서 달아오른 시사 문제들에 대한 저 철학적-품위있는 자제를 차례차례 포기했다. 그때까지 그들의 학설은 이런 자제 덕분에 국가의 관용과 심지어 보호를 확실히 받을 수 있었다 ; 게다가 1840년 정통파의 광신과 봉건적-절대주의적 반동이 프리드리히 빌헬름 4세와 더불어 즉위했을 때 공개적인 편들기가 불가피해졌다. 투쟁은 아직도 철학을 무기로 사용했지만 더 이상 추상적-철학

5 적 목적을 위한 것이 아니었다 ; 중요한 것은 바로 물려받은 종교와 현존하는 국가를 사멸시키는 일이었다. 그리고 비록 『독일 연보』에서는 실천적 궁극 목표가 대체로 철학으로 변장하고 나타났지만, 청년 헤겔 학파는 1842년의 『라인 신문』에서 직접 신흥 급진 부르주아지의 철학으로 모습을 드러냈으며 철학적 겉옷은 검열을 속이기 위해서만 사용했다.

10 그러나 정치는 당시 가시가 매우 많이 돋친 영역이었고 따라서 주요한 투쟁은 종교를 겨냥했다 ; 물론 이 투쟁은 특히 1840년 이래 간접적으로는 정치 투쟁이기도 했다. 최초의 충격을 준 것은 1835년의 슈트라우스의 『예수의 생애』였다. 그 후에 브루노 바우어는, 이 책 속에 서술되어 있는 복음서의 신화 형성에 관한 이론에 맞서 복음서의 많은 이야기가 저자들 자신

15 에 의해 날조되었다는 것을 증명했다. 두 사람 사이의 싸움은 '실체'와 '자의식'의 투쟁이라는 철학적 변장을 한 속에서 이루어졌다 ; 복음서의 기적 이야기들이 공동체 안에서 무의식적-전통적 신화 형성을 통해 생겨났는가 아니면 복음서 저자들 자신에 의해 날조되었는가라는 물음은 세계사에서 결정적인 작용을 미치는 힘이 '실체'인가 아니면 '자의식'인가라는 물음으로

20 부풀어졌다 ; 그리고 마침내 오늘날 무정부주의의 선구자 슈티르너——바꾸닌은 그에게서 매우 많은 것을 채용하였다——가 나타나 자신의 지고한 '유일자'를 지고한 '자의식' 위에 올려 놓았다.

헤겔 학파의 해체 과정에서 나타난 이 측면은 더 이상 통찰하지 않겠다. 우리에게 더 중요한 것은 다음이다 : 청년 헤겔파의 많은 주요 인물들은

25 기성 종교와 맞서 싸워야 한다는 실천적 필요 때문에 영국-프랑스의 유물론으로 떠밀려 갔다. 그리고 여기서 그들은 자기 학파의 체계와 갈등에 빠졌다. 유물론은 자연을 유일하게 현실적인 것으로 파악하지만, 헤겔의 체계에서 자연은 절대 이념의 '외화' 곧 이념의 격하를 표상할 뿐이다 ; 여기에서는 어떤 상황에서도 사유와 그 사상적 산물인 이념이 근본적인 것이고 자

연은 이념 일반의 하강을 통해서만 존재하는 파생적인 것이다. 사정이 좋든 나쁘든 사람들은 이 모순 속에서 허우적거리고 있었다.

그때 포이에르바하의 『기독교의 본질』이 나왔다. 이 책은 단도 직입적으로 유물론을 다시 왕위에 올려 놓음으로써 한 방에 모순을 산산조각 내 버렸다. 자연은 모든 철학으로부터 독립하여 존재한다 ; 자연은 바로 자연의   5
산물인 우리 인간이 성장하는 기초이다 ; 자연과 인간 외에는 아무것도 존재하지 않고 우리의 종교적 환상이 창조해 낸 더 높은 존재들은, 우리 자신의 본질의 환상적 반영일 뿐이다. 금기는 깨졌다 ; '체계'는 분쇄되어 한 구석으로 내팽개쳐졌고 모순은 공상 속에만 있는 것으로 해소되었다.——누구든 이 책의 해방 효과를 생각해 보려면 이 효과를 몸소 체험했어야 한다.   10
누구나 다 열광했다 : 우리는 모두 한순간에 포이에르바하주의자가 되었다. 맑스가 얼마나 열렬하게 새로운 견해를 환영했고——모든 비판적 유보에도 불구하고——포이에르바하로부터 얼마나 많은 영향을 받았는지는 『신성 가족』에서 읽을 수 있다.

이 책의 결점조차 이 책이 일시적으로 효과를 낳는 데 기여했다. 통속   15
소설같고 심지어 곳곳에 있는 과장된 문체는, 더 많은 독자를 보장했고 어쨌든 오랜 동안 추상적이고 난해한 헤겔류 이후에 나온 청량제였다. 과도한 사랑의 신격화도 마찬가지였다. 비록 정당성을 발견하지는 못했다 할지라도, 이것은 참을 수 없게 되어버린 '순수 사유'의 지배에 맞서 용인될 수 있었다. 그러나 우리가 잊어서는 안 되는 점은 다음이다 : 1844년 이래 '교양   20
있는' 독일에서 전염병처럼 번진 '진정한 사회주의'는 포이에르바하의 바로 이 두 가지 약점과 관련되어 있었다. 진정한 사회주의는 과학적 인식 대신 통속 소설같은 문구를 늘어놓았으며 생산의 경제적 변혁을 통한 프롤레타리아트의 해방 대신 '사랑'을 매개로 한 인류의 해방을 떠들었고, 간단히 말해서 지겨운 통속 소설과 사랑 예찬으로 빠져버렸는데 그 전형은 칼 그륀   25
씨였다.

앞으로 잊지 말아야 할 점은 다음이다 : 헤겔 학파는 해체되었지만 헤겔 철학은 비판적으로 극복되지 않았다. 슈트라우스와 바우어는 각자 이 철학의 한 측면을 끄집어내어 상대 측면에 논쟁적으로 맞세웠다. 포이에르바하는 체계를 부수어 간단히 한구석으로 내팽개쳤다. 그러나 우리는 어떤 철학을 잘못된 것이라고 간단히 선언함으로써 그 철학을 끝장낼 수는 없다. 그리고 헤겔 철학처럼 민족의 정신 발전에 그토록 엄청난 영향을 미친 강력한 작품은, 손쉽게 무시한다고 해서 제거되지는 않는다. 이 철학은 말뜻 그대로 '지양'되어야 했다. 즉 이 철학의 형식은 비판적으로 폐기되어야 하지만 이 형식을 통해 얻은 새로운 내용은 구제되어야 한다는 뜻이다. 어떻게 이 일이 이루어졌는지는 아래서 더 살펴보자.

그러나 그러는 동안 1848년 혁명은 마치 포이에르바하가 헤겔을 제쳐버렸듯이 철학 전체를 거리낌없이 한구석으로 몰아붙였다. 그리고 이와 함께 포이에르바하 자신도 뒷전으로 밀려나고 말았다.

II

　모든 철학, 특별히 최신 철학의 중대한 근본 문제는 사유와 존재의 관계에 관한 문제이다. 사람들이 자기 몸의 구조를 전혀 모른 채 꿈에서 나타난 것[2])에 자극을 받아 사유와 감각은 자기 몸의 활동이 아니라 이 몸 속에서 살다가 죽으면 몸을 떠나는 특별한 영혼의 활동이라는 표상을 가졌던　5
아주 오래 전부터——이때부터 사람들은 이 영혼과 외부 세계의 관계를 사고하지 않을 수 없었다. 만일 죽을 때 영혼이 몸과 갈라져 계속 산다면 영혼이 특별하게 죽는다고 꾸밀 이유가 없다 ; 그리하여 영혼 불멸에 대한 표상이 생겨났으며, 이 표상은 당시의 발전 단계에서 결코 위안이 아니라 사람들이 거역할 수 없는 운명이자 그리스 인들의 경우처럼 흔히 실제적인　10
불행으로 나타났다. 종교적 위안이 필요했기 때문이 아니라 영혼은 일단 받아들였지만 몸이 죽은 후에는 이 영혼을 어떻게 해야 할지를 모르는 일반

---

2) 오늘날에도 야만인과 수준 낮은 미개인의 경우 꿈에 나타난 인간의 모습은 잠시 몸을 떠난 영혼이라는 표상이 널리 퍼져 있다 ; 따라서 실제 인간은, 꿈을 꾼 사람의 꿈에 나타나 저지른 행위에 대해서도 책임이 있다고 여겨진다. 예를 들어 임 던은 1884년 기아나의 인디언에게서 이런 사실을 발견했다.[109]

적 한계에서 생긴 곤경 때문에 대체로 개인의 불멸에 대한 지루한 상상이 생겨났다. 아주 비슷한 방식으로 자연의 힘들의 인격화를 통해 최초의 신들이 생겨났다. 이 신들은 종교가 더 발전하면서 갈수록 초세계적인 모습을 띠었으며 마침내 정신의 발전 행정에서 자연스럽게 나타난 추상 과정, 내 방식대로 말하면 어느 정도 제한되고 서로 제한하는 많은 신들로부터 증류 과정을 통해 사람들의 머리 속에 일신교적 종교들의 배타적인 유일신에 대한 표상이 생겨났다.

따라서 존재에 대한 사유의 관계, 자연에 대한 정신의 관계에 관한 문제, 철학 전체의 최고의 문제는 모든 종교와 마찬가지로 야만적인 상태에서 나타난 편협하고 무지한 표상들에 그 뿌리를 가지고 있다. 그러나 유럽 인류가 기독교 중세의 오랜 겨울잠에서 깨어났을 때 비로소 이 문제는 매우 날카롭게 제기될 수 있었고 충분한 의미를 얻을 수 있었다. 그런데 중세 스콜라 철학에서도 큰 역할을 했던 존재에 대한 사유의 지위에 관한 문제, 다음과 같은 문제 : 무엇이 본원적인가, 정신인가 아니면 자연인가?——이 문제는 교회에 맞서 다음과 같은 물음으로 날카로와졌다 : 신이 세계를 창조했는가 아니면 세계는 영원한 옛날부터 거기에 존재하는가?

이 문제에 어떻게 대답하느냐에 따라 철학자들은 두 개의 큰 진영으로 갈라졌다. 자연에 대해 정신의 본원성을 주장하고 따라서 어떤 종류든 결국 세계의 창조를 받아들인 철학자들——그런데 이 창조는 흔히 기독교의 경우보다 예컨대 헤겔 같은 철학자들의 경우 훨씬 더 복잡하고 허황되다——은 관념론 진영을 이루었다. 자연을 본원적인 것으로 여긴 그 밖의 철학자들은 유물론의 다양한 학파에 속한다.

관념론과 유물론이라는 두 표현은 본래 이것말고는 다른 것을 의미하지 않으며, 여기서도 다른 의미로 사용되지 않는다. 이 두 표현에 다른 의미를 집어넣으면 어떤 혼란이 생기는지는 아래서 살펴볼 것이다.

그러나 사유와 존재의 관계에 관한 문제에는 또 하나의 측면이 있다 : 우리를 둘러싼 세계에 대한 우리의 사상은 이 세계 자체와 어떤 관계가 있는가? 우리의 사유는 현실 세계를 인식할 수 있고 우리는 현실 세계에 대한 우리의 표상과 개념으로 현실의 올바른 영상을 만들어 낼 수 있는가?

이 문제는 철학 용어로 사유와 존재의 동일성에 관한 문제라고 불리며, 절대 다수의 철학자들은 이 문제에 긍정적으로 대답한다. 예를 들어 헤겔의 경우 긍정적으로 대답하는 것은 당연한 일이다 ; 왜냐하면 우리가 현실 세계에서 인식하는 것은 바로 사유하기에 알맞은 이 세계의 내용이고 세계를 절대 이념의 단계적 실현으로 만들어 주는 것이기 때문인바, 이런 절대 이   5
념은 영원한 옛날부터 세계와 독립하여 세계 이전에 어딘가에 존재하고 있었다 ; 그러나 사유가 이미 처음부터 사상의 내용을 이루는 그 내용을 인식할 수 있다는 것은 너무나 분명한 사실이다. 마찬가지로 여기서 증명해야 할 것이 이미 슬그머니 전제 속에 포함되어 있다는 것도 분명한 사실이다. 그러나 헤겔은 조금도 거침없이 사유와 존재의 동일성에 대한 자기의 증명   10
에서 더 나아가 자신의 철학은 자기 자신의 사유에 옳은 것이기 때문에 유일하게 옳은 철학이며 사유와 존재의 동일성은 인류가 즉시 자신의 철학을 이론에서 실천으로 옮기고 전세계를 헤겔의 원리들에 따라 변형함으로써 입증되어야 한다는 결론을 이끌어낸다. 이것은 하나의 환상이며, 이런 환상을 헤겔은 모든 철학자와 상당히 공유하고 있다.   15

그러나 그 밖에도 세계의 인식 가능성이나 실로 완벽한 인식 가능성에 이의를 제기하는 일련의 다른 철학자들이 있다. 좀더 현대의 철학자들 가운데는 흄과 칸트가 이들에 속하며, 이들은 철학의 발전에서 매우 중요한 역할을 했다. 이런 견해를 반박하는 데에 결정적인 것은 관념론의 관점에서 가능한 한에서 헤겔이 이미 .다 말했다 ; 포이에르바하가 유물론적인 것을   20
덧붙인 일은 깊이가 있다기보다 재치가 있는 것이다. 이런 어리석은 철학적 생각이나 그 밖의 모든 어리석은 철학적 생각을 가장 적절하게 반박하는 것은 실천, 즉 실험과 산업이다. 만일 우리가 자연에서 일어나는 어떤 일을 스스로 만들고 그 조건들로부터 그 일이 일어나게 하고 게다가 그 일을 우리 목적에 쓸모 있게 함으로써 그 일에 대한 우리의 파악이 옳다는 점을 증   25
명할 수 있다면, 칸트의 파악할 수 없는 '물자체'는 끝장난다. 동물과 식물의 몸에서 산출된 화학 물질들은 유기 화학에 의해 차례차례 석출되기 시작할 때까지는 그런 '물자체'로 남아 있었다 ; 유기 화학과 더불어 예컨대 꼭두서니의 색소인 알리자린처럼 '물자체'는 우리를 위한 사물이 되었다. 이제 우리는 알리자린을 들에 있는 꼭두서니의 뿌리에서 자라게 하지 않고 콜타르에서 더 값싸고 간단하게 만들어낸다. 코페르니쿠스의 태양계는 삼백 년 동안 하나의 가설이었고 비록 일 대 백, 천, 만의 내기를 걸 수 있었지만 여전히 하나의 가설이었다 ; 그러나 르베리에가 이 체계에 의해 제공된 자료들을 가지고 미지의 행성의 실존의 필연뿐만 아니라 그 행성이 하늘에서 있어야 할 지점도 계산했을 때 그리고 그 뒤 갈레가 이 행성[110]을 실제로 발견했을 때, 코페르니쿠스의 체계는 증명되었다. 그럼에도 불구하고 독일에서 신칸트주의자들이 칸트의 파악을, 영국에서 불가지론자들이 흄의 파악을(영국에서는 흄의 파악이 결코 단절된 적도 없었다) 되살리려고 시도한다면, 이것은 오래 전에 이루어진 이론적, 실천적 반박과 비교하여 과학적으로는 하나의 퇴보이며 실천적으로는 유물론을 뒤로 받아들이면서 세상 사람들 앞에서는 반박하는 부끄러운 태도에 지나지 않는다.

그러나 데까르뜨부터 헤겔까지 그리고 홉스부터 포이에르바하까지 이 오랜 기간 동안 철학자들을 앞으로 추동한 것은 그들이 생각했듯이 순수 사상의 힘만이 결코 아니었다. 그 반대다. 실은 철학자들을 앞으로 추동한 것은, 주로 강력하고 점점 더 빠르게 앞장서서 돌진하는 자연 과학과 산업의 진보였다. 유물론자들의 경우 이 점이 이미 표면에 드러났지만, 관념론적 체계들도 더욱더 유물론적 내용으로 채워졌고 정신과 물질의 대립을 범신론적으로 화해시키려 했다 ; 그러므로 결국 헤겔의 체계는 방법과 내용 면에서 관념론적으로 거꾸로 선 유물론을 의미할 뿐이다.

그러므로 이것으로 슈타르케가 포이에르바하의 특징을 묘사하면서 우선적으로 사유와 존재의 관계에 관한 이 근본 문제에 대해 그가 어떤 입장이었는지를 연구한 것은 이해할 만하다. 짤막한 서론에서 슈타르케는 이전의 철학자들 특히 칸트 이후의 철학자들의 견해를 불필요하게 철학적이고 어려운 언어로 기술하고 있으며 또 헤겔 저작의 몇몇 구절에 지나치게 형식적으로 얽매임으로써 헤겔에게 큰 손해를 입히고 있다. 이러한 짤막한 서론 뒤에 슈타르케는 포이에르바하의 '형이상학' 자체의 발전 과정을 이 철학자와 관련된 저술들의 순서에 따라 드러나는 대로 자세히 서술한다. 이 서술은 정성스럽고 일목요연하게 가다듬어져 있지만 다만 책 전체가 그러

한 것처럼 도처에서 꼭 불가피하지도 않은 철학적 표현 방식이라는 군더더
기들을 무겁게 짐지고 있다. 저자가 같은 학파나 포이에르바하 자신의 표현
방식을 덜 고집할수록 또 아주 다양한 경향들 특히 오늘날 만연하고 있는
스스로 철학적이라 부르는 경향들의 표현을 더 섞어 쓸수록 이 군더더기는
더 귀찮아질 것이다.   5

　　포이에르바하의 발전 과정은 한——물론 아주 정통은 아니지만——
헤겔주의자가 유물론으로 넘어가는 과정이며 일정한 단계에서 선행자들의
관념론적 체계와 완전한 단절이 필요한 발전이다. 그에게는 마침내 다음과
같은 통찰이 거역할 수 없는 힘으로 강요되고 있다. 헤겔의 '절대 이념'의
세계 이전의 존재, 즉 세계가 존재하기 이전의 '논리적 범주의 선존재'란 초   10
세계적 창조자에 대한 신앙의 환상적 유물일 뿐이다 ; 또 우리 자신이 속해
있는 질료적이며 감각으로 지각할 수 있는 세계가 유일하게 현실적인 것이
며 우리의 의식과 사유는 아무리 초감각적인 것처럼 보이더라도 질료적 신
체 기관인 뇌의 산물이다. 물질이 정신의 산물이 아니라 정신이야말로 물질
의 최고 생산물일 뿐이다. 이것이 마땅히 진짜 유물론이다. 여기까지 와서   15
포이에르바하는 멈칫한다. 그는 습관적인 철학적 편견, 즉 유물론의 실상이
아니라 그 이름에 대한 편견을 극복할 수 없었다. 그는 말한다 :

　　　"유물론은 나에게 인간의 본질과 지식이라는 건물의 기초다 ; 그러나 나
　　에게 유물론은 더 좁은 의미의 자연 연구자들인 생리학자들, 예컨대 몰레쇼
　　트가 생각하는 것이 아니고 나아가 생리학자들의 관점과 직업에서 볼 때 꼭   20
　　필요한 것, 즉 건물 자체도 아니다. 지금까지는 나는 유물론자들에게 완전히
　　동의하지만 앞으로는 아니다"[111]

　　포이에르바하는 여기서 물질과 정신의 관계에 대한 일정한 파악에 기
초한 일반적 세계관인 유물론을 일정한 역사 단계, 특히 18 세기에 이 세계
관이 표현된 특수한 형식과 함께 내던진다. 더욱이 그는 천박해지고 통속화   25
된 형태와 함께 이 일반적인 세계관인 유물론을 내던진다. 18 세기 유물론
은 오늘날에도 이런 형태로 자연 연구자와 의사의 머리 속에 계속 실존하
고 있으며, 50 년대에는 뷔흐너, 포크트, 몰레쇼트 등에 의해 순회 강연되

기도 했다. 그러나 관념론이 일련의 발전 단계를 거쳤듯이 유물론도 마찬가지였다. 자연 과학 영역에서 획기적인 발견이 있을 때마다 유물론은 그 형식을 바꾸어야 한다 ; 그리고 역사도 유물론적으로 다루어진 때부터 발전의 새 길이 열린다.

5   지난 세기의 유물론은 주로 기계적이었다. 왜냐하면 그 당시에는 모든 자연 과학 중에서 역학, 더욱이 —— 천상과 지상의 —— 고체 역학, 간단히 말해서 중력의 역학만이 어느 정도 일단락되어 있었기 때문이다. 화학은 겨우 유치한 연소설의 형태로 있었다. 생물학은 아직 기저귀를 차고 있었다 ; 동식물 유기체는 날림으로 연구되었고 순전히 기계적인 원인으로 설명되었
10   다 ; 데까르뜨에게 동물이 그랬듯이 18 세기 유물론자들에게 인간은 하나의 기계였다. 화학적, 유기적 성질을 가지고 있는 과정, 역학의 법칙들이 비록 타당하지만 더 높은 다른 법칙들에 의해 뒷전으로 밀려나는 이 과정들에 역학의 척도만을 적용하는 것은, 고전 프랑스 유물론의 독특하면서도 당시로서는 불가피한 첫 번째 한계를 이룬다.

15   이 유물론의 두 번째 독특한 한계는 세계를 하나의 과정으로서, 즉 역사적으로 계속 형성 중인 질료로서 파악할 능력이 없다는 데 있었다. 이 한계는 당시 자연 과학의 상태와 이 상태와 연관되어 있는 형이상학적으로 즉 반변증법적으로 철학하는 방식에 상응한다. 사람들은 자연이 영원히 운동하고 있다는 사실을 알고 있었다. 그러나 이 운동은 당시의 표상에 따르
20   면 역시 영원히 원을 그리고 있었으며 따라서 진척이 전혀 없었다 ; 이 운동은 되풀이하여 똑같은 결과를 산출하는 것이었다. 이런 표상은 당시로서는 불가피했다. 칸트의 태양계 생성에 관한 이론은, 당시에 막 나타났고 아직은 단순히 진기한 설에 지나지 않았다. 지구의 발전사인 지질학은, 아직 알려져 있지 않았다. 오늘날의 생물들은 단순한 것으로부터 복잡한 것으로의
25   오랜 일련의 발전의 결과라는 표상은, 당시로서는 도대체 과학으로 확립될 수 없었다. 따라서 자연에 대한 비역사적 파악은 불가피 하였다. 이것은 헤겔의 경우에도 있었던 만큼 우리는 이것 때문에 18 세기 철학자들을 비난할 수는 없다. 헤겔의 경우 자연은 이념의 단순한 '외화'로서 결코 시간 속에서 발전할 수 없고 공간 속에서 그 다양성을 펼칠 수 있을 뿐이다. 따라

서 자연은 그 속에 포함된 발전 단계들을 동시에 나란히 늘어놓고 항상 똑같은 과정을 영원히 되풀이하라고 선고받는다. 공간 속이지만 시간——모든 발전의 기본 조건——밖에서 발전한다는 이런 허튼 주장을 헤겔이 자연에 부과한 때는 바로, 지질학, 발생학, 식물과 동물의 생리학, 유기 화학 등이 형성되었고 이 새로운 과학들을 토대로 훗날의 발전 이론의 천재적인 조짐들이 나타난(예를 들어 괴테와 라마르크) 시기였다. 그러나 체계가 그렇게 요구했고 방법은 체계를 위해 자기를 배신하지 않을 수 없었다.

똑같은 비역사적 파악이 역사 영역에서도 통용되고 있었다. 이 영역에서 중세의 잔재에 맞선 투쟁은 계속 눈을 가리고 있었다. 중세는 천년 동안의 전반적 야만 상태로 인한 역사의 단순한 단절로 여겨졌다 ; 중세의 위대한 진보——유럽 문화 영역의 확대, 서로 인접한 그곳에서 형성된 생존력 있는 위대한 민족들, 마지막으로 14, 15 세기의 엄청난 기술 진보,——이 모든 것을 사람들은 보지 않았다. 그리하여 굵직한 역사적 연관에 대한 합리적 통찰이 이루어질 수 없었고 역사는 기껏해야 철학자들이 이용하기 위한 예들과 일화들의 집합으로 쓰였다.

독일에서 50 년대에 유물론을 팔고 다녔던 속물적인 행상인들은 결코 그들의 스승의 이 한계를 뛰어넘지 못했다. 그때부터 이루어진 자연 과학의 모든 진보는, 그들에게 세계 창조자의 존재를 반대하는 증거로만 쓰였다 ; 사실 이론을 더욱 발전시키는 것은 결코 그들의 일이 아니었다. 관념론은 온갖 방책을 다 써 보았지만 도리없이 1848년 혁명으로 치명상을 입었다. 그럼에도 관념론은 유물론이 일시적으로 더욱 깊은 나락에 떨어졌다는 사실을 보고 만족해 하였다. 포이에르바하가 이런 유물론에 대한 책임을 거절한 것은 올바른 결정이었다 ; 그로서는 순회 강연자들의 가르침을 유물론 일반과 혼동하지 않기만 하면 그만이었다.

그렇지만 여기서 두 가지를 주의해야 한다. 첫째 포이에르바하가 살아 있을 때에도 자연 과학은 아직 강렬한 발효 과정 속에 있었고 그 과정은 최근 15 년 동안에야 비로소 비교적 분명한 결실을 보게 되었다 ; 전대 미문의 새로운 인식 소재가 제공되었으나 잇달은 발견들의 연관을 세우고 이런 발견들의 혼돈 속에서 질서를 세우는 일은 아주 최근에야 비로소 가능해졌다.

물론 포이에르바하는 세 가지 결정적 발견——세포, 에너지 전화, 다윈이 이름붙인 발전 이론——을 모두 겪었다. 그러나 어떻게 시골에 있는 외로운 철학자가, 자연 연구자들조차 당시 부분적으로는 여전히 논쟁 중이었고 부분적으로는 충분히 이용할 줄 모르는 발견들을 제대로 평가할 만큼 과학

5 을 충실히 쫓아갈 수 있었겠는가? 여기에서 죄는 오로지 비참한 독일 상황에 있을 뿐이다. 이런 상황 덕분에 철학 교수직은 꼬치꼬치 따지고 벼룩같은 절충적 노인들이 독점하고 있었던 반면에, 이 모든 사람 위에 탑처럼 우뚝 솟은 포이에르바하는 조그만 촌에서 시골뜨기가 되어 시대에 뒤쳐지지 않을 수 없었다. 그러므로 이제는 가능해졌지만 프랑스 유물론의 모든 일면

10 성을 제거한 역사적 자연 파악을 포이에르바하가 하지 못한 것은 그의 잘 못이 아니다.

둘째 포이에르바하가 다음과 같이 말한 것은 아주 옳았다. 단순한 자연 과학적 유물론은

"인간 지식이라는 건물의 기초이지만 건물 자체는 아니다."[1111]

15 왜냐하면 우리는 자연에서뿐만 아니라 인간 사회 속에서도 살고 있고 인간 사회는 자연에 못지않게 그 발전의 역사와 과학을 가지고 있기 때문이다. 그러므로 사회에 관한 과학 즉 이른바 역사적 과학과 철학적 과학의 총체를 유물론적 기초와 일치시키고 이 기초 위에서 재구성하는 일이 중요했다. 그러나 이 일은 포이에르바하에게는 허락되지 않았다. 그는 이러한

20 '기초'에도 불구하고 이 문제에서는 물려받은 관념론적 질곡에 여전히 사로 잡혀 있었다. 이 사실을 그는 다음과 같은 말로 인정한다 :

"지금까지는 나는 유물론자들에게 동의하지만 앞으로는 아니다"[1111]

그러나 사회 영역에서 "앞으로" 나아가지 않고 1840년 혹은 1844년 의 자기 관점을 극복하지 못한 사람은 바로 포이에르바하 자신이었으며 게

25 다가 그 이유는 또다시 주로 그의 황폐함 때문이었다. 이 황폐함 때문에 그 는——다른 어떤 철학자보다도 사교적 교류에 소질이 있었다——같은 부

류의 사람들과 친구나 적으로 교류하면서가 아니라 자신의 외로운 머리 속
에서 사상을 만들어 낼 수밖에 없었다. 얼마나 그가 이 영역에서 여전히 관
념론자인지는 나중에 하나하나 살펴볼 것이다.

　여기서 더욱 주의해야 할 점은 슈타르케가 포이에르바하의 관념론을
엉뚱한 곳에서 찾는다는 점이다.

　　"포이에르바하는 관념론자이며 인류의 진보를 믿는다."(19면)──"기
초, 전체의 하부 구조는 그럼에도 불구하고 여전히 관념론이다. 우리에게 실
재론이란 우리가 우리의 관념적 경향을 쫓아가는 동안 사도邪道를 막아주
는 보호자일 뿐이다. 진리와 정의에 대한 동정, 사랑, 열정 등은 관념적 힘이
아닌가?"(8면)

　첫째, 여기서 관념론이란 관념적 목적을 쫓아가는 것을 의미할 뿐이다.
그러나 이것은 기껏해야 칸트의 관념론과 그의 '정언 명령'과 필연적 관련
이 있을 뿐이다 ; 칸트조차 자기 철학을 '선험적 관념론'이라 부른 까닭은 결
코 이 철학에서도 윤리적 이상이 중요하기 때문이 아니라 슈타르케가 나중
에 생각해내듯이 아주 다른 이유 때문이었다. 철학적 관념론이 윤리적 즉
사회적 이상에 대한 믿음 주위를 맴돈다는 미신은, 철학 밖에서 즉 자기에
게 필요한 얼마 안되는 철학적 교양의 단편을 쉴러의 시에서 외웠던 독일
속물들에게서 생겨난 것이다. 칸트의 무력한 '정언 명령'──이 명령은 불
가능한 것을 요구하고 따라서 결코 어떤 현실적인 것에도 도달하지 못하기
때문에 무력하다──을 누구보다 날카롭게 비판하고, 쉴러가 중매한 실현
불가능한 이상에 대한 속물의 광신을 누구보다 잔인하게 조롱한(예를 들어
『현상학』을 보라) 사람은 바로 완벽한 관념론자 헤겔이었다.

　둘째, 그러나 사람을 운동시키는 모든 것이 사람의 머리를 거쳐야 한
다는 사실은 확실히 외면할 수 없다──심지어 먹고 마시는 일조차 머리
를 매개로 하여 느끼는 배고픔과 목마름으로 시작하고 역시 머리를 매개로
하여 느끼는 배부름으로 끝난다. 외부 세계가 사람에게 미치는 작용은 그의
머리 속에서 표현되고 그 속에서 감정, 사상, 충동, 결심 등 간단히 말해서
'관념적 경향'으로 반영되며 이런 형태로 '관념적 힘'이 된다. 그런데 만일

이 사람이 주로 '관념적 경향'을 쫓고 자신에 대한 '관념적 힘'의 영향을 인정하는 상황이 된다면——이 상황 때문에 그가 관념론자가 된다면, 어느 정도 정상적으로 발전한 사람은 모두 타고난 관념론자이고 그렇다면 도대체 어떻게 유물론자가 있을 수 있겠는가?

5   셋째, 인류가 적어도 지금은 대체로 진보하는 방향으로 운동하고 있다는 신념은 유물론과 관념론의 대립과는 절대로 무관하다. 프랑스 유물론자들은 볼떼르나 루쏘같은 이신론자들[112] 못지않게 이런 신념을 거의 광신에 가까울 정도로 가지고 있었고 그 신념을 위해 매우 자주 개인적인 큰 희생을 치렀다. 만일 누군가 '진리와 정의를 위한 열정'——이 말을 좋은 뜻으로 해석해서——에 일생을 바친 사람이 있었다면 그런 사람은 예컨대 디드로였다. 그러므로 슈타르케가 이 모든 것을 관념론으로 선언한다면, 이 선언은 유물론이라는 말과 두 노선의 대립 전체가 이제 그에게는 완전히 무의미해졌음을 증명할 뿐이다.

사실 슈타르케는, 여기서 성직자들의 오래 된 비방에서 물려받은 유물론이라는 이름에 대한 속물의 편견에 용서할 수 없는 양보를 하고 있다
15   ——비록 무의식적이었겠지만. 속물들은 유물론을 마구 처먹는 일, 마구 들이키는 일, 눈요기, 정욕, 교만한 태도, 물욕, 인색, 탐욕, 부당한 이익 추구, 증권 거래소 사기 등 간단히 말해서 속물 자신이 암암리에 하고 있는 모든 추잡한 악덕으로 이해한다 ; 그리고 관념론을 미덕, 일반적 인류애, 대체로
20   '더 나은 세계' 등에 대한 믿음으로 이해한다. 속물은 다른 사람들 앞에서는 이런 것들을 호언장담하지만 그 자신은 기껏해야 습관적인 '유물론적' 방탕에 필연적으로 뒤따르는 숙취 또는 파산을 의례껏 겪고 나서 다음과 같은 자기의 애창곡을 부를 때에만 이런 것들을 믿을 뿐이다 : 사람이 무엇이더냐——반은 짐승, 반은 천사라네.

25   그 밖에 슈타르케는 오늘날 독일에서 철학자라는 이름으로 뽐내고 있는 대학 강사들의 공격과 명제에 맞서 포이에르바하를 변호하기 위해 많이 애쓴다. 독일 고전 철학의 이 태반에 관심이 있는 독자들에게 이 점은 틀림없이 중요할 것이다 ; 슈타르케 자신에게도 이 점은 꼭 필요한 것으로 보였을 것이다. 우리는 이 일로 독자들을 괴롭히지 않겠다.

III

포이에르바하의 진짜 관념론은 그의 종교 철학과 윤리학을 보면 곧 명백히 드러난다. 그는 종교를 결코 폐지하려 하지 않고 오히려 그것을 완성하려 한다. 철학 자체는 종교에 동화되어야 한다는 것이다.

> "인류의 시대들은 종교의 변화를 통해서만 서로 구별된다. 역사의 운동 5
> 은 인간의 마음과 관련되는 경우에만 근본과 관련된다. 마음은 종교의 한 형
> 식이 아니다. 그러므로 종교는 마음 속에도 있어야 한다 ; 마음은 종교의 본
> 질이다." (슈타르케에게서 인용, 168면)

종교는 포이에르바하에 따르면 사람과 사람 사이의 감정 관계, 마음 관계이며, 이 관계는 지금까지 현실의 환상적 영상 속에서——인간의 속성 10
들의 환상적 영상인 하나의 신 혹은 여러 신을 매개로 하여——자신의 진리를 구했지만 이제는 나와 너의 사랑 속에서 매개 없이 직접 진리를 찾는다. 따라서 포이에르바하의 경우 결국 성애가 그의 새로운 종교를 실행하는 최고 형식은 아니지만 최고 형식들 가운데 하나가 된다.

그런데 사람들 사이의 감정 관계, 특히 두 성 사이의 감정 관계는 인간 15
이 존재한 이래 계속 있었다. 성애는 특별히 지난 800 년 동안 성숙해졌고

이 시기 동안 모든 시에 꼭 들어가야 하는 회전축의 지위를 확보했다. 현존하는 기성 종교들은 성애에 대한 국가의 규제인 혼인법에 더 높은 신성을 부여하는 일에만 얽매여 있었다. 이런 종교들은 내일 몽땅 사라질 수 있지만 사랑과 우정을 실천하는 데는 조금도 변화가 없을 것이다. 프랑스에서는
5 1793년부터 1798년까지의 기간 동안 기독교는 실제로 사라졌기 때문에 나뽈레옹조차 저항과 난관을 넘지 않고서는 이 종교를 다시 도입할 수 없었다. 그러나 그 사이에 포이에르바하의 의미에서 대용물에 대한 요구는 나타나지 않았다.

포이에르바하의 경우 관념론은 다음과 같은 점에, 즉 그가 서로에 대
10 한 애정에 기초한 사람들 사이의 관계, 즉 성적 사랑, 우정, 동정, 희생 등등을 그에게도 소멸한 것에 속하는 그런 어떤 특정 종교와는 무관하게 그 자체로서 존재하는 것으로 단순히 인정하지 않고 종교의 이름으로 더 높은 신성을 부여해야 비로소 그 관계가 충분한 가치를 얻는다고 주장한 데 있다. 그에게 중요한 것은 이러한 순수한 인간 관계가 실존한다는 점이 아니
15 라 이 관계가 새로운 참다운 종교로 파악된다는 점이다. 이 관계는 종교의 낙인이 찍혀야 비로소 완전한 것으로 여겨진다고 한다. 종교 Religion 는 religare 에서 유래하고 본래 결합을 의미한다. 그러므로 두 사람 사이의 결합은 모두 하나의 종교다. 이런 어원학적 요술은 관념론 철학의 마지막 피난처이다. 단어는 그것이 실제 사용되어 온 역사적 발전에 따라 지니게 된
20 의미가 아니라 어원에 따라 지니는 의미가 중요하다고 한다. 그리하여 단지 관념론의 추억에만 귀중한 단어인 종교가 언어에서 사라지지 않게 하기 위해 성적 사랑과 성적 결합이 하나의 '종교'로 숭배된다. 40 년대에 루이 블랑의 노선을 따른 빠리의 개량주의자들이 바로 그렇게 말했다. 또 그들은 종교 없는 인간들을 괴물로밖에 여기지 않았고 우리에게 이렇게 말했다:
25 따라서 무신론이 너희들의 종교다 Donc, l'athéisme c'est votre religion! 포이에르바하가 본질적으로 유물론적인 자연관을 토대로 진정한 종교를 세우려 한 것은 현대 화학을 참다운 연금술로 파악하는 것과 유사하다. 종교가 자신의 신 없이 있을 수 있다면 연금술은 자신의 지혜의 돌 없이 있을 수 있다. 더욱이 연금술과 종교 사이에는 매우 밀접한 관련이 있다. 지혜의 돌

은 신과 비슷한 속성을 많이 가지고 있으며, 코프와 베르텔로가 제공한 자료들이 증명하듯이 기원 후 첫 두 세기 동안 이집트-그리스 연금술사들은 기독교 교리의 형성에 관여했다.

포이에르바하의 다음 주장은 결정적으로 틀린 것이다.

"인류의 시대들은 종교의 변화를 통해서만 서로 구별된다."   5

지금까지 존재하고 있는 다음과 같은 세 개의 세계 종교를 고려할 경우에만 역사의 큰 전환점은 종교의 변화를 **동반했**다 : 불교, 기독교, 이슬람교. 자연적으로 생겨난 고대의 종족 종교와 민족 종교는 전도를 하지 않아서 종족과 민족의 독립이 무너지면 곧 모든 저항력을 잃고 말았다 ; 이것은 게르만 인의 경우 몰락하는 로마 세계 제국과 간단히 접촉하는 것으로 그   10 리고 이 제국이 방금 수용했고 이 제국의 경제, 정치, 이념 상태에 알맞은 기독교라는 세계 종교와 간단히 접촉하는 것으로 충분했다. 우리는 다소 인위적으로 생겨난 이 세계 종교들, 특히 기독교와 이슬람교에서 비로소 매우 일반적인 역사의 운동들이 종교의 각인을 받는다는 것을 안다. 그리고 기독교의 영역에서조차 현실적, 보편적 의미를 지닌 혁명들에 대한 종교의 각인   15 은 13 세기부터 17 세기까지 부르주아지의 해방 투쟁의 초기 단계에 한정되어 있으며, 이 각인은 포이에르바하가 생각하듯이 인간의 마음과 종교에 대한 욕구로 설명되는 것이 아니라 바로 종교와 신학 외에는 다른 이데올로기 형식을 전혀 알지 못한 중세의 역사 전체로 설명된다. 그러나 부르주아지가 18 세기에 충분히 강해져서 자기들의 계급 관점에 알맞은 고유의   20 이데올로기를 갖추었을 때에는 그들은 법과 정치의 이념에만 호소하여 위대하고 결정적인 혁명, 즉 프랑스 혁명을 수행하였다. 그리고 그들은 종교에 대해서는 자기들을 방해하는 한에서만 신경을 썼다 ; 그러나 그들은 낡은 종교 대신 새 종교를 세우려는 생각은 하지 않았다 ; 로베스삐에르가 이 것으로 어떻게 파멸했는가는 주지의 사실이다.   25

다른 사람들과 교류하면서 순수한 인간적인 감정이 싹틀 가능성은, 오늘날 우리가 살아야 할 계급 대립과 계급 지배에 기초한 사회에 의해 이미

매우 적다 : 우리는 이 감정을 하나의 종교로 숭배함으로써 스스로 이 가능
성을 더욱 적게 할 이유가 전혀 없다. 마찬가지로 역사의 대계급 투쟁에 대
한 이해는 특히 독일에서 통례적인 역사 서술에 의해 이미 충분히 애매해
져 있는데, 우리는 이 투쟁사를 교회사의 단순한 부록으로 전화시킴으로써
5   이 이해를 완전히 불가능하게 할 필요 또한 없다. 이미 여기서 우리가 오늘
날 포이에르바하로부터 얼마나 멀리 떨어져 있는지가 드러난다. 이 새로운
사랑의 종교를 축하하는 그의 '가장 아름다운 구절들'은 이제는 더 이상 읽
을 가치가 조금도 없다.

　　　　포이에르바하가 진지하게 연구한 단 하나의 종교는 서양의 세계 종교
10   이고 일신론에 기초한 기독교이다. 그는, 기독교의 신이란 인간의 환상적
반사, 인간의 영상일 뿐임을 증명한다. 그런데 이 신 자체는 오랜 추상 과
정의 산물이고 옛날의 수많은 종족과 민족의 신들이 농축된 정수이다. 그러
므로 이에 상응하여 저 신의 모상인 인간도 현실의 인간이 아니라 역시 현
실의 수많은 인간의 정수이고 추상적 인간이며 따라서 그 자신도 또다시
15   사유의 상이다. 모든 페이지에서 감성을 설교하고, 구체적인 것과 현실에의
몰두를 설교한 바로 그 포이에르바하가 사람들 사이의 단순한 성적 교류
이상의 어떤 교류에 관해 말하게 되자마자 철저히 추상적으로 된다.

　　　　이 교류는 그에게 단 한 면만을 보여준다 : 도덕. 여기서 헤겔과 비교하
여 다시 포이에르바하의 터무니없는 빈곤에 우리는 어리둥절해진다. 헤겔
20   의 윤리학 또는 인륜에 관한 가르침은 법 철학이며 다음을 포함하고 있다 :
1. 추상법, 2. 도덕, 3. 인륜. 그리고 인륜에는 다시 다음이 총괄되어 있다 :
가족, 시민 사회, 국가. 여기서 형식은 관념론적이지만 내용은 실재론적이
다. 법, 경제, 정치의 전 영역이 도덕과 함께 여기에 포함되어 있다. 포이에
르바하의 경우 사정은 정반대다. 그는 형식 면에서는 실재론적이고 인간에
25   서 출발한다 ; 그러나 이 인간이 사는 세계에 관해서는 전혀 말이 없고 따라
서 종교 철학에서 이야기를 독차지한 인간은 언제나 똑같은 추상적 인간으
로 남아 있다. 이 인간은 반드시 모태에서 태어나지는 않았고 일신론 종교
들의 신의 고치를 뚫고 나왔으며 따라서 역사적으로 발생하고 역사적으로
규정된 현실 세계에 살지도 않는다 ; 이 인간은 다른 인간들과 교류하지만

다른 인간들도 모두 그 자신과 마찬가지로 추상적이다. 종교 철학에서는 아직 남자와 여자가 있었지만 윤리학에서는 이 마지막 구별도 사라진다. 물론 포이에르바하의 경우에도 아주 간헐적으로 다음과 같은 문장들이 나온다:

> "호화 저택에서는 사람들이 오두막에서와는 다르게 생각한다."──"만일 네가 배고프고 가난하기 때문에 뱃속에 양식이 전혀 없다면 네 머리, 네 감각과 마음 속에도 도덕을 위한 양식이 전혀 없을 것이다."──"정치는 우리의 종교가 되어야 한다"[113] 등등.

그러나 포이에르바하는 이 명제들을 가지고서는 절대 아무 일도 시작할 수 없음을 안다. 이 명제들은 여전히 순전히 흰소리일 뿐이며 슈타르케조차 정치는 포이에르바하에게는 건널 수 없는 경계선이고

> "사회 이론, 즉 사회학은 그에게 미지의 나라"

라고 시인하지 않을 수 없다.

마찬가지로 선과 악의 대립을 다루는 데서도 그는 헤겔에 비해 천박한 것처럼 보인다.

> "헤겔이 이르기를──사람들은 다음을 말할 때 무언가 매우 대단한 것을 말하고 있다고 생각한다 : 사람은 본성이 선하다 ; 그러나 다음과 같은 말로 무언가 훨씬 더 대단한 것을 말하고 있다는 사실을 사람들은 잊고 있다 : 인간은 본성이 악하다"[114]

헤겔의 경우 악은 역사 발전의 추진력이 표현되는 형식이다. 더욱이 여기에는 이중의 의미가 있다. 한편으로는 각각의 새로운 진보는 필연적으로 신성한 것에 대한 불경으로, 낡고 죽어가지만 관례에 의해 신성하게 된 상태에 대한 반역으로 나타난다. 다른 한편으로는 계급 대립이 등장한 이래 역사 발전의 지레가 된 것은 바로 인간의 추악한 열정, 즉 탐욕과 지배욕이다. 이에 관해서는 예컨대 봉건제와 부르주아지의 역사가 유일한 부단한 증

거이다. 그러나 도덕적 악의 역사적 역할을 연구하는 일은 포이에르바하의 머리 속에는 떠오르지 않는다. 그에게 역사는 대체로 기분 나쁘고 섬뜩한 장이다. 심지어 그의 다음과 같은 말:

> "본래 자연에서 태어난 인간은 역시 순수한 자연적인 존재였을 뿐 결코
> 인간이 아니었다. 인간은 인간, 문화, 역사의 산물이다"[115] ——

5

이 말조차 그에게는 전혀 쓸모가 없다.

따라서 포이에르바하가 도덕에 관해 우리에게 알려주는 것은 극도로 빈약할 수밖에 없다. 행복에 대한 욕구는 인간이 타고나는 것이고 따라서 모든 도덕의 기초를 이루어야 한다. 그러나 행복에 대한 욕구는 이중의 수정을 받는다. 첫째, 우리 행위의 자연스러운 결과들을 통해 수정된다 : 과음에는 숙취가 따르고 습관적인 방탕에는 병이 따른다. 둘째, 우리 행위의 사회적 결과들을 통해 수정된다 : 우리가 다른 사람들의 똑같은 행복에 대한 욕구를 존중하지 않으면 그들은 저항하고 우리 자신의 행복에 대한 욕구를 방해한다. 이로부터 우리가 우리의 욕구를 만족시키기 위해서는 우리 행위의 결과를 올바르게 평가할 수 있어야 하는 한편 다른 사람들에게도 동일한 욕구의 동등권을 인정해야 한다는 결론이 나온다. 그러므로 우리 자신과의 관계에서 합리적인 자기 억제와 다른 사람과의 교류에서 사랑—— 자꾸 자꾸 사랑!—— 은 포이에르바하의 도덕의 기본 규칙이고 이 규칙에서 다른 모든 규칙이 도출된다. 그리고 포이에르바하의 재치 넘치는 상세한 설명도 슈타르케의 열렬한 찬사도 이 한 쌍의 문장의 얄팍함과 진부함을 감출 수는 없다.

행복에 대한 욕구는 인간이 자신에게 몰두해서는 아주 예외적으로만 충족될 뿐이며 자기나 남에게는 결코 유리하게 충족되지 않는다. 오히려 인간은 외부 세계, 충족 수단, 따라서 음식, 다른 성의 개인, 책, 가족 부양, 토론, 활동, 이용과 가공의 대상 등에 몰두할 필요가 있다. 포이에르바하의 도덕은 이런 충족 수단과 대상이 각 사람에게 의심할 바 없이 주어져 있다는 것을 전제하고 있거나 아니면 그 도덕은 그 사람에게 쓸모 없는 좋은 말씀일 뿐이지만 이런 수단이 없는 사람들에게는 한 푼의 가치도 없는 것이거

나 둘 가운데 어느 하나일 것이다. 그리고 이 사실은 포이에르바하 자신이
노골적으로 설명한다 :

> "호화 저택에서는 사람들이 오두막에서와는 다르게 생각한다." "만일
> 네가 배고프고 가난하기 때문에 뱃속에 양식이 전혀 없다면 네 머리, 네 감
> 각과 마음속에도 도덕을 위한 양식이 전혀 없을 것이다."[116]

다른 사람들의 행복에 대한 욕구의 동등한 권리는 사정이 좀더 나을
까? 포이에르바하는 이 요구를 모든 시대와 상황에 타당한 것이라고 무조
건적으로 내세운다. 그러나 언제부터 이 요구는 타당해진 것일까? 고대의
노예와 주인 사이에, 중세의 농노와 남작 사이에 과연 행복에 대한 욕구의
동등권이 문제로 된 일이 있는가? 피억압 계급의 행복에 대한 욕구는 아무
배려 없이 그리고 '법에 의해' 지배 계급의 행복에 대한 욕구를 위해 희생
되지 않았던가?――그랬었다. 그것은 비도덕적이었다. 그러나 오늘날에는
동등권이 인정되고 있다.―― 문구상으로는 인정되고 있다. 부르주아지가
봉건 제도에 맞서 투쟁하면서 또 자본주의 생산을 완성하면서 모든 신분적
특권, 즉 개인적 특권을 폐지하고 우선은 사법에서 그 다음은 공법에서 개
인의 법률적 동등권을 도입하지 않을 수 없었을 때부터 그리고 그 때문에
인정되고 있다. 그러나 행복에 대한 욕구는 관념적 권리만으로는 극히 불충
분하며 매우 많은 부분은 물질적 수단으로 충족된다. 그러나 자본주의적 생
산은 동등권을 가진 대다수 개인들에게 극빈한 생활을 유지하는 데 꼭 필
요한 것만을 제공하는 데 주의를 기울이고 있다. 따라서 자본주의적 생산은
다수의 행복에 대한 욕구의 동등권을 설사 존중한다 하더라도 노예제 또는
농노제가 한 것보다 결코 더 존중하지 않는다. 행복의 정신적 수단, 즉 교
양 수단과 관련하여 사정은 더 나은가? '자도바의 교사'[117] 자체가 신화적
인물이 아닌가?

이뿐이 아니다. 포이에르바하의 도덕 이론에 따르면 증권 거래소는 인
류의 최고 전당이다――사람들이 항상 정확하게 투기한다는 점만 전제하
면. 만일 나의 행복에 대한 욕구가 나를 거래소로 이끌고 내가 그곳에서 내
행위의 결과를 정확하게 헤아려서 증권 거래소가 나에게 편안함만 주고 전

혀 손해를 끼치지 않는다면, 즉 내가 항상 이익을 본다면 포이에르바하의 규정은 이행된다. 뿐만 아니라 나는 그렇게 함으로써 남의 똑같은 행복에 대한 욕구를 침해하지 않는다. 왜냐하면 남도 나만큼 자발적으로 증권 거래소에 들어섰고 나와 투기 행위를 체결하면서 내가 나 자신의 행복에 대한 욕구를 추구한 만큼이나 그도 자기의 행복에 대한 욕구를 추구했기 때문이다. 만일 그가 돈을 잃으면 바로 그것으로써 그의 행위는 잘못 계산되었기 때문에 비윤리적인 것으로 증명되고 나는 그에게 마땅한 벌을 집행함으로써 심지어 현대의 라다만투스로서 자랑스럽게 뽐낼 수도 있다. 게다가 사랑이 단순히 감상적인 문구가 아닌 한, 역시 사랑이 거래소를 지배한다. 왜냐하면 각자는 남에게서 자기의 행복에 대한 욕구의 만족을 찾기 때문이다. 이것이야말로 사랑이 해야 할 일이고 또 이런 일에 사랑은 실제로 관여한다. 만일 내가 거기서 나 자신의 조작操作의 결과를 정확하게 예견하고 그리하여 순조롭게 승부를 겨룬다면 나는 포이에르바하의 도덕의 매우 엄격한 요구를 모두 이행하고 더 나아가 부자가 된다. 달리 말해서 포이에르바하의 도덕은 스스로 아무리 의도하거나 예상하지 못했더라도 오늘날의 자본주의 사회에 알맞게 재단되어 있다.

그런데 사랑은!──그렇다, 사랑은 언제 어디서나 마력의 신인바, 이 신은 포이에르바하의 경우 실제 생활의 모든 난관을 극복하게 도와줄 의무가 있다고 한다──그것도 아주 정반대의 이해 관계를 가진 계급들로 분열되어 있는 사회에서. 그리하여 그의 철학에서 혁명적 성격의 마지막 잔재가 사라지고 다음과 같은 낡은 노래만 남는다 : 서로 사랑하라, 성과 신분을 가리지 말고 서로 포옹하라──보편적 화해의 몽상!

요약해 보자. 포이에르바하의 도덕 이론은 그 이론의 모든 산파들과 마찬가지이다. 그 이론은 모든 시대, 모든 민족, 모든 상황에 알맞게 재단되어 있으며 바로 그 때문에 결코 어디서도 적용할 수 없는 것이며 현실 세계에 대해서는 칸트의 정언 명령만큼 무력한 것으로 남는다. 현실에서는 각 계급, 심지어 각 직종도 자신의 도덕을 가지고 있는데, 만일 그것을 위반하더라도 처벌받지 않을 수 있다면 그들은 이 도덕도 어긴다. 모든 것을 하나로 만든다는 사랑은 전쟁, 쟁의, 소송, 집안 싸움, 이혼, 한 사람에 의한 다른 사람의 최대한의 착취 등에서 드러난다.

그러나 어떻게 포이에르바하가 제공한 강력한 자극이 그 자신에게는 그토록 쓸모 없는 것이 될 수 있었을까? 이유는 간단하다. 포이에르바하는 자신이 죽도록 미워한 추상의 왕국에서 살아 있는 현실로 가는 길을 찾을 수 없기 때문이다. 그는 자연과 인간에게 꽉 매달린다 ; 그러나 그에게 자연 과 인간은 여전히 단순한 말일 뿐이다. 실제 자연에 관해서도 실제 인간에 관해서도 그는 우리에게 어떤 확정적인 것을 말할 수 없다. 그러나 사람들 이 포이에르바하의 추상적 인간에서 살아있는 실제 인간으로 나아가려면 이 인간을 역사 속에서의 그들의 행동에서 고찰해야만 한다. 포이에르바하 는 이를 거부했고 따라서 그가 이해하지 못한 1848년은 그에게 실제 세계 와의 최종 단절, 고독 속으로의 후퇴를 의미했다. 이에 대한 책임은 또다시 주로, 그가 비참한 지경에 빠지도록 놓아 둔 독일의 상황에 있다.

그러나 포이에르바하가 내딛지 않았더라도 걸음은 내딛어야 했다 ; 포 이에르바하의 새로운 종교의 핵을 이룬 추상적 인간에 대한 숭배는 실제 인간과 그의 역사적 발전에 관한 과학으로 바뀌어야 했다. 이렇게 포이에르 바하를 넘어 포이에르바하의 관점을 전진적으로 발전시키는 일은 1845년 맑스에 의해 『신성 가족』에서 시작되었다.

IV

슈트라우스, 바우어, 슈티르너, 포이에르바하, 이들은 철학의 땅을 떠나지 않는 한 헤겔 철학의 심부름꾼들이었다. 슈트라우스는 『예수의 생애』와 『교의학』[118] 이후 겨우 르낭 식으로 à la Renan 철학적 및 교회사적 통속 소설을 연구했을 뿐이다 ; 바우어는 기독교의 발생사 분야에서만 약간의 일을 성취했지만 여기에서 의미 있는 일도 성취했다 ; 슈티르너는 심지어 바꾸닌이 그를 프루동과 혼합하여 이 혼합물을 '무정부주의'라고 이름 붙인 뒤에도 여전히 묘한 인물이었다 ; 포이에르바하만이 철학자로서 중요했다. 그러나 모든 특수 과학 위에 떠 있고 이들을 총괄하는 과학의 과학으로 자칭하는 철학은, 여전히 그에게는 건너기 힘든 한계, 손댈 수 없는 신성한 것만은 아니었다 ; 뿐만 아니라 그는 철학자로서도 어중간한 지점에 서 있었고 아래는 유물론자, 위는 관념론자였다 ; 그는 헤겔을 비판적으로 마무리하지 않고 오히려 그를 쓸모 없다고 간단히 한구석으로 내팽개쳤다. 반면 그 자신은 헤겔 체계의 백과사전 같은 풍부함에 비해 지나치게 꾸민 사랑의 종교와 빈약하고 무기력한 도덕 외에는 어떤 긍정적인 것도 완성하지 못했다.

그러나 헤겔 학파가 해체되자 또 하나의 다른 노선이 등장하여 유일한

열매, 진짜 열매를 맺었다. 이 노선은 맑스란 이름과 본질적으로 결합되어 있다.[3]

헤겔 철학으로부터 분리는 여기에서도 유물론적 관점으로 되돌아감으로써 이루어졌다. 즉 사람들은 현실 세계——자연과 역사——를 선입견이 개입된 관념론적 변덕 없이 이 세계에 접근하는 모든 사람에게 이 세계가   5
스스로 드러나는 대로 파악하기로 결심했다 ; 사람들은 환상적 연관이 아니라 그 자체의 연관 속에서 파악된 사실들과 일치하지 않는 관념론적 변덕을 모두 무자비하게 내버리기로 결심했다. 그리고 유물론이란 그 이상 아무것도 의미하지 않는다. 즉 여기서 처음으로 유물론적 세계관이 참으로 진지하게 취급되었다는 것, 문제가 되는 모든 지식의 영역에서 이 세계관이   10
——적어도 원칙 면에서는——일관성 있게 관철되었다는 것을 의미할 뿐이다.

헤겔은 간단히 멀리 밀려나지 않았다 ; 반대로 사람들은 위에서 설명한 그의 혁명적인 면, 즉 변증법적 방법과 결합하였다. 그러나 이 방법은 헤겔의 형식으로는 쓸모가 없었다. 헤겔의 경우 변증법은 개념의 자기 발전이   15
다. 절대 개념은 영원한 옛날부터——어딘지는 모르지만?——있었을 뿐 아니라 현존하는 전세계의 본래의 살아 있는 영혼이기도 하다. 절대 개념은

---

3) 여기서 나에게 개인적인 해명을 허용해 달라. 사람들은 요즈음 되풀이하여 이 이론에서 나의 몫을 지적하였다. 그래서 나는 여기서 이 점을 설명하는 말을 몇 마디 하지 않을 수 없다. 내가 40 년 간에 걸친 맑스와의 공동 작업을 하기 이전이나 그 공동 작업을 하는 동안에도 이 이론을 기초하고 특히 그것을 완성하는 데에 나의 독자적인 몫이 일정하게 있었다는 사실은 부인할 수 없다. 그러나 특히 경제학과 역사 영역에서 지도적인 기본 사상의 대부분과 그 최후의 날카로운 파악은 맑스의 것이다. 내가 기여한 일은—— 기껏해야 몇몇 전문 분야를 제외하면——내가 없었더라도 맑스가 마무리할 수 있었을 것이다. 맑스가 한 일을 나는 마무리하지 못했을 것이다. 맑스는 우리들 가운데 그 누구보다도 더 높이 서 있었고 더 멀리 보았으며 더 많이 더 빨리 통찰했다. 맑스는 천재였고 우리는 기껏해야 재주꾼이었다. 그가 없었다면 오늘날 이 이론은 현재의 것에 훨씬 미치지 못했을 것이다. 따라서 이 이론은 당연하게도 그의 이름을 지니고 있다.

『논리학』에서 매우 상세하게 논의된 모든 전 前 단계, 절대 개념 자체에 포
함되어 있는 모든 전 단계를 거쳐 자기 자신으로 발전한다 ; 그 다음 절대
개념은 '외화'하여 자연으로 전화하며 이곳에서 절대 개념은 자신에 대한
의식 없이 자연의 필연으로 위장한 채 새로운 발전을 겪는다. 그리고 결국
5 인간에게서 자기 의식으로 다시 돌아온다 ; 이 자기 의식은 이제 역사에서
미숙한 상태를 극복하며 그리하여 절대 개념은 마침내 헤겔 철학에서 다시
완전히 자신으로 되돌아온다. 그러므로 헤겔의 경우 자연과 역사에서 나타
나는 변증법적 발전, 즉 모든 지그재그 운동과 일시적 퇴보를 거쳐 관철되
는 더 낮은 것에서 더 높은 것으로의 진보의 인과적 연관은, 어딘지는 모르
10 지만 어느 경우든 사유하는 각 인간의 뇌와 독립하여 영원히 진행되는 개
념의 자기 운동을 복사한 것에 지나지 않는다. 이런 이데올로기적 전도는
제거할 필요가 있었다. 우리는 실제 사물을 이런저런 단계의 절대 개념의
모상으로 파악하는 대신 우리 머리 속의 개념을 실제 사물의 모상으로 다
시 유물론적으로 파악했다. 그리하여 변증법은 외부 세계뿐 아니라 인간 사
15 유의 일반적 운동 법칙에 대한 과학으로 환원되었다——두 계열의 법칙은
실제로는 똑같지만, 인간의 머리가 이 법칙을 의식적으로 응용할 수 있는
반면 자연에서는 그리고 지금까지 대부분의 인간 역사에서도 이 법칙은 무
의식적 방식으로, 외적 필연의 형식으로, 겉보기로는 우연의 끝없는 계열
한 가운데서 관철되는 한 그 표현에서는 서로 다르다. 그러므로 개념의 변
20 증법 자체는 현실 세계의 변증법적 운동의 의식적 반사에 지나지 않게 되
었다. 따라서 머리로 선 헤겔의 변증법, 또는 오히려 자기가 딛고 서 있던
머리에서 나온 변증법은 다시 발로 서게 되었다. 몇 년 전부터 우리의 가장
훌륭한 작업 도구이자 우리의 가장 날카로운 무기였던 이 유물론적 변증법
은, 신기하게도 우리들만이 아니라 우리와 또 심지어 헤겔과도 독립적으로
25 독일의 한 노동자 요제프 디츠겐[4]도 재발견했다.
　　이리하여 헤겔 철학의 혁명적인 면은 다시 수용되었고, 동시에 그것은
헤겔에게서 이런 면의 일관된 관철을 방해한 관념론적 장식으로부터 해방

---

4) 『인간 두뇌 노동의 본질. 한 육체 노동자로부터』(함부르크, 마이스너)를 보
　라.

되었다. 위대한 기본 사상, 세계가 완성된 **사물들**의 복합으로 파악되어서는 안되고 **과정들**의 복합으로 파악되어야 하며, 이 과정들 속에서 겉보기에는 안정된 사물들도 우리 머리 속에서 이들을 사유로 모사한 것인 개념들도 생성과 소멸의 끊임없는 변화를 겪는다는 것 그리고 또 전진적 발전은 이 변화 속에서 겉보기로는 우연인 모든 것과 모든 일시적인 역행에도 불구하 5 고 결국 관철된다는 것——이 위대한 기본 사상은 특히 헤겔 이래 일상 의 식 속으로 많이 이식되었기 때문에 이렇게 일반화되더라도 실로 아무 모순 도 드러내지 않는다. 그런데 이 사상을 말로 인정하는 것과 연구 영역에서 실제로 하나하나 실행하는 것은 서로 다르다. 그러나 사람들이 연구할 때 항상 이 관점에서 출발한다면 최종 해답과 영원한 진리에 대한 요구는 틀 10 림없이 그칠 것이다 ; 사람들은 획득된 모든 인식의 필연적 한계를 항상 의 식하고 있으며 그리고 이 인식은 그것이 획득되어진 상황에 의해 조건지어 진다는 것을 의식하고 있다 ; 그러나 여전히 관례적인 낡은 형이상학으로서 는 극복하기 힘든 참과 거짓, 선과 악, 같음과 다름, 필연과 우연의 대립을 더 이상 넘놓고 바라보기만 해서는 안된다 ; 우리는 다음의 사실을 알고 있 15 다. 이런 대립은 상대적 타당성만을 가지고 있다는 것, 오늘 참으로 인식된 것이 나중에 드러날 거짓된 면도 숨기고 있으며 마찬가지로 오늘 거짓으로 인식된 것도 참된 면을 가지고 있고 그 덕분에 이전에 참된 것으로 여겨질 수 있었다는 것 ; 필연이라고 주장된 것도 순수한 우연들로 이루어져 있고 이른바 우연이란 것은 필연이 숨는 형식이라는 것——등등. 20

헤겔이 '형이상학적'이라 부른 낡은 연구 방법과 사유 방법은 특히 사 물을 이미 주어진 완성물로 보고 연구하는 데 몰두했는데 그 찌꺼기들이 아직도 강하게 사람들의 머리 속에 떠오르고 있다. 이 방법은 그 시대에는 충분한 역사적 자격이 있었다. 과정을 연구할 수 있으려면 먼저 사물을 연 구해야 했다. 임의의 사물에서 일어나는 **변화**를 지각할 수 있으려면 먼저 25 그 사물이 무엇인지를 알아야 했다. 자연 과학에서 사정은 이랬다. 사물을 완성된 것으로 받아들인 낡은 형이상학은, 죽은 사물과 살아 있는 사물을 완성된 것으로 연구한 자연 과학에서 생겨났다. 그러나 이러한 연구가 상당 히 진척되어 결정적으로 진보할 수 있었을 때, 즉 자연 자체에서 일어나는

이 사물의 변화에 대한 체계적 연구로 넘어갈 수 있었을 때 철학 영역에서
도 낡은 형이상학의 사망 시간을 알리는 종이 울렸다. 사실 지난 세기 말까
지 자연 과학이 대체로 **수집하는** 과학, 완성된 사물에 관한 과학이었다면,
현 세기에서 자연 과학은 본질적으로 **정리하는** 과학, 과정, 이 사물의 원천
5　과 발전, 자연의 이 과정들을 큰 전체로 결합하는 연관에 관한 과학이다.
식물과 동물의 유기체 내의 과정을 연구하는 생리학, 배胚부터 성체까지
개별 유기체의 발전을 다루는 발생학, 지표의 점진적 형성을 추적하는 지질
학 등은 모두 현 세기의 자식들이다.

　　　그러나 무엇보다도 자연 과정들의 연관에 대한 우리의 지식은 다음의
10　세 가지 위대한 발견에 의해 비약적으로 발전했다 : 첫째 식물과 동물 전체
가 증식과 분화로써 발전하는 단위인 세포의 발견. 이 발견으로 모든 고등
유기체의 발전과 생장은 하나의 일반 법칙에 따라 일어나는 일로 인식되었
을 뿐 아니라 세포의 변화 가능성으로 유기체에서 종의 변화가 일어나며
따라서 개체의 발전 이상의 발전이 일어날 수 있는 길도 증명되었다.——
15　둘째 에너지의 전화. 이것은 무엇보다도 비유기적 자연 속에서 작용하는 이
른바 모든 힘들, 즉 역학적 힘과 그 보충인 이른바 위치 에너지, 열, 복사
(빛 또는 복사열), 전기, 자기, 화학 에너지 등이 보편적 운동의 서로 다른
현상 형식들임을 증명했다. 또 이것은, 이 힘들은 일정한 비례 관계 속에서
한 힘이 다른 힘으로 이행하며 따라서 사라지는 한 힘의 양 대신 일정한 양
20　의 다른 힘이 다시 나타나고 자연의 전체 운동은 한 형식에서 다른 형식으
로 변하는 끊임없는 과정으로 환원된다는 것을 증명했다.——마지막으로
다윈이 처음으로 연관 속에서 발전시킨 다음과 같은 증명. 즉 인간을 포함
하여 오늘날 우리를 둘러싸고 있는 유기적 자연 생산물들은 최초의 몇몇
단세포 배들로부터 오랜 발전 과정을 거쳐 산출된 것이며, 이 배들은 다시
25　화학적 경로를 거쳐 발생한 원형질 또는 단백질에서 생겨난 것이다.

　　　이 세 가지 위대한 발견과 자연 과학의 그 밖의 거대한 진보 덕분에
오늘날 우리는 개별 영역 내에서의 자연 과정들 사이의 연관뿐만 아니라
개별 영역들 사이의 연관도 대체로 증명할 수 있게 되었다. 그리하여 경험
적 자연 과학 자체가 제공한 사실들을 매개로 자연 연관의 포괄적인 모습

을 상당히 체계적인 형식으로 서술할 수 있게 되었다. 이런 전체상을 제공
하는 일은 이전에는 이른바 자연 철학의 과제였다. 자연 철학은 아직 모르
는 실제 연관을 관념적, 환상적 연관으로 대체하고 부족한 사실을 사유의
상으로 보충하고 실제로 있는 빈틈을 단순한 상상 속에서 메꿈으로써만 이
런 일을 할 수 있었다. 자연 철학은 이런 수법을 쓰면서 많은 천재적인 사   5
상을 얻었고 훗날의 많은 발견을 예견하였다. 달리 도리가 없었겠지만 무의
미한 것도 적지 않게 보여 주었다. 오늘날에는, 우리 시대에 만족할 만한
'자연 체계'에 도달하기 위해서는 사람들은 자연 연구의 결과들을 변증법적
으로만 즉 이 결과들 자체의 연관이란 의미에서만 파악하기만 하면 되며
또 이 연관의 변증법적 성격이 심지어 형이상학적으로 훈련된 자연 연구자   10
들의 두뇌에도 그들의 의지와 반대 쪽으로 강요하고 있기 때문에, 오늘날
마침내 자연 철학은 제거되었다. 이 철학을 되살리려는 모든 시도는 쓸데없
을 뿐 아니라 이런 시도는 하나의 퇴보다.

  그런데 이와 같이 역시 역사적 발전 과정으로 인식된 자연에 들어맞는
것은, 사회의 모든 부문의 역사와 인간적 (및 신적) 사물에 관계되는 모든   15
과학 전체에도 들어맞는다. 여기서도 역사 철학, 법 철학, 종교 철학 등등은,
사건들 속에서 증명해야 할 실제 연관을 철학자의 머리 속에서 만들어진
연관으로 대체하고 역사를 그 전체에 있어서나 개별적 부분에 있어서나 이
념의 점진적 실현, 그것도 물론 언제나 철학자 자기의 마음에 드는 이념만
의 실현으로 파악한 데서 존립하였다. 이리하여 역사는, 예컨대 헤겔의 경   20
우 그의 절대 이념의 실현처럼 처음부터 확정되어 있는 일정한 이념적 목
적을 위해 무의식적이지만 필연적으로 움직였고, 이 절대 이념을 향한 확
고한 지향이 역사적 사건들의 내적 연관을 이루었다. 그래서 사람들은 아직
모르는 실제 연관을 새로운——무의식적인 혹은 점차 의식에 도달하는
——신비적인 섭리로 대체했다. 그러므로 자연 영역과 똑같이 여기서도 실   25
제 연관을 발견함으로써 인위적으로 만들어진 이 연관을 제거할 필요가 있
었다 ; 이 과제는 결국 인간 사회의 역사 속에서 지배적인 것으로 관철되는
일반적 운동 법칙을 발견하는 일이 된다.

  그런데 사회의 발전사는 한 가지 점에서 자연의 발전사와 본질적으로

다르다. 자연 속에는──인간이 자연에 가하는 반작용을 고려하지 않는 한
──정말로 무의식적, 맹목적 동인들이 있으며 이들이 서로 영향을 미치고
이들의 상호 작용에서 일반적 법칙의 효력이 발생한다. 여기에서 일어나는
모든 일 가운데──표면적으로 볼 수 있는 무수한 겉보기의 우연들 가운
5 데도, 이 우연들 내부에 있는 합법칙성을 확증하는 마지막 결과들 가운데
도──의식되고 바라던 목적에 따라 일어나는 일은 전혀 없다. 이에 반해
사회의 역사에서 행위자는 정말로 의식을 갖추고 있고 숙고 또는 정열에
따라 행위하고 일정한 목적을 위해 노력하는 인간이다 ; 의식된 의도 없이
는, 바라는 목표 없이는 어떤 일도 일어나지 않는다. 그러나 비록 이 차이
10 가 특히 개별 시기와 사건의 역사적 연구에 매우 중요하지만 역사의 진행
이 내부의 일반적 법칙에 의해 지배된다는 사실은 조금도 변할 수 없다. 왜
냐하면 여기서도 모든 개인이 의식적으로 바라는 목표에도 불구하고 표면
적으로는 대체로 우연이 지배하는 것으로 보이기 때문이다. 바라는 일이 일
어나는 경우는 아주 드물고 대부분의 경우 수많은 바라는 목적들이 교차하
15 고 충돌하며 또는 이 목적들 자체가 처음부터 성취하기 어렵거나 그 수단
이 불충분하다. 그러므로 역사 영역에서 무수한 개별 의지와 개별 행위의
충돌은, 무의식적인 자연에서의 지배적인 상태와 아주 비슷한 상태를 초래
한다. 행위의 목적은 바라던 바였지만 실제로 행위에 따르는 결과는 바라던
바가 아니었다. 혹은 그것들이 처음에는 바라는 목적에 상응하는 것처럼 보
20 이더라도 결국 바라던 결과와는 아주 다른 결과를 가지고 온다. 따라서 역
사의 사건들은 대체로 역시 우연이 지배하는 것처럼 보인다. 그러나 표면적
으로는 우연이 작용하는 곳에서도 우연은 항상 숨어 있는 내적 법칙의 지
배를 받는다. 그러므로 문제는 오직 이 법칙을 발견하는 일에 있다.

　　비록 역사가 예정대로 되지 않더라도 인간은 각자 의식적으로 바라던
25 자기 목적을 추구함으로써 자기 역사를 만든다. 그리고 서로 다른 방향으로
행위하는 이 수많은 의지와 이 의지가 외부 세계에 미치는 다양한 영향의
결과가 바로 역사다. 그러므로 역시 수많은 개인이 무엇을 바라는가가 중요
하다. 의지는 정열 또는 숙고에 의해 규정된다. 그러나 다시 정열 또는 숙
고를 직접 규정하는 지레는 종류가 매우 다양하다. 그 일부는 외부 대상일

수 있고 일부는 이념적 동기, 공명심, '진리와 정의에 대한 열광', 개인적 증
오 또는 모든 종류의 순전히 개인적인 기분일 수도 있다. 그러나 한편으로
우리가 이미 본 바와 같이, 역사 속에서 활동하는 수많은 개별 의지는 대개
바라던 것과는 아주 다른——흔히 정반대의——결과를 낳고 따라서 그 동
기도 전체 사건에 대해서는 부차적 중요성을 지닐 뿐이다. 다른 한편 나아   5
가 다음과 같은 질문이 나온다. 이러한 동기 뒤에는 어떤 추진력이 있으며
행위자의 머리 속에서 그런 동기로 변조되는 것은 어떤 역사적 원인일까?

　　낡은 유물론은 이런 질문을 결코 던지지 않았다. 그러므로 이 유물론
이 도대체 역사 파악이라는 것을 갖고 있는 한 그 역사 파악은 본질적으로
실용적이다. 즉 그것은 모든 것을 행위의 동기에 따라 판단하며 역사에서   10
행위하는 인간을 귀한 사람과 천한 사람으로 나눈 다음 보통 귀한 사람이
속는 자이고 천한 사람이 승리자라고 본다. 그렇다면 여기서 낡은 유물론에
게는 역사 연구로는 감동적인 것을 거의 얻지 못한다는 결론이 나오고, 우
리에게는 역사 영역에서 낡은 유물론이 자기를 배반하게 된다는 결론이 나
온다. 왜냐하면 낡은 유물론은 이 영역에서 작용하는 이념적 추진력을 최종   15
원인으로 받아들이고 도대체 이 추진력 뒤에 무엇이 있는지, 이 추진력의
추진력은 무엇인지를 연구하지 않기 때문이다. 앞뒤가 맞지 않는 점은 이념
적 추진력을 인정한다는 데 있는 것이 아니라 이 추진력으로부터 그것을
움직이는 원인을 더 찾지 않는다는 데 있다. 이에 반해 역사 철학은 특히
헤겔이 대표하듯이 역사에서 행위하는 인간의 겉으로 보이는 동기 뿐아니   20
라 실제로 활동하는 동기도 결코 역사적 사건의 최종 원인이 아니며 이러
한 동기 뒤에는 다른 움직이는 힘이 있고 이 힘을 탐구할 필요가 있다고 인
정한다 ; 그러나 역사 철학은 이러한 힘을 역사 자체 안에서 찾지 않고 오히
려 외부에서, 즉 철학적 이데올로기에서 역사 속으로 수입한다. 예를 들어
헤겔은 고대 그리스의 역사를 그 자체의 내적 연관으로 설명하는 대신 그   25
역사가 "아름답고 개성적인 형상들"의 힘겨운 제작과 "예술 작품"[119] 그
자체의 실현에 지나지 않는다고 간단히 주장한다. 그는 이 경우 고대 그리
스에 관해 아름답고 깊이 있는 말을 많이 하지만 이제 우리는 흰소리에 불
과한 그런 설명에 더 이상 넘어가지 않는다.

그러므로 만일 ── 의식적이든 무의식적이든, 그리고 흔히 무의식적이지만 ── 역사에서 행위하는 인간의 동기 뒤에 있고 역사의 본래의 최종 추진력을 이루는 추진하는 힘들을 연구하는 것이 중요하다면, 비록 아무리 뛰어난 사람들이 행위한다 하더라도 개인들의 동기보다는 대중을, 민족 전체를, 그리고 각 민족에서 계급 전체를 움직이는 동기가 더 중요할 수밖에 없다 ; 그리고 여기에서도 중요한 것은 한 순간 일시적으로 튀어 오르는 것이나 급속히 꺼지는 짚불이 아니라 지속적인 역사적인 대변화로 귀결되는 행동이다. 여기서 행위하는 대중과 그 지도자 ── 이른바 위대한 인물 ── 의 머리 속에 분명하든 불분명하든, 직접적으로든 이데올로기 형식으로든 심지어 신으로 숭배 받는 형식으로든 의식된 동기로 반영되는 추진 원인을 탐구하는 것 ── 이것이 역사 전체와 개별 시대 및 개별 국가에서 역사를 지배하는 법칙의 흔적으로 우리를 인도하는 유일한 길이다. 인간을 운동시키는 모든 것은 인간의 머리를 통과해야 한다 ; 그러나 그것이 이 머리 속에서 어떤 모습을 띨지는 주로 상황에 달려 있다. 노동자들은 1848년에 라인에서 한 것처럼 더 이상 기계를 산산조각내지 않는다. 하지만 자본주의 기계 공장과 화해한 것은 결코 아니다.

그러나 이전의 모든 시기에는 역사의 이 추진 원인을 연구하는 것이 거의 불가능했던 ── 이 추진 원인과 그 결과와의 연관이 복잡하게 얽혀 있고 숨어 있었기 때문에 ── 반면 지금 시기에는 이 연관은 매우 단순화되어 수수께끼를 풀 수 있게 되었다. 대규모 산업이 도입된 이후, 즉 적어도 1815년 유럽 평화 이래 영국에서는 모든 정치 투쟁이 두 계급, 즉 땅을 소유한 귀족(토지 귀족)과 부르주아지(중간 계급) 사이에서 지배권을 둘러싸고 일어났다는 사실은 누구에게도 더 이상 비밀이 아니었다. 프랑스에서는 부르봉 가의 귀환과 더불어 똑같은 사실이 의식되게 되었다 ; 띠에리부터 기조, 미네, 띠에르까지 왕정 복고 시대의 역사 서술가들은 도처에서 이 사실이 중세 이래 프랑스 역사를 이해하는 열쇠라고 말한다. 그리고 1830년 이래 두 나라에서는 노동자 계급, 프롤레타리아트가 지배권을 둘러싼 제 3의 투쟁자로 인정되었다. 관계는 매우 간단하게 되어 있었기 때문에 고의로 눈을 감지 않고서는 이 3대 계급의 투쟁과 그들의 이해 관계의 충돌 속

에서 현대 역사의 추진력을 보지 않을 수 없었다—— 적어도 가장 앞선 이
두 나라에서는.

그런데 이 계급들은 어떻게 생겨났을까? 첫눈에는 이전의 봉건적 대
토지 소유의 기원을—— 적어도 처음에는—— 정치적 원인, 폭력적 점유 획
득에 돌릴 수 있었지만 부르주아지와 프롤레타리아트의 경우 이런 사정은   5
더 이상 가능하지 않았다. 이 양대 계급의 기원과 발전은 순수한 경제적 원
인에 의한 것임이 분명하고 알기 쉽게 밝혀졌다. 또 토지 소유와 부르주아
지 사이의 투쟁에서도 부르주아지와 프롤레타리아트 사이의 투쟁에 못지않
게 무엇보다도 경제적 이해 관계가 중요했고 정치 권력은 이 이해 관계의
관철에 단순한 수단으로 쓰일 수밖에 없었다는 사실도 분명했다. 부르주아   10
지와 프롤레타리아트는 둘 다 경제 관계, 더 정확히 말하면 생산 양식의 변
화의 결과로 생겨났다. 우선 쭌프트 수공업에서 매뉴팩처로의 이행에 의하
여 그 다음에는 매뉴팩처에서 증기 공장과 기계 공장을 가진 대공업으로의
이행에 의하여 이 두 계급은 발전하였다. 부르주아지에 의하여 운영된 새로
운 생산력—— 먼저 분업과 하나의 공동 매뉴팩처로의 다수의 부분 노동자   15
의 통합—— 과 이 생산력에 의해 발전된 교환 조건과 교환 욕구는 일정한
단계에 이르면 역사적으로 내려오고 법률로 신성해진 현존하는 생산 질서,
즉 봉건 사회 체제의 쭌프트적 특권과 그 밖의 많은 개인적, 지역적 특권
(이 특권은 특권이 없는 신분에게는 그만큼 굴레였다)과 양립할 수 없게 되
었다. 부르주아지에 의해 대표되는 생산력은 봉건적 토지 소유자와 쭌프트   20
장인에 의해 대표되는 생산 질서에 맞서 반란을 일으켰다 ; 잘 알다시피 그
결과 봉건적 굴레가 분쇄되었다. 영국에서는 점진적으로, 프랑스에서는 일
거에 분쇄되었고 독일에서는 이 일이 아직 끝나지 않았다. 그러나 매뉴팩처
가 일정한 발전 단계에서 봉건적 생산 질서와 충돌했듯이, 오늘날 이미 대
공업도 봉건적 생산 질서 대신 들어선 부르주아 생산 질서와 충돌하고 있   25
다. 대공업은 이 질서와 자본주의 생산 방식의 협소한 한계에 묶여 한편으
로는 대부분의 전체 인민 대중의 프롤레타리아화를 부단히 조장하고 있고
다른 한편으로는 갈수록 팔리지 않는 생산물을 더욱더 대량으로 생산하고
있다. 과잉 생산과 대중적 빈곤은 서로가 서로의 원인으로서 대공업이 도달

한 불합리한 모순이며, 이 모순은 생산 방식의 변화를 통해 생산력의 사슬을 풀어줄 것을 필연적으로 요구한다.

그러므로 적어도 현대 역사에서는 모든 정치 투쟁은 계급 투쟁이고 모든 계급 해방 투쟁은 비록 정치적 형식을 띨 수밖에 없지만——왜냐하면

5 모든 계급 투쟁은 정치 투쟁이기 때문에——결국 경제적 해방에 달려 있다는 사실이 증명되고 있다. 그러므로 여기서 적어도 국가, 정치 질서는 부차적인 것이고 부르주아 사회, 경제 관계의 왕국이 결정적인 요소다. 헤겔도 경의를 표한 바 있는 예로부터 내려온 견해는, 국가를 규정하는 요소로 보고 부르주아 사회를 국가에 의해 규정되는 요소로 본다. 겉으로는 이와 상

10 응한다. 개인의 경우 그가 행동하자면 그의 행위의 모든 추진력이 그의 머리를 통과하여 그의 의지의 동기로 전화해야 하는 것과 마찬가지로 부르주아 사회의 모든 욕구도——어느 계급이 지배하고 있는가와 관계없이——법률의 형식으로 일반적 타당성을 얻으려면 국가의 의지를 통과해야 한다. 이것은 사태의 형식적 측면이고 자명한 일이다 ; 다만 질문은, 이 형식적일

15 뿐인 의지——개인의 것이든 국가의 것이든——가 어떤 내용을 가지며 이 내용은 어디서 생기며 왜 하필 다른 것 아닌 바로 이것을 바라는가 하는 점이다. 이런 질문을 던지면, 우리는 현대 역사에서 국가 의지는 대체로 부르주아 사회의 변화하는 욕구에 의해, 이러저러한 계급의 우세에 의해, 종국적으로는 생산력과 교환 관계의 발전에 의해 규정된다는 사실을 알게 된다.

20 그러나 만일 거대한 생산 수단과 교류 수단을 지닌 우리 시대 즉 현대에서조차 국가가 독자적으로 발전하는 독자적 영역이 아니라 그 존립이나 발전이 종국적으로 사회의 경제적 생활 조건에 의해 설명되어야 한다면, 인간의 물질 생활의 생산이 아직 이런 풍부한 보조 수단을 가지고 이루어지지 않았고 따라서 이 생산의 필연이 인간에 대해 더욱더 큰 지배력을 행사

25 할 수밖에 없던 과거의 모든 시대에는 이런 사실이 틀림없이 훨씬 더 잘 들어맞을 것이다. 대공업과 철도의 시대인 오늘날에도 아직 국가가 대체로 생산을 지배하는 계급의 경제적 욕구를 포괄적 형식으로 반영한 것에 지나지 않는다면, 인간 세대들이 그들의 전생애 가운데 아주 많은 부분을 물질적 욕구의 충족에 사용할 수밖에 없었고 따라서 오늘날 우리보다 이 욕구에

더 많이 의존하고 있던 시대에는 국가가 틀림없이 훨씬 더 그랬을 것이다. 이전 시기의 역사를 연구하면서 이 측면을 진지하게 다루기만 하면, 이런 사실은 매우 충분하게 확증된다 ; 그러나 물론 여기서는 이런 사실을 상세히 다룰 수는 없다.

　　국가와 국법이 경제 관계에 의해 규정되는 이상 사법 역시 그렇다는 　5 것은 자명하다. 사법은 본질적으로 개인들 사이에 현존하는 주어진 상황하에서는 정상적인 경제 관계를 인가하는 데 지나지 않는다. 그러나 이런 일이 일어나는 형식은 매우 다를 수 있다. 영국에서 전체 민족 발전과 보조를 맞추어 일어난 것처럼, 낡은 봉건적 법률의 형식을 대부분 유지한 채 이 형식에 부르주아적 내용을 부여할 수 있고 심지어 봉건적 명칭에 부르주아적 　10 의미를 직접 집어넣을 수도 있다 ; 또 대륙의 서유럽에서처럼 상품 생산 사회의 최초의 세계법이고 단순한 상품 소유자들 사이의 모든 본질적인 법률관계(구매자와 판매자, 채권자와 채무자, 계약, 의무 등등)를 비할 데 없이 면밀하게 가다듬은 로마법을 기초로 삼을 수도 있다. 이때 아직 소부르주아적이고 반半봉건적인 사회를 위해 단순히 법률적인 실천을 통하여 이 법 　15 을 그 사회 상태에까지 낮출 수도 있으며(보통법) 또는 자칭 개화되었고 도덕가인 체하는 법학자들의 도움으로 이 법을 이 사회 상태에 상응하는 다른 법전으로 개작할 수도 있다. 이런 법전은 이러한 상황에서는 법률적으로도 악법일 것이다(프로이센 주 법) ; 그러나 부르주아 대혁명 이후라면 똑같은 이 로마법을 바탕으로 프랑스 민법처럼 부르주아 사회의 고전적인 법전 　20 을 만들어낼 수도 있다. 그러므로 부르주아 법규들이 사회의 경제적 생활 조건을 법률 형식으로 표현한 것일 뿐이라면, 이런 일은 실로 상황에 따라 좋게 일어날 수도 있고 나쁘게 일어날 수도 있다.

　　인간에 대한 최초의 이데올로기 권력은 우리에게 국가로 나타난다. 사회는 내부와 외부의 공격에 맞서 그 공동 이해를 보호하기 위해 하나의 기 　25 관을 창조한다. 이 기관이 국가 권력이다. 이 기관은 생겨나자마자 사회에 대해 자립성을 가지게 되며 또 그것이 특정 계급의 기관이 되면 될수록 이 계급의 지배를 직접적으로 실현하게 되면 될수록 사회에 대한 자립성은 더욱 강화된다. 지배 계급에 대한 피억압 계급의 투쟁은 필연적으로 정치 투쟁, 우선 지배 계급의 정치적 지배에 맞선 투쟁이 된다 ; 이 정치 투쟁과 그 경제적 기초와의 연관에 관한 의식은 희미해지고 완전히 없어질 수도 있다. 이런 일은 비록 당사자들에게는 전혀 해당되지 않더라도 역사 서술가들에 게는 거의 언제나 일어난다. 로마 공화국 내부에서 일어난 투쟁의 오랜 원
5 천에 관해서는 아피아만이 결국 무엇이 문제였는지를 분명하게 말하여 주 고 있다——요컨대 토지 소유라고.

그러나 국가는 일단 사회에 맞서 자립적인 힘이 되면 곧 그 이상의 이 데올로기를 산출한다. 직업 정치가나 국법 이론가와 사법 법학자에게서는 결국 경제적 사실과의 연관은 점점 사라진다. 각각의 경우 경제적 사실이
10 법률의 형식으로 인가를 받으려면 법률적 동기의 형식을 띠어야 하기 때문 에 또 그때 이미 통용되고 있는 전체 법률 체계가 역시 당연하게 고려되어 야 하기 때문에 이제 법률 형식이 전부이고 경제적 내용은 아무것도 아닌 것이 된다. 국법과 사법은 각각 독자적인 영역으로 취급된다. 양자는 각각 역사적으로 독립적으로 발전하고 그 자체로서 체계적으로 서술될 수 있으
15 며 또 모든 내부 모순을 근절함으로써 이러한 체계화에 도달할 것을 요구 한다.

훨씬 더 높은 이데올로기, 즉 물질적, 경제적 기초에서 훨씬 더 멀리 떨어져 있는 이데올로기는 철학과 종교의 형식을 취한다. 여기서 표상과 그 물질적 존재 조건 사이의 연관은 점점 더 복잡하게 얽히고 중간 고리들에
20 의해 점점 더 모호해진다. 그러나 연관은 존재한다. 15 세기 중반 이래 르 네상스 전체가 본질적으로 도시와 시민 층의 산물이었던 것과 마찬가지로 그때부터 새로 자라난 철학도 그러하였다 ; 이 철학의 내용은 본질적으로 중소 시민 층의 대부르주아지로의 발전에 상응하는 사상을 철학적으로 표 현한 것일 뿐이다. 이런 사실은 지난 세기의 영국인과 프랑스 인들이 흔히
25 정치 경제학자이면서 동시에 철학자였다는 점에서 분명히 드러나고 있다. 헤겔 학파에 대해서는 우리는 위에서 지적하였다.

하지만 종교는 물질 생활과 가장 무관하고 또 가장 낯선 듯하기 때문 에 간단히 살펴보기로 하자. 종교는 아주 원시 시대에 인간이 자기의 본성 과 자기를 둘러싼 외부 자연에 대해 가지고 있었던 그릇되고 원시적인 표

상에서 생겨났다. 모든 이데올로기는 일단 존재하기만 하면 곧 현존하는 표
상의 재료와의 관계 속에서 발전하면서 이 표상의 재료를 더욱더 완성시킨
다 ; 그렇지 않으면 그것은 이데올로기가 아닐 것이다. 즉 그것은 독립적으
로 발전하고 오직 자신의 법칙에만 복종하는 자립적인 본질적인 것으로서
의 사상을 다루는 이데올로기가 아닐 것이다. 이 사상 과정이 진행되는 두　　5
뇌를 가진 사람의 물질적 생활 조건이 결국 이 과정의 진행을 규정한다는
사실은, 이 사람들에게는 필연적으로 의식되지 않는다. 왜냐하면 그렇지 않
으면 모든 이데올로기가 끝장나기 때문이다. 그러므로 대다수의 모든 혈연
적 민족 집단들에 공통된 이 원시적인 종교적 표상은 집단들이 분리된 후
에는 각 민족에게 주어진 생활 조건에 따라 각 민족마다 고유하게 발전한　　10
다. 이러한 과정은 일련의 민족 집단, 특히 아리안(이른바 인도-유럽) 족의
경우에는 비교 신화학을 통해서 세세하게 증명되었다. 이렇게 각 민족이 만
들어 낸 신들은 민족 신들이었고 이들의 왕국은 이들이 보호해야 할 민족
적 영역 이상을 넘지 않았고, 이 경계 너머에서는 다른 신들이 확고하게 목
소리를 높이고 있었다. 민족 신들은 민족이 존속하는 동안에만 표상 가운데　　15
에 있었다 ; 이 신들은 민족의 몰락과 함께 멸망했다. 고대 민족체들을 이렇
게 몰락시킨 것은 로마 세계 제국이었으며 이 제국의 경제적 성립 조건은
여기서 분석할 필요가 없다. 고대 민족 신들은 멸망하였고 도시 로마의 협
소한 테두리에만 알맞게 편성되어 있던 로마의 민족 신 또한 멸망했다 ; 세
계 제국을 세계 종교로써 보충하려는 욕구는, 어떤 종류이든 간에 존경할만　　20
한 모든 외국의 신들을 로마의 토착 신들과 나란히 인정하고 그들을 위한
제단을 마련하려는 노력에서 분명히 드러난다. 그러나 새로운 종교는 황제
의 명령에 의해 이런 식으로 만들어지지 않는다. 새로운 세계 종교, 기독교
는 일반화된 근동 신학 특히 유태인 신학과 통속화된 그리스 철학 특히 스
토아 철학의 혼합으로 이미 조용히 생겨나고 있었다. 기독교가 본래 어떤　　25
모습이었는지를 알자면 우리는 면밀한 연구를 해야 한다. 왜냐하면 우리에
게 전해진 기독교의 공인된 형태는 국교이고, 니케아 회의[120]에 의해 이
목적에 알맞게 만들어진 것에 지나지 않기 때문이다. 아무튼 기독교가 250
년 후에 벌써 국교가 되었다는 사실은, 기독교가 시대 상황에 상응하는 종

교라는 것을 증명한다. 중세에 봉건제가 발전함에 따라 기독교는, 정확히 그에 상응하는 적절한 봉건적 교권 제도를 갖춘 종교로 완성되었다. 그리고 시민 층이 성장했을 때에 봉건적 카톨릭에 대립하여 프로테스탄트 이교가 발전하였는데, 그것은 처음에는 프랑스 남부 도시들의 최고 전성기에 그곳

5   의 알비 파[121] 사이에서 발전하였다. 중세는 그 밖의 모든 이데올로기 형식들, 즉 철학, 정치학, 법학을 신학에 합병하여 신학의 하위 분과로 만들었다. 그리하여 모든 사회 운동과 정치 운동은 신학적 형식을 취하지 않을 수 없었다; 대중의 정서는 오로지 종교라는 양식에서만 영양분을 섭취하였다. 그러므로 거대한 폭동을 일으키기 위해서는 대중 자체의 이해를 종교로 위

10   장하여 그들에게 제시하지 않으면 안되었다. 그리고 시민 층이 처음부터 가진 것 없고 공인된 신분에 속하지도 않은 도시 평민과 더불어 훗날 프롤레타리아트의 선배인 온갖 종류의 날품팔이와 고용살이를 만들어 낸 것과 마찬가지로, 이교 또한 이미 초기에 부르주아적이고 온건한 이교와 부르주아 이교도 꺼려한 평민적이고 혁명적인 이교로 분리되었다.

15   프로테스탄트 이교를 말살할 수 없었다는 사실은 발흥하는 시민 층을 제거할 수 없었다는 것에 상응하는 것이었다; 이 시민 층이 충분히 강해지자, 그때까지 주로 지방에서 일어났던 그들의 봉건 귀족과의 투쟁은 전국적 규모를 취하기 시작하였다. 최초의 대규모 행동은 독일에서 일어났다——이른바 종교 개혁. 시민 층은 그 밖의 저항하는 신분들——도시의 평민, 하

20   층 귀족, 농촌의 농민——을 자기 깃발 아래 통일할 수 있을 만큼 아직 충분히 강하지도 발전하지도 않았다. 우선 귀족이 패배를 당하였다; 이 혁명 운동 전체의 절정을 이루는 농민 반란이 일어났다; 도시들은 이것을 내버려 두었고 그리하여 혁명은 군주의 군대에 패배하였으며 혁명의 모든 성과는 군주들이 독차지하였다. 그때부터 3 세기 동안 독일은 독자적으로 역사

25   에 관여한 나라들의 대열에서 사라진다. 그러나 독일인 루터 곁에 프랑스인 깔뱅이 나타났다; 그는 진정한 프랑스 인다운 날카로움을 가지고 종교 개혁의 부르주아적 성격을 전면에 내세움으로써 교회를 공화주의화하고 민주화하였다. 루터의 종교 개혁이 독일에서 쇠퇴하여 독일을 몰락시키고 있었지만, 깔뱅의 종교 개혁은 주네브, 네덜란드, 스코틀랜드에서 공화주의자

들의 깃발로 쓰였고 네덜란드를 에스빠냐와 독일 제국으로부터 해방시켰으며 영국에서 일어난 부르주아 혁명의 제2막에 이데올로기적 의상을 제공했다. 여기에서 깔벵주의가 당시의 시민 층의 이해의 진정한 종교적 위장임이 입증되었다. 그래서 1689년 혁명이 일부 귀족과 부르주아지의 타협으로 끝났을 때에도[122] 깔벵주의는 완전한 인정을 받지 못했다. 영국 국교회는 재 　　5
건되었다. 그러나 그것은 이전의 모습인 국왕을 교황으로 삼는 카톨릭으로서 재건된 것이 아니라 강하게 깔벵주의화된 것이었다. 낡은 국교회는 즐거운 카톨릭 주일을 경축하고 지루한 깔벵주의 주일에 대해 투쟁하였다. 그러나 부르주아화한 새 교회는 깔벵주의 주일을 받아들였고 이 주일은 오늘날에도 영국을 더욱 아름답게 만들고 있다. 　　10

　　프랑스에서 깔벵주의 소수파는 1685년에 탄압을 받아 카톨릭 교도가 되었거나 추방되었다 ; 그러면 이것은 어떤 효과가 있었는가? 이미 그때에는 자유 사상가 삐에르 벨이 한창 일하고 있었고 1694년에는 볼떼르가 태어났다. 루이 14세의 폭력 조치는 프랑스 시민 층으로 하여금 발전한 부르주아지에게 유일하게 적합한 비종교적이고 오로지 정치적인 형식으로 혁명 　　15
을 용이하게 수행할 수 있게 하였을 따름이다. 국가 의회에는 프로테스탄트 대신 자유 사상가들이 앉아 있었다. 이것은 기독교가 그 최종 단계에 들어섰다는 것을 의미하였다. 기독교는 벌써 어떠한 진보적인 계급에게도 자신들의 지향의 이데올로기적 위장으로 쓰일 수 없는 것이 되어 버렸다 ; 기독교는 점점 더 지배 계급의 독점물이 되었고 이 계급은 기독교를 하층 계급 　　20
을 억제하는 단순한 통치 수단으로만 사용하고 있다. 그리고 서로 다른 계급들 각각은 자기에게 알맞는 종교를 이용하고 있다 : 토지를 소유한 융커는 카톨릭 예수회 또는 프로테스탄트 정교를, 자유주의적이고 급진적인 부르주아는 합리주의를 이용하고 있다 ; 그리고 이때 신사 분들이 자신의 종교들을 스스로 믿든 말든 상황은 달라질 게 없다. 　　25
　　그러므로 우리는 다음과 같은 사실을 알게 된다 : 종교는 일단 형성되면 언제나 물려받은 소재를 지니고 있는바, 이는 어떤 이데올로기 영역에서나 전통은 하나의 보수적인 힘이기 때문이다. 그러나 이러한 소재에서 일어나는 변화는 계급 관계 즉 이런 변화를 일으키는 인간의 경제 관계에서 기

원한다. 여기서는 이것으로 충분하다.──

지금까지 말한 부분은 맑스의 역사 파악의 대강의 윤곽 및 기껏해야 몇 가지 실례를 다룬 것에 불과하다. 증명은 역사 자체에 맡겨야 한다. 그리고 내가 말할 수 있는 것은 이 증명이 다른 저술들에 이미 충분히 제시되어 있다는 점이다. 그런데 이러한 파악은, 변증법적 자연 파악이 모든 자연 철학을 불필요할 뿐 아니라 불가능하게 만드는 것과 꼭 마찬가지로 역사의 영역에서 철학을 끝장내 버린다. 어디에서나 중요한 것은 더 이상 머리 속에서 연관을 생각해 내는 데 있는 것이 아니라 그 연관을 사실들 속에서 발견하는 데 있다. 그리하여 자연과 역사에서 추방된 철학에 만일 아직 남아 있는 것이 있다면 다음과 같은 순수한 사상의 왕국만이 남는다 : 사유 과정 자체의 법칙에 관한 이론, 논리학과 변증법.

*

1848년 혁명과 함께 '교양 있는' 독일은 이론에 절교장을 던지고 실천의 땅으로 건너갔다. 육체 노동에 기초한 소규모 공업과 매뉴팩처는 진정한 대공업으로 바뀌었다 ; 독일은 다시 세계 시장에 나타났다 ; 새로운 소독일 제국은, 적어도 소국 분립주의, 봉건제의 잔재, 관료주의적 경영이 그 발전을 가로막았던 가장 큰 폐해들을 제거했다. 그러나 사변[5]이 철학자의 서재에서 퇴장하여 자신의 전당을 증권 거래소에 세움에 따라 교양 있는 독일은 가장 비참한 정치적 굴욕의 시기에도 독일의 명예였던 저 위대한 이론적 정신을 상실하였다── 획득한 결과를 실천적으로 이용할 수 있었는가 그렇지 않았는가, 경찰령을 위반했는가 아닌가에 개의치 않는 순수 과학적 연구에 대한 정신. 비록 독일의 공인 자연 과학이 특히 개별 연구 영역에서 시대의 최고를 유지하고 있지만, 이미 미국 잡지 『과학』이 정당하게 지적한 바와 같이 개별 사실들 사이의 커다란 연관을 연구하는 영역에서의 결정적

---

5) 독일어의 Spekulation은 투기라는 뜻과 사변이라는 뜻을 동시에 가지고 있다. (역자)

인 진보와 이 연관들을 법칙으로 일반화하는 일은 이제 이전의 독일에서보
다 영국에서 훨씬 더 많이 이루어지고 있다. 그리고 철학을 포함한 역사 과
학 영역에서는 고전 철학과 더불어 과거의 가차없는 이론적 정신은 더욱더
사라졌다 ; 대신 사상이 없는 절충주의, 가장 비속한 출세주의로까지 타락한
지위와 수입에 대한 소심한 배려가 나타났다. 이 과학의 공인 대표자들은　　　5
부르주아지와 현존 국가의 노골적인 이데올로그가 되었다──그런데 그들
은 둘 다 노동자 계급과 공공연하게 대립하고 있는 시대에 그렇게 되었다.

노동자 계급에서만 독일의 이론적 정신은 움츠러들지 않고 계속 살아
있다. 이 계급에게서 그 정신을 뿌리뽑을 수는 없다 ; 이 계급에게는 지위,
폭리 추구, 하늘의 자비로운 보호 등에 대한 배려는 전혀 나타나지 않는다 ;　　　10
반대로 과학이 가차없고 편견 없이 앞서 갈수록 과학은 더욱더 노동자의
이해와 지향에 일치한다. 사회의 역사 전체를 이해하는 실마리를 노동의 발
전사에서 깨달은 새로운 노선은, 처음부터 특별히 노동자 계급에게 눈을 돌
렸으며 공인 과학에서는 찾지도 기대하지도 않았던 환영을 이 계급에게서
받았다. 독일 노동 운동은 독일 고전 철학의 상속인이다.

1886년 초에 씌어짐.　　　　　　　　　　　　　　　맑스·엥겔스 저작집,
출전 : 프리드리히 엥겔스, 『루드비히　　　　　　　　21권, 259-307면.
포이에르바하 그리고 독일 고전 철학의 종말』.
『신시대』로부터의 교정 별쇄본,
슈투트가르트, 1888.

　　　　　　　　　　　　　　　　　　　　　　　　　김태호 번역

프리드리히 엥겔스

아메리카에서의 노동자 운동[123]

내가 역자[124]의 희망에 따라 이 책의 「부록」[125]을 쓴 지도 벌써 10 개월이 되었다. 이 10 개월 동안에 아메리카 사회에서는 다른 나라들에서라면 최소한 10 년 정도는 필요했을 혁명이 일어났다. 1886년 2월에 아메리카의 여론은 다음과 같은 점에서 일치하였다 : 아메리카에는 —— 유럽 식 의미의 —— 노동자 계급[1]은 존재하지 않는다는 것 ; 따라서 유럽 사회를 갈기갈기 찢어 놓은 것과 같은 노동자와 자본가 사이의 계급 투쟁이 아메리카 공화국에서는 존재할 수 없다는 것 ; 그렇기 때문에 외부에서 옮겨온 식물과 같

---

1) 1884년에 내가 쓴 책의 영어판을 내는 것은, 오늘날 아메리카의 공업 상황이 내가 묘사했던 40 년대의 영국의 상황에 거의 정확하게 상응하고 있다는 점에서 정당하다. 이 두 상황이 얼마나 비슷한가 하는 것은, 런던의 월간 잡지 『타임』의 삼월, 사월, 오월, 유월호에 있는 에드워드 에이블링과 엘레노아 맑스-에이블링의 「아메리카에서의 노동 운동」에 관한 기사가 입증하고 있다. 내가 기꺼이 이 훌륭한 논문을 언급하는 것은, 그것이 에이블링에 대하여 아메리카 노동자당[126] 집행부가 제멋대로 세상에 퍼뜨린 혐오스러운 증상을 반박할 수 있는 기회를 나에게 주고 있기 때문이다. [별책에 붙인 엥겔스의 주.]

이 사회주의는 아메리카의 토양에 뿌리를 내릴 수 없다는 것. 그러나 이미 바로 그때 밀어 닥치고 있는 계급 투쟁이, 펜실베니아 탄광 노동자와 기타 여러 공업 부문 노동자들의 파업에서 그리고 특히 5월로 예정되었고 또 실제로 5월에 일어난 위대한 8 시간 운동[127]의 —— 전국적인 —— 준비에서 거대한 그림자를 드리우고 있었다. 그때 내가 이미 이러한 징조를 옳게 인 5 식하였고 전국적 규모의 노동자 계급 운동을 예견하였다는 것은, 나의 「부록」이 실증해 주고 있다. 그러나 그 운동이 그처럼 짧은 시일 내에 그렇게 억제할 수 없는 힘으로 분출할 것이라는, 초원의 불길과도 같이 빠르게 확장될 것이라는, 현재에도[2] 아메리카 사회를 그 뿌리채 뒤흔들어 놓을 것이라는 사실을 당시에는 그 누구도 예상할 수 없었다. 10

그러나 이것은 반박할 수 없는 엄연한 사실이다. 이 운동이 아메리카의 지배 계급을 얼마나 당황하게 했는가는, 지난 여름에 나를 방문했던 아메리카 기자들에게 흥미있게 들은 바 있기 때문에 잘 알고 있다 ; 새로운 운동은 지배 계급을 어찌할 수 없는 비참한 상태로 몰아 넣었다. 그러나 당시에 운동은 이제 비로소 발생하고 있었고, 흑인 노예제의 철폐와 산업의 급 15 속한 발전으로 인해서 아메리카 사회의 최하층이 된 그 계급의 소동 즉 혼란스럽고 일견 연관이 없어 보이는 일련의 소동으로만 이루어져 있을 뿐이었다. 그러나 그 해가 끝나기 전에 이 기이한 사회적 동란은 점점 더 일정한 방향으로 나아갔다. 이 거대한 노동자 대중의 자생적이고 본능적인 운동, 이 운동의 광대한 국내 지역으로의 확산, 도처에서 동일한 원인을 갖고 20 있는 비참한 사회 상태로 에 대한 그들의 공통된 불만의 도처에서의 동시적 폭발 —— 이 모든 것은 이 대중들로 하여금 자신들이 아메리카 사회의 새로운 특수한 계급, 사실상 어느 정도는 세습적인 임금 노동자 즉 프롤레타리아 계급을 형성하고 있다는 사실을 자각케 하였다. 아메리카 인의 본능으로 이들은 곧 이러한 자각으로부터 자신의 해방을 위해서 다음 단계로 25 전진했다 : 자체의 강령을 가진, 국회 의사당과 백악관의 정복을 목표로 한 노동자 정당의 결성. 5월에는, 8 시간 노동일을 위한 투쟁과 시카고와 밀워키 등지에서의 소동이 그리고 싹트고 있었던 노동자 운동을 야만적인 폭력

---

2) 영어 판에는 '현재에도' 라는 말이 없다. (역주)

과 잔혹한 계급적 사법으로 압살하려는 지배 계급의 기도가 있었다 ; 11월
에는 모든 대중심 지역들에서 새로운 노동자 당들이 이미 조직되었고, 뉴
욕, 시카고, 밀워키에서는 선거가 있었다.[128] 지금까지는 5월과 11월은 아
메리카 부르주아지에게는 아메리카의 국채 이자 지불표 만기일로밖에 기억
되지 않았다 ; 이제부터는 5월과 11월이 아메리카 프롤레타리아트가 처음으
로 지불받기 위해 자신의 이자 지불표를 제시한 날이라는 것도 그들은 기억
하게 될 것이다.

유럽 각국에서 노동자 계급이, 자신들이 현존 상태에서 현대 사회의
특수하고도 영속적인 하나의 계급을 형성하고 있다는 사실을 완전히 파악
하기까지에는 오랜 세월이 필요했다. 그리고 이러한 계급 의식이 지배 계급
의 다양한 분파들로 형성된 모든 낡은 당들로부터 독립하여 그것들에 대립
하는 하나의 특수한 정당으로 노동자 계급을 결집시키기까지 노동자 계급
은 또다시 오랜 세월을 필요로 했다. 어떤 봉건적 폐허의 장애물도 없으며
17 세기에 이미 형성된 현대 부르주아 사회의 요소들을 가지고 역사가 시
작되는 아메리카라는 축복받은 땅에서, 노동자 계급은 10 개월만에 그 발전
의 두 단계를 경과하였던 것이다.

그럼에도 불구하고 이 모든 것은 시작에 불과하다. 노동 대중이 자기
들의 고충과 이해의 공통성을 느끼는 것, 즉 다른 모든 계급들에 대립하는
계급으로서 자신들의 연대성을 느끼는 것 ; 이러한 감정을 표현하고 행동에
옮기기 위하여, 그들이 이러한 전진을 위해 모든 자유 국가들에서 준비해
놓은 정치 기구들을 작동시키는 것 ── 이것은 첫걸음에 지나지 않는다. 그
다음의 일보는, 이 공통의 고통에 대한 공통의 구제 수단을 발견하고 그것
을 새로운 노동자 당의 강령으로 표현하는 것이다. 아메리카에서는 이러한
일보 ── 운동 전체에서 가장 중요하고 가장 어려운 ── 를 더욱 내딛어야
한다.

새로운 정당은 적극적이고도 명확한 강령, 상황에 따라 그리고 당 자
체가 발전함에 따라 세부적으로는 달라질 수 있어도 어떠한 시기에도 당이
그것에 대해 일치할 수 있는 강령을 가져야 한다. 이러한 강령이 아직 완성
되지 못했다면, 그 당 역시 아직 맹아로서만 존재하게 될 것이다 ; 이러한

당은 지방적인 당으로서는 존재할 수도 있다 ; 그러나 결코 전국적인 당으로 존재할 수 없다 ; 그것은 자신의 규정에 따라 당이 될 수는 있지만, 현실에서는 결코 그럴 수 없다.

본원적 형태가 어떠하든지 간에, 강령은 사전에 확정될 수 있는 방향으로 발전해야 한다. 노동자 계급과 자본가 계급 사이에 심각한 분열이 생기는 원인들은 아메리카에서나 유럽에서나 동일하다 ; 이러한 분열을 없애는 수단도 어디에서나 동일하다. 그러므로 아메리카 프롤레타리아트의 강령은, 운동이 발전하면 할수록 육십 년 간의 불화와 논쟁 끝에 일반적으로 받아들여진 유럽의 전투적 프롤레타리아트의 강령과 점점 더 일치하게 될 것이다. 이 강령은, 사회를 통해 모든 생산 수단——토지, 철도, 광산, 기계 등등——을 직접적으로 전유하기 위한 수단으로서 그리고 전체를 통해 또한 전체를 위해 이러한 생산 수단을 공동으로 이용하기 위한 수단으로서 노동자 계급의 정치적 지배의 획득을 최종 목표로서 선언하게 될 것이다.

실제로 지금 아메리카의 새로운 당은, 다른 모든 당들과 마찬가지로 단지 자신이 형성되었다는 단순한 사실에 힘입어 정치적 지배를 획득하려 하고 있다. 그러나 이 당은, 이 정치적 지배[3]가 어디에 사용되어야 하는가에 대해서 의견의 일치를 보기에는 아직 멀었다. 뉴욕과 동부의 다른 대도시들에서 노동자 계급은 노동 조합별로 조직되었으며, 각 도시에서는 강력한 중앙 노동 연합회가 결성되었다. 뉴욕에서는 중앙 노동 연합회가 작년 11월에 헨리 조지를 그 기수로 특별히 선출하였다 ; 따라서 당시의 이 연합회의 선거 강령에는 헨리 조지의 견해가 배어 있었다. 서북부 대도시들에서는 선거전이 극히 불명확한 노동자 강령에 기초해서 진행되었는데, 거기에서 조지의 사상의 영향은 전부는 아니더라도 거의 볼 수 없었다. 그리고 이와 같은 인구와 공업의 대중심지들에서 운동은 분명한 정치적 형태를 띠고 있었으며, 동시에 전국에 산재되어 널리 확산되어 있는 두 개의 노동자 조직이 있었다 : 노동 기사단[129]과 사회주의 노동자당. 이중에서 후자만이 위에서 대략적으로 살펴 본 현대 유럽의 관점과 일치하는 강령을 가지고 있었다.

---

3) 영어 판에는 "획득한 정치적 지배"로 되어 있다. (역자)

아메리카 노동자 운동이 보여 주고 있는 어느 정도 명확한 세 가지 형
태 가운데 첫째 형태──뉴욕에서 **헨리 조지**가 이끈 운동──는 지금은
주로 지방적 의미만을 가지고 있을 뿐이다. 의심할 여지 없이 뉴욕은 가장
중요한 도시이다 ; 그러나 뉴욕은 빠리가 아니며 합중국은 프랑스가 아니다.
5 그리고 내가 보기에, 헨리 조지의 강령은 지금 형태로는 너무 협애하기 때
문에 지방 운동 이상의 것에 대한 기초가 될 수 없으며, 심지어 일반적인
운동의 짧은 이행 단계의 기초도 될 수 없다. 헨리 조지에게는 인민 대중으
로부터 토지 소유 몰수가 인민들을 부자와 빈민으로 분화시킨 주요하고도
보편적인 원인이다. 그러나 역사적으로 이것은 전혀 옳지 않다. 아시아적
10 고대와 고전 고대에서 계급 억압의 지배적인 형태는, 노예제 즉 대중들로부
터의 토지의 몰수라기 보다는 오히려 제3자를 통한 그들의 인신에 대한 전
유였다. 로마 공화국의 쇠퇴기에 이딸리아 자유 농민들은 자신들의 농장을
수탈당했을 때, 그들은 1861년 이전 합중국의 남부 노예 주 州 들에 존재하
고 있었던 것과 마찬가지로 '몰락한 백인'('poor whites', 'white trash') 계
15 급으로 전화하였다 ; 그리하여 자신의 해방에 똑같이 무능한 두 계급 즉 노
예와 '몰락한 자유인' 사이에서, 고대 세계는 붕괴하고 말았다. 중세에는 인
민 대중으로부터의 토지의 몰수가 아니라 오히려 그들의 토지에 대한 전유
가, 봉건적 억압의 기초가 되었다. 농민은 자신의 농장을 가지고 있었지만 농
노 또는 예농으로 토지에 얽매여 있었으며 노동이나 생산물로 지주에게 공
20 물을 바쳐야 했다. 새로운 시대의 여명기에 즉 15 세기 말경에 이르러서야
비로소 농민들에 대한 대규모적 수탈이 진행되었으며, 그것도 이번에는 무
산자로 된 농민들을 점차 현대의 임금 노동자 계급 즉 자신의 노동력 이외
에 전혀 아무것도 소유하고 있지 못하며 단지 이 노동력을 타인에게 판매
함으로써만 살아 갈 수 있는 사람들로 만드는 그러한 역사적 조건들 아래
25 에서 진행되었다.[4] 그러나 토지 몰수가 이 계급을 낳았다고는 하지만, 이
계급을 영구화하고 증대시키고 특수한 이해와 특수한 역사적 사명을 지닌

---

4) 영어 판에는 "농민들에 대한 대규모적 수탈은, 자신의 노동력 이외에······살
   아 갈 수 있는 현대의 임금 노동자 계급을 위한 기초를 놓았다"로 되어 있
   다. (역자)

특수한 계급으로 전화시킨 것은 자본주의적 생산 방식의 발전 즉 현대적 대공업 및 대농업의 발전이었다. 이 모든 것은 맑스에 의해 상세히 서술되었다. (『자본』, 제1권, 제7편 : 「이른바 본원적 축적」.)[130] 맑스에 의하면, 오늘날의 계급 대립과 노동자 계급의 오늘날의 굴욕5)의 원인은 노동자 계급이 당연히 토지를 포함하여 모든 생산 수단을 몰수당한 데 있다.   5

헨리 조지가 토지의 독점을 가난과 빈궁의 유일한 원인이라고 간주한 이상, 사회가 그 토지를 다시 소유하는 것에서 그가 구제 수단을 발견하고 있는 것은 당연하다. 지금은 맑스 학파의 사회주의자들도 마찬가지로 사회가 다시 토지를 소유할 것을 요구한다. 그런데 그들은 단지 토지뿐만이 아니라 다른 모든 생산 수단들도 마찬가지로 그렇게 할 것을 요구한다. 그러   10
나 이러한 차이는 제쳐놓는다고 하더라도, 또 하나의 차이가 존재한다. 토지는 어떻게 처리되어야 하는가? 맑스를 대표로 하는 오늘날의 사회주의자들은, 토지는 공동으로 소유되어 공동의 책임하에 공동으로 경작되어야 하며, 다른 모든 사회적 생산 수단들 즉 광산, 철도, 공장 등등도 이와 똑같이 처리되어야 한다고 주장한다. 이와 반대로 헨리 조지는, 임대만을 조정하여   15
지금과 똑같이 토지를 조금씩 개인들에게 임대하고, 그 지대는 지금처럼 개인의 지갑이 아니라 공동의 금고에 흘러가도록 하는 것에 만족한다. 사회주의자들의 요구는 현재의 사회적 생산 체제의 전면적 변혁을 포함하고 있다. 이와 반대로 헨리 조지의 요구는 현재의 사회적 생산 방식을 손대지 않은 채 그대로 두고 있는데, 이것은 실제로 급진적 경향의 리카도 학파의 부   20
르주아 경제학자들에 의해 이미 수년 전부터 제기된 것이었다. 그들도 국가에 의한 지대의 몰수를 요구하였다.

헨리 조지가 이것으로 할 말을 다했다고 생각한다면 물론 그것은 옳지 않다. 하지만 나는 내가 본 그대로 그의 이론을 판단할 수밖에 없다.

아메리카의 운동에서 두 번째로 큰 분파는 노동 기사단으로 이루어져   25
있다. 이 분파가 의심할 바 없이 세 분파 가운데 가장 많은 수를 이루고 있는 것과 같이, 현단계의 운동은 이 분파에게서 가장 정확하게 반영되고 있는 것으로 보인다. 이 거대한 단체는 무수한 '집회' assemblies로 전국의 광

---

5) 영어 판에는 "오늘날의 굴욕" 대신에 "사회적 격하"로 되어 있다. (역자)

대한 지역으로 확대되었다. 그리고 이 단체에는 온갖 색채를 띤 노동자 계
급 내부의 개인적 또는 지역적 견해들이 주장되고 있다 ; 그 모든 것들은 그
에 상응하고 있는 애매함을 띤 채 하나의 강령의 지붕 아래 결합되어 있으
며 실행될 수 없는 규약에 의해서라기보다는 본능적인 감정에 의해 결속되
5 어 있는바, 이 감정은 자신들이 공통으로 추구하는 목적을 위해서는 그들
자신이 단합해야 한다는 단순한 사실만으로도 그들을 자국 내에서 하나의
커다란 세력의 지위에 올려 놓고 있다 ; 가장 현대적인 경향이 중세기적인
외피로 치장하고 있고, 가장 민주주의적이며 가장 반역적이기조차 한 정신
이 외양상의 전제주의 그러나 실제로는 무기력한 전제주의의 배후에 숨어
10 있는 실로 아메리카적인 이 모순적 수수께끼 —— 이것이 노동 기사단이 유
럽의 관찰자들에게 보여 주고 있는 모습이다. 그러나 만약에 우리가 단순한
외양적인 이 진기함에 머물러 있지 않는다면, 우리는 이 거대한 노동자 혼
합체에서 완만하기는 하나 확실히 실제적인 힘으로 대체되고 있는 거대한
양의 잠재적인 에너지를 보지 않을 수 없을 것이다. 노동 기사단은 아메리
15 카 노동자 계급 전체에 의하여 창조된 최초의 전국적 조직이다. 그 기원과
역사가 어떠하든지, 어떤 결함과 사소한 불합리성이 있든지, 그 강령과 규
약이 어떠하든지 —— 노동 기사단은 사실상 아메리카 임금 노동자 계급 전
체의 산물로서, 그들을 결속시키고 그들의 힘을 그들의 적들만큼 그 자신도
느끼게 하며 장래의 승리에 대한 벅찬 희망으로 그들의 마음을 가득 채우
20 는 단 하나의 전국적인 유대로서 존재하고 있다. 노동 기사단은 발전할 능
력이 있다고만 말하는 것은 올바르지 않다. 그것은 끊임없이 발전과 변혁의
충일한 과정 속에 있으며, 그 자신의 본성에 적합한 형식과 형태를 발견하
려고 하는 고동치며 들끓고 있는 소재로 이루어진 가소성의 덩어리이다. 역
사의 발전도 자연의 발전과 마찬가지로 자신의 고유한 내재적 법칙을 가지
25 고 있는 만큼, 이러한 형식은 틀림없이 발견될 것이다. 그때에 가서 노동
기사단이 지금의 이 명칭을 그대로 가지고 있겠는가 하는 것은 아무래도
상관 없다. 그러나 먼 곳에 있는 관찰자는, 아메리카 노동자 운동의 미래가
따라서 아메리카 사회 일반의 미래가 완성해야 할 원료를 여기에서 보지
않을 수 없다.

　세 번째 분파는 사회주의 노동자당이다. 이 당은 이름뿐인 당인데, 왜냐하면 이 당은 지금까지 아메리카의 어느 곳에서도 정당으로 행동하며 등장할 수가 실제로 없었기 때문이다. 게다가 이 당은 합중국에서는 어느 정도 이국적인 요소이기도 하다 ; 이 당은 최근에 이르기까지 거의 전체가 이주한 독일인으로 구성되어 있었는데, 이들은 자국의 언어를 사용하였으며 영어에 거의 익숙하지 못하였다. 그러나 이 당이 이국적 뿌리에서 나온 것이라 할 때, 이 당은 또한 유럽에서의 오랫동안의 계급 투쟁에서 획득한 경험과 아메리카 노동자들에게서는 예외적으로만 발견할 수 있는 노동자 계급 해방의 일반적 조건에 대한 통찰로 무장하고 있다. 이것은 아메리카의 프롤레타리아트에게는 행운인바, 그들은 유럽의 계급적 동료들이 40 년 간 투쟁하여 얻은 지적 및 도덕적 성과를 전유하여 이용할 수 있게 되어 그들 자신의 승리를 앞당길 수 있게 될 것이다. 왜냐하면 앞에서 말한 바와 같이, 다음에 대해서는 어떠한 의심도 있을 수 없기 때문이다 : 아메리카 노동자 계급의 최종 강령은 현재 유럽의 전투적 프롤레타리아트 전체가 채택하고 있는 강령과 독일계 아메리카 사회주의 노동자당의 강령과 본질적으로 동일해야 하며 또 그렇게 될 것이다. 따라서 이런 한에서, 이 당은 운동에서 극히 중요한 몫을 할 사명을 갖고 있다. 그러나 이 사명을 완수하기 위해서, 이 당은 자신의 이국적 복장을 말끔히 벗어버려야 할 것이다. 이 당은 철저히 아메리카적이어야 한다. 이 당은 아메리카 인들이 자기에게로 다가 오는 것을 기대할 수는 없다 ; 소수 이주민인 이 당은, 절대 다수를 차지하는 토착민인 아메리카 인들에게 다가가야 한다. 이를 위해서 이 당은 무엇보다도 영어를 배워야 한다.

　강렬하게 물결치는 대중의 이 다양한 요소들 ── 현실적으로는 서로 충돌하지는 않지만 이들의 상이한 출발점 때문에 서로 낯설은 요소들 ── 이 융합되는 과정, 이 과정은 얼마간의 시간이 요구되며, 지금 여러 지점들에서 이미 나타나고 있는 바와 같은 다양한 갈등들 없이는 진행될 수 없을 것이다. 예컨대 노동 기사단은 동부 도시들 여기저기에서 조직된 노동 조합들과 지역적 투쟁을 벌이고 있다. 그러나 이러한 종류의 갈등은 노동 기사단의 내부에서조차 존재하는데, 그곳에는 결코 평화와 조화가 지배적이지

298

않다. 하지만 이것은 자본가들이 탄성을 지를 만한 와해의 징조는 결코 아니다. 이것은 단지, 이제야 마침내 공통의 동일한 운동 방향에 들어 선 수많은 무리의 노동자들이 아직까지 자신들의 공통의 이해에 맞는 적절한 표현도 적합한 조직 형태도 발견하지 못하였다는 것에 대한 증거일 뿐이다.

5 지금까지 그것은 위대한 혁명 전쟁을 위한 최초의 대중 모집일 뿐이고, 개별적으로 모이고 무장되어 있는 독립적인 지역 집단이며, 그 모두가 하나의 대군을 형성하기 위하여 모이기는 하지만 아직 정규적인 조직과 공통의 작전 계획을 갖고 있지 않다. 집결 장소로 진군하고 있는 부대들은 여기저기에서 충돌한다 ; 혼란, 논쟁, 불화, 심지어 심각한 충돌의 위협마저도 공공연

10 하게 나타난다. 그러나 최종 목적의 공통성은 결국 모든 사소한 어려움들을 극복한다 ; 이것은 멀지 않은 일이다. 그리고 분산되어 다투고 있는 이 대오들은, 무기를 번뜩이며 위협적인 침묵 속에서 전방의 대담 무쌍한 초병을 앞세우고 후방의 흔들림 없는 예비군을 뒤로하며 길다란 전투 대열로 함께 나아갈 것이다.

15 이러한 성과를 달성하기 위해서는, 이러한 독립적인 여러 단체들을 공통의 강령──진정한 노동자의 강령이기만 하면, 비록 이 강령이 미숙한 강령일지라도──을 가진 전국의 유일한 노동자 군대로 통일시키는 것, 이것이 아메리카에서 가장 우선적으로 실행해야 할 중대한 일이다. 만일 사회주의 노동자당이 유럽의 사회주의자들이 노동자 계급 중에서 극히 소수에

20 불과하였을 때와 같은 전술을 따르기로 결심하기만 하면, 이 목적을 달성하고 그 목적에 적합한 강령을 만드는 데 사회주의 노동자당만큼 기여를 할 수 있는 것은 없다. 이 전술은 1847년 『공산주의당 선언』에서 처음으로 다음과 같이 서술되었다 :

"공산주의자들"──이것은 우리가 그 당시 채택했고 지금도 결코 거

25 부하고 있지 않은 명칭이다──"공산주의자들은 다른 노동자 정당들에 대립되는 특수한 당이 결코 아니다.

그들은 프롤레타리아트 전체의 이해 관계로부터 분리된 이해 관계라고는 갖고 있지 않다.

그들은 프롤레타리아 운동을 거기에 짜 맞추고자 하는 바의 특수한 원

리들이라고는 세우지 않는다.

공산주의자들은 그들이 한편으로 프롤레타리아의 다양한 일국적 투쟁들에 있어서 국적에 상관없는, 프롤레타리아트 전체의 공동 이해를 내세우고 주장한다는 점에서만, 다른 한편으로 프롤레타리아트와 부르주아지 사이의 투쟁이 경과하는 다양한 발전 단계들에 있어서 항상 운동 전체의 이해를 대변한다는 점에서만 다른 프롤레타리아 정당들과 구별된다.

따라서 공산주의자들은 **실천적으로는** 모든 나라의 노동자 정당들 중에서 가장 단호한 부분, 언제나 운동을 추동적으로 이끌어 나가는 부분이다 ; 그들은 이론적으로는 프롤레타리아 운동의 조건들, 진행 및 일반적 결과들에 대한 통찰을 여타 프롤레타리아트 대중에 앞서서 가진다……

공산주의자들은 노동자 계급이 직접 당면한 목적들과 이익들의 달성을 위해서 투쟁하지만, 동시에 현재의 운동 속에서 운동의 미래를 대변한다."[131]

이것이, 현대 사회주의의 위대한 창시자인 칼 맑스 그리고 우리와 함께 일한 각국의 사회주의자들과 내가 그와 함께 40 년을 넘게 지켜온 전술이며, 도처에서 우리를 승리로 이끌었던 전술이고, 오늘날 유럽의 많은 사회주의자들이 독일과 프랑스에서, 벨기에와 네덜란드와 스위스에서, 덴마크와 스웨덴, 그리고 에스빠냐와 뽀르뚜갈에서 하나의 동일한 기치 아래 하나의 대군을 이루어 싸울 수 있게 한 전술이다.

1887년 1월 26일, 런던   프리드리히 엥겔스

출전 :『사회 민주주의자』,   맑스 · 엥겔스 저작집,
제24호, 제25호, 1887년 6월 10, 17일.   제21권, 335-343면.

박기순 번역

프리드리히 엥겔스

[봉건제의 몰락과 부르주아지의

발흥에 관하여[132]]

　　　지배 봉건 귀족의 어수선한 싸움이 중세를 소란스럽게 하는 동안, 피
5　억압 계급들의 조용한 노동은 서유럽 전역에서 봉건 제도의 땅밑을 파고
들어가 봉건 영주들의 설 땅이 줄어드는 상황을 만들어 냈다. 물론 농촌에
서는 귀족 영주들이 여전히 그들의 기질을 유감없이 발휘하면서 농노들을
괴롭히고, 그들의 땀으로 포식하고, 그들의 땅을 말굽으로 짓밟고 그들의
아내와 딸들을 능욕하였다. 그런데 곳곳에서 이미 도시들이 생겨나고 있었
10　다 ; 이딸리아, 남프랑스, 라인 강변에서 고대 로마의 자치시가 잿더미 속에
서 모습을 드러냈다 ; 다른 지역, 예컨대 독일 내에서는 새로운 도시들이 만
들어졌다 ; 이 도시들은 귀족의 성곽보다 훨씬 견고한 방벽, 호, 성채로 둘
러쌓여 있었다. 왜냐하면 이것들은 대규모의 군대에 의해서만 무너뜨릴 수
있었기 때문이다. 이러한 방벽과 호 안쪽에서는──쭌프트 부르주아적이
15　고 아주 소규모적이었지만──중세 수공업이 발전하였고 최초의 자본가들
이 누적되었으며, 도시들 간의 교류, 더 나아가서 다른 세계와의 교류 욕구
가 생겨났다. 그리고 이 욕구와 더불어 이 교류를 보호하는 수단도 점차 생
겨났다.

15 세기에 이르러 도시의 시민은 이미 봉건 귀족 이상으로 사회에 없어서는 안 될 존재가 되었다. 물론 주민 대다수가 종사하는 일은 농업이었으며, 따라서 농업이 주요 생산 부문이었다. 그러나 여기저기서 귀족의 침해에 대항하는 소수의 산재된 자유 농민들은, 귀족의 게으름뱅이 생활이나 강탈이 아니라 농민의 노동이 농업의 핵심이라는 것을 충분히 증명하였다.   5
게다가 귀족의 욕구 또한 증대하고 변화하여 그들에게도 도시는 없어서는 안 될 존재가 되었다 ; 여하튼 그들은 자신들의 유일한 생산 도구인 갑옷과 무기를 도시에서 조달했던 것이다! 국산 옷감, 가구, 장신구, 이딸리아의 명주, 브라반트의 레이스, 북유럽의 털가죽, 아라비아의 방향제, 근동 지방의 과일, 인도의 향료를——비누를 제외한 이 모든 것을——귀족은 도시 사   10
람들에게서 구입했다. 세계 무역이 어느 정도 발전하였다 ; 이딸리아 인들은 지중해를 항해하였고, 그곳을 넘어 플랑드르에 이르는 대서양 연안을 항해하였다. 한자 동맹 도시들은 네덜란드와 영국이 경쟁 상대로 발흥함에도 불구하고 아직 여전히 북해와 발트 해를 지배하고 있었다. 해상 교통의 북쪽과 남쪽의 양 중심지는 육로를 통해 서로 연결되어 있었다 ; 이러한 연결이   15
이루어지는 도로는 독일을 지나갔다. 귀족이 점점 쓸모 없는 존재가 되고 발전의 장애물이 되어 가는 동안, 도시의 시민은 생산과 교류, 교양, 사회 정치 제도들의 계속적 발전을 체현하는 계급이 되었다.

사실 오늘날의 눈으로 보면, 생산과 교환에서의 이 모든 진보는 사실상 아주 제한적인 것이었다. 생산은 순전히 쭌프트 수공업 형태에 갇혀 있   20
었고, 따라서 그 자체는 아직 봉건적 성격을 유지하고 있었다 ; 상업은 아직 유럽의 해역에 머물러 있었고 원동 지방의 생산물들이 교환되는 근동 지방의 해안 도시들을 넘어서지 못하였다. 그러나 상공업과 상공업 시민은, 아직 소규모적이고 제한적이긴 했지만 봉건 사회를 변혁하기에는 충분했으며, 적어도 운동을 멈추지는 않았다. 반면, 귀족은 정체하고 있었다.   25

게다가 도시 시민층은 봉건제에 대항할 강력한 무기를 갖고 있었다——화폐. 중세 초기의 전형적 봉건 경제에서는 화폐가 존재할 여지가 없었다. 봉건 영주는 필요로 하는 모든 것을 농노에게서 얻었다 ; 노동의 형태이건 완성품의 형태이건 간에 ; 여자들은 아마와 양털을 잣고 짜서 옷을 만들

었다 ; 남자들은 밭을 갈았다 ; 아이들은 영주의 가축을 지키거나 영주를 위
해 숲에서 나는 과일, 새집, 짚을 모았다 ; 게다가 가족 전체로 보면 곡물,
과일, 계란, 버터, 치즈, 가금, 어린 가축, 그 밖에 이런저런 것들을 바쳐야
만 했다. 각 봉건 영주는 자급 자족했다 ; 게다가 전쟁을 하려고 할 때도 생
5   산물을 급부로 징수하였다 ; 교류, 교환은 존재하지 않았고, 화폐는 불필요
했다. 유럽은 아주 낮은 단계에 머물러 있었고 처음부터 다시 시작하는 상
황에 있었기 때문에, 화폐는 당시로서는 사회적 기능보다는 오히려 순전히
정치적인 기능을 훨씬 더 많이 갖고 있었다 : 화폐는 **조세 지불**에 쓰였고 주
로 **약탈**에 의해서 획득되었다.

10   이제는 모든 것이 달라졌다. 화폐가 다시 일반적 교환 수단이 되었고,
그리하여 그 양도 현저히 증가하였다 ; 귀족도 화폐 없이는 더 이상 살아갈
수 없었다. 그리고 귀족에게는 팔 수 있는 물품이 거의 없거나 전혀 없었기
때문에 또 이제는 약탈도 더 이상 여의치 않게 되었기 때문에, 귀족은 시민
고리 대금업자에게서 돈을 빌리기로 결심하지 않을 수 없게 되었다. 기사의
15   성城은 새로운 대포에 의해 구멍이 뚫리기도 전에, 이미 화폐에 의해 바닥
부터 허물어지고 있었다 ; 사실 화약은 이른바 화폐의 명을 받는 집달리일
뿐이었다. 화폐는 시민층이 들고 있는 정치적 평등의 대폐였다. 화폐 관계
가 인격적 관계를, 화폐 급부가 현물 급부를 밀어내는 모든 곳에서, 시민적
관계가 봉건적 관계를 대체했다. 물론 농촌에서는 대부분의 경우 과거의 조
20   야한 현물 경제가 광범하게 존속하고 있었다 ; 그러나 네덜란드, 벨기에, 라
인 강 하류처럼 농민이 부역이나 현물 공납 대신에 화폐를 바치고 영주와
신민이 지주와 차지인으로 이행하는 결정적 제1보를 이미 내디딘 지역, 즉
농촌이지만 봉건제의 정치적 제도가 자신의 사회적 기초를 잃어 버린 지역
도 이미 상당수 존재하였다.

25   십오 세기 말에 이미 화폐가 봉건 제도에 얼마나 구멍을 내고 또 얼마
나 그 내부를 부식시켰는가는, 이 당시 서유럽을 사로잡았던 황금에 대한
갈망이 잘 보여주고 있다. 뽀르뚜갈 인들은 아프리카 해안, 인도, 원동 지방
에까지 금을 찾아다녔다 ; 금은 에스빠냐 인들을 대서양을 넘어 아메리카에
까지 가게 한 마법의 주문이었다 ; 금은 백인들이 새로 발견한 해안에 도착

하자마자 맨 처음 물어보는 말이었다. 그러나 금을 찾아 먼 곳으로 탐험을
나서게 하는 이러한 충동은, 처음에는 분명히 봉건적 혹은 반半봉건적 형
태로 현실화되었지만, 그것은 뿌리에서부터 이미 봉건제와 양립할 수 없는
것이었다. 왜냐하면 봉건제의 기초는 농업이었고 봉건제의 정복 출정은 본
질적으로 **토지 획득**을 목표로 한 것이었기 때문이다. 게다가 항해는 확실히   5
부르주아적인 영업이었으며, 그것은 현대의 모든 함대에도 자신의 반反봉
건적 성격을 각인해 놓았다.

　이처럼 십오 세기에 봉건제는 서유럽 전역에서 확실히 쇠퇴의 길을 걷
고 있었다 ; 반反봉건적인 이해를 가진, 고유의 법을 가진, 무장한 시민층을
가진 도시들은 도처에서 봉건적 영역을 비집고 들어가 또아리를 틀었으며,   10
이미 화폐의 힘을 통해 봉건 영주들을 부분적으로 자신들에게 사회적으로
의존하도록 만들었으며 정치적으로도 이곳 저곳에서 자신들에게 의존하도
록 만들었다 ; 특별히 사정이 좋아서 농업이 발달한 지방에서조차 낡은 봉
건적 유대는 화폐의 영향으로 해체되기 시작했다 ; 독일의 엘베 강 동쪽 지
방처럼 새로이 획득된 지방이나 통상로通商路에서 멀리 떨어진 후진적인   15
지역에서만 낡은 귀족의 지배가 계속 번성하였다. 그런데 도처에서――농
촌이건 도시건――다른 무엇보다 무의미한 끊임없는 교전 상태, 외적이 국
내에 들어왔을 때도 내전을 그치지 않는 봉건 영주들의 저 사투私鬪, 중세
전체를 통해서 아무 목적도 없이 끊임없이 계속된 저 황폐화 과정이 그치
기를 고대하는 주민들이 증가하였다. 이들 주민들은 아직 허약하여 자신들   20
의 의지를 관철할 수 없었지만, 대신에 전체 봉건 질서의 꼭대기에――왕
권의 형태로――서 있는 강력한 원군援軍을 발견하였다. 바로 여기가 우
리가 사회적 관계에 대한 고찰에서 국가적 관계에 대한 고찰로, 경제에서
정치로 발을 옮길 지점이다.

　중세 초기에 부족들이 혼합하여 점차 새로운 민족체들이 발전하였다.   25
이는 주지하다시피 대부분의 이전 로마 지방들에서 패배자가 승리자를, 농
민과 도시민이 게르만의 영주를 자신에게 동화시키는 과정이었다. 그러므
로 현대의 민족체들은 피억압 계급의 산물이다. 어떻게 여기서는 융합이 이
루어지고 저기서는 경계선이 그어졌는가에 대해서는 멘케의 중부 로트링엔

304

가우 지도¹⁾를 찾아보면 일목요연한 상을 얻을 수 있다. 이 지도에서 로망스어 지명과 독일어 지명을 구분하는 경계선을 따라가 보기만 하면, 벨기에와 저지 로트링엔에서의 이 경계선이 이미 수백 년 전부터 존재해 온 프랑스어와 독일어의 경계선과 대체로 일치한다는 것을 확신할 수 있다. 이곳 저곳에서 이 두 언어가 서로 우위를 다투는 좁은 분쟁 지역이 나타난다 ; 그러나 대체적으로 무엇이 독일어로 무엇이 로망스 어로 남아야 하는지는 확실히 알 수 있다. 또 지도에 있는 대부분의 지명들이 고古 저지 프랑크 어와 고古 고지 독일어의 어형을 갖고 있다는 것은, 이들 지명이 구 세기 아니면 늦어도 십 세기의 지명이라는 것, 따라서 이미 까롤렝 왕조 말기에 기본적인 경계선이 그어졌다는 것을 증명한다. 그런데 로망스 어 쪽에서는, 특히 언어 경계선에 가까운 곳에서는, 독일어의 인명과 로망스 어의 땅 이름이 섞여 있는 혼합명混合名을 볼 수 있다. 예컨대 베르덩 근처 마스 강 서쪽에서 다음과 같은 지명들을 볼 수 있다 : Eppone curtis, Rotfridi curtis, Ingolini curtis, Teudegisilo-villa, 오늘날 지명으로는 Ippécourt, Récourt la Creux, Amblaincourt sur Aire, Thierville이다. 이 지역들은 옛날에 프랑크 영주들이 거처하던 곳으로서, 이르든 늦든 간에 로망화한 로망스 어의 토지에 세워진 독일인의 소식민지였다. 도시와 각각의 농촌 지역에는 더 강력한 독일인 식민지가 자리잡고 있었는데, 여기서는 훨씬 더 오랫동안 자신들의 언어를 보존하였다 ; 예컨대 심지어 구 세기 말에도 「루트비히의 노래」[133]가 이러한 식민지 중의 하나에서 나왔다 ; 그러나 그전에 이미 프랑크 영주의 대부분이 로망화하였다는 것은 842년 당시의 왕들과 호족들의 선서문이 증명하고 있는데, 이 선서문에서는 로망스 어가 이미 프랑스의 공용어로서 등장하고 있다.[134]

언어군群 들 사이에 일단 경계선이 그어지면(예컨대 엘베슬라브 족에 대항한 전쟁과 같은 후대의 정복전과 섬멸전의 경우는 제쳐 놓고), 이 언어군들이 국가 형성에서 기성의 기초로 작용했다는 것, 민족체가 민족으로 발전하기 시작했다는 것은 당연하다. 로테링기아의 혼합 국가[135]가 급속히

1) 슈프르너-멘케, 『중세 및 근세사를 위한 휴대용 지도 책』, 제3판, 고타, 1874년, 제32도.

붕괴했다는 것은, 이미 구 세기에 이러한 요소가 강력하게 작용했음을 증명
하는 것이다. 물론 중세 전체에 걸쳐서 보면 언어 경계선과 국토 경계선은
결코 일치하지 않았다 ; 그렇지만 이딸리아를 제외하고 보면 유럽에서 각각
의 민족체는 하나의 개별 대국가에 의해 대표되었고, 국민 국가를 세우려
는 경향은 점점 더 또렷하고 의식적인 형태를 취하면서 중세의 가장 중요　　5
한 진보를 위한 지렛대 중의 하나를 이루었다.

　　그런데 이러한 중세 국가 어디에서나 이제 왕은 전체 봉건 위계제의
정점을 이루고 있었다. 봉신들은 이 정점이 없이는 살아갈 수 없었으며, 동
시에 이 정점에 대한 영구적인 반란 상태에 있었다. 전체 봉건 경제의 기본
관계는 일정한 인신적 노력과 공납에 대한 급부로 토지를 증여하는 것이었　　10
는데, 이 관계는 이미 초기의 가장 단순한 형태에서조차 분쟁의 빌미를 제
공하였다. 싸움을 함으로써 이익을 얻는 사람들이 아주 많은 곳에서는 특히
그러하였다. 그러면 어느 나라에서나 봉토 관계들이 허가되고 회수되고 재
갱신되고 박탈되고 변경되고 그 밖에 여타의 조건이 붙는 온갖 권능들과
의무들이 풀 수 없는 실타래를 이루고 있는 중세 후기에는 도대체 어떠했　　15
겠는가? 예를 들어 무모한 자 ^{者} 샤를르는 그의 땅의 일부로 보면 황제의
가신이고, 다른 일부로 보면 프랑스 왕의 가신이었다 ; 다른 측면에서 보면
무모한 자 샤를르의 봉주 ^{封主} 인 프랑스 왕은 동시에 어떤 영토에 대해서
는 자신의 봉신인 무모한 자 샤를르의 가신이었다 ; 이러니 어떻게 분쟁이
없을 수 있겠는가?──따라서 봉신들을 외적과 다른 봉신들로부터 보호할　　20
수 있는 유일한 존재였던 왕권이라는 중심이 갖고 있던 봉신들에 대한 흡
인력과 이 흡인력이 불가피하게 끊임없이 전화했던 중심에 대한 반발력이
수세기 동안 벌이는 상호 작용이 있게 된다 ; 따라서 약탈이 자유민에게 어
울리는 유일한 수입의 원천이었던 저 오랜 시대 동안, 왕권과 봉신들이 벌
이는 끊임없는 전투에서 나오는 삭막한 굉음이 다른 모든 소리를 압도하게　　25
된다 ; 따라서 저 끊임없는, 항상 새롭게 산출되는 일련의 배신, 암살, 독살,
간계, 상상 속에서나 가능한 온갖 비열한 행위들 ─ 이것들은 기사도라는
시적인 이름 아래 숨어서 줄기차게 명예와 충성을 입에 올린다 ─ 이 나타
난다.

이러한 전반적인 혼돈 속에서도 왕권이 진보적 요소였다는 것은 명약관화하다. 왕권은 무질서 속의 질서를 대표하였고, 또 반역적인 봉신 국가들로의 분열에 대항하여 형성 중에 있는 민족을 대표하였다. 봉건적 표면 아래서 형성되고 있던 모든 혁명적 요소들은 왕권에 의지하였고, 왕권 또한 그 요소들에 의지하였다. 왕권과 시민 층의 동맹은 십 세기에 시작되었다 ; 중세 전 기간에 걸쳐서 일관되게 지속된 것이 전무한 만큼 이 동맹은 종종 갈등이 일어나서 중단되었다. 그렇지만 이 동맹은 더욱 견고하고 더욱 강력하게 갱신되었다. 이러한 과정은 마침내 왕권이 이 동맹의 도움으로 최후의 승리를 거둘 때까지, 그리하여 왕권이 자신의 동맹자들에 대한 답례로 그들을 억압하고 약탈할 때까지 계속되었다.

국왕도 시민도 발흥하는 **법률**가 신분을 자신들의 강력한 지주로 삼았다. 로마법이 재발견됨에 따라 봉건 시대의 법률 고문이었던 신부들과 성직자가 아닌 법학자들 사이에 분업이 일어났다. 이 새로운 법률가들은 애초부터 본질적으로 부르주아 신분이었다 ; 게다가 그들이 연구하고 강의하고 적용했던 법도 그 성격상 본질적으로 반反 봉건적이었고 어떤 점에서는 부르주아적이었다. 로마법은, 후세의 어떤 입법도 거기서 본질적으로 개선할 만한 어떤 점도 발견할 수 없을 정도로, 순수한 사적 소유가 지배하는 사회의 생활 관계들과 충돌들에 대한 전형적인 법률적 표현이었다. 그러나 중세의 부르주아적 소유는 아직 봉건적 제한들과 강하게 결합되어 있었고, 예컨대 대부분 특권의 형태로 존재하고 있었다 ; 따라서 그런 한에서 로마법은 당시의 부르주아적 관계들을 훨씬 앞서 있는 것이었다. 부르주아적 소유의 이후의 역사적 발전은, 그렇게 되기도 하였지만, 순수한 사적 소유를 계속 형성하는 것 속에서만 존재할 수 있었다. 그리고 이러한 발전은 로마법을 강력한 지렛대로 삼을 수밖에 없었다. 왜냐하면 로마법은 중세 후기의 시민 층이 아직 무의식적으로만 추구하였던 모든 것을 완성된 형태로 갖고 있었기 때문이다.

로마법이 농민에 대한 억압을 강화하는 구실을 귀족에게 제공하는 개별적인 경우, 예컨대 관행으로 되어 있는 각종 부담들에 대해서 농민이 그것을 하지 않을 자유가 있음을 증명할 문서를 제출할 수 없는 경우가 많았다 하더라도, 달라지는 것은 아무것도 없다. 귀족은 로마법이 없더라도 그러한 구실을 찾으려 하였고 매일 찾아냈다. 그래도 어쨌든 봉건 관계들을 전혀 모르고 현대의 사적 소유를 완벽하게 예상한 법이 시행되게 되었다는 것은 엄청난 진보였다.

　　이미 보았듯이, 봉건 귀족은 중세 후기의 사회에서 경제적으로 쓸모　　5
없을 뿐 아니라 성가신 존재가 되기 시작했다 ; 봉건 귀족은 이미 정치적으로 도시들의 발전에 그리고 당시에는 군주제의 형태로만 가능한 국민 국가의 발전에 걸림돌이 되어 있었다. 그럼에도 불구하고 이들이 유지될 수 있었던 것은, 그들이 그때까지 군사 문제의 독점권을 가지고 있었고, 그들이 없으면 어떠한 전쟁도, 어떠한 전투도 치를 수 없었기 때문이다. 이 지점에　　10
서도 변화가 일어날 터였다 ; 봉건 귀족이 사회와 국가를 지배하는 시기가 끝났다는 것, 그들이 기사의 자격으로서는 더 이상 전쟁터에서도 사용될 수 없다는 사실을 그들에게 분명히 깨닫게 해 줄 진보의 최후의 발걸음이 내딛어질 터였다.

　　병사들이 왕의 군사령부보다 자신의 직속 봉주에 더 밀접하게 결합되　　15
어 있는 봉건적인 군대를 갖고서 봉건 경제에 맞서 싸우는 것——그것은 명백히 다람쥐 쳇바퀴 도는 짓이며, 그래서는 한 발자국도 전진할 수 없다. 십사 세기 초부터 왕들은 이 봉건적인 군대에서 벗어나 자신의 군대를 만들려는 노력을 기울였다. 이때 이후로 국왕의 군대에서 징병 부대 또는 용병 부대가 차지하는 부분이 지속적으로 커져 갔다. 처음에는 대개 롬바르디　　20
아 인, 주네브 인, 독일인, 벨기에 인 등의 도시 부랑자들이나 도망다니고 있는 농노들로 구성되었던 대부분의 보병은, 도시의 수비와 포위 공격에 이용되었을 뿐 야전에는 처음부터 이용할 수 없었다. 우리는 이미 중세 말엽에 기사들까지도 어디서 그러모았는지 모르는 부하들을 데리고 외국 군주의 용병으로 나서는 것을 보게 된다. 그리고 이는 봉건적 군사 제도의 어쩔　　25
수 없는 붕괴를 예고하는 것이었다.

　　동시에 도시에서 그리고 자유 농민들 사이에서, 요컨대 자유 농민들이 아직 남아 있거나 새로이 형성된 곳에서 전투 가능한 보병의 기본 조건이 생성되었다. 이때까지만 해도 기사와 그들과 마찬가지로 말을 탔던 그들의

부하들이 군대의 핵심이었다. 아니 차라리 군대 자체였다 ; 함께 움직이던
농노 출신 보병 부하들의 군용 배낭의 수는 얼마 되지 않았다. 그들은──
야전에서는──오직 도망치거나 약탈하기 위해 존재하는 듯하였다. 봉건
제가 아직 전성기를 구가하던 십삼 세기 말까지는 기병대가 모든 전투를

5 치렀고 그 전투의 승패를 가름했다. 십삼 세기 말을 고비로 해서 상황은 일
변하였다. 게다가 이 변화는 다양한 지점들에서 동시에 일어났다. 잉글랜드
에서 농노제가 점차 소멸함에 따라 다수의 자유 농민 계급, 즉 토지 보유자
(요먼) 혹은 차지농으로 이루어진 계급이 생겨났으며, 이로써 당시 잉글랜
드의 국민적 무기였던 활을 능숙하게 사용하는 새로운 보병의 재료가 마련

10 되었다. 행군 중에는 말을 타기도 하고 타지 않기도 했지만 언제나 도보로
싸웠던 이 궁수들의 도입으로 잉글랜드 군대의 전술에는 본질적인 변화가
일어나게 되었다. 십사 세기부터 잉글랜드의 기사들은 지형과 그 밖의 상황
이 적당할 경우에는 도보 전투를 선호하였다. 전투에 불을 당기고 적을 흩
어지게 만드는 궁수들 뒤에는 말에서 내린 기사들이 밀집 방진을 이룬 채

15 적의 공격에 대비하거나 적당한 돌격 순간을 기다렸다. 한편 일부의 기사들
만이 측면 공격으로 대세에 영향을 미치기 위해 계속 말을 타고 있었다. 당
시에 잉글랜드 군이 프랑스에서 연전 연승을 거둔 것[136]은 근본적으로 이
처럼 군대 내에 방어적 요소를 부활시킨 데 기인한다. 대부분의 전투는 웰
링턴이 에스빠냐와 벨기에에서 벌였던 전투와 같은 반격을 가미한 방어전

20 이었다. 프랑스가 새로운 전술──이것은 프랑스의 용병이 된 이딸리아의
궁노수가 잉글랜드의 궁수들을 대체할 만한 것으로 등장하면서부터 가능해
졌다──을 채택하면서 잉글랜드의 연승 행진도 멈췄다. 또 십사 세기 초
에 플랑드르 도시들의 보병은 프랑스의 기사들과 야전에서 과감하게 맞서
기도 하였다──그리고 때로는 승리를 거두었다. 황제 알브레히트는 독일

25 황제 직속의 스위스 농민들을 바로 자기 자신인 오스트리아의 공작에게 팔
아 넘기려 시도하였는바, 이는 유럽에서 유명한 최초의 현대적 보병 부대를
형성할 동기를 제공하였다.[137] 스위스가 오스트리아에게 특히 부르고뉴에
게 승리를 거둠으로써, 흉갑 기사──말을 타건 타지 않았건 간에──는
보병에게, 봉건 군대는 현대식 군대의 맹아에게, 기사는 시민과 자유 농민

에게 완전히 패배하였다. 그리고 스위스는 애초부터 유럽 최초의 독립 공화
국인 자신의 공화국의 부르주아적 성격을 확립하기 위하여 즉각 자신들의
무명 武名 을 금전으로 바꾸었다. 모든 정치적 고려가 소멸하였다 : 스위스의
깐똔은 최고 가격을 부르는 경매 고객을 위해 북을 쳐서 용병을 모으는 모
병 사무소로 바뀌었다. 다른 곳에서도 모병의 북소리가 울려퍼졌으며, 특히   5
독일에서 그러하였다 ; 자국의 젊은이를 팔아 버리기 위해서만 존재하는 것
처럼 보이는 한 정부는 후안무치함에서 상대가 없었는데, 독일의 군주들이
독일 최대의 국민적 치욕의 시대에 이를 능가하였다.

다음으로, 십사 세기에는 또한 폭약과 대포가 아라비아 인에 의해 에
스빠냐를 거쳐 유럽에 들어왔다. 중세 말까지 휴대용 화기는 중요한 무기가   10
아니었는데, 이는 이해할 수 있는 바이다. 왜냐하면 끄레시 전투에서 잉글
랜드의 궁수들이 사용한 활은 —— 효과는 같지 않았다 하더라도 —— 바텔
로 전투에서 보병들이 사용한 활강총과 사정 거리가 같았고 적중률은 아마
더 높았을 것이기 때문이다.[138] 야포는 아직 유년기를 벗어나지 못했다 ; 이
에 반해 이미 중포 重砲 는 무방비 상태로 있는 기사들의 성벽에 사방에서   15
구멍을 뚫었으며, 화약과 함께 봉건 귀족에게 그들의 제국이 종지부를 찍으
리라는 것을 고지하였다.

인쇄술의 보급, 고대 문헌 연구의 부활, 1450년 이래 갈수록 강력해지
고 갈수록 널리 퍼져 가던 전체 문화 운동 —— 이러한 모든 것들은 봉건제
에 대항한 시민과 왕권의 투쟁에 도움을 주었다.   20

이러한 원인들이 서로 간의 상호 작용을 더해 가고 점점 더 동일한 방
향으로 상호 작용을 미침에 따라 이 모든 원인들의 종합적 작용은 해가 갈
수록 강력해졌고, 마침내 15 세기 후반에 이르러서는 비록 시민의 승리가
아니라 왕권의 승리였지만 봉건제에 대한 승리를 결정지었다. 유럽 도처에
서, 봉건 상태를 경과하지 않은 주변국들에서까지 왕권이 일거에 우위를 확   25
보하였다. 피레네 반도에서는 그곳의 로망스 어 계열 두 종족이 하나로 합
쳐져서 에스빠냐 왕국을 만들었고, 프로방스 어를 쓰는 아라곤 왕국은 까
스띠야 문어에 무릎을 꿇었다 ; 세 번째 종족은 자기들의 언어가 쓰이는 지
역(갈리시아를 제외하고)을 이베리아의 네덜란드라고 불리는 뽀르뚜갈 왕

국으로 통합하였는데, 그들은 내륙에서 몸을 돌리고 해상에서의 활동을 통해서 자신들의 특별한 존재 권리를 증명하였다.

프랑스에서는 중간 국가 부르고뉴[139]가 몰락한 후 마침내 루이 11세가 등장하여 당시 상당히 축소되어 있던 프랑스의 영토에 왕권으로 대표되는 민족 통일을 널리 확립하는 데 성공하였다. 그 결과 그의 후계자는 금방 이딸리아의 내분[140]에 개입할 수 있게 되었고, 또 이 통일은 그 후 기껏해야 단 한 번——종교 개혁 때문에[141]——일시적 위기를 겪었을 뿐이다. 잉글랜드는 마침내 프랑스에서의 돈 끼호테 식 정복 전쟁을 포기하였다. 만약 계속했더라면 영국은 오랫동안 피를 흘렸을 것이다 ; 봉건 귀족은 장미 전쟁[142]에서 그 대체물을 구했고 구하던 것 이상의 것을 얻었다 : 그들은 서로 싸워 녹초가 되었으며 그리하여 튜더 가가 왕좌에 앉아 전무후무한 왕권을 얻게 되었다. 스칸디나비아의 나라들은 이미 오래 전에 통일되어 있었다. 폴란드는 리투아니아와의 통일 후에 아직은 허약하지 않은 왕권으로 전성기를 향해 달려가고 있었다. 그리고 러시아에서조차 군소 군주들을 진압하고 타타르 족의 멍에를 벗어버리는 작업이 동시에 진행되었으며, 이반 3세에 의해 마무리되었다. 유럽 전역에서 왕권이, 또 당시 왕권 없이 불가능했던 민족 통일이 전혀 존재하지 않았던 혹은 문서상으로만 존재했던 나라는 오직 두 나라밖에 없었다 : 이딸리아와 독일.

1884년 말에 씌어짐.
수고에 의거함.

맑스·엥겔스 저작집,
제21권, 392-401면.

최인호 번역

프리드리히 엥겔스

반유태인주의에 관하여

(빈에 보내는 편지에서)[143]

……그런데 당신이 반유태인주의로 좋은 일보다 오히려 나쁜 일을 저지르게 되지 않을지 곰곰히 생각해 보라고 이야기하지 않을 수 없습니다. 반유태인주의는 후진 문화의 특징이며 따라서 프로이센과 오스트리아 내지 러시아에서만 볼 수 있는 것입니다. 만약 여기 영국이나 아메리카에서 반유태인주의적 행동을 하려는 사람이 있다면, 그는 금방 웃음거리가 되고 말 것입니다. 드뤼몽 씨는 빠리에서 발표한 그의 저작들——정신적인 면에서 독일 반유태인주의자들의 저작들보다는 훨씬 더 뛰어나지만——로 단지 아무 효과도 없는 일시적인 센세이션을 일으켰을 뿐입니다. 게다가 그는 시 참사회 의원에 입후보한 상태이기 때문에 스스로 다음과 같이 말하지 않을 수 없습니다. 나는 유태인의 자본에 반대하는 것과 마찬가지로 기독교도의 자본에도 반대한다! 그리고 설사 그가 이와 반대되는 의견을 주장한다 하더라도, 사람들이 위의 대사를 드뤼몽 씨에게 읽어 줄 것입니다.

프로이센에서 반유태인주의를 매매하고 있는 것은 다름 아닌 소귀족, 요컨대 10,000 마르크를 벌고 20,000 마르크를 쓰기 때문에 고리 대금업자에게 꼼짝못하고 묶여 있는 융커 계급입니다. 그리고 프로이센과 오스트리아에서 이들에 부화뇌동하고 있는 것은 대자본가들과의 경쟁 때문에 몰락해 가고 있는 소부르주아, 쭌프트 수공업자, 소상인들입니다. 그런데 자본이 철저하게 반동적인 이러한 사회 계급들을 사멸시켰다면, 그것은 자본이 자신의 직무를 수행하는 것이며 훌륭한 일을 수행하는 것입니다. 유태인의 자본인가 아리안 인의 자본인가, 할례를 받은 자본인가 세례를 받은 자본인가 하는 것은 여기서 전혀 문제가 되지 않습니다 ; 자본은 뒤떨어진 프로이센

5 인들과 오스트리아 인들이 전진하도록, 그리하여 그들이 마침내 과거의 모든 사회적 차별이 자본가와 임금 노동자의 거대한 대립으로 해소되는 현대적인 관점에 다다를 수 있도록 도와 줍니다. 아직 이런 수준에 도달하지 않은 곳에서만, 아직 그 어떤 강력한 자본가 계급도 존재하지 않기 때문에 또한 그 어떤 강력한 임금 노동자 계급도 존재하지 않는 곳에서만, 자본이 아

10 직 허약하여 전체 국민 생산을 장악할 수 없기 때문에 증권 거래소를 자기의 주요 활동 무대로 삼고 있는 곳에서만, 따라서 생산이 아직 농민, 지주, 수공업자 및 이와 유사한 중세 전래의 계급들의 수중에 있는 곳에서만—— 이러한 곳에서만 자본은 특히 유태인의 자본이며, 이러한 곳에만 반유태인주의가 존재합니다.

15 우리의 보잘것없는 마르크, 굴덴, 프랑으로 도저히 표현하지 못할 정도의 부를 소유한 백만장자들이 존재하는 북아메리카, 그 북아메리카의 백만장자들 중에 유태인은 한 명도 없습니다. 그리고 이 아메리카 인들에 비하면 로트쉴트 가家도 거지에 불과합니다. 그리고 여기 영국에서조차 로트쉴트는 예컨대 웨스트민스터 공작에 비하면 시시한 자산가에 불과합니다. 95

20 년 전에 프랑스 인들의 힘을 빌어 귀족을 농촌으로 쫓아내고 현대 대공업을 만들어 낸 우리 라인 지방에서조차, 어디에 유태인들이 있습니까?

그러므로 반유태인주의는, 주로 자본가와 임금 노동자로 구성되는 현대 사회에 저항하는 몰락해 가는 중세적 사회 계층들의 반동 이외에 아무것도 아닙니다. 그러므로 반유태인주의는, 겉보기로는 사회주의적인 가면을

25 쓰고 있긴 하지만 사실은 반동적 목적들에만 봉사하는 것입니다 ; 그것은 봉건적 사회주의의 변종이며, 따라서 우리는 그것으로 아무것도 창조할 수 없습니다. 어떤 나라에 반유태인주의가 있을 수 있다는 것은, 그 나라에 아직 자본이 충분히 존재하지 않는다는 증거입니다. 오늘날 자본과 임금 노동은 서로 떼어놓을 수 없습니다. 자본이 강력해질수록, 또한 임금 노동자 계

급도 강력해지고, 따라서 자본가 지배의 종말도 더욱 가까워집니다. 따라서 나는 빈 사람들도 포함하여 우리 독일인들이 경쾌한 발걸음으로 자본주의 경제를 발전시켜 가기를 기원하며, 결코 정체의 늪에서 헤매지 않기를 바랍니다.

게다가 반유태인주의는 사태 전체를 위조하고 있습니다. 반유태인주의 5
는 자신이 욕하고 있는 유태인을 전혀 알지 못합니다. 그렇지 않다면 반유태인주의는, 여기 영국과 아메리카에서는 동유럽의 반유태인주의자들 덕분에, 터키에서는 에스빠냐의 종교 재판 덕분에 수천 명의 **유태인 프롤레타리아**들이 존재한다는 것을 알 것입니다 ; 게다가 이 유태인 노동자들은 엄청나게 착취당하는 엄청나게 가난한 사람들입니다. 우리는 여기 영국에서 최근 10
십이 개월 동안 유태인 노동자들의 세 번의 파업을 경험하였습니다.[144] 그런데도 우리가 반유태인주의를 자본에 대한 투쟁으로 고취해야 하겠습니까?

게다가 우리는 유태인들에게 너무나 많은 것을 빚지고 있습니다. 하이네와 뵈르네는 차치하더라도, 맑스가 순수한 유태인 혈통이었습니다 ; 라쌀 15
레가 유태인이었습니다. 우리의 많은 훌륭한 동지들이 유태인들입니다. 프롤레타리아트의 대의에 헌신한 대가로 지금 빈의 감옥에 갇혀 있는 나의 친구 빅토르 아들러, 런던 『사회 민주주의자』의 편집자인 에두아르트 베른슈타인, 우리 당 최고의 제국 의회 의원 중 한 사람인 파울 징어──내가 그들과의 우정을 자랑스럽게 여기는 이 사람들이 모두 유태인입니다! 그리 20
고 나 자신도 『정자』에 의해 유태인이 되어 있습니다. 그리고 둘 중에 하나를 선택해야 한다면 나는 당연히 "폰 아무개 씨"보다는 유태인이 되는 쪽을 선택할 것입니다!

1890년 4월 19일, 런던 　　　　　　　　　　　　 프리드리히 엥겔스

출전 : 『노동자-신문』, 　　　　　　　　　　 맑스·엥겔스 저작집,
제19호, 1890년 5월 9일. 　　　　　　　　　 제22권, 49-51면.

최인호 번역

프리드리히 엥겔스

[『작센 노동자-신문』편집부에

보내는 응답]

『사회 민주주의자』편집부에게

5   아래 서명자는 드레스덴 『작센 노동자-신문』의 현 편집부 앞으로 어
제 보낸 다음의 편지를 실어 줄 것을 정중히 요청합니다.

———————

『작센 노동자-신문』의 퇴임한 편집부는 자신들의 고별사(제105호,
1890년 8월 31일)에서 다음과 같이 말했다. 소부르주아적-의회주의적 사회
주의가 독일에서 다수파를 이루고 있다. 그렇지만 이 다수파는 종종 순식간
10   에 소수파가 되곤 한다:

"……그리하여 『작센 노동자-신문』의 퇴임한 편집부는 **프리드리히 엥겔
스와 함께**, 일찍이 라쌀레의 소박한 국가 사회주의가 극복되었던 것처럼 현재
사회 민주주의당 내에 존재하는 출세 지향적 의회주의 경향도 독일 노동자
층의 건전한 정신에 의해 곧 극복될 것이라고 기대한다."

퇴임한 편집부는 위의 말을 통해서 나를 매우 놀라게 하였다. 그러나

아마 그들 자신도 그럴 것이다……독일 당내에 존재하는 소부르주아적-의
회주의적 사회주의 다수파에 대해서 나는 오늘까지 아무것도 아는 바가 없
다. 그리고 그들이 원하고 좋아하는 한 그들은 "기대할" 수 있지만, 나는 결
코 "함께" 기대하지 않는다.

설령 내가 우리의 독일 당내에서 최근에 일어난 문필가와 학생들의 폭   5
동의 성격에 대해서 여전히 의혹을 품고 있다 하더라도, 나를 자기들의 경
솔한 짓거리에 동조하는 사람으로 만들려는 저 신사분들의 너무나 파렴치
한 이 시도 앞에서는 그러한 의혹은 사라질 수밖에 없다.

퇴임한 편집부와 나의 관계는 그들이 몇 주 전부터 요청한 적도 없는
자신들의 신문을 내게 보내 왔다는 것, 그러나 나는 그 신문에서 본 것을   10
그들에게 말해 줄 필요를 느끼지 못했다는 것이 전부이다. 이제 나는 그들
에게 그것을 확실히, 그것도 공개적으로 말하지 않으면 안 될 것 같다.

이론적인 면에서 내가 그 신문에서 본 것은──그리고 이것은 대체로
그 밖의 '반대파' 신문에도 해당된다──엄청나게 왜곡된 '맑스주의'였다.
이것은 첫째로 자신들이 대표한다고 주장하는 견해에 대한 엄청난 오해에   15
의해, 둘째로 해당 시기의 결정적인 역사적 사실에 대한 무지에 의해, 셋째
로 독일의 문필가를 자기들 편한 대로 구별지어 버리는 비할 바 없는 우월
의식에 의해 특징지어진다. 맑스가 칠십 년대 말에 일부 프랑스 인들 사이
에서 만연하던 '맑스주의'에 대해서 다음과 같이 말했을 때 그 역시 이러한
제자들을 예견했던 것이다 : "tout ce que je sais, c'est que moi, je ne suis   20
pas marxiste"──"나는 내가 결코 '맑스주의자'가 아니라는 것만을 알고
있을 뿐이다."

실천적인 면에서 내가 그 신문에서 본 것은, 당이 전개할 투쟁의 모든
사실적 조건들을 가차없이 무시해 버리는 태도, 환상 속에서 목숨을 가벼
이 여기고 "장애물을 뛰어넘는" 태도였다. 이러한 태도는 필자들의 불굴의   25
청년의 용기를 한껏 명예롭게 할지 모르지만, 표상에서 현실로 내려오자마
자 수백만 명이 넘는 최강의 당을 적대적 세계의 당연한 비웃음 속에 매장
시킬 수 있는 위험한 태도이다. 그리고 사실 이 신사분들은 그때 이후로,
어떤 작은 분파라도 아무런 벌도 받지 않고 이러한 김나지움 학생 수준의

정책을 감행할 수 없다는 것을 자기 나름으로 경험하였다.

　　몇 달 동안 의원단이나 당 집행부에 대해 쌓인 그들의 모든 불평들은 결국 기껏해야 하찮은 것에 지나지 않는다. 이 신사분들이 아무리 하루살이를 걸러내는 것을 좋아한다 하더라도 독일 노동자들이 그 답례로 낙타를 삼킬 이유는 전혀 없다.[1]

　　이제 그들은 자신들이 뿌린 씨를 거두고 있다. 내용적인 문제들은 모두 차치하더라도, 그들이 당내에서의 자신들의 중요성에 대해 그리고 당내에서의 여러 일들과 여러 견해들의 상황에 대해 그토록 자기 기만적이고 유치한 판단을 내려 놓은 상태에서 활동을 개시한 만큼 그 결말은 애초부터 정해진 것이었다. 이 신사분들은 이 교훈을 가슴에 새겨 두는 것이 좋을 것이다. 그들 중에는 이러저러한 희망을 품을 만한 글을 쓴 사람들도 제법 있었다. 그들 대부분은 만약 지금 자신들이 도달한 발전 단계가 완벽하지 않음을 그들 스스로 깨달았다면 많은 일을 할 수 있었을 것이다. 다음의 사실들을 그들이 깨달았으면 한다. 그들이 ——어쨌거나 근본적이고 비판적인 자기 수정을 필요로 하는—— "학술적 교양"이 있다고 해서 당내에 적당한 직위를 요구할 수 있는 장교 임명장을 교부하지 않는다는 것 ; 우리 당내에서는 누구라도 말단에부터 봉사하기 시작해야 한다는 것 ; 당내의 기밀 부서의 직무는 문필상의 재능과 이론적 지식이 있다고 해서— 설사 이 두 가지가 틀림없이 존재한다 하더라도— 맡을 수 있는 것이 아니라는 것, 이를 위해서는 당이 전개할 투쟁의 조건들에 정통할 것과 그 투쟁의 형태들에 익숙할 것을 요구하며 또한 여러 사람들에 의해서 확인된 개인적 신뢰성과 강인한 성격을 갖추고 마지막으로 투사의 대열에 자발적으로 참여할 것이 요구된다는 것 —— 요컨대, 그들 '학술적 교양인들'은 전체적으로 볼 때 노동자가 그들에게 배우는 것보다 그들이 노동자들에게 배울 것이 훨씬 더 많다는 것.

1890년 9월 7일, 런던　　　　　　　　　　　　　　프리드리히 엥겔스

---

1) 하루살이는 걸러내고 낙타는 삼키는도다(마태복음 23:24), 사소한 일에 구애되어 큰 일을 놓치다. (역자)

출전 : 『사회 민주주의자』,   맑스·엥겔스 저작집,
제37호, 1890년 9월 13일.   제22권, 68-70면.

최인호 번역

프리드리히 엥겔스

[『사회 민주주의자』 독자들에게 보내는

고별 편지[145]]

저도 독자에게 고별의 말씀을 올리겠습니다.

5 『사회 민주주의자』는 무대에서 사라질 수밖에 없습니다. 그것은 이 신문이 너무 자주 다른 정당들에 대립하는 성명을 발표했기 때문만은 아닙니다. 그것은 또한, 『사회 민주주의자』가 신문이 달라진 정세 하에서 필연적으로 다른 기고자, 다른 독자층과 함께 다른 사명을 지닌 다른 신문이 될 것이기 때문입니다. 그토록 특정한 역사적 역할을 수행한 신문, 십이 년이

10 라는 결정적인 기간 동안에 독일 노동자당이 걸어왔던 길을 자신의 신문 난에서 그리고 여기에서 유일하게 반영했다는 데서 그 특징을 찾아볼 수 있는 신문——이러한 신문은 변화될 수도 없고 변화되어서도 안 됩니다. 이 신문은 전과 마찬가지의 모습을 견지하던가 아니면 종간되어야 합니다. 이 점에 대해서는 우리 모두의 의견이 일치합니다.

15 마찬가지로 이 신문이 남겨 놓는 빈 자리가 너무나 크다는 점에 대해서도 우리 모두의 의견이 일치합니다. 공적인 것이든 아니든 독일에서 발행되는 어떤 기관지도, 이 신문의 빈 자리를 대신할 수 없습니다. 이것은 당의 입장에서 볼 때는 상대적인 불이익에 불과합니다 : 당은 다른 투쟁 조건에 발을 들여 놓았으며, 따라서 다른 무기와 다른 전략, 전술을 필요로 합니다. 그러나 기고자, 특히 저의 입장에서 볼 때는 이것은 절대적인 손실입

니다.

저는 일반적으로 신문 지상에서의 활동에서 누릴 수 있는 다음의 두
가지 호조건을 완벽하게 누렸는데, 저는 일생 동안 이러한 조건을 갖춘 신
문에 기고할 수 있는 명예와 기쁨을 두 번이나 얻었습니다 : 첫째 무제한적
인 언론의 자유, 둘째 기고자가 원하는 바로 그 독자들이 기사를 읽는다는   5
확신.

첫 번째는 1848-1849년에 『신 라인 신문』에서였습니다. 그때는 혁명
기였습니다. 또 그때에는 일간지에서 일하는 것은 어쨌든 즐거움이었습니
다. 일간지에서 일을 하게 되면 한마디 한마디의 효과를 눈앞에서 볼 수 있
습니다. 기사가 마치 수류탄처럼 어떻게 문자 그대로 명중하는지 그리고 장   10
전된 폭약이 어떻게 폭발하는지를 볼 수 있습니다.

두 번째는 『사회 민주주의자』에서였습니다. 그때도 또한, 당이 비덴 대
회에서 재건된 직후부터 합법 비합법을 불문하고 '모든 수단으로' 투쟁을
재개한 이후의 시기로서[146], 일종의 혁명기였습니다. 『사회 민주주의자』는
이러한 비합법성의 체현물이었습니다. 어떠한 제국 헌법도, 제국 형법도,   15
프로이센 주 법도 『사회 민주주의자』를 구속할 수 없었습니다. 『사회 민주
주의자』는 불법적으로, 어떠한 제국 입법과 지방 입법에도 아랑곳하지 않
고 매주 신성 독일 제국의 국경을 넘나들었습니다 ; 수사관도, 스파이도, 끄
나불도, 세관 직원도, 두세 배로 강화된 국경 감시병도 소용이 없었습니다 ;
만기일에 어김없이 어음이 날아오듯 『사회 민주주의자』는 도착 예정일에   20
정기 구독자에게 정확하게 도착했습니다 ; 슈테판조차도 독일 제국 우체국
이 이 신문을 발송하고 배달하는 것을 막을 수 없었습니다. 그리고 독일 내
에 만 명이 넘는 정기 구독자가 있었습니다 ; 1848년 이전의 금지된 저술들
은 부르주아 구매자들에게서 대금을 받지 못하는 경우가 많았지만, 노동자
들은 자기들이 받아보는 『사회 민주주의자』에 대해서 12 년 동안 꼬박꼬박   25
대금을 지불했습니다. 편집부, 발송부, 정기 구독자 사이에 이처럼 아주 매
끄럽고 잡음 없는 상호 작용이 이루어지고, 이처럼 효율적이고 능률적으로
조직된 혁명적 노동이 매주 매해 한결같이 전개되는 것을 본다는 것이 나
같은 노혁명가에게는 얼마나 큰 기쁨이겠습니까!

그리고 이 신문은 보급에 노력을 기울이고 위험을 무릅쓸 만한 가치가 있는 것이었습니다. 그것은 말할 것도 없이 당이 소유할 수 있는 최고의 신문이었습니다. 그것은 이 신문이 완벽한 언론 자유를 누린 유일한 신문이었기 때문만은 아닙니다. 이 신문은 보기 드물게 명료하고 확실한 어조로 당의 원칙들을 표명하고 견지했습니다. 그리고 편집부의 전술은 거의 예외 없이 올바른 것이었습니다. 한 가지 더 있습니다. 참으로 지루한 기사들을 게재하는 데 여념이 없는 우리 나라의 부르주아 신문들과 달리, 『사회 민주주의자』에는 우리 노동자들이 경찰의 궤변에 맞서 싸울 때 으레 보여 주는 저 밝은 유머가 충만하게 반영되어 있습니다.

이렇듯 『사회 민주주의자』를 묘사할 내용들이 많지만, 의원단의 단순한 앵무새라는 묘사만큼은 결코 허용될 수 없습니다. 1885년에 의원단의 다수파가 선박 보조금에 찬성하는 쪽으로 기울었을 때, 이 신문은 단호히 반대 의견을 개진했습니다. 이에 다수파가 오늘날 아마 스스로도 이해하기 어려운 명령이었다고 여길 만한 일반 명령을 통해서 반대 의견 개진을 금지했을 때, 이 신문은 자신의 권리를 주장했습니다. 이 투쟁은 정확히 사주 동안 지속되었고, 그 동안 독일과 외국의 당원들은 편집부를 강력히 지지했습니다. 금지 명령이 내려진 것은 4월 2일이었습니다 ; 30일에 『사회 민주주의자』는 의원단과 편집부가 합의한 성명을 발표했고, 이것으로 의원단이 자신의 명령을 철회하게 되었습니다.

그 후 『사회 민주주의자』는 저 유명한 스위스의 비호권을 처음으로 시험대에 올려 놓았습니다.[147] 1830년 이후 이와 유사한 모든 경우들에서 그랬듯이 이때 명확해진 것은, 이 비호권은 매번 실제적 효력을 발휘해야 할 바로 그때 포기된다는 것이었습니다. 그런데 이것은 별로 새로운 일이 아닙니다. 1830년부터 스위스의 민주화가 실현된 이래, 주변 열강들은 망명자 보호를 해당 이해 열강의 통제 하에 둔다는 조건 아래에서만 이 작은 공화국 내부의 민주주의 실험을 허용하고 있습니다. 스위스는 약소국이므로 이에 굴복하지 않을 수 없습니다. 스위스의 이러한 처신을 탓할 수는 없습니다. 맑스는 특히 네덜란드, 스위스, 덴마크와 관련하여, 오늘날 최악의 처지는 위대한 역사를 가진 약소국의 처지라고 말하곤 했습니다. 그렇지만, "자

유로운 스위스"에는 완벽한 비호권이 있다는 따위의 허풍은 이제 그만 떠
는 것이 좋을 것입니다.

　　『사회 민주주의자』는 독일 당의 깃발이었습니다 ; 12 년 동안의 투쟁에
서 당은 승리하였습니다. 사회주의자 법은 철폐되었고, 비스마르크는 타도
되었습니다.[148] 강력한 독일 제국은 자신의 모든 권력 수단을 동원해서 우   5
리를 공격했습니다 ; 당은 그 공격을 비웃으면서 받아 넘겼고, 마침내 독일
제국은 우리의 깃발 앞에서 자신의 깃발을 내릴 수밖에 없었습니다. 제국
정부는 당분간은 보통법으로 우리에 대한 공격을 시도할 것입니다. 그러므
로 우리는 당분간은 다시 합법적 수단으로 공격을 시도할 것입니다. 이 합
법적 수단으로 말하면 우리가 비합법적 수단을 강건하게 사용함으로써 다   10
시 장악한 것입니다. 그리고 '합법적' 수단을 다시 강령에 넣을 것인가 넣지
말 것인가 하는 문제는 어느 정도는 아무래도 좋습니다. 당분간은 합법적
수단으로 버티는 시도를 해야 합니다. 우리만 그렇게 하는 것이 아닙니다.
노동자들이 어느 정도 합법적 운동의 자유를 가지고 있는 모든 나라의 모
든 노동자 당들이 그렇게 합니다. 그리고 이는 그래야만 최대의 이득을 얻   15
는다는 단순한 이유에서입니다. 그러나 여기에는 상대편도 합법적으로 행
동한다는 전제가 붙습니다. 상대편이 새로운 예외법이건, 위법적 판결이건,
최고 재판소의 판결이건, 경찰의 횡포건, 행정부의 그 밖의 어떤 비합법적
간섭이건 간에, 우리 당을 다시 사실상 보통법 바깥에 두려고 시도한다면,
독일 사회 민주주의당은 다시 비합법의 길로 나설 것입니다. 그것은 사회   20
민주주의당에 남아 있는 유일한 길입니다. 가장 법률을 사랑하는 국민인 영
국인의 경우에도 인민들이 합법성을 수호할 첫 번째 조건은 다른 권력 인
자들도 법률의 틀을 벗어나지 않아야 한다는 것입니다 ; 만약 그 조건이 지
켜지지 않을 경우, 영국인의 법 관념에 따르면 폭동이 제1의 시민적 의무가
됩니다.   25

　　만약 이런 경우가 생긴다면 어떻게 해야 하겠습니까? 당은 바리케이
드를 설치하고 무기의 힘에 호소해야겠습니까? 당은 결코 적에게 이러한
친절을 베풀지 않을 것입니다. 당은 제국 의회 총선거를 통해서 자신이 얼
마만한 힘의 지위를 획득했는가를 잘 알고 있기 때문에 이런 친절을 베풀

리가 없습니다. 총투표의 이십 퍼센트는 상당한 숫자입니다. 그러나 이것은
또한 연합한 적이 여전히 팔십 퍼센트를 점하고 있다는 것을 의미합니다.
그리고 최근 삼 년 동안에 당의 득표 수가 두 배로 늘었고 다음 선거에서는
훨씬 더 많은 득표를 기대할 수 있다는 것을 잘 알고 있는 마당에, 우리의
당이 지금 이십의 힘으로 팔십의 힘에 대항하여, 게다가 군대에 대항하여
폭동을 시도한다면 그것은 그야말로 미친 짓일 것입니다. 그 폭동의 확실한
결말은 ──지난 25 년 동안 획득한 일체의 힘의 지위의 상실입니다.

　　당은 이보다 더 좋은, 철저하게 검증된 수단을 가지고 있습니다. 보통
법이 우리에게 권리를 인정하지 않는 그날, 『사회 민주주의자』는 다시 출간
될 것입니다. 이때를 대비해서 보관되고 있던 낡은 기구들이 기능을 개선하
고 규모를 확대하고 기름을 새로 치고 다시 작동할 것입니다. 다음 한 가지
는 확실합니다 : 독일 제국이 또다시 12 년을 버티는 일은 없을 것이다.

프리드리히 엥겔스

1890년 9월 12일과 18일
사이에 씌어짐.
출전 : 『사회 민주주의자』,
제39호, 1890년 9월 27일.

맑스·엥겔스 저작집,
제22권, 76-79면.

최인호 번역

프리드리히 엥겔스

[칼 맑스의 『프랑스에서의 내전』 독일어 제3판] 서설[149]

　　『프랑스에서의 내전』에 관한 인터내셔널 총평의회의 담화문을 재출판하고 서설을 덧붙여 달라는 요청은, 나에게는 뜻밖의 일이었다. 그러므로 나는 여기서 가장 중요한 점들만 간단히 다룰 수밖에 없다.

　　나는 상술한 좀더 긴 노작 앞에 독일-프랑스 전쟁에 관한 총평의회의 짧막한 두 담화문을 첨부한다.[150] 그 이유는 첫째로 『내전』에서 두 번째 담화문을 언급하고 있고, 두 번째 담화문은 첫 번째 담화문 없이는 그 자체로 이해될 수 없기 때문이다. 그리고 맑스가 집필한 이 두 호소도 역시 『내전』에 못지않게, 『루이 보나빠르뜨의 브뤼메르 18일』[151]에서 처음으로 입증된 저자의 놀랄 만한 재능, 역사적 대사건들이 우리의 눈앞에서 아직 일어나고 있거나 방금 종결된 때에 그 사건들의 성격, 의미, 필연적 결과들을 명확히 파악하는 재능을 보여주는 탁월한 표본이기 때문이다. 그리고 끝으로 오늘날까지도 우리는 독일에서 맑스가 예언한 이 사건들의 결과로 인하여 고통을 받고 있기 때문이다.

　　만일 루이 보나빠르뜨에 대한 독일의 방어 전쟁이 프랑스 인민에 대한 정복 전쟁으로 변질된다면 이른바 해방 전쟁 후에 독일에 닥쳐왔던 모든 불행이 더 격화된 형태로 새로이 부활될 것이라는 첫 번째 연설문의 이야기는 적중하지 않았던가?[152] 우리는 그 후 20 년 동안 비스마르크의 지배를 받았고, 데마고그들에 대한 박해[90] 대신에 동일한 경찰의 전횡과 문자 그대로 동일한 언어 도단의 법규 해석을 동반하는 예외법[148]과 사회주의자 사냥을 겪지 않았던가?

알자스-로렌의 합병은 "프랑스를 러시아 품안에 밀어 넣게" 될 것이
5 고, 이러한 합병 후에 독일은 러시아의 공공연한 노예가 되거나 아니면 잠시 쉬고 나서 새로운 전쟁, 더욱이 "슬라브 종족과 라틴 종족의 동맹에 맞선 종족 전쟁을" 준비하거나 해야 한다는 예언이 과연 문자 그대로 입증되지 않았던가?[153] 프랑스 영토에 대한 합병은 프랑스를 러시아의 품안으로 집어 넣지 아니 하였던가? 비스마르크는 부질없이 20 년 내내 짜르의 호의
10 를 간청하면서 그의 종복 노릇을 하고 소 프로이센이 '유럽의 최대 강국'으로 되기 전에 늘 그러했던 것보다 더욱 비굴하게 신성 러시아의 발 밑에 엎드리지 않았던가? 그리고 그 첫날부터 모든 문서로 확인된 군주들 간의 동맹을 간 데 없이 휘날려 버리는 전쟁, 그 결말을 절대로 알 수 없다는 것밖에는 아무것도 알 수 없는 전쟁, 천오백만 내지 이천만의 무장한 병사들이
15 유럽 전체를 유린하도록 내맡겨 버리는 인종 전쟁, 오직 전쟁의 최후 결과의 예측은 절대 불가능하다는 사실 앞에 최강의 군사 대국들조차도 불안해하기 때문에 아직 맹위를 떨치지 않고 있는 인종 전쟁, 이러한 전쟁이라는 다모클레스의 검이[1] 항상 우리들의 머리 위에 드리워 있지 않단 말인가?

그런 만큼 더우기 우리는 1870년의 국제 노동자 정책의 선견지명에 대
20 한 빛나는 전거, 반쯤 망각되어 버린 이 전거를 독일 노동자들이 다시 접하도록 할 의무가 있다.

이 두 호소에 유효한 것은 『프랑스에서의 내전』에도 역시 유효하다. 5월 28일에 꼬뮌의 마지막 전사들은 벨빌의 비탈에서 힘의 우위에 굴복하였다. 그리고 이틀 후인 30일에 맑스는 총평의회에서 노작을 낭독하였다. 이
25 노작에서는 빠리 꼬뮌의 역사적 의의가 간결하고 힘있게 그러나 이 문제에 관한 모든 방대한 문헌도 결코 따르지 못하리 만큼 예리하게 또 무엇보다

1) 다모클레스가 연회석에서 한 가닥의 말총에 매단 칼날 밑에 앉혀진 전설에서 유래하는 것으로 환락 중에서도 늘 몸에 다가오는 위험을 비유하는 말이다. (역자)

는 정확한 필치로 서술되어 있다.

　1789년 이후 프랑스의 경제적·정치적 발전으로 인하여 최근 50년 동안 빠리에서는, 프롤레타리아적 성격을 띠지 않는 어떠한 혁명도 일어날 수 없었다. 따라서 자신의 피의 대가로 승리를 쟁취한 프롤레타리아는 승리한 후에 자신의 요구를 들고 나왔다. 이 요구들은 그때그때의 빠리 노동자들의 발전 상태에 따라서 다소 불명료하였고 심지어는 애매하기까지 하였다; 그러나 이 모든 요구들은 결국 자본가와 노동자 간의 계급적 대립의 철폐로 귀결되는 것이었다. 이것이 어떻게 일어날 것인가 하는 것은 물론 알지 못하였다. 그러나 아무리 불명확한 것이었다 하더라도 요구 자체는 벌써 현존 사회 질서에 대하여 위험성을 내포하고 있었다; 더욱이 이 요구들을 제기한 노동자들은 무장하고 있었다; 그러므로 국가의 방향타를 쥐고 있는 부르주아의 첫째 신조는 노동자의 무장을 해제하는 것이었다. 그렇기 때문에 노동자가 전취한 각각의 혁명 후에는 새로운 투쟁이 벌어졌는데 그것은 노동자의 패배로 끝나 버렸다.

　이러한 일은 1848년에 처음으로 일어났다. 의회 내 반정부파[154]인 자유주의 부르주아는 자기 당파의 지배권을 보장해 줄 선거법 개정을 실시할 목적으로 개혁 연회를 열었다. 그들은 정부와 투쟁하는 가운데 더욱더 인민에게 호소하지 않을 수 없었고 점차 부르주아지와 소부르주아 층 가운데 급진적이고 공화주의적인 층에게 점차 앞 자리를 허락하지 않으면 안 되게 되었다. 그러나 이러한 층의 배후에는 혁명적 노동자들이 서 있었다. 이들은 1830년 이후 부르주아나 심지어 공화주의자들이 예감하고 있던 것보다도 훨씬 더 큰 정치적 독자성을 가지고 있었다. 정부와 반정부파 간의 관계에 위기가 닥쳐왔을 때 노동자들은 시가전을 개시하였다; 루이-필립은 자취를 감추고 그와 더불어 선거법 개정도 자취를 감추었다. 그 대신에 공화국이, 그것도 승리한 노동자들이 '사회' 공화국이라고까지 명명한 그러한 공화국이 나타났다. 이 사회 공화국이라는 것을 어떻게 이해할 것인가는 그 누구에게도, 심지어는 노동자들 자신에게도 명확하지 않았다. 그러나 그들은 이제는 무기를 가지고 있었고 국가의 한 세력으로 되었다. 그러므로 방향타를 쥐고 있는 부르주아 공화주의자들은 발 밑에 어느 정도 확고한 지반이 있다고 느끼게 되자마자 노동자의 무장 해제를 첫 번째 목표로 삼았다. 이 무장 해제는, 직접적인 위약, 노골적인 조롱, 그리고 실업자들을 먼 지방으로 추방하려는 시도를 통하여 노동자들을 1848년 6월 봉기로 몰아붙임으로써 일어났다. 정부는 압도적인 힘의 우위를 확보하는데 전력을 기울였다. 5 일 간의 영웅적 투쟁 끝에 노동자들은 패배하였다. 그리고 바로, 로마 공화국을 몰락케 한 내전 시기 이후 일찍이 보지 못한 무방비 상태의 포로에 대한 잔인한 학살이 뒤따랐다. 이것은, 프롤레타리아트가 독립된 한 계급으로서 자신의 이익과 요구를 가지고 부르주아지에 맞서 용감하게 등장하자마자 부르주아지가 프롤레타리아에게 얼마나 광적으로 복수하는가를 보여주는 최초의 일이었다. 그렇다 할지라도 1848년은 1871년의 부르주아지의 광란에 비한다면 아직 어린애의 장난 같은 것이었다.

형벌이 곧 뒤따랐다. 프롤레타리아트가 프랑스를 아직 통치할 수 없었다면, 부르주아지는 이미 통치할 수 없었다. 적어도 그 당시에는 불가능하였다. 그 당시 부르주아지의 대부분은 아직 군주주의에 호의적이었고 세 개의 왕조적 당파[155]와 그 네 번째인 공화파로 분열되어 있었다. 부르주아지의 내부 알력을 기화로 모험가 루이 보나빠르뜨는 모든 권부——군대, 경찰, 행정 기관——를 장악하고 또 1851년 12월 2일에는 부르주아지의 최후 보루인 국민 의회를 분쇄하였다. 제2제국이 시작되었다. 정치 및 금융 모험가 도당에 의한 프랑스의 착취가 시작되었으며 그와 동시에 소수의 대부르주아지만의 배타적 지배였던 루이-필립의 협애하고 소심한 제도 밑에서는 전혀 불가능하였던 공업의 발전도 시작되었다. 루이 보나빠르뜨는 노동자에 맞서 부르주아지를 보호한다는 구실로 또 한편으로는 부르주아지에 맞서 노동자를 보호한다는 구실로 자본가들로부터 그들의 정치 권력을 빼앗았다 ; 그러나 그 대신 그의 지배는 투기와 공업 활동, 요컨대 부르주아지 전체의 전대 미문의 발흥과 치부를 조성하였다. 물론 엄청나게 큰 규모로 부패와 대량 절도 행위가 이루어졌으며 궁정이 그 중심으로 되어 그러한 치부 중에서 큰 몫을 떼어 냈다.

그러나 제2제국은, 1814년에 상실한 제1제국의 국경, 적어도 제1공화국의 국경의 반환을 청구하는 프랑스 배외주의에 대하여 호소하였다. 구군주국 국경 내에 있는, 아니 더욱 잘려나간 1815년의 국경 내에 있는 프랑스 제국이라고 하는 것은 오래 지속될 수 없었다. 그래서 때때로 전쟁을 하여 국경을 확장할 필요가 생겼다. 그러나 그 어떠한 국경 확장도 독일의 라인 강 좌안처럼 그렇게 강력하게 프랑스 배외주의자들의 환상을 자아내는 것은 없었다. 라인강 연안의 1 제곱 마일은 그들에게 알프스 산맥이나 또는 그 어떤 다른 곳의 10 제곱 마일보다 더 중요하였다. 제2제국이 존재하고 있는 한, 단번에든지 또는 점진적으로든지 라인 좌안에 대한 반환 청구는 다만 시간 문제였다. 이 시간은 1866년의 프로이센-오스트리아 전쟁과 함께 닥쳐왔다 ; 비스마르크 때문에 또 자기 자신의 교활하기 짝이 없는 우유 부단한 정책 때문에, 기대했던 '영토 보상'에 기만당하자 보나빠르뜨에게 남은 것은 전쟁뿐이었다. 이 전쟁은 1870년에 발발하여 그를 스당으로 그리고 다음에는 빌헬름스회에로 내쫓았다.[156]

그 필연적 결과는 1870년 9월 4일의 빠리 혁명이었다. 제국은 카드로 만든 집처럼 힘 없이 넘어지고 다시 공화국이 선포되었다. 그러나 적이 문전에 서 있었다 ; 제국의 군대는 메츠에서 포위되어 벗어날 가망이 없었거나 독일에서 포로로 잡혀 있었다. 이러한 위급한 정세 하에서 인민은 전 前 입법원 빠리 대의원들이 '국민 방위 정부'를 조직하는 것을 묵인했다. 이에 더욱 빨리 동의한 것은, 지금 무기를 들 수 있는 모든 빠리 사람들이 방위를 위해 국민 방위대에 편입되어 무장을 갖추고 있고 그 결과 이제는 노동 자들이 대다수를 이루고 있었기 때문이다. 그러나 즉시 거의 전부가 부르주 아들로 구성된 정부와 무장한 프롤레타리아트 사이의 대립이 폭발하였다. 10월 31일 노동자 대대들은 시청으로 돌격하여 일부 정부 각료를 체포하였다 ; 배신과 정부의 노골적인 위약과 속물들의 몇몇 대대들의 간섭으로 그들은 다시 석방되었다. 그리고 외국 군사력에 의해 포위된 도시 내에서 내전이 발발하지 않도록 하기 위하여 종래의 정부가 존속하는 것을 그대로 내버려 두었다.

기아에 지친 빠리는 1871년 1월 28일에 마침내 항복하였다. 그러나 전쟁사에 전대 미문의 명예를 간직한 채 항복하였다. 보루가 넘어가고 환상 環狀 방벽은 무장 해제되고, 상비병과 기동 방위대의 무기는 양도되었으며,

그들은 스스로 전쟁 포로로 간주하였다. 그러나 국민 방위대는 자신의 무기와 캐넌포를 소지하면서 승리자들과 휴전만을 체결하였다. 그리고 승리자들 자신도 감히 빠리에 개선 입성을 하지 못하였다. 그들은 다만 빠리의 넓지 않은, 게다가 일부분은 공원인 한 모퉁이를 점령하였을 뿐이고 그 모퉁이조차도 겨우 수일 간 점령하였을 뿐이었다! 그리고 이 기간 동안, 131 일이나 빠리를 포위하고 있었던 그들 자신이 이 무장한 빠리 노동자들에게 포위되어 있었다. 즉 노동자들은 외국 정복자에게 제공한 한 구석의 좁은 경계를 한 사람의 '프로이센 인'도 넘어서지 못 하도록 빈틈 없이 감시하고 있었다. 빠리 노동자들은, 제국 군대 전체의 항복을 면전에서 받았던 그 군대로 하여금 자기들에 대한 이와 같은 존경심을 일으키게 하였다; 혁명의 근원지에 복수하려고 기어든 프로이센 융커들은 바로 이 무장 혁명 앞에 경건하게 멈춰 서서 이 혁명에 경의를 표하지 않을 수 없었다!

　　전쟁 동안 빠리 노동자들은 전투의 정력적인 지속을 요구하는 데 전념하였다. 그러나 빠리가 투항하고 강화가 체결된[157] 지금, 새로운 정부 수반인 띠에르는 빠리 노동자들이 손에 무기를 들고 있는 한 유산 계급——대토지 소유자와 자본가——의 지배는 항상 위험한 상태에 처해 있다고 보지 않을 수 없었다. 첫째로 그가 할 일은 그들의 무장 해제를 시도하는 것이었다. 그는 빠리 포위 공격 기간 동안 민간 기부금으로 지불되어 제조된 국민 방위대의 대포를 탈취하라는 명령과 함께 3월 18일에 상비군을 파견하였다. 이 시도는 실패하였다. 빠리는 일사불란하게 방어를 위한 전비를 갖추었다. 그리고 베르사이유에 있는 프랑스 정부와 빠리 사이에 전쟁이 선언되었다. 3월 26일 빠리 꼬뮌이 선출되고 28일에 선포되었다. 이때까지 정부를 이끌어 온 국민 방위대 중앙 위원회는 빠리의 파렴치한 '풍기 경찰'의 폐지를 먼저 포고한 뒤 사퇴하여 꼬뮌에게 전권을 양도하였다. 30일에 꼬뮌은 징집과 상비군을 폐지하고 무기를 잡을 수 있는 모든 시민으로 이루어진 국민 방위대를 유일한 무장력으로 선포하였다; 꼬뮌은 1870년 10월부터 4월까지의 주택 임대료를 면제하고 이미 지불한 금액은 미래의 지불로 산정하며 시영 전당포에 전당 잡힌 물건들의 판매를 일체 중지시켰다. 같은 날 꼬뮌에 선출된 외국인들은 집무를 비준 받았다. 왜냐하면 "꼬뮌의 깃발이 곧 세계 공화국의 깃발이기"[158] 때문이었다.── 4월 1일에는 꼬뮌 직원의 봉급이 6,000 프랑(4,800 마르크)을 넘어서는 안 된다는 것이 결정되었다. 따라서 꼬뮌 의원들의 봉급 또한 그렇게 결정되었다. 그 다음 날에는 국가로부터 교회의 분리, 종교적 목적을 위한 일체의 국가 지불의 폐지, 일체의 교회 재산의 국유 재산으로의 전환이 포고되었다; 그 결과 4월 8일에는 모든 종교적 상징, 성상, 교리, 기도, 요컨대 "개인의 양심에 관계되는 모든 것"[159]을 학교에서 추방하라는 명령이 내려졌고 점차 실시되었다. ── 5일에는 포로가 된 꼬뮌 전사들이 베르사이유 군대에 의해 매일 총살당하는 것에 대응하여 인질을 체포한다는 훈령이 발표되었다. 그러나 이것은 전혀 실시되지 않았다.── 6일에는 국민 방위대 제 137 대대가 기요띤을 끌어 내어 인민들의 대환호 속에 공개적으로 태워 버렸다.──12일에는 꼬뮌은, 나뽈레옹이 1809년 전쟁 이후에 노획한 캐넌포로 주조한 것으로서 배외주의와 민족들 간의 적의의 상징이었던 방돔-광장 전승 원주를 넘어뜨릴 것을 결정하였다. 이 결정은 5월 16일에 집행되었다.──4월 16일에는 꼬뮌은, 공장주들이 폐쇄한 공장들의 통계표를 작성할 것, 이제까지 거기서 일하던 노동자들을 협동 조합들로 결합하여 이들의 힘으로 이 공장을 경영할 계획을 작성할 것, 그리고 이 조합들을 하나의 거대한 연합체로 조직할 계획을 작성할 것을 명령하였다.── 20일에는 꼬뮌은, 제빵공의 야간 작업을 폐지하고 제2제국 이후 경찰이 임명한 인물들 ── 노동자에 대한 일급 착취자들 ── 에 의하여 독점적으로 운영되어 온 직업 소개소를 폐지하였다; 이 직업 소개소는 빠리의 20 개 구의 구청의 관할로 넘어갔다.──4월 30일에는 꼬뮌은, 노동자들에 대한 사적 착취이며 그들의 노동 도구와 신용에 대한 노동자의 권리와 모순되는 전당포를 폐지할 것을 명령하였다.── 5월 5일에는 꼬뮌은, 루이 16세의 처형에 대한 속죄로 건립된 참회 예배당을 파괴할 것을 결정하였다.

　　따라서 3월 18일부터는, 이때까지 외국의 침입에 맞선 투쟁으로 인해 뒷전에 밀려나 있었던 빠리 운동의 계급적 성격이 날카롭게 또 확연히 나타나기 시작하였다. 꼬뮌에는 거의 노동자들 혹은 공인된 노동자 대표들밖에 없었으므로 꼬뮌의 결정들은 결정적으로 프롤레타리아적 성격을 띠고

있었다. 꼬뮌은, 공화주의적 부르주아지가 단지 비겁함 때문에 단념하였지
만 노동자 계급의 자유로운 활동을 위하여서는 필수적인 기초를 이루는, 예
컨대 국가에 대해서 종교는 순전히 사적인 일이라는 원칙이 실시되는 개혁
안을 포고하였다 ; 혹은 꼬뮌은 노동자 계급의 이익에 직접 관계되며 그리
5 고 부분적으로는 낡은 사회 질서를 깊이 찌르는 결정을 내렸다. 그러나 포
위당한 도시에서 할 수 있는 것은, 기껏해야 실행에 옮기는 것을 시작하는
것뿐이었다. 그런데 5월 초부터는 더욱 증대된 베르사이유 정부군과의 투
쟁에 모든 힘이 요구되었다.

4월 7일에 베르사이유는 빠리 서부 전선의 뇌이이 근교 세느 강 나루
10 터를 장악하였다 ; 한편 11일에 남부 전선에 대한 그들의 공격은 으데 장군
에 의하여 심한 타격을 받아 격퇴당했다. 빠리는 계속적으로 포격을 받았는
데, 그것도 프로이센의 빠리 포격을 성소 모독이라고 낙인을 찍은 바로 그
자들로부터 포격을 받았다. 바로 이 자들이 이제는, 자신들에게 빠리를 탈
환해 줄 스당과 메츠에서 포로가 된 프랑스 병사들을 조속히 송환해 줄 것
15 을 프로이센 정부에 애원했다. 이 군대들이 점차 도착하게 되어 5월 초부터
는 베르사이유가 결정적 우세를 차지하게 되었다. 이것은, 빠리 대주교[160]
와 인질로 빠리에 잡혀 있는 여타의 모든 성직자들을 오직 한 사람 즉 꼬뮌
에 두 번 선출되었으나 끌레르보에 포로로 잡혀 있는 블랑끼와 교환하자는
꼬뮌의 제안으로 시작된 협상을 띠에르가 파탄시켜 버린 4월 23일에 벌써
20 명백하게 되었다. 이것은 띠에르의 달라진 어조에서 더욱 명백히 나타났다 ;
이때까지는 질질끌며 애매하던 그가 지금에 와서는 돌연히 뻔뻔스럽고, 위
협적이고 난폭해졌다. 남부 전선에서 베르사이유는 5월 3일에는 물렝-사께
각면보를, 9일에는 완전히 파괴된 이씨 보루를, 14일에는 방브 보루를 각각
점령하였다. 서부 전선에서는 그들은 시의 성벽까지 잇닿은 수많은 촌락과
25 건물들을 점령하면서 점차 주 방벽에까지 전진하였다 ; 5월 21일에는 배반
행위로 인하여 또 이곳에 배치된 국민 방위대의 소홀한 태도로 인하여 그
들은 성내로 돌입할 수 있었다. 북부와 동부의 보루들을 점령하고 있던 프
로이센은, 휴전에 의하여 통행이 금지되어 있던 도시 북부 지구를 베르사이
유가 통과하는 것을 허용하였으며, 그럼으로써 빠리 사람들이 휴전에 의하

여 공격을 받지 않게 보장되어 있는 것으로 생각할 수밖에 없었기 때문에
비교적 약하게 수비하고 있었던 긴 전선에 걸쳐 그들이 공격을 하며 전진
하도록 허용하였다. 그 결과 본래 번화한 도시인 빠리 서반부에서는 미약한
저항만이 있었다 ; 침입하여 오는 군대가 본래 노동자 도시인 동반부에 접
근하면 할수록 저항은 보다 치열하고 보다 완강해졌다. 8 일 간의 전투 끝   5
에야 비로소 꼬뮌의 마지막 수호자들은 벨빌과 메닐몽땅의 고지에서 쓰러
졌다. 그리하여 일주일 내내 더욱더 미친듯이 날뛰며 자행되었던 무방비 상
태의 남자, 여자, 어린이에 대한 학살은 그 절정에 달하게 되었다. 후장총으
로는 빨리 사살할 수 없자 경기관총으로 패배자들을 수백 명씩 한꺼번에
총살하였다. 마지막 대량 학살이 자행된 뻬르-라세즈 묘지의 '연맹병의 벽'   10
은, 프롤레타리아트가 자기 권리를 수호하기 위하여 과감히 일어설 때 지배
계급들이 얼마나 광포하게 될 수 있는가를 지금도 무언 중에 그러나 웅변
으로 말해 주는 증인처럼 서 있다. 모두 학살하는 것이 불가능하게 되자 이
번에는 대규모로 체포하기 시작했고 또 포로들 가운데서 마음 내키는 대로
끌어 낸 희생자를 총살하기 시작하였다. 그리고 나머지는 대규모 수용소로   15
끌려 가 거기서 군법 회의의 재판을 기다렸다. 빠리 동북부를 포위하고 있
던 프로이센 군에게는 한 명의 도주자도 통과시켜서는 안 된다는 명령이
내려져 있었다. 그러나 장교들은 종종, 병사들이 총사령관의 명령보다도 오
히려 인도적 감정에 더 사로잡힐 때 이를 못 본 체 하였다 ; 특히 한눈에 알
수 있는 꼬뮌 전사들을 많이 탈출시켜 준 한 작센 군단은 그 인도적 행위로   20
영예를 떨쳤다.

───────

　　20 년이 지난 오늘에 와서 1871년 빠리 꼬뮌의 활동과 역사적 의의를
돌이켜 볼 때 우리는 『프랑스에서의 내전』에 서술된 것에 약간의 보충을
가해야 되겠다는 것을 느끼게 된다.
　　꼬뮌 의원들은, 국민 방위대 중앙 위원회 내에서도 지배적이었던 블랑   25
끼주의자들인 다수파와 소수파로 분열되어 있었다 : 이 소수파는 주로 프루

동 사회주의 학파의 추종자들로 이루어진 국제 노동자 협회의 회원들이었
다. 당시 블랑끼주의자들은 그 대부분이 다만 혁명적이고 프롤레타리아적
인 본능만을 따르는 사회주의자들이었다 ; 소수만이, 독일의 과학적 사회주
의를 알고 있던 바이양을 통해서 원칙을 비교적 명백하게 이해하는 데까지
5 이르고 있었다. 이것으로 오늘날의 우리의 견해에서 볼 때 경제와 관련하여
꼬뮌이 반드시 했어야만 할 많은 것을 놓쳐 버렸는가를 이해할 수 있게 된
다. 그렇다 하더라도 꼬뮌이 프랑스 은행의 문전에 공손히 머물러 섰던 신
성한 존경심은 아무리 해도 이해되지 않는 바이다. 이것은 또한 커다란 정
치적 오류였다. 꼬뮌이 은행을 수중에 넣는 것——이것이야말로 만 명의
10 인질보다 더 큰 가치가 있는 일이다. 그렇게 하였더라면 프랑스의 부르주아
지 전체는 꼬뮌과의 강화에 관심을 갖도록 베르사이유 정부에 압력을 가하
였을 것이다. 그러나 블랑끼주의자와 프루동주의자로 구성되어 있었음에도
불구하고 꼬뮌이 많은 올바른 행동을 하였다는 것은 훨씬 더 놀라운 일이
다. 두말할 것도 없이 꼬뮌의 경제적 훈령에 대한 책임은 칭찬할 만한 측면
15 에 대해서나 그렇지 못한 측면에 대해서나 우선 프루동주의자들이 져야 하
고, 꼬뮌의 정치적 활동과 실책에 대한 책임은 블랑끼주의자들이 져야 한
다. 두 경우에서——방향타가 공론가들의 수중에 들어갈 때에는 흔히 있는
일이듯이——양자 모두 그들의 학파의 교리가 가르치는 것과는 정반대의
것을 하였다는 것은 역사의 아이러니이다.
20   소농민과 수공업 장인의 사회주의자인 프루동은, 조합을 한사코 증오
하였다. 그는 조합에 대해 다음과 같이 말한다. 조합에는 좋은 것보다 나쁜
것이 더 많으며 그것은 본래 무익할 뿐더러 해롭기까지 한데, 그것은 노동
자의 자유를 구속하는 하나의 쇠사슬이기 때문이다 ; 그것은 노동자의 자유
와 모순될 뿐만 아니라 노동의 절약에도 모순되는 비생산적이고 거추장스
25 러운 순전한 독단이며 이러한 결점은 그 이점보다 더 빠르게 자라나기 때문
이다 ; 이러한 조합과는 반대로 경쟁, 분업, 사적 소유는 경제적 힘이다. 예
컨대 철도와 같은 대공업과 대기업이라는——프루동의 말에 의하면——
예외적인 경우에만,——노동자의 조합은 적합하다(『혁명의 일반 이념』, 제
3연구를 보라).

그런데 1871년에 대공업은 심지어 공예 수공업의 중심적인 빠리에서
도 이미 예외적인 경우가 아니어서 꼬뮌의 가장 중요한 훈령은 대공업과
심지어 매뉴팩처까지도 조직을 만들 것을 명하고 있었다. 이 조직은 각 공
장의 노동자 조합에 근거할 뿐만 아니라 이러한 모든 협동 조합을 한 개의
대연합체로 통합하여야 하였다 ; 요컨대 이러한 조직은, 맑스가 『내전』에서   5
아주 정확하게 말하고 있는 바와 같이 결국은 공산주의로, 즉 프루동의 학
설과는 정반대의 방향으로 나갈 것이 틀림없다.[161] 따라서 꼬뮌은 또한 프
루동 사회주의 학파의 무덤이었다. 이 학파는 현재 프랑스 노동자들 사이에
서는 사라져 버렸다 ; 이제 프랑스에서는 맑스의 이론이 '맑스주의자' 못지
않게 '가능주의자'[162] 사이에서도 확실히 지배적이다. 다만 '급진적' 부르주   10
아지들 사이에서만 아직 프루동주의자들을 볼 수 있을 뿐이다.

블랑끼주의자들이라고 더 나은 것은 없다. 음모의 학교에서 성장하였
고 이 학교에 알맞는 엄격한 규율로 결합된 그들은 다음의 견해에서 출발
하였다. 즉 비교적 소수라 할지라도 결단성 있고 잘 조직된 사람들이라면,
어떤 유리한 시기에는 국가의 방향타를 장악할 수 있을 뿐만 아니라 거대   15
하고 단호한 정력을 발휘함으로써 이를 유지하여 인민 대중을 혁명에 끌어
들이고 그들을 소수 지도자들의 주위에 집결시킬 수 있다는 것이다. 이를
위해서는 무엇보다도 먼저 모든 권력을 새 혁명 정부의 수중에 가장 엄격
히 독재적으로 집중하는 것이 필요하였다. 그런데 그 대다수가 바로 이 블
랑끼주의자들로 구성된 꼬뮌은 대체 무엇을 하였던가? 꼬뮌은 지방 프랑스   20
인에게 보내는 자기의 모든 선언에서, 프랑스의 모든 꼬뮌들과 빠리를 하나
의 자유 연방으로, 즉 처음으로 국민 자신에 의하여 실제로 창조되어야 할
하나의 국가 조직으로 통합할 것을 호소하였다. 나뽈레옹이 1798년에 창설
하였고 그때부터 새로운 정부마다 반가운 도구로서 물려 받아 자기의 적들
을 반대하는 데 이용한 바로 이전의 중앙 집권화된 정부의 억압 권력, 즉   25
군대, 정치 경찰, 관료, 바로 이 권력은 빠리에서 이미 몰락한 것처럼 도처
에서 몰락해야 했다.

꼬뮌은 처음부터 다음의 사실을 인정해야 했다. 노동자 계급은 일단
지배권을 획득하면 낡은 국가 기구를 가지고서는 더 이상 관리해 나갈 수

없다는 것 ; 이러한 노동자 계급은 방금 전취한 지배권을 다시 상실하지 않
기 위해서는, 한편으로는 지금까지 자신들을 반대하여 이용되어 온 모든 낡
은 억압 기구를 제거해야 하며 다른 한편으로는 자기 자신들의 대의원들과
관리들은 누구나 예외 없이 언제든지 경질될 수 있다고 선언함으로써 자신
5 들의 안전을 확보해야 한다는 것. 이전의 국가의 특징은 무엇이었던가? 사
회는 자신의 공동의 이익을 옹호하기 위하여 처음에는 단순한 분업에 의해
서 자신의 특수한 기관들을 창설하였다. 그러나 국가 권력을 정점으로 하는
이 기관들은, 시간이 지남에 따라 자신의 특수한 이익에 복무함으로써 사회
의 종에서 그의 주인이 되었다. 이것은 예컨대 세습 군주에서뿐만 아니라
10 민주 공화국에서도 볼 수 있다. 그 어디에도 바로 북아메리카에서와 같이
'정치가들'이 국민의 독립적이고 강력한 부분을 이루고 있는 곳은 없다. 거
기에서는 양대 정당이 서로 번갈아 지배권을 장악하는데, 이 정당은 다시
정치를 하나의 장사거리로 만들고 연방과 각 주의 입법 의회의 의석을 투
기 대상으로 만들거나 자신의 당을 위한 선동을 통해 생계를 유지하며 자
15 신의 당이 승리한 후에는 보상으로서 자리를 얻는 그런 사람들에 의하여
지배되고 있다. 참을 수 없게 된 이러한 질곡을 떨쳐 버리기 위해서 30 년
동안 미국 사람들이 얼마나 많은 시도를 했으며 또 이 모든 것에도 불구하
고 어떻게 그들이 더욱더 이 부패의 구렁텅이 속으로 빠져 들고 있는가는
주지하는 바이다. 본래 사회의 단순한 도구로 규정되었던 국가 권력이 어떻
20 게 사회로부터 독립하여 가는가 하는 것을 우리는 바로 미국에서 가장 잘
볼 수 있다. 여기에는 왕조도 귀족도 없으며 인디언을 감시하는 몇몇 사람
들을 제외하고는 상비군도 없고 고정된 직위와 연금 청구권을 가진 관료도
없다. 그런데도 우리는 여기에서, 국가 권력을 번갈아 소유하고 가장 부패
한 수단으로 또 가장 부패한 목적을 위해서 그것을 이용하는 정치 투기자
25 들의 양대 도당을 본다——그리고 명목상으로는 국민에게 봉사하고 있으
나 사실에 있어서는 그들을 지배하며 약탈하는 정치가들의 이 양대 카르텔
에 대하여 국민은 무력하다.

　　국가 및 국가 기관이 사회의 종에서 사회의 주인으로 전화한다는 것은
이때까지 존재한 모든 국가에서 불가피했는데, 이것을 반대하여 꼬뮌은 확

실한 두 가지 방법을 적용하였다. 첫째로, 꼬뮌은 행정, 사법, 교육의 모든 직책들을 관계자들의 보통 선거권에 의거하여 선출하여 임명했다. 게다가 꼬뮌은 이 관계자들에게 언제든지 소환할 수 있는 권한을 설정하였다. 둘째로, 꼬뮌은 직위 여하를 불문하고 모든 공무원에게 다른 노동자들이 받는 정도의 임금을 지불하였다. 꼬뮌이 일반적으로 지불한 최고 봉급은 6,000   5
프랑이었다. 이리하여 대표 기관의 대표들에게 여전히 불필요하게 추가되는 제한된 위임권이 없어도, 엽관 운동과 출세주의에 대한 믿음직한 빗장이 설치되었다.

이제까지의 국가 권력이 이와 같이 분쇄되고 이 국가 권력이 새로운 참으로 민주주의적인 국가 권력으로 교체되었다는 것은, 『내전』 제3장에   10
상세히 서술되어 있다. 그러나 여기서 또 한 번 그 몇몇 특징에 대하여 간단히 언급할 필요가 있었다. 왜냐하면 바로 독일에서는 국가에 대한 미신이 철학으로부터 부르주아지의 일반적 의식과 심지어 많은 노동자들의 일반적 의식에까지 옮겨 갔기 때문이다. 철학자들의 표상에 의하면 국가란 "이념의 실현"[163] 또는 철학적인 말로 번역하면 지상에서의 신의 왕국이며 영원한   15
진리와 정의가 실현되고 있는 또는 실현되어야 할 영역이다. 그리고 이로부터 국가와 그에 관련되는 모든 것에 대한 미신적인 숭배가 생긴다. 사람들이 어려서부터 마치 사회 전체의 공공 사업과 공공 이익은 이제까지 그것들이 처리되는 것과는 다르게, 즉 국가와 높은 봉급을 받는 관리들을 통하지 않고서는 처리될 수 없는 것으로 생각하는 것에 익숙하기 때문에 더욱   20
쉽게 이 미신적인 숭배는 뿌리를 내린다. 그래서 사람들은 만일 그들이 세습 군주제에 대한 믿음에서 벗어나 민주 공화제를 신뢰한다면 아주 대단하게 과감한 전진을 하는 것이라고 생각한다. 그러나 실제로는 국가란 한 계급의 다른 계급에 대한 억압 기구 이외의 아무것도 아니며 이는 민주 공화제에서도 군주제에서와 조금도 다름이 없다 ; 국가는 기껏해야 하나의 악에   25
불과한 바, 계급적 지배를 위한 투쟁에서 승리를 쟁취한 프롤레타리아트는 이 악을 물려 받는다. 그리고 승리한 프롤레타리아트는 꼬뮌과 마찬가지로, 새롭고 자유로운 사회 상태에서 성장한 한 세대가 국가의 이 모든 폐물을 내던질 수 있을 때까지 가능한 가장 신속하게 이 악을 제거하지 않으면 안 될 것이다.

최근 독일의 속물들은 다음과 같은 말에 또다시 유익한 공포를 느끼고 있다 : 프롤레타리아트 독재. 좋다, 신사 여러분, 이 독재가 어떠한 것인가를 알고 싶은가? 빠리 꼬뮌을 보라. 그것이 프롤레타리아트 독재였다.

빠리 꼬뮌 20주년 기념일인 1891년 3월 18일 런던에서

F. 엥겔스

출전 : 칼 맑스, 『프랑스에서의 내전.   맑스 · 엥겔스 저작집,
국제 노동자 협회 총평의회의 담화문』.   제22권, 188-199면.
독일-프랑스 전쟁에 관한 총평의회의 두 담화문과
프리드리히 엥겔스의 서문을 증보한
독일어 제3판, 베를린, 1891년.

이수흔 번역

프리드리히 엥겔스

1891년 사회 민주주의당 강령 초안 비판을 위하여[164]

이번 초안[165]은 매우 유익하여 이제까지의 강령[166]과는 다르다. 시대에 뒤떨어진 전통——특별히 라쌀레주의 특유의 전통과 속류 사회주의적 전통——의 강력한 유물은 본질적으로 제거되었으며, 이론적인 면에서 이초안은 전체적으로 오늘날의 과학의 지반 위에 서 있기 때문에 이 지반으로부터 논의될 수 있다.

이 초안은 세 개의 장으로 나뉘어져 있다: Ⅰ. 고려 근거들, Ⅱ. 정치적요구들, Ⅲ. 노동자 보호의 요구들.

Ⅰ. 10개의 절들에서의 고려 근거들

일반적으로 통일시킬 수 없는 두 개의 것을 통일시키려는 시도에서, 즉 동시에 강령과 강령에 대한 주석이 되려고 하는 것에서 이 고려 근거들은 손상을 입고 있다. 간결하고 적절하다고 하더라도 충분히 명확하지 못한 것을 두려워하여 그 때문에 해설을 끼워 넣는데, 이것이 사태를 장황하고지루하게 만들고 있다. 내 견해로는 강령은 가능한 한 간결하고 정확해야한다. 한번쯤은 외국어가 나오거나 처음 보아서는 전체적으로 의의를 파악할 수 없는 문장이 나오더라도, 그것은 아무것도 손상시키지 않는다. 필요한 모든 것은 집회에서의 구두 연설과 신문의 글을 통한 설명으로 충분하며, 게다가 간결하고 함축적인 문장은 일단 이해되기만 하면 기억에 남아 구호가 되지만, 장황한 설명은 그렇게 되지 못한다. 대중성을 고려한 나머지 너무 많은 것을 희생해서는 안 되며, 우리 노동자들의 정신적 재능과 교
5 양 수준을 낮게 평가해서는 안 된다. 그들은, 극히 짧고 간결한 강령이 그들에게 요구할 수 있는 것보다 훨씬 더 어려운 것들을 이해해 왔다 ; 사회주의자 법 시대[148]에는 새로이 참가하는 대중들에 대한 충분한 교육이 곤란했고 때로는 방해받았지만——우리의 선전 문서들을 다시 방해받지 않고 보존할 수 있고 읽을 수 있게 된 지금에는 고참들의 지도 아래 이러한 사태
10 는 곧 회복될 것이다.

나는 이 구절 전체를 좀더 짧게 요약하고자 한다. 그래서 그것이 잘 된다면, 그것을 동봉하거나 나중에 보내도록 하겠다. 이제 1에서 10까지 번호가 매겨져 있는 각각의 절들을 검토해 보자.

제1절. "분리" 등등, "광산, 광갱, 채탄장"——이 세 단어는 하나의 사
15 실을 가리키는 것이다 ; 두 단어는 삭제해야 한다. 나라면 우리 나라에서 가장 평평한 평지의 경우에도 지칭되고 있는 광산이라는 단어를 남겨 둘 것이다. 이 가장 익숙한 표현으로 모든 것을 나타낼 것이다. 한편으로 나라면 다음을 끼워 넣을 것이다 : "철도와 그 밖의 교통 수단".

제2절. 여기에서 나라면 다음을 넣을 것이다 : "사회적 노동 수단은 그것
20 의 취득자 (혹은 그것의 소유자) 의 수중에서", 그리고 그 뒤에도 마찬가지로 "노동 수단의 소유자 (혹은 취득자) 에게 …… 종속" 등등.

그 신사들이 그것을 "전유물"로서 취득한다는 것은 이미 제1절에서 언급되었고, 따라서 여기에서 "독점가들"이라는 단어를 어떻게 해서든 집어 넣으려고 고집한다면 반복만 될 뿐이다. 이것이든 저것이든 어떤 단어도 의
25 미를 조금도 덧붙이지 못한다. 그런데 강령에 불필요한 것이 있으면, 강령은 약화된다.

"사회의 존립에 필요한 노동 수단"

―― 이것은 언제나 현존한다. 증기 기관 이전에는 그것이 없어도 해나갈 수 있었지만, 이제 우리는 더 이상 그렇게 할 수 없다. 오늘날 모든 노동 수단은 직접적으로나 간접적으로나――그 구성에 의해서 혹은 사회적 분업을 매개로 해서――**사회적 노동 수단**이기 때문에, 이 두 단어는 모든 계기에 현존하는 것을 올바르게, 엉뚱한 부차적 의미를 수반하지 않고 남김없이 표현한다.   5

끝 부분이 인터내셔널 규약[167]의 고려 근거들에 관련되어 있다면, 나는 다음과 같은 것이 온전히 나타나는 편이 낫다고 생각한다 : "사회적 빈곤"(이것이 첫 번째다), "정신적 피폐와 정치적 종속". 육체적 피폐는 사회적 빈곤에 포함되어 있고, 정치적 **종속**은 하나의 사실인 반면에, 정치적 무   10
권리는 **상대적** 타당성만을 지니는 미사여구일 뿐이며, 그와 같은 것은 강령에 적합지 않다.

제3절. 내 생각으로는 첫 번째 구절은 바뀌어야 한다.

"전유자의 지배하에"   15

첫째로 이것에 이어지는 것은 경제적으로 설명되어야 할 경제적 사실이다. 그런데 "전유자의 **지배**"라는 표현은, 저 강탈자 도당의 **정치적** 지배가 그것을 야기한 것 같은 그릇된 가상을 만들어 낸다. 둘째로 "자본가들과 대토지 소유자들"만이 이 전유자에 속하는 것이 아니다(그 뒤의 "부르주아"   20
란 무엇이란 말인가? 그것은 제3의 전유자 계급인가? 대토지 소유자도 "부르주아"인가? 대토지 소유자가 일단 문제가 될 때, 우리 독일의 추악한 정치 제도 전체에 그 고유한 반동적 각인을 새기고 있는 봉건제의 거대한 유물이 무시되어도 된단 말인가?). **농민**과 **소부르주아** 또한 적어도 오늘날까지는 "전유자"이다 ; 그러나 그들은 강령 어디에서도 모습이 나타나고 있지   25
않으며, 따라서 그들은 일반적으로 언급되고 있는 전유자들의 부류에 포함되지 않는다는 것이 표현되어야 한다.

"노동 수단의 집적 **그리고** 피착취자에 의해 산출되는 부의 집적"

"부"는 1. 노동 수단, 2. 생활 수단으로 이루어져 있다. 따라서 처음에 부의 한 **부분**을 언급하고 그 다음에 그것의 다른 부분을 언급하는 것이 아니라 부의 총체를 언급하고 그 둘을 **그리고**로 묶는 것은, 비문법적이고 비논리적이다.

5   "자본가들의 수중에⋯⋯가속적으로 증가해 가고"

앞에 나왔던 "대토지 소유자"와 "부르주아"는 어디에 있는가? 여기에서 자본가로 충분하다면, 위에서도 그것으로 충분했을 것이다. 그러나 상세히 들어가자면, 일반적으로 그것으로 충분하지 않다.

    "프롤레타리아의 수와 빈곤은 점점 더 커질 것이다"

10   이것은 옳지 못하며, 절대 그렇게 말해서는 안 된다. 노동자 조직, 지속적으로 증가해 가는 그들의 저항은, 빈곤의 **증대**에 대항해 어떻게 해서든 어떤 방벽을 세울 것이다. 오히려 **확실히** 증대해 가는 것은 **생존의 불안정성**이다. 나라면 이것을 넣을 것이다.

    제4절.

15   "자본주의적 사적 생산의 본질에 기초해 있는 무계획성"

이란 표현은 크게 수정될 필요가 있다. 나는 자본주의적 생산을 사회 형태로, 경제 단계로서 인식하고 있다 ; 자본주의적 사적 생산을 이 단계의 내부에서 이러저러하게 나타나는 **현상**으로서 인식하고 있다. 그렇다면 도대체 자본주의적 사적 생산이란 무엇인가? **개별** 기업가에 의한 생산, 이것은 이

20   미 점점 더 예외적인 것이 되어가고 있다. 주식 회사에 의한 자본주의적 생산은 이미 **사적** 생산이 더 이상 아니며, 다수에 의한 공동 회계를 통한 생산이다. 그리고 주식 회사에서 산업 부문 전체를 지배하고 독점하는 트러스

엥겔스의 노작 『1891년 사회 민주주의당 강령 초안 비판을 위하여』
수고의 제1면

트로 이행하면, 사적 생산뿐만 아니라 무계획성도 사라진다. "사적" 이라는
표현을 삭제하면, 위 문장은 어찌됐든 통할 수 있다.

"광범위한 인민 층의 몰락"

우리가 이러한 부르주아와 소부르주아의 몰락을 아파하는 것처럼 보
이게 하는 이러한 미사여구 대신에, 나라면 다음과 같은 간단한 사실을 이   5
야기 할 것이다 : "도시와 농촌 중산 계층의 몰락 즉, 소부르주아와 소농민
의 몰락에 의해 가진 자와 못가진 자 사이의 심연은 넓어지고 (혹은 깊어지
고)".
　　끝 부분의 두 문장은 동일한 것을 두 번 말하고 있다. 부기 Ⅰ에 수정
제안을 해둔다.[168]   10
　　제5절. "원인들"은 "그 원인들"로 되어야 하는데, 이것은 아마 단순히
잘못 표기된 것일 것이다.
　　제6절. "광산, 채탄장, 광갱"은 앞의 제1절에서 언급한 대로. "사적 생
산"은 위에서 언급한 대로. 나라면 이렇게 말할 것이다 : "개인 혹은 주식
회사 회계를 통한 현재의 자본주의적 생산의 사회 전체의 회계를 통한 그   15
리고 예정된 계획에 따른 사회주의적 생산으로의 전환, 이 전환 등등……
창출하고 있으며, 이 전환을 통해서만 노동자 계급의 해방과 따라서 예외
없는 모든 사회 성원의 해방이 실현될 것이다."
　　제7절. 나라면 부기 Ⅰ과 같이 할 것이다.
　　제8절. 우리들 사이에서는 쉽게 이해할 수 있는 간략한 표현인 "계급   20
의식" 대신에 나라면 일반적인 이해를 위해서 그리고 외국어로 번역할 수
있도록 이렇게 말할 것이다 : "자신의 계급적 처지에 대한 의식에 도달한 노
동자와 함께" 혹은 이와 유사하게.
　　제9절. 마지막 문장 : "…… 옮겨 놓고, 그럼으로써 경제적 착취 권력과
정치적 억압 권력을 한 손 안에 통일시킨다."   25
　　제10절. "계급 지배" 뒤에 다음이 빠져 있다 : "그리고 계급 자체". 계급
들의 폐지가 우리의 근본적인 요구이고, 그것이 없다면 계급 지배의 폐지

는 경제적으로 무의미한 것이다. "만인에게 평등한 권리를 위해" 대신에 나는 다음의 것을 제안한다 : "만인에게 평등한 권리와 **평등한 의무를 위해**" 등등. **평등한 의무**는 우리에게는 부르주아-민주주의적인 **평등한 권리**에 대한 특별히 중요한 보충이며, 그것으로부터 부르주아적인 고유의 의미를 제거
5 한다.

마지막 문장 : "그 투쟁에서……적절한"을 나라면 차라리 삭제할 것이다. "일반적인 **인민**의 처지를"(이들은 누구인가?) "……개선하는 데 적절한"이라는 애매한 표현은, 보호 관세와 자유 무역, 동직 조합과 경영의 자유, 토지 신용, 교환 은행, 강제 접종과 접종 금지, 알콜 중독과 금주 등등
10 모든 것을 포함할 수 있다. 이 문장이 말해야 **할** 것은 이미 앞 문장에 들어 있으며, 전체를 말하려 할 때 그 각각의 개별적인 것 또한 전체에 포함되어 있다는 것은 일부러 말할 필요는 없다. 내 생각에 그것은 인상을 약화시킨다. 그러나 이 문장을 개별 요구들로의 이행 단계로 삼는다면, 가령 이렇게 할 수도 있을 것이다 : "사회 민주주의당은 당을 이 **목표**에 근접시키는 모든
15 요구들을 위하여 투쟁한다"("조치와 방책"은 반복이므로 삭제한다). 그렇지 않으면 다음이 훨씬 나을 것이다 : 중요한 것은 부르주아가 소홀히 한 일을 보충해야 하는 것이라고 솔직하게 말한다 ; 나는 이러한 취지에서 부기 I 에 마지막 문장을 써 넣었다. 이것은, 다음 절에서의 나의 논평들 때문에 그리고 내가 거기에서 하고 있는 제안들에 대한 이유 설명을 위해 나에게
20 는 중요한 것이다.

Ⅱ. 정치적 요구들

초안의 정치적 요구들은 하나의 큰 결점을 갖고 있다. 본래 말해져야 할 것이 그 속에 들어 있지 않다. 10 가지의 모든 요구들이 이루어진다고 하더라도, 우리는 주요 정치적 목표를 달성하기 위한 다양한 수단을 갖게 될
25 수는 있지만 주요 목표 그 자체를 달성하게 되는 것은 결코 아니다. 제국 헌법은, 인민과 그 대표에게 위탁된 권리라는 점에서 살펴 보면 1850년의 프로이센 헌법의 충실한 복사이며, 극히 반동적인 내용이 구절구절에 나타

나고 있고, 정부가 모든 실권을 장악해 의원들은 조세 거부권조차도 갖고
있지 않다 ; 분쟁 시기[169]에 실증된 바로는 정부는 그 헌법으로 자신이 원
하는 것을 할 수 있게 되어 있다. 제국 의회의 권리는 정확히 프로이센 의
원의 그것과 같으며, 이런 이유로 리프크네히트는 이 제국 의회를 절대주의
의 무화과 잎이라고 불렀다. 이러한 헌법과 이 헌법에 의해 승인된 소국가   5
들의 분립 상태, 즉 한쪽은 평방 마일을 갖고 있는 반면에 다른 한쪽은 평
방 인치를 갖고 있는 프로이센과 로이스-그라이쯔-슐라이쯔-로벤슈타인
사이의 연방에 기초하여, 이러한 것에 기초하여 "모든 노동 수단의 공동 소
유로의 전환"을 이루고자 하는 것은 분명히 어리석은 일이다.

   그러나 이 점에 대해서 언급하는 것은 위험한 일이다. 그렇지만 이 문   10
제는 어쨌든 손을 대야만 한다. 이것이 얼마나 필요한 일인가 하는 것은 바
로 지금 사회 민주주의당의 대부분의 출판물에서 만연하고 있는 기회주의
가 증명하고 있다. 사회주의자 법의 부활에 대한 공포 때문에, 그 법이 지
배할 당시에 성급하게 내놓았던 온갖 발언들에 대한 것 때문에 지금은 갑
자기 현재 독일의 법적 상태에서도 당은 평화적인 방식으로 당의 모든 요   15
구들을 달성할 수 있다고들 한다. 가재가 자신의 껍질을 깨뜨리는 것 같이
사회도 필연적으로 낡은 사회 체제로부터 성장하여 그 낡은 껍질을 폭력적
으로 깨뜨려야 하는 것이 아닌가하고 자문해 보지 않고, 게다가 마치 독일
사회는 여전한 반半절대주의적 족쇄와 더 나아가서는 형언할 수 없이 혼
란한 정치적 질서를 깨뜨릴 필요가 없는 것처럼, "오늘날의 사회는 사회주   20
의로 성장해 갈 것이다"라고 자신들과 당에게 그럴싸하게 말하는 사람들이
있다. 인민의 대의 기관이 전권을 자신에게 집중시키고 있고 인민의 대다수
가 지지하기만 하면 바라는 것을 합헌적으로 할 수 있는 나라에서는, 낡은
사회가 새로운 사회로 평화적으로 성장해 갈 수 있다는 것도 이해할 수 있
는 일이다 : 프랑스나 아메리카와 같은 민주주의 공화국, 왕조를 돈으로 사   25
들이는 것이 목전에 다가와 연일 언론에 보도되고 그 왕조가 이러한 인민
의 의지에 무력한 영국과 같은 군주국이 그러한 나라들이다. 그러나 정부가
거의 전권을 갖고 있고 제국 의회나 그 밖의 모든 대의 기관들은 실권을 갖
고 있지 않은 독일에서는, 그런 것을 독일에서 공언하는 것, 더욱이 그럴

348

필요가 없는데도 그렇게 하는 것은, 절대주의의 무화과 잎을 떼어내어 자신의 몸뚱이에 붙이는 일이다.

그러한 정책은 자신의 당을 계속해서 오도할 뿐이다. 그들은 일반적이고 추상적인 정치적 문제들을 전면에 내세워 당면한 구체적인 문제들, 즉
5 일찍이 없었던 대사건들이나 일찍이 없었던 정치적 위기가 도래하면 저절로 일정에 오르게 되는 문제들을 덮어두고 있다. 그때 가서 일어날 수 있는 일이란, 결정적인 시기에 갑자기 당은 어쩔줄 모르게 되고 가장 분명해야 할 지점에서 그 점에 대해 논의한 적이 없기 때문에 불명료하게 되고 따라서 통일을 이루지 못하게 되는 것뿐이다. 또다시 이전의 보호 관세에서와
10 같은 일을 되풀이할 것인가? 당시에 사람들은 보호 관세는 부르주아지에게만 관련이 있을 뿐 노동자에게는 아주 동떨어진 문제이므로 각자가 원하는대로 투표하면 된다고 설명했다. 그러나 지금은 정반대가 되어, 보호 관세주의로 된 부르주아에 맞서 콥든과 브라이트의 경제학적 곡해를 새로이 끄집어 내어 이것을 가장 순수한 사회주의 ── 가장 순수한 맨체스터주의[170]
15 ──라고 설교하고 있다. 당시의 순간적인 이해 때문에 커다란 근본적인 관점을 망각하는 것, 이후의 결과를 고려하지 않고 이렇게 순간의 성공을 얻기 위해 씨름하고 애쓰는 것, 운동의 현재를 위해 이렇게 운동의 미래를 포기하는 것, 그것은 '성실한' 것으로 여겨질 수도 있지만 기회주의이며 또 그렇게 남을 것이다. '성실한' 기회주의는 어쩌면 다른 무엇보다도 가장 위
20 험한 것이다.

그렇다면 민감하기는 하지만 정말로 본질적인 점들은 무엇인가?

첫째. 확실한 어떤 것이 있다면, 그것은 우리 당과 노동자 계급은 민주주의 공화국이라는 형태하에서만 지배적인 위치에 오를 수 있다는 점이다. 게다가 이것은 이미 프랑스 대혁명에서 나타난 것처럼 프롤레타리아 독재
25 의 특수한 형태이다. 우리의 가장 훌륭한 인사들이 미크벨처럼 황제 밑에서 대신이 되는 것은 생각할 수조차 없다. 그러나 공화국에 대한 요구를 강령에 직접 넣는 것은, 심지어 루이-필립 치하에서의 프랑스나 지금의 이딸리아에서도 가능했던 일이라고 할지라도 [독일에서는] 법적으로 가능하지 않을 수 있다. 이렇게 독일에서는 공공연하게 공화제를 요구하는 당 강령을

내세울 수 없다는 사실이 증명하고 있는 것은, 여기에서 편안하고 평화로운 길을 통해 공화국에, 공화국뿐만 아니라 공산주의 사회에 다다를 수 있다는 생각이 얼마나 큰 환상인가 하는 점이다.

그럼에도 불구하고 부득이하다면 공화국은 보류될 수도 있다. 하지만 내 생각에 넣어야만 하고 또 넣을 수 있는 것은, **모든 정치 권력을 인민의 대** 5
의 기관의 수중에 집중시키라는 요구이다. 그리고 더 이상 나아갈 수 없다면, 당장은 이것으로 충분하다.

둘째. 독일의 개조. 한편으로 소국들의 분립 상태는 제거되어야 한다
——사람들은, 바이에른-뷔르템베르크의 특별권이 존재하고[171] 예를 들면 튀링엔의 지도地圖가 현재의 참상을 드러내고 있는 상태에서 사회를 혁명 10
하겠다고 한다! 다른 한편으로 프로이센은, 존재하지 말아야 하며 프로이센 의 특수한 정신이 독일을 억누르지 않도록 자치 주들로 해체되어야 한다. 소국가들의 분립 상태와 프로이센의 특수한 정신은, 지금 독일을 사로잡고 있으며 한쪽이 다른 한쪽의 핑계나 존재 이유로 될 수밖에 없는 대립의 양 면이다. 15

무엇으로 이것을 대체해야 하는가? 내 생각으로는 프롤레타리아트는 단일한 불가분의 공화국의 형태만을 이용할 수 있다. 합중국과 같은 광대한 지역에서는, 동부에서는 이미 장애가 되고 있기는 하지만 대체로 지금까지 도 연방 공화국이 필연성을 갖고 있다. 두 개의 섬에 네 민족이 살고 있고 의회가 하나임에도 불구하고 이미 벌써 세 종류의 법률 제도가 병존하고 20
있는 영국에서라면 그것은 진보일 것이다. 작은 나라인 스위스에서는 그것 은 이미 오래 전에 장애가 되어버렸는데, 다만 스위스가 유럽 국가 체제의 완전히 수동적인 고리라는 것에 만족하고 있기 때문에 그 장애는 견딜 만 한 것이 되고 있다. 독일의 경우에 스위스 형태의 연방화는 커다란 퇴보가 될 것이다. 두 가지 점에서 연방 국가는 통일 국가와 다르다 : 연방에 포함 25
된 각각의 모든 국가들과 모든 깐똔들은 자신의 고유한 민법과 형법 그리 고 재판 제도를 갖고 있다는 것, 다음으로 인민 의회 이외에 크건 작건 모 든 깐똔들이 동등한 자격으로 투표하게 되는 연방 의회 Staatenhaus가 존 재한다는 것. 첫 번째 것은 다행히 우리가 극복한 것이어서 그것을 다시 끌

어들일 만큼 어리석지는 않을 것이다. 두 번째 것은 우리가 연방 의회 Bundesrat 라는 형태로 갖고 있는 것으로서 그것이 없어도 전혀 지장이 없는데, 이는 일반적으로 우리의 '연방 국가'가 이미 통일 국가로 가는 과도적 형태를 이루고 있는 것과 같은 이유에서이다. 그리고 우리는 1866년과 1870년에 이루어진 위로부터의 혁명에 역행해서는 안 되고 아래로부터의 운동을 통해 필요한 보충과 개선을 그것에 덧붙여야 한다.

그러므로 통일 공화국이어야 한다. 그러나 1798년에 확립된 황제 없는 제국과 더 다를 바가 없는 현재의 프랑스 공화국과 같은 의미에서의 공화국은 아니다. 1792년에서 1798년까지 프랑스의 모든 현과 모든 시들은 아메리카를 본보기로 하여 완전한 자치를 실현하고 있었는데, 우리도 그것을 가져야 한다. 어떻게 자치를 확립해야 하는가, 그리고 어떻게 관료 없이 시행해 나갈 수 있는가에 관해서는 아메리카와 프랑스 제1공화국이 우리에게 보여 주고 있으며, 오늘날에도 오스트레일리아, 캐나다, 그 밖의 영국 식민지들이 그것을 보여 주고 있다. 그리고 이러한 주와 시의 자치는 예컨대, 스위스 연방제의 경우보다 훨씬 자유롭다. 그런데 스위스에서는 깐똔은 연방에 대해서도 완전히 독립적이긴 하지만 구나 시에 대해서도 독립적이다. 깐똔 정부는 구청장과 지사를 임명하는데, 이는 영어권 국가들에서는 찾아볼 수 없는 것이며 우리도 미래에는 프로이센의 관구 지도관과 참사관과 같이 조심스럽게 금지시켰으면 한다.

이 모든 것들 중에서 강령에 넣을 필요가 있는 것은 많지 않다. 내가 그것들을 주요하게 언급한 것은 그러한 것을 말할 수도 없는 독일의 상태를 드러내기 위한 것이며, 따라서 동시에 그러한 상태가 합법적으로 공산주의 사회로 넘어갈 것이라고 생각하는 자기 기만을 드러내기 위한 것이다. 더 나아가서는 인민에 의한 직접 입법과 무상 재판보다 중요한 다른 정치적 문제들이 있다는 것을 당 지도부에게 상기시키기 위한 것인바, 이 둘이 없어도 결국에는 우리는 잘 해나갈 수 있다. 전반적으로 불확실한 상태에서 그러한 문제는 조만간에 터져 나올 수도 있다. 그때가 되어 우리가 그것을 논의하지 않고 그것에 대해 이해하지 않는다면, 어떤 일이 일어나겠는가?

그러나 강령에 넣을 수 있는 것과 말할 수는 없지만 최소한 간접적으

로나마 암시를 통해 드러낼 수 있는 것은 다음과 같은 요구이다:

"보통 선거권에 의해 선출된 공무원에 의한 주, 군, 시의 완전한 자치. 국가에 의해 임명된 모든 지방 기관과 주 기관의 폐지."

위에서 논의된 점들과 관련하여 강령의 요구들을 다르게 정식화할 수 있는지에 대해서는 당신들과 마찬가지로 나도 여기에서는 잘 판단이 되지 않는다. 그러나 이러한 문제들이 너무 늦기 전에 당 내부에서 토론되는 것이 바람직할 것이다.

1. "선거권과 투표권" 혹은 "선거와 투표" 사이의 차이는 나에게는 구별되지 않는다. 구별을 하려면 어쨌든 보다 분명하게 표현하거나 초안에 주석을 붙여 설명해야 할 것이다.

2. "인민의 발의권과 거부권"은 무엇에 관한 것인가? 모든 법률에 관한 것인지 인민 대의 기관의 결정에 관한 것인지 덧붙여야 할 것이다.

5. 교회와 국가의 완전한 분리. 모든 종교 단체들은 예외 없이 국가에 의해 사적 단체로 취급된다. 그것들은 공공 자금을 통한 모든 후원과 공립 학교에 대한 모든 영향을 상실하게 될 것이다. (그러나 자신의 자금으로 자신의 학교를 세워서 자신들의 헛소리를 가르치는 것까지 금지시킬 수는 없을 것이다.)

6. 따라서 "학교의 현세화"는 생략되어야 하며, 그것은 전항에 속해야 한다.

8.과 9. 여기에서는 다음과 같은 것을 숙고해 주기를 바란다 : 이 항목들은 1. 변호사 2. 의사 3. 약제사, 치과 의사, 조산부, 간호사 등등의 국영화와 나아가 뒤에서는 노동자 보험의 완전한 국영화를 요구하고 있다. 이 모든 것을 카프리비 씨에게 맡겨도 되는가? 그리고 이것은 앞에서 말한 모든 국가 사회주의와의 절연과 조화되고 있는가?

10. 여기에서 나는 이렇게 말하고 싶다 : "조세가 필요로 되는 한에서, 국가, 구, 시의 모든 경비 지출에 대한 누진……세. 국가와 지방의 모든 간접세와 관세 등등의 폐지". 나머지는 불필요하며 논점을 약화시키는 주석 내지 이유 설명이다.

Ⅲ. 경제적 요구들

제2항에 대하여. 국가에 대해 단결권을 확보하는 일이 독일만큼 필요한 곳은 없다.

맺는 문장 : "규제하기 위해" 등등을 **제4절**로서 추가하고 적합한 형태로 만들 필요가 있다. 여기에서 주의해야 할 것은, 노동자가 $1/2$이고 기업가가 $1/2$인 노동 위원회에서는 우리가 속게 될 것이라는 점이다. 거기에서는 몇 년이 지나도 기업가 측이 계속 다수를 차지하게 될 것인데, 이는 노동자들 속에 검은 양 한 마리를 넣어 두기만 하면 되기 때문이다. 분쟁이 일어날 경우에는 **쌍방이 따로** 의견을 제출한다는 약속이 없다면, 기업가 위원회와 **그것과 나란히 독립적인 노동자 위원회를** 갖는 편이 훨씬 나을 것이다.

나는 글을 마치기 전에 한 번 더 프랑스 강령[172]을 참조할 것을 권하는 바이다. 정확히 3장의 경우에는 많은 점들에서 더 나아 보인다. 에스빠냐 강령[173]은 시간이 모자라 유감스럽게도 찾아낼 수 없지만, 이것도 여러 가지 면에서 매우 훌륭하다.

[I 장에 대한 부기]

1. "광갱, 채탄장"은 삭제한다.──"철도와 그 밖의 교통 수단".

2. 사회적 노동 수단은 그것의 취득자(혹은 소유자)의 수중에서 착취의 수단이 되었다. 이에 따라 노동자가 노동 수단 즉 생활 원천의 취득자에게 경제적으로 종속되게 된 것은, 모든 형태의 예속의 기초가 되고 있다: 5
사회적 빈곤, 정신적 피폐와 정치적 종속.

3. 이러한 착취의 지배하에서 피착취자들에 의해 산출되는 부는 착취자──자본가들과 대토지 소유자들──의 수중에 집적되어 가속적으로 증가해 가고, 착취자와 피착취자 사이의 노동 생산물의 분배는 점점 더 불평등해지며, 프롤레타리아트의 수와 생활 상태의 불안정성은 점점 더 커져   10
갈 것이다 등등.

4. "사적"(생산)은 뺀다 …… 악화되고, 도시와 농촌 중산 계층의 몰락즉, 소부르주아와 소농민의 몰락에 의해 가진 자와 못가진 자 사이의 심연이 넓어지고(혹은 깊어지고), 전반적인 불안정성이 사회의 정상 상태로 되며, 사회적 노동 수단의 취득자 계급이 경제적, 정치적 지도의 사명과 능력   15
을 상실했음이 증명되고 있다.

5. "그" 원인들.

6. …… 그리고 개인 혹은 주식 회사 회계를 통한 자본주의적 생산의 사회 전체의 회계를 통한 그리고 예정된 계획에 따른 사회주의적 생산으로의 전환, 이 전환을 위해 자본주의 사회는 스스로 그 물질적, 정신적 조건들을 창출하고 있으며, 이 전환을 통해서만 노동자 계급의 해방과 따라서 예외 없는 모든 사회 성원의 해방이 실현될 것이다.

7. 노동자 계급의 해방은 노동자 계급 자신의 사업일 수밖에 없다. 노동자 계급이 자신의 적이며 착취자인 자본가들과 대토지 소유자들에 의해서도, 대착취자와의 경쟁에 의해 질식당하고 있고 대착취자나 노동자의 대열 어느 한쪽에 가담하는 것 이외에[174] 다른 어떤 선택의 여지도 없는 소부르주아와 소농민에 의해서도 해방될 수 없다는 것은 자명한 일이다.

8. …… 자신의 계급적 처지에 대한 의식에 도달한 노동자와 함께 등등.

9. …… 옮겨 놓고, 그럼으로써 노동자에 대한 경제적 착취 권력과 정치적 억압 권력을 한 손 안에 통일시킨다.

10. …… 계급 지배 그리고 계급 자체 …… 등에 관계 없이 만인에게 평등한 권리와 평등한 의무를 위해 (마지막 문구는 삭제한다). 그러나 인류 …… 위한 그 투쟁에서 그것은 독일의 뒤떨어진 정치 상황 때문에 방해받고 있다. 그것은 무엇보다도 자유로운 운동의 장을 획득해야 하며, 봉건제와 절대주의의 방대한 유물을 제거해야 하는바, 요컨대 독일의 부르주아 당파들이 너무 겁이 많아 이룩하지 못했고 또한 이루지 못하고 있는 일을 해야 하는 것이다. 따라서 당은, 다른 문명국들에서는 부르주아 자신이 이미 끝낸 요구들을 적어도 지금은 강령에 수용해야 한다.

1891년 6월 18일과 29일에 사이에 씌어짐. 수고에 의거함.

맑스·엥겔스 저작집, 제22권, 225-240면.

박기순 번역

프리드리히 엥겔스

독일에서의 사회주의[175]

다음은, 내가 프랑스 벗들의 바램에 따라 『1892년도 노동자당 연감』에 프랑스 어로 썼던 글의 번역이다. 프랑스 사회주의자들에게 뿐만 아니라 독일의 사회주의자들에게도 나는 그것을 독일어로 공표할 의무를 지니고 있다. 프랑스 사회주의자들에게 의무가 있는 이유는, 독일 사회주의자들이 프랑스에 대한 전쟁일지라도 전쟁에 무조건 참가해야 할 상황에 대해서 프랑 5 스 사회주의자들과 얼마나 솔직하게 논의할 수 있는가를 그리고 이 프랑스인들이 정통 왕조파에서부터 급진주의자들에 이르기까지의 모든 부르주아 당파들이 자랑스러운 듯이 내보이고 있는 국수주의와 복수심으로부터 얼마나 자유로운가를 독일에서도 알아야 하기 때문이다. 독일 사회주의자들에게 의무가 있는 이유는, 그들은 내가 그들에 대해서 프랑스 인들에게 이야 10 기 한 내용을 나 자신으로부터 신뢰할 수 있는 방식으로 들을 권리가 있기 때문이다.

이 글에서 나는 내 개인의 이름으로만 말하고 있는 것이지 결코 독일의 당의 이름으로 말하고 있지 않다는 것은, 자명한 사실이다 —— 다시 한번 분명하게 이것을 밝혀 둔다. 이 당의 선출된 기관, 대표자, 수임자만이 15 그렇게 할 수 있는 권리를 갖고 있다. 그리고 더욱이 50 년에 걸친 활동 속에서 획득된 나의 국제적 지위 때문에 나는 다른 당과 대립하고 있는 이러

저러한 국가의 사회주의 당의 대표자가 될 수 없는바, 그것은 내가 독일인
이라는 것과 다른 어느 나라의 노동자들보다 앞서서 우리의 독일 노동자들
이 분투하여 획득한 지위를 자랑스럽게 여기고 있다는 것을 내가 상기할
수 있다고 하더라도 마찬가지이다.

I

독일 사회주의는 1848년 훨씬 이전으로부터 연원한다. 그것은 처음에는 독립적인 두 조류로 나타났다. 한편으로는 프랑스 노동자 공산주의의 지류인 순수한 노동자 운동이 있었다 ; 이로부터 이것의 한 발전 단계로서 바이틀링의 유토피아적 공산주의가 출현하였다. 그 다음으로는 헤겔 철학의 붕괴에서 연원하는 이론적 운동이 있었다 ; 이 경향은 처음부터 맑스의 이름으로 지배되고 있었다. 1848년의 『공산주의당 선언』은 두 조류의 융합, 즉 혁명의 용광로 속에서 완성되어 돌이킬 수 없게 된 하나의 융합을 표현하였다. 이 융합 속에서 모두는, 즉 노동자와 이전의 철학자들은 자신들의 몫을 성실하게 해냈다.

1849년에 유럽 혁명이 패배한 이후에 독일에서의 사회주의는 비밀스럽게 존재할 수밖에 없었다. 1862년에 이르러서야 비로소 맑스의 문하생인 라쌀레가 새로이 사회주의의 기치를 세웠다. 그러나 그것은 더 이상 『선언』의 대담한 사회주의가 아니었다 ; 라쌀레가 노동자 계급의 이익을 위하여 요구한 것, 그것은 국가의 신용을 매개로 한 협동-생산 조합의 설립이었다 ——이것은 1848년 이전에 순수 공화파 신문인 마라스뜨의 『나씨오날』에 속했던 빠리 노동자 분파의 강령의 신판이며, 순수 공화파[176]가 루이 블랑

5

10

15

의 『노동의 조직』[177]에 대립시켰던 강령의 신판이다. 우리가 알고 있듯이, 라쌀레의 사회주의는 매우 겸손하였다. 그럼에도 불구하고 그것은 독일 사회주의의 두 번째 발전 단계의 출발점을 이루고 있다. 왜냐하면 라쌀레의 재능, 열정, 통제할 수 없는 에너지는 노동자 운동을 소생시켰던바, 십 년 동안 독일 프롤레타리아트가 독립적으로 수행하였던 모든 것은 긍정적이든 부정적이든, 우호적이든 적대적이든 연대를 통하여 이 노동자 운동과 결합되어 있었다.

실제로 : 이렇게 해왔고 이렇게 존재하였던 순수 라쌀레주의는, 『선언』이 불러일으켰던 국민의 사회주의적 요구들을 충족시킬 수 있었는가? 그것은 불가능하였다. 그리하여 무엇보다도 리프크네히트와 베벨의 노력 덕분에, 1848년 『선언』의 원칙들을 공공연히 선언한 노동자 당이 곧 생겨났다.[178] 그 다음에는, 라쌀레가 죽은 후 3 년이 지난 1867년에 맑스의 『자본』이 출현하였다. 이 출현의 날로부터 독자적인 라쌀레주의의 몰락은 시작되었다. 『자본』의 견해들은 점점 더 모든 독일 사회주의자들의 공동 재산이 되어갔는바, 다른 사회주의자들과 마찬가지로 라쌀레주의자들에게도 그러하였다. 여러 번 라쌀레주의자들 집단 전체가 기치를 휘날리고 군악을 연주하며 새로운 '아이제나하' 당으로 넘어왔다. 이 당이 지속적으로 강력해지자 얼마 안가서 당과 라쌀레주의자들 사이에 공공연한 적대 행위가 나타났다 ; 그들은 아주 격렬하게 서로 싸웠는바, 심지어는 물리적으로 그리고 싸움 당사자들 사이에 어떠한 실제적인 쟁점도 가로 놓여 있지 않은 바로 그 순간에도, 즉 한쪽의 원칙들, 주장들, 심지어는 투쟁 수단이 모든 본질적인 점에서는 다른 쪽의 그것과 같은 그 순간에도 몽둥이를 들고 싸웠다.

제국 의회에 두 경향의 의원이 나란히 앉게 되고 그리하여 공동 행동의 필요성이 뚜렷하게 배가되었던 것은 바로 이때였다. 질서의 당들과 대면하게 되자, 사회주의자들 사이의 상호 반목은 아주 우스운 것이 되어 버렸다. 상황은 이제 지체할 수 없는 것이 되었다. 이때 즉 1875년에 융합이 이루어졌다.[179] 그 이후로 이전에 적대적이었던 형제는 긴밀하게 결합된 하나의 가족을 계속해서 형성해 나갔다. 그들이 분열될 수 있는 가능성이 조금이라도 있는 경우에는, 비스마르크가 우호적이게도 그것을 예방해 주었

다. 일례로 그는 1878년에 자신의 악명높은 예외법[148]을 통하여 독일 사회
주의를 불법적인 것으로 선언하였다. 똑같이 당한 박해의 철퇴는 아이제나
하 파와 라쌀레 파를 벼리어 결국 하나의 동질적인 집단으로 만들었다. 그
리고 오늘날 사회 민주주의당은 한편으로는 라쌀레 저작의 공인판을 출판
하고 있으며, 반면에 다른 한편으로는 동시에 —— 그리고 구 라쌀레주의자   5
들의 도움으로 —— 독자적인 라쌀레주의의 최후의 흔적을 당의 강령에서
근절시키고 있다.

　우리 당이 그 인생 역정에서 겪었던 부침들, 투쟁들, 패배와 승리를 아
직도 일일이 열거할 필요가 있을까? 보통 선거권이 우리 당에게 제국 의회
의 문을 열어 주었을 때, 두 명의 의원[180]과 십만의 유권자가 당을 대표하   10
였다 ; 오늘날에는 당은 삼십오 명의 의원들과 백오십만의 유권자를 헤아리
게 되었는데, 이러한 유권자의 수효는 90년 선거에서 다른 어떤 당이 달성
한 것보다 더 많은 것이었다. 11 년 간의 국외 추방과 계엄 상태는 당을 네
배나 강하게 만들었고, 당을 독일에서 가장 강력한 당으로 만들었다. 1867
년에 질서의 당들에 소속된 의원들은 자신들의 사회주의자 동료들을 다른   15
혹성에서 떨어진 이상한 존재로 보았다 ; 오늘날 그들은 마음에 들든 그렇
지 않든 간에 그 동료들에게서 미래 권력의 대표자를 보아야 한다. 비스마
르크를 전복시키고, 11 년 간의 투쟁 끝에 사회주의자 법을 분쇄시킨 사회
민주주의당, 불어나는 물과 같이 모든 제방 위로 넘쳐 흐르고 있으며 가장
반동적인 농촌 지방에 이르기까지 도시와 농촌으로 범람하고 있는 당, 이   20
당은 오늘날 자신이 지배하게 될 시간을 수학적으로 거의 정확하게 계산하
여 정할 수 있을 정도까지 이르렀다.

　사회주의자의 득표 수는 다음과 같다.

1871	101,927	1884	549,990
1874	351,670	1887	763,128
1877	493,447	1890	1,427,298

그런데, 최근의 선거 이후로 정부는 인민 대중을 사회주의 쪽으로 몰

아가기 위해서 그들이 할 수 있는 모든 것을 해 왔다 : 정부는 노동 조합과 파업을 추방하였고 지금과 같은 기근 하에서도 관세를 유지하였는바, 그 관세에 의해 빈민의 빵과 고기의 가격이 오르게 되어 대토지 소유자에게 유리하게 되었다. 따라서 1895년 선거에서 우리는 최소한 250만 표를 득표할
5 수 있을 것이다 ; 그러나 이것은 1900년 경에는 350-400만까지 오를 것이다. 우리의 부르주아에게 즐거운 '세기말' 을!

이렇게 집중적으로 계속해서 늘어가는 사회 민주주의자 대중들에 비해서 부르주아 당들은 분열되기만 하였다. 1890년에 보수당은 (두 분파를 합해서) 1, 377, 417 표를 득표하였다 ; 국민 자유당은 1, 177, 807 표를 ; 독일
10 자유주의당은 1, 159, 915 표를 ; 중앙당은 1, 342, 113 표를 득표하였다. 이는, 하나의 강고한 당이 250만 이상의 표를 마음대로 처분하게 되면 어떤 정부라도 굴복시킬 수 있게 되는 상황을 의미한다.

그러나 독일 사회 민주주의의 주요한 힘은 결코 유권자 수에 있지 않다. 우리 나라에서는 25 세가 되어야 유권자가 되지만, 20 세에 이미 전사
15 이다. 게다가 가장 많은 신병들을 우리 당에 공급해 주는 것은 바로 젊은 세대이기 때문에, 그러므로 독일 군대가 점점 더 사회주의에 감염되고 있다. 오늘날 우리는 다섯 명에 한 명의 비율로 군인을 갖고 있으며, 몇 년 내로는 세 명에 한 명의 비율로 군인을 갖게 될 것이며, 1900년 경에는 이제까지 국내의 가장 프로이센적인 요소였던 군대는 그 대다수가 사회주의적
20 으로 될 것이다. 이것은 숙명처럼 멈춤 없이 다가 올 것이다. 우리와 마찬가지로 베를린 정부는 그것이 다가오리라는 것을 알고 있다. 그러나 그 정부는 무력하다. 군대는 그들로부터 떨어져 나오고 있다.

이제 예외법이 무너지고 원칙법이 모두를 위해서 또한 사회주의자들을 위해서 재확립되었기 때문에 우리는 어떤 상황에서도 혁명적 수단의 사
25 용을 포기하고 법의 테두리 안에 머물러 있어야 한다는 것을, 부르주아는 얼마나 종종 우리에게 요구하고 있는가! 유감스럽게도 우리는 부르주아 선생들에게 그러한 호의를 베풀 처지가 아니다. 그렇다고 하더라도, 이 순간에 '합법성을 파괴하는' 것은 우리가 아니다. 반대로, 그 법은 우리를 위해 아주 훌륭하게 일을 하고 있어서, 그것이 지속되는 한 만약에 우리가 그것

을 해친다면 우리는 바보가 될 것이다. 폭력으로 우리를 분쇄하기 위해서 법과 정의를 해칠 쪽은 부르주아와 그 정부가 아닌가 하는 문제가 훨씬 더 가까이에 있는 물음이 아닌가? 우리는 그것을 기다릴 것이다. 그러는 동안 : "제발 먼저 쏘시지요," 부르주아 "선생들!"[181]

의심할 바 없이, 그들이 먼저 쏠 것이다. 어느 화창한 아침 독일 부르주   5 아와 그 정부는 지쳐서 사회주의의 넘쳐 흐르는 홍수를 팔짱끼고 바라볼 것이다 ; 그들은 비합법과 폭행에서 피난처를 구하게 될 것이다. 그것이 무 슨 소용이 되겠는가? 폭력은 한정된 지역의 소분파를 진압할 수는 있다 ; 그러나 대제국 전체에 퍼져 있고 지지자들이 이 삼백만 이상이 되는 당을 절멸시킬 수 있는 힘은 찾아 낼 수 없을 것이다. 일시적인 반혁명적 우세가   10 사회주의의 승리를 일년 정도는 지연시킬 수 있을지 모른다. 그러나 그렇게 된다면 사회주의의 승리는 더욱더 완전하고 결정적인 것이 될 뿐이다.

II

위에서 말한 것은, 독일이 자신의 경제적, 정치적 발전을 평화적으로 추구할 수 있을 것이라는 유보 조건하에서만 유효하다. 전쟁이 발발하면, 그것은 그 모든 것을 변화시킬 것이다. 그리고 그 전쟁은 갑작스럽게 돌발
5 할 수 있다.

그런데 '그 전쟁'이 오늘날 무엇을 의미하는지는 모두가 알고 있다. 그것은 이렇게 될 것이다 : 한편에는 프랑스와 러시아, 반대 편에는 독일과 오스트리아, 아마도 이딸리아. 이 '모든 나라들의 사회주의자들은 본의 아니게 징집되어 서로 싸워야만 할 것이다 : 이런 경우에 독일 사회 민주주의당
10 은 무엇을 해야 할 것인가, 당은 무엇이 되어야 하는가?

독일 제국은 반봉건적 형태의 군주국이지만, 궁극적으로는 부르주아지의 경제적 이해에 의해 규정되고 있다. 이 군주국은 —— 비스마르크 때문에 —— 중대한 과실을 범하였다. 경찰에 의존하고 소심하며, 학정으로 치닫고, 대국민에 어울리지 않는 이 군국주의의 국내 정책은, 자신에게 모든 부르주
15 아-자유주의 국가들의 경멸을 가져다 주었다 ; 그 대외 정책은 이웃 국민들의 불신뿐만 아니라 증오를 가져다 주었다. 알자스-로렌의 폭력적인 병합으로 독일 정부는 장기간에 걸쳐 프랑스와의 어떤 화해도 불가능하였으며,

그 자체로 어떤 현실적인 이익도 얻지 못한 채 러시아를 유럽의 중재자로 만들었다. 이것은 아주 명백해서, 스당[182] 직후에 인터내셔널 총평의회는 현재의 유럽 정세를 예견할 수 있었다. 1870년 9월 9일자의 총평의회 담화 문은 다음과 같이 말하고 있다 : "튜튼의 애국자들은 정말로, 프랑스를 러시 아의 품 안으로 몰아 넣음으로써 평화와 자유를 보장하게 되리라고 믿기라 5 도 한단 말인가? 만약 독일이 군사적 성공, 승리에 따른 도취, 왕조적 음모 등에 마음을 빼앗겨 프랑스 영토를 약탈한다면, 두 가지 가운데 하나밖에 없다 : 러시아 정복 정책의 공공연한 도구가 되어야 하거나, 아니면 새로운 '방어 전쟁' —— 새로운 풍의 '지역적' 전쟁과 같은 전쟁이 아니라 종족 전 쟁, 슬라브 종족과 라틴 종족의 연합에 맞선 전쟁에 직면할 것이다."[183] 10

다음은 의심할 바 없는 사실이다 : 이러한 독일 제국에 비해 오늘날의 프랑스 공화국은 혁명을 —— 물론 부르주아 혁명이지만 어쨌든 혁명을 —— 대표한다. 그러나 이 공화국이 러시아 짜르의 지휘 아래 놓이게 되자마자, 상황은 달라진다. 러시아의 짜르주의, 그것은 모든 서구 민족들의 적이며 심지어 서구 민족들의 부르주아의 적이다. 만약 짜르 군대가 독일로 침공한 15 다면, 그들은 자유가 아니라 예속을, 발전이 아니라 황폐함을, 진보가 아니 라 야만을 가져 올 것이다. 짜르와 손을 잡는다면 프랑스는 독일에 최소한 의 자유 사상도 가져다 주지 못할 것이다 ; 프랑스의 장군이 만약에 독일 공 화국에 대해 언급한다면, 그는 유럽 전체와 아메리카로부터 웃음거리가 될 것이다. 프랑스는 자신의 역사적인 혁명적 역할 전체를 포기하는 게 될 것 20 이며, 비스마르크의 제국이 동구의 야만에 대항하는 서구의 진보의 대표자 로 자처할 수 있도록 허용하게 될 것이다.

그러나 관변 독일의 배후에는 사회주의 독일이, 이 나라의 미래 즉 가 까운 미래를 책임질 당이 서 있다. 이 당이 지배하자마자, 당은 그 전임자 들이 다른 민족들에게 저지른 부정을 바로잡지 않고서는 그 지배를 실행할 25 수도 유지할 수도 없다. 당은 프랑스 부르주아지에 의해서 오늘날 경멸적으 로 배반당한 폴란드의 재건을 준비해야 하며, 북 슐레스비히와 알자스-로 렌이 자신들의 정치적 미래에 대해서 자유로이 결정할 수 있도록 해야 할 것이다. 독일이 가만히 있기만 한다면, 이 모든 문제들은 쉽게 그리고 가까운 미래에 해결될 것이다. 사회주의 프랑스와 사회주의 독일 사이에는 알자스-로렌에 관한 한 어떤 문제도 발생할 수 없으며, 상황은 순식간에 끝날 것이다. 문제는 약 10 년 정도를 더 기다리는 것이다. 프랑스, 영국, 독일에서 프롤레타리아트 전체는 여전히 자신의 해방을 기다리고 있다 ; 알자스-
5 로렌의 애국자들은 아무것도 기대하지 말아야 하는가? 자신들의 조급함 때문에 대륙 전체가 황폐화되고, 마침내는 짜르의 가죽 채찍이 들이닥치도록 해야 하는가? 판돈을 걸만한 게임이지 않는가?

　전쟁이 닥치면, 먼저 독일이 그 다음에는 프랑스가 주요 무대가 될 것인바, 이 양국은 다른 어떤 나라들보다도 전쟁 비용과 황폐화를 겪어야만
10 할 것이다. 게다가 처음부터 이 전쟁은 동맹국들 사이의 일련의 상호 배신으로 두드러지게 될 것인바, 이와 같은 것들은 지금까지도 볼 수 없었던 극악한 배신과 권모술수가 될 것이다 ; 그리고 이러한 배신의 주요 희생자는 또다시 프랑스나 독일 —— 혹은 양국 모두 —— 일 것이다. 이러한 견해에서 보자면, 두 나라 가운데 어느 나라도 공공연한 전쟁을 유발시키지 않을 것
15 이다. 이에 비해 그 지형적, 경제적 상황에 의해 일련의 패배들이 안겨다 준 매우 파괴적인 결과들로부터 보호받고 있는 러시아, 이 관변 러시아만이 결실이 풍부한 전쟁에서 자신의 이익을 발견할 수 있으며 직접적으로 그것을 노릴 수 있다. 그러나 그 어떤 경우에도 현재의 정치적 정세에서는, 비스와 강에 최초의 캐넌포 총성이 울릴 때 프랑스 군대가 라인 강으로 진격
20 하는 일은 거의 없을 것이다.

　그런데 독일은 단지 자신의 생존을 위해서만 싸울 것이다. 승리한다 하더라도 독일은 병합을 위한 어떤 소재도 발견하지 못할 것이다 ; 동쪽에서나 서쪽에서나 독일은 낯선 언어를 쓰는 지방들만을 발견하게 될 것인데, 이러한 지방들은 독일이 이미 충분히 갖고 있다. 독일이 패하게 되면 즉 독
25 일이 프랑스의 망치와 러시아의 모루 사이에서 으스러진다면, 독일은 러시아에게는 옛 프로이센과 폴란드 지방들을, 덴마크에게는 슐레스비히 전체를, 프랑스에게는 라인 강 좌안 전체를 넘겨 주게 될 것이다. 프랑스가 이 정복지를 거부한다고 해도, 러시아는 프랑스에게 그것을 강요할 것이다. 왜냐하면 러시아는 무엇보다도 영원한 불화의 씨앗 즉 프랑스와 독일 사이의

끊이지 않는 분리를 필요로 하기 때문이다. 만약 이 양 대국이 화해한다면, 그것은 유럽에서 러시아의 패권의 종말이다. 그러나 이렇게 조각난 독일은 유럽의 역사적 발전에 부응하는 역할을 수행할 수 없을 것이다. 나뽈레옹이 틸지트 이후에 독일에게 강요했던 위치로 전락한다면, 독일은 자신의 국민적 생활 조건을 재건하기 위한 새로운 전쟁을 준비하는 것에서만 생존할   5
수 있게 될 것이다. 그러나 그러는 동안 독일은——프랑스에 대항하기 위하여——자신을 어김없이 이용하게 될 짜르[184]의 충실한 도구가 될 것이다.

이러한 상황에서 독일 사회 민주주의당은 무엇이 될 것인가? 확실한 것은 다음과 같다 : 짜르도, 프랑스의 부르주아 공화주의자도, 독일 정부조   10
차도, 그 셋 모두에게 '적'이 되는 유일한 당을 분쇄할 좋은 기회를 놓치지 않을 것이다. 우리는, 띠에르와 비스마르크가 꼬뮌 빠리의 폐허 위에서 어떻게 손잡았는지를 보았다 ; 다음에는 우리는 짜르, 꽁스땅, 카프리비—— 혹은 그들의 후계자들——가 독일 사회주의의 시체 위에서 어떻게 팔짱을 끼는지 경험하게 될 것이다.   15

그러나 독일 사회 민주주의당은 30 년 간의 끊임없는 투쟁과 희생 덕분에 세계의 다른 어떤 사회주의 당도 이르지 못한 지위를, 짧은 기간 내에 당이 정치 권력을 장악하는 것을 보장해 줄 지위를 확보하였다. 사회주의 독일은 국제 노동자 운동에서 가장 영예롭고 가장 책임있는 최전방의 지위를 점하고 있다 ; 그것은 최후의 일 인까지 모든 침략자에 대항하여 이 지위   20
를 옹호할 의무를 지니고 있다.

그러나 독일에 대한 러시아의 승리가 독일 사회주의의 분쇄를 의미할 때, 그렇다면 이러한 전망하에서 독일 사회주의자들의 의무는 무엇이 되어야 하는가? 자신들을 절멸시키겠다고 위협하고 있는 사건들을 수동적으로 참고 견딜 것인가, 즉 전세계 프롤레타리아트에 대해 책임을 지고 있었던   25
지위에서 저항 없이 물러날 것인가?

결코 그래서는 안 된다. 유럽 혁명을 위하여, 독일 사회주의자들은 획득한 모든 지위를 유지해야 하고 내부의 적과 마찬가지로 외부의 적에 대해서도 항복해서는 안 될 의무가 있다. 그리고 이것은, 그들이 러시아와 그

리고 누가 되었든 그 동맹국들과 끝까지 싸울 때에만 이루어질 수 있다. 프
랑스 공화국이 모든 러시아 인들의 전제 군주인 짜르 폐하에 봉사하게 된
다면, 유감스럽게도 독일 사회주의자들은 프랑스 공화국과 싸우게 될 것이
다. 그러나 그들은 짜르와 싸우게 될 것이다. 독일 제국에 대해서 프랑스
5 공화국은 어쩌면 부르주아 혁명을 대표할 수도 있다. 그러나 꽁스땅 일파,
루비에 일파, 심지어 끌레망소 일파의 공화국에 대해서는 그리고 특히 러시
아 짜르에 봉사하고 있는 공화국에 대해서는, 독일 사회주의는 무조건 프롤
레타리아 혁명을 대표한다.

러시아 인들과 프랑스 인들이 독일로 끌고 들어 오게 될 전쟁은, 독일
10 에게는 생사를 건 싸움이 될 것이다. 그 싸움에서 독일은 가장 혁명적인 조
치들을 사용함으로써만 자신의 국민적 실존을 확고히 할 수 있을 것이다.
강요받지 않는 한, 현재의 정부는 확실히 혁명의 속박을 풀어주지 않을 것이
다. 그러나 우리는, 독일 정부에 그것을 강요할 수 있거나 그 정부를 곤
경으로 몰아넣을 수 있는 강력한 당 즉 사회 민주주의당을 갖고 있다.
15 그리고 우리는, 1793년에 프랑스가 우리에게 주었던 훌륭한 예를 잊어
버리지 않고 있다.[185] 1793년의 백주년이 가까워지고 있다. 짜르의 정복 욕
구와 프랑스 부르주아지의 국수주의적인 조급함이 독일 사회주의자들의 승
리의 그러나 평화로운 행진을 저지한다면, 독일 사회주의자들은 —— 확신
하건대 —— 오늘날의 독일 프롤레타리아가 백년 전의 상뀔로뜨에 못지않다
20 는 것과 1893년은 1793년과 같을 수 있다는 것을 세상에 증명할 준비가 되
어 있다. 그리고 꽁스땅 씨의 병사들이 독일 지역에 발을 들여 놓는다면,
마르세예즈의 다음과 같은 말로 그들을 맞이할 것이다 :

Quoi, ces cohortes étrangers
Feraient la loi dans nos foyers!
25 　　아니, 이 낯선 무리들이
　　우리 고향을 지배하려 하다니!

요컨대 : 평화는 약 10 년 동안 독일 사회 민주주의당의 승리를 보장한

다. 전쟁은 그 당에 이삼 년 간의 승리를 가져다 주거나 최소한 15-20 년
간의 완전한 몰락을 가져다 줄 것이다. 이에 대해 독일 사회주의자들이 평
화라는 확실한 승리를 기다리지 않고 큰 도박을 걸 수 있는 전쟁을 원한다
면, 틀림없이 그들은 어리석은 것이다. 그 이상의 것이 있다. 그 국적이 무
엇이든지 간에 어느 사회주의자도, 현재의 독일 정부나 프랑스 부르주아   5
공화국 정부가, 더욱이 유럽에 대한 억압과 동일어인 짜르 정부가 전쟁에서
승리하는 것을 바래서는 안 된다. 따라서 모든 나라의 사회주의자들은 평화
를 위해 존재한다. 그러나 그럼에도 불구하고 전쟁이 닥친다면, 단 한 가지
만이 확실하다 : 천오백에서 이천만의 무장 병사들이 서로를 학살하고 유례
없이 유럽 전체를 황폐하게 할 이 전쟁——틀림없이 이 전쟁은 사회주의   10
의 즉각적인 승리를 가져다 주거나, 아니면 사물의 옛 질서를 머리에서 발
끝까지 뒤집어 놓고 폐허를 뒤에 남길 것이다. 이렇게 되면 낡은 자본주의
사회는 이전보다 더 불가능하게 될 것이며, 사회 혁명은 십 년이나 십오 년
정도 미루어질 것이지만 그 이후에는 더욱 급속하고 철저하게 진행되어 승
리를 거두게 될 것이다.   15

──────────

이상은 프랑스 노동자 연감에 나와 있는 논문이다. 이것은, 샴페인에
취한 크론슈타트[186]가 프랑스 부르주아지의 우두머리들을 계속 들뜨게하고
세느와 마른느 사이에 있는 1814년의 전장에서의 대규모 기동 훈련으로 애
국적 감격이 최고조에 달했을 때인 늦여름에 씌어진 것이다. 그 당시 프랑
스——대형 신문과 의회 다수파에서 자신의 표현을 찾았던 프랑스——는   20
실제로 너무나 어리석게도 러시아에 봉사하고 있었고, 전쟁이 일어날 가능
성이 전면으로 부각되었다. 따라서 이 전쟁이 현실화될 때, 마지막 순간까
지 프랑스와 독일의 사회주의자들 사이에 어떠한 오해도 일어나지 않도록,
나는 나 자신의 확신에 따르면 그 전쟁에 대해 독일 사회주의자들에게 필
요한 태도는 어떠한 것이 되어야 하는지를 프랑스 사회주의자들에게 설명   25
할 필요가 있다고 생각하였다.

그러나 그때 러시아 전쟁 도발자에게 강력한 제동이 걸렸다. 기근을 예상케 하는 국내의 흉작이 가장 먼저 알려졌다. 그 다음에는 빠리 공채의 실패가 닥쳤는데, 이는 러시아 국가 신용의 결정석인 붕괴를 의미하는 것이었다. 사억 마르크가 여러 번에 걸쳐 모집액 이상으로 신청되었다고 한다 ; 그러나 빠리 은행가들이 대중들에게 채권을 떠넘기려 했을 때, 그 모든 기도는 실패하였다 ; 공채 응모자 신사들은 이 불량 유가 증권을 감당하기 위하여 우량 유가 증권을 헐값으로 처분해야만 했다. 더욱이 유럽의 다른 대규모 증권 거래소도 대량 매각을 통해 그것을 가속시킬 정도였다 ; 새로운 '러시안 인들'은 발행 가격 이하로 몇 퍼센트 인하시켰다—— 곧 이어 일종의 공황이 발생하여, 러시아 정부는 일억 육천만의 채권을 회수해야 했으며 사억이 아니라 이억 사천만만을 받았다. 그리고 이와 함께 빚을 얻기 위한 러시아의 시도——이번에는 모두 팔억 마르크이다——로 세상에 대고 기쁨의 환성을 지르며 했던 광고도 비참히 수포로 돌아가고 말았다. 이와 함께 프랑스 자본은 절대적으로 어떤 '애국심'도 갖고 있지 않지만—— 신문에서 아무리 지껄여대도—— 전쟁 앞에서는 유익한 공포를 상당히 갖고 있다는 사실 또한 드러났다.

그 후 흉작이 실제로 기근으로 발전하였는바, 그것은 우리가 서유럽에서는 이 정도의 규모로는 그렇게 오랫동안 볼 수 없었던, 심지어는 이러한 재난의 전형적인 나라인 인도에서도 흔히 일어나지 않는, 그리고 실로 철도도 없었던 이전의 신성 러시아에서도 이렇게까지 심각한 적이 없었던 그러한 기근으로 발전했다. 이것은 어디에서 연유하는가? 이것을 어떻게 설명할 것인가?

아주 간단하다. 러시아의 기근은 단순한 흉작의 결과가 아니다. 그것은 크림 전쟁 이후로 러시아가 겪고 있는 거대한 사회 혁명의 한 부분이다 ; 그것은 이러한 혁명과 결합되어 있는 만성적 고통이 이러한 흉작을 통해서 칼날같은 고통으로 전화된 것에 불과하다.

구 러시아는, 짜르 니꼴라이가 자기 자신과 구 러시아에 절망하면서 독약을 마실 때까지 돌이킬 수 없이 무덤을 향해 달려갔다. 그 폐허 위에서 부르주아지의 러시아는 건설되었다.

부르주아지의 단초는 그 당시에 이미 존재하고 있었다. 한편으로는 은
행가들과 수입상들——대부분의 독일인과 독일계 러시아 인이나 그 후손
들——이, 다른 한편으로는 국내 상업으로 성장한 러시아 인들, 특히 국가
와 인민의 비용으로 부유해진 화주 청부업자들과 군납업자들이 있었으며,
게다가 얼마간의 공장주들도 이미 존재하고 있었다. 이때부터 이 부르주아   5
지는, 특히 공업 부르주아지는 거액의 국가 원조, 보조금, 보상금을 통해,
그리고 점차로 극도로 인상된 보호 관세를 통해 본격적으로 육성되었다. 광
대한 러시아 제국은, 자급 자족의 생산 지역이 되었고 외국으로부터 전혀
혹은 거의 수입하지 않고 지낼 수 있었다. 이와 함께 국내 시장이 끊임없이
성장해 갔을 뿐만 아니라 국내 온대 지방의 생산물도 출현하였으며, 이 때   10
문에 발칸 반도와 아시아, 즉 한편으로는 콘스탄티노플과 다른 한편으로는
최후의 목표로서의 영국령 인도를 포함하는 아시아의 정복을 향한 지속적
인 노력이 일어났다. 이것이 러시아 부르주아지 사이에서 강렬하게 만연해
있던 영토 확장 욕구의 비밀이며 그것의 경제적 기초인바, 우리는 남서 지
방을 얻으려고 하는 그러한 욕구의 경향을 범슬라브주의라고 부른다.   15
　　그러나 이러한 산업 계획은 농민들의 농노적 상태와 절대로 양립할 수
없었다. 1861년에 이것은 붕괴하였다. 그러나 어떻게! 1810년에서 1851년
까지 서서히 진행된 프로이센의 예농제와 부역의 제거가 전형으로 받아들
여졌다 ; 그러나 이삼 년 내에 모든 것이 끝나야만 했다. 결과적으로, 대토
지와 '영혼' 소유자의 저항을 분쇄하기 위하여, 프로이센 국가와 매수된 그   20
관리들이 당시의 자비로운 지주들에게 허용했던 것과는 아주 다른 양보를
그들에게 해야 했다. 그런데 매수에 관한 한, 프로이센 관료는 러시아의 관
리 층에 비하면 순진한 어린 아이에 불과했다. 그리하여 토지 분배에서 귀
족은 사자의 몫을 그리고 일반적으로 수세대에 걸친 농민들의 노동으로 비
옥해진 토지를 받았지만, 농민은 가장 필요한 몫만을 그것도 대부분 상태가   25
좋지 않은 황량한 토지를 할당받았다. 공유림과 공유 목장은 지주에게 돌아
갔다 ; 농민이 그것들을 이용하려면——그리고 농민은 이것들 없이는 존속
할 수 없다——, 그는 지주에게 그것에 대해 값을 치루어야만 했다.
　　그러나 이와 함께 토지 귀족과 농민 둘 모두는 아주 급속히 몰락해 갔

다. 귀족이 자본화된 상환금을 국채의 형태로 정부로부터 한꺼번에 받았던 반면에, 농민은 그것을 장기간에 걸친 할부금의 형태로 분할 지불해야만 했다. 예상했던 대로 귀족은 곧바로 받은 돈의 대부분을 놀이로 탕진하였던 반면에, 농민은 자신의 처지에 비해서는 엄청나게 오른 금전 지불에 의해
5 즉각 자연 경제에서 화폐 경제로 내던져졌다.

이전에는 상대적으로 얼마 안 되는 세금 외에는 어떤 금전 지불도 할 필요가 없었던 러시아 농민은, 이제 자신이 분할받은, 더 줄어들고 질이 떨어진 땅뙈기로 그리고 공유지의 자유림과 자유 목장이 폐지된 상태에서 살아야 하며, 자신의 역축을 겨울 동안 기르고 자신의 땅뙈기를 개량해야 할
10 뿐만 아니라 인상된 세금과 연 할부 상환금을 지불해야만 했는데, 그것도 현금으로 해야만 했다. 이렇게 하여 농민은 살 수도 죽을 수도 없는 처지로 전락하였다. 게다가 농민으로부터 가내 공업의 시장을 빼앗는──가내 공업은 수많은 러시아 농민들에게 화폐의 주요한 원천이었다──신흥 대공업의 경쟁이 존재하였으며, 그렇지 않고 이것이 아직은 완전히 몰락하지 않
15 은 곳에서는, 이 가내 공업은 상인, 즉 중개인, 작센의 도매 상인이나 잉글랜드의 착취자들 sweaters 의 자비에 맡겨졌으며, 따라서 가내 공업 농민들은 직접적으로 자본의 노예가 되었다. 요컨대, 러시아 농민이 최근 30 년 동안 어떻게 혹사당해 왔는가를 알고자 하는 사람은, 맑스의 『자본』 제1권에서 '국내 시장의 형성'에 관한 장 (24장, 5절[187]) 을 참조하는 것으로 충
20 분하다.

공업 자본을 위한 국내 시장 형성의 주요 수단인 자연 경제에서 화폐 경제로의 이행이 농민들에게 주었던 황폐함은, 루이 14세 치하의 프랑스의 실례에서 브와기유베르와 보방이 고전적인 방식으로 서술한 바 있다. 그러나 그 당시에 일어난 것은, 러시아에서 일어난 것에 비하면 어린애 장난이
25 다. 첫째로 그 정도가 3-4 배 더 크며, 둘째로 생산 조건들의 변혁 ─ 이러한 조건들에 대한 예속 때문에 이러한 이행이 농민들에게 강요되었다 ─ 은 상당히 더 철저한 것이었다. 프랑스 농민은 서서히 매뉴팩처의 영역으로 끌려 들어갔으나, 러시아 농민은 하룻밤 사이에 대공업의 소용돌이 속으로 빠져 들어갔다. 매뉴팩처가 농민들을 수석총으로 쓰러뜨렸다면, 대공업은 그

일을 연발총으로 해냈다.

이것이, 수년 동안 조용히 일어났지만 유럽의 속물들은 볼 수 없었던 변혁과 그 결과 전체를 1891년의 흉작이 일격에 드러냈을 때의 상태였다. 이 상태는 첫 번째 흉작이 국민적 위기가 될 수밖에 없었던 바로 그런 상태였다. 그리고 이제 위기는 수년간 극복되지 못할 것이다. 이러한 기근 앞에서는 어떠한 정부도 무력하며, 고의로 자신의 관리들을 도둑질로 훈련시키고 있는 러시아 정부는 더욱더 그러하다. 러시아 농민의 과거의 공산주의적 습속과 제도는, 1861년 이래 한편으로는 경제적 발전을 통해 파괴되었고 한편으로는 정부에 의해 계획적으로 절멸되었다. 과거의 공산주의적 공동체는 붕괴되었거나 붕괴되어 가고 있는 중이다. 그러나 개별 농민들이 자기 자신의 발로 서게 될 때, 바로 그 순간에 그들이 발로 딛고 서 있는 지반은 사라질 것이다. 지난 가을에 겨울 작물 파종이 아주 적은 지역에서 이루어졌다는 것에 놀랄 필요가 있겠는가? 파종이 이루어진 곳에서는, 기후 때문에 그 대부분이 못쓰게 되었다. 농민들의 주요 도구인 역축 자체가 먼저 아무것도 먹지 못했다는 것, 그리고 다음으로는 이 부정할 수 없는 근거에서 볼 때 그 역축은 농민들 자신들에 의해 먹어 치워졌다는 것에 놀랄 필요가 있겠는가? 농민이 가옥과 부지를 버리고 도시로 도주해서, 거기에서 헛되이 일자리를 구하려 하지만, 더욱더 확실하게 기근의 병폐를 가져 갈 뿐이라는 것에 놀랄 필요가 있겠는가?

한 마디로 말해서 : 여기에서 우리는, 우리의 목전에 있는 일회적인 기근이 아니라 오랫동안 조용히 진행된 경제적 혁명을 통해서 준비된 그리고 흉작을 통해서 긴박해졌을 뿐인 거대한 위기를 보고 있는 것이다. 그러나 이 긴박한 위기는 또다시 만성적인 형태를 띠고 있으며, 그것은 오랫동안 지속될 것 같다. 이 위기는 경제적으로는 과거의 공산주의적 농민 공동체의 해체와 농촌 고리대업자 (kulaki) 의 치부 및 대토지 소유자로의 전화를 촉진하고, 일반적으로는 귀족과 농민의 토지 소유가 새로운 부르주아지의 수중으로 이행되는 것을 촉진한다.

유럽에게 그 위기는 당분간은 평화를 의미한다. 러시아의 전쟁 도발은 몇 년 동안은 활동이 마비되어 있다. 수백만의 병사들이 전장에서 쓰러지는 대신에, 수백만의 농민들이 아사하고 있다. 그러나 이로 인해 러시아 전제 정치에 어떤 일이 일어날지는 두고 보아야 할 것이다.

1891년 10월 13일에서 22일
사이에 씌어짐,
서문과 결론 부분은 1892년 1월에 씌어짐.
출전 :『신시대』,
10년차, 1891/92년, 제1권, 제19호.

맑스 · 엥겔스 저작집,
제22권, 245-260면.

박기순 번역

프리드리히 엥겔스

[『잉글랜드 노동 계급의 처지』

독일어 제2판 서문[188]]

여기서 독일 대중에게 새롭게 내놓게 되는 이 책이, 처음으로 출판된
것은 1845년 여름이었다. 이 책은 좋은 점에서나 나쁜 점에서나 저자의 청   5
년 시절의 혼적을 가지고 있다. 당시 나는 24 세였다 ; 지금 나는 그 3 배나
늙었고, 청년 시절의 이 노작을 다시 읽으면서 그것으로 하여 부끄러워 할
것은 조금도 없다고 생각한다. 따라서 나는 이 책에서 청년 시절의 이러한
혼적을 조금이라도 지워버리려고는 생각하지 않는다. 나는 그것을 고치지
않고 독자들에게 다시 내놓는다. 다만 뜻이 아주 분명하지 않은 몇 구절을   10
더 명확하게 서술하고 여기저기에 연도(1892년)를 기입한 새로운 간단한
각주를 첨부하였을 따름이다.
    이 책의 운명에 관하여서는 다만 1887년에 이 책이 뉴욕에서 (플로렌
스 켈리-비슈네비츠키 부인에 의하여) 영어로 번역되어 발행되었다는 것과
이 번역본이 1892년에 런던의 스반 조네샤인사 社.에서 다시 출판되었다는   15
것만을 말하여 둔다. 아메리카 판[189] 서설이 영어 판 서설의 기초가 되고,
이 후자가 다시 지금의 독어 판 서문의 기초가 되었다. 현대의 대공업은 그
것이 나타나는 모든 나라의 경제 관계를 동일하게 만들고 있기 때문에, 나
는 독일의 독자들에게 미국이나 영국의 독자들에게 말한 것과 다르게 말한
것은 거의 없다.

이 책에 서술된 사태——적어도 영국에 관한 한——는 오늘날 대부분 지난날에 속한다. 물론 공인된 교과서에는 명확하게 씌여 있지는 않지만, 자본주의적 생산이 완성되면 될수록 그것은 그 초기 단계를 특징짓는 시시한 사기와 기만의 수법으로 유지될 수 없다는 것은 여전히 현대 정치경제학의 법칙이다. 유럽 상업의 가장 낮은 단계를 대표하는 폴란드 유태인의 시시한 속임수, 거기에서는 그에게 아주 유용하며 그의 고국에서는 일반적으로 사용되고 있는 이 동일한 간계도 그가 일단 함부르크나 베를린에 오기만 하면 전혀 쓸모가 없게 된다. 이와 마찬가지로 베를린이나 함부르크에서 맨체스터의 증권 거래소로 온 중개상은, 그가 유태인이건 기독교도이건 간에 오래지 않아 다음과 같은 것을 알게 된다 : 실이나 직물을 싸게 사려면 그는 무엇보다도 먼저, 그의 고국에서는 가장 영리한 장사술이라고 인정되어 오던, 좀 세련되기는 하였으나 아직도 매우 한심한 그 수법과 술책을 포기하여야 한다. 물론 대공업의 진보와 함께 독일에서도 많은 것이 달라졌다. 특히 필라델피아에서의 공업의 예나[190] 이후로는, 구독일식의 우직한 사람들의 다음과 같은 원칙조차도 평판을 잃어 버렸다 : 우선 좋은 견본을 보내고 그 다음에는 나쁜 상품을 보내더라도 사람들은 좋아만 한다! 그리고 사실 이러한 술책과 간계는, 시간이 돈이 되고 미덕에 열광해서가 아니라 다만 시간과 노력을 헛되이 잃지 않기 위하여 어느 정도 상업 도덕이 발전한 대시장에서는 더 이상 수지가 맞지 않는다. 그리고 영국에서 공장주와 그의 노동자와의 관계에서도 사정은 이와 동일하다.

1847년 공황 후의 경기 회복은 새로운 공업 시대의 시작이었다. 곡물법 폐지[191]와 이 때문에 필요하게 되었던 그 후의 재정 개혁은, 영국의 상업과 공업에 요구되는 충분한 여지를 만들어 주었다. 곧 이어 캘리포니아와 오스트레일리아에서 금광이 발견되었다. 식민지 시장에서는 영국 공업 생산품들에 대한 흡수력이 빠르게 발전하였다. 랭카셔의 역직기는 한꺼번에 수백만의 인도의 수직공들을 몰아내었다. 중국은 점점 더 개방되어 갔다. 그러나 그 어느 나라보다도 미국은 거인의 걸음걸이로 전진하던 이 나라에서조차 전대미문일 정도로 급속도로 발전하였다 ; 그러나 미국은 당시에는 식민지 시장에 불과하였다는 것, 그것도 최대의 식민지 시장이었다는 것 즉 원료를 제공하고 공업 생산물을 외국에서—— 이 경우에는 영국에서——
수입하는 나라였다는 것을 잊어서는 안 된다.

이 모든 것에 덧붙여 지난 시기 말에 도입된 새로운 교통 수단—— 철
도, 대양을 항해하는 기선—— 이 이제는 국제적 규모에서 실용화 되었으
며 이렇게 됨으로써 지금까지는 다만 맹아 상태로 있었던 것이 실제로 형   5
성되었다 : 세계 시장. 이 세계 시장은 당시에는 아직, 다음과 같은 하나의 대
공업 중심 주위에 집합한 주로 또는 전적으로 농업적인 나라들로 구성되어
있었다 : 영국. 영국은 이 나라들의 과잉 원료의 거의 대부분을 소비하고 그
대신에 공업 제품에 대한 이 나라들의 수요의 거의 대부분을 공급하였다.
따라서 영국 공업의 진보가 거대하고 전대미문의 것이었다는 것, 그러므로   10
1844년의 상태가 지금 우리에게는 비교적 중요하지 않으며 거의 원시적인
것으로 보인다는 것, 그것은 결코 놀랄 일이 아니다.

그러나 이러한 진보가 이루어지는 것과 동일한 정도로 대공업 또한 겉
보기에는 도덕적이었다. 노동자에 대한 좀도둑질을 통한 공장주들 간의 경
쟁은 더 이상 수지가 맞지 않았다. 사업 규모는 이러한 보잘것없는 돈벌이   15
수단을 허용하지 않을 정도로 성장하였다 ; 백만장자인 공장주들은 이러한
시시한 술책에 시간을 허비하기보다는 더 나은 일을 해야 했다. 그러한 것
은 기껏해야, 경쟁에 패하지 않기 위해서 일 그로셴이라도 긁어 모으지 않
을 수 없는 영세하고 돈에 궁한 사람들에게나 적합한 일이었다. 이리하여
현물 임금제는 공장 지대에서 사라졌다 ; 10시간 법[192]과 기타 일련의 작은   20
개혁들이 통과되었다—— 이러한 모든 것은 자유 무역 및 무제한적 경쟁의
정신과는 직접 모순되는 것이었으나 그러나 그것은 보다 불리한 조건하에
있는 동업자들과의 경쟁에서 거대 자본가들을 한층 더 우월하게 만들었다.

나아가, 공업의 설비가 크면 클수록, 거기에 종사하는 노동자가 많으면
많을수록 노동자와 충돌할 때마다 손실과 영업난은 더 컸다. 그렇기 때문에   25
시간이 흐름에 따라 공장주들, 특히 거대 공장주들 사이에서는 새로운 기풍
이 나타났다. 그들은 불필요한 분쟁을 피할 줄 알게 되었고 노동 조합의 존
재와 그 힘을 인정할 줄 알게 되었으며 드디어는 파업도—— 제때에 일어
나기만 하면—— 그들 자신의 목적을 실현하기 위한 효과적인 수단으로 된

다는 것까지 알게 되었다. 이전에는 노동자 계급과의 투쟁에서 군사령관이었던 거대 공장주들이, 이제는 누구보다도 먼저 평화와 조화를 부르짖게 되었다. 그리고 그들이 이렇게 된 데는 충분한 이유가 있었다.

　　정의와 인류애에 대한 이러한 모든 양보는, 실은 자본이 소수의 수중에 집중되는 것을 촉진하고 그러한 부수입이 없이는 살아갈 수 없는 소규모 경쟁자들을 압도하기 위한 수단에 지나지 않았다. 이 소수의 수중에서, 종전의 보잘것없는 부수적인 약탈은 지금에 와서는 전혀 의의가 없어졌을 뿐만 아니라 광범한 지반 위에 서 있는 사업에 대해서는 장애로까지 되었다. 따라서 자본주의적 생산의 발전은, 적어도 주요 공업 부문에서는——왜냐하면 그다지 중요치 않은 부문에서는 전혀 그렇지 않기 때문에——이전에 노동자들의 운명을 악화시키고 있던 그러한 모든 사소한 부담을 제거하였다. 따라서 노동자 계급의 빈곤의 원인을 저 사소한 폐단들에서 찾을 것이 아니라 **자본주의 제도 자체에서** 찾아야 한다는 큰 기본적 사실이 더욱더 전면에 나오게 되었다. 노동자들은 자신의 노동력을 매일 일정한 금액으로 자본가에게 판매한다. 노동자는 몇 시간의 노동으로 이 금액에 해당하는 가치를 재생산한다. 그러나 노동 계약에 의하면, 노동자는 노동일을 채우기 위해서 아직 여러 시간 더 계속 고생하지 않으면 안 되게 되어 있다. 그가 이 추가 잉여 노동 시간에 생산하는 가치가 잉여 가치인데, 이 잉여 가치는 자본가가 아무런 비용도 들이지 않은 것임에도 불구하고 자본가의 호주머니에 들어간다. 이것이, 문명 사회를 한편으로는 모든 생산 및 생계 수단의 전유자인 소수의 로트쉴트와 반더빌트로 다른 한편으로는 자신의 노동력 외에는 아무것도 가지고 있지 않은 방대한 임금 노동자들로 더욱더 분열시키는 제도의 기초이다. 그리고 이러한 결과가 이러저러한 부차적인 폐해에 기인하는 것이 아니라 오로지 제도 그 자체에 기인하고 있다는 것——이 사실은 오늘날 영국에서의 자본주의의 발전에 의하여 명백하게 입증되고 있다.

　　나아가, 반복되는 콜레라, 티푸스, 천연두 기타 전염병으로 인한 재앙은 영국 부르주아에게, 자신이 만일 가족과 함께 이러한 질병의 희생자가 되지 않으려면 자신의 도시를 위생적으로 만드는 것이 절실히 필요하다는

것을 가르쳐 주었다. 따라서 이 책에 서술되어 있는 극심한 폐해는, 오늘날
은 제거되었거나 혹은 거의 눈에 뜨이지 않는다. 하수도가 설치되었거나 개
선되었으며 '빈민가' 중에서도 가장 극심한 여러 곳을 뚫고 넓은 도로가 열
렸다. '소아일랜드'는 없어지고 그 다음으로 '세븐다이얼스'[193]가 없어질 차
례가 되었다. 그러나 이것이 무슨 의의가 있는가? 1844년에는 내가 아직   5
거의 목가적인 곳이라고 서술할 수 있었던 지역 전체가, 지금은 도시의 성
장과 함께 빈민가와 똑같이 황폐화되고 거주할 수 없는 빈곤한 상태에 빠
져 버렸다. 물론 돼지와 쓰레기 더미는 더 이상은 참을 수 없는 것으로 되
고 있다. 부르주아지는 노동자 계급의 불행을 은폐하는 기술에 있어서 일층
더 발전하였다. 그러나 노동자들의 주택에 관해서는 아무런 본질적인 진보   10
도 없었다는 것은, 1885년의 「빈민의 주택에 관하여」라는 왕실 위원회의
보고서가 충분히 증명하고 있다. 다른 모든 점에서도 마찬가지이다. 경찰
법규가 나무 딸기 열매처럼 주렁주렁 열렸다 ; 그러나 그것들은 노동자들의
빈곤에 울타리를 칠 뿐 그것을 제거할 수는 없다.

　　그러나 영국은 성장해서 지금은 내가 서술한 바와 같은 자본주의적 착   15
취의 청년기를 벗어났는데, 다른 나라들은 이제 겨우 거기에 도달하였다.
프랑스, 독일 그리고 어느 나라보다도 아메리카는 내가 1844년에 예견한
바와 같이 위협적인 적수로서 영국의 공업의 독점을 깨뜨리고 있다. 이들의
공업은 영국에 비하면 아직 어리다. 그러나 이들의 공업은 영국보다 훨씬
더 빠른 속도로 성장하고 있으며, 오늘날은 1844년의 영국 공업과 거의 같   20
은 발전 단계에 도달하였다. 아메리카에 대해서는 이 대비는 특히 두드러진
다. 물론 아메리카 노동자 계급의 외적 환경은 매우 다르다. 그러나 동일한
경제 법칙이 작용하고 있으며, 그 결과는 모든 점에서 똑같지는 않더라도
동일한 질서 속에 놓이지 않을 수 없다. 따라서 우리는 미국에서도 노동일
을 법적으로 단축하기 위한, 특히 공장에서 일하는 여성과 아동을 위한 동   25
일한 투쟁을 보게 된다 ; 현물 임금제가 성행하고 있고 농촌 지방에서는 독
채 제도[194]가 '보스들 bosses' 즉 자본가와 그 대리인들에 의하여 노동자들
을 지배하는 수단으로 이용되고 있는 것을 보게 된다. 1886년에 펜실바니
아의 코네스빌 지방 광부들의 대파업에 관한 보도를 미국 신문에서 접했을

때, 나는 1844년의 잉글랜드 북부의 갱부 동맹 파업에 관한 나의 기술을 읽는 것 같은 느낌을 받았다. 부정한 도량을 통한 노동자들에 대한 동일한 사기; 동일한 현물 임금 제도; 자본가들의 최후의 파괴 수단을 통해 광부들의 저항을 분쇄하려는 다음과 같은 동일한 시도: 광산 회사 소유의 노동자 주택에서 노동자들을 추방하는 것.

나는 여기에서도 영어 판에서도 이 책을 오늘날의 사태에 맞추려고 즉, 1844년 후에 일어난 변화를 일일이 열거하려고는 하지 않았다. 거기에는 두 가지 이유가 있다. 첫째로 그렇게 하자면 이 책의 두께를 두 배로 늘이지 않으면 안 되었을 것이다. 그리고 둘째로 맑스의 『자본』 제1권이, 1865년 경의 시기 즉 영국의 공업 번영이 그 절정에 달한 시기의 영국 노동자 계급의 처지를 상세히 서술하고 있다. 따라서 나는 맑스가 말한 것을 되풀이하지 않으면 안 되었을 것이다.

이 책의 일반적인 이론적 관점──철학적, 경제학적, 정치적 면에서──이 오늘날의 나의 관점과 결코 완전히 일치하지 않는다는 것은 아마 말할 필요가 없을 것이다. 1844년에는 현대적인 국제 사회주의는 아직 없었으며 그것은 그 후 무엇보다도 먼저 또 거의 전적으로 맑스의 업적에 의하여 과학으로 완성되었다. 나의 책은 이 현대적인 국제 사회주의의 맹아적 발전 단계의 하나를 대표할 따름이다. 그런데 인간의 태아가 그 발전의 가장 초기 단계에서는 우리의 선조인 어류의 활 모양의 아가미를 아직 재현하고 있는 것과 마찬가지로, 이 책에서도 도처에서 현대 사회주의가 그 선조의 하나──독일 고전 철학──에서 나왔다는 혈통의 흔적을 보이고 있다. 따라서 가장 큰 강조점은,──특히 그 마지막 부분에서──공산주의란 다만 노동자 계급의 당파적인 교리가 아니라 자본가를 포함한 전 사회를 지금의 협애한 관계로부터 해방하는 것을 종국적 목적으로 하는 이론이라는 주장에 있다. 추상적인 의미에서는 이 주장이 옳다. 그러나 실천적으로는 그것은 대체로 무익한 것이며 유해하기까지 하다. 유산 계급이 해방의 필요를 조금도 느끼지 않을 뿐만 아니라 노동자 계급의 자기 해방을 극력 반대하기까지 하는 한, 노동자 계급은 혼자서 사회 변혁을 준비하고 또 수행하지 않으면 안 될 것이다. 1789년의 프랑스 부르주아도 역시 부르주아

지의 해방을 전 인류의 해방이라고 선언하였다 ; 귀족과 성직자는 이를 인
식하려 하지 않았다 ; 이 주장은 ── 봉건 제도를 염두에 두는 한 그 당시에
는 명백한 추상적인 역사적 진리이긴 하였으나 ── 곧 순전히 감상적인 공
문구로 변질하여 혁명 투쟁의 불길 속에서 완전히 사라져 버리고 말았다.
오늘날에도 중립이라는 자신들의 우월한 관점으로부터 모든 계급 대립과   5
계급 투쟁을 초월한 사회주의를 노동자들에게 설교하는 사람들이 적지 않
게 있다. 그러나 이들은 아직 많이 배우지 않으면 안 될 풋내기거나 그렇지
않으면 노동자들의 최악의 적, 양의 탈을 쓴 늑대이다.

　　본문에서는 대공업 공황의 주기가 5 년으로 서술되어 있다. 이것은
1825년부터 1842년까지의 사건들의 경과를 통해 겉으로 나타난 시간을 산   10
정한 것이다. 그러나 1842년부터 1868년까지의 공업의 역사는, 실제 기간은
10 년이라는 것, 중간 공황은 부차적이고 1842년부터는 점차 소멸하고 있
다는 것을 증명하고 있다. 1868년부터는 사태가 또다시 변하였다 ; 이에 관
해서는 추후에 언급하기로 한다.

　　나는 많은 예언, 특히 당시 청춘의 열정이 나에게 불어 넣었던 영국에   15
서의 임박한 사회 혁명에 관한 예언을 본문에서 삭제하려고 생각하지 않았
다. 나에게는 나의 노작이나 나 자신을, 당시의 상태보다 더 훌륭하게 묘사
하려는 생각은 조금도 없다. 놀라운 것은, 이 예언 중 실로 많은 것이 빗나
갔다는 사실이 아니라 그 중 실로 많은 것이 맞아 떨어졌다는 사실이며 또
대륙과의 특히 아메리카와의 경쟁의 결과로 영국 공업의 위기 상태── 물론   20
당시 나는 이것을 너무 가까운 장래의 일로 예언하였다── 가 그 후 실제로
닥쳐 왔다는 사실이다. 이 점에 대해서는 이 책을 현재의 상태와 일치시킬
의무가 나에게 있다. 이를 위하여 나는 여기에다 논문 하나를 전재하려 한
다. 그 논문은 런던에서 1885년 3월 1일에 『공공 복지』에 영어로 게재되었
고 동년 6월에 『신시대』(제6호)에 독어로 게재된 것이다.   25

　　"사십년 전에 영국은 아무리 보아도 폭력적으로 해결될 수 밖에 없는
위기에 직면하고 있었다. 공업의 거대하고도 급속한 발전은 해외 시장의 확
대와 수요의 증대를 훨씬 능가하고 있었다. 십 년마다 생산 과정은 전반적
인 상업 공황에 의하여 폭력적으로 중단되었으며, 이 공황에 이어 오랜 기

간의 만성적인 침체가 있은 후 단기간의 번영이 뒤따라 왔으며 이 번영은
또 번번히 열병과 같은 과잉 생산으로 그리고 마침내 새로운 파산으로 끝
났다. 자본가 계급은 곡물의 자유 무역을 소리 높이 요구하고 굶주린 도시
주민을 그들의 고향인 농촌 지방으로 돌려 보냄으로써 그것을 강요하려 들

5 었다 ; 그런데 이것은 존 브라이트가 다음과 같이 말한 그대로였다 : '빵을
구걸하는 빈민으로서가 아니라 적진에 배치되는 군대로서.'[195] 도시의 노동
자 대중은 정권에서의 자신의 몫——인민 헌장——을 요구하였다 ; 그들은
다수의 소부르주아지의 지지를 받았다. 그리고 이 둘 사이의 유일한 차이는
헌장을 폭력적으로 관철할 것인가 합법적으로 관철할 것인가 하는 데 있었

10 다. 그러는 동안에 1847년의 상업 공황과 아일랜드의 기근이 닥쳐 왔으며
그와 함께 혁명의 전망도 닥쳐왔다.

　　1848년의 프랑스 혁명은 영국 부르주아지를 구원하였다. 승리한 프랑
스 노동자들의 사회주의적 구호는 영국 소부르주아지 층을 놀라게 하였으
며 보다 좁은 범위 내이긴 하지만 직접적으로 보다 실천적인 경계 내에 있

15 던 영국 노동자들의 운동을 와해시켰다. 차티즘은 그 전 역량을 발휘하여야
할 바로 그 순간에 자신의 내부로부터 붕괴되었는데, 그것은 1848년 4월 10
일[196]에 외부적으로 붕괴되기 전의 일이었다. 노동자 계급의 정치 활동은
뒷전으로 밀려났다. 자본가 계급은 전선 전체에 걸쳐 승리를 거두었다.

　　1831년의 의회 개혁[197]은 토지 소유 귀족에 대한 자본가 계급 전체의

20 승리였다. 곡물 관세의 폐지는 대토지 소유뿐만 아니라 자본가들 중 그 이
해 관계가 많으나 적으나 토지 소유의 이해 관계와 일치하거나 또는 밀접
히 연결되어 있는 다음의 분자들에 대한 **공업** 자본가들의 승리였다 : 은행업
자, 증권 중개업자, 금리 생활자 등등. 자유 무역은 영국의 대내외적인 재정
및 상업 정책 전체를 이제 국민을 대표하게 된 계급인 공업 자본가들의 이

25 해 관계에 일치하도록 변혁하는 것을 의미하였다. 그리고 이 계급은 열심히
이 일에 달라붙었다. 공업 생산에 대한 모든 장애는 무자비하게 제거되었
다. 관세율과 세금 제도 전체가 변혁되었다. 모든 것이 하나의 유일한 목적,
그러나 공업 자본가들에게는 가장 중요한 목적에 종속되었다 : 모든 원료와
특히 노동자 계급의 모든 생활 수단을 저렴하게 하는 것 ; 원료의 생산비를

줄이고 임금을 더 인하하지는 않더라도 억제하는 것. 영국은 '세계의 작업
장'이 되어야 했다 ; 아일랜드가 이미 그러했듯이 다른 모든 나라는 영국에
대해서 —— 영국의 공업 생산물의 시장, 원료 및 식료품의 구입처가 되어야
했다. 영국은 농업적인 세계의 대공업 중심으로서, 곡물과 면화를 생산하는
위성들이 부단히 그 수를 증가하면서 그 주위를 회전하는 공업의 태양이   5
되어야 한다. 이 얼마나 훌륭한 전망인가!

   공업 자본가들은 확고하고 건전한 상식을 가지고 언제나 대륙의 속물
적인 경쟁자들과 자신들을 구분지었던 전래의 원칙에 대해 경멸하면서 자
기들의 이 위대한 목적의 실현에 착수하였다. 차티즘은 사멸하고 있었다.
1847년의 파국이 완전히 지나 간 후에, 당연하고 또 거의 자명한 것이지만   10
다시 개시된 호경기는 전적으로 자유 무역 덕분이었다. 이러한 두 가지 사
정에 의하여 영국 노동자 계급은, 정치적으로 공장주들이 지도하고 있던 당
인 '대자유당'의 꼬리가 되었다. 일단 획득한 이러한 우위는 영구화할 필요
가 있었다. 차티스트들이 자유 무역이 아니라 자유 무역을 국민의 유일한
생활 문제로 전화시키려는 것을 맹렬히 반대한 데서, 공장주들은 노동자 계   15
급의 조력이 없이는 부르주아지가 국민에 대한 완전한 사회적 및 정치적
지배권을 결코 획득할 수 없다는 것을 이해하였으며 또 나날이 더욱 깊이
이해하고 있다. 따라서 두 계급의 서로에 대한 태도가 점차 변하였다. 한때
는 모든 공장주들에게 공포의 대상이었던 공장법이, 이제는 그들에 의하여
자발적으로 준수되게 되었을 뿐만 아니라 공업 전체에 어느 정도 확대되기   20
까지 하였다. 얼마 전까지만 하여도 악마의 소행이라고 비방을 받아 오던
노동 조합이 이제는 완전히 정당한 제도로서 또 건전한 경제학적 학설을
노동자들 속에 보급시키는 유익한 수단으로서 공장주들의 배려와 비호를
받게 되었다. 1848년 전에는 배척당하였던 파업까지도, 이제는 왕왕 대단히
유익한 것으로 인정받게 되었으며 공장주 신사분들이 필요한 시기에 자신   25
들이 그것을 일으켰을 때에는 특히 그러하였다. 고용주와의 평등한 권리를
노동자에게서 약탈하였던 법률 가운데서 적어도 가장 심한 것은 폐지되었
다. 그리고 한때는 그렇듯 무서운 것이었던 인민 헌장이 이제는 실제로, 최
근까지 그것을 반대하여 온 바로 그 공장주들의 정치 강령이 되었다. 법에

의해 재산 평가에 의한 피선거권 자격 제한이 폐지되고 비밀 투표가 실시되었다. 1867년과 1884년의 의회 개혁[198]은 이미 보통 선거권, 적어도 현재 독일에서 실시되고 있는 바와 같은 형태의 보통 선거권에 매우 접근하고 있다 ; 지금 의회에서 심의되고 있는 선거구에 관한 법안은 평등 선거구를 만들고 있는데, 이것은 대체로 프랑스나 독일의 그것에 못지않게 평등한 것이다.
5   의원 유급제와 매년 선출되는 의회는 아닐지라도 임기의 단축은 가까운 장래에 틀림없이 달성될 것으로 보인다 ; 그럼에도 불구하고 차티즘은 죽어 버렸다고 말하는 사람들이 있다.

1848년의 혁명은 그 이전의 많은 혁명과 마찬가지로 기이한 운명을 가지고 있었다. 칼 맑스가 늘 말하던 것과 같이, 그것을 진압한 바로 그 사람
10   들이 그 유언 집행자가 되었다.[199] 루이-나뽈레옹은 통일된 독립 이딸리아를 만들지 않을 수 없었으며, 비스마르크는 자기 식으로 독일을 변혁하고 헝가리에 일정한 독립을 돌려 주지 않을 수 없었으며, 영국 공장주들에게는 인민 헌장에 법적 효력을 부여하는 것보다 더 나은 일이 없었다.

영국에서 공업 자본가들의 이러한 지배의 결과는, 처음에는 놀랄 만한
15   것이었다. 공업은 회복되고 현대 공업의 이 발원지에서도 전대미문의 속도로 확장되었다. 1850년부터 1870년까지의 20 년 동안의 생산의 엄청난 비약이라든가 수출입, 자본가들의 수중에 축적되고 있던 부, 거대 도시에 집중된 인간 노동력 등의 압도적 숫자들에 비하면, 증기와 기계 이전의 모든 거대한 창조물들은 아무것도 아니었다. 물론 이 진보는 이전과 마찬가지로
20   10 년마다 반복되는 공황에 의하여 중단되었다. 공황은 1857년에도 있었고 1866년도 있었다 ; 그러나 이러한 후퇴는 지금은 반드시 겪지 않을 수 없는 또 결국에는 또다시 본 궤도로 돌아 가는 자연적이며 불가피한 현상으로 인정되게 되었다.

그러면 이 기간 동안 노동자 계급의 처지는 어떠하였는가? 일시적으
25   로는 광범한 대중을 위한 개선이 있었다. 그러나 이 개선은 방대한 실업 예비군이 유입되고 노동자들이 새로운 기계에 의하여 계속 구축되고 또 오늘날에는 농업 노동자들 역시 기계에 의하여 더욱더 구축되어 이주하고 있기 때문에 번번이 다시 과거의 수준으로 되돌아가곤 하였다.

　　지속적인 개량은 노동자 계급 중 보호받는 두 부류에게서만 볼 수 있
다. 그 중 첫 부류는 공장 노동자들이다. 이들을 위하여 적어도 비교적 합
리적인 표준 노동일이 법적으로 정해졌기 때문에 그들의 건강 상태는 상대
적으로 회복되었고 정신적 우월성을 가지게 되었는바, 이 정신적 우월성은
그들이 한 장소에 집결되고 있는 관계로 더욱 강화되었다. 그들의 처지는　　5
1848년 전보다는 확실히 개선되었다. 이에 대한 가장 좋은 증거는, 그들이
일으킨 파업 가운데 십중팔구는 생산을 축소하는 유일한 수단으로서 공장
주들 자신이 자기 자신의 이익을 위하여 일으켰다는 사실이다. 당신들은 공
장주들로 하여금 그들의 공장 제품이 전혀 팔리지 않는다 하더라도 결코
노동 시간을 단축하는 데 동의하게 하지는 못할 것이다. 그런데 노동자들로　　10
하여금 파업을 일으키게 하여 보라. 그러면 자본가들은 마지막 한 사람에
이르기까지 모두 자기 공장을 폐쇄할 것이다.

　　둘째는 대형 노동 조합이다. 이것은 성인 남자의 노동만이 사용되거나
또는 그러한 노동이 지배적인 노동 부문의 조직이다. 여기에서는 여성 노동
과 아동 노동의 경쟁도 기계의 경쟁도 지금까지 그 조직적 역량을 타파할　　15
수 없었다. 기계공, 목공, 소목, 건축 노동자들은 각각 그 자체로 하나의 세
력을 이루고 있으며 그리하여 건축 노동자의 경우와 같이 그들은 기계 도
입에 대해서도 성공적으로 대항할 수 있다. 그들의 처지는 1848년 이래 의
심할 바 없이 현저히 개선되었다 ; 이에 대한 가장 좋은 증거는, 지금까지
15 년 이상이나 고용주들이 그들에게 매우 만족하고 있을 뿐만 아니라 그　　20
들도 고용주들에게 매우 만족하고 있다는 사실이다. 그들은 노동자 계급 중
에서 귀족을 이루고 있다 ; 그들은 비교적 안락한 처지를 강요당할 준비가
되어 있었으며 또 이 처지를 그들은 최종적인 것으로 받아들이고 있다. 그
들은 레온 리바이 씨와 기펜(그리고 또 어리석은 루요 브렌타노) 씨의 모범
적인 노동자들이다. 그리고 그들은 사실, 특수하게는 영리한 개개의 자본가　　25
들에게 또 일반적으로는 자본가 계급에게 매우 착하고 다루기 쉬운 사람들
이다.

　　그러나 대다수의 노동자 대중에 관해 말하자면, 그들의 빈곤과 생활
불안의 정도는 과거보다 더 심하지는 않다 하더라도 지금도 과거와 마찬가

지로 심한 편이다. 런던의 이스트엔드는, 정체된 빈궁과 절망의, 실업을 당했을 때에는 굶주림의, 취업했을 때에는 육체적 타락과 도덕적 타락의 부단히 확대되어 가는 늪지대가 되고 있다. 그리고 다른 모든 대도시에서도 소수의 특권적인 노동자들을 제외하고는 사정은 같다 ; 그리고 소도시들과 농촌 지방에서도 사정은 마찬가지다. 노동력의 가치를 필요한 생활 수단의 가격에 한정하는 법칙과 노동력의 평균 가격을 일반적으로 이 생활 수단의 최소 한도로 저하시키는 법칙, 이 두 법칙은 노동자들을 차륜 사이에서 눌러 으깨는 자동 기계의 불가항력적 힘으로 그들에게 작용하고 있다.

즉 이것이 1847년 이래의 자유 무역 정책과 20 년 간의 공업 자본가들의 지배에 의하여 조성된 상태였다. 그러나 그 후에 전환이 있었다. 사실 1866년의 공황에 뒤이어 1873년 경에 경미한 단기간의 활황이 있었지만 그것은 오래 가지는 않았다. 사실 1877년이나 1878년에 있으리라고 예상되었던 완전한 공황은 없었다. 그러나 1876년 이래 공업의 모든 주요 부문은 만성적인 정체 상태에 있었다. 완전한 파국도 없고 또 파산의 전후에 우리가 당연히 믿고 있던 장기간의 호황기도 없었다. 죽은 듯한 침체, 모든 사업 부문의 모든 시장의 만성적인 범람, 이러한 것이 우리가 벌써 거의 10 년 동안이나 경험하고 있는 상태이다. 그러면 이 원인은 무엇인가?

자유 무역 이론은 다음과 같은 가정에 기초하고 있다 : 영국이 농업적 세계의 유일한 대공업 중심이 되어야 한다. 그런데 이 가정이 완전히 그릇된 것임을 사실들은 밝혀 주었다. 현대 공업의 조건인 증기력과 기계는 연료 특히 석탄이 있는 곳에서는 어디서나 만들 수 있다. 그런데 석탄은 영국에만 있는 것이 아니라 다른 나라들에도 있다 : 프랑스, 벨기에, 독일, 미국, 심지어 러시아에도. 그리고 바다 건너에 있는 사람들은 단지 영국 자본가들의 큰 명예와 부를 위하여 아일랜드의 굶주린 차지인이 되는 것이 자신들에게 이익이 된다고는 생각하지 않았다. 그들은 자기 자신을 위해서 뿐만 아니라 나머지 세계를 위해서도 제조하기 시작하였다. 그 결과 영국이 거의 한 세기 동안이나 향유하여 온 공업 독점은 이제는 돌이킬 수 없을 만큼 파괴되고 말았다.

그런데 영국의 공업 독점은 영국의 현존 사회 제도의 초석이다. 이 독점이 계속되고 있던 기간에도 시장은 영국 공업의 증대하는 생산성과 보조를 맞추지 못하였다 ; 그 결과 10 년마다 공황이 있었다. 그런데 지금은 새로운 시장이 날로 드물어지고 있으며 그리하여 맨체스터의 면직물, 스탠포드셔의 도기, 버밍엄의 금속 제품 등으로 가득찬 문명이 콩고 강변의 흑인들에게까지 강요되고 있다. 만약 대륙의 상품 특히 미국의 상품이 부단히　5
그 양을 증대하면서 유입된다면, 만약 세계에 대한 상품 공급에 있어서 지금도 영국의 공장들이 차지하고 있는 부당한 몫이 해마다 줄어든다면, 그 결과는 어떻게 될 것인가? 그대 만병 통치약인 자유 무역이여, 대답하여 보라!

　이것을 지적하는 것은 내가 처음이 아니다. 이미 1883년에 사우스포트　10
에서 있은 영국 협회의 회의에서 경제 분과 부장 잉글리스 팰그래브 씨는 다음과 같이 솔직하게 언명하였다.

　'영국이 큰 사업 이윤을 얻던 시대는 끝났으며 각종 대공업 부문의 발전은 정지 상태에 들어 갔다. 영국은 더 이상 진보할 수 없는 상태로 넘어가고 있다고까지 말할 수 있다.'[200]　15

　그런데 이 모든 것의 결말은 무엇이겠는가? 자본주의적 생산은 한 자리에 머물러 있을 수 없으며 그것은 성장하고 확대되지 않으면 안 된다. 그렇지 않으면 그것은 사멸하지 않을 수 없다. 지금도 세계 시장에 대한 상품 공급에 있어서 영국이 차지하고 있는 부당한 몫이 단순히 줄어들었다는 사실은, 이미 지금 정체와 빈곤 그리고 한편으로는 자본의 과잉, 다른 한편으　20
로는 실업 노동자의 과잉이 있다는 것을 의미한다. 그러면 해마다의 생산 성장이 아주 정지된다면 어떻게 될 것인가? 바로 여기에 자본주의적 생산의 급소인 아킬레스건이 있다. 자본주의적 생산의 생활 조건은 부단한 확대를 필요로 하는데, 이 부단한 확대가 이제는 불가능해지고 있다. 자본주의적 생산은 막다른 골목에 다다르고 있다. 매년 영국은 다음과 같은 문제에　25
직면하고 있다 : 국민이 산산조각날 것인가 그렇지 않으면 자본주의적 생산이 산산조각날 것인가. 둘 가운데 어느 것이 멸망의 운명을 지니고 있는가?

　그러면 노동자 계급은? 심지어 1848년부터 1868년까지 상업과 공업이

전례없이 확대되었음에도 그들은 그러한 빈곤을 겪지 않을 수 없었다. 심지어 그 당시 그들의 광범한 대중은 기껏해서 그 처지가 일시적으로 개선되었을 뿐임에도 얼마 안 되는 특권을 가진 보호받는 소수만이 지속적인 이익을 얻었다. 그렇다면 이 눈부신 시기가 마침내 끝났을 때, 현재의 답답한 정체 상태가 더 악화될 뿐만 아니라 이 악화된 치명적인 부진 상태가 영국 공업의 지속적이고 정상적인 상태로 될 때에는 과연 어떻게 될 것인가?

진리는 이렇다 : 영국의 공업 독점이 지속되는 한 영국 노동자 계급은 어느 정도 이 독점의 이익에 참여하였다. 이 이익도 노동자들 사이에 극히 불균등하게 분배되었다 ; 그 대부분은 특권을 가진 소수가 차지하였다. 그러나 광범한 대중도 때때로나마 일시적으로 한 몫을 얻곤 하였다. 바로 이것이 오언주의의 몰락 이후 영국에 사회주의가 존재하지 않는 이유이다. 독점이 무너지면 영국 노동자 계급은 그 특권적 지위를 상실할 것이다. 그들 전체가 —— 특권적이며 지도적인 소수들도 포함하여 —— 다른 나라의 노동자들과 같은 수준에 처하게 될 날이 닥쳐올 것이다. 그리고 이 때문에 사회주의가 영국에 다시 나타날 것이다."

여기까지가 1885년의 논문이다. 1892년 1월 11일에 쓴 영어 판 서문에서 나는 다음과 같이 계속하였다 :

"1885년에 내가 본 사태에 대한 이 서술에 나는 거의 첨가할 것이 없다. 오늘날 '실제로 사회주의가 영국에 다시 나타났다' ; 그리고 그것은 대량으로 나타났다 : 각종 색채의 사회주의, 의식적인 사회주의와 무의식적인 사회주의, 산문적인 사회주의와 시적 사회주의, 노동자 계급의 사회주의와 부르주아지의 사회주의. 이러한 사실은 말할 필요도 없다. 왜냐하면 실로 이 무섭기 짝이 없는 사회주의가 존경할 만한 것으로 되었을 뿐만 아니라 벌써 사교계의 옷을 입고 응접실 의자에 다리를 쭉 펴고 앉아 있기 때문이다. 이것은 상류 사회의 다음과 같은 저 무시무시한 전제 군주의 구제 불가능한 변덕을 다시 한번 증명하고 있다 : 부르주아지의 여론. 그리고 이것은 지난 세대의 우리 사회주의자들이 그 여론에 대해서 언제나 품고 있던 경멸이 정당하였다는 것을 다시 한번 증명하고 있다. 그러나 우리가 이 새로운 징조에 대해서 불만을 표시할 이유는 전혀 없다.

그러나 내가, 부르주아 집단들 사이에서 물을 타서 멀겋게 만든 사회
주의를 자랑거리로 삼는 이러한 일시적인 유행보다 훨씬 더 중요하다고 생
각하며 일반적으로 영국에서 사회주의가 달성한 진보보다 더 중요하다고까
지 생각하는 것은, 런던의 이스트엔드가 부활하였다는 사실이다. 이 끝없는
빈곤의 소굴은 더 이상 6 년 전과 같은 물이 고인 웅덩이가 아니다. 이스트   5
엔드는 그 마비된 절망 상태를 일소하였다 ; 이스트엔드는 소생하여 '신조합
주의'의 고향이, 즉 광범한 '무학無學' 노동자 대중의 조직의 고향이 되었
다. 이 조직은 많은 점에서 숙련 노동자들의 낡은 조합의 형식을 취할 수도
있다 ; 그렇다 하더라도 그것은 본질적으로 다른 성격을 가지고 있다. 낡은
조합은 그것이 창립되었을 때의 전통을 유지하고 있다 ; 낡은 조합은 임금   10
제도를 기껏해서 조합원들의 이익을 위하여 약간 완화할 수 있는 영원히
주어진 최종적인 사실로 간주한다. 이와는 반대로 새로운 조합은 임금 제도
의 영원성에 대한 신앙이 이미 심하게 동요하던 때에 창립되었다. 그 창립
자와 후원자들은 의식적인 사회주의자가 아니면 감정에서 우러나온 사회주
의자였다 ; 새로운 조합에 망라되고 그 힘을 이루고 있는 대중은 노동자 계   15
급의 귀족들에게서 멸시 받던 험하고 무시되던 사람들이었다. 그러나 그들
은 다음과 같은 헤아릴 수 없는 이점을 가지고 있다 : 그들의 마음은 아직 처
녀지 와도 같아서 비교적 안락한 '낡은' 조합주의자들의 두뇌를 혼란시키고
있는 이전의 '존경할 만한' 부르주아적 편견으로부터 완전히 자유로웠다. 따
라서 이제 우리는, 이 새로운 조합이 전체 노동자 운동의 지도권을 틀어 쥐   20
고 부유하고 거만한 '낡은' 조합을 점점 더 끌고 가는 것을 본다.

　　이스트엔드의 사람들이 큰 과오를 범했다는 것은 의심할 바 없는 사실
이다 ; 그러나 그들의 선배들 또한 그러하였고 오늘날도 여전히 그들을 경
멸하고 있는 공론적 사회주의자들 또한 그러하다. 위대한 계급도 위대한 국
민과 마찬가지로 자기 자신의 오류의 결과를 통해 배우는 것보다 더 빨리   25
배우지는 못한다. 그리고 과거, 현재, 미래의 가능한 모든 실책에도 불구하
고, 런던의 이스트엔드의 각성은 현 세기 말 fin de siecle 의 가장 위대하고
가장 성과 있는 사건의 하나이다. 나는 살아서 이것을 보게 된 것을 기뻐하
며 자랑으로 생각한다."

내가 육 개월 전에 앞의 글을 쓴 때부터, 영국의 노동자 운동은 다시 큰 전진을 하였다. 수일 전에 끝난 의회 선거는, 두 관변 정당인 보수당과 자유당에게 이제부터는 제3의 당 즉 노동자당이 있다는 것을 고려에 넣지 않으면 안 된다는 것을 정식으로 통고하였다. 이 노동자당은 지금 막 생겨
5 났다 ; 그 성원들은 아직 전래의 각종 편견——부르주아적, 낡은 조합주의적 그리고 심지어는 공론적 사회주의의 편견——을 일소하는 데 매달리고 있는데, 이는 마침내 그들이 그들 전체의 공통된 지반 위에 결집할 수 있기 위해서이다. 그럼에도 불구하고 그들을 단결시키고 있는 본능은 이미 대단히 강하며 그렇기 때문에 영국에서 전대미문의 선거 결과를 가져 왔다. 런
10 던에서는 두 사람의 노동자[201], 그것도 공공연하게 사회주의자라고 언명하는 사람이 선거에 나섰다 ; 자유당은 이들에 대항하여 자신의 후보자를 한 사람도 감히 내세우지 못하였다. 그리고 두 사회주의자는 의외의 압도적인 다수표로 당선되었다. 미들즈브러에서는 노동자 후보[202]가 자유당원과 보수당원에 대항하여 입후보하였는데 그는 이 두 사람을 물리치고 당선되었
15 다 ; 이와는 반대로 자유당원들과 동맹을 맺은 초면의 노동자 후보들은 단 한 사람을 제외하고 모두 무참하게 낙선하였다. 이제까지의 이른바 노동자 대표들 즉 노동자의 속성을 자신들의 자유주의 대양 속에 기꺼이 익사시키려 하였기 때문에 자신들의 노동자의 속성을 용서받은 자들 중에서, 낡은 조합주의의 가장 주요한 대표인 헨리 브로드허스트는 8 시간 노동일을
20 반대한다고 언명하였기 때문에 보기 좋게 낙선하였다. 글래스고우의 두 선거구와 솔포드의 한 선거구와 기타 많은 다른 선거구에서도 독자적인 노동자 후보들이 낡은 두 당의 후보들에 대항하여 출마하였다 ; 그들은 패배하였으나 자유당의 입후보자들도 패배하였다. 요컨대 대도시와 공업 지역의 많은 선거구에서 노동자들은 낡은 두 당과의 온갖 연계를 결정적으로 끊었
25 으며 그리하여 일찍이 어떠한 선거에서도 거두지 못한 그러한 직접적 혹은 간접적인 성과를 거두었다. 그리고 이에 대한 노동자들 사이에서의 기쁨은 형언할 수 없다. 그들은 자신의 선거권을 자신의 계급의 이익을 위하여 이용한다면 자신들은 무엇을 할 수 있는가 하는 것을 처음으로 보고 또 느꼈다. 거의 40 년 동안이나 영국 노동자들을 지배하고 있던 '대자유당'에 대한

미신은 깨어졌다. 그들은, 원하기만 한다면 또 무엇을 원하는가를 알기만 한다면 자신들 노동자들이야 말로 영국에서 결정적 힘이라는 것을 적절한 예를 통해 이해하게 되었다；그리고 1892년의 선거는 자각과 소망의 시작이었다. 그 나머지 일은 대륙의 노동자 운동이 돌보아 줄 것이다；의회와 지방 의회들에 이미 많은 대표를 가지고 있는 독일인과 프랑스 인은 더 많은 성과를 가지고 영국인들의 경쟁심을 십분 조장할 것이다. 그리고 이제 멀지 않은 장래에 새 의회가 글래드스턴 씨를 상대로 하여서는 아무것도 할 수 없으며 글래드스톤 씨도 새 의회를 상대로 하여서는 아무것도 할 수 없다는 것이 명백하게 될 때, 그때에는 영국 노동자 당도 충분히 조직적으로 되어, 교대로 정권을 잡으며 바로 이를 통해 부르주아의 지배를 영구화하고 있는 낡은 두 당의 시소 게임을 즉시 끝장낼 것이다.

1892년 7월 21일, 런던　　　　　　　　　　　　　　　　　F. 엥겔스

출전 : 프리드리히 엥겔스,　　　　　　　　　　　맑스·엥겔스 저작집,
『잉글랜드 노동 계급의 처지.　　　　　　　　　제22권, 316-330면.
저자 자신의 관찰과 확실한 출전들에 의거하여』.
수정 제2판, 슈투트가르트, 1892년.

　　　　　　　　　　　　　　　　　　　　　　이수흔 번역

프리드리히 엥겔스

[국제 사회주의 학생 대회에[203]]

1893년 12월 19일, 런던

친애하는 시민 여러분,

사회주의 학생 대회에 초대해 주신 것에 감사드립니다. 그런데 그 초대에 응할 수 없다는 점이 심히 유감스럽습니다. 왜냐하면 저는 절박하고 중요한 일이 있어 참가할 수 없기 때문입니다. 따라서 나는 여러분들의 대회에 상응하는 성과가 있기를 염원하는 것으로 만족할 수밖에 없을 것 같습니다. 여러분들의 노력이 성공해서, 학생들이 의식을 갖게 되고 그 대오로부터 지적인 프롤레타리아트가 배출되기를 바랍니다. 그러한 지적인 프롤레타리아트는, 그들의 형제인 수공업 노동자의 편에 서서 그리고 그들 한가운데에서 다가 올 혁명에서 중요한 역할을 하게 될 것입니다.

과거의 부르주아 혁명은 대학들에 정치가의 최상의 자원으로 변호사들만을 요구했습니다; 노동자 계급의 해방은 그 외에도 의사, 기술자, 화학자, 농학자 및 다른 전문가들을 필요로 합니다; 왜냐하면 정치 기구의 지도뿐만 아니라 사회적 생산 전체에 대한 지도를 떠맡는 것이 중요하기 때문입니다. 그리고 그때에는 과장된 말 대신에 견실한 지식이 필요로 하기 때문입니다.

형제로서의 경의를 보냅니다.

F. 엥겔스

출전 : 『사회주의 학생』,
8호, 1894년 3월 25일부터 4월 10일까지

맑스 · 엥겔스 저작집,
제22권, 415면.

원문은 프랑스 어이나 독일어로부터 번역.

박기순 번역

프리드리히 엥겔스

[장래의 이딸리아 혁명과

사회주의당^[204]]

이딸리아의 정세는 나의 견해로는 다음과 같습니다 :

5 민족 해방 투쟁 시기에 그리고 그 후에 권력을 잡은 부르주아지는, 자신의 승리를 완성할 수도 없었고 또 그렇게 하려는 의사도 없었습니다. 부르주아지는 봉건의 유물을 없애지도 않았고 현대 부르주아 사회를 본보기로 하여 국민 생산을 재조직하지도 않았습니다. 그들은 자신의 나라에 자본주의 제도의 상대적이고 일시적인 이익을 가져다 주지 못하고 도리어 이

10 제도의 온갖 부담과 폐해를 들씌워 놓았습니다. 이것으로 그치는 것이 아닙니다. 이들은 비열한 재정 사건에 도박을 걸어 마지막 남은 존경과 신뢰마저 잃고 말았습니다.

따라서 근로 인민 —— 농민, 수공업자, 농업 노동자 및 공업 노동자 —— 은 격심한 억압 하에, 즉 한편으로는 시대에 뒤떨어진 봉건 시대의 폐

15 해와 유산뿐만 아니라 심지어는 고대의 폐해와 유산(반半소작제 mezzad-ria ; 가축이 인간을 구축하는 남부의 라티푼디움)에 기인하고, 다른 한편으로는 부르주아 제도가 일찍이 고안해 낸 약탈적인 조세 제도에 기인하는 억압 하에 놓여 있습니다. 여기에서 우리는 맑스의 다음과 같은 글을 인용

할 수 있습니다 : "서유럽 대륙의 다른 모든 나라들과 마찬가지로 자본주의
적 생산의 발전뿐만 아니라 그 발전의 결핍 또한" 우리를 "괴롭히고 있다
……현대의 궁핍 외에 과거로부터 내려오는 수많은 궁핍이 우리를 억누르
고 있는데, 이 궁핍은 시대에 뒤떨어진 구래의 생산 방식이 시대에 역행하
는 사회적, 정치적 관계들을 수반하면서 지속해서 성장하는 데서 연유하는　5
것이다. 우리는 살아 있는 것에 의해서 뿐만 아니라 죽은 것에 의해서도 고
통을 받고 있다. 죽은 자가 산 자를 붙잡고 있다 Le mort saisit le vif."[205]
　　이러한 사태는 위기로 치닫고 있습니다. 곳곳에서 생산 대중이 들끓고
있습니다 ; 여기저기에서 그들은 봉기를 일으키고 있습니다. 이 위기가 우리
를 어디로 이끌고 가겠습니까?　10
　　당장에 사회주의의 직접적인 승리를 기대하기에는 사회주의당이 너무
젊고, 경제적 조건상 너무 연약하다는 것은 분명합니다. 이 나라에서는 농
촌 인구가 도시 인구보다 훨씬 많습니다 ; 도시에는 대공업이 미약하게 발
전되어 있고, 그 때문에 **전형적인** 프롤레타리아트는 매우 적습니다 ; 대다수
가 수공업자, 소상인, 그리고 소시민층과 프롤레타리아트 사이에서 동요하　15
는 계급성을 잃은 대중들입니다. 중세의 중소 시민층은 몰락하고 해체되고
있는데, 이들의 대부분은 미래의 프롤레타리아이지만 지금은 아직 아닙니
다. 날이 갈수록 경제적 파탄에 직면하게 되고, 지금 절망으로 치닫고 있는
이 계급만이 혁명 운동의 많은 전사들과 지도자를 공급할 수 있습니다. 농
민들은 그들을 지지할 것입니다. 농민들은 지역적 분산성과 문맹으로 인하　20.
여 효과적인 창의를 발휘할 수 없지만, 그럼에도 불구하고 그들은 필요 불
가결한 강력한 동맹군이 될 것입니다.
　　다소 평화적으로 승리를 획득한 경우에는, 단순한 내각의 교체만 있을
뿐이고 까발로티와 그 일파의 '개종한' 공화주의자[206]들이 방향타를 쥐게
될 것입니다 ; 혁명이 일어날 경우에는 부르주아 공화국이 출현할 것입니다.　25
　　이와 같은 가능성들에 직면하여 사회주의당은 어떤 역할을 해야 하겠
습니까?
　　1848년 이래 사회주의자들에게 가장 많이 성공을 가져다 주었던 전술
은 『공산주의당 선언』의 다음과 같은 전술입니다 : 사회주의자들은 "프롤레

타리아트와 부르주아지 사이의 투쟁이 경과하는 다양한 발전 단계들에 있어서 항상 운동 전체의 이해를" 대변한다. "……그들은 노동자 계급이 직접 당면한 목적들과 이익들의 달성을 위해 투쟁하지만, 동시에 현재의 운동 속에서 운동의 미래를 대변한다."[207] ── 따라서 그들은 이 두 계급의 모든

5 발전 국면들에 적극적으로 참가하며, 또 이 국면들은 다음과 같은 위대한 최고의 목표에 이르는 많은 단계들에 지나지 않는다는 것을 한시도 잊지 않습니다 : 사회 변혁을 위한 수단으로서의 프롤레타리아트에 의한 정치 권력의 획득. 그들은, 노동자 계급에게 이익이 된다면 어떠한 직접적인 성과라도 성취하기 위하여 싸우는 전사들의 대열 속에 있습니다 ; 그들은 이 모

10 든 정치적 혹은 사회적 성과를 단지 **분할 지불**로서 받아들입니다. 그러므로 그들은 모든 혁명적 운동 혹은 진보적인 운동을 자신의 도정에서의 일보 전진으로 간주합니다. 그리고 그들은, 다른 혁명적 당들의 전진을 추동하며, 만일 그 당들 가운데 어떤 당이 승리할 경우에는 프롤레타리아트의 이익을 수호할 특수한 임무를 지니고 있습니다. 위대한 목표를 잊지 않는 이 전술

15 은, 한갓 한 단계에 불과한 것을 전진의 최종 목표로 간주하는 앞을 내다보지 못하는 다른 당들 ── 순수 공화주의자건 감상적 사회주의자건 ── 이 불가항력적으로 굴복할 수밖에 없는 환멸로부터 사회주의자들을 보호해 줍니다.

　　　　이것을 이딸리아에 적용시켜 봅시다.

20 　　　해체되고 있는 소부르주아와 농민의 승리는 아마도 '개종한' 공화주의자 내각을 등장시킬 것입니다. 이것은 우리에게 보통 선거권과 현저하게 확대된 운동의 자유(언론, 집회, 결사의 자유와 경찰 감시 ammonizone 의 폐지 등등)를 창출할 것입니다 ── 이것들은 경시해서는 안 될 새로운 무기들입니다.

25 　　　아니면 이 승리는 위와 동일한 사람들과 일부 마찌니주의자들로 이루어진 부르주아 공화국을 확립하게 될 것입니다. 이것은 잠시 동안이지만 우리의 자유와 우리의 활동 영역을 훨씬 더 넓혀 줄 것입니다. 그리고 맑스가 말한 바와 같이 부르주아 공화국은 프롤레타리아트와 부르주아지 사이의 투쟁이 그 해결책을 발견할 수 있는 유일한 정치 형태입니다.[208] 그것이 유

럽에 일으키게 될 반작용에 대해서는 두말할 필요도 없습니다.

따라서 지금의 혁명 운동의 승리는, 우리를 더욱 강력하게 할 것이며 우리에게 유리한 **환경**ambiente 을 창출할 것입니다. 우리가 회피하거나 '유사한affini' 당들에 대한 우리의 태도를 아주 소극적인 비판에 한정시킨다면, 우리는 최대의 오류를 범하게 될 것입니다. 우리가 그들과 적극적으로   5
협력해야만 하는 시기가 닥쳐 올 것입니다. 그리고 그 시기가 언제 오게 될지 누가 알겠습니까?

정확하게 우리가 대표하는 계급의 운동이 아닌 운동을 직접적으로 준비하는 것은, 우리의 일이 아닌 것은 자명합니다. 급진주의자들과 공화주의자들이 거리로 나갈 시기가 온 것 같다고 생각한다면, 그들의 격렬함을 마   10
음껏 토해내도록 둡시다. 우리에 관해서 말하자면, 우리는 이 신사분들의 위대한 약속에 자주 속았기 때문에 다시는 그런 경우에 **빠지지** 않을 것입니다. 그들의 성명도 그들의 음모도 우리를 움직일 수 없을 것입니다. 만약 우리에게 **현실**의 모든 인민 운동을 후원해야 할 의무가 있다면, 마찬가지로 우리에게는 가까스로 형성된 우리 프롤레타리아 당의 핵심이 무의미하게   15
희생되지 않도록 하고 무익한 지방 봉기에서 프롤레타리아트가 피해를 입지 않도록 해야 하는 의무도 있는 것입니다.

이와 반대로 운동이 실제로 전국적인 것이라면, 우리는 어떤 요구도 받지 않더라도 거기에 참가할 것이며, 그 운동에 우리가 참가하는 것은 자명한 일입니다. 그러나 이 경우에도, 다음의 사실들은 분명해야 하며 우리   20
는 이 사실들을 공개적으로 알려야 합니다. 우리는 **독립적인 당**으로서 참가하는 것이며, 그때 급진주의자들 및 공화주의자들과 당분간 동맹을 맺더라도 우리는 그들과 완전히 다르다는 것 ; 승리하는 경우에도 우리는 그 투쟁의 결과에 대해서 어떤 환상도 품지 않는다는 것 ; 그러한 결과는, 우리에게는 달성된 하나의 단계에 불과하며 이후의 정복을 위한 새로운 작전 기지   25
에 불과하므로 우리를 만족시키기에는 거리가 멀다는 것 ; 승리의 날에도 우리의 진로는 다를 것이라는 것 ; 우리는 이 날로부터 새 정부에 대하여 **새로운 반대파를**, 반동적이 아니라 진보적인 반대파를, 획득한 진지를 뛰어넘어 새로운 정복을 향하여 돌진하게 될 극좌의 반대파를 형성하게 될 것이라는 것.

　공동의 승리 이후에, 아마도 새 정부의 몇 자리가 우리에게 주어질지 도 모릅니다——그러나 언제나 우리는 소수파에 속합니다. **이것은 가장 큰 위험입니다.** 1848년 이월 이후 프랑스 사회 민주주의자들(『개혁』의 르드뤼 롤랭, 루이 블랑, 플로꽁 등등)은 그런 자리를 받아들이는 오류를 범했습니다. 정부의 소수파로서 그들은 순수 공화주의자들[176]로 구성된 다수파가 노동자에게 자행했던 온갖 파렴치한 행동과 배신 행위에 기꺼이 책임을 졌습니다 ; 이와 동시에 이 신사분들이 그 정부에 참가함으로써 자신들이 대표한다고 주장하는 노동자 계급의 혁명적 활동이 완전히 마비되었습니다.

　이상의 모든 것으로 나는 단지 나의 사적인 견해만을 밝혔습니다. 왜냐하면 이에 대해서 부탁을 받았기 때문입니다. 따라서 나는 매우 자제했습니다. 일반적 전술에 관해서 말하자면, 나는 나의 전 생애를 통하여 그것의 효과를 확인하였습니다 ; 그 전술은 나를 결코 실망시키지 않았습니다. 그러나 이딸리아가 처해있는 현재의 조건들에 그것을 적용하는 것에 관해서는, 사정이 약간 다릅니다 ; 그것은 현장에서 결정되어야 하며, 더욱이 사건의 한 가운데 서있는 사람들에 의하여 결정되어야 할 것입니다.

1894년 1월 26일에 씌어짐.　　　　　　　　맑스 · 엥겔스 저작집,
수고에 의거함.　　　　　　　　　　　　제22권, 439-442면.

원문은 프랑스 어이나 독일어로부터 번역

박기순 번역

프리드리히 엥겔스

프랑스와 독일의 농민 문제^[209]

부르주아 정당들과 반동 정당들은, 지금 갑자기 도처에서 농민 문제가 사회주의자들 사이에서 논의되고 있는 것에 매우 놀라고 있다. 사실은 오래 전에 이것이 일어나지 않은 것에 대하여 그들은 놀라야 할 것이다. 아일랜드로부터 시칠리아에 이르기까지, 안달루시아로부터 러시아 및 벨기에에 이르기까지 농민은 인구, 생산 및 정치 권력의 매우 중요한 요소이다. 서유　　5 럽의 두 지역만이 예외이다. 대브리튼 본토에서는 대토지 소유와 대농업이 자영 농민을 완전히 구축하였다 ; 엘베 강 동부의 프로이센에서도 동일한 과정이 수 세기 전부터 진행되고 있으며, 그리하여 여기에서도 농민은 점점 더 '추방당하고' 있거나 적어도 정치 경제적으로 뒤로 밀려 나가고 있다.

　　농민이 정치 권력의 한 요소로 자신을 드러내었던 것은, 지금까지는　　10 대부분 농촌 생활의 고립성에 근거하고 있는 그들의 무관심을 통해서일 뿐이었다. 주민 대다수의 이러한 무관심은, 빠리와 로마의 의회의 부패뿐만 아니라 러시아의 전제 정치의 가장 강력한 버팀목이다. 그러나 무관심은 결코 극복될 수 없는 것이 아니다. 노동 운동이 발생한 이후로 서유럽에서는, 특히 농민의 분할지 소유가 지배적인 곳에서는, 환상을 가진 농민에게 사회　　15 주의적 노동자란 partageux 즉 '나눠 갖기를 좋아하는 사람들'이고 농민의 재산에 눈독을 들이는 나태하고 탐욕스러운 도시인들이라는 것을 주입함으로써 이들을 의심하고 증오하도록 만드는 것은, 부르주아에게는 어려운 일이 아니었다. 1848년 2월 혁명의 막연했던 사회주의적 희망은 프랑스 농민의 반동적 투표에 의해서 급속히 소멸되었다 ; 자신의 평온을 원했던 농민은, 이제 자신의 추억의 보물 창고에서 농민 황제 나뽈레옹에 관한 전설을 5 끄집어내어 제2제국을 창조하였다. 농민의 이 행위가 프랑스 인민에게 어떠한 대가를 요구하였는가는 우리 모두 알고 있다 ; 그 결과로 인해 프랑스 인민은 오늘날까지도 고통받고 있다.

그러나 그때 이후로 많은 것이 달라졌다. 자본주의적 생산 형태의 발전은 농업에서의 소경영의 생명력을 절단하였다 ; 소경영은 걷잡을 수 없이 10 몰락하고 쇠퇴해 갔다. 남북 아메리카와 인도의 경쟁으로 유럽 시장은 값싼 곡물들로 범람하였는데, 그것들은 국내 생산자 어느 누구도 경쟁할 수 없을 만큼 값싼 것들이었다. 대토지 소유자와 소농민은 모두 한결같이 몰락에 직면해 있었다. 그리고 그들은 모두 토지 소유자이고 농촌 주민이기 때문에, 대토지 소유자는 소농민들의 이해를 대변하는 전위 투사로 자처하였고, 소 15 농민은——대체로——이 전위 투사를 인정하였다.

그러는 동안에 서유럽에서는 강력한 사회주의 노동자 당이 성장해 갔다. 2월 혁명 당시의 희미했던 예감과 감정은 분명해지고 확장되고 심화되어, 명확하고 구체적인 요구들을 담고 있는, 매우 과학적인 주장을 만족시키는 강령으로 나타나게 되었다 ; 계속해서 증가해 가고 있는 사회주의자 20 대의원들은, 독일과 프랑스와 벨기에 의회에서 이 요구들을 옹호하고 있다. 사회주의 정당이 정권을 쟁취하는 일은, 가까운 장래의 문제가 되었다. 그러나 정권을 쟁취하기 위하여 이 당은 우선, 도시에서 농촌으로 가야 하며 농촌에서 하나의 권력을 형성해야 한다. 사회주의 정당은 다른 모든 정당들에 앞서 경제적 원인과 정치적 결과 사이의 관계를 통찰하고 있으며, 농민 25 의 강요된 벗인 대지주의 양가죽 아래 숨어 있는 늑대의 형상을 오래 전에 간파해 냈다——이러한 사회주의 당이, 몰락의 운명에 있는 농민이 산업 노동자의 수동적 적대자에서 적극적 적대자로 전화할 때까지 그들을 거짓 보호자의 수중에 가만히 놓아 두어서야 되겠는가? 이리하여 우리는 농민 문제의 한 가운데에 서게 된 것이다.

I

우리가 호소할 수 있는 농촌 주민은 매우 다양한 구성 부분들로 이루어져 있으며, 또한 각 지역들마다 서로 다른 구성 방식을 보이고 있다.

프랑스와 벨기에처럼 독일의 서부에는, 분할지 농민의 소규모 경작이 지배적인데, 이 분할지 농민의 대다수는 자신의 농토를 가지고 있는 소유자이고 소수가 차지농이다.

북서부 —— 저지 작센과 슐레스비히-홀슈타인 —— 에는, 대농과 중농이 우세하게 많은데, 이들은 하인과 하녀, 심지어는 날품팔이 노동자조차 없으면 일을 해나가지 못한다. 바이에른의 일부 지역에서도 마찬가지이다.

엘베 강 동부 프로이센과 멕클렌부르크에는, 농장 고용인과 머슴과 날품팔이 노동자를 사용하는 대토지 소유와 대규모 경작 지역이 있다. 그 가운데에는 상대적으로 소수이며 계속해서 그 비율이 감소하고 있는 소농과 중농이 있다.

중부 독일에는, 이 모든 경영 형태들과 소유 형태들이 지역에 따라 상이한 비율로, 어느 하나의 형태가 상당히 넓은 지역에서 특별히 우세를 차지하는 일이 없이 섞여 있는 것을 볼 수 있다.

그 밖에도, 범위가 상이하기는 하지만 자신의 경지나 임차한 경지가 가족을 부양하기에는 충분하지 않아서 가내 공업 경영의 지반으로만 사용되고 있는 지역들이 있다. 그리하여 가내 공업은 이렇지 않다면 이해할 수 없는 낮은 임금을 확고히 한다. 그리고 이 낮은 임금으로 그 생산물은 외국의 모든 경쟁에 대항할 수 있는 확고한 판로를 확보하게 된다.

5   이와 같은 농촌 주민 가운데 사회 민주주의 당은 어떤 부류를 손에 넣을 수 있는가? 물론 우리는 이 문제에 대해 대략적으로만 고찰한다 ; 우리는 아주 뚜렷한 형태들만을 끄집어 낸다 ; 지면이 부족하여 중간 단계들과 농촌 주민의 혼합에 대한 고찰은 어려울 것이다.

소농에서부터 시작하기로 하자. 소농은 모든 농민들 가운데 서유럽 전
10 체에서 가장 중요할 뿐만 아니라 문제 전체에 있어 가장 결정적인 장을 우리에게 제공한다. 우리가 소농에 대한 입장을 분명히 한다면, 우리는 농촌 주민의 다른 구성 부분에 대한 우리의 태도를 정할 수 있는 거점을 갖게 될 것이다.

우리가 여기에서 말하고 있는 소농이란, 대체적으로 자신의 가족으로
15 경작할 수 있을 만큼 크지는 않지만 가족을 부양할 수 있을 만큼 그렇게 작지는 않은 약간의 땅의 소유자이거나 차지인을——특히 전자를——일컫는다. 이 소농은, 소小 수공업자와 마찬가지로 노동자이지만, 자신의 노동 수단을 소유하고 있다는 점에서 현대 프롤레타리아와 구별된다 ; 요컨대, 소농은 과거의 생산 방식의 잔재이다. 소농은, 자신의 선조들인 농노, 예농,
20 혹은 매우 예외적이긴 하지만 공물과 부역의 의무를 지니고 있는 자유농과는 세 가지 점에서 구별된다. 첫째, 프랑스 혁명을 통하여 소농은 장원 영주에게 바쳤던 봉건적 부담과 노역으로부터 해방되었고 또 대부분의 경우 적어도 라인 강 좌안에서는 자신의 농지를 자유로운 재산으로서 갖게 되었다.——둘째, 소농은 자치적인 마르크 공동체의 보호와 여기에 참가할 권리
25 를 상실하였으며, 그와 함께 이전의 공동의 마르크를 이용할 수 있는 자신의 몫을 상실하였다. 공동의 마르크는, 일부는 이전의 봉건 영주들에 의해, 일부는 로마법에 입각해 있는 개화된 관료적 입법에 의해 탈취되었으며, 그 결과 현대의 소농은 사료를 구입하지 않고서는 자신의 역축을 기를 수가 없었다. 그러나 경제적으로, 마르크 이용의 상실에서 오는 손실이 봉건적

부담의 폐지로 인한 이익을 훨씬 초과한다 ; 자신의 역축을 기를 수 없게 된
농민의 수는 부단히 증가하고 있다.── 세째로, 오늘날의 농민은 이전의
자신의 생산 활동의 절반을 상실했다는 점에서 다르다. 이전에는 자신이 만
든 원료로 자신이 필요로 하는 공업 생산물의 대부분을 자신의 가족과 함
께 만들어 내었다 ; 그 밖에 필요한 것은 부락의 이웃들이 조달해 주었는데,   5
그들은 농사와 수공업에 종사하였고 대개 교환 물품이나 품앗이 노동으로
지불받았다. 가족은, 더욱이 촌락은 자족적이었으며 필요한 거의 모든 것을
생산하였다. 그것은 거의 순수한 자연 경제였으며, 화폐는 거의 필요치 않
았다. 자본주의적 생산은 화폐 경제와 대공업을 매개로 하여 이러한 상태를
종결지었다. 그런데 마르크 이용이 농민이 생존하기 위한 기본 조건이었다   10
면, 부업으로서의 공업은 또 다른 조건이었다. 따라서 농민은 날이 갈수록
더욱더 몰락해 갔다. 조세, 흉작, 상속 재산 분할, 소송 등은 잇달아서 농민
들을 고리 대금업자에게로 내몰았다. 부채는, 더욱더 일반적인 것이 되어
가고, 각자에게 더욱더 무거워져 갔다── 요컨대, 우리의 소농은 과거의
생산 방식의 모든 유물과 마찬가지로 걷잡을 수 없이 몰락해 가고 있다. 그   15
들은 미래의 프롤레타리아이다.

　　이러한 처지 때문에, 소농은 사회주의 선전에 귀를 기울일 수밖에 없
을 것이다. 그러나 몸에 배어 있는 소유욕 때문에 그는 얼마간은 여전히 그
것에 호응하지 않을 것이다. 위험에 처해 있는 자신의 땅뙈기를 지키기 위
한 투쟁이 그에게 힘에 겨우면 겨울수록, 그는 더욱더 필사적으로 그 땅뙈   20
기에 매달리며, 또한 그럴수록 그는 토지 소유를 사회 전체에 양도해야 한
다고 말하는 사회 민주주의자들을 고리대금업자와 변호사와 마찬가지로 위
험한 적으로 보게 된다. 사회 민주주의는 이러한 편견을 어떻게 극복해야
하는가? 사회 민주주의는 몰락해 가고 있는 소농에게, 자기 자신에 불성실
하지 않고 무엇을 줄 수 있겠는가?   25

　　맑스주의 경향의 프랑스 사회주의자들의 농업 강령에서 우리는 하나
의 실천적 거점을 발견하게 되는데, 이 강령은 소농 경제의 전형적인 나라
에서 나왔기 때문에 주목할 만한 가치가 있다.

　　1892년 마르세유 대회에서 당의 최초의 농업 강령이 채택되었다.[210]

그것은 토지를 갖고 있지 않은 **노동자**(즉 날품팔이와 머슴)를 위하여 다음과 같은 것을 요구하고 있다 : 노동 조합과 지방 의회에 의해 확정된 최저 임금 ; 반수는 노동자들로 구성되는 농촌 노동 재판소 ; 공유지의 매각을 금지할 것과 국유지를 지방 자치체에 임대할 것. 지방 자치체는 자기 자신이 소유하고 있는 토지와 임차한 토지 전부를 임금 노동자의 사용 금지와 지방 자치체의 감독하에 공동 경작을 위해 무산 농업 노동자 가족들의 연합체에 임대할 것 ; 대토지 소유에 대한 특별세를 재원으로 하는 연로 연금과 폐질 廢疾 연금.

소농 — 여기에서는 차지인도 특별히 이 속에서 고려되고 있다 — 을 위해서는 다음과 같은 것이 요구되고 있다 : 지방 자치체는 농기계를 조달하여 실비로 농민에게 임대할 것 ; 비료, 배수관, 종자 등의 구입과 생산물의 판매를 위한 농민 협동 조합을 설립할 것 ; 그 가치가 5,000 프랑 미만인 소유지의 양도 소득세를 폐지할 것 ; 과도한 차지료를 인하하기 위하여 그리고 토지를 내놓는 차지농과 차지료를 일정률로 분배하는 소작농(métayers)들에게 그들이 이룬 토지의 가치 상승분을 보상하기 위하여 아일랜드의 범례에 따라 중재 위원회를 설치할 것 ; 토지 소유자에게 작물에 대한 차압권을 주고 있는 민법[2] 2,102조를 폐지하여 자라고 있는 작물을 차압할 수 있는 채권자의 권리를 폐지할 것 ; 농기구, 작물, 종자, 비료, 역축, 한마디로 생업을 위해 농민들에게 없어서는 안 될 모든 것에 대해서는 차압할 수 없음을 분명히 할 것 ; 오래 전에 낡아 버린 일반 토지 대장을 개정할 것과 그것이 이루어지기 전까지는 각 지방 자치체에 의해 지방에 따라 개정할 것 ; 마지막으로 무료의 농업 실무 교육과 농업 실험장.

보는 바와 같이 농민의 이해를 위한 요구——노동자를 위한 요구는 여기에서는 당분간 관련시키지 않겠다——는 그리 광범위하지 못하다. 그 중 일부는 이미 다른 곳에서 실행되고 있다. 차지농 중재 재판소는 명백히 아일랜드의 모범을 따르고 있다. 농민 협동 조합은 라인 주에 이미 존재하고 있다. 토지 대장의 개정은 서유럽 전역에서 모든 자유주의자들과 심지어 관료들조차도 항상 품고 있는 선의의 염원이다. 그 밖의 사항들도 현존하는 자본주의적 질서에 어떤 본질적인 훼손도 가하지 않은 채 실현될 수 있는

것들이다. 이렇게 말하는 것은, 단지 강령을 특징짓기 위한 것이다 ; 여기에
비난이란 존재하지 않는다. 그 반대이다.

　이 강령으로 당은 프랑스의 아주 여러 지역에서 좋은 성과를 이루었기
때문에 ── 식욕은 먹을 때가 되어서야 생긴다는 격언대로 ── 그들은 그
것을 가일층 농민의 기호에 맞출 수밖에 없었다. 장래의 프롤레타리아로서　　　5
가 아니라 소유자로서의 농민을, 사회주의의 일반적 강령의 기본 원칙을 손
상하지 않으면서 어떻게 도울 수 있겠는가? 이러한 반대에 답하기 위하여,
새로운 실천적 제안에 앞서 이론적 이유 설명이 이루어졌다. 그것은, 자본
주의적 생산 방식을 통해 몰락이 불가피하다는 것을 잘 알고 있음에도 불
구하고 이러한 몰락에서 소농적 소유를 보호하는 것은 사회주의 원칙에 어　　10
긋나지 않는다는 것을 입증하려는 것이다. 이제 금년 9월의 낭뜨 대회에서
채택된 요구들 자체와 그 이유 설명을 더 자세하게 살펴보자.

　그 이유 설명은 다음과 같이 시작되고 있다 :

　　"당의 일반적 강령의 문구대로 생산자는 생산 수단을 소유하고 있는 한
　에서만 자유로울 수 있다는 것을 고려하여 ;　　　　　　　　　　　　　　15
　　공업 분야에서 생산 수단은 이미, 공동체적이고 사회적인 형태로서만
　생산자들에게 반환될 수 있을 정도로 자본주의적으로 집중되어 있다는 것 ;
　　그러나 ── 적어도 오늘날의 프랑스에서는 ── 농업 분야에서는 사정은 이
　와 매우 달라서 생산 수단 즉 토지는, 아주 많은 지역들에서 아직도 개별적
　소유로서 개별 생산자들의 수중에 있다는 것을 고려하여 ;　　　　　　　　20
　　분할지 소유를 특징으로 하고 있는 이 상태가 걷잡을 수 없는 몰락의
　운명에 처해 있다(est fatalement appelé à disparaître)고 하더라도 사회주
　의는 이러한 몰락을 가속시켜서는 안 된다는 것 ─ 왜냐하면 사회주의의 임
　무는 소유와 노동을 분리시키는 데 있는 것이 아니라, 반대로 서로 분리된
　결과 프롤레타리아화된 노동자의 예속과 빈곤을 낳고 있는 모든 생산의 두　　25
　요소들을 동일한 한 사람의 수중에 결합시키는 데 있기 때문이다 ─ 을 고려
　하여 ;
　　한편으로 대영지를 지금의 무위 도식하는 소유자로부터 몰수하여 다시
　── 집단적이거나 사회적인 형태로 ── 농업 프롤레타리아의 소유로 만드
　는 것이 사회주의의 임무라면, 다른 한편으로는 자신의 땅뙈기를 소유하고

있고 자신의 노동으로 살아가는 농민을 국고와 고리 대금업자, 신흥 대지주
의 침해로부터 보호해 주는 것 역시 그에 못지않게 사회주의의 강제적인 임
무라는 점을 고려하여 ;

    차지농과 소작료를 일정률로 분배하는 소작농(métayers)이라는 이름으
로 남의 땅을 경작하는 생산자들 즉 비록 날품팔이 노동자들을 착취한다 하
더라도 그들 자신이 착취를 당하고 있기 때문에 어느 정도는 그렇게 할 수
밖에 없는 생산자들에 대해서도, 그와 같은 보호의 손길을 뻗치는 것이 적
절하다는 것을 고려하여 ──

    노동자 당──무정부주의자들과는 반대로, 사회 질서를 개조하기 위
해 빈곤을 강화하고 확대하는 것에 의지하지 않고 농촌 및 도시 노동자의
조직화와 그들의 공동 노력에 의해서만, 그들의 정부와 입법권의 장악에 의
해서만, 노동과 사회 일반의 해방을 기대하는 노동자 당──은 다음과 같
은 농업 강령을 채택하였는바, 이는 농업 생산의 모든 요소들, 다양한 법적
권원 하에서 국토를 이용하는 모든 활동들을 다음의 공통의 적에 대항한 투
쟁에 결합시키기 위해서이다 : 토지 소유의 봉건성."

이제 이러한 '고려 사항'들을 좀더 자세하게 살펴보자.

먼저 생산자들의 자유는 생산 수단의 소유를 전제로 한다는 프랑스 강
령의 명제는 그것에 곧바로 뒤이어 나오는 다음과 같은 문구로 보충되어야
한다 : 생산 수단의 소유는 두 가지 형태만이 가능하다는 것 : 생산자들에게
일반적으로 존재한 적이 결코 없었으며, 공업의 진보에 의해 날이 갈수록
더욱 불가능해지고 있는 형태인 개별적 소유 ; 혹은 자본주의 사회의 발전
그 자체를 통해 그 형태의 물질적, 지적 전제들이 이미 마련되어 있는 공동
소유 ; 따라서 생산 수단의 **공동체적** 소유를 획득하기 위한 투쟁은 프롤레타
리아트가 뜻대로 할 수 있는 모든 수단을 사용해야 한다는 것.

이와 같이 여기에서는 생산 수단의 공동 소유가 달성되어야 할 유일한
주요 목표로서 제시되고 있다. 지반이 이미 준비되어 있는 공업 분야에서
뿐만 아니라 일반적으로, 따라서 농업에서도 마찬가지이다. 강령에 따르면,
개별 소유는 모든 생산자들에게 일반적으로 적용된 적이 결코 없다 ; 바로
그러하기 때문에 그리고 공업의 진보는 그렇지 않아도 개별 소유를 제거하
고 있기 때문에, 사회주의는 그것을 유지하는 데 조금도 이해를 갖고 있지

않으며, 오히려 그것의 제거에 이해를 갖고 있다 ; 왜냐하면, 그것이 존재하
는 곳에서는 그리고 존재하는 한에서는, 그것은 공동 소유를 불가능하게 하
기 때문이다. 일단 우리가 그 강령을 인증하는 이상, 강령 전체도 그렇게
해야 할 것이다. 이 강령 전체는 낭뜨에서 인용된 명제를 아주 현저하게 수
정하고 있다. 왜냐하면 이 강령 전체는, 거기에서 표명된 일반적-역사적 진   5
리를 오늘날 서유럽과 북아메리카에서 유일하게 진리일 수 있는 조건들 하
에서 비로소 파악하기 때문이다.

　　오늘날 개별 생산자들에 의한 생산 수단의 소유는, 이 생산자들에게
현실적인 자유를 더 이상 주지 못하고 있다. 도시의 수공업은 이미 몰락하
였으며, 심지어 런던과 같은 대도시에서는 이미 완전히 소멸하였고, 대공업   10
과 고한 제도 苦汗制度 [211] 그리고 파산을 생존의 원천으로 삼고 있는 야비
한 사기꾼들이 이를 대신하고 있다. 자영 소농은 자신의 땅뙈기를 확실히
소유하고 있지도 못하며 또한 자유롭지도 못하다. 그의 집, 그의 농장, 그의
얼마 안 되는 전답과 마찬가지로 그는 고리 대금업자에 속해 있다 ; 그의 생
존은 프롤레타리아의 생존보다 더 불안하다. 프롤레타리아는 적어도 때로   15
는 편안한 날을 경험할 수 있으나, 시달리고 있는 채무 노예에게는 그러한
날은 오지 않는다. 민법 2, 102조를 삭제하라, 농기구와 가축 등등을 차압할
수 없다는 것을 농민에게 법률로 보장하라 ; 그러나 이것은, 그가 자신의 가
축을 '자발적으로' 팔고, 자신의 육체와 영혼을 고리 대금업자에게 바칠 수
밖에 없으며, 사형 집행의 유예를 얻은 것에 기뻐해야 하는 억압 상태로부   20
터 그를 보호할 수 없다. 소농에게 그의 소유를 보호해 주려는 당신들의 시
도는 그의 자유가 아니라 그 예속의 특수한 형태만을 보호해 줄 수 있을 뿐
이다 ; 그것은, 그가 살 수도 없고 죽을 수도 없는 상태를 연장시키는 것이
다 ; 당신들의 강령 제1절을 인증하는 것은 여기에서는 전혀 적당하지 않다.

　　그 이유 설명에 따르면, 오늘날의 프랑스에서는 생산 수단 즉 토지는   25
아주 많은 지역들에서 아직도 개별적 소유로서 개별 생산자들의 수중에 놓
여 있다 ; 그러나 사회주의의 임무는 소유와 노동을 분리시키는 것이 아니
라, 반대로 모든 생산의 두 요소를 동일한 한 사람의 수중에 결합시키는 것
이라고 한다.──이미 지적한 바와 같이, 후자는 일반적으로는 결코 사회주

의의 임무가 아니다 ; 오히려 사회주의의 임무는 생산 수단을 **공동 소유**로서
생산자들에게 양도하는 것이다. 우리가 이것을 간과하자마자, 상술한 명제
는 당장에 우리를 오류로 즉 사회주의는 전답에 대한 소농의 현재의 가상
적 소유를 현실적 소유로 전환시켜야만 하며 또한 소小 차지농을 소유자로,
5 채무를 지고 있는 소유자를 채무에서 벗어난 소유자로 전환시켜야만 한다
는 오류로 이끈다. 물론 사회주의는 농민의 소유의 이러한 가상을 소멸시키
는 데 관심을 갖는다 ; 그러나 위와 같은 방식은 아니다.

어쨌든 우리는 이제, 이유 설명이 다음과 같은 것을 사회주의의 임무
라고 심지어는 강제적인 임무라고 단언할 수 있다는 데까지 와 있다.

10 　　"자신의 땅뙈기를 소유하고 있고 자신의 노동으로 살아가는 농민을 국고와
　　고리 대금업자, 그리고 신흥 대지주의 침해로부터 보호할 것."

그리하여 이유 설명은 앞 구절에서는 불가능한 것으로 설명했던 것을
사회주의가 수행해야 할 강제적인 의무로 만들고 있다. 이유 설명은, 농민
의 분할지 소유가 "걷잡을 수 없는 몰락의 운명에 처해 있다"고 스스로 말
15 하고 있음에도 불구하고 이 분할지 소유를 '보호하는' 것을 사회주의에 위
임한다. 국고, 고리 대금업자, 신흥 대토지 소유자, 이것들이야말로 자본주
의적 생산이 이러한 불가피한 몰락을 집행할 때 의지하게 되는 도구들이
아니고 무엇이란 말인가? 어떠한 수단들로 '사회주의'가 이 삼위 일체로부
터 농민을 보호해야 할 것인가 하는 것은 나중에 보게 될 것이다.
20 　　그러나 소유에 관한 한 농민만이 보호되어야 하는 것은 아니다.

"차지농과 소작료를 일정률로 분배하는 소작농(métayers)이라는 이름
으로 남의 땅을 경작하는 생산자들 즉 비록 날품팔이 노동자들을 착취한다
하더라도 그들 자신이 착취를 당하고 있기 때문에 어느 정도 그렇게 할 수
밖에 없는 생산자들에 대해서도 그와 같은 보호의 손길을 뻗치는 것"

25 또한 마찬가지로 "적절한" 일이다.
여기에서 우리는 이미 아주 기묘한 영역에 들어서 있다. 사회주의는

아주 특별히 임금 노동의 착취에 반대한다. 그런데 여기에서는 프랑스 소작
농이 비록 "날품팔이 노동자를 **착취한다**"——문자 그대로 이렇게 씌어져
있다!——하더라도 그들을 보호하는 것이 사회주의의 강제적인 의무로서
설명되고 있다. 게다가, "그들 자신이 착취를 당하고 있기 때문에" 어느 정
도는 그렇게 할 수밖에 없다는 것을 이유로 삼고 있다!   5

　　일단 경사면에 들어서게 되면, 얼마나 쉽사리 그리고 유쾌하게 미끄러
져 내리는 법인가! 이제 독일의 대농과 중농이 프랑스 사회주의자들을 찾
아와서, 자신들이 하인과 하녀를 착취하는 것을 독일 사회 민주주의 당이
보호해 주도록 당 수뇌부에게 주선해 줄 것을 요청하고, 고리 대금업자, 세
무 관리, 곡물 투기업자, 가축상 등으로부터 "그들 자신이 착취를 당하고   10
있다"는 것을 호소할 때——프랑스 사회주의자들은 무엇이라고 답할 것인
가? 우리의 농업에 종사하는 대토지 소유자가 그들에게 카니츠 백작을 파
견하여(사실 이 사람도 곡물 수입의 국영화와 관련하여 그들과 유사한 제
의를 제기한 바 있다) 증권 거래소, 고리 대금업자, 곡물 투기업자로부터
"그들 자신이 착취를 당하고 있다"는 것을 호소하면서 마찬가지로 농업 노   15
동자에 대한 자신들의 착취를 사회주의자들이 보호해 줄 것을 요청하지 않
으리라는 것을 누가 보장하겠는가?

　　그러나 우리의 프랑스 벗들은 보기와는 달리 악의를 품고 있는 것은
결코 아니라는 점 또한 말해야겠다. 요컨대, 상술한 문구는 오직 다음과 같
은 특별한 경우에만 해당되는 것이다 : 프랑스 북부에서는 우리 나라의 사   20
탕무우 재배 지역과 마찬가지로 농민들은 아주 부담이 큰 조건에서 순무를
재배해야만 하는 의무를 지닌 채 땅을 임대한다 ; 그들은 순무를 특정한 공
장에 그 공장이 정한 가격에 팔아야 하고, 특정한 종자를 구매해야 하며,
지정된 비료를 정한 양만큼 사용해야 하고, 더욱이 인도할 때 사기를 당한
다. 이 모든 것은 독일에서도 알려져 있다. 프랑스 사회주의자들이 이러한   25
부류의 농민들을 보호하려 했다면, 그것을 직접적으로 그리고 분명하게 말
해야 했다. 문구에 있는 것처럼, 아무런 제한이 없는 일반성으로는 상술한
문구는 프랑스의 강령뿐만 아니라 사회주의 일반의 기본 원칙까지 직접적
으로 훼손한다. 그리고 이 태만한 편집이 자신들의 견해와는 아주 다른 방

면으로 이용되더라도 그 작성자들은 누구에게도 하소연할 수 없을 것이다.

동일한 오해가 이유 설명의 결론 부분에도 있을 수 있다. 그것에 따르면 사회주의 노동자 당은 다음과 같은 과제를 갖는다.

5 　"농업 생산의 모든 요소들, 다양한 법적 권원 하에서 국토를 이용하는 모든 활동들을, 다음의 공통의 적에 대항한 투쟁에 결합시키는 것 : 토지 소유의 봉건성."

나는, 어떠한 나라의 사회주의 노동자 당도 농촌 프롤레타리아와 소농이외에 중농과 대농 혹은 심지어 대토지 차지농, 자본주의적 목축업자, 기타 국토의 자본주의적 이용자까지도 자신의 편으로 받아들여야 하는 임무
10 를 갖고 있다고 하는 것에 대해서는 단호히 거부한다. 토지 소유의 봉건성은 그들 모두에게 공통의 적으로 나타날 수도 있다. 우리는, 어떤 문제들에 대해서는 그들과 함께 나아갈 수 있고, 특정한 목적을 위해서 일정한 기간 동안 그들의 편에서 싸울 수도 있다. 그러나, 우리는 우리의 당에 온갖 사회 계급 출신의 개인들이 들어오게 할 수는 있으나, 어떤 자본주의적 이해
15 집단과 중간 부르주아 이해 집단, 그리고 중농의 이해 집단에 대해서는 결코 그럴 수 없다. 여기에서도 보기와는 달리, 악의를 품고 있는 것은 아니다 ; 작성자들은 이 모든 것을 분명히 고려하지 않았다 ; 그러나 유감스럽게도 일반성에 대한 욕구가 그들을 관통하고 있었다. 그리하여 사람들이 그들의 말을 걸고 넘어진다고 해도 놀랄 일이 아닌 것이다.

20 　그런데 이유 설명 다음에는, 강령 자체에 새로이 포함된 보충이 나타난다. 그것들도 이유 설명과 마찬가지로 경솔한 편집을 드러내고 있다.

지방 자치체는 농기구를 조달하여 그것을 실비로 농민들에게 임대해야 한다는 조항은, 지방 자치체는 첫째 이 목적을 위하여 국고 보조를 받고 둘째 기계를 소농들에게 무료로 사용케 해야 한다는 것으로 변경되고 있다.
25 이렇게 한층 더 양보하더라도, 그것은 그 농토와 경영 방식 자체 때문에 좁은 범위에서만 기계를 사용할 수 있는 소농들에게는 어떠한 도움도 주지 못할 것이다.

그 다음 :

"현재의 모든 직접세와 간접세를 3,000 프랑 이상의 모든 소득에 대한
단일 누진세로 대체할 것."

유사한 요구가 최근 몇 년 사이의 거의 모든 사회 민주주의적 강령에
나타나고 있다. 그러나 그것이 특히 소농의 이해 속에서 제기되고 있다는
점은 새로운 것이며 이 점은 그들이 그것의 의의를 얼마나 이해하고 있지   5
못한가를 보여주고 있을 뿐이다. 잉글랜드를 예로 들어 보자. 그곳은 국가
예산이 9천만 파운드 스털링에 달한다. 그중 1,350만에서 1천4백만 파운드
는 소득세에 의한 것이고, 나머지 7천6백만 파운드는 아주 적은 부분만이
영업세(우편, 전신, 인지)에 의한 것일 뿐 거의 대부분은 대중 소비품에 대
한 과세, 즉 모든 주민 그러나 주로는 가난한 주민의 소득으로부터 눈에 띄   10
지 않을 만큼 소액이지만 합치면 수백만에 이르는 금액을 부단히 반복해서
빼낸 것이다. 오늘날의 사회에서는 다른 방식으로 국가 지출을 메운다는 것
은 거의 불가능하다. 영국에서 9천만 파운드 전액이 120 파운드 스털링 = 3,
000 프랑의 소득으로부터 그리고 그것에 대한 직접적 누진세를 통해서 징
수한 것이라고 가정해 보자. 연평균 축적, 즉 국부 전체의 연증가는 기펜에   15
따르면 1865-1875년에 2억 4천만 파운드 스털링에 달했다. 그것이 현재에
는 매년 3억 파운드가 된다고 하자 ; 9천만 파운드의 세금 부담은 전체 축적
액의 거의 3분의 1을 흡수하게 될 것이다. 달리 말하면, 사회주의 정부 이
외에는 어떠한 정부도 이러한 것을 기도할 수 없다 ; 사회주의자들이 지배
권을 장악하고 있을 경우에는, 이러한 세제 개혁도 일시적이며 아주 보잘것   20
없는 분할 지불의 역할밖에 하지 못하는 것으로 보이게 하는 일을 실행해
야만 한다. 이 경우에 소농에게는 아주 새로운 전망이 열릴 것이다.
　그들은, 농민들이 이 세제 개혁을 다소 오랫동안 기다려야만 한다는
것을 파악하고 있는 것처럼 보인다. 그리하여 그들은 '당분간은'(en atten-
dent) 다음과 같은 것을 농민들에게 약속하고 있다 :   25

　　"자신의 노동으로 살아 가는 모든 농민을 위한 토지세의 폐지와 저당
　잡혀 있는 모든 땅뙈기에 대한 이 세금의 경감."

이 요구의 후반부는, 가족만으로도 경작할 수 있는 것보다 더 큰 농민의 땅에만 해당될 수 있다. 따라서 그것은 또다시 "날품팔이 노동자를 착취하는" 그러한 농민을 비호하는 것이 되어 버린다.

그리고 또:

5   "들짐승과 물고기, 그리고 자라나고 있는 작물을 보호하는 데 필요한 것 이외의 어떤 다른 제한도 없는 사냥과 고기잡이의 자유."

이것은 상당한 인기를 얻고 있다. 그러나 뒷문구가 앞 문구를 파기하고 있다. 대체 현재의 농촌의 들녘 전체에서 각 농가에게 얼마나 많은 토끼, 자고, 가물치, 잉어가 주어질 수 있는가? 기껏해야 농민 각각은 일년에 하
10   루만 사냥하고 고기잡이를 할 수 있을 뿐인지 않는가?

"법정 이율과 관습상의 이율의 인하"――

는, 따라서 새로운 폭리 단속법이며, 2천 년 전부터 언제 어디에서나 실패를 거듭해 온 경찰 조치를 실행하려는 새로운 시도이다. 소농이 고리 대금업자에게 가는 것이 보다 작은 불행이 되는 그러한 상황에 처해 있을 때에
15   는, 고리 대금업자는 폭리 단속법에 저촉됨이 없이 소농의 고혈을 빨아먹는 수단을 언제나 발견한다. 이 조치는 기껏해야 소농을 달랠 수 있을 뿐이다. 그것은 소농에게 이익을 가져다 주지 못한다 ; 반대로 그것은, 소농이 대부를 아주 필요로 할 때 그가 그 대부를 얻는 것을 방해한다.

"무료 치료와 의약의 실비 공급"――

20   은, 아무튼 특별히 농민을 보호하기 위한 조치는 아니다 ; 독일의 강령은 더 나아가 무료 의약도 요구하고 있다.

"징집된 예비병 가족에 대한 복무 기간 동안의 보상"――

은, 아주 불충분한 형태이기는 하지만 독일과 오스트리아에서는 이미 존재하는 것이며 마찬가지로 특별히 농민을 위한 요구가 아니다.

"비료, 농기계 및 생산물의 운임률 인하"——

는, 독일에서는 기본적으로 실행되고 있는 것이며 게다가 이것은 주로——
대토지 소유자의——이익에 부합하는 것이다.   5

"토지 개량과 농업 생산의 제고를 위한 공공 사업 계획의 준비 작업에
즉시 착수할 것"——

이것은 모두 막연함과 아름다운 약속을 벗어나지 않는 것이며, 마찬가지로
무엇보다도 대토지 소유의 이익에 부합하는 것이다.

요컨대, 이 이유 설명의 놀랄만한 모든 이론적 주장들에도 불구하고   10
새로운 농업 강령의 실천적 제안들은, 프랑스 노동자당이 그들 자신이 말한
대로 걷잡을 수 없는 몰락의 운명에 처해 있는 소농들의 분할지 소유를 어
떻게 확실하게 보호해 줄 것인지에 대해서는 우리에게 어떠한 결론도 올바
르게 내려주지 못하고 있다.

II

한 가지 점에서는 우리의 프랑스 동지들이 무조건 옳다 : 프랑스에서는 소농에 적대적이어서는 어떠한 영속적 변혁도 가능하지 않다. 다만 내가 보기에, 그들은 농민들을 획득하기 위하여 지렛대를 정확한 지점에 대지 못한 것 같다.

그들은, 단시간 내에 가능하면 다음 총선거를 위하여 소농을 획득하려고 하는 것 같다. 그들은 극히 모험적이고 일반적인 확약을 통해서만 그것에 이를 수 있는바, 그 확약을 변호하기 위하여 훨씬 더 모험적인 이론적 고려를 내놓지 않으면 안 되었다. 좀더 자세히 고찰해 보면, 그 일반적 확약은 자기 모순에 빠져 있으며(걷잡을 수 없는 몰락의 운명에 처해 있다고 그들 자신이 설명하고 있는 상태를 보호하겠다는 약속) 몇몇 조치들은 전혀 쓸모 없는 것이거나(폭리 단속법) 혹은 노동자들의 일반적인 요구이거나 대토지 소유에도 유리한 것이거나 소농의 이익에는 그다지 의의가 없다는 것을 알 수 있다 ; 그리하여 강령에서 직접적으로 실천적인 부분은, 잘못된 최초의 주장을 스스로 시정하고 있으며 이유 설명 부분의 일견 위험해 보이는 호언 장담을 실로 무해할 정도로 만들고 있다는 것을 알게 될 것이다.

단도직입적으로 말해 보자 : 경제적인 처지 전체, 교육, 고립된 생활 방식에서 기원하며 부르주아 언론과 대토지 소유자에 의해 길러진 편견들이 존재하는 한, 우리 스스로도 우리가 지킬 수 없다는 것을 잘 알고 있는 어떤 것을 소농 대중들에게 약속하는 경우에만 우리는 그들을 단시간 내에 획득할 수 있다. 우리는, 어떤 상황에서든지 그들을 엄습하는 모든 경제 세력들로부터 그들의 소유를 보호해 줄 뿐만 아니라 이미 현재 그들이 받고 있는 부담에서 그들을 해방시켜 줄 것이라는 것을 약속해야 한다 : 차지농을 자유로운 소유자로 전환시켜 주고, 저당에 시달리고 있는 소유자의 채무를 변제해 주어야 한다. 우리가 그렇게 할 수 있다고 하더라도, 우리는 새롭게 현재의 상태를 필연적으로 낳게 될 상태로 되돌아 가게 될 것이다. 우리는 농민을 해방시키게 되는 것이 아니라, 그에게 사형 집행을 유예해 주게 되는 것이다.

그러나 단시간 내에 농민을 획득하였다가 우리가 약속을 지킬 수 없게 됨으로써 농민이 그 다음에 우리를 다시 떠나게 된다면, 그것은 우리에게 이로운 일이 아니다. 우리에게 자신의 분할지 소유를 영구화해 줄 것을 기대하는 농민을 우리는 당원으로 필요치 않는바, 이는 장인으로서의 자신의 지위를 영구화하려는 수공업 장인을 필요치 않는 것과 마찬가지이다. 이들은 반유태인주의자들의 편에 속한다. 이들은 반유태인주의자들에게로 가서 그들로부터 자신들의 소경영에 대한 구원을 약속받는 것이 나을 것이다 ; 그 현란한 문구들이 어떠한 결과를 가져오는지를 그리고 반유태인주의적 천국으로부터 어떠한 바이올린 멜로디가 연주되고 있는지를 경험하게 되면, 그들은 약속은 더 적게 하면서 전혀 다른 방향에서 구원을 찾고 있는 우리야말로 더욱 믿을만한 사람들이라는 것을 갈수록 깨닫게 될 것이다. 프랑스인들이 우리와 마찬가지로 반유태인주의자들의 소란스러운 데마고기를 경험하였다면, 낭뜨에서의 과오는 피할 수 있었을 것이다.

그렇다면 소농들에 대한 우리의 입장은 무엇인가? 그리고 국가 권력이 우리에게 주어졌을 때 우리는 그들을 어떻게 다루어야 하는가?

첫째로, 프랑스 강령의 다음과 같은 명제는 무조건적으로 옳다 : 우리는 소농의 불가피한 몰락을 예견하고 있으나, 우리의 개입을 통해서 그 몰락을 가속시키는 사명은 결코 갖고 있지 않다.

  그리고 둘째로, 우리가 국가 권력을 소유하고 있을 때 소농을 폭력적으로 착취하고(보상을 하든 보상을 하지 않든 간에) 대토지 소유자들에 대해서도 그렇게 하는 것이 필요하다는 것을 우리로서는 도저히 생각할 수 없다는 것도 또한 명백한 사실이다. 소농에 대한 우리의 과제의 요체는 무엇보다도 그들의 사적 경영과 사적 소유를 협동 조합적 경영과 소유로 이끄는 데 있는바, 그것은 폭력에 의해서가 아니라 실례와 이러한 목적을 위한 사회적 원조의 제공을 통해서 이루어진다. 지금도 소농이 분명히 알 수 있도록 해야 하겠지만, 그때 가면 당연히 우리는 그것이 소농에게 유리하다는 것을 설명할 수 있는 수단을 충분히 갖게 될 것이다.

  자신의 나라에 단 하나의 도시──코펜하겐──만을 갖고 있어서 그 도시 이외에서는 거의 농민을 대상으로 한 선전에만 의지하였던 덴마크 사회주의자들은, 약 20 년 전에 이미 이와 같은 계획을 내놓았다. 촌락 혹은 교구의 농민들──덴마크에는 큰 개인 농가들이 많다──은 자신들의 토지를 하나의 큰 농장으로 만들어, 공동의 계정하에 경작하고 합쳐진 땅덩이, 현금 출자액, 노동 급부에 따라 수확을 분배하게 된다. 덴마크에서는 소토지 소유가 부차적인 역할만을 하고 있다. 그러나 우리가 이 이념을 분할지 지역에 적용하면, 분할지를 합해서 그 전체 면적을 대규모로 경작하는 경우에는 지금까지의 취업 노동력 중의 일부가 남게 된다는 것을 알게 될 것이다 ; 정확히 이러한 노동 절약 속에 대규모 경작의 주요한 이점이 놓여 있다. 이 노동력은 두 가지 방법으로 일에 쓰일 수 있다. 인접한 대농장으로부터 더 많은 구역을 농민 협동 조합이 쓰도록 하든가 ; 아니면 비록 주로 자가 소비를 위한 것이라도, 공업 분야에서의 부업을 위한 수단과 기회를 그 노동력에 마련해 주든가 하는 것이다. 두 가지 가운데 어느 경우에나 농민들은 경제적으로 보다 나은 처지에 있게 될 것이다. 그리고 동시에 사회적-일반적 지도가 필요한 영향력을 획득함으로써, 점차적으로 농민 협동 조합을 보다 높은 형태로 이행시키고 그리하여 협동 조합 전체와 그 개별 회원들의 권리와 의무를 대공동체 사회의 여타 부분이 갖는 권리와 의무와 균등하게 할 것이다. 각각의 특별한 경우에 그것을 어떻게 실행할 것인가

하는 것은, 그 경우들의 상황과 공권력을 우리가 장악하게 될 때의 상황에
의존하게 될 것이다. 그리하여 우리는 아마도 이러한 협동 조합들에 더 많
은 이점을 제공할 수 있게 될 것이다 : 이자를 대폭 인하하여 그들의 저당
채무 전액을 국립 은행이 떠맡게 될 것이며, 대규모 경영을 조직할 수 있도
록 공공 자산을 선대하게 될 것이고(이 선대는 특별히 화폐로 국한되어야   5
만 하는 것은 아니며, 필요한 생산물들로 이루어질 것이다 : 기계, 인조 비료
등등), 그 밖의 다른 이점도 있을 것이다.

　　그럼에도 불구하고 중요한 것은, 우리는 협동 조합적 소유와 경영으로
의 전환을 통해서만 농민들의 가옥 소유와 경작지 소유를 구원할 수 있고
유지할 수 있다는 것을 그들에게 납득시키는 것이다. 농민들을 몰락으로 내   10
몰고 있는 것은, 바로 개인 소유에 의해 조건 지워진 개인 경제이다. 개인
경영을 고집한다면, 그들은 가옥에서 쫓겨날 것이고 그들의 낡은 생산 방식
은 자본주의적 대경영에 의해 구축될 것이다. 사태는 바로 이러하다 ; 여기
에서 우리는 대경영조차도 자본가의 계정을 위해서가 아니라 농민 자신들
의 공동의 계정을 위해서 실시할 수 있는 가능성을 농민들에게 보여 준다.   15
이것은 그들 자신의 이익이 된다는 것, 이것은 그들에게 유일한 구원 수단
이라는 것을 농민들이 납득할 수 있도록 해야만 하지 않겠는가?

　　우리는 분할지 농민들에게 자본주의적 생산의 위세로부터 개인 소유
와 개인 경영을 보호해 주겠다고 약속할 수 없으며, 앞으로도 그럴 것이다.
우리는 그들에게 단지, 그들의 의지를 거슬러 가면서 폭력적으로 그들의 소   20
유 관계에 관여하지 않을 것이라는 것만을 약속할 수 있을 뿐이다. 더욱이
우리는, 소농에 대한 자본가와 대토지 소유자의 투쟁이 오늘날에도 가능한
한 부당하지 않은 수단으로 진행되도록 하고 너무나 빈번하게 일어나는 직
접적인 약탈과 사기를 가능한 막아 주겠다는 것만을 보증할 수 있다. 이것
은 예외적인 경우에만 성공할 수 있다. 발전된 자본주의적 생산 방식에서는   25
그 누구도 어디에서 공정함이 끝나고 어디에서 사기가 시작되는지를 알지
못한다. 그러나 공권력이 사기꾼의 편에 서 있는지 사기 당하는 자의 편에
서 있는지는 언제나 중대한 차이를 낳는다. 우리는 단연코 소농의 편에 서
있다 ; 그가 자신의 운명을 더욱 견딜 수 있도록 하기 위하여, 그가 결심을

했다면 그가 협동 조합으로의 이행을 용이하게 할 수 있도록 하기 위하여, 그리고 심지어 그가 아직 결심을 할 수 없는 경우에도 자신의 분할지에 대해서 좀더 오랜 기간 생각할 수 있도록 하기 위하여, 우리는 할 수 있는 모든 일을 할 것이다. 우리가 이렇게 하는 것은, 자신의 노동으로 살아가는 소농은 우리에게 가담할 잠재력을 갖고 있다고 보기 때문만이 아니라 당의 직접적인 이익을 위해서이다. 프롤레타리아로 현실적으로 전락하는 것을 우리가 모면케 해 주었고 아직 농민인 채로 우리의 편이 될 수 있는 농민들의 수가 많으면 많을수록, 사회적 변혁은 더욱더 빨라지고 쉬워질 것이다. 자본주의적 생산이 도처에서 그 최후의 결말에 이르도록 발전할 때까지, 마지막 남은 소수공업자와 소농이 자본주의적 대경영에 희생될 때까지 우리가 이러한 변혁을 기다려야만 한다면, 그것은 우리에게 아무런 도움도 되지 못할 것이다. 농민의 이익을 위하여 공공 자산에서 이러한 의미로 바쳐야 할 물질적 희생은, 자본주의적 경제의 관점에서는 단지 버려진 돈쯤으로 보일 수 있다. 그러나 그럼에도 불구하고 그것은 훌륭한 투자가 된다. 왜냐하면, 그 희생으로 사회 일반의 재조직에 필요한 비용이 열 배 정도는 절약될 것이기 때문이다. 그리하여 우리는 이러한 의미에서는 농민을 훨씬 자유롭게 대할 수 있다. 세세히 파고들어 가서 이러한 방향으로 특정한 제안을 내놓기에 여기는 적당하지 않다 ; 여기에서는 단지 일반적인 개요들만을 논할 수 있을 뿐이다.

요컨대, 우리가 분할지 소유의 지속적인 보호를 기도하고 있다는 가상을 조금이라도 일으킬 수 있는 약속을 한다면, 당뿐만 아니라 소농들 자신에게 그것보다 더 해로운 것은 없을 것이다. 그렇게 하는 것은, 농민들이 자신들의 해방으로 가는 길을 직접 막는 것이며 당을 소란스러운 반유태인주의의 수준으로 전락시키는 것이다. 그 반대가 되어야 한다. 자본주의가 지배하고 있는 한 농민들의 처지는 결코 구원될 수 없다는 것, 분할지 소유를 그대로 유지하는 것은 절대적으로 불가능하다는 것, 기차가 손수레를 밀치고 나갔듯이 자본주의적 대규모 생산은 무력한 낡은 소경영을 밀치고 나갈 것이라는 것은 절대적으로 확실하다는 것을 농민들에게 설명해 주는 것이 바로 우리 당의 의무이다. 만약 우리가 그렇게 한다면, 우리는 불가피한 경제적 발전이라는 확신 속에서 행동하는 것으로 될 것이다. 그리고 이 경제적 발전은 우리의 말을 이해할 수 있도록 소농의 머리를 일깨울 것이다.

　그런데 나는, 낭뜨 강령의 작성자들도 본질적으로는 나와 같은 견해를 갖고 있다는 확신을 표명하지 않고서는 이 문제에서 떠날 수 없다. 그들은, 지금 분할지 소유가 나타나고 있는 지역은 공동 소유로 넘어 가지 않을 수 없다는 것을 너무나도 잘 알고 있다. 그들 자신도 분할지 소유가 소멸할 운명에 처해 있다는 것을 인정하고 있다. 낭뜨 대회[212]의 전국 위원회에 라파르그가 작성하여 제출한 보고도 이러한 견해를 충분히 확인하고 있다. 그것은 금년 10월 18일자로 베를린의 『사회 민주주의자』에 독일어로 발표되었다. 낭뜨 강령에 나타나는 모순 투성이의 표현 방식을 통해서, 그 작성자들이 실제적으로 말하고 있는 것은 그들이 말하려고 하는 것과 다르다는 것이 드러나고 있다. 이미 사실로서 나타난 바와 같이, 자신들이 이해받지 못하고 자신들의 언명이 오용되고 있다고 하더라도, 그것은 당연히 그들 자신이 책임져야 할 일이다. 어쨌든 그들은 자신들의 강령을 좀더 자세히 설명해야 할 것이며, 다음에 있을 프랑스 대회는 그것을 근본적으로 교열하지 않으면 안 될 것이다.

　이제 규모가 보다 큰 농민으로 넘어가 보자. 여기에는 주로 상속 재산의 분할의 결과로 그리고 또한 부채와 토지의 강제 판매의 결과로, 분할지 농민으로부터 이전의 자신의 경지를 고스란히 혹은 더 나아가 그 이상으로 소유하고 있는 대농에 이르기까지, 여러 범례의 중간 단계들이 온전히 나타나고 있다. 중농이 분할지 농민들 가운데서 살아가고 있는 곳에서, 중농은 그 이해와 견해에 있어서 분할지 농민들과 본질적으로는 다르지 않다 ; 중농은, 자신의 경험을 통해서 자신과 같은 사람들이 얼마나 많이 이미 소농으로 전락해 있는가를 당연히 잘 알고 있을 것이다. 그러나 중농과 대농이 우세하게 나타나고 있고 영농에 일반적으로 하인과 하녀의 도움이 필요한 곳에서는, 사정이 아주 다르다. 노동자 당이 무엇보다도 먼저 임금 노동자, 따라서 하녀와 날품팔이 노동자의 편을 들어야만 하는 것은 당연하다 ; 따라서 노동자 당은 당연하게 노동자의 임금 노예제의 존속을 포함하는 그 어떤 약속도 농민에게 할 수 없는 것이다. 그러나 대농과 중농이 그대로 존속하는 한, 그런 한 그들은 임금 노동자 없이는 해 나갈 수 없다. 따라서 분할지 농민들에게 분할지 농민으로서의 자신들의 지속적인 존재를 약속해 주는 일이 우리로서는 그야말로 어리석은 짓이라면, 우리가 대농과 중농에게 똑같은 약속을 하려 한다면 그것은 이미 곧바로 배신 행위와 같은 것이
5 다.

　　여기에서 우리는 도시 수공업자들과의 유사점을 다시 발견하게 된다. 그들은 이미 농민들보다 더 심하게 멸망하고 있지만, 도제와 함께 직인을 고용하거나 도제에게 직인의 일을 시키는 수공업자들도 있다. 이러한 수공업 장인들 중에서 자신의 지위를 영구화하려는 장인들은, 반유태인주의자
10 들에게로 가서 거기에서조차도 자신들이 구원받을 수 없음을 납득할 때까지 있는 것이 좋을 것이다. 자신들의 생산 방식의 몰락이 불가피하다는 것을 알고 있는 그 밖의 장인들은 우리에게로 오고 있다. 그러나 다른 모든 노동자들이 겪게 될 미래의 운명을 함께 하겠다는 각오가 되어 있어야 한다. 대농과 중농도 이와 다르지 않다. 당연히 우리는 그들보다는 그들에게
15 예속된 자 즉 하녀와 날품팔이 노동자에 관심을 갖는다. 이 농민들이 자신들의 지속적인 경영에 대한 보장을 원한다면, 우리는 그들에게 절대로 그것을 제시할 수 없다. 그것을 원한다면, 그들이 가야할 곳은 반유태인주의자들, 농민 동맹원들, 온갖 것을 약속하고도 아무것도 지키지 않는 것에 기꺼이 만족하는 그러한 당파들의 곁이다. 이러한 농민들의 늘어가는 부채와 도
20 처에서 볼 수 있는 멸망이 이 농민들에게 증명하고 있듯이, 우리는 대농과 중농도 자본주의적 경영과 값싼 해외 곡물 생산의 경쟁 앞에 반드시 굴복하게 될 것이라는 경제적 확신을 갖고 있다. 우리는 여기에서도 농장을 협동 조합적 경영으로 통합할 것을 권고하는 것 이외에는 이러한 멸망에 대하여 어떠한 것도 행할 수 없는데, 이 협동 조합적 경영에서는 임금 노동에
25 대한 착취가 점차로 제거될 것이며, 이 협동 조합적 경영은 평등한 권리와 평등한 의무를 갖는 전국적인 대규모 생산 협동 조합의 여러 부문들로 점차로 전화되어 갈 것이다. 만일 이 농민들이 자신들의 현재의 생산 방식이 몰락할 수밖에 없다는 것을 인지한다면, 그리하여 그로부터 나오는 필연적인 귀결을 이끌어 낸다면, 그들은 우리에게로 올 것이다. 그렇게 된다면 변

화된 생산 방식으로의 이행에서 힘이 닿는 대로 그들의 짐을 가볍게 해주
는 것이 우리의 직무가 될 것이다. 그렇지 않다면, 우리는 그들을 그들의
운명에 맡겨 두고, 우리가 일찍부터 공감을 느끼고 있는 그들의 임금 노동
자에게로 방향을 바꿀 수밖에 없을 것이다. 여기에서도 우리는 아마 폭력적
수탈에 대해서는 논외로 하게 될 것이다. 그런데 경제적 발전이 한층 더 완   5
고한 이들에게도 분별력을 갖도록 만들리라는 것을 우리는 기대할 수 있다.

　대토지 소유의 경우에는 사정이 아주 단순하다. 여기에서 우리는 자본
주의적 경영을 공공연하게 보게 되며, 따라서 어떠한 주저도 있을 수 없다.
여기에서 우리는 우리 앞에 농촌 프롤레타리아를 목격하게 되는바, 우리의
과제는 명백하다. 우리 당이 국가 권력을 갖게 되자마자, 당은 공업에서의   10
공장주와 꼭 마찬가지로 대토지 소유자를 수탈해야 한다. 이 수탈에 대해
보상이 따르느냐 여부는, 대부분 우리에게 달려 있는 것이 아니라, 우리가
권력을 갖게 될 당시의 상황과 특히 대토지 소유자 신사분들 자신들의 태
도에 달려 있게 될 것이다. 우리는 보상을 어떠한 상황에서도 허용할 수 없
는 것으로 생각하지 않는다 ; 그 무리로부터 모두 사들일 수 있다면 우리는   15
가장 값싼 대가를 치르게 되는 셈일 것이라는 의견을 맑스는 나에게——
그것도 여러 번!——말한 바 있다. 그러나 여기에서 그것은 우리의 문제가
아니다. 우리는 사회 전체에 환원된 대농장들을, 그것들을 현재 경작하고
있고 또한 협동 조합으로 조직되게 될 농촌 노동자들에게 사회 전체의 통
제 하에 이용할 수 있도록 넘겨 주어야 할 것이다. 이것이 어떠한 방법으로   20
이루어져야 할 것인가에 대해서는 지금으로서는 어떤 것도 확정할 수 없다.
어쨌든 자본주의적 경영의 사회적 경영으로의 전환은 여기에서 충분히 준
비되어 있는 셈이며, 크룹 씨와 슈툼 씨의 공장이 보여 주는 바로 그 경우
처럼 하룻밤 사이에 이루어질 수도 있다. 그리고 이러한 농업 협동 조합의
예를 통해서 아직까지도 저항하고 있는 최후의 분할지 농민들도 그리고 다   25
수의 대농들도 협동 조합적 대규모 경영의 이점들을 납득하게 될 것이다.

　그리하여 여기에서 우리는 농촌 프롤레타리아들에게, 공업 노동자들에
게 그랬던 것처럼 빛나는 전망을 열어 줄 수 있을 것이다. 이렇기 때문에
엘베 강 동부 프로이센 농촌 노동자를 획득하는 일은 우리에게는 시간 문

제, 그것도 아주 짧은 시간 문제에 지나지 않을 수 있다. 그리고 우리가 엘
베 강 동부 농촌 노동자들과 함께 한다면, 곧바로 독일 전체에 아주 다른
바람이 불게 될 것이다. 엘베 강 동부 농촌 노동자들이 처해 있는 사실상의
반半농노제적 상태는, 프로이센 융커 지배의 주요한 기초이며 따라서 독일
5 에 특유한 프로이센의 패권의 주요한 기초이다. 점점 더 부채와 빈곤 상태
로 몰락하고 있고 국비와 사비로 기생 생활을 하고 있는 그리고 그렇기 때
문에 더욱더 자신들의 지배권에 폭력적으로 매달리고 있는 엘베 강 동부의
융커는, 관료와 군대 장교단이라는 프로이센에 특유한 성격을 낳았고 또 유
지하고 있다 ; 프로이센 국민의 독일 제국——이것이 당시로서는 바람직한
10 민족적 통일의 유일한 형태로서 당분간은 불가피하다는 것이 이해되고 있
었음에도 불구하고——이 국내에서는 그토록 증오의 대상이 되고 국외에
서는 그 빛나는 모든 승리들에도 불구하고 존경을 받기 힘들었던 것은, 바
로 그들의 거만과 편협함과 불손 때문이었다. 이 융커 권력은, 그들이 구
프로이센의 7 개 지역 전체에서——제국 영토 전체의 삼분의 일에 해당하
15 는 지역에서——정치적, 사회적 권력을 수반하는 토지 소유를 좌지우지하
고 있으며, 토지 소유에 대해서 뿐만 아니라 설탕 공장과 양주 공장을 매개
로 그 지역의 주요 공업들을 좌지우지하고 있다는 것에 근거하고 있다. 독
일의 여타 지역의 대토지 소유자도, 대공업가들도 이와 같이 유리한 처지
에 있지는 못하다 ; 전자도 후자도 제국 전체를 좌지우지하지는 못한다. 양
20 자는 넓은 지역에 걸쳐 산재해 있으며, 상호간에 그리고 그들을 에워싸고
있는 다른 사회적 요소들과 경제적, 정치적 패권을 놓고 경쟁하고 있다. 그
러나 프로이센 융커의 이와 같은 권세는 점점 더 그 경제적 기반을 잃어가
고 있다. 부채와 빈곤화는 온갖 국가적 원조(그런데 프리드리히 2세 이후로
이 원조는 정규적인 융커 예산에 포함되어 왔다)에도 불구하고 걷잡을 수
25 없이 확대되고 있다 ; 입법과 관습에 의해 승인되어 오고 있는 사실상의 반
농노제적 상태와 이것을 통해 가능하게 된 농촌 노동자에 대한 무제한적
착취만이 몰락하고 있는 융커 계층을 간신히 먹여 살리고 있다. 사회 민주
주의의 씨앗을 이 노동자들 속에 뿌리고 그들을 고무시키고 결집시켜 자신
들의 권리를 주장케 한다면, 융커의 지배는 종말을 고하게 될 것이다. 유럽

전체에 대해서 러시아 짜리즘이 그러했던 것처럼 독일에 대해서 똑같이 야만적이고 약탈적인 요소들을 대표하고 있는 이 대반동 권력은, 터진 거품처럼 한꺼번에 몰락할 것이다. 프로이센 군대의 '정예 부대'는 사회 민주주의 적으로 될 것이며, 그와 동시에 그 태내에 완전한 변혁을 품고 있는 권력 이동이 일어날 것이다. 바로 이런 까닭에 엘베 강 동부 농촌 프롤레타리아 를 획득하는 일은, 독일 서부의 소농이나 심지어는 독일 남부의 중농을 획득하는 일보다 훨씬 더 큰 중요성을 갖는다. 여기 엘베 강 동부 프로이센에 우리의 결정적인 전장이 있는 셈이며, 따라서 정부와 융커 계층은 우리가 여기에 다가가는 것을 전력을 다해 막을 것이다. 그리고——우리가 협박 당하고 있듯이——우리 당의 확대를 막기 위하여 새로운 폭력적 조치들이 취해진다면, 그것은 무엇보다도 엘베 강 동부 농촌 프롤레타리아트를 우리 의 선전으로부터 보호하기 위한 것일 것이다. 그렇다 하더라도 우리에게는 마찬가지이다. 어쨌든 우리는 농촌 프롤레타리아트를 획득할 것이다.

1894년 11월 15일에서 22일 사이에 씌어짐. 출전 : 『신시대』, 13년차, 1894/1895, 제1권, 제10호.

맑스·엥겔스 저작집, 제22권, 483-505면.

박기순 번역

프리드리히 엥겔스

[칼 맑스의 『1848년에서 1850년까지의

프랑스에서의 계급 투쟁』 단행본]

서설[213]

5 　　본 서에 의해 새롭게 출판되는 노작은, 맑스가 자신의 유물론적 파악 방식을 매개로 하여 현대사의 한 토막을 주어진 경제 상태로부터 설명하고자 한 최초의 시도였다. 『공산주의당 선언』에서는 그 이론은 근대사 전체에 걸쳐 대략적으로 적용되었고, 『신 라인 신문』의 맑스와 나의 기사들에서는 그 이론이 동시대의 정치적 사건들의 해석에 끊임없이 이용되었다. 이와는
10 　달리 여기서 다루고 있는 문제는, 수년 간에 걸친, 유럽 전체에 대하여 위기이자 전형적이었던 발전에 대하여 내적 인과 관계를 증명하는 것이다. 즉 저자의 생각에 따르자면 정치적 사건들을 종국적으로 경제적 원인들의 작용으로 소급하는 것이었다.

　　사건들 및 일련의 사건들을 그날의 역사로 판단할 때에는, 결코 **최종의**
15 　경제적 원인들로까지 되돌아갈 수 없을 것이다. 심지어 해당 분야의 전문 간행물들이 그토록 풍부한 자료를 제공하고 있는 오늘날이라 해도, 세계 시장에서의 상공업의 진행과 생산 방법들에서 나타나는 변화들을 나날이 추적하여, 다면적으로 연루되어 있고 부단히 변화하는 요인들로부터 임의의 시점마다 일반적 답을 끌어낼 수 있다는 것은 영국에서조차 불가능한
20 　일로 남아 있다. 게다가 이러한 요인들 가운데 가장 중요한 것들은 갑자기 폭력적으로 표면에 대두하기 전에는 오랜 시간 동안 은밀하게 작용한다. 주

어진 시기의 경제사에 관한 명확한 조망은 결코 동시대적으로 얻어지는 것
이 아니며, 그 후의 자료의 수집 및 검토 후에 뒷날에야 얻어지는 것이다.
통계는 여기서 필수 불가결한 보조 수단이며, 그것은 언제나 뒤늦게 뒤따른
다. 그런 까닭에 현재의 진행되고 있는 시대사에 대해서는, 이러한 가장 결
정적인 요인을 불변의 것으로, 해당 시기의 초기에 발견되는 경제적 상태   5
를 그 시기 전체에 주어진 변경 불가능한 것으로 취급한다거나, 이러한 상
태의 변화들 가운데 명료하게 눈앞에 펼쳐지는 사건 자체로부터 발생하며
따라서 마찬가지로 명료하게 드러나는 변화만을 고려하는 것이 종종 필수
적이다. 유물론적 방법은 따라서 여기에서는, 정치적 갈등들을 경제적 발전
에 의해 주어지는 현존하는 사회 계급들 및 계급 분파들의 이해 관계의 투   10
쟁으로까지 소급하는 것, 그리고 차이가 있긴 하지만 개별 정당들이 이와
동일한 계급들 및 계급 분파들의 적절한 정치적 표현임을 확인하는 것에
국한되어야 한다.

　　경제 상태의 동시대적 변화들, 연구할 모든 과정들의 본래의 토대를
이처럼 불가피하게 무시하는 것이 오류의 원천일 수밖에 없음은 자명하다.   15
그러나 당일의 역사를 총괄적으로 서술하기 위한 모든 조건들은 불가피하
게 자체에 오류의 원천을 포함하고 있다 ; 하지만 그렇다고 해서 그 누구도
당일의 역사를 기술할 것을 저지 당하는 것은 아니다.

　　맑스가 이 노작을 계획했을 때, 언급한 오류의 원천은 훨씬 불가피한
것이었다. 1848/49년 혁명 기간 동안에는 동시대적으로 일어나는 경제상의   20
변화들을 추적하는 것은 물론 그러한 경제적 변화들에 관한 조망을 유지하
는 것은 완전히 불가능했다. 런던으로 망명한 처음 몇 달인 1849/50년 가
을과 겨울 동안에도 마찬가지였다. 그런데 그때가 바로 맑스가 노작에 착수
한 시기였다. 그리고 상황의 이러한 불리함에도 불구하고, 2월 혁명 이전의
프랑스의 경제 상태뿐만 아니라 2월 혁명 이래의 이 나라의 정치사에 대해   25
서까지 지니고 있던 정확한 지식이 있었기에 맑스는 사건들을 서술할 수
있었다. 이 서술은 사건들의 내적 연관을 그 이래로도 비할 바 없는 방법으
로 밝혀 냈으며, 후에는 맑스 자신에 의해 실시된 이중의 시험에 훌륭히 합
격하였다.

첫 번째 시험은 1850년 봄 이래로 맑스가 다시 경제학 연구를 위한 여가를 갖게 되어 우선 지난 십 년의 경제의 역사를 연구하기 시작함으로써 이루어졌다. 그럼으로써 그가 이제까지 미흡한 자료로부터 절반은 선험적으로 추론했던 것이 다음과 같은 사실들 자체에 의해 그에게 완전히 명확해지게 되었다 : 1847년의 세계 상업 공황이 2월 혁명과 3월 혁명의 진정한 모체였다는 것, 그리고 1848년 중반 이래 서서히 다시 시작되어 1849년과 1850년에 만발한 산업 호황이 새로이 강화된 유럽 반동에 생명을 불어넣는 힘이 되었다는 것. 이것은 결정적인 것이었다. 최초의 세 기사(『신 라인 신문 N[euen] Rh[einischen] Z[eitung]. 정치 경제 평론』(함부르크, 1850년)의 1, 2, 3월호에 발표)에는 혁명적 에너지가 곧 새롭게 흥기하리라는 기대가 여전히 스며들어 있는 반면에, 마지막 호인 1850년 가을에 발행된 합본호(5월에서 10월까지)에 맑스와 내가 쓴 역사 개괄은 그것을 끝으로 이러한 환상들을 파괴했다 : "새로운 혁명은 새로운 공황의 결과로서만 나타날 수 있다. 그러나 또한 새로운 공황은 새로운 혁명만큼이나 확실하다."[214] 그러나 이것이, 취해진 유일한 본질적인 정정이기도 했다. 앞의 편들에서 제시된 사건 해석이나 거기서 설정한 원인 관계에는 전혀 변경해야 할 것이 없으며, 이것은 바로 그 개괄에서 주어진 1850년 3월 10일부터 가을까지에 대한 연속적인 이야기가 입증한 바와 같다. 나는 이 속편을 그래서 현재의 새로운 판에서 네 번째 논문으로 함께 수용하였다.

두 번째 시험은 훨씬 엄격한 것이었다. 1851년 12월 2일 루이 보나빠르뜨의 쿠데타 직후에 맑스는 1848년 2월부터 혁명적 시기를 당분간 종결시킨 이 사건에 이르기까지의 프랑스 역사를 새롭게 연구하였다.(『루이 보나빠르뜨의 브뤼메르 18일』, 제3판, 함부르크, 마이스너, 1885년.[215]) 이 소책자에서는, 본 서에서 서술되고 있는 시기가 간략하게나마 다시 다루어지고 있다. 일년이 좀더 지난 후에 일어난 결정적인 사건들에 비추어 쓰여진 이 두 번째 서술을 본 서와 비교해 본다면, 저자가 바꾼 것이 거의 없다는 사실을 발견할 것이다.

본 서가 매우 특별한 의의를 갖게 되는 것은, 세계 모든 나라의 노동자당들의 전반적 합의가 다음과 같은 경제적 재편이라는 자신들의 요구를 간략히 요약하는 공식을 본 서가 처음으로 언표했다는 사정 때문이다 : 사회를 통한 생산 수단의 전유. 두 번째 장에서는 "프롤레타리아트의 혁명적 요구들이 요약된 최초의 서투른 공식"이라고 지칭되는 "노동의 권리"를 언급하는 계제에 다음과 같이 말하고 있다 : "……그러나 노동의 권리 뒤에는 자본에 대한 폭력이 서 있고, 자본에 대한 폭력 뒤에는 **생산 수단의 전유,** 연합 ⁵ 한 노동자 계급 아래로의 생산 수단의 복속,   따라서 임금 노동과 자본 이 양자의 상호 관계의 철폐가 서 있다."[216] 여기에는 따라서 —— 최초로 —— 현대의 노동자 사회주의를 봉건적, 부르주아적, 소부르주아적 등등의 서로 다른 색조를 띠는 모든 사회주의는 물론이고 유토피아적 노동자 공산주의 및 자연 성장적 노동자 공산주의의 혼란스러운 재산 공유제와도 뚜렷이 구 ¹⁰ 별해 주는 명제가 정식화되어 있다. 나중에 맑스가 교환 수단의 전유에까지 이 공식을 확장시켰다면, 『공산주의당 선언』 이후 더욱이 자명해진 이러한 확대는 그 주요 명제로부터의 필연적 결론을 언급한 것에 불과하다. 영국의 몇몇 현명한 사람들은 최근에 첨언하기를, '분배 수단'도 사회에 양도되어야 한다고 한다. 그렇다면 생산 수단이나 교환 수단과는 다른 이 경제적 분배 ¹⁵ 수단이 도대체 무엇인지를 이 양반들도 말하기는 어려울 것이다 ; 그렇다면 그것은 작센발트[217]나 다른 재산 증여들을 포함하여 세금, 빈민 구제 등의 **정치적** 분배 수단을 말하는 것일 것이다. 그러나 그러한 것들은 첫째로 이미 이제는 공동 보유의, 국가나 공동체 보유의 분배 수단이며, 둘째로 우리 가 폐지하려 하는 것이 정확히 그러한 것들이다. ²⁰

   2월 혁명이 발발했을 때 우리 모두는, 혁명 운동의 조건들과 경과에 대한 우리들의 표상과 관련하여, 이제까지의 역사적 경험, 특히 프랑스의 경험에 속박되어 있었다. 이 프랑스의 경험이 바로 1789년 이래로 유럽 전체의 역사를 지배해 왔으며, 그로부터 이제 다시 한 번 전반적인 변혁을 위한 신호가 나왔다. 그래서 빠리에서 1848년 2월에 선언된 '사회' 혁명, 프롤 ²⁵ 레타리아 혁명의 본성과 진행에 대한 우리들의 표상이 1789-1830년의 모범에 대한 기억들로 강하게 채색되어 있었던 것은 자명하고도 불가피한 일이었다. 더욱이 빠리 반란이 자신의 반향을 빈, 밀라노, 베를린의 성공적인 반란들에서 발견하였을 때; 러시아 국경에 이르기까지 유럽 전체가 운동에 휩쓸렸을 때; 그리하여 6월에 빠리에서 지배권을 놓고 프롤레타리아트와
5 부르주아지 사이에 최초의 대전투가 벌어졌을 때; 모든 나라의 부르주아지가 자기 계급의 승리 자체에 충격을 받아, 바로 직전에 타도된 군주제적-봉건적 반동의 품안으로 다시 피신하였을 때——그때 당시의 상황에서 우리에게는, 대규모의 결정적인 투쟁의 봉인이 뜯겼다는 것, 이 투쟁은 단일하고 장구하며 변화 무쌍한 혁명 기간 동안 싸움을 통해 끝을 보아야 한다는
10 것, 그러나 이 투쟁은 오직 프롤레타리아트의 최종적인 승리로 종결될 수 있을 뿐이라는 것 등은 의심의 여지가 없었다.

우리는 1849년의 패배 후에 명목상의in partibus 임시 미래 정부[218] 주위에 집결하던 속류 민주주의자들의 환상들을 결코 나누어 갖지 않았다. 이들은 '압제자'에 대한 '인민'의 머지않은, 단호하고도 결정적인 승리에 의
15 지하고 있었다; 우리는 '압제자'의 제거 이후의, 바로 이 '인민' 내부에 숨어 있는 대립적 요소들 사이의 장기적인 투쟁에 의지하고 있었다. 속류 민주주의자들은 오늘과 내일이 다르게 새롭게 터져 나오는 일을 기대하였다; 우리는 이미 1850년 가을에, 적어도 혁명적 시기의 첫 장은 종결되었으며 새로운 세계 경제 공황이 발발할 때까지는 아무것도 기대할 수 없다고 선언
20 하였다. 이러한 이유로 우리는 혁명의 배신자로 파문 당하기도 하였는데, 다름아니라 나중에 거의 예외 없이 비스마르크와 강화를 맺은 사람들에 의해 파문 당하였던 것이다——수고할 가치가 있다고 생각했던 사람에 한해서 비스마르크가 타협을 맺기는 했지만.

그러나 역사는 우리 또한 틀렸음을 보여 주었으며, 당시의 우리의 견
25 해가 환상이었음을 드러내 주었다. 역사는 훨씬 더 나아갔다; 역사는 당시의 우리의 오류를 불식시켰을 뿐만 아니라, 프롤레타리아트가 투쟁해야 하는 조건들을 완전히 변혁하기도 하였다. 1848년의 투쟁 방식은 오늘날 모든 점에서 진부한 것이 되어 버렸는데, 이 점은 이번 기회에 더 상세히 연구해 볼 만한 가치가 있다.

이제까지의 모든 혁명은 어떤 특정한 계급 지배를 통한 다른 계급 지배의 구축으로 귀결되었다 ; 이제까지의 모든 지배 계급은 그러나 지배받는 인민 대중과 비교할 때 미미한 소수자였을 뿐이다. 지배자이던 어떤 소수자가 타도되면, 다른 소수자가 그들을 대신하여 국가의 방향타를 장악하고 국가 장치를 자신들의 이해 관계에 맞게 개조하였다. 그들은 언제나 경제 발전의 상태를 통해 지배와 관련한 능력과 사명이 주어지는 소수자 집단이었으며, 바로 이런 이유로 그리고 오직 이런 이유로만, 지배받는 다수자는 소수자를 위하여 변혁에 가담하거나 그저 조용히 그 변혁에 따르거나 하였다. 그러나 만약 우리가 각 경우의 구체적인 내용을 도외시한다면, 이 모든 혁명의 공통적인 형태는 소수자 혁명이었다는 점이다. 다수자가 함께한 경우에조차도 —— 의식하고 있든 아니든 —— 소수자에게 봉사하였을 뿐이다 ; 그러나 이러한 사실 때문에, 혹은 그저 다수자의 수동적이고 무저항적인 태도 때문에도, 소수자는 마치 자신들이 전체 인민의 대표자인 듯한 외양을 띠게 되었다.

최초의 대성공 후에, 승리한 소수자는 대개 분열하였다 ; 절반은 얻은 것에 만족하고, 다른 절반은 여전히 앞으로 나아가려 하고 새로운 요구를 내놓았는데, 그러한 요구는 적어도 부분적으로는 광범한 인민 대중의 현실적인 또는 겉보기만의 이해 관계에 따른 것이기도 하였다. 이러한 더 급진적인 요구들은 개별적인 경우에는 관철되기도 하였다 ; 대개는 그러나 순간적일 뿐이어서, 더 온건한 당파가 다시 우세를 점하였고, 최근에 획득된 것은 전부 혹은 부분적으로 다시 상실되었다 ; 패배자들은 배반을 규탄하거나 패배를 우연의 탓으로 돌렸다. 그러나 실제로는 사태는 대개 이랬다 : 최초의 승리의 획득물은 더 급진적인 당파의 두 번째 승리를 통해서 비로소 보장되었다 ; 이것이 달성되고 또 이와 함께 당장의 필요가 달성되면, 급진파와 그들의 성과는 다시 무대에서 사라졌다.

십칠 세기 영국의 대혁명으로 시작된 근대의 모든 혁명들이 이러한 특징들을 보여 주었으며, 이 특징들은 어떤 혁명 투쟁과도 분리할 수 없는 것으로 보였다. 이 특징들은 해방을 위한 프롤레타리아트의 투쟁에도 적용될 수 있는 것처럼 보였다 ; 바로 1848년에는 이 해방을 어떤 방향에서 구할 것인지를 조금이라도 이해하고 있던 사람이 손꼽을 정도였기 때문에 더욱 적용될 수 있는 것처럼 보였다. 빠리에서조차도 프롤레타리아 대중 자신은 승리 이후, 나아갈 길과 관련하여 완전히 불명료하였다. 하지만 운동은 있었는바, 그 운동은 본능적이었고 자연 발생적이었으며 억누를 수 없는 것이었다. 이것이 바로, 소수자에 의해 지도되지만 이번에는 소수자의 이해 관계를 위해서가 아니라 다수자의 가장 참된 이해 관계를 위해 수행되는 그러한 혁명이 성공하지 않을 수 없는 상황이 아니었을까? 어느 정도 길었던 모든 혁명 기간에는 앞으로 몰아대는 소수자의 명백한 기만만으로도 광범한 인민 대중을 쉽게 획득했는데, 어떻게 그 인민 대중이 자신들의 경제적 상태를 가장 참되게 반영하고 있는 사상, 즉 그들 스스로 이해하지는 못하였어도 이제야 막연하게나마 느끼고 있는 자신들의 요구의 명확하고 이해하기 쉬운 표현인 사상에 덜 민감할 수 있었겠는가? 물론 대중의 이러한 혁명적 정서는 환상이 사라지고 실망이 시작되자마자 거의 언제나, 그리고 대부분 매우 급속히 권태나 심지어는 정반대로의 전변에게 자리를 내 주었다. 그러나 여기서 문제가 되었던 것은 기만이 아니라, 대다수 자신의 가장 참된 이해 관계, 당시 이 대다수에게 결코 명확하지는 않았지만 곧 실제 실현 과정에서 납득할 만한 목격을 통해 충분히 분명하게 될 수밖에 없는 이해 관계의 실현이다. 그리고 더군다나 맑스의 세 번째 기사에서 입증한 바와 같이, 1850년 봄에는 1848년의 '사회' 혁명에서 성립된 부르주아 공화국의 발전이 실제의 지배권을 대부르주아지——게다가 군주제에 마음이 있는——의 수중에 집중시켰고, 이와 반대로 농민이나 소부르주아지 같은 다른 모든 사회 계급들은 프롤레타리아트의 주변에 결집하여서 공동의 승리 때나 그 이후에는 농민이나 소부르주아지가 아니라 경험을 통해 현명해진 프롤레타리아트가 결정적인 요인이 될 수밖에 없었다면——소수자 혁명의 다수자 혁명으로의 전변을 위해 모든 전망이 현존하고 있는 것이 아니었는가?

역사는 우리가 그리고 우리와 유사하게 생각했던 모두가 틀렸음을 보여 주었다. 역사는 대륙의 경제 발전 상태가 당시에는 아직 자본주의적 생산의 제거를 위해서는 어디까지나 성숙하지 않았다는 사실을 명백히 해 주

었다 ; 역사는 경제 혁명을 통해 이를 입증하였는데, 이 경제 혁명은 1848년
이래로 대륙 전체를 사로잡았고, 프랑스, 오스트리아, 헝가리, 폴란드, 그리
고 최근에는 러시아의 대공업에 처음으로 진정한 시민권을 부여하는 한편,
독일을 그야말로 일급 산업 국가로 만들었다 ―― 모든 것은 1848년에는 따
라서 아직 매우 팽창할 수 있는 능력을 갖고 있던 자본주의적 기초 위에서   5
이루어졌다. 그러나 바로 이러한 산업 혁명이 도처에서 처음으로 계급 관계
를 명확히 하였다. 그것은 매뉴팩처 시대로부터 전해지거나 동유럽에서는
쭌프트 수공업으로부터도 전해진 수많은 중간 존재들을 제거하였으며, 진
정한 부르주아지와 진정한 대공업 프롤레타리아트를 산출하여 사회 발전의
전면으로 내몰았다. 그럼으로써, 영국을 제외한다면 1848년에는 빠리나 아   10
니면 기껏해야 몇몇 대규모 산업 중심지에서만 현존했던 이들 양 거대 계
급들의 투쟁은 비로소 유럽 전체로 확산되었으며, 1848년에는 생각할 수
없었던 강도에 도달하였다. 당시에는 만병 통치약을 지닌 수많은 불명확한
종파들의 복음들이 있었으나 오늘날에는 하나가 일반적으로 인정되고 있는
바, 그것은 투쟁의 최종 목표를 날카롭게 공식화하고 있는 맑스의 투명하고   15
명확한 이론이다 ; 당시에는 지역과 민족체에 따라 분리되고 구별되어 오직
공통된 고통의 감정에 의해서만 연계되어 있는, 미발전한, 감격과 절망 사
이에서 어찌할 바를 모르는 채 이리저리 내던져진 대중이 있었으나, 오늘날
에는 사회주의자들의 하나의 거대한 국제적 군대가 있어서 중단 없이 전진
하고 있으며 날마다 수, 조직, 규율, 통찰력, 승리에 대한 확신이 증대하고   20
있다. 이렇게 강력한 프롤레타리아트의 군대조차 아직 목표에 도달하지 못
했다면, 강력한 한 번의 타격으로 승리를 얻는 것과는 거리가 먼 고되고 집
요한 투쟁 속에서 이 진지에서 저 진지로 서서히 밀고 나아가야 한다면, 이
것은 단순한 기습으로 사회 개조를 전취하는 것이 1848년에는 얼마나 불가
능하였는가를 단연코 입증해 주는 것이라 하겠다.   25
　　두 개의 왕조적-군주주의적 분파로 분열되어 있었으나 자신들의 돈벌
이를 위해 무엇보다도 안녕과 안정을 요구하였던 부르주아지가 있었고, 패
배하기는 하였으나 여전히 위협적인 프롤레타리아트가 그들과 맞서 있었는
데, 이 프롤레타리아트 주위에는 소시민 층과 소농민이 점점 집결하고 있었

으니——폭력적 폭발의 위험은 항시 있었음에도 불구하고 그것은 궁극적
인 해결에 대한 어떠한 전망도 제시하지는 못하였다——, 이는 마치 제삼
의 사이비 민주주의 왕위 계승 요구자 루이 보나빠르뜨의 쿠데타를 위해
조성된 것과 같은 상황이었다. 군대를 통하여 1851년 12월 2일에 루이 보
5 나빠르뜨는 긴장된 상황에 종지부를 찍어 유럽에 국내의 안녕을 보장하였
고, 유럽은 새로운 전쟁 시대[219]를 맞는 행복을 누리게 되었다. 아래로부터
의 혁명의 시기는 당분간 종결되었다 ; 위로부터의 혁명의 시기가 그 뒤를
이었다.

　　1851년 제정주의적 반동은 그 시기 프롤레타리아트의 열망이 미성숙
10 하였다는 것을 새로이 증명하였다. 그러나 이 반동 자체는 프롤레타리아트
의 열망이 성숙될 수밖에 없는 조건들을 조성하지 않을 수 없었다. 국내의
안녕은 새로운 산업 호황의 완전한 전개를 보장해 주었으며, 군대에 일거리
를 주고 혁명적 조류들의 관심을 밖으로 돌려야 할 필요는 전쟁을 낳았는
바, 그 전쟁에서 보나빠르뜨는 "민족체 원리"[220]를 관철한다는 구실로 프
15 랑스에 유리한 병합을 거저 얻고자 하였다. 그의 모방자 비스마르크는 프로
이센을 위해 이와 동일한 정책을 채택하였다 ; 그는 1866년에 독일 연방과
오스트리아에 맞서서, 그리고 마찬가지로 프로이센 분쟁 의회에 맞서서 쿠
데타, 위로부터의 혁명을 일으켰다. 그러나 유럽은 두 명의 보나빠르뜨에게
는 너무 좁았으며, 그리하여 역사의 아이러니라고나 할까 비스마르크는 보
20 나빠르뜨를 타도하였고 프로이센의 빌헬름 왕은 소독일 제국뿐만 아니라
프랑스 공화국까지 세웠다. 그러나 전반적인 결과는 유럽에서 폴란드를 제
외하면 대민족들의 독립과 국내적 통일이 하나의 사실로 되었다는 것이다.
물론 이것은 상대적으로 얼마 안 되는 경계 내에서 그러했다——하지만
어쨌든 노동자 계급의 발전 과정은 더 이상 민족 분쟁을 본질적인 장애로
25 보지 않을 만큼은 되었다. 1848년 혁명의 무덤을 팠던 사람들은 혁명의 유
언 집행인들이 되었다. 그리고 그들 곁에 1848년의 상속인인 프롤레타리아
트가 인터내셔널로 결합하며 위협적으로 일어났다.

　　1870/71년의 전쟁 이후에 보나빠르뜨는 무대에서 사라졌으며, 비스마
르크의 사명은 완수되어 그는 이제 다시 평범한 융커로 내려앉을 수 있었

다. 그러나 그 시기를 종결한 것은 빠리 꼬뮌이었다. 빠리 국민 방위대의
화포를 훔치려는 띠에르의 음흉한 시도는 승리를 거둔 봉기를 불러일으켰
다. 빠리에서는 프롤레타리아 혁명 이외의 다른 어떠한 혁명도 더 이상 가
능하지 않음이 다시 한번 증명되었다. 지배권은 승리 이후에 완전히 노동자
계급 자신에 의해, 전혀 이론의 여지 없이 노동자 계급의 품속으로 떨어졌   5
다. 그리고는 다시 한번, 본 서에서 묘사한 시대로부터 이십 년이 지난 그
때조차도 노동자 계급의 이러한 지배가 얼마나 불가능한지가 증명되었다.
한편으로 프랑스는 빠리를 방치해 두었으며, 빠리가 막마옹의 총탄 아래 피
를 흘리는 것을 방관하였다 ; 다른 한편으로 꼬뮌은 분열된 두 당파인 블랑
끼주의자들(다수파)과 프루동주의자들(소수파)의 결실 없는 싸움으로 쇠약   10
해졌으며, 그 두 당파도 무엇을 해야 할지를 알지 못했다. 1871년에 선사된
승리는 1848년의 기습과 꼭 마찬가지로 결실이 없었다.

　　빠리 꼬뮌과 함께 전투적 프롤레타리아트가 궁극적으로 매장된다고
사람들은 믿었다. 그러나 그와는 정반대로, 꼬뮌과 독일-프랑스 전쟁으로
부터 그들의 가장 강력한 비약이 시작되었다. 무기를 들 수 있는 주민 전체   15
를 백만 단위로만 셀 수 있는 군대에 편입시키는 것을 통해 또 전대 미문의
효력을 지닌 화기, 탄환, 폭약 등을 통해 군사 전반의 총체적인 변혁이 이
루어졌다. 이 변혁은, 한편으로는 보나빠르뜨 식의 전쟁 시대를 급속히 종
결시켰으며, 전대 미문의 참화와 절대로 계산할 수 없는 결과를 가져올 세
계 대전 이외에 다른 어떤 전쟁도 불가능하게 함으로써 평화로운 산업 발   20
전을 보장해 주었다. 다른 한편으로, 이 총체적인 변혁은 기하 급수적인 군
비 증대를 초래하여 세금을 조달할 수 없는 수준으로 밀어붙였으며, 그럼으
로써 빈곤한 인민 계급을 사회주의의 품으로 밀어붙였다. 미친 듯한 군비
경쟁의 가장 직접적인 원인인 알자스-로렌의 병합은 프랑스와 독일의 부르
주아지로 하여금 국수주의적으로 서로 맞붙게 하도록 부추길 수 있기는 했   25
다 ; 양국의 노동자들에게는 그것은 단결의 새로운 끈이 되었다. 그리고 빠
리 꼬뮌의 기념일은 전체 프롤레타리아트의 최초의 공동 축제일이 되었다.

　　1870/71년의 전쟁과 꼬뮌의 패배는, 맑스가 예견했듯이 유럽 노동자
운동의 중심을 당분간 프랑스에서 독일로 이전시켰다. 프랑스에서는 1871

년 5월의 출혈에서 회복하는 데 당연히 여러 해가 걸렸다. 그에 반해, 프랑스로부터 수십 억의 축복[221]까지 받아 마치 온실 속에서처럼 촉진된 산업이 점점 더 급속히 발전하였던 독일에서는 사회 민주주의당이 훨씬 더 빠르고 지속적으로 성장하였다. 독일 노동자들이 1866년에 도입된 보통 선거
5 권을 활용할 때 보인 이해력 덕분에, 당의 경이로운 성장은 논란의 여지가 없는 숫자로 전세계에 분명하게 되었다. 사회 민주주의당의 표는 1871년 : 102,000, 1874년 : 352,000, 1877년 : 493,000이었다. 그러자 이러한 진전에 대한 고위 관계 당국의 인식이 사회주의자 법[148]의 형태로 나타났다 ; 당은 일시적으로 파열되었고, 표수는 1881년에 312,000으로 떨어졌다. 그러나
10 이것은 신속히 극복되었다. 예외법의 압박 아래, 신문도 없이, 외부 조직도 없이, 결사 및 집회의 권리도 없이 급속한 성장이 이제 비로소 시작되었다 : 표는 1884년 : 550,000, 1887년 : 763,000, 1890년 : 1,427,000이었다. 그러자 국가의 손은 마비되었다. 사회주의자 법은 사라졌고, 사회주의자의 표수는 전체 투표수의 사분의 일이 넘는 1,787,000으로 증가했다. 정부와 지배 계
15 급은 자신들의 모든 수단을 소진하였다 —— 무용하고, 무의미하고, 성과가 없었다. 야경꾼에서 제국 수상에 이르는 당국자들이 치욕적이지만 받아들일 수밖에 없는 자신들의 무력함에 대한 손에 잡힐 듯한 명백한 증거 —— 그리고 업신여기던 노동자들로부터 나온! —— 이러한 증거들은 수백만을 헤아렸다. 국가는 막다른 골목에 다다랐고, 노동자들은 이제 자신의 일을
20 시작하고 있었다.

　게다가 독일 노동자들은 자신들의 대의에, 가장 강하고 가장 잘 훈련되었고 가장 급속하게 불어나는 사회주의 당으로 존재한다는 것만으로도 주어지는 첫 번째의 공헌과 함께 두 번째의 큰 공헌을 하였다. 그들은 보통 선거권을 어떻게 이용하는지를 만국의 동지들에게 보여 줌으로써, 그 동지
25 들에게 새로운, 가장 날카로운 무기를 제공하였던 것이다.

　보통 선거권은 이미 오래 전부터 프랑스에 있었지만, 보나빠르뜨 정부가 그것을 악용함으로써 평판이 좋지 못하였다. 꼬뮌 이후에는 그것을 이용할 노동자 당이 존재하지 않았다. 에스빠냐에도 공화제 이래로 보통 선거권이 존재했지만, 에스빠냐에서는 선거 포기가 옛날부터 모든 진지한 반정부

당들의 통례였다. 스위스의 보통 선거권 경험 또한 노동자 당을 고무하는 것이 결코 아니었다. 라틴 계 나라들의 혁명적 노동자들은 선거권을 하나의 덫으로, 정부의 기만의 도구로 보곤 하였다. 독일에서는 사정이 달랐다. 『공산주의당 선언』은 이미 보통 선거권의 쟁취, 민주주의의 쟁취를 전투적 프롤레타리아트의 제일의 그리고 가장 중요한 과제 가운데 하나로 선언한 바 있으며, 라쌀레도 이러한 입장을 다시 수용하였다. 이제 비스마르크가 인민 대중의 관심을 자신의 계획으로 끌기 위한 유일한 수단으로 부득이 이 선거권을 도입해야 함을 알았을 때, 우리의 노동자들은 즉시 그것을 진지하게 취급하고 아우구스트 베벨을 최초의 헌법 제정 제국 의회로 보냈다. 그리고 그날로부터, 그들은 선거권을 이용하여 천 배의 대가를 가져왔으며 만국의 노동자들에게 모범이 되었다. 그들은 선거권을, 프랑스 맑스주의 강령에 있는 말대로 하자면, transformé, de moyen de duperie qu'il a été jusqu'ici, en instrument d'émancipation —— 이제까지 기만의 수단이었던 것에서 해방의 도구로 변화시켰다.[222] 그리고 비록 보통 선거권이 다음과 같은 것, 즉 삼 년마다 우리의 수를 헤아릴 수 있게 해 준다는 것 ; 정기적으로 확인되는 전혀 예상하지 못했던 급속한 표수의 증가를 통해, 바로 그만큼 노동자들의 승리에 대한 확신을 증대시키고 적들의 위축을 심화시켰으며 따라서 우리의 가장 좋은 선전 수단이 되었다는 것 ; 우리에게 우리 자신의 힘과 모든 적대적 당들의 힘에 대해 정확히 보고하고, 그럼으로써 우리에게 우리의 행동의 균형을 맞추게 하기 위한, 어떤 것에도 뒤지지 않는 기준을 제공하였다 —— 우리를 때에 맞지 않는 소심함과 동시에 때에 맞지 않는 무모함에 빠지지 않도록 하면서 —— 는 것 이외에 어떤 다른 이득을 주지 못했다 하더라도, 비록 이것이 우리가 선거권에서 얻은 유일한 이득이라 하더라도, 이것으로도 이미 충분하다. 그러나 보통 선거권은 그보다 훨씬 많은 일을 하였다. 선거 선동을 통하여 보통 선거권은 우리에게, 아직은 우리와 멀리 있던 인민 대중과 접촉할 수 있는, 모든 정당들로 하여금 우리의 공격에 대하여 자신들의 견해와 행위를 모든 인민 앞에서 변호하도록 강요하는, 어떤 것에도 뒤지지 않는 수단을 제공하였다 ; 보통 선거권은 제국 의회의 우리 대표자들에게 연단을 열어 놓아서, 그 연단에서 우리의 대표자들은 신문이나 집회에서와는 완전히 다른 권위와 자유를 가지고 의회 내의 적대자들과 의회 밖의 대중들에게 이야기할 수 있었다. 선거 선동과 사회주의자들의 의회 연설이 지속적으로 사회주의자 법을 어기고 있는 마당에, 그 법이 정부와 부르주아지에게 무슨 도움이 되었겠는가?

5 　　그런데 보통 선거권의 이러한 성공적인 활용과 함께, 프롤레타리아트의 전혀 새로운 투쟁 방법이 효과를 발휘하였으며 또 이는 신속히 더욱 발전하였다. 부르주아지의 지배가 조직되는 국가 장치들은 노동자 계급이 바로 이러한 국가 장치들과 투쟁할 수 있는 훨씬 더 많은 칼자루를 제공한다는 것이 밝혀졌다. 사람들은 개별 나라의 의회, 지방 평의회, 산업 재판소

10 등의 선거에 참가하였으며, 차지한다면 프롤레타리아트의 충분한 부분이 발언권을 갖게 되는 모든 직위를 놓고 부르주아지와 싸웠다. 그래서 부르주아지와 정부는 노동자 당의 비합법 행동보다는 합법 행동을, 반란의 성과보다는 선거의 성과들을 훨씬 더 두려워하게 되는 일이 벌어졌다.

　　왜냐하면 거기에서도 투쟁의 조건들이 본질적으로 변화했기 때문이었

15 다. 1848년까지는 모든 곳에서 최후를 결정하였던 구식의 반란이나 바리케이드 시가전은 현저하게 낡은 것이 되었다.

　　이 점에 대해 환상을 갖지 말도록 하자 : 시가전에서의 군에 대한 폭동자들의 실질적인 승리, 두 군대 사이에서의 승리와 같은 승리는 지극히 드문 일이다. 그런데 폭동자들도 마찬가지로 드물게 그러한 것을 노린다. 그

20 들에게 문제로 되었던 것은 도덕적 영향력으로 부대를 회유하는 것이었는데, 도덕적 영향력은 두 교전국 군대의 전투에서는 전혀 역할을 하지 않거나 역할을 한다 해도 매우 보잘것없는 정도로만 역할을 한다. 만약 이것이 성공한다면, 부대가 말을 듣지 않거나 지휘관들이 당황하여 봉기는 승리하게 된다. 만약 이것이 성공하지 못한다면, 부대 측이 소수인 경우에조차 더

25 좋은 장비와 훈련, 일관된 지휘, 계획적인 전투력의 사용, 규율과 같은 것들의 우월함이 입증되게 된다. 폭동이 현실적인 전술적 행동에서 낳을 수 있는 최상의 것은 개개의 바리케이드를 솜씨 좋게 설치하고 방어하는 일이다. 상호 지원, 예비군의 편성과 운용, 간단히 말해 대도시 전체는 말할 것도 없고 도시의 한 구역을 방어하기 위해서도 이미 불가결한 개별 부대들의

공동 활동과 맞물림은 잘 된다고 해도 결함이 있으며 대개의 경우 전혀 이루어질 수 없다 ; 따라서 결정적인 한 지점에 전투력을 집중시키는 일은 자연히 불가능하다. 그러므로 소극적인 방어가 주된 투쟁 형태이다 ; 공격은 여기저기서 일어나겠지만, 그것 또한 예외적인 것으로서 그때그때의 돌진이나 측면 공격에만 해당되며, 대개 퇴각하는 부대가 포기한 진지를 점령하 는 데에 국한된다. 더군다나 부대는 화포와 잘 무장되고 훈련된 공병대를 마음대로 사용할 수 있는데, 이는 폭동자들에게는 거의 모든 경우에 전적으로 결여되어 있는 전투 수단이다. 그러므로 최대의 영웅적 용기로 수행된 바리케이드 투쟁——1848년 6월 빠리, 1848년 10월 빈, 1849년 5월 드레스덴——들조차 공격군의 우두머리들이 정치적 고려에 장애를 받지 않고 순수하게 군사적인 관점에 입각하여 행동하고 그들의 병사들이 신뢰할 만한 경우에는, 곧 봉기가 패배로 끝났다는 것은 놀라운 일이 아니다.

1848년까지의 봉기자들의 수차례에 걸친 승리는 다면적인 원인들에 힘입은 것이다. 빠리에는 1830년 7월과 1848년 2월에, 에스빠냐의 대부분의 시가전에서처럼 봉기자들과 부대 사이에 시민병이 있었다. 이들은 직접 봉기자들의 편에 서거나 그렇지 않으면 미온적이고 엉거주춤한 태도를 취하여 부대 역시 동요하도록 만들었으며, 게다가 봉기에 무기를 제공하였다. 빠리의 1848년 6월처럼 이러한 시민병이 처음부터 봉기에 반대한 곳에서는 봉기 또한 패배하였다. 베를린에서는 1848년에 인민이 승리하였는데, 그것은 부분적으로는 3월[März] 18일 밤과 19일 아침 사이에 새로운 전투력이 현저히 증강되었기 때문이며, 부분적으로는 부대가 지칠 대로 지치고 급식이 열악했던 결과이며, 부분적으로는 명령 전달이 마비된 결과이다. 그러나 어떤 경우에든 승리를 전취한 이유는 군대가 말을 듣지 않았기 때문이며, 지휘관들에게 결단력이 사라졌기 때문이거나 그들의 손이 묶였기 때문이었다.

이렇듯 전형적 시가전 시대에서조차 바리케이드는 물질적이라기보다는 정신적으로 작용하였다. 바리케이드는 군의 견고함을 혼들어 놓는 수단이었다. 이것이 성공할 때까지 바리케이드가 지속된다면 승리에 도달하였다 ; 그렇지 않은 곳에서는 진압되었다. <이것이 혹시 있을지 모르는 장래

의 시가전의 기회를 탐구할 때에도 눈여겨보아야 하는 중요한 점이다.>

이러한 기회는 이미 1849년에는 상당히 적었다.[223] 부르주아지는 도처에서 정부 편이 되었으며, '교양과 자산'은 봉기를 진압하려 출발하는 군을 환영하고 접대하였다. 바리케이드는 마력을 상실했다 ; 병사는 바리케이드
5 뒤에서 더 이상 '인민'이 아니라 반란자, 민심 교란자, 약탈자, 분열자, 사회의 폐물들을 보았다 ; 장교는 시간이 지남에 따라 시가전의 전술 형식에 조예가 깊어져서, 더 이상 즉석에서 지어진 흉벽에 정면으로 엄호 없이 행진해 나아가지 않고 정원, 마당, 집들을 우회하였다. 그리고 이것은 이제 약간의 기량으로도 십중팔구 성공하였다.

10 그러나 그 이래로 훨씬 더 많은 것들이 변했으며, 그 모두는 군에게 유리한 것들이었다. 대도시들이 현저하게 커졌다면, 군대는 그 이상으로 커졌다. 빠리와 베를린은 1848년 이래로 네 배가 못 되게 성장하였지만, 그 수비대들은 그 이상으로 되었다. 이 수비대들은 철도로 24 시간 내에 두 배이상으로 늘 수 있었고, 48 시간 내에는 거대한 군대로 팽창될 수 있었다.
15 이렇게 엄청나게 강화된 부대 인원의 무장은 비교할 수 없을 정도로 효능이 좋아졌다. 1848년에는 활강 격발 전장총이 있었다면, 오늘날에는 소구경 탄창 후장총이 있는데, 이 총은 전장총보다 네 배 멀리, 열 배 정확하게, 열배 신속하게 발사된다. 당시에는 상대적으로 약한 효력을 가진 구형탄과 산탄이 포병에게 있었다면, 오늘날에는 최상의 바리케이드라도 한 발로 분쇄
20 하기에 충분한 격발 수류탄이 있다. 당시에는 방화벽을 허물기 위해 공병들의 곡괭이가 있었다면, 오늘날에는 다이너마이트 탄창이 있다.

봉기자들 측으로 보자면 이와는 반대로 모든 조건들은 악화되었다. 모든 인민 층에 공감하는 폭동은 다시 올 것 같지 않다 ; 계급 투쟁에서, 모든 중간 층이 전적으로 프롤레타리아트 주위로 집결하여 부르주아지 주위에
25 무리를 짓고 있는 반동 집단들이 거의 사라지는 일은 결코 없을 것이다. '인민'은 그리하여 늘 분열된 것으로 보일 것이다. 따라서 1848년에는 그토록 효과적이었던 강력한 지렛대가 결여되어 있다. 봉기자들의 편에 더 많은 퇴역 병사들이 가담한다 하더라도,[224] 그들의 무장은 점점 더 어려워질 것이다. 총기 가게의 엽총이나 취미용 총들은——설사 경찰로 인한 노리쇠

부분의 사전 제거로 사용하지 못하게 되는 일이 없다고 해도——근접전에
서조차 병사들의 연발총을 도저히 당할 수 없다. 1848년까지는 화약과 납
을 가지고 필요한 탄약을 자체적으로 만들 수 있었지만, 오늘날에는 어떤
총에나 사용할 수 있는 탄창이라는 것은 사라졌고, 같은 점이라고는 그것
들이 대공업의 예술 작품이므로 즉석에서 제작될 수 없다는 것, 따라서 대   5
부분의 총들은 특별히 그것들에 알맞은 탄약을 지니고 있지 않는 한 쓸모
없게 된다는 것뿐이다. 그리고 마지막으로 1848년 이래로 새로 건설된 대
도시의 구역들은, 마치 새로운 화포나 총의 효과를 위해 만들어진 것처럼
길고 곧으며 넓게 설계되었다. 바리케이드 전투를 위해 베를린 북부와 동부
의 새로운 노동자 지역을 선택하는 혁명가가 있다면, 그는 제 정신이 아닌   10
것임에 틀림없다.

　　<이것은 장래에는 시가전이 더 이상 아무런 역할을 수행할 수 없다는
것을 의미하는가? 결코 그렇지 않다. 그것은 조건들이 1848년 이래로 시민
투사들에게는 훨씬 더 불리하게, 군에게는 훨씬 더 유리하게 되었다는 것을
의미할 뿐이다. 그러므로 장래의 시가전은 상황의 이러한 불리함이 다른 계   15
기들에 의해 상쇄될 때에만 승리할 것이다. 따라서 시가전은 대혁명이 훨씬
더 진행된 후보다는 그 초기에 일어나는 일이 더 드물 것이며, 더 큰 세력
을 가지고 수행되어야만 할 것이다. 그러나 그와 같은 큰 세력은 프랑스 대
혁명 전기간, 빠리의 1870년 9월 4일[225]과 10월 31일[226]에 그랬던 것처럼,
소극적인 바리케이드 전술보다는 공공연한 공격을 선호할 것이다.>   20

　　독자들은 이제, 왜 지배 권력[227]이 단연코 우리를 총이 발사되고 사벨
군도가 휘둘러지는 곳으로 데리고 가려 하는지 이해하는가? 왜 사람들은
우리가 애초에 패배를 알고 있는 거리로 지체없이 가지 않는다고 오늘날
우리에게 비겁함의 낙인을 찍는가? 왜 사람들은 우리에게 딱 한번만 캐넌
포의 먹이가 되어 달라고 그렇게 절실히 간청하는가?   25

　　그 양반들의 청원과 도발은 어떠한 성과도 없이 낭비되고 있다. 우리
는 그렇게 어리석지 않다. 그들은 다음 전쟁에서 자신의 적들에게, 노 본
프리츠[프리드리히 2세]의 횡대 대형이나 바크람과 바텔로[228] 류의 사단
전체 종대로 정렬하고 게다가 손에는 수석총을 들고 나오라고 요구할 수

442

있을 것이다. 민족들 사이의 전쟁과 관련하여 조건들이 변화했다면, 계급
투쟁과 관련해서도 마찬가지이다. 기습의 시대, 자각하지 못한 대중들의 선
봉에서 자각한 소수가 수행하는 혁명의 시대는 지나갔다. 사회 조직의 완전
한 개조가 문제인 곳에서는, 대중 스스로 함께 거기에 있어야 하며, 문제가
5 되는 것이 무엇이며 무엇을 위해 그들이 신명을 바쳐 발을 들여놓는지[229]
를 그들 스스로 이미 파악하고 있지 않으면 안 된다. 이것이 최근 오십 년
의 역사가 우리에게 가르쳐 준 바이다. 그러나 대중에게 그들이 무엇을 해
야 하는가를 이해하게 하는 데에는 장기간의 지속적인 작업이 필요하다. 우
리가 지금 행하고 있는 것이 바로 이러한 작업이며, 게다가 이 작업은 적들
10 을 절망에 빠뜨리는 성과를 거두고 있다.

라틴 계 국가들에서도 사람들은 낡은 전술들이 수정되어야 한다는 사
실을 점차 통찰하고 있다. 도처에서 사람들은, 선거권을 이용하여 우리가
가까이 할 수 있는 모든 진지를 전취하는 독일의 사례를 모방해 왔<으며,
준비되지 않은 싸움은 뒷전으로 밀려났>다. 백년 이상 동안 혁명에 혁명이
15 거듭되어 기반이 파헤쳐진 곳, 음모나 봉기나 다른 모든 혁명적 행동에서
제 일을 하지 않은 정당이 하나도 없는 곳인 프랑스에서는 ; 그 결과 정부가
결코 군대를 확신하지 않는 곳, 일반적으로 반란자들의 급습을 위한 상황들
이 독일에서보다 훨씬 더 유리한 프랑스——그러한 프랑스에서조차 사회
주의자들은 다수의 인민 대중—이 경우에는 농민—을 사전에 획득하지
20 못한다면 지속적인 승리가 전혀 가능하지 않다는 것을 점차 통찰하고 있다.
장기적인 선전 작업과 의회 활동은 여기서도 당의 가장 시급한 과제로 인
식되고 있다. 성과는 없지 않다. 많은 지방 평의회가 전취된 것만이 아니다
; 국회에서는 50 명의 사회주의자들이 의석을 차지하였으며, 그들은 이미
세 개의 내각과 한 명의 공화국 대통령을 타도하였다. 벨기에에서는 노동자
25 들이 지난해에 선거권을 빼앗았고 선거구의 사분의 일에서 승리하였다. 스
위스에서, 이딸리아에서, 덴마크에서, 게다가 불가리아나 루마니아에서조차
사회주의자들은 의회에 진출하였다. 오스트리아에서는 모든 정당들이 우리
가 제국 평의회에 진출하는 것을 더 이상 막을 수 없다는 데에 의견이 일치
하였다. 우리가 들어갈 것임은 확실하며, 사람들이 논쟁을 벌이는 것은 다

만 다음과 같은 것이다 : 어느 문으로 들어갈 것인가. 그리고 러시아에서도 그 유명한 젬스끼 소보르, 즉 젊은 니꼴라이가 그토록 헛되이 저지하고 있는 저 국민 의회가 소집된다면, 우리는 거기에도 우리의 대표자를 보낼 수 있다고 확실히 기대할 수 있다.

　　물론 우리의 외국 동지들은 자신들의 혁명에 대한 권리를 포기하지 않 　5
는다. 혁명에 대한 권리는 메클렌부르크를 포함하여 모든 현대 국가들이 예외 없이 의거하는 정말이지 유일한 **참으로** '역사적인 권리'인바, 메클렌부르크의 귀족 혁명은 오늘날까지 통용력이 있는 봉건제의 영광스러운 문서인 '상속 협정'[230]을 통해 1755년에 종식되었다. 혁명에 대한 권리는 일반의 의식 속에 뒤집을 수 없도록 승인되어 있어서, 폰 보구슬라브스키 장군조차 　10
도 황제를 위해 반환을 청구한 쿠데타에 대한 권리를 이 인민의 권리에 근거해서만 이끌어 낼 정도였다.

　　그러나 다른 나라들에서 무슨 일이 일어나든지 간에, 독일 사회 민주주의당은 특별한 위치를 갖고 있으며, 따라서 적어도 당분간은 역시 특별한 과제를 갖게 될 것이다. 독일 사회 민주주의당이 투표장에 보내는 이백만 　15
유권자들은, 비선거권자로서 그들 뒤에서 바쳐 주는 청년 남녀와 함께, 수가 가장 많고 가장 밀집된 대중으로서 국제 프롤레타리아 군대의 결정적인 '맹렬 부대'를 이룬다. 이들 대중은 이미 지금 총투표수의 사분의 일 이상을 제공하고 있다 ; 그리고 제국 의회의 개별 선거, 개별 주의 지방 의회 선거, 지방 평의회 및 산업 재판소의 선거가 증명하는 바와 같이 이들은 수가 끊 　20
임없이 증가하고 있다. 이들의 성장은 하나의 자연 과정과도 같이 자연 발생적이고, 꾸준하며, 멈출 수 없게, 그리고 동시에 조용히 진행된다. 정부의 모든 간섭은 그것에 대해 무력하다는 것이 입증되었다. 오늘날 우리에게는 이미, 225만 유권자들이 있다. 만약 이러한 움직임이 흐름을 선도한다면, 우리는 19 세기 말까지 사회의 중간층인 소시민 층과 소농민 층의 대다수를 　25
전취할 것이며, 다른 모든 세력들이 좋든 싫든 몸을 낮추지 않으면 안 될 국내의 결정적인 세력으로 성장할 것이다. 이러한 성장을 현재의[231] 정부 제도 자체가 감당할 수 없게 될 때까지 중단 없이 진행시키는 것, <날로 강화되어 가는 이 맹렬 부대를 전초전에서 소모하는 것이 아니라 결전의 날

까지 흠 없이 유지하는 것,> 이것이 우리의 주요 과제이다. 그리고 독일에서의 사회주의자들의 전투력의 꾸준한 증대를 순간적으로 저지하고 심지어는 잠시 동안 되돌리기까지 할 수 있는 수단은 다음과 같은 하나밖에 없다 : 군과의 대규모 충돌, 1871년 빠리에서와 같은 출혈. 시간이 지나면 그것도 극복될 것이다. 수백만을 헤아리는 당을 총으로 세상에서 없애기 위해서는, 유럽과 아메리카의 모든 연발총이라도 충분하지 못할 것이다. 그러나 정상적인 발전은 저지될 것이며, <맹렬 부대는 위기의 순간에 뜻대로 될 수 없을지도 모르며,> 결정적인 투쟁[232]은 연기되고 연장되며 더 무거운 희생을 요할 것이다.

세계사의 아이러니는 모든 것을 뒤집어 놓는다. 우리는, '혁명가'이며 '전복자'인 우리는, 비합법적인 수단이나 전복보다도 합법적인 방법을 통해 훨씬 잘 번영한다. 자칭 질서당들은 그들 자신들에 의해 창조된 법적 상태로 인해 파멸한다. 그들은 오딜롱 바로와 함께 절망하며 외친다 : la légalité nous tue, 합법은 우리의 죽음이다. 반면에 우리는 이러한 합법 덕분에 탄력 있는 근육과 붉은 뺨을 갖게 되어 영원한 생명처럼 보인다. 그리고 만약 우리가 그들 마음에 들게 스스로 시가전에 내몰릴 만큼 정신 착란에 빠져 있지 않다면, 결국 그들에게 남는 것은 자신들에게 그토록 치명적인 이 합법을 스스로 파기하는 것말고는 없다.

그 사이에 그들은 전복에 맞서 새로운 법을 만든다. 다시 모든 것이 뒤집혔다. 오늘의 이 반反 전복 광신자들, 그들 자신은 어제의 전복자들이 아닌가? 우리가 예컨대 1866년의 내전을 불러일으켰는가? 우리가 하노버의 왕, 헤센의 선제후, 나사우의 대공을 그들의 조상 전래의 정통 세습 영지에서 추방하고 이 세습 영지를 병합했는가?[233] 그런데 독일 연방의 이 전복자들, 신의 은총을 입은 세 왕을 전복한 자들이 전복 행위에 대해 불평을 늘어놓는단 말인가? 그라쿠스 형제가 반란을 불평한다면 누가 순순히 참고 듣겠는가Quis tulerit Gracchos de seditione querentes?[234] 비스마르크 숭배자들이 전복을 매도한다면 누가 용인할 수 있겠는가?

그들이 아무리 전복 법안을 통과시키고 그 법안을 훨씬 더 개악하고 형법 전체를 탄력 있는 고무로 변화시킨다 해도, 그들이 얻는 것은 자신들

의 무력함에 대한 새로운 증거뿐이다. 사회 민주주의당을 심하게 밀어붙이
려면, 그들은 전혀 다른 조처를 취해야 할 것이다. 현재 법을 지킴으로써
생명을 얻고 있는[235] 사회 민주주의당의 전복을 그들이 억누르는 것은 법
을 어기지 않고는 생명을 얻을 수 없는 질서당 편의 전복을 통해서만 가능
하다. 프로이센의 관료 뢰슬러 씨와 프로이센의 장군 폰 보구슬라브스키 씨   5
는 시가전에 걸려들지 않는 노동자들을 억누를 수 있을는지도 모르는 유일
한 방법을 그들에게 제시하였다. 헌법 위반, 독재, 절대주의로의 복귀, 국왕
의 의지가 최고의 법 regis voluntas suprema lex! 고로 신사들이여 용기
만 있으면 될 것이며, 여기서 손을 뗄 수는 없으며, 여기서 휘파람을 불어
야 한다.   10

그러나 독일 제국이 모든 소국가들이나 일반적으로는 모든 현대 국가
들과 마찬가지로 계약의 산물이라는 점을 잊지 말라 ; 이 계약은 첫째로 군
주들 상호간의 계약이며, 둘째로 군주와 인민간의 계약이다. 만일 한쪽이
계약을 어긴다면, 계약 전체는 사라지며 다른 한쪽도 더 이상 얽매이지 않
는다. <이는 비스마르크가 1866년에 이미 우리에게 매우 훌륭히 보여 주었   15
다. 그러므로 그대들이 제국 헌법을 어긴다면, 그때 사회 민주주의당은 자
유롭게 되며, 그대들에 대항하여 하고자 하는 것을 할 수 있게 될 것이다.
그러나 사회 민주당이 그때 할 일——그것을 오늘 그대들에게 누설하지는
않을 것이다.>

이제 로마 제국에서도 그 위험스러운 전복 당이 활동한 지 거의 1,600   20
년이 지났다. 그 당은 종교와 국가의 모든 기초를 와해시켰다. 그 당은 황
제의 의지가 최고의 법이라는 것을 단호히 부정하였으며, 그 당은 조국이
없고 국제적이었으며, 그 당은 갈리아에서 아시아에 이르는 모든 제국 속국
과 제국의 국경 너머로 확산되었다. 그 당은 오랫동안 지하에서 남의 눈에
띠지 않게 교란 활동을 펴 왔다 ; 그러나 그 당은 상당히 오래 전에, 공개적   25
으로 모습을 드러내기에 충분할 만큼 강하다고 스스로 느끼고 있었다. 기독
교도라는 이름으로 알려졌던 이 전복 당은 또한 군대에도 막강한 신도들이
있었다 ; 군 전체가 기독교도들이었다. 이교도들의 국교회의 회생제에 경의
를 표하기 위해 참석하도록 명령을 받았을 때, 전복 당의 병사들은 그에 대

한 저항으로 자신들의 투구에 특별한 상징——십자가——을 부착하는 대
담성을 보였다. 상관들의 상습적인 막사 내 가혹 행위도 효과가 없었다. 디
오클레티아누스 황제는 자기 군대의 명령, 복종, 기율 등이 와해되어 가는
것을 더 이상 조용히 보고 있을 수가 없었다. 때가 되자 그는 정력적으로
5 간여하였다. 그는 사회주의자 법, 아니 참, 기독교도 법을 발포하였다. 전복
자들의 집회는 금지되었고, 그들의 회당은 폐쇄되거나 철거되었으며, 작센
에서 붉은 손수건이 그렇게 되었듯이 기독교들의 표식인 십자가 등등이 금
지되었다. 기독교도들은 국가의 관직에 임명되기에 부적당하다고 선포되었
으며, 상등병이 되는 것조차 허가되지 않았다. 당시에는 폰 퀼러 씨의 전복
10 법안[236]이 전제로 하고 있는 것과 같은 '인격 존경'에 잘 훈련된 재판관을
마음대로 이용할 수 없었으므로, 기독교도들은 법정에서 권리를 내세우는
것이 쉽게 금지되었다. 이러한 예외법조차 효과가 없었다. 기독교도들은 경
멸하면서 그 법을 벽에서 잡아 떼었으며, 그들은 심지어 황제가 있던 니코
메디아의 궁전에 불을 질렀다고 한다. 그때 황제는, 우리의 연대기에 따르
15 면 303년의 기독교도 대박해로 보복하였다. 이것은 그러한 종류의 것으로
최후의 것이었다. 그리고 그 박해는 십칠 년 뒤 군대가 압도적 다수의 기독
교도로 구성될 정도로 효과를 나타냈으며, 바로 다음에 뒤를 이은 전체 로
마 제국의 전제 군주이며 사제들에 의해 대제로 불린 콘스탄티누스는 기독
교를 국교로 선포하였다.

1895년 3월 6일, 런던   F. 엥겔스

1895년 판 교정쇄에 의거함.   맑스·엥겔스 저작집,
제22권, 509-527면.

김태호 번역

프리드리히 엥겔스

서한들과 서한들로부터의 발췌들

1

엥겔스가

쮜리히의 에두아르트 베른슈타인에게

83년 8월 27일, 이스트본 캐번디쉬플레이스 4

[…]특히 프랑스의 '공화제'를 다루는 부분에서 『사회 민주주의자』S[o-   5
zialdemokrat]에서는 기본 관점이 충분히 명확하게 드러나 있지 않은 것
같습니다[237] ; 특히 다음이 드러나 있지 않은 것 같습니다 :

프롤레타리아트와 부르주아지의 계급 투쟁에서 보나빠르뜨주의적 군
주제(이것의 특징에 대해서는 맑스 M[arx]가 『브뤼메르 18일』에서, 내가
『주택 문제에 관하여』의 제2장[238]과 다른 곳에서 묘사한 바 있습니다)가   10
맡는 역할은 봉건주의와 부르주아지의 투쟁에서 낡은 절대 군주제가 맡은
역할 [ein]과 비슷합니다. 그러나 이 투쟁이 낡은 절대 군주제 하에서가 아
니라 입헌 군주제 하에서만(1789년-1792년의 영국과 1815년-1830년의 프
랑스) 끝까지 진행될 수 있는 것과 마찬가지로 부르주아지와 프롤레타리아
트 간의 투쟁도 공화제 하에서만 끝까지 진행될 수 있습니다. 그러므로 프   15
랑스 인들이 유리한 조건들과 혁명적 전사 前史 덕분에 보나빠르뜨 Bona-
p[arte]를 타도하고 부르주아 공화국을 건설했다면, 그들은 반 半 봉건주의
와 보나빠르뜨주의의 혼합물 속에 빠져 있는 우리에 비해서 이점을 가지고
있습니다. 이 이점은 투쟁이 끝까지 진행될 수밖에 없도록 하는 형식을 지
니고 있으며, 이 형식은 우리가 이제 **쟁취해야** 하는 것입니다. 프랑스 인들   20
은 정치적으로 우리보다 확실히 한 단계를 앞서 있는 것입니다. 그러므로

프랑스에서 왕정 복고가 이루어진다 하더라도, 필연적으로 **부르주아 공화국**을 재건하기 위한 투쟁이 또다시 일정에 오르게 될 것입니다 ; 반면에 공화국이 존속한다면, 그것은 프롤레타리아트와 부르주아지 간의 **직접적이고 공공연한** 계급 투쟁이 더욱더 날카롭게 되어 마침내 위기에 이른다는 것을 의미합니다.

우리의 경우에 혁명의 직접적인 첫 결과는, 그 **형식**으로 보아 프랑스와 마찬가지로 **부르주아 공화국** 이외에 다른 것일 수 없으며 또 **틀림없이** 다른 것이 아닙니다. 그런데 다행히도 우리 나라에는 순수한 공화주의적 부르주아 당이 없기 때문에 이것은 일시적인 이행 단계일 뿐입니다. 아마도 진보당[239]을 정점으로 해서 세워질 이 부르주아 공화국은, 무엇보다도 우리가 **혁명적 사회주의를 위해 광범한 노동자 대중을 획득하는** 데 보탬이 됩니다 ; 이 단계는 한두 해 안에 끝날 것이며, 우리를 제외한 있을 수 있는 모든 중간 정당들의 철저한 쇠퇴와 자멸로 끝날 것입니다. 그때에야 비로소 우리에게 순조롭게 차례가 돌아올 것입니다.

독일인들의 중대한 오류는 혁명을 하룻밤 사이에 완수할 수 있는 것으로 생각하는 것입니다. 사실, 혁명은 상황이 전반적인 촉진 작용을 하는 가운데 여러 해에 걸쳐 진행되는 대중의 발전 과정입니다. 하룻밤 사이에 완수된 혁명은 애초부터 이미 희망이 없는 반동을 제거한 혁명(1830년)이거나 처음에 뜻한 것과 정반대의 결과를 낳은 혁명(1848년의 프랑스)밖에 없습니다.[…]

수고에 의거함.

맑스·엥겔스 저작집,
제36권, **54/55**면.

최인호 번역

2

엥겔스가

쮜리히의 칼 카우츠키에게

84년 4월 26일, 런던

[…]나는 비스마르크가 도저히 금지할 수 없을 만한 내용(모건)의 글 5
을 써서 그를 놀려 주겠다고 결심을 했고 또 그 결심을 이곳에서 널리 이야
기했습니다. 그러나 아무리 해도——잘 되지 않습니다. 일부일처제에 관한
장과 사적 소유를 계급 대립의 원천으로서, 고대 씨족 공동체 파괴의 지렛
대로서 서술한 마지막 장만큼은 도저히 사회주의자 법[148]에 저촉되지 않게
쓸 수가 없습니다.[240] 루터가 말했듯이 : 나를 악마에게 데려간다 해도 달리 10
어쩔 수가 없습니다.

내가 '객관적인' 내용 소개만을 한다면, 모건 M[organ]을 비판적으로
다루지 않는다면, 새로이 획득된 성과들을 이용하지 않는다면, 우리의 견해
나 이미 획득된 성과들과 연관된 서술을 하지 않는다면, 그것은 아무런 의
미도 없을 것입니다. 우리의 노동자들은 거기에서 아무것도 얻지 못할 것입 15
니다. 따라서——금지될 수밖에 없는 좋은 글을 쓰던가——허가되는 비열
한 글을 쓰던가. 나는 결코 두 번째 방법을 선택할 수 없습니다.

다음 주면(쇼를레머 Schorl[emmer]가 다시 여기에 와서 월요일까지
머무를 것입니다) 그게 다 끝날 것 같습니다. 원고는 4 보겐은 충분히 될
것 같으며 넘을지도 모르겠습니다. 만약 여러분이——그것을 다 읽고 나서 20
——그것을 『신시대』 N[euen] Z[eit]에 싣는 모험을 감행하려고 한다면, 그

에 따른 결과는 여러분이 책임을 져야 할 것이며 나를 비난해서는 안 될 것입니다. 그러나 여러분이 기사 하나에 잡지 전체를 걸지 않는 현명한 태도를 보일 것이라면——그것을 소책자로 인쇄하도록 하십시오. 그렇게만 한다면 쮜리히에서 인쇄해도 좋고 『여성』[241]처럼 인쇄해도 좋습니다. 그것은
5 여러분들의 일입니다.

내가 생각할 때, 그것은 우리들의 전체 견해에서 특별한 중요성을 갖고 있습니다. 모건 M[organ]이 선사 先史 를 통해서 종래에 없던 사실적 기초를 우리에게 제공함에 따라 우리는 완전히 새로운 관점을 세울 수 있게 되었습니다. 아마도 당신은 원시사와 '야만 상태'의 몇몇 사항들에 대해서
10 의혹을 품을지도 모르지만, 씨족을 통해서 문제의 핵심적인 부분이 해결되고 원시사가 해명된 것은 틀림없습니다. 그러므로 그것을 신중하게 다듬고 잘 가늠해 보고 그것의 모든 맥락을 살펴볼 필요가 있습니다——그러나 사회주의자 법까지 고려할 필요는 전혀 없습니다.

또 한 가지 핵심 사항이 있습니다 : 나는 푸리에가 많은 점에서 천재적
15 으로 모건 M[organ]을 예견했음을 증명해야 합니다. 푸리에의 문명 비판이 얼마나 천재적이었는가는 모건 M[organ]을 통해서만 비로소 드러납니다. 그리고 여기에는 적잖은 노력이 필요합니다.[242][...]

수고에 의거함.   맑스 · 엥겔스 저작집,
                                                              제36권, 142/143면.

                                                         최인호 번역

3

엥겔스가

쮜리히의 칼 카우츠키에게

84년 9월 20일, 런던

[…]로드베르투스 R[odbertus]에 관한 당신의 논문은, 경제학에 관한 아주 좋았습니다 ; 내가 또다시 문제 삼고 싶은 부분은 당신이 당신 자신도 잘 모르는 분야, 슈람 S[chramm]이 쉽사리 잡을 수 있는[243] 허점을 당신이 그에게 보여 주고 있는 분야에서 단언적인 주장들을 펼친다는 것입니다.

특히 '추상'에 관한 부분에서 그러합니다. 물론 당신은 그것을 전반적으로 너무 혹평하고 있습니다. 여기서 차이는 다음과 같습니다 :

맑스는 사물들과 관계들 속에 놓여 있는 공통된 내용을 그것들의 가장 일반적인 사상적 표현으로 개괄합니다. 그러므로 그의 추상은 사물 속에 이미 존재하는 내용을 사상적 형태로 재현한 것일 뿐입니다.

이에 반해 로드베르투스 R[odbertus]는 다소 불완전한 사상적 표현을 만들어 놓고서는 사물들을 이 개념으로 재단합니다. 말하자면 사물들은 이 개념을 따르지 않으면 안 되는 것입니다. 그는 사물들과 사회적 관계들의 진정한 내용, **영원한** 내용을 찾고 있는데, 하지만 그 내용은 본질적으로 일시적인 것입니다. 따라서 그는 **진정한** 자본을 찾고 있는 것입니다. 이것은 **현재의** 자본이 아닙니다. 현재의 자본은 개념의 불완전한 현실화일 뿐입니다. 그는 현재의 자본, 유일하게 현실적으로 존재하는 자본에서 자본 개념

을 이끌어내지 않고, 오늘날의 자본에서 진정한 자본에 도달하기 위해서
고립된 인간들에 의존하여 이들의 생산 속에서 어떤 것이 자본으로서 나타
날 수 있는가를 묻고 있습니다. 요컨대 그는 단순한 생산 수단을 그것으로
보고 있습니다. 그러면 순식간에 **진정한** 자본은 사정에 따라 자본일 수도
5 있고 아닐 수도 있는 생산 수단과 한 묶음이 되어 버립니다. 그러면 자본의
모든 **나쁜** 속성들, 즉 자본의 모든 **현실적** 속성들이 자본에서 제거되어 버립
니다. 이제 그는, 현실의 자본은 이 개념을 따라야 하며, 요컨대 단순한 사
회적 생산 수단으로서만 기능해야 하며, 자신을 자본으로 만들어 주고 여전
히 자본으로 유지시켜 주는 모든 것을 벗어 버려야 하며, 그래야만 진정한
10 자본이 될 수 있다고 요구할 수 있게 됩니다.

당신은 **가치**를 다루는 부분에서 이와 유사한 논법을 취하고 있습니다.
오늘날의 가치는 상품 생산의 가치이지만, 상품 생산을 폐지하면 가치도
'변화한다'고, 즉 가치 자체는 그대로 있지만 그 형태가 바뀐다고 했습니다.
그러나 사실은 경제적 가치는 상품 생산에 고유한 범주이며, 상품 생산 이
15 전에 가치가 존재하지 않았듯이 상품 생산이 폐지되면 가치도 **소멸합니다**
(『뒤링』, 252-62면을 보십시오[244]). 노동과 생산물의 관계는 상품 생산 이
전에는 가치라는 형태로 표현되지 않으며, 상품 생산 이후에도 더 이상 그
렇게 표현되지 않습니다.

다행스럽게도 슈람 S[chramm]은 철학적인 면에서도 능숙하지 않아서
20 허점을 드러내고 있습니다. 당신은 그것을 아주 잘 움켜잡고 명확하게 드러
내고 있습니다.

더욱이 :

1. 슈람 Schr[amm]은 생산 방식에서 —— 직접 혹은 간접으로 —— 연
원하지 않는 물질적 이해를 알고 있습니다. 이와 관련해서는 맑스의 『비판
25 을 위하여』, 서문[103]을 참조하십시오. 거기에는 이 문제가 20 줄에 걸쳐서
간결 명료하게 서술되어 있습니다.

2. 현존 사회에 대한 로드베르투스 Rodb[ertus]의 비판에 관해서 말하
자면, 그것보다 훨씬 전에 이루어진 영국과 프랑스 유토피아주의자들의 더
훌륭한 비판이 있습니다. 또 리카도 R[icardos]의 가치 이론에 입각한 리카

도 이후의 사회주의적 경제학파의 훌륭한 비판이 있으며, 맑스 M[arx]는
『빈곤』의 49, 50면[245]에서 그중 몇 사람을 인용한 바 있습니다.

　3. 맑스에게서 로빈슨은, 다니엘 데포우의 순수한 로빈슨이고 본래의
로빈슨이며, 부수적인 상황——배가 난파했을 때 건져낸 물건 등등——도
데포우에게서 그대로 옮긴 것입니다. 로빈슨은 나중에 프라이데이도 갖게　　5
되는데, 내 생각이 틀리지 않다면 그는 종종 노예 무역도 하던 난파선의 상
인이었습니다. 따라서 그는 순수한 '부르주아'입니다.

　4. 맑스주의 marx[istischen] 역사 학파에 대해서 말하는 것은 물론 충
분히 예측한 일입니다. 나라면 당신의 답변을 줄이고 무엇보다 맑스 M[arx]
의 말을 그대로 언급할 것입니다. 『비판을 위하여』의 상술한 부분을 언급하　　10
고 그 다음에는 『자본』 자체를, 특히 본원적 축적[246] 부분을 언급할 것입니
다. 여기에서 슈람 S[chramm]은 또한 닭과 계란의 문제에 대해서 답을 얻
을 수 있을 것입니다.

　그건 그렇고 지금 모든 부르주아 분자들이 로드베르투스 Rodb[ertus]
주위에 몰려들고 있는 것은 아주 다행스러운 일입니다. 우리로서는 더 바랄　　15
것이 없지 않겠습니까.[…]

수고에 의거함.　　　　　　　　　　　　　　　　맑스·엥겔스 저작집,
　　　　　　　　　　　　　　　　　　　　　제36권, 209/210면.

　　　　　　　　　　　　　　　　　　　　　　　최인호 번역

4

엥겔스가
쮜리히의 칼 카우츠키에게

84년 11월 8일, 런던

5   [...]선거는 유럽 전역과 아메리카에서 큰 반향을 불러일으킬 것입니다.
그것은 또한 승리의 날이기도 했습니다.[247] 『쾰른 신문』은 우리가 75만 표
를 얻었음을 인정하고, 베벨에게 투표한 쾰른의 4,000 선거인에게 결선 투
표에서 구걸하기 위해서 굽실거리고 있습니다.[248] 『쾰른 신문』은 내게 다
른 신문보다 더 중요한 의미를 갖습니다. 왜냐하면 라인의 부르주아들은 어
10   쨌든 독일 내에서 가장 발전한 부르주아들이며 『쾰른 신문』은 바로 그들을
반영하고 있기 때문입니다. 게다가 이러한 완벽한 변신, 새로운 세력에 대
한 갑작스러운 존경의 표시는 더욱더 주목할 만합니다.
       그러나 이것은 또한 멋진 일이기도 합니다. 단단히 결속한 노동자 당
이 역사상 처음으로 현실의 정치 세력으로 나타난 것입니다. 가혹한 박해에
15   굴하지 않고, 유럽에서 가장 속물적인 나라의 그 속물 근성에 조금도 물들
지 않은 채, 유럽에서 가장 승리에 취해 있는 나라의 그 국수주의에 조금도
물들지 않은 채, 진지를 하나하나 끊임없이 공략해 가며 발전을 거듭한 끝
에 마침내 현실의 정치 세력——몰락하는 로마 제국의 권력자들에게 기독
교의 홍수가 그러한 것처럼 정부들과 낡은 지배 계급에게 그 존재와 팽창
20   이 이해할 수 없고 불가사의한 세력, 당시의 기독교가 그러했듯이 너무나
명확하며 결코 멈출 수 없는 기세로 나아가고 있으며, 이제 이미 그 성장

속도의 방정식을, 따라서 그 종국적 승리의 시점을 수학적으로 계산할 수 있을 정도에 이르른 세력——으로 나타난 것입니다. 사회주의자 법[148]은 이 세력을 억누르기는커녕 오히려 전진하도록 도와 주었습니다. 비스마르크의 사회 개혁[249]은 이 세력에 의해서 고작 한걸음의 발자국으로밖에 평가받지 못했습니다. 이 세력을 일시적으로 억누르기 위한 최후의 수단——　　5
시기 상조의 소요를 유발하려는——은 그칠 줄 모르는 비웃음밖에 불러오지 못했습니다.

　기묘한 일입니다. 우리를 가장 많이 도와준 것은 다름아닌 독일의 낙후한 공업 상태였습니다. 영국과 프랑스에서는 대공업으로의 이행이 거의 완료되었습니다. 거기서는 프롤레타리아트가 존재할 관계들이 이미 확고해　　10
졌습니다; 농업 지역과 공업 지역, 대공업과 가내 공업이 분리되었고, 현대 공업 일반이 허락하는 범위 안에서 고정되었습니다. 십 년마다의 주기적 위기와 함께 일어나는 동요조차도 습관적인 생존 조건이 되었습니다. 산업 변혁기에 일어난 정치적인 혹은 직접적으로 사회주의적인 운동들——아직 미숙한 것이었지만——은 좌절되었고, 사기를 진작시키기는커녕 의기 소　　15
침케 하였습니다; 부르주아적 자본주의적 발전이 혁명적 저항보다 더 강력했음이 드러났습니다; 자본주의적 생산에 반대하는 새로운 저항이 솟아오르기 위해서는 가령 영국이 세계 시장에서 종래의 지배적 지위를 상실하던가 프랑스에서 특별한 혁명적 상황이 벌어지는 등의 새롭고 더 강력한 충격이 필요합니다.　　20

　이와 반대로 독일에서는 대공업이 1848년에 비로소 시작되었으며, 대공업이야말로 1848년의 최대의 유산입니다. 산업의 변혁은, 아직 진행 중에 있으며 여러 가지 불리한 조건들 아래 있습니다. 자유로운 혹은 임차한 소토지 소유에 의존하는 가내 공업이 끊임없이 기계와 증기에 맞서 투쟁하고 있습니다; 몰락해 가는 소농민들은 가내 공업을 최후의 닻으로 붙잡고 있　　25
습니다; 그러나 그들은 공업화되기도 전에 이미 다시 증기와 기계에 밀려나고 있습니다. 농촌에서의 부수입, 즉 스스로 경작한 감자는 자본가들이 임금을 인하하는 가장 강력한 수단이 됩니다. 이제 자본가는 세계 시장에서 경쟁력을 유지하는 유일한 수단으로서 정상적인 잉여 가치 전부를 외국의 고객에 선물할 수 있게 됩니다. 그들의 이윤 전체는 정상적인 임금에서의 공제를 통해서 형성됩니다. 그 밖에 공업 중심지에서는, 강력하게 전진하는 대공업에 의해서 모든 생활 관계들이 직접적인 변혁을 겪고 있습니다. 이리 하여 독일 전체――대략 융커가 된 북동부는 제외하고――가 사회적 혁명
5 속에 휘말려 들어가고 있습니다. 소농민은 공업에 끌려 들어가고 있으며, 가장 가부장제적인 지역조차 운동 속으로 내던져지고 있습니다. 그리하여 영국과 프랑스보다 훨씬 근본적인 혁명이 일어납니다. 그런데 결국 소농민 과 수공업자의 수탈로 귀결되는 이러한 사회적 혁명은 다음의 시기, 즉 다 름아닌 한 사람의 독일인 맑스가 영국과 프랑스의 실천적이고 이론적인 발
10 전사의 결과를 이론적으로 가공하고, 자본주의적 생산의 본성 전체와 아울 러 그 종국적인 역사적 운명을 밝혀내고 ; 그리하여 독일의 프롤레타리아트 에게 그 선배인 영국인이나 프랑스 인이 가져 본 적이 없는 강령을 내놓을 수 있는 시기에 일어납니다. 한편으로는 더 근본적인 사회 변혁, 다른 한편 으로는 더 명석한 두뇌――이것이 독일 노동자 운동의 그칠 줄 모르는 진 보의 비밀입니다.[…]

수고에 의거함. 　　　　　　　　　　　　　　맑스 · 엥겔스 저작집,
　　　　　　　　　　　　　　　　　　　제36권, 229-231면.

　　　　　　　　　　　　　　　　　　　　　최인호 번역

5

엥겔스가
드레스덴 근교 플라우엔의 아우구스트 베벨에게

1884년 11월 18일, 런던

[…]자유주의적인 속물들 모두는 우리를 아주 존중하게 되었고 그리하 ⁵
여 이구동성으로 다음과 같이 외치고 있습니다: 좋다, 사회 민주주의자들이
합법적 지반 위에 서겠다고, **혁명**을 포기하겠다고 서약한다면, 우리는 즉각
사회주의자 법[148]이 폐지되는 것을 지지한다. 그러므로 제국 의회에서 여
러분에게 이러한 요구가 쏟아지리라는 데는 의심의 여지가 없습니다. 여기
에 여러분이 어떻게 응답하느냐가 중요합니다――독일에서는 우리의 용감 ¹⁰
한 젊은이들이 이미 선거로 응답했기[247] 때문에 독일보다는 외국에게 중요
합니다. 만약 **온건한** 응답을 한다면 그것은 곧 선거가 남긴 거대한 인상을
없애버리고 말 것입니다.

제가 보기에는 사태는 다음과 같습니다:

유럽 전역에 현존하고 있는 정치적 상태는 혁명들의 결과입니다. 법적 ¹⁵
지반, 역사적 권리, 정통성은 도처에서 수천 번이나 위반되거나 완전히 파
기되었습니다. 그런데 혁명에 의해 지배권을 장악한 당 내지 계급이 이제
다시 혁명에 의해 창조된 새로운 법적 기반을 무조건적으로 인정하고 신성
시할 것을 요구하는 것은 그러한 모든 당 내지 계급의 본성입니다. 혁명에
대한 권리는 존재**했지만**――만약 그렇지 않다면 지금의 지배자들은 권능을

상실하게 됩니다──이제부터는 더 이상 존재할 수 없습니다.

　독일의 현존 상태는 1848년에 시작하여 1866년에 종결된 혁명에 근거합니다. 1866년은 완벽한 혁명이었습니다. 프로이센은 외국과 동맹을 맺어 독일 제국을 배신하고 독일 제국을 상대로 전쟁을 치름으로써(1740년, 1756년, 1795년) 비로소 무언가가 될 수 있었습니다. 이와 마찬가지로 프로이센은 독일 연방을 폭력적으로 전복하고 내전을 치름으로써 비로소 독일-프로이센 제국을 성립시켰습니다. 다른 연방 소속국들이 연방 협약을 어겼다고 하는 주장은 문제가 되지 않습니다. 다른 연방 소속국들은 정반대의 이야기를 합니다. 지금까지 합법성을 구실로 내세우지 않은 혁명은 한 번도 없었습니다──1830년의 프랑스를 보더라도, 왕[250]과 부르주아지는 둘 다 권리를 가지고 있다고 주장했습니다. 요컨대 프로이센은 내전을 도발하였고 그리하여 혁명을 유발하였습니다. 승리한 후에 프로이센은 '신의 은총을 입은' 세 개의 왕좌를 전복하고 그 영토와 이전에 자유시였던 프랑크푸르트를 병합해 버렸습니다.[233] 이것이 혁명이 아니라면 저로서는 도대체 그 단어가 무엇을 의미하는지 알 수 없습니다. 게다가 프로이센은 추방된 군주들의 사유 재산을 몰수하였습니다. 이것이 합법적 행위가 아니라는 것, 즉 혁명적 행위라는 것을 프로이센은 스스로 고백하였습니다. 프로이센은 나중에 한 의회──제국 의회──에 이 행위를 승인할 것을 요구했던 것입니다. 물론 제국 의회도 정부와 마찬가지로 이 재산을 처분할 권리가 없었지만 말입니다.

　1866년에 폭력적으로 만들어진 북독일 연방의 완성으로서의 독일-프로이센 제국은, 완벽하게 혁명적인 창조물입니다. 저는 이것에 대해 한탄을 늘어놓고 있는 것이 아닙니다. 그것을 한 사람들을 제가 비난하는 것은, 그들이 앞으로 더 나아가지도 못했고 전체 독일을 곧바로 프로이센에 합병하지도 못한 시시한 혁명가에 불과했다는 점입니다. 피와 철로 작전을 수행하고, 왕좌를 전복하고, 국가 전체를 삼키고, 사유 재산을 몰수한 사람은 다른 사람들을 혁명가라고 비난해서는 안 됩니다. 만약 당이 더도덜도 말고 제국 정부만큼 혁명적일 수 있는 권리를 갖고 있다면, 당은 필요로 하는 모든 것을 갖고 있는 셈입니다.

얼마 전까지 다음과 같은 어용적인 이야기들이 돌았습니다 : 제국 헌법
은 결코 군주들과 인민 사이의 계약이 아니며, 군주들과 자유 도시 사이의
계약에 불과한바, 언제라도 다른 새로운 계약으로 대체될 수 있다. 따라서
이러한 이야기를 퍼뜨린 정부 기관지들은 법을, 제국 **헌법을 파기할 것을** 정
부에 요구한 셈입니다. 이 기관지들에 대한 예외법을 만들거나 이 기관지를   5
박해할 사람은 아무도 없었습니다. 좋습니다. 우리는 그 어떤 경우라 하더
라도 여기서 정부들에게 요구되는 것 이상의 것을 우리에게 요구하지 않습
니다.

컴벌랜드 공은 브라운슈바이크 왕좌의 확실한 정통 상속인입니다. 프
로이센 왕[251]이 베를린에 자리를 차지하면서 내세우는 권리는 컴벌랜드   10
C[umberland]가 브라운슈바이크에서 요구하는 권리와 조금도 다르지 않습
니다. 사람들이 컴벌랜드에게 무엇을 원하든 그것은 컴벌랜드 C[umber-
land]가 그의 법적인 정통 왕좌를 차지한 후에 비로소 요구할 수 있는 것
입니다. 그러나 혁명적인 독일 제국 정부는 컴벌랜드가 권력을 차지하는 것
을 무력으로 저지하고 있습니다. 이는 새로운 혁명적 행위입니다.   15

당들의 사정은 어떻습니까?

보수당은 1848년 3월에 만들어진 새로운 법적 지반을 1848년 11월에
아무 망설임 없이 파괴하였습니다. 원래 이 당은 입헌적 상태를 임시적인
것으로만 인정하고 있는 당이며, 절대주의적-봉건적 쿠데타가 일어나면 환
호성을 지를 당입니다.   20

여러 색깔의 자유주의적 당은 1848년에서 1866년까지 혁명에 협력했
으며, 오늘날에도 폭력적인 헌법 전복에 폭력으로 저항할 권리를 부인하지
않을 것입니다.

중앙당[252]은 교회를 국가 위에 있는 지고의 권력으로서 인정하고 있
습니다. 따라서 이 당은 필요한 경우에는 이 지고의 권력의 명령을 받들어   25
혁명을 수행할 의무가 있습니다.

그런데 이 당들이 우리에게 요구하는 것입니까? 우리가, 모든 당들 중에
서 우리만이 그 어떤 경우에도 폭력을 쓰지 않겠다고 선언하라는 것입니까?
그 어떠한 억압에도, 그 어떠한 폭력적 행동에도, 그것들이 형식적으로만 합

법적——우리의 적의 판단으로는 합법적이겠지요——일 때뿐만 아니라 직접적으로 불법적일 때조차도 복종하겠다고 선언하라는 것입니까?

그 어떤 당도 거짓말을 하지 않는 한 **특정한 상황**에서는 무장 저항을 할 권리가 있음을 부인한 적이 없습니다. 이 최후의 권리를 포기할 수 있는 5 당은 지금까지 하나도 없었습니다.

그러나 어느 당이 어떤 **상황**에서 이러한 권리를 가지는가가 토론의 문제로 된다면, 승산은 우리에게 있습니다. 토론은 끝도 없이 이어집니다. 그리고 이것은 특히 법 바깥에 있다고 선언되는 당, 따라서 위로부터 혁명을 직접 강요당하는 당의 경우에 그렇게 됩니다. 이처럼 어느 당을 법 바깥에 10 있다고 선언하는 일은 이미 한 번 있던 일이기도 하며 또한 언제라도 다시 일어날 수 있는 일입니다. 그러한 당에 대해서 그러한 무조건적인 선언을 요구하는 것은 정말 터무니없는 일입니다.

그건 그렇고 이 신사분들은 안심해도 됩니다. 지금과 같은 군사적 사정 하에서는, 무장력이 아직 우리를 겨누고 있는 동안에는, 우리는 결코 전 15 투를 개시하지 않습니다. 무장력 자체가 더 이상 **우리를 겨누는 힘**이 아닐 때까지는 우리는 기다릴 수 있습니다. 모든 성급한 혁명은 설사 승리했다 하더라도 결코 우리에게 지배권을 쥐어 주지 않습니다. 다만 가장 급진적인 부르주아 내지 소부르주아가 지배권을 쥐게 될 뿐입니다.

어쨌든 선거는 우리가 순종을 통해서, 즉 적에게 양보하는 것을 통해 20 서 기대할 수 있는 것은 아무것도 없다는 것을 가르쳐 주었습니다. 우리는 다름아닌 과감한 저항을 통해서 존중하게 만들었고 하나의 세력이 되었습니다. 존중 받는 것은 오로지 힘입니다. 그리고 우리가 하나의 세력인 한에서만 속물들은 우리를 존중합니다. 속물에게 양보하는 사람은 속물에게서 경멸받습니다. 속물에게 양보하는 사람은 더 이상 아무런 힘도 없습니다. 25 부드러운 장갑 아래서도 철권을 느낄 수 있는 법입니다. 그리고 그렇게 느끼게 해야 합니다. 독일의 프롤레타리아트는 강력한 당이 되었습니다. 바라건대 그 대표자들이 이 강력한 당에 어울리는 사람들이기를![…]

수고에 의거함.

맑스·엥겔스 저작집,
제36권, 238-241면.

최인호 번역

6

엥겔스가

라이프찌히의 아우구스트 베벨에게

1884년 12월 11일, 런던

5   친애하는 베벨,

나의 지난 번 편지는 다음과 관련이 있습니다:

제가 알고 있기로, 새로 선출된 의원들 중에는 그 교양과 기질로 볼
때 의원단의 부르주아적 우익을 강화할 사람이 여러 명 있었습니다. 우리가
승리한 후에 다른 모든 당들이 갑자기 우리에게 엄청나게 아양을 떨고 있
10   는 상황이기 때문에, 이 신사분들이 계략에 말려들어 예컨대『쾰른 신문』이
사회주의자 법 폐지의 조건으로 우리에게 요구한[253] 그러한 성명을 낼 가
능성이 없지 않다고 생각했습니다——예컨대 그릴렌베르거가 당신의 연설
과 함께 인쇄한 사회주의자 법 심의에서 가이저가 한 연설[254]에서 털끝만
큼만 더 오른쪽으로 가서 당의 혁명적 성격을 부인하기만 하면 되는 그러
15   한 성명. 자유주의적 신사분들은 줏대가 없습니다. 그들은 별 게 아닌 것에
도 만족합니다. 우리 측이 사소한 양보를 하기만 했어도 그들은 만족했을
것입니다. 그리고 저는 바로 이 사소한 양보를 두려워했던 것입니다. 왜냐
하면 그것으로 인해 외국에서 엄청난 비난이 쏟아질 것이기 때문입니다. 물
론 저는 당신이 그러한 양보를 하지 않으리라는 것을 잘 알고 있었습니다.
20   그러나 당신이, 즉 우리가 표결에서 패할 수는 있었습니다. 그렇습니다. 분
열의 기미만——연설에서——나타났어도 엄청난 피해를 가져올 수 있었

습니다. 바로 그렇기 때문에, 오직 그러한 이유에서, 저는 그럴 가능성에 대비해서 당신을 지지하고 약간의 역사적 논거, 요컨대 아마도 당신이 저만큼 생생하게 기억하고 있지는 못할 논거를 당신에게 제공하는 것이 저의 의무라고 생각했습니다. 그리고 당신이 좋다고 생각한다면 편지를 다른 사람에게도 공개할 수 있도록 하기 위해, 저는 되도록이면 편지가 종국적으로 목   5
표하는 사람들을 암시하기 위해서 모든 노력을 기울였습니다.

나의 우려가 기우에 그쳤다는 사실, 또한 운동의 힘이 당의 부르주아적 요소를 일소해 버렸다는 사실, 의원단이 자신들의 선거인들에 어울리는 태도를 취할 것이라는 사실, 이러한 사실들에 저보다 더 기뻐할 사람은 없습니다. 그리고 실제로 저는 징어가 완전히 변했다는 것을 느끼고 있는데,   10
그는 이번 일요일에 잠시 저에게 들렀고 다음 일요일에도 들를 것입니다. 그는 사회 변혁을 생생하게 체험할 수 있을지도 모른다는 것을 실제로 (말 그대로) 믿기 시작했습니다. 이러한 믿음이 지속되기를 바라며, 또한 우리의 '교양인들'이 자신들은 식인종이 아니라는 것을 다른 여러 당에 증명하고 싶은 유혹을 오랫동안 참아내기를 바랍니다.   15

저는 우리의 프롤레타리아 대중을 잘못 생각한 적이 없습니다. 그들의 운동의 이러한 확실한 전진, 승리를 확신하는 또 그렇기 때문에 쾌활하고 유머로 가득 찬 이러한 전진은, 모범적이며 비할 데가 없습니다. 유럽의 그 어떤 프롤레타리아트도 사회주의자 법의 시험을 그토록 훌륭하게 치러내지 못했을 것이며 6 년 동안의 탄압에 힘의 증대와 조직의 강화를 증명하는   20
것으로 대답하지 못했을 것입니다 ; 유럽의 그 어떤 프롤레타리아트도 우리나라의 프롤레타리아트가 보여준 방식으로 그 어떤 음모도 속임수도 없이 이러한 조직을 만들어 내지 못했을 것입니다. 다름슈타트와 하노버에서의 선거 선언[255]을 본 이후로 새로운 지역(선거구)에서는 어쩔 수 없이 양보를 하지 않았을까 하는 저의 우려도 사라졌습니다. 이 두 도시에서 그토록 진   25
정으로 혁명적이고 프롤레타리아적인 이야기를 할 수 있었다면, 이미 승부는 난 것이나 마찬가지입니다.

우리의 커다란 이점은 프랑스와 영국에서는 산업 혁명이 대체로 종결된 데 반해 우리 나라에서는 그것이 이제 막 본격적으로 진행되고 있다는 것입니다. 거기서는 도시와 농촌의 분리, 공업 지역과 농업 지역의 분리가 거의 종결되었기 때문에, 이제 그것은 기껏해야 완만하게 변화할 뿐입니다. 거기서 대다수의 대중이 지금 살아가는 상태는 이후에 그들이 살아가지 않으면 안 되는 바로 그 상태입니다 ; 그들은 그 상태에 익숙해져 있으며, 경기의 변동과 공황조차 그들에게는 거의 자명한 일로 여겨지고 있습니다. 게다가 그들에게는 이전에 운동을 시도했다가 좌절한 기억이 있습니다. 이에 반해 우리 나라에서는 아직 모든 것이 유동적입니다. 자가 수요를 충족하던 과거의 농민적 공업 생산의 잔재는 자본주의적 가내 공업에 의해 밀려났고, 한편 다른 지역에서는 자본주의적 가내 경영이 이미 다시 기계에 굴복하고 있습니다. 제일 뒤에 처져서 절뚝거리며 따라가는 우리 나라 공업의 이러한 본성이 혁명을 더욱 근본적인 것으로 만듭니다. 대량 소비품이건 사치품이건 간에 거대한 대량 생산품은 이미 영국인들과 프랑스 인들에 독점되어 있기 때문에, 우리 나라의 수출 공업에 남아 있는 것은 대부분 조그마한 잡화에 불과합니다. 그렇지만 이 잡화도 대량화되어 가는바, 처음에는 가내 경영에 의해 제조되다가, 이후에 생산이 대규모화되면서 비로소 기계에 의해 제조됩니다. 이처럼 가내 공업(자본주의적)은 점점 더 넓은 지역에서 이루어지게 되고, 그만큼 더 근본적으로 옛방식을 일소합니다. 만약 엘베 강 동쪽의 프로이센, 요컨대 동 프로이센과 서 프로이센, 폼메른, 포젠, 브란덴부르크의 대부분, 더 나아가 구 바이에른을 제외한다면, 농민이 점점 더 가내 공업에 끌려 들어가지 않는 지방은 거의 없게 됩니다. 우리 나라에서는 이렇게 혁명화되어 가는 지역이 다른 어느 나라보다 더 많습니다.

여기에 덧붙여야 할 것이 있습니다. 가내 공업 노동자들은 대부분 조그만 텃밭을 가꾸고 있기 때문에 다른 어떤 곳보다 어떠한 방식으로든 임금을 인하할 가능성이 큽니다. 농업과 공업의 결합은 이전에는 서민의 행복이었지만, 이제는 자본주의적 착취의 가장 강력한 수단이 되었습니다. 감자, 젖소 등의 보잘것없는 농업은 노동력을 가격 이하로 판매하게 만듭니다 ; 보잘것없는 농업은 그것을 **강요합니다**. 왜냐하면 보잘것없는 농업은 노동자들을 부분적으로만 먹여 살리는 토지에 묶어 두기 때문입니다. 따라서 우리 나라에서 공업은 잉여 가치 전부를 상인에게 선사하고 자본가의 이윤을 정상적 임금으로부터의 공제를 통해서 형성함으로써, 수출 능력을 갖게 됩니다. 약간의 차이는 있지만 모든 농촌 가내 공업의 사정은 이러합니다. 그렇지만 이러한 사정이 우리 나라만큼 현저하게 나타나는 곳은 어디에도 없습니다.

　게다가 부르주아적 진보(매우 허약했지만)를 수반한 1848년의 혁명을 통해서 촉발된 우리 나라의 산업 혁명은 1. 1866-70년에 국내 장벽을 철폐함으로써, 2. 결국 자본주의적으로 투하될 수밖에 없는 프랑스의 수십 억[221]을 통해서 크게 촉진되었습니다. 그리하여 우리는 다른 나라들보다 더 근본적이고 더 철저한, 공간적으로 더 광대하고 더 포괄적인 산업 변혁을 얻게 되었습니다. 그리고 이와 더불어 패배로 사기가 저하된 일이 없는 아주 신선하고 온전한 프롤레타리아트를 얻게 되었으며, 마지막으로 —— 맑스 덕분에 —— 경제적 정치적 발전의 원인들과 다가올 혁명의 조건들에 대한 통찰력, 우리의 선행자들이 가져 보지 못한 통찰력을 얻게 되었습니다. 그러므로 또한 우리는 승리해야만 하는 의무를 지고 있습니다.

　순수 민주주의파와 미래에 그들이 맡을 역할에 대해서 말하자면, 저는 당신과 의견을 달리합니다. 독일에서의 그들의 역할이 이전에 공업적 발전을 달성한 나라들의 경우보다 더 부차적이라는 것은 자명합니다. 그러나 혁명의 순간에 그들이 가장 급진적인 **부르주아** 당으로서, 실제로 이미 프랑크푸르트에서 그러한 역할을 맡았던 당으로서, 부르주아 경제 전체의 그리고 심지어 봉건적인 경제의 **최후**의 구원처로서 일시적 중요성을 획득할 수 있다는 사실이 부정되는 것은 아닙니다. 그러한 순간에는 반동적 무리 전체가 그들 뒤에 숨어서 그들을 강화합니다 : 그때에는 이전에 반동적이었던 모든 것이 민주주의적인 체합니다. 예컨대 봉건적 관료적 무리 전체는 1848년 3월부터 9월까지 혁명 대중을 제압하기 위해 자유주의자들을 강화시켜 주었습니다. 그리고 이것이 달성되자 당연하게도 자유주의자들을 사정없이 내차 버렸습니다. 이리하여 1848년 5월부터 12월에 보나빠르뜨가 선출되기까지 『나씨오날』의 순수 공화주의파, 모든 당파 중에서 가장 허약한 이 당파가 프랑스를 지배하였습니다. 다름아니라 그들의 배후에 조직된 반동들이 있었기에 그들은 그 기간 동안 프랑스를 지배할 수 있었습니다. 이런 일

은 어떤 혁명에서도 볼 수 있습니다 : 아직 통치 능력을 지니고 있는 당 중
에서 가장 온건한 당이 방향타를 잡게 됩니다. 왜냐하면 패배자들은 바로
그 당에서만 최후의 구제 가능성을 엿볼 수 있기 때문입니다. 그런데 위기
의 순간에 우리가 선거인 다수의, 즉 국민 다수의 지지를 받을 것이라고 기
5 대할 수 없습니다. 그때에는 부르주아 계급 전체와 봉건적 유산 계급의 잔
재들, 소부르주아 층 및 농촌 인구의 대부분이 극히 혁명적인 공문구를 늘
어 놓는 가장 급진적인 부르주아 당 주위에 모여들 것입니다. 저는 그들이
임시 정부를 대표하고 일시적으로나마 임시 정부의 다수파를 형성할 가능
성이 매우 크다고 봅니다. 그럴 경우에 소수파로서의 우리가 어떤 행동을
10 취하면 안 되는가는 1848년 빠리 2월 정부의 사회 민주주의적 소수파가 가
르쳐 주었습니다. 그렇지만 이 후자의 문제는 아직은 학술적인 문제입니다.
　　　그런데 확실히 독일에서는 이와 다른 식으로 사태가 흘러갈 수 있습니
다. 그것도 군사적인 이유에서 말입니다. 현재의 상태로 볼 때, 외부에서의
충격이 있다면 그것은 십중팔구 러시아에서 입니다. 충격이 외부에서가 아
15 니라 독일에서 발생한다면, 혁명은 군대에서 나올 수밖에 없습니다. 비무장
인민은 오늘날의 군대에 비하면 군사적으로 아주 미미합니다. 이 경우에
――투표권은 없지만 군사 훈련을 받고 있는 20-25 살의 우리의 예비병들
이 행동에 나설 경우에, 순수 민주주의파를 뛰어넘을 수 있게 될 것입니다.
그러나 이 문제도 현재로서는 아직 학술적인 문제입니다. 그렇지만 당의 총
20 참모부의 말하자면 대표로서 나는 이 문제를 염두에 둘 의무가 있습니다.
어쨌든 위기의 날과 그 다음 날에 우리의 유일한 적은――순수 민주주의파
주위에 집결해 있는 모든 반동 세력이며, 이 점을 결코 잊어서는 안 된다고 생
각합니다.
　　　여러분이 제국 의회에 의안을 제출할 때 잊어서는 안 될 의안이 하나
25 있습니다. 국유지는 대부분 대차지인들에게 임대되고 있으며, 아주 적은 부
분만이 농민들에게 불하되고 있습니다. 그러나 그 분할지는 너무 작기 때문
에 새로운 농민들은 대농장에서의 날품팔이 노동에 의존하고 있습니다. 대
국유지를 분할하지 말고 농업 노동자들의 협동 조합에 임대하여 공동 경작을 할
수 있게 할 것을 요구해야 합니다. 제국은 국유지를 가지고 있지 않습니다.

그러므로 제국은 이러한 제안을 의안으로 채택하지 않을 구실을 여기에서 찾을 것입니다. 그러나 저는 이 불타는 나무가 농업 날품팔이 노동자들 사이에 던져져야 한다고 생각합니다. 이것은 실제로 국가 사회주의에 관한 많은 토론들에서 일어날 수 있는 일입니다. 이렇게 함으로써, 오직 이렇게 함으로써만 농촌 노동자들을 거머쥘 수 있습니다 : 이것은 지금 은혜로운 주　5
인들이 소유하고 있는 대농장을 공동의 책임으로 경영할 사람들이 바로 자신들이라는 것을 농업 노동자들에게 깨닫게 하는 가장 좋은 방법입니다. 적극적인 제안을 할 것을 여러분에게 요구하는 비스마르크라는 친구도 당분간은 이것으로 만족할 것입니다.

　　가슴에서 우러나는 인사를 보냅니다.

당신의

84년 12월 12일
F. E.

수고에 의거함.

맑스 · 엥겔스 저작집,
제36권, 250-254면.

최인호 번역

7

엥겔스가
주네브의 베라 이바노브나 자술리치에게

1885년 4월 23일, 런던

[…]무엇보다도 당신에게 되풀이하여 말씀드리지만 맑스의 위대한 경제 이론과 역사 이론을 편견 없이 그대로 인정하고, 자신들의 선행자들의 무정부주의적이며 비록 적다고는 하지만 슬라브주의적인 모든 전통과 결연히 단절하고 있는 당파가 러시아 청년들 가운데 존재한다는 것을 나는 자랑스럽게 여기고 있습니다. 맑스 자신도 조금 더 살았다면, 그것을 자랑스럽게 생각했을 것입니다. 그것은 러시아의 혁명적 발전에 중대한 의미를 지니게 될 진보입니다. 내 생각으로는 맑스의 역사 이론은 **수미일관하게 결합되어 있는** 모든 혁명 전술의 기본 조건입니다 ; 이 전술을 찾기 위해서는 우리는 단지 그 이론을 해당 국가의 경제적, 정치적 상황들에 적용시키기만 하면 됩니다.

그러나 그렇게 하기 위해서는 그 상황을 알아야 합니다 ; 나로 말하자면, 나는 러시아의 현재 상태에 대해서 거의 아는 바가 없기 때문에 특정 시기에 거기에서 요구되는 전술의 세부 사항에 대해서는 주제넘게 판단할 수 없습니다. 게다가 러시아 혁명당 내부에 있었던 비밀 사건들, 특히 최근 몇 년간 있었던 사건들에 대해서는 거의 아무것도 알지 못합니다. 인민의 의지파 가운데 있는 나의 벗들은 그것에 관해 나에게 어떠한 것도 말해 주지 않았습니다. 그런데 그것은 하나의 견해를 형성하는 데 있어서 없어서는 안 될 조건입니다.

러시아의 상태에 대해서 내가 알고 있고 혹은 알고 있다고 생각하는 것이 나에게 알려 주는 바에 따르면, 그곳 사람들은 1789년에 접근해 있는 것으로 보입니다. 혁명은 특정 시기에 돌발할 수밖에 없습니다; 그것은 어느 때라도 돌발할 수 있습니다. 이러한 사정에서 그 국가는 매설된 지뢰와 같으며, 단지 그 도화선에 불을 당기기만 하면 됩니다. 특히 3월 13일 이후로는 그렇습니다.[256] 이것은, 몇 안 되는 사람으로 혁명을 일으킬 수 있는, 즉 극히 불안정한 균형 상태에 있는 체제 전체를 조그마한 충격으로도 무너뜨릴 수 있고(쁠레하노프의 비유를 사용하자면), 자신에게는 아주 미미한 행동으로도 이후에는 막을 수도 없는 폭발력을 발생시킬 수 있는 예외적인 경우입니다. 만약 블랑끼주의 —— 작은 공모 집단의 활동으로 사회 전체를 변혁시킬 수 있다는 공상 —— 가 어떤 존재 이유가 있었다면, 그것은 분명히 뻬쩨르부르크에서였을 것입니다. 일단 화약에 불이 붙고 힘이 폭발하여 국민의 에너지가 위치 에너지에서 운동 에너지로 전화하면 (이것 역시 쁠레하노프가 애용하고 있는 비유입니다)——, 그 지뢰에 불을 당긴 사람들은 그 폭발로 인하여 일소될 것입니다. 그 폭발은 그들보다 천 배나 더 강한 것이며, 경제력과 저항이 결정하는 바대로 그것은 할 수 있는 한 자신의 출로를 찾아내게 될 것입니다.

이 사람들이 권력을 장악할 수 있다고 상상한다고 가정해 봅시다. 이것이 무슨 해가 되겠습니까? 그들이 구멍을 뚫어 둑을 무너뜨린다 해도, 바로 그 급류가 금방 그들의 환상을 바로잡을 것입니다. 그런데 이러한 환상들이 우연히 그들에게 보다 큰 의지력을 준다 해도, 그것에 한탄할 이유가 무엇이 있겠습니까? 혁명을 일으켰다고 자랑하는 사람들은 늘 그 다음 날에, 자신들이 무엇을 하였는지 알지 못했다는 것과 일어난 혁명이 그들이 원했던 것과 똑같지 않다는 것을 보아 왔습니다. 헤겔은 이것을 역사의 아이러니[257]라고 불렀는데, 이러한 아이러니를 피해 간 역사적 인물들(Деятели)은 드뭅니다. 자신의 의지에 상반되게 나타났던 혁명가 비스마르크, 그리고 자신이 숭배하던 짜르[184]와 결국에는 어긋나게 된 글래드스턴만 보아도 그렇습니다.

472

내가 보건대 중요한 것은, 러시아에 추동력이 존재하고 있다는 것과
혁명이 돌발할 수 있다는 사실입니다. 신호를 보내는 것이 이 분파이건 저
분파이건, 그것이 이 기치 밑에서 일어나건 저 기치 밑에서 일어나건, 그것
은 아무래도 좋습니다. 그것이 궁정 혁명이라면——그것은 그 다음날 일소
5   될 것입니다. 상태가 그처럼 긴장되어 있고, 혁명적 요소들이 그 정도로 축
적되어 있고, 광범한 인민 대중의 경제적 처지가 날이 갈수록 열악해지고,
원시 공동체에서 현재의 대공업과 금융 과두제에 이르기까지 역사 발전의
모든 단계들이 표현되어 있는, 그리고 이러한 모든 모순들이 전제주의에 의
하여 즉 민족적 지성과 품위를 모두 체현하고 있는 청년들에게 점점 더 참
10   기 어려운 것이 되어가고 있는 전제주의에 의하여 폭력적으로 유지되고 있
는 그곳에서는——1789년이 일단 시작되자마자 1793년은 곧 뒤따라 오게
될 것입니다.[…]

수고에 의거함.   맑스·엥겔스 저작집,
                                                   제36권, 303-307면.

원문은 프랑스 어이나 독일어로부터 번역

                                                        박기순 번역

8

엥겔스가

보이텐의 게르트루트 기욤 - 샤크에게

[초고]

　[…]만약 프랑스 인들이 독일인들만큼 여성 노동의 제한을 요구하지　　5
않는다면, 그것은 여성들의 공장 노동이 프랑스에서는 특히 빠리에서는 비
교적 부차적인 역할만 하는 데 있습니다. 내가 아는 한, 동일한 작업에 대
한 동일한 임금은 아직 임금 일반이 폐지되지 않은 시대에서 모든 사회주
의자들이 남녀 모두를 위해 내걸고 있는 요구입니다. 노동하는 여성들이 그
들의 특수한 생리적 기능으로 인하여 자본주의적 착취로부터 특별한 보호　　10
를 필요로 한다는 것은 내게는 너무나 명확한 사실로 여겨집니다. 여성들도
남성들과 마찬가지로 자본가들의 철처한 착취를 받을 형식상의 권리가 있
다고 주장하면서 이 권리를 위해 투쟁하는 영국의 여성 선각자들도 대부분
직간접적으로 남녀에 대한 자본주의적 착취에 관심을 갖고 있습니다. 솔직
히 말해서, 내가 관심을 가지고 있는 것은 자본주의적 생산 방식의 말기에　　15
남녀 간의 절대적인 형식적 동등권보다도 후세들의 건강입니다. 여성과 남
성의 진정한 동등권이 하나의 진리가 되는 것은, 내가 확신하는 바에 따르
면, 남녀 쌍방에 대한 자본의 착취가 폐지되고 사적인 가사 노동이 공적인
산업으로 전화할 때입니다.

1885년 7월 5일 경에 씌어짐.   맑스·엥겔스 저작집,
수고에 의거함.   제36권, 341면.

최인호 번역

9

엥겔스가
베를린의 아우구스트 베벨에게

86년 1월 20일, 런던

[…]국유지에서의 생산 협동 조합에 관한 저의 제안에 대해서 말하자   5
면[258], 그것은 다만 당시에 기선 조성금에 찬성하고 있던 다수파에게 출로
를 제시하여 어떻게 해야 그들이 처하고 있는 곤경에서 벗어나 품위 있게
거기에 반대 투표할 수 있는가를 가르쳐 주기 위한 것이었습니다. 그러나
이 제안은 제 생각으로는 원칙적으로 확실히 옳은 것이었습니다. 우리가 적
극적인 제안을 할 때는 오직 **실행 가능한** 제안만을 해야 한다는 것은 지당   10
한 이야기입니다. 그러나 그것은 현존 정부가 그것을 할 수 있는가 없는가
하는 것과는 상관없이 **사실상** 실행 가능한 것이어야 합니다. 더 나아가서
저는 이렇게 말하고 싶습니다 : 우리가 자본주의적 생산의 전복을 초래하는
사회주의적 방책을 제안할 때는(이 제안처럼), **사실상 실천적**이지만 이 정부
로서는 **불가능한** 것만을 제안합니다. 이 정부는 그러한 방책들을 모두 망쳐   15
놓고 못쓰게 하기 때문에, 이 정부가 그러한 방책을 시행한다면 다만 그 방
책들의 파멸만이 초래될 뿐입니다. 그러나 그 어떤 융커 정부 혹은 부르주
아 정부도 이러한 제안을 실행하지 않습니다. 그러한 제안을 일정에 올린다
는 것은 동쪽 지방의 농촌 프롤레타리아트에게 길을 열어 주는 것입니다.
그것은 그들에게 융커와 차지인들의 착취를 파괴할 수 있는 길을 열어 주   20
는 것입니다 —— 그것은 그 주민들, 즉 예속된 상태에 있고 우둔함을 벗어

나기 힘든 상태에 있기 때문에 프로이센 전체가 근거하고 있는 연대 連帶를 제공하고 있는 그 주민들을 운동에 끌어들이는 것입니다. 요컨대 그것은 프로이센을 내부에서부터, 뿌리에서부터 망가뜨려 버리는 것입니다. 그러므로 융커 정부 혹은 부르주아 정부는 꿈에도 그것을 생각할 수 없습니다. 이 것은 그곳에 대토지 소유가 존재하는 한 우리가 어떤 상황에서도 집요하게 요구해야 하는 방책이며, 우리 자신이 방향타를 잡자마자 실행해야 하는 방 책입니다 : 대농장을 ── 처음에는 차지의 형태로 ── 자주적으로 경영하는 협동 조합에 양도하여 국가의 지도 하에 두고, 국가는 토지의 소유자로 남 는 것. 그런데 이 방책은 사실상 실제로 실행 가능하다는 것, 우리 당 이외 의 어떠한 당도 이 방책을 취할 수 없다는 것, 그러므로 또한 어떤 당도 그 방책을 엉망으로 만들 수 없다는 것 등의 커다란 이점을 갖고 있습니다. 이 렇게 함으로써만 프로이센을 파멸시킬 수 있으며, 우리가 이 방책을 더 빨 리 보급할수록 상황은 더욱 우리에게 유리해집니다.

　　　이 문제는 슐쩨-델리쥐 Sch[ulze]-Delitzsch 와도 라쌀레와도 관계가 없 습니다. 양자는 공히 작은 협동 조합을 제안했습니다. 후자가 제안한 것은 국가의 보조를 받는 것이었고, 전자가 제안한 것은 국가의 보조를 받지 않 는 것이었습니다. 그러나 둘 모두에게 협동 조합은, 기존의 생산 수단을 보 유하는 것이 아니라 현존하는 자본주의적 생산 옆에 새로운 공동체적 생산 을 수립하는 것이었습니다. 저의 제안은 현존하는 생산 속에 협동 조합을 집어넣을 것을 요구합니다. **자본주의적으로 착취되지 않는 토지를 협동 조합에 주어야 합니다** ; 빠리 꼬뮌이 요구했다시피, 노동자들은 공장주들이 정지시킨 공장을 협동 조합적으로 운영해야 합니다. 이것은 커다란 차이입니다. 완전 한 공산주의적 경제로 이행하는 데 있어 협동 조합 경영을 대규모로 응용해 야 한다는 것에 대해서 맑스와 나는 어떠한 의문도 품지 않았습니다. 이 문 제에서 신경써야 할 것이 있다면 단지, 사회가 그러므로 처음에는 국가가 생산 수단에 대한 소유를 계속 유지하고 그리하여 협동 조합의 특수한 이해 가 사회 전체에 대립하여 고정되는 것을 방지하는 것뿐입니다. 제국이 국유 지를 갖고 있지 않다는 것은 아무 문제도 되지 않습니다 ; 형식은 얼마든지 찾을 수 있습니다. 이것은 추방이 제국과 아무런 직접적 관계가 없는데도 폴란드 문제에 관한 토론이 이루어진 경우와 똑같습니다.

　　정부가 이러한 것을 받아들일 수 없기 때문에, 바로 그렇기 때문에, 기선 조성금에 대한 대가로서 제가 제안한 조성금을 요구하는 것은 위험하지 않았습니다. 만약 정부가 그것에 동의할 수 있다면, 당연히 당신이 옳습니다.[…]

수고에 의거함.　　　　　　　　　　　　　　　맑스·엥겔스 저작집,

　　　　　　　　　　　　　　　　　　　　　제36권, 425/426면.

최인호 번역

10

엥겔스가

야시의 이온 나데지데에게

1888년 1월 4일, 런던 북서구 리전츠파크가 122

5   [...]루마니아의 사회주의자들이 자신들의 강령에서, 유럽과 아메리카의 거의 모든 사회주의자들을 하나의 단일한 전투 부대로 결집시킬 수 있는 이론의 기본 원리에 동의하고 있다는 것을 저는 매우 만족스럽게 바라보았습니다. 저는 이 이론은 저의 고인이 된 친구 칼 맑스의 것이라고 생각합니다. 이 위대한 사상가가 죽을 당시에 현존하던 사회적, 정치적 상황과
10   모든 문명국에서의 우리 당의 진보는, 양 세계의 프롤레타리아를 하나의 단일한 대군으로 또 하나의 동일한 깃발 아래 통일시키려는 그의 노력이 완전한 성공을 거둘 것이라는 확신 속에서 그가 눈을 감도록 하였습니다. 그런데 만약 그가, 그 이후 우리가 아메리카와 유럽에서 성취한 놀라운 진보를 볼 수 있었더라면!

15   이러한 진보는 너무 거대하여, 적어도 유럽의 당에게 있어서는 공통의 국제 정책이 가능하고 필연적인 것으로 되었습니다. 이 점에서 저는, 당신이 원칙상 우리와 그리고 서유럽의 사회주의자들과 일치하는 것을 보니 기쁩니다. 저의 논문 「유럽의 정치 정세」에 대한 번역뿐만 아니라 『신시대』 편집부에게 보내는 당신의 편지는 제게 그것을 충분히 증명해 줍니다.

20   실제로 우리들 모두는 모든 민족과 개개의 민족의 자유로운 발전을 방해하고 있는 동일한 거대한 장애에 직면하고 있습니다. 이 발전 없이는 우

리는 각각의 나라에서의 사회 혁명을 생각할 수 없습니다. 그런데 하물며
상호 협력으로 사회 혁명을 완수할 수 있겠습니까. 이 장애는 폴란드를 살
해한 세 사람의 낡은 신성 동맹으로서, 1815년 이래 러시아의 짜리즘에 의
해 결속되어 일시적인 내부 논쟁에도 불구하고 오늘날까지 존속하고 있습
니다. 1815년에 동맹은 프랑스 인민의 혁명 정신에 대항하여 설립되었습니   5
다 ; 1871년에 이것은 알자스와 로렌에 대한 강탈 즉 독일을 짜리즘의 노예
로 만들고 짜르를 유럽의 중재 재판관으로 만드는 프랑스에 대한 강탈을
통해 강화되었습니다 ; 1888년에 동맹은 세 제국 내부의 혁명적 운동 혹은
민족적 경향과 노동자의 정치, 사회 운동을 근절시키기 위해 올곧게 남아
있습니다. 러시아는 거의 난공불락의 전략적 입지를 점하고 있었기 때문에   10
러시아의 짜리즘은 이 동맹의 중핵, 유럽 반동의 최대의 예비군을 이루고
있습니다. 짜리즘을 격퇴하는 것, 유럽 전체를 짓누르고 있는 이 악몽을 절
멸시키는 것, 우리가 보기에는 이것이 중부 유럽 및 동유럽의 민족 해방을
위한 조건들입니다. 우선 짜리즘이 전복되면, 지금 비스마르크로 대표되는
파괴적인 권력은 그 근거를 잃어버리게 되므로 붕괴될 것입니다 ; 오스트리   15
아는 분해될 것입니다. 왜냐하면 오스트리아는 자신의 유일한 존재 이유,
즉 자신이 존재함으로 인해 짜리즘이 카르파티안 산맥과 발칸 산맥에 산재
하는 민족들을 하나로 통합하는 것을 가로막고 있다는 존재 이유를 잃어버
리기 때문입니다 ; 폴란드는 새로이 부활할 것입니다 ; 소러시아는 자유롭게
자신의 정치적인 결합을 선택할 수 있습니다 ; 루마니아 인, 마자르 인, 남슬   20
라브 인은 각각 외국의 간섭없이 자신들의 용무와 국경 문제를 자신들 사
이에서 조정할 수 있습니다 ; 마지막으로 대러시아 인이라는 고귀한 국민은,
그들의 가장 우수한 사람들을 처형대나 강제 노동에 봉헌하는 대신에 더
이상 짜리즘을 위한 무의미한 정복을 추구하지 않을 뿐만 아니라 아시아에
서 그들의 진정한 문명적 사명을 실현하고 서유럽과 결합하여 그들의 훌륭   25
한 정신적 능력을 발전시킬 것입니다.

그런데 루마니아 인들은 짜리즘을 알 수밖에 없었습니다 : 당신들은 키
셀료프의 '헌법 Reglement organique'에 의해, 1848년 봉기의 진압에 의해,
베사라브카에 대한 두 번에 걸친 강탈에 의해, 러시아에게는 보스포루스 해

협으로 가는 길 위에 있는 야영지에 지나지 않았던 루마니아에 대한 수없이 많은 침입에 의해 충분히 시달렸습니다 ; 또 짜리즘이 꿈에서 그리던 콘스탄티노플의 점령이 실현되는 날에는 루마니아의 민족적 독립이 중지된다는 확신에 의해 충분히 시달려 왔습니다. 그때까지 짜리즘은 마자르 인의 수중에 있는 루마니아의 트란실바니아로 당신들의 주의를 환기시키면서 당신들에게 기대를 갖게 하지만 짜리즘이야말로 루마니아로부터 그것을 떼어 놓습니다 ; 내일이라도 뻬쩨르부르크의 전제 정치가 전도되면 모레에는 유럽에서 오스트리아-헝가리는 더 이상 없을 것입니다.

현재 동맹은 해체된 것으로 보이며, 전쟁이 임박해 있는 것처럼 보입니다. 그러나 전쟁이 일어나기만 하면 그것만으로도 반항적인 오스트리아-헝가리와 프로이센을 다시 온순하게 만들 수 있습니다. 우리는 전쟁이 발발하지 않기를 바랍니다 ; 이러한 종류의 전투에서는 싸우는 사람들 누구에게도 동조할 수 없으며, 역으로 가능한 한 모든 것이 패배하기를 바랍니다. 그것은 끔찍한 전쟁이 될 것입니다. 그러나 그렇게 되는 것이 분명하지만, 결국에는 모든 것이 사회주의 운동에 유리하게 끝나고 노동자 계급에 의한 권력 쟁취는 촉진될 것이 확실합니다.

이러한 장광설을 양해해 주십시오. 그러나 한 사람의 루마니아 인에게 편지를 쓰면서 이러한 초미의 문제에 대해 제 견해를 피력하지 않을 수 없었습니다. 그것은 다음과 같이 간단하게 요약됩니다 : 현시점에서 러시아에서의 혁명은 유럽을 전면적인 전쟁의 불운으로부터 보호할 것이며 전 세계 혁명의 발단이 될 것입니다.[…]

출전 : 『동시대인』,
제6호, 1888년 1월.

맑스·엥겔스 저작집,
제37권, 3-6면.

원문은 루마니아 어지만 독일어로부터 번역.

정선회 번역

11

엥겔스가
런던의 마가렛 하크니스에게

[초고]

친애하는 하크니스 H[arkness] 양,   5

당신의 『도시의 소녀』를 비제텔리 출판사를 통하여 보내 주신 것에 대
해 대단히 감사드립니다. 나는 대단히 재미있게 그것을 탐독하였습니다. 그
것은 정말로 나의 벗이며 당신의 번역자인 아이히호프가 말한 대로 작은
예술 작품 ein kleines Kunstwerk 입니다 ; 그는 이에 덧붙여서 —— 당신이
만족할 말이 되겠지만 —— 어떠한 생략이나 고쳐 쓰려는 시도는 원문의 가   10
치를 일부 손상시킬 뿐이기 때문에 그의 번역은 거의 문자 그대로의 번역
이어야만 한다고 합니다.

당신 소설에서 그 사실적인 진실 이외에 나에게 가장 큰 감명을 주는
것은, 그것이 진정한 예술가의 용기를 보여 주고 있다는 것입니다. 그 용기
는, 당신의 소설에서 왜 구세군이 인민 대중 속에서 그러한 영향력을 갖는   15
가를 아마도 처음으로 알게 될 거만한 명사들의 면전에서 당신이 구세군을
다루는 방식에서만 나타나고 있는 것이 아닙니다 ; 그것은 또한 당신이 부
르주아의 한 남자에게 유혹당한 프롤레타리아 소녀라는 낡고도 낡은 이야
기를 책 전체의 중심으로 만드는 당신의 솔직하고 숨김없는 문체에서 주되
게 나타나고 있습니다. 평범한 사람이라면, 진부한 줄거리의 성격을 인위적

으로 복잡하게 한다거나 요란한 치장을 겹겹이 해서 꼭 숨겨야 된다고 생
각했을 것입니다. 그러나 그들은 밝혀지고야 말 운명은 벗어날 수 없을 것
입니다. 당신이 낡은 이야기를 서술하는 것이 가능하다고 느꼈던 것은, 당
신이 단지 사실 그대로 서술함으로써 그것을 새로운 이야기로 만드는 것이
5 가능했기 때문입니다.

당신의 아서 그랜트 씨는 걸작입니다.

내게 비판할 무언가가 있다고 한다면, 그것은 결국 아마도 이야기가
충분히 사실주의적이지 않다는 것이 될 것입니다. 내 생각으로는, 사실주의
는 세부적 진실 이외에 전형적인 상황 하에 있는 전형적인 인물의 재현에
10 서의 진실을 의미합니다. 그런데 당신의 인물들에 대해 말하자면, 그들은
충분히 전형적입니다. 그러나 그들을 둘러싸고 그들을 행동하게 만드는 상
황은 아마도 같은 정도로 전형적이지는 않습니다. 『도시의 소녀』에서 노동
자 계급은, 자신을 구원할 수 없고, 심지어 자신을 구원하기 위하여 노력하
려는 어떠한 시도도 보여 주지 않는 수동적인 대중으로 나타나고 있습니다.
15 그들 자신이 느끼지 못하는 빈곤으로부터 그들을 끌어내려는 모든 시도들
은 외부에서 그리고 위에서부터 나오고 있습니다. 그런데 이것이 1800년이
나 1810년 무렵 즉 생-시몽이나 로버트 오언 시대에는 정확한 서술이었다
해도, 1887년에 거의 50 년 동안 전투적 프롤레타리아트의 대부분의 투쟁
에 참가하는 영예를 지닌 사람들에게는 그것은 그렇게 보일 수는 없습니다.
20 노동자 계급을 둘러싸고 있는 억압적 환경에 반발하는 그들의 반역적인 저
항, 인간으로서 자신의 지위를 회복하려고 하는——반 ½ 의식적이든 혹은
의식적이든 돌발적인——그들의 시도들은 역사의 한 부분을 이루고 있으
며, 그러므로 사실주의의 영역에서 하나의 장을 요구하지 않으면 안됩니다.

저는, 저자의 사회적 정치적 견해를 찬미하기 위하여 순전히 사회주의
25 적인 소설——우리 독일인들이 말하는 바와 같은 '경향 소설 Tendenzro-
man'——을 당신이 쓰지 않은 것에 대해 비난하려는 것은 결코 아닙니다.
그러한 것은 내가 의도하고자 하는 바가 결코 아닙니다. 저자의 의견이 숨
겨진 상태로 있으면 있을수록, 그만큼 더 예술 작품에게는 좋은 것입니다.
내가 언급하고 있는 사실주의는 심지어 저자의 의견이 어떤 것일 지라도

드러날 수 있는 것입니다. 한 가지 예를 들어 봅시다. 내가 과거나 현재나 미래 passé, présents et à ventir를 통틀어 졸라보다도 훨씬 더 위대한 사실주의의 대가라고 생각하고 있는 발자끄는, 『인간 희극』에서 프랑스 '사회' 의 탁월한 사실적인 역사를 우리에게 제공하고 있습니다. 여기에서 그는, 1815년 이후에 재편되었고 가능한 한 프랑스의 옛 생활 양식 vieille poli-   5 tess française의 기준을 다시 만들었던 귀족 사회에 대한 발흥하는 부르주 아지의 전진적인 침입을 1816년부터 1848년까지 거의 해마다 편년체로 묘 사하고 있습니다. 그는 그가 모범적이라고 여겼던 이 사회의 최후의 잔재들 이 어떻게 저속하고 부유한 벼락 부자의 침입 앞에 점점 굴복했는지, 혹은 그들에 의해 파멸되었는지를 묘사합니다 ; 귀부인 grandedame — 그녀의 결   10 혼 생활의 부정한 행실은, 자신의 결혼 과정에서 있었던 방식과 거의 일치 하게 자신을 옹호하는 하나의 방법에 지나지 않습니다 — 이, 어떻게 현금 이나 캐시미어를 위하여 자신의 남편의 얼굴에 똥칠을 하는 부르주아지의 부인에게 자리를 내주게 되는지를 묘사합니다 ; 그리고 이 중심적인 그림 주위에 그는 프랑스 사회의 완전한 역사를 하나로 묶고 있는바, 이로부터   15 나는 경제적인 상세한 일들(예를 들면 혁명 이후 부동산과 동산의 재정리) 에 있어서조차 당시의 전문적인 역사학자, 경제학자 그리고 통계학자 모두 를 함께 총괄한 것보다도 더 많은 것을 배웠습니다. 확실히 발자끄는 정치 적으로는 정통 왕조파[259]였습니다 ; 그의 위대한 작품은 훌륭한 사회의 돌 이킬 수 없는 몰락에 관한 비가였습니다 ; 그의 동정은 모두 소멸할 운명에   20 있던 계급에 대한 것입니다. 그럼에도 불구하고 그가 제일 깊이 동정했던 바로 그 남녀 —— 귀족 —— 로 하여금 행동거지를 취하게 할 때보다 그의 풍자가 더 호되고 역설이 더 격렬한 때는 결코 없었습니다. 그리고 그가 항 상 가식 없이 칭찬하고 있는 유일한 인물들은, 그의 가장 가증스러운 정치 적 숙적인 생-메리 수도원의 공화파 영웅들[260], 즉 그 당시(1830년-1836   25 년) 실제로 인민 대중의 대표였던 사람들입니다. 따라서 발자끄가 자기 자 신의 계급적 동정과 정치적 선입관에 반해서 행동하지 않을 수 없었다는 것, 그가 자신이 애호하는 귀족의 몰락의 필연성을 보았고 그들을 보다 나 은 운명에 적합하지 않은 사람들로 묘사했다는 것 ; 그가 진정한 미래의 사람들을 그 당시에는 유독 그들만이 눈에 띌 수 있었던 그런 곳에서 **보았다**는 것 —— 이것을 나는 사실주의의 가장 위대한 승리의 하나이며 노老 발자끄의 가장 위대한 특징들 가운데 하나라고 여깁니다.

당신을 변호하면서 나는, 문명 세계에서 런던의 이스트엔드만큼 근로

5 인민이 적극적으로 저항하지 않고 수동적으로 운명에 굴복하고 얼빠져 héb étés 있는 곳은 없다고 인정하지 않을 수 없습니다. 그리고 당신이 이번에는 노동자 계급 생활의 수동적인 측면의 묘사에서 만족하고, 적극적인 측면은 별도의 작품을 위해서 남겨 두었다는 대단히 좋은 이유를 갖고 있지는 않은지를 어떻게 내가 알겠습니까?

1888년 4월 초에 씌어짐.　　　　　　　　　　　맑스 · 엥겔스 저작집,
수고에 의거함.　　　　　　　　　　　　　　　제37권, 42-44면.

영어로부터 번역.

양정필 번역.

12

엥겔스가
호보켄의 프리드리히 아돌프 조르게에게

89년 6월 8일, 런던

[…]여기서 중심 문제는——이것은 또한 내가 힘을 쏟는 이유입니다   5
——, 국제 노동자 협회의 과거의 분열, 헤이그에서 있었던 이전의 투쟁[261]
이 지금 또다시 나타나고 있다는 것입니다. 무정부주의자의 깃발이 가능주
의자의 깃발로 바뀌었을 뿐 적은 그대로입니다: 그들은 소소한 양보들을
얻기 위해서, 특히 (시의회, 노동 중개소[262] 등등에서) 많은 보수를 받는 간
부직을 얻기 위해서 부르주아지에게 원칙을 팔아먹고 있습니다. 그리고 전   10
술은 완전히 똑같습니다. 사회 민주주의 연합 선언[263]은 분명히 브루스가
쓴 것으로서, 그것은 신판 新版 송비예 회람[264]입니다. 그리고 브루스도 이
것을 알고 있었습니다: 그는 여전히 전과 같은 거짓말과 중상 모략으로 권
위주의적 맑스주의 le Marxisme autoritaire 를 공격하고 있으며 하인드맨
도 이에 맞장구를 치고 있습니다——이 자의 국제 노동자 협회와 맑스의   15
정치 활동에 관한 근거는, 이곳에 있는 총평의회의 불만 분자들, 즉 에카리
우스, 융 일파들입니다.
　가능주의자들[162]과 사회 민주주의 연합의 동맹이, 빠리에서 만들어질
예정인 새로운 국제 노동자 협회의 핵심을 이룬다고 합니다: 이 동맹은, 독
일인들이 순순히 이 연맹의 제3의 요소로서 결합된다면 그들과 손을 맞잡

을 것이고 그렇지 않으면 그들과 대결할 것입니다. 그러므로 수많은 작은 회의들이 연달아 생겨나게 됩니다. 그러므로 동맹한 무리들이 모든 프랑스 및 영국의 일파들을 마치 존재하지 않는 당파처럼 배타적으로 취급하게 됩니다. 그러므로 바꾸닌도 의지하였던 특히 작은 민족 집단과의 파벌 만들기

5 가 성행하게 됩니다. 그러나 독일인들이 장트갈렌의 결의[265]를 들고서 극히 소박하게——다른 곳에서 도대체 무슨 일이 일어나고 있는지도 전혀 모른 채——이 회의 운동에 개입하자, 이러한 책동도 여의치 않게 되었습니다. 그리고 이 자들에게는 독일인들과 손을 맞잡느니 차라리 대결하는 것이 더 나았기 때문에——이 자들에게 독일인들은 맑스에 철저히 물든 무

10 리들로 여겨졌습니다——, 투쟁은 불가피하게 되었습니다. 그런데 독일인들이 얼마나 소박한가에 대해서는 당신은 알지 못합니다. 나는 심지어 베벨에게조차도 도대체 무엇이 문제인가를 알아 듣게 설명하기 위해서 굉장히 애를 먹었습니다. 가능주의자들은 그것을 아주 잘 알고 있고 그것을 매일같이 선전하는데도 말입니다. 이렇게 그들의 손발이 맞지 않기 때문에 나는

15 일이 잘 진행될 것이라고는, 이 역사 속에서 점차적으로 자기 자신의 의식으로 발전하는 내재적 이성이 이번에는 확실히 승리할 것이라고는 생각하지 않습니다. 이것은 1873년 및 1874년과 같은 일들이 더 이상 불가능하다는 증거이고, 따라서 그만큼 저는 더 기쁩니다. 음모가들은 이번에는 확실히 패배했습니다. 그리고 이 대회의 의미는——한 쪽 대회가 다른 쪽 대회

20 를 흡수하든 하지 않든——유럽 사회주의 정당들의 일치 단결이 온 세상에 드러났고 여기에 동참하지 않는 몇몇 파벌들이 추운 바깥에서 떨고 있다는 것에 있습니다.

　　그 점을 제외하면 대회의 의미는 별로 없습니다. 나는 물론 참가하지 않을 것이며, 한참 동안은 선동 활동에 다시 몸을 던질 수 없습니다. 그러

25 나 여전히 회의를 다시 열고 싶어하는 사람들이 있습니다. 그렇다면 브루스와 하인드맨에게 지휘봉을 맡기지 않는 쪽이 더 좋습니다. 그들에게 장사를 때려치우게 할 시간은 아직 있었습니다.[…]

수고에 의거함.   맑스 · 엥겔스 저작집,
                                                   제36권, 231/232면.

                                                   최인호 번역

13

엥겔스가

코펜하겐의 게르손 트리어에게

[초고]

89년 12월 18일, 런던

[…]당신이 제물이 됐던 최근 코펜하겐에서의 주요 국사극 國事劇[266]
에 대해서 나의 견해를 말씀드린다면, 우선 당신의 의견에 동의하지 않는다
는 점부터 말씀드려야겠습니다.

당신은 다른 당파들과의 모든 제휴, 심지어 일시적인 제휴까지도 원칙
적으로 배척합니다. 나는 여러 가지 상황을 고려할 때 다른 당파와의 제휴
가 이롭거나 손실을 최소화하는 것일 때는 이 수단을 절대적으로 거부하지
않는 태도가 진정으로 혁명적인 것이라고 생각합니다.

프롤레타리아트가 폭력 혁명 없이는 새로운 사회로 들어가는 유일한
문인 자신들의 정치적 지배권을 장악할 수 없다는 점에서는 우리의 견해는
일치합니다. 결전의 날에 승리할 만큼 강해지기 위해서는 프롤레타리아트가
다른 모든 당파들과 구별되며 그것들과 대립하는 특수한 당을, 자기 의식적
인 계급 정당을 만드는 것이 필요하지요 —— 그리고 이것은 맑스 M[arx] 와
내가 1847년 이래 옹호해 온 견해입니다.

그러나 이것이 곧바로, 이 당이 자신들의 목적을 위해서 다른 당파들
을 일시적으로 이용할 수 없다는 것을 의미하지는 않습니다. 또한 이것이
곧바로, 이 당이 모종의 방책들, 즉 프롤레타리아트에게 직접적으로 이익이

되거나 경제적 발전 혹은 정치적 자유라는 의미에서 진보를 가져다 주는
여러 가지 조치들에 대한 태도의 문제에서 다른 당파들을 일시적으로 지지
할 수 없다는 것을 의미하지도 않습니다. 나는 독일에서 장자 상속제와 그
밖의 봉건 잔재들, 관료 제도, 보호 관세, 사회주의자 법[148], 집회 결사권의
각종 제한들을 철폐하기 위해 실제로 투쟁하는 사람들을 지지합니다. 우리   5
독일의 진보당[239]이나 당신네 덴마크의 벤스트러 Venstre[267]가 진짜 급진
부르주아 당파라면 그리고 그들이 비스마르크나 에스트룹이 위협의 몸짓을
하자마자 뒤로 숨어 버리는 가련한 허풍쟁이 영웅들이 아니라면, 나는 특정
한 목적을 위한 그들과의 어떠한 일시적 제휴도 결코 **무조건적으로** 반대하
지 않을 것입니다. 우리 쪽 의원들이 다른 쪽에서 내놓은 제안에 찬성한다   10
면——그리고 그래야만 하는 사태가 종종 닥칩니다——, 그것 또한 이미
제휴입니다. 그런데 내가 찬성하는 것은, 그것이 우리에게 직접적으로 이익
이 되거나 경제적 혁명과 정치적 혁명의 측면에서 나라의 역사적 발전에
틀림없이 이익이 되며 거기에 땀을 쏟을 가치가 있을 때뿐입니다. 그리고
당의 프롤레타리아적 계급 성격이 이로 인해 의문시되지 않는다는 전제하   15
에서입니다. 이것은 나에게는 절대적인 경계입니다. 이 정책은 아시다시피
이미 1847년에 『공산주의당 선언』에서 개진되었습니다. 우리는 1848년에,
국제 노동자 협회는 말할 것도 없고 도처에서 이 정책을 견지하였습니다.
　도덕성의 문제를 제쳐 놓는다면——이것은 여기서 문제가 되지 않으
므로 치워두겠습니다——, 혁명가로서의 나는 가장 폭력적인 수단이든 겉   20
보기에 가장 온화한 수단이든 그것이 목적을 달성하는 것인 한 옳다고 생
각합니다.
　이러한 정책은 통찰력과 품성을 필요로 합니다. 그렇지만 이러한 것들
을 필요로 하지 않는 정책이 또 어디 있겠습니까? 무정부주의자들과 벗 모
리스는 그러한 정책은 우리를 타락시킬 위험이 있다고 말합니다. 정말이지   25
노동자 계급이 바보들, 겁장이들, 쉽게 매수할 수 있는 룸펜들의 집단이라
면, 즉각 짐을 싸서 떠나는 것이 우리의 최선의 길일 것이며 프롤레타리아
트와 우리 모두는 정치 무대에서 아무것도 할 일이 없을 것입니다. 프롤레
타리아트는 다른 모든 당파들과 마찬가지로 자기 자신의 오류의 결과들을

490

통해서 가장 빨리 현명해집니다. 누구도 프롤레타리아트가 이러한 오류를
전혀 저지르지 않도록 할 수 없습니다.

　저의 견해로는 순전히 전술적인 문제에 불과한 것을 원칙적인 문제로
격상시켜 생각한 점에서 당신이 옳지 않았다고 봅니다. 저는 여기서 문제가
5　되는 것은 본원적으로 전술적인 문제일 뿐이라고 봅니다. 물론 어떤 상황에
서는 전술적 오류가 원칙의 파기를 불러일으킬 수도 있습니다.

　그리고 그 점에서는 저의 판단으로는 호베드베스티렐젠 Hovedbesty-
relsen 일파의 전술에 반대하는 당신의 행동이 옳다고 봅니다. 덴마크 좌파
는 몇 년 전부터 반대당의 간판이 부끄러울 정도의 희극을 상연하고 있으
10　며, 끊임없이 새로운 모습으로 자신들의 무력함을 만천하에 보여주고 있습
니다. 이 좌파는 무기를 들고 헌법 파괴 행위를 징계할 기회를——그러한
기회가 있었다면——이미 오래 전에 놓쳐 버렸으며, 보다시피 이 좌파 중
에서 에스트룹과의 화해를 갈구하는 자들이 점점 더 늘어가고 있습니다. 저
는 진정한 프롤레타리아 당이 노동자 당으로서의 계급적 성격을 영원히 잃
15　지 않으려면 이러한 당과는 결코 제휴할 수 없다고 생각합니다. 그러므로
당신이 이러한 정책에 반대하고 운동의 계급적 성격을 강조하는 한, 저는
당신을 지지할 뿐입니다.

　이제 당신과 당신의 동료들에 대한 호베드베스티렐젠 Hovedbesty-
relsen 일파의 행동 방식에 대해서 말하자면, 1840-51년의 비밀 결사들에서
20　는 물론 이러한 당내 반대파의 약식 제명이 존재했습니다 ; 그것은 또 비밀
조직으로서는 불가피한 것이었습니다. 또한 이것은 오코너 독재 당시에 영
국의 물리적 폭력 차티스트들 physical force Chartisten 에게서 빈번히 있
었던 일입니다. 그러나 차티스트들은 이름이 말해 주듯이 직접적 전투를 목
적으로 해서 조직된 당이었으며, 그들이 독재 상태에 있었던 것도 바로 그
25　런 이유에서였습니다. 그들에게서 제명은 일종의 군사적 조치였습니다. 이
와 반대로 평화 시기에 내가 알고 있는 유사한 독단적 처분으로는, J. B. 폰
슈바이쩌의 '엄격한 조직'에 있었던 라쌀레 파의 경우밖에 없습니다 ; 폰 슈
바이쩌는 베를린 경찰과의 관계가 의심을 받고 있었기 때문에 그렇게 할
필요가 있었겠지만, 그것으로 다만 전독일 노동자 협회[268]의 해체를 촉진

시켰을 뿐입니다. 오늘날 현존하는 사회주의 노동자 당들 중에서 그 어느
당도 —— 로젠베르크 씨가 아메리카에서 순조롭게 제명된 이래 —— 자신의
태내에서 성장한 반대파를 덴마크 식으로 처분할 생각을 하지 않을 것입니
다. 모든 당의 생존과 번영에는 늘 당내 온건파와 급진파의 발전과 상호 투
쟁이 따라다닙니다. 그리고 급진파를 손쉽게 제명하면, 단지 그 급진파의   5
성장이 촉진될 뿐입니다. 노동자 운동은 현존 사회에 대한 가장 날카로운
비판에 기초를 두고 있습니다. 비판은 노동자 운동의 양식입니다. 그러므로
노동자 운동이 어떻게 스스로 비판을 회피하거나 논쟁을 금지시키려 하겠
습니까? 기껏 우리 자신의 대열 내에서 발언의 자유를 다시 폐지하려고 우
리가 그토록 바깥을 향해서 발언의 자유를 요구하는 것입니까?   10

　　당신이 이 편지를 그대로 공개하시겠다면, 나는 거기에 아무 이견도 없
습니다.[…]

수고에 의거함.

맑스 · 엥겔스 저작집,
제37권, 326-328면.

최인호 번역

14

엥겔스가
호보켄의 프리드리히 아돌프 조르게에게

90년 2월 8일, 런던

5   [···]제 생각으로는, 그곳의 공인 사회주의자들이 국가주의자들에게 투항한다고 해서 우리가 타격을 입을 것은 별로 없습니다. 이로 인해 **독일인 사회주의 노동자당**[126] 전체가 엉망이 된다면 다행이겠지만, 아무래도 쉽게 그렇게 되지는 않을 것입니다. 그렇지만 결국 진정으로 유능한 인자들끼리 다시 뭉칠 것이며 이들이 다시 뭉치는 시기는 떨어져 나간 찌꺼기 인자들

10   이 더 많아질수록 더 빨라질 것입니다. 그들은, 사건들 자체가 아메리카의 프롤레타리아트를 앞으로 전진시키는 순간에 그들의 탁월한 이론적 통찰력과 경험을 통해서 충분히 지도자의 역할을 떠맡을 수 있을 것입니다. 그리고 그때에 당신은 여러분이 몇 년 동안 기울인 노력이 헛되지 않았음을 깨닫게 될 것입니다.

15   그곳의 운동은 이곳과 마찬가지로 또한 지금 독일의 탄광 지대와 마찬가지로, 설교만으로는 아무것도 이룰 수 없습니다. 사실을 통해서 사람들을 깨우쳐야 합니다. 그렇게 되면 운동은 급속하게 진전될 것이며, 독일처럼 이론적 교양을 갖춘 일부의 프롤레타리아트가 이미 조직되어 있는 곳에서는 당연히 아주 급속하게 진전될 것입니다. 광부들은 오늘날 잠재적으로 그

20   리고 필연적으로 우리에게 속합니다 : 루르 지역에서는 이러한 움직임이 아주 급속하게 이루어지고 있고, 아헨 탄전과 자르 탄전이 그 뒤를 따르고 있

으며, 계속해서 작센, 저지 슐레지엔이, 마지막으로 고지 슐레지엔의 폴란드어 사용자들이 그 뒤를 따르고 있습니다. 독일에서 우리 당이 차지하는 지위를 감안할 때, 막을 수 없는 운동을 불러일으키기 위해서는 단지 광부들 자신의 생활 관계들에서 생겨나는 자극만이 필요할 뿐이었습니다.

이곳에서도 사정은 비슷합니다. 제가 이제는 진압 불가능할 만큼 발전 했다고 보고 있는 운동은 부두 파업[269]에서, 즉 순전히 방위의 절대적 필요 성에서 나왔습니다. 그런데 이곳에서도 최근 8 년 동안의 다양한 선동 활동에 의해서 지반이 더욱 넓어졌습니다. 그리하여 사회주의자가 아닌 사람들도 사회주의자들만을 지도자로 원하게 되었습니다. 이제 그들은 그들 스스로는 깨닫지 못하고 있지만 이론적으로 올바른 궤도로 가고 있으며, 그 궤도에 들어서고 있습니다 they drift into it. 그리고 운동은 매우 강력해져서 불가피한 오류와 그 오류의 결과들, 다양한 노동 조합과 지도자들의 마찰을 중대한 손상 없이 극복할 것이라고 저는 믿습니다. 이에 대해서는 아래에서 더 자세히 이야기하겠습니다.

저는 아메리카에서 여러분이 처해 있는 상태도 이와 같다고 믿습니다. 슐레스비히-홀슈타인 사람들, 그리고 영국과 아메리카의 그들의 후예들은 설교에 의해서는 결코 개종할 수 없는 사람들입니다. 이 완고하고 자부심 강한 무리들은 몸으로 체험해야만 하는 사람들입니다. 그러나 그들은 해가 갈수록 체험을 쌓아 가고 있습니다 ; 그러나 그들은 원초적으로 보수적입니다. **왜냐하면** 아메리카는 순수 부르주아 나라이며, 봉건적 과거가 없는 나라이며, 따라서 자신들의 순수 부르주아적인 조직에 자부심을 갖고 있기 때문입니다 ―― 따라서 실천을 통해서만 전통적인 낡은 사상의 쓰레기에서 벗어날 수 있습니다. 그러므로 대중 운동이고자 한다면 노동 조합 등등에서 시작해야 합니다. 노동 조합은 패배를 통해서 한걸음씩 전진하게 됩니다. 그러나 일단 부르주아적 견해를 뛰어넘는 첫걸음을 내딛게 되면, 아메리카 에서 일어나는 모든 일이 그렇듯이, 사태는 급속히 진전할 것입니다. 아메리카에서는 자연 필연적으로 운동의 속도가 점점 더 빨라질 것이고 그렇게 되면 실로 느린 슐레스비히-홀슈타인 계 앵글로색슨 인들의 꽁무니에 불을 붙인 셈이 될 것입니다. 그렇게 되면 국민 내의 외국계 요소들도 한층 더

활발하게 세력을 얻을 것입니다. 저는 우스꽝스러울 정도로 이론적으로 불명료하고, 거기에 걸맞게 또 교만하며, 라쌀레주의에 지배되고 있는 특별한 독일 당의 몰락을 참으로 다행한 일로 여깁니다. 이러한 분리 동맹파가 제거되어야 비로소 여러분의 노력의 열매가 다시 열릴 것입니다. 사회주의자
5 법[148]은 독일에게 불행한 일이 아니었습니다. 그것은 오히려 최후의 속물들이 이 법을 피해 건너간 아메리카에게 불행한 일이었습니다. 저는 그곳에 갔을 때 독일에서는 이미 절멸했으나 거기서는 이름을 날리고 있는 많은 진짜 속물들을 보고 놀란 적이 여러 번 있었습니다.[…]

　　이곳에도 국가주의자들이 있습니다. 페이비언 협회파가 바로 그들입니다.
10 다. 그들은 제본즈의 썩은 속류 경제학으로 맑스를 논박한 적이 있는 학식 있고 사람 좋은 부르주아 일파입니다. 이 속류 경제학은 너무나 속류적이라서 이것으로 무엇이든 만들 수가 있습니다. 심지어 사회주의까지도 말입니다. 그들의 주요한 목적은 그곳과 마찬가지로 **부르주아를 사회주의로** 개종하고 그리하여 사회주의를 평화적이고 입헌적으로 peacefully und consti-
15 tutionally 도입하는 것입니다. 그들은 일곱 명의 공저로 그러한 내용에 관한 두꺼운 책을 출판하였습니다.[270][…]

수고에 의거함.

　　　　　　　　　　　　　　　　　　　맑스 · 엥겔스 저작집,
　　　　　　　　　　　　　　　　　　　제37권, 352-355면.

　　　　　　　　　　　　　　　　　　　최인호 번역

15

엥겔스가
베를린의 파울 에른스트에게

[초고]

90년 6월 5일, 런던   5

[…]게다가 나는 당신이 북유럽의 여성 운동이라고 부르는 것에 대해서 아는 바가 전혀 없습니다. 저는 다만 입센의 희곡 몇 개를 알고 있을 뿐이며 부르주아적이고 속물적인 여성 출세주의자들의 다소 히스테리적인 밤일에 대해서 입센이 책임이 있는지, 있다면 어느 정도 책임을 져야 하는지에 대해서 전혀 모릅니다.   10

또한 사람들이 흔히 여성 문제라는 이름으로 부르는 그 영역은 너무나 광범위하기 때문에, 편지 한 통으로 그 영역에 대해서 남김없이 말한다거나 어느 정도 만족할 만한 이야기를 한다는 것은 불가능합니다. 다만 맑스는 바르가 그에게 기대한 바와 같이 결코 '행동할' 수 없었다는 것만큼은 분명합니다. 그는 그렇게 할 정도로 미친 사람이 아니었습니다.   15

사태를 유물론적으로 다루려고 하는 당신의 시도에 대해서 말하자면, 나는 무엇보다도, 유물론적 방법을 역사 연구의 실마리로 다루지 않고 역사적 사실들을 재단하는 완성된 관습적인 방식으로 다룰 때 그것은 그 반대물로 전화하고 만다는 것을 말하지 않을 수 없습니다. 그리고 만약 바르씨가 자신의 공격 대상이 당신의 이러한 잘못이라고 생각한다면, 그의 생각   20
에도 어느 정도 일리가 있다고 여겨집니다.

　　당신은 노르웨이 전체와 거기서 일어나는 모든 일을 속물성이라는 범주 아래에 싸잡아 넣어 버립니다. 그런 다음에 망설임 없이 이 노르웨이의 속물성을 독일의 속물성에 대한 당신의 견해 아래로 밀어 넣어 버립니다. 여기서 두 가지 사실이 서로 교차하고 있습니다.

5　　첫째 : 유럽 전역에서 나뽈레옹에 대한 승리가 혁명에 대한 반동의 승리로 나타났을 때, 그리고 오직 혁명의 조국인 프랑스에서만 혁명이 아직 크나큰 불안을 일으키고 있었기 때문에 복귀하는 정통 왕조가 부르주아적 자유주의적 헌법을 채택하지 않을 수 없었을 때, 노르웨이는 당시 유럽의 그 어떤 헌법보다 더 민주주의적인 헌법을 획득할 기회를 잡았습니다.

10　　그리고 둘째, 노르웨이는 최근 20 년 동안 동시대에 러시아 이외의 어느 나라도 보여줄 수 없는 문학적 도약을 이룩했습니다. 속물이든 아니든 사람들은 다른 어떤 나라보다 더 많은 일을 하고 있으며, 또한 다른 나라의 문학, 적어도 독일 문학에 영향을 주고 있습니다.

　　제가 보는 바로는, 이러한 사실로 볼 때 노르웨이의 속물성은 어느 정도 특수하게 고찰할 필요가 있습니다.

15　　그러면 당신은 아마도 매우 본질적인 차이가 드러나는 것을 보게 될 것입니다. 독일에서 속물성은 좌초한 혁명의 결과이며, 발전이 중단되고 오히려 거꾸로 발전한 데 따른 결과입니다. 독일의 속물성은, 30 년 전쟁과 그에 뒤이은 시대——바로 이 시대에 거의 모든 다른 대민족들은 급속한 약진을 이룩했습니다——를 거치면서 그 특유의 비겁하고 편협하며 구제할 길 없고 어떠한 것도 주도할 능력이 없는 비정상이 되어 버린 성격을 갖게 되었습니다. 독일적 속물성의 이러한 성격은 역사적 운동이 다시 독일을 엄습했을 때에도 남아 있습니다 ; 이 성격은 너무나 강력해서 크든 작든 독일의 일반적인 유형으로서 독일의 다른 모든 사회 계급들에게도 각인되었고, 우리의 노동자들이 마침내 이 좁은 틀을 부숴버릴 때까지 계속되었습니다. 독일의 노동자들은 이 속물적인 독일의 편협함을 완전히 떨쳐버렸다는 바로 그 점에서 더할 나위 없이 '조국이 없습니다.'

　　그러므로 독일의 속물성은 정상적인 역사적 형상이 아니라 폴란드의 유태인이 유태인의 회화인 것과 꼭 마찬가지로 극도로 과장된 회화이며 하나의 퇴화물입니다. 영국과 프랑스 등등의 소부르주아들은 결코 독일의 소부르주아들과 같은 수준에 있지 않습니다.

이에 반해 노르웨이에서 소농민 층과 소부르주아 층은 중간 부르주아 층과 약간 섞여 있는바,——예컨대 17 세기의 영국과 프랑스에서 그러했듯이——이는 수세기 전부터 사회의 정상적인 상태입니다. 여기서는 좌초된 거대한 운동과 30 년 전쟁 때문에 과거의 상태로 폭력적으로 회귀하는 것과 같은 일은 화제에 오를 수 없습니다. 이 나라는 고립되어 있었기 때문에 그리고 그 자연적 조건들 때문에 뒤쳐져 있었습니다만, 그 상태는 그 생산 조건에 완전히 부합하는 것이었으며 따라서 정상적인 것이었습니다. 아주 최근에 와서야 비로소 아주 소수의 대공업이 이 나라에 산발적으로 상륙했습니다만, 자본 집적의 가장 강력한 지렛대인 증권 거래소가 생길 만한 여지는 아직 존재하지 않습니다. 그리고 다름아닌 해외 무역의 강력한 확장이 이 나라에서 보수적 작용을 하고 있습니다. 왜냐하면 다른 모든 곳에서는 기선이 범선을 몰아내고 있는데도 노르웨이는 범선 항해를 크게 확대하고 있으며 세계 최대는 아닐지라도 세계 2위의 확실한 범선 함대를 보유하고 있기 때문입니다. 또 그 범선 함대의 대부분은 말하자면 1720년 경의 영국처럼 중소 선주들이 소유하고 있습니다. 그러나 그럼에도 불구하고 이 때문에 과거의 정체된 상태 속으로 운동이 흘러들어 갔으며, 또한 이 운동은 문학적 도약으로 표현되고 있습니다.

노르웨이의 농민은 결코 農奴가 아니었습니다. 그리고 이 때문에 까스띠야 지방에서처럼 전체 발전에 전혀 다른 배경이 형성됩니다. 노르웨이의 소부르주아는 자유 농민의 아들입니다. 그리고 이러한 사정 때문에 노르웨이의 소부르주아는 영락한 독일의 속물과 비교할 때 한 사람의 인간입니다. 또한 그렇기 때문에 노르웨이 소부르주아의 부인은 독일의 속물들의 부인보다 훨씬 높은 위치에 있습니다. 그리고 예컨대 입센의 희곡들에 결점이 있다 하더라도, 입센의 희곡들은 중소 부르주아적이기는 하지만 독일의 그것과는 천양지차가 있는 세계를, 요컨대 사람들이 아직 성격과 주도성을 가지고 있고 다른 나라의 시각으로 보면 때때로 기묘한 것으로 보일 수도 있을 만큼 자주적으로 행동하는 세계를 반영하고 있습니다. 그러므로 이러한 것들에 대해 나는 최종적인 판단을 내리기 전에 근본적으로 이해하는 쪽을 택합니다.

어쨌든 앞에서 이야기한 시점으로 다시 되돌아가서 특히 바르 씨에 대해서 이야기하자면, 나는 독일에서 사람들이 서로에 대해서 놀랄 만큼 엄숙한 태도를 취한다는 것에 대해서 놀랐습니다. 재치와 유머가 전보다 더 금지되어 있는 것처럼 보이며 지루함이 시민의 의무가 되어 있는 것 같습니다. 그렇지 않다고 생각되신다면 "역사적으로 형성된 것" 모두와 절연된 바르 씨의 『여성』을 자세히 검토해 보기 바랍니다. 여성의 피부는 역사적으로 형성된 것입니다. 왜냐하면 그것은 흰색, 검은색, 노란색, 갈색, 붉은색 중의 하나여야 하기 때문입니다——그러므로 여성은 한 가지 색의 인류 공통의 피부를 가질 수 없습니다. 여성의 머리카락이 곱슬머리든, 양털 같은 머리든, 부드러운 머리든, 뻣뻣한 머리든, 검든, 붉든, 금발이든 간에 역사적으로 형성된 것입니다. 따라서 여성은 인류 공통의 머리카락을 가질 수 없습니다. 그러므로 당신이 역사적으로 형성된 것을 피부나 머리카락과 분리한다면, 그리하여 "여성 자체가 나타나게 한다면", 무엇이 남고 무엇이 나타나겠습니까? 암원숭이, 한 마리의 암유인원이 나타날 뿐일 것입니다. 바르 씨는 그 암원숭이를 "확실히 손에 쥐고 완벽하게 꿰뚫어 보면서" 그 원숭이의 "자연적 본능"과 함께 자신의 침대로 데려갑니다.

수고에 의거함.

맑스·엥겔스 저작집,
제37권, 411-413면.

최인호 번역

16

엥겔스가
베를린의 콘라트 슈미트에게

[…]불운한 사나이 모리츠 비르트가 쓴 파울 바르트의 저서에 관한 평 5
을 나는 빈의 『독일어』에서 읽었습니다. 그리고 이 비평은 그 책 자체에 대
해서도 탐탁치 않은 인상을 저에게 남겼습니다. 이 책을 훑어 볼 생각입니
다. 그러나 만약 모리츠의 인용이 맞다면, 즉 바르트가 맑스의 모든 저술들
중에서 철학 등등이 물질적 존재 조건들에 의존하고 있다는 실례를 한 가
지밖에 즉 데까르트가 동물을 기계로 설명하고 있다는 것밖에 발견할 수 10
없다고 주장한 것이 사실이라면, 나는 그와 같은 이야기를 쓸 수 있는 사나
이는 내게 해를 미치는 인간이라고 말해야겠습니다. 그리고 물질적 존재 방
식이 제1차적 동인이라 하더라도 그것은 관념의 영역이 다시 물질적 존재
방식에 반작용을, 제2차적 영향을 미친다는 것을 배제하지 않는다는 것을
이 사나이가 아직 발견하지 못했다면, 그는 자신이 쓰고 있는 대상을 아직 15
이해하지 못하고 있다고 봐야 할 것입니다. 그러나 이미 말했듯이, 이 모든
것은 간접적인 것입니다. 그리고 모리츠라는 이 친구는 위험한 친구입니다.
유물론적 역사 파악을 지지하면서도 그것을 역사를 연구하지 않는 구실로
삼는 무리들이 많이 있습니다. 맑스가 70 년대 말의 프랑스 '맑스주의자들'
에 대해 이렇게 말한 것처럼 말입니다 : "내가 알고 있는 모든 것은 내가 맑 20
스주의자가 아니란 것이다 Tout ce que je sais, c'est que je ne suis pas

Marxiste."

그리고 또 『호민관 Volks-Trib[üne]』에서도 미래 사회에서의 생산물의 분배에 대한, 즉 생산물의 분배가 노동량에 따라 이루어지는가 아니면 다른 방법이 있는가에 대한 토론이 있었습니다.[271] 또 이 일은 공평함에 대한 관
5 념론적 횐소리와 달리 아주 '유물론적으로' 이루어졌습니다. 그러나 이상하게도, 분배의 방식은 본질적으로 분배될 것이 **얼마만큼**인가에 달려 있다는 것, 그리고 이 양은 생산과 사회 조직의 진보와 함께 변화하며 따라서 분배 방식도 변할 수 있다는 것을 어느 누구도 생각하지 못했습니다. 그러나 모든 참가자들은 '사회주의 사회'를 부단히 변화하며 진보하는 것으로 여기지
10 않고 불변적인 것, 영원히 고정적인 것으로, 따라서 영원히 고정적인 분배 방식을 가지는 것으로 여겼습니다. 합리적 방식은 다음 두 가지밖에 없습니다. 1. 처음에 채용할 분배 방식을 발견하려고 시도하는 것, 2. 이후의 계속적 발전이 운동하게 될 **일반적 경향을 발견**하려고 시도하는 것. 그러나 전체 토론에서 이 두 가지에 대한 이야기를 단 한 마디도 발견할 수 없었습니다.
15 대체로 독일의 많은 젊은 저술가들에게 '유물론적'이라는 단어는 계속적 연구를 하지 않고 모든 사태에 붙여 버리는 단순한 공문구 역할을 하고 있습니다. 즉, 그들은 이 꼬리표를 붙여 놓고는 일을 다했다고 믿습니다. 그러나 우리의 역사 파악은 무엇보다도 연구의 지침이지 결코 모든 헤겔주의자들에게서처럼 à la Hegelianertum 구성의 지렛대가 아닙니다. 전체 역사
20 를 새로 연구해야 합니다. 각종 사회 구성체들의 존재 조건들을 낱낱이 연구해야 합니다. 그런 다음에 이 존재 조건들에 조응하는 정치적, 사법적, 미학적, 철학적, 종교적 등등의 견해들을 이 조건들에서 이끌어 내려는 시도를 해야 합니다. 이 점에서 오늘날까지 이루어진 것은 별로 없으며, 그것은 이 일에 진지하게 착수한 사람이 별로 없기 때문입니다. 이 점에서 우리는
25 많은 도움을 필요로 하는 것일지도 모릅니다. 이 영역은 무한히 광대하며, 이 영역을 진지하게 연구하고자 하는 사람은 많은 것을 이룰 수 있고 두각을 나타낼 수 있습니다. 그러나 많은 젊은 독일인들은 이렇게 하는 대신에 역사적 유물론이라는 공문구를 (모든 것을 공문구로 만들어 버릴 수 있습니다) 자신들의 상대적으로 빈약한 역사적 지식들을 —— 물론 경제사는 아직

요람기에 있습니다!──성급하게 체계로 구성하는 데만 이용하고 있습니다. 그래 놓고서는 자신들을 아주 대단한 인물로 생각하고 있습니다. 상황이 이렇기에 바르트 같은 인물이 나타나서 자기 주변에서는 이미 단순한 공문구로 격하되어 버린 사태 자체를 공격할 수 있는 것이지요.

그러나 모든 것들은 호전될 것입니다. 우리는 이제 독일에서는 많은 것들을 견딜 수 있을 만큼 충분히 강합니다. 사회주의자 법[148]이 우리에게 가장 크게 공헌한 것들 중의 하나는 사회주의적 색채를 띤 성가신 독일의 대학생들로부터 우리를 해방시킨 것입니다. 우리는 다시 세력을 넓혀 가고 있는 독일의 대학생들도 소화할 수 있을 정도로 충분히 강합니다. 당신은, 실제로 이루어 놓은 것이 있으므로 당에 붙어 있는 젊은 문필가들 가운데 경제학, 경제학사, 상업사, 공업사, 농업사, 사회 구성체사의 연구에 노력을 기울이는 사람들이 얼마나 적은가를 알아야 합니다. 그들 중에서 마우러에 대해서 그의 이름 외에 더 아는 자가 과연 얼마나 있겠습니까! 여기서는 저널리스트의 자부심이 모든 것을 수행해야 하며, 수행한 것 자체도 그 자부심에 어울리는 수준의 것입니다. 이미 여러 번 나타난 일이지만, 이 신사들은 어떤 것이든 노동자들에게 좋다고 믿습니다. 맑스가 그의 가장 훌륭한 것조차도 노동자들에게 항상 충분히 좋은 것이라고 간주하지 않았고 가장 훌륭한 것에서 조금이라도 모자라는 것을 노동자에게 제공하는 것을 범죄로 보았다는 것을 이 신사들이 안다면!

나는 1878년 이래 온갖 시련들을 너무나 훌륭하게 이겨낸 우리 나라의 노동자들을, 오로지 우리 나라의 노동자들만을 무조건적으로 신뢰합니다. 그들은 아마도, 모든 거대한 당들과 마찬가지로 각각의 발전 지점들에서 오류를 저지를 것입니다. 그것은 중대한 오류일 수도 있습니다. 대중은 자신들이 저지른 오류의 결과들을 통해서만, 자신의 몸으로 경험한 것들을 통해서만 배웁니다. 그러나 모든 것들은 극복될 것이며, 더구나 우리 나라에서는 다른 곳에서보다 더 쉽게 극복될 것입니다. 왜냐하면 우리 나라의 청년들은 도저히 허물어뜨릴 수 없는 건강함을 가지고 있으며, 그 특유의 베를린 풍을 도저히 벗어버리지 못하는 베를린은 우리 나라에서는 런던처럼 형식적 중심에 불과할 뿐 프랑스의 빠리와 같지 않기 때문입니다. 나는 프

랑스와 영국의 노동자들에게 상당히 화가 난 적이 종종 있었습니다——그
들이 저지른 실책의 원인들을 잘 알고 있어도 말입니다. 그러나 1870년 이
래 독일인들에게 화가 난 적은 한 번도 없습니다. 물론 자신의 이름으로 발
언한 몇몇 개인들이 아니라 모든 것을 다시 제 궤도에 올려 놓은 대중들에
대해서 말입니다. 그리고 장담하건대, 나는 결코 그러한 대중들에 대해서
화를 낼 일이 없을 것입니다.[…]

수고에 의거함.

맑스·엥겔스 저작집,
제37권, 435-438면.

최인호 번역

17

엥겔스가
라이프찌히의 빌헬름 리프크네히트에게

1890년 8월 10일, 런던

[…]어쨌든 대회[272] 전에 당신을 만나고 싶습니다. 여러분의 초안[273] 은 여러 가지 약점을 갖고 있습니다. 그중 최대의 약점이면서 또한 내가 보 기에 쓸데없이 끝없는 소란의 구실만 제공할 약점은, 지도부 자신이—— 의 원단의 의견과 일치한다고는 하나—— 자신들의 봉급을 정한다는 점입니다. 나는 오늘 『작센 Sächs[ische] 노동자 신문』을 받았는데, 그 신문을 보면 문 필가 신사들이 초안을 비판하고 있습니다. 이 비판의 많은 부분이 전혀 터 무니없는 것들이지만, 본능으로 약점을 잡아낸 부분도 몇 군데 있습니다. 예컨대 각 선거구가 3명까지 대표자를 파견할 수 있다는 점. 그럴 경우 예 컨대 발만이나 회히베르크 따위의 사람들이 우리 당의 지지표가 1,000 표 도 되지 않는 선거구에 돈을 걸면 그 즉시 3명의 대표자를 파견할 수 있게 될 것입니다. 물론 일반적으로 돈 문제가 **간접적으로** 대의원 파견의 조정자 역할을 할 것입니다. 그러나 그렇다고 해서 대의원의 수와 각 대의원이 대 표하는 당원들의 수의 비율을 오로지 그것에만 의존케 하는 것은 현명한 방법이라고 생각되지 않습니다.

게다가 제2항에 따르면- ——**문구 그대로**에 따르면—— 촌뜨기 세 명으 로 이루어진 협동 조합이, 당 지도부가 당신을 복권시키기 전까지는 당신을 당에서 제명할 수도 있습니다. 이에 반해 당 대회는 누구도 제명할 수 없으며 오직 항소심의 역할밖에 하지 못합니다.

의회에 대표자를 두고 있는 그 어떤 활동적 당에서도 의원단은 아주 중요한 세력입니다. 의원단은 규약에 명시적으로 인정되어 있든 인정되어 있지 않든 간에 그러한 힘을 갖고 있습니다. 따라서 제15항~18항에서처럼 의원단이 지도부를 절대적으로 지배할 수 있는 지위를 따로 규약으로 부여하는 것이 현명한 것인가 하는 것이 문제가 됩니다. 지도부의 감시, 그것은 좋습니다 all right. 그러나 결정권을 가지는 독자적인 위원회에 지도부를 제소하는 것이 더 좋을 것 같습니다.

여러분은 최근 3 년 동안 백만 명에 달하는 많은 사람들을 받아들여 새롭게 성장하였습니다. 이 새로운 사람들은 사회주의자 법[148] 하에서 충분한 독서와 선동을 누릴 수 없었고 따라서 기존 당원들의 수준에 미치지 못합니다. 그들 중의 많은 사람들은 오직 선한 의지와 의욕만을 갖고 있습니다. 그런데 알다시피 이것들이 꼭 좋은 결과를 보장하는 것은 아닙니다. 그들이 모든 새로운 귀의자들에게서 볼 수 있는 불 같은 정열을 보이지 않는다면 그것이 오히려 이상한 일일 것입니다. 그리하여 그들은, 여러분에게 반항하고 우쭐대고 있는 문필가들과 대학생들에 의해 장악되어 악용되기에 아주 적합한 재료를 형성합니다. 예를 들면 마그데부르크에서도 그랬던 것처럼 말입니다. 여기에는 경시해서는 안 될 위험이 내포되어 있습니다. 여러분이 이번 대회에서는 손쉽게 이 문제에 대처할 것이라는 것은 확실합니다. 그렇지만 장래에 커다란 두통거리가 될 싹이 자라지 않도록 조치하십시오. 불필요한 순교자가 나오지 않도록 하십시오. 비판의 자유가 지배한다는 것을 보여 주십시오. 그리고 만약 어쩔 수 없이 제명해야 하는 경우가 생긴다면, 비열한 배신 행위를 저질렀다는 것을 충분히 증명할 수 있는 확실한 사실들――명백한 행위 overt acts――이 드러났을 경우에만 제명할 수 있다는 점을 보여 주십시오! 이상이 저의 생각입니다. 다른 이야기는 만나서 합시다.[…]

수고에 의거함.

맑스 · 엥겔스 저작집,
제37권, **444/445**면.

최인호 번역

18

엥겔스가

브레슬라우의 오토 폰 보에니크에게

90년 8월 21일, 도버 근교의 폴크스톤

5   [...]내 생각으로는, 이른바 '사회주의 사회'는, 단번에 이루어지는 것이
아니라 다른 모든 사회 상태들처럼 지속적인 변화와 개조 과정에 놓여 있
는 것으로 파악해야 합니다. 사회주의 사회와 오늘날의 상태의 중대한 차이
는 물론 무엇보다도 모든 생산 수단에 대한 국민의 공동 소유를 기초로 하
는 생산 조직에 있습니다. 나는 이 변혁을 내일부터——즉, 점차적으로
10   ——실시한다 하더라도 아무런 어려움도 없다고 생각합니다. 우리 나라 노
동자들은 그럴 능력이 있습니다. 경찰이 의도적으로 파괴하지 않는 한, 그
들의 수많은 생산 협동 조합, 분배 협동 조합이 부르주아 주식 회사만큼 훌
륭하게 또 그보다 더 성실하게 운영되었다는 사실이 그것을 증명합니다. 우
리 나라 노동자들은 사회주의자 법[148]에 맞선 투쟁을 승리로 이끌면서 자
15   신들이 얼마나 정치적으로 성숙했는가를 훌륭하게 증명하였습니다. 그런데
도 어떻게 당신이 독일 대중의 무교양 운운할 수 있는지 저는 도저히 이해
할 수 없습니다. 우리 나라의 이른바 교양인들이 보여 주는 가르치기 좋아
하고 거만한 태도가, 훨씬 더 큰 장애물이라고 여겨집니다. 물론 우리에게
는 아직 기술자, 농학자, 엔지니어, 화학자, 건축가 등등이 없습니다. 그러나
20   최악의 경우에도 우리는 그들을 살 수 있습니다. 자본가들이 그렇게 하듯이
말입니다. 그리고 몇몇 배신자들——이러한 무리 중에는 분명히 배신자들

이 있게 될 것입니다——에게 본때를 보여 주면, 그들은 우리에게서 더 이상 도둑질을 해 가지 않는 것이 자신들에게 이롭다는 것을 알게 될 것입니다. 그리고 학교 교사들을 포함한 이러한 전문가들을 제외한 여타의 '교양인들'에 대해서 말하자면, 그들이 없어도 우리는 얼마든지 잘 해나갈 수 있습니다. 그리고 예컨대 현재 당에 물밀듯이 들어오고 있는 문필가들과 대학생들에 대해서 말하자면, 그들은 그들이 있어야 할 위치를 지킨다면 모르되 그 위치를 벗어나게 되면, 그 즉시 온갖 종류의 손해를 끼칠 사람들입니다.

엘베 강 동쪽의 융커들이 갖고 있는 대사유지는, 별 어려움 없이 현재의 날품팔이들 내지 농장 고용인들에게 임차하여 적절한 기술적 지도 아래 공동으로 경작될 수 있습니다. 만약 비행이 저질러진다면, 그것은 사람들로 하여금 현존하는 모든 학교 입법이 금지하는 온갖 야비한 품성을 갖도록 만들어 온 융커 양반들의 책임입니다.

최대의 장애물은 소농민과 거만하고 건방진 교양인들인바, 후자는 어떤 것을 잘 이해하지 못할수록 그것을 더 잘 아는 교양인들입니다.

요컨대 우리가 대중 속에 충분한 지지자를 갖고 있다면, 우리가 정치적 지배권을 갖게 되자마자 대공업과 거대한 대사유지 농업은 아주 신속하게 사회화할 수 있습니다. 다른 것들은 빠르고 느리고의 차이는 있겠지만 어쨌든 그것을 뒤따라 옵니다. 대규모 생산을 우리 손에 넣게 되면, 우리는 칼자루를 쥐게 되는 것입니다.

당신은 이해력이 균등하지 않다고 말합니다. 그것은 그렇습니다—— 그러나 그것은 귀족이나 부르주아 출신의 교양인들에게 해당되는 이야기입니다. 그들은 자신들이 노동자들에게서 배울 것이 얼마나 많은지 전혀 모르고 있습니다.[…]

수고에 의거함.

맑스·엥겔스 저작집,
제37권, 447/448면.

최인호 번역

19

엥겔스가

쾨니히스베르크의 요제프 블로흐에게

1890년 9월 21일, 런던

5   […]유물론적 역사 파악에 따르면, 역사에서 **종국적인 결정적 계기**는 현실적 생활의 생산과 재생산입니다. 맑스도 나도 결코 이 이상의 것을 주장한 적이 없습니다. 그런데 이 명제를 경제적 계기가 유일한 결정적 계기라고 왜곡하는 사람이 있다면, 그는 이 명제를 아무것도 말하지 않는, 추상적이고 허무 맹랑한 공문구로 바꾸어 버리는 것입니다. 경제적 처지는 토대

10   입니다. 그러나 상부 구조의 다양한 계기들――계급 투쟁의 정치적 형태와 계급 투쟁의 결과들――전투가 끝난 후 승리한 계급이 확립한 헌법 등등――법 형태, 그리고 또 이 모든 현실적 투쟁이 거기에 참가한 사람들의 머리에 반영된 것으로서의 정치적, 법률적, 철학적 이론, 종교적 견해와 이 견해의 교의 체계로의 가일층의 발전 등도 역사적 투쟁의 진행 과정에 영향

15   을 주며 많은 경우에 주로 이 투쟁의 **형태**를 결정합니다. 이 모든 계기들은 상호 작용을 하며, 이 상호 작용 속에서 결국 경제적 운동은 무한히 많은 우연들(즉, 그 내적 상호 연관이 너무 멀거나 증명할 수 없기 때문에 상호 연관이 없다고 간주하고 지나쳐 버릴 가능성이 있는 사물들과 사건들)을 통해서 필연적인 것으로서 자신을 관철해 갑니다. 그렇지 않다면 이론을 임

20   의의 역사적 시기에 적용하는 것은 간단한 1차 방정식을 푸는 것보다 더 쉬울 것입니다.

우리는 스스로 우리의 역사를 만들어 갑니다. 그러나 첫째로 그것을 일정한 전제들과 조건들 하에서 만들어 갑니다. 그중 경제적 전제들과 조건들이 최종적으로 결정하는 것들입니다. 그러나 정치적 등등의 전제들과 조건들도, 심지어 인간들의 머리 속에 따라다니는 전통도, 결정적이지는 않더라도 일정한 역할을 합니다. 프로이센 국가도 역시 역사적인, 종국적으로 경제적인 원인들에 의해 성립했고 계속 발전했습니다. 그러나 북독일의 많은 소국가들 중에서 다름아닌 브란덴부르크가 남북의 경제적, 언어적 차이를, 종교 개혁 이후에는 종교적 차이까지 구현하는 강대국이 되도록 규정한 것은 경제적 필연성일 뿐 다른 어떤 계기들(무엇보다 브란덴부르크가 프로이센을 점유함으로써 폴란드 문제에, 그리고 또 이것을 통해 국제 정세에 얽혀 들어간 것——오스트리아 왕가 권력의 성립에서도 이것이 결정적이었습니다)도 아니라고 한다면, 그것은 실로 편협 고루한 주장이라고 볼 수밖에 없습니다. 과거와 현재의 독일 소국가 각각의 존재를 경제적으로 설명하려 한다면, 혹은 주데텐에서 타우누스에 이르는 산맥에 의해 형성된 지리상의 장벽을 독일을 관통하는 본격적인 균열로까지 확대시킨 고지 독일어의 자음 추이의 기원을 경제적으로 설명하려 한다면, 그것은 웃음거리를 면하기 어려울 것입니다.

그러나 둘째로, 최종 결과는 언제나 수많은 개별 의지들의 충돌에서 생기며 또 이 각각의 개별 의지는 많은 특수한 생활 조건들에 의해 지금과 같은 개별 의지로 다시 형성되는바, 역사는 그런 식으로 만들어집니다 ; 따라서 서로 교차하는 무수한 힘들, 무한한 힘의 평행 사변형들의 집합이 존재하며 여기에서 결과——역사적 사건——가 생겨나는 것입니다. 이 결과 자체는 또한 전체로서 작용하는, **무의식적으로** 아무런 의지 없이 작용하는 어떤 힘의 산물로 간주할 수 있습니다. 각 개인이 원하는 것은 다른 각 개인의 방해를 받으며, 따라서 아무도 원하지 않았던 것이 나오게 됩니다. 그러므로 지금까지의 역사는 자연 과정과 같은 방식으로 움직이고 있으며 또 본질적으로 동일한 운동 법칙 아래 놓여 있습니다. 개별 의지는——개별 의지의 소유자는 자신의 체질과 외적인, 종국적으로 경제적인 사정들(개인적인 것일 수도 있고 혹은 일반 사회적인 것일 수도 있는)로 말미암아 어떤 것을 원합니다——자신이 원하는 것에 도달하지 못하고 하나의 전체적 평균에, 하나의 공동의 결과에 융합됩니다. 그러나 이로부터 개별 의지＝0으로 놓을 수 있다는 결론을 내릴 수 있는 것은 아닙니다. 반대로 개별 의지 각각은 결과에 기여하는 것이며 그런 한에서 그 결과에 포함되어 있는 것입니다.

다음으로 나는 당신에게 이 이론을 간접적으로가 아니라 원저서를 통해 연구하라고 권하고 싶습니다. 그것이 훨씬 더 쉽습니다. 맑스는 이 이론이 일정한 역할을 하지 않는 것을 쓴 적이 별로 없습니다. 특히 『L. 보나빠르뜨의 브뤼메르 18일』[215]은 이 이론을 적용한 아주 훌륭한 실례입니다. 『자본』의 많은 지적들도 그러합니다. 다음으로 물론 나는 나의 저작들을 들 수 있을 것입니다 : 『E. 뒤링 씨의 과학 변혁』[244]과 『L. 포이에르바하 그리고 독일 고전 철학의 종말』.[274] 이 저작들에서 나는 역사적 유물론에 대해 상세히 서술했는데, 그것은 내가 아는 한 현존하는 가장 상세한 서술입니다.

청년들이 때때로 경제적 측면에 두어야 할 것 이상으로 무게를 두는 것에 대해서 부분적으로는 맑스와 나 자신이 책임을 져야 합니다. 우리는 우리의 적수들을 논박할 때 그들이 부인한 주요 원칙을 강조하지 않을 수 없었으며, 또 상호 작용에 참가하는 기타 계기들을 설명하는 데 응분의 지면을 할애할 시간과 장소와 기회를 항상 갖고 있었던 것은 아닙니다. 그러나 어떤 역사적 시기를 서술할 때는, 즉 실제적 적용이 문제가 될 때는 사정이 다르며 거기서는 어떠한 오류도 허용될 수 없습니다. 그런데 사람들은 흔히 주요 명제를 습득하게 되면 그 즉시 자신이 새로운 이론을 완전히 이해하였고 그것을 당장 적용할 수 있다고 믿는데 실로 유감스러울 뿐입니다. 그리고 나는 근래의 몇몇 '맑스주의자들'에게 이러한 비난을 퍼붓지 않을 수 없습니다. 그리하여 또 놀랄 만한 일이 생겼습니다.[…]

출전 :『사회주의 학사』,　　　　　　　　　　　맑스·엥겔스 저작집,
1년차, 제19호,　　　　　　　　　　　　　　　　제37권, 463-465면.
1895년 10월 1일, 베를린.

최인호 번역

20

엥겔스가
베를린의 콘라트 슈미트에게

1890년 10월 27일, 런던

[…]처음으로 당신에게 답장을 쓸 수 있는 자유로운 시간을 갖게 되었   5
습니다. 나는 당신이 『쮜리히 포스트』의 자리를 맡는 것이 좋다고 생각합니
다. 거기서 당신은 경제에 대해서 많은 것을 배울 수 있을 것입니다. 특히
당신이, 쮜리히는 어디까지나 삼류의 화폐 시장, 투기 시장에 불과하며 따
라서 거기서 받는 인상은 이중 삼중으로 거울에 비쳐져 약화된 것이거나
의도적으로 왜곡된 것이라는 점을 잊지 않는다면 말입니다. 그러나 당신은   10
그 전체 조직을 실천적으로 배우게 되고, 또 런던, 뉴욕, 빠리, 베를린, 빈에
서 직접 날아온 증권 거래소 보고를 쫓아가지 않을 수 없게 될 것입니다.
그러면 당신의 눈앞에는 세계 시장이 —— 화폐 시장과 증권 시장으로 반사
되어 —— 펼쳐질 것입니다. 경제적 반사, 정치적 반사는 인간의 눈에서의
반사와 똑같습니다. 반사는 볼록 렌즈를 통해서 들어오며 따라서 머리로 서   15
있는 전도된 모습을 취합니다. 단지, 우리의 표상에서 그것을 발로 서게 하
는 신경 기관이 없을 뿐입니다. 화폐 시장의 사람들은 산업과 세계 시장의
운동을 화폐 시장과 증권 시장의 전도된 반영 속에서만 보며, 따라서 그들
에게는 결과가 원인으로 보입니다. 나는 이미 40년대에 맨체스터에서 이것
을 보았습니다 : 런던 주식 거래소의 보고들은 산업의 진행 과정과 산업의   20
주기적 최대치와 최소치를 아는 데 전혀 보탬이 되지 않았습니다. 왜냐하면

그곳의 신사들은 사실 대부분 징후에 불과한 화폐 시장 공황을 가지고 모든 것을 설명하려 했기 때문입니다. 당시에는, 산업 공황의 발생을 일시적 과잉 생산으로 설명하는 것이 잘못이라는 것을 증명하는 것이 문제였습니다. 따라서 문제는 왜곡을 일으킬 수 있는 경향적인 측면까지 갖고 있었습니다. 이 점은 이제는——적어도 우리에게는 영원히——사라졌으며, 게다가 화폐 시장도 그 자신의 공황을 가질 수 있는 것이 사실입니다. 이 공황에서는 직접적인 산업 혼란은 부차적인 역할을 할 뿐이며 심지어 아무런 역할을 하지 못할 때도 있습니다. 그리고 이 부분에서는 아직도, 특히 최근 20 년 간에 대해서 역사적으로 확정되고 구명되어야 할 것이 많이 있습니다.

분업이 사회적 규모로 이루어지는 곳에서는 또한 부분 노동 상호간의 자립화가 일어납니다. 생산은 종국적으로 결정적인 것입니다. 그러나 생산물의 거래가 본래의 생산에 대해서 자립하자마자, 그것은 독자적인 운동을 하게 됩니다. 이 운동은 물론 전체적으로는 생산의 지배를 받지만 개별적으로는 그리고 이 일반적 의존성 내부에서는 다시 독자적인 법칙을 가집니다. 이 독자적인 법칙은 이 새로운 요인의 본성 내부에 놓여 있는 것으로서 독자적인 국면을 거치며 생산의 운동에 다시 반작용을 가합니다. 아메리카의 발견은 금에 대한 갈망 덕택에 이루어졌습니다. 그전에 뽀르뚜갈 인들을 아프리카에 가게 만든 것도 바로 이 금에 대한 갈망입니다(조에트베르의 『귀금속-생산』을 참조하십시오). 왜냐하면 14 세기와 15 세기에 엄청나게 확대된 유럽의 산업과 이에 상응하는 상업은 독일——독일은 1450-1550년 당시 최대의 은 생산국이었습니다——이 공급할 수 있는 것보다 더 많은 교환 수단을 요구했기 때문입니다. 1500-1800년에 뽀르뚜갈 인, 네덜란드 인, 영국인이 인도를 정복한 것은 인도로부터의 수입에 그 목적이 있었습니다. 인도로의 수출에 대해 생각한 사람은 아무도 없었습니다. 그럼에도 불구하고 순전히 상업적 이해에 의해 규정되었던 이러한 발견과 정복은 산업에 실로 거대한 반작용을 가했습니다——발견하고 정복한 나라들로의 수출에 대한 욕구가 비로소 대공업을 창출하고 발전시켰던 것입니다.

화폐 시장도 이와 같습니다. 화폐 거래가 상품 거래에서 분리되자, 화폐 거래는──생산과 상품 거래에 의해 만들어진 일정한 조건들 아래에서, 그리고 이 경계들 내부에서──독자적인 발전을 하게 되고, 그 자신의 본성에 의해 결정되는 특수한 법칙들과 독특한 국면들을 갖게 됩니다. 게다가 화폐 거래는 이런 식으로 더 한층 발전하여 증권 거래에까지 확대됩니다. 그리하여 국채 증권뿐 아니라 산업 주식과 교통 주식까지 생겨나게 됩니다. 5
따라서 화폐 거래는 전체로서 자신을 지배하는 생산의 일부에 대한 직접적 지배권을 획득하게 됩니다. 그러므로 생산에 대한 화폐 거래의 반작용은 더욱 강력하고 더욱 복잡하게 됩니다. 화폐 거래업자들은 철도, 광산, 제철소 등등의 소유자들입니다. 이러한 생산 수단들은 두 개의 얼굴을 갖고 있습니다 : 이 생산 수단들의 경영은 직접적 생산의 이익에 따라야 하거나 혹은 화 10
폐 거래업자들이 주주株主인 한 그들의 요구에 따라야 합니다. 가장 적절한 예는 다음의 것입니다 : 북아메리카의 철도. 이 철도의 경영은 제이 굴드, 반더빌트 등등과 같은 자들의 그때그때의 증권 거래소 조작──철도의 특수성이나 교통 수단으로서의qua 철도의 이해와는 전혀 무관한── 에 의해 완전히 좌우됩니다. 또 여기 영국에서도 우리는 두 개의 철도 회사 15
사이에 있는 지역 분계선을 둘러싸고 수십 년 동안 계속된 여러 철도 회사들의 투쟁──이 투쟁 때문에 엄청난 돈이 낭비되었지만, 그것은 생산과 교통의 이익을 위해서 쓰인 것이 아니라 오로지 대부분의 경우 주식 소유 화폐 거래업자들이 증권 거래소를 조작할 수 있게 하려는 목적밖에 없는 경쟁 때문에 낭비된 것입니다──을 보았습니다. 20

　　이상에서 상품 거래에 대한 생산의 관계 및 화폐 거래에 대한 이 양자의 관계를 내가 어떻게 파악하고 있는가에 대해서 몇 가지 대략적인 서술을 하였습니다. 이로써 나는 역사적 유물론 일반에 대한 당신의 질문에 이미 기본적인 대답을 한 셈입니다. 분업의 관점에서 보면 문제를 가장 쉽게 이해할 수 있습니다. 사회는 사회의 생존에 필수 불가결한 일정한 공동 기 25
능들을 낳습니다. 이 기능의 수행을 위해 임명된 사람들은 사회의 내부에서 분업의 새로운 부문을 형성합니다. 이로써 이들은 자신의 위임자들의 이해와 구별되는 특수한 이해를 갖게 됩니다. 그들은 위임자들에 맞서 자립화합니다──그리하여 국가가 생겨납니다. 그리고 이제 상품 거래의 경우나 화

폐 거래의 경우와 유사한 일이 일어납니다 : 새로운 자립적 권력은 전체적
으로는 생산의 운동을 따라야 하지만, 그것에 고유한, 즉 일단 획득되면 점
차적으로 확대 발전해 가는 상대적 자립성에 힘입어 생산의 조건들과 과정
에 다시 반작용을 미칩니다. 이것은 두 개의 불균등한 힘, 즉 한편으로는
경제적 운동과 다른 한편으로는 되도록 더 많은 자립성을 얻으려 하는, 일
단 만들어진 이상 독자적인 운동까지 할 수 있게 된 새로운 정치 권력 사이
의 상호 작용입니다 ; 경제적 운동은 전체적으로는 자신을 관철해 가지만,
또한 자신이 만들어 낸 상대적 자립성을 갖고 있는 정치적 운동의 반작용
을 받지 않으면 안 됩니다. 이 정치적 운동은 한편으로는 국가 권력의 운동
이고 다른 한편으로 그와 동시에 생겨난 반대파의 운동입니다. 산업 시장의
운동은 화폐 시장에서 전체적으로, 앞서 대략적으로 언급한 유보 조건들
아래에서 당연히 **전도되어** 반영됩니다. 이와 마찬가지로 정부와 반대파의
투쟁에서도 기존의 투쟁하는 계급들의 투쟁이 반영됩니다. 여기서도 앞과
마찬가지로 전도되어 반영되고, 직접적이 아니라 간접적으로 반영되며, 계
급 투쟁으로서가 아니라 정치적 원칙을 둘러싼 투쟁으로서 반영됩니다. 이
렇게 완전히 전도되기 때문에, 우리가 다시 그 진상을 알아채는 데 수천 년
이 걸린 것입니다.

　　경제적 발전에 대한 국가 권력의 반작용은 세 가지 양식이 있을 수 있
습니다 : 반작용이 경제적 발전과 같은 방향을 취할 수 있는데, 이때는 발전
이 더욱 급속히 진행됩니다. 반작용이 경제적 발전과 반대 방향을 취할 수
있는데, 이때는 오늘날 모든 큰 민족의 경우에서 그러한 것처럼 결국은 그
반작용은 파산합니다. 또는 반작용이 경제적 발전에 대해서 일정한 방향을
차단하고 또 다른 일정한 방향을 명령할 수 있습니다──이때는 결국 위
의 두 경우 중의 하나로 귀착합니다. 두 번째, 세 번째 경우에서 정치 권력
이 경제적 발전에 막대한 손해를 입히고 힘과 자원의 대량 낭비를 초래할
수 있다는 것은 확실합니다.

　　이 밖에 경제 자원을 약탈하고 야만적으로 파괴하는 경우도 있었는데,
이 때문에 이전에는 사정에 따라서는 한 지방, 한 나라의 경제 발전 전체가
파멸할 수도 있었습니다. 오늘날 이러한 경우는 적어도 큰 민족들에게서는

대부분 그 반대의 결과를 가져옵니다 : 패자가 결국은 경제적으로, 정치적으로, 도덕적으로 승자보다 더 많은 것을 얻게 되는 수가 많습니다.

　　법률도 마찬가지입니다 : 직업적 법률가들을 만들어 내는 새로운 분업이 필요해지자 다시 새로운 자립적 영역이 열리는데, 이 영역은 일반적으로 생산과 상업에 크게 의존함에도 불구하고 후자의 영역들에 대한 특수한 반　　　5
작용 능력을 갖고 있습니다. 현대 국가에서 법은 일반적인 경제적 상태에 조응해야 하고 그것의 표현이어야 할 뿐만 아니라 내적 모순으로 말미암아 자기 자신과 충돌하는 일이 없는 자기 완결적인 표현이어야 합니다. 그리고 이를 달성하려다 보면 경제적 관계들의 충실한 반영을 더욱더 파괴하게 됩니다. 그리고 법전이 어떤 계급의 지배를 노골적으로, 완화하지 않고, 왜곡　　　10
없이 표현하는 일이 드물면 드물수록 이와 같은 일은 더욱 빈번하게 나타납니다 : 이것 자체는 벌써 '법 개념'에 반하는 일입니다. 1792-1796년에 혁명적 부르주아지가 보여 주었던 순수하고 수미 일관한 법 개념은 벌써 나뽈레옹 법전[2]에 와서 여러 측면에서 왜곡되었습니다. 그리고 나뽈레옹 법전에 구현된 법 개념조차도 프롤레타리아트 세력의 증대에 따라 날이 갈수　　　15
록 상당히 약화될 수밖에 없었습니다. 그러나 이것은 나뽈레옹 법전이 세계 도처에서 새로운 법전 편찬의 기초를 제공하는 법전이 되는 것을 방해하지 않습니다. 이처럼 '법 발전'의 진로를 살펴보면 그 핵심은 대부분, 처음에는 경제적 관계를 법률적 원칙으로 직접 번역하는 데서 나타나는 모순들을 제거하고 조화로운 법 체계를 세우려고 시도하다가 다음에는 이후의 경제적　　　20
발전의 영향과 강제력 때문에 이 체계가 끊임없이 다시 파괴되고 새로운 모순 속에 끌려 들어간다는 것입니다(나는 여기서 우선 민법의 경우만을 말하고 있습니다).

　　경제적 관계들이 법 원리로서 반영될 적에도 이 반영은 필연적으로 머리로 선 반영입니다 : 이 반영은 행위자의 의식에 들어가지 않고 이루어집　　　25
니다. 법률가는 선험적 명제를 가지고 행동한다고 생각합니다. 하지만 그 명제는 경제적 반사일 뿐입니다――이처럼 모든 것이 머리로 서 있습니다. 그리고 아직 인식되지 않는 한에서는 우리가 이데올로기적 견해라고 부르는 것을 구성하는 이러한 전도는 다시 경제적 토대에 반작용을 미치며 일정한 한계 안에서 이 토대를 변화시킬 수 있는바, 이는 내게는 자명한 사실로 여겨집니다. 가족의 발전 단계가 동일하다는 것을 전제한다면, 상속권의 기초는 경제적인 것입니다. 그럼에도 불구하고, 예컨대 오로지 경제적 원인들 때문에 영국에서는 유언의 절대적 자유가 보장되고 프랑스에서는 유언의 5 자유가 그 세부 항목에서까지 강력하게 제한된다는 주장을 내놓고 그것을 증명한다는 것은 극히 어려운 일일 것입니다. 그러나 양자 모두 재산의 분배에 영향을 미침으로써 경제에 강력한 반작용을 미치고 있습니다.

공중에 더 높이 떠 있는 이데올로기 영역인 종교, 철학 등등에 대해서 말하자면, 이것은 역사 시기에 의해 발견되고 계승된 선사적 내용——오늘 10 날의 우리들로서는 황당무계한 이야기라고 부를 만한——을 갖고 있습니다. 자연, 인간 자체의 성질, 신神, 마력魔力 등등에 대한 이러한 다양한 잘못된 표상들은 대부분 부정적인 경제적 기초만을 갖고 있습니다 ; 선사 시대의 낮은 경제적 발전은 그 보충으로서, 때로는 조건으로서, 심지어 원인으로서 자연에 대한 잘못된 표상들을 가지고 있습니다. 그리고 경제적 욕구 15 가 자연에 대한 인식의 발전에 주요한 원동력이었고 또 시간이 갈수록 더욱더 주요한 원동력이 되고 있었다고 할지라도, 원시 시대의 이 모든 황당무계한 이야기들에 대해서 그 경제적 원인을 찾으려 한다면 그것은 현학일 것입니다. 과학의 역사는 이러한 황당무계한 이야기를 점차적으로 제거하는 역사, 혹은 새롭지만 훨씬 덜 불합리한 황당무계한 이야기로 대체하는 20 역사입니다. 과학에 종사하는 사람들은 분업의 특수한 영역에 속해 있으며, 자신들이 독립적인 영역에서 일하고 있다고 생각합니다. 그들이 사회적 분업의 내부에서 자립적인 집단을 형성하고 있는 한, 그들의 오류까지 포함하여 그들의 생산은 경제적 발전을 포함한 사회적 발전 전체에 반작용을 미칩니다. 그럼에도 불구하고 그들 자신은 역시 경제적 발전의 지배적 영향 25 아래 있습니다. 예컨대 이것은 부르주아 시기의 철학을 통해 가장 쉽게 증명될 수 있습니다. 홉스는 최초의 현대적 유물론자(18 세기의 의미에서)였으나, 절대 왕정이 유럽 전역에서 전성기를 누리고 있었고 영국에서 인민과의 투쟁에 착수하던 그 시기에 그는 전제주의자였습니다. 로크는 종교적으로도 정치적으로도 1688년의 계급 타협[122]의 아들이었습니다. 영국의 이신론자 理神論者 들[112]과, 그들의 보다 철저한 계승자 프랑스 유물론자들은 진정한 부르주아 철학자들이었습니다 —— 게다가 프랑스 인들은 부르주아 혁명의 철학자들이었습니다. 칸트에서 헤겔에 이르는 독일 철학에서 독일의 속물은 어디서나 나타납니다 —— 때로는 긍정적으로, 때로는 부정적으로. 그러나 분업의 특정한 분야로서 각 시대의 철학은, 그 선행자들이 넘겨준 그리고 그들이 출발점으로 삼고 있는 일정한 사상 재료를 전제로서 가지고 있습니다. 그렇기 때문에 경제적으로 뒤떨어진 나라가 철학에서는 제1 바이얼린을 연주할 수도 있는 것입니다 : 18 세기에는 프랑스가 영국에 대하여 — 프랑스 인들은 영국 철학에 입각하고 있었습니다 —, 이후에는 독일이 이 두 나라에 대하여 그러합니다. 그러나 독일에서나 프랑스에서나 그 시대의 일반적 문예 번영과 마찬가지로 철학도 경제적 도약의 결과였습니다. 이 영역들에 대해서도 경제적 발전이 종국적 우위에 있다는 것은 제게는 틀림없는 사실입니다. 그러나 이 우위는 개별 영역 자체가 지정한 조건들 내부에 존재합니다 : 이 우위는 철학에서는 예컨대 선행자들이 제공한 기존의 철학적 재료에 경제적 영향(이 영향은 다시 대부분 정치적 등등의 외피를 쓰고서 비로소 작용합니다)이 작용을 미치는 식으로 나타납니다. 경제는 여기서 아무것도 새로a novo 만들지 않지만, 기존의 사상적 소재에 변화와 발전이 일어나는 양식을 규정합니다. 그리고 경제는 대부분 정치적, 법률적, 도덕적 반사들을 통해서 간접적으로 규정할 뿐입니다. 철학에 가장 직접적인 영향을 미치는 것은 이러한 반사들입니다.

종교에 대해서는 나는 포이에르바하에 관한 마지막 장[274]에서 가장 필요한 사항을 말해 두었습니다.

그러므로 만약 바르트가 우리는 경제적 운동의 정치적 반사 등등이 이 운동 자체에 미치는 반작용을 조금도 인정하지 않았다고 생각한다면, 그는 그야말로 풍차와 싸우고 있는 것입니다. 그는 맑스의 『브뤼메르 18일』[215]을 읽어 봐야 할 것입니다. 여기에서는 당연히 경제적 조건들에 일반적으로 의존하는 한에서 정치적 투쟁과 사건이 맡는 특수한 역할만이 묘사되어 있습니다. 혹은 그는 예컨대 『자본』의 노동일에 관한 장을 읽어 봐야 할 것입니다. 여기에서는 정치적 행위인 입법이 노동일의 문제에서 결정적 작용을 합니다. 혹은 부르주아지의 역사에 관한 장(제24장)[275]을 읽어 봐야 할 것입니다. 정치 권력이 경제적으로 무력하다면, 우리가 도대체 무엇 때문에 프롤레타리아트의 정치적 독재를 위해서 투쟁하겠습니까? 폭력(즉, 국가 권력)도 역시 하나의 경제적 힘 Potenz 입니다!

5   그런데 지금 내게는 이 책[276]을 비판할 시간이 없습니다. 먼저 제3권[277]을 출판해야 합니다. 그리고 나는 예를 들면 베른슈타인이 이 책을 훌륭히 비판할 수 있을 것이라고 믿습니다.

이 신사들 모두에게 결여되어 있는 것은 변증법입니다. 그들은 언제나 여기서는 원인만을, 저기서는 결과만을 봅니다. 이것은 하나의 공허한 추상
10   이라는 것, 현실 세계에서는 그러한 형이상학적인 양극 대립은 오직 위기 Kriesen 시에만 존재한다는 것, 거대한 전 과정은 상호 작용 —— 비록 매우 불균등한 힘들의 상호 작용이고, 그중에서 경제적 운동이 가장 강력하고 가장 본원적이고 가장 결정적인 힘이라 하더라도 —— 의 형식으로 진행된다는 것, 여기서 절대적인 것은 아무것도 없으며 모든 것이 상대적이라는
15   것, 이러한 것들을 그들은 전혀 모르고 있습니다. 그들에게는 헤겔은 존재하지 않습니다.

당내의 소란에 대해서 말하자면, 반대파 신사들이 억지로 저를 끌어들였기 때문에 저로서는 달리 선택의 여지가 없었습니다. 에른스트 씨가 저를 대하는 방식은 그를 초등 학생으로 보지 않는 이상 도저히 이해할 수 없는
20   뻔뻔스러운 것입니다. 그가 병들어 있고 그래서 살기 위해 글을 써야만 한다는 것이 저로서는 유감스럽습니다. 너무나 강력한 환상을 갖고 있어서 씌어 있는 것을 거꾸로 이해하지 않고는 한 줄도 읽을 수 없는 사람, 그런 사람은 사회주의처럼 비환상적인 영역 이외의 다른 영역에서 그의 상상력을 적용할 수 있습니다. 그런 사람은 소설, 희곡, 예술 비평이나 이에 준하는
25   것들을 써야 합니다. 왜냐하면 그것은 부르주아 교양에만 해를 끼칠 뿐이고 그리하여 우리를 이롭게 하기 때문입니다. 그렇게 한다면 그도 아마 많이 성숙해져서 우리 분야에서도 무언가를 할 수 있게 될지 모릅니다. 그러나 나는 다음의 이야기만은 해 두어야겠습니다 : 이 반대파가 내놓은 것만큼 미숙하고 황당무계한 이론의 허섭쓰레기를 나는 어디에서도 본 적이 없습

니다. 그리고 엄청난 자만심에 빠져 있는 이 새파란 젊은이들이 당의 전술을 좌지우지하려 하고 있습니다! 빈의 『노동자-신문 Arb[eiter-]Z[ei]-t[un]g』에 실린 베벨의 단 하나의 기고문에서 저는 이 청년들의 허섭쓰레기 전체에서보다 더 많은 것을 배웠습니다. 그런데도 이 청년들은, 상황을 놀라울 정도로 올바르게 파악하고 그것을 단 두 마디로 명료하게 서술하는 이 뛰어난 두뇌의 소유자보다 자신들이 더 가치 있는 존재들이라고 생각하고 있습니다! 모조리 형편없는 통속 작가들입니다. 그리고 가장 괜찮은 통속 작가조차 이미 잘못된 자입니다.[…]

5

수고에 의거함.

맑스 · 엥겔스 저작집,
제37권, 488-494면.

최인호 번역

21

엥겔스가

슈투트가르트의 칼 카우츠키에게

91년 2월 23일, 런던

친애하는 카우츠키,

내가 그저께 지급으로 보낸 축하장을 당신은 받아 보았을 것입니다. 이제 전에 이야기하던 맑스의 편지[278]에 대해서 다시 이야기하겠습니다.

그 편지가 적에게 무기를 제공할 것이라는 우려는 근거가 없는 것입니다. 사실 어떤 것에든 악의적 중상 모략이 따르는 법입니다. 그러나 대체로 이 무자비한 자기 비판은 적들을 크게 놀라게 했으며 다음과 같은 인상을 주었습니다 : 자기 자신에게 이러한 것을 들이댈 수 있는 당은 얼마나 큰 내적인 힘을 갖고 있는가! 이는 당신이 보내준(정말 감사합니다!) 신문과 내가 다른 곳에서 얻은 적들의 신문에서 단적으로 드러납니다. 그리고 솔직히 말하면, 나도 이 문서를 발표할 때 그 점을 생각했습니다. 이 문서가 처음에는 이곳 저곳에서 상당한 불쾌감을 불러일으키리라는 것을 나는 알고 있었지만, 이것은 불가피한 일이었습니다. 내가 보기에는 문서의 사실적 내용이 이것을 보상하고도 남습니다. 동시에 나는 당시의 당이 이것을 견뎌낼 수 있을 만큼 충분히 강하다는 것을 알고 있었습니다. 또 나는 지금의 당도 15 년 전에 씌어진 그러한 솔직한 이야기를 이겨내리라고 예측했습니다 ; 그리고 당이 당연한 긍지를 갖고서 이 역량의 시험대를 통과하면서 다음과 같이 말할 것이라고 예측했습니다 : 감히 이러한 일을 할 당이 또 어디에 있겠는가? 이것은 사실 『작센 노동자-신문 Arb[eiter]-Ztg』[279]과 빈의 『노동자-신문』, 그리고 『쮜리히 포스트』[280]가 한 말이기도 합니다.

당신은 『신시대 N[euen] Z[eit]』 제21호에서 그것을 발표할 책임을 지고 있으며, 이는 당신을 칭찬할 만한 훌륭한 일입니다. 그러나 그 일에 최초의 유인을 제공한 것은 어쨌든 나이고 어느 정도는 내가 당신에게 선택의 여지를 주지 않았다는 것을 잊어서는 안 됩니다. 그러므로 기본 책임은 나에게 있다고 말하고 싶습니다. 세부적인 점에 대해서 말하자면, 이러한 일에는 언제나 다른 견해가 있기 마련입니다. 당신과 디쯔가 이의를 제기한 구절을 나는 모두 삭제하고 변경하였습니다. 그리고 아마 디쯔 D[ietz]가 더 많은 구절에 표시를 해놨어도 나는 가능한 한 융통성을 보였을 것입니다. 이것은 내가 언제나 당신에게 증명해 보인 태도이지요. 그러나 중요한 점에 대해서 말하자면, 강령이 일단 토론에 부쳐진 이상 그것을 발표하는 것은 나의 의무였습니다. 그리고 리프크네히트의 할레 보고[281]가 나온 이상 더욱더 그러하였습니다. 이 보고에서 그는 맑스의 편지에서 발췌한 것들을 한편으로 뻔뻔스럽게 자기의 것으로 이용하고 다른 한편으로 그것이 누구의 것인지를 밝히지 않고 이 편지에 대해 논전을 벌였습니다. 맑스는 이러한 작태에 대해서 틀림없이 원문을 들이대고 반박하였을 겁니다. 그리고 나는 맑스를 대신하여 그렇게 할 의무가 있었습니다. 유감스럽게도 당시에 나는 그 문서를 갖고 있지 않았고 오랫동안 찾아다닌 끝에 겨우 그것을 찾아 냈습니다.

당신은 베벨에게서 라쌀레에 대한 맑스의 태도가 구 라쌀레 파를 격분시켰다는 내용의 편지를 받았다고 말했지요. 물론 있을 수 있는 일입니다. 그들은 실제로 있었던 일을 전혀 모르고 있습니다. 그리고 그들이 미처 깨닫지 못했던 일이 있었다고는 전혀 생각하고 있지 않습니다. 라쌀레가 위대한 인물로 이름을 떨친 것은 오로지 맑스가 그에게 오랫동안 맑스 M[arx]의 연구 성과를 자신의 것인 양 둘러대고 더욱이 부족한 경제학적 소양으로 이 성과를 왜곡하는 것을 허락했기 때문이라는 것을 그들은 모르고 있는바, 이는 나의 잘못이 아닙니다. 그러나 나는 문헌 영역에서 맑스의 유언 집행자이며, 그러한 집행자로서 내가 지고 있는 의무가 있습니다.

라쌀레가 역사에 이름을 올린 지 26 년이 됩니다. 예외법[148] 하에서는 그에 대한 역사적 비판이 중지되었습니다. 이제 역사적 비판이 당연히 재개되고 맑스에 대한 라쌀레의 지위가 명확히 밝혀질 때가 왔습니다. 라쌀레의 본모습을 은폐하고 그를 신으로 모시는 전설은 결코 당의 신조가 될 수 없습니다. 운동에 대한 라쌀레의 L[assalle]s 공헌을 아무리 높이 평가하더라도, 운동에서의 그의 역사적 역할은 여전히 이중적입니다. 사회주의자 라쌀레를 그림자처럼 따라다니는 것은 데마고그 라쌀레입니다. 선동가이자 조직가인 라쌀레를 옆으로 밀쳐내면 그 뒤에 하츠펠트 소송[282]의 지휘자가 서 있습니다 : 수단의 선택에서 그가 보여준 후안무치함, 단순한 도구로 사용한 다음에 내다버려도 괜찮은 미심쩍고 타락한 인물들을 자기 주변에 끌어모으기 좋아하는 그 성격. 1862년까지 그는 실천적으로 보나빠르뜨적 경향이 농후한 프로이센 특유의 속류 민주주의자였지만(나는 방금 그가 맑스에게 보낸 편지들을 다 읽어 보았습니다), 순전히 개인적인 이유로 어느날 갑자기 돌변하여 선동을 개시하였습니다 ; 그리고 2 년도 채 지나지 않아서 노동자들은 부르주아지에 대항하여 왕정을 지지해야 한다고 요구하였으며 성격상 자신의 친척뻘인 비스마르크와 결탁하여 모종의 책략을 꾸몄습니다. 만약 그가 때마침 사살되지 않았다면, 그 책략은 사실상 운동에 대한 배신으로 귀결되었을 것입니다. 그의 선동 문건에는 맑스 M[arx]에게서 빌린 옳은 것과 그 자신의 수많은 그릇된 설명이 마구 뒤엉켜 있어서 양자를 분리하기가 어려울 정도입니다. 맑스 M[arx]의 판단 때문에 감정을 상한 일부의 노동자들은 단지 2 년 동안의 라쌀레 L[assalle]의 선동만을 알고 있을 뿐이며, 그나마 색안경을 통해서 그것을 보고 있습니다. 그러나 역사적 비판은 더 이상 이러한 편견 앞에 공손하게 잠자코 있을 수 없습니다. 최종적으로 맑스와 라쌀레 사이를 청소하는 것은 나의 의무였습니다. 그리고 나는 그렇게 했습니다. 이것으로 당분간은 만족할 수 있을 것입니다. 게다가 나는 지금 다른 할 일이 있습니다. 이미 발표한 라쌀레 L[asselle]에 대한 맑스의 가차없는 비판은 그것만으로도 효과가 있을 것이며 다른 사람들에게 용기를 줄 것입니다. 그러나 나로서도 선택의 여지가 없게 된다면, 나는 다음과 같이 말하지 않을 수 없습니다 : 나는 라쌀레-전설을 영원히 일소해 버리지 않을 수 없을 것이다.

의원단 안에서 『신시대 N[eue] Z[eit]』를 검열하자는 소리가 드높다고 합니다. 너무 훌륭한 이야기라서 기가 막힐 정도입니다. 사회주의자 법 시기의 의원단 독재(당시로서는 이 독재가 필요한 것이었고 훌륭하게 실시되었습니다)의 유령이 또 나타난 것입니까, 아니면 지난 날의 v. 슈바이쩌의　5 엄격한 조직을 상기하자는 것입니까? 이것은 비스마르크의 사회주의자 법에서 해방된 독일의 사회주의 과학을 사회 민주주의당 당국 스스로가 만들어 시행하는 새로운 사회주의자 법 아래 두겠다는 실로 뛰어난 발상입니다. 어쨌든 나무가 하늘을 찌르는 법은 없게 되어 있습니다.

『전진』의 기사[283]는 저를 별로 자극하지 못했습니다. 리프크네히트가　10 자기 이야기를 다하게 기다렸다가 되도록 친절한 어조로 두 사람에게 답하려고 합니다. 『전진』의 기사에서는 몇 개의 틀린 이야기를 바로잡고(예컨대, 우리가 통합을 원하지 않는다거나 맑스가 옳지 않음을 증명하는 사건들이 있었다는 등등의 이야기들) 자명한 이야기를 확인하기만 하면 됩니다. 새로운 공격이나 그릇된 주장이 나와서 나로 하여금 더 이상의 행동을 하　15 도록 만들지 않는 한, 나는 이 답변으로 토론을 마감할 생각입니다.

『기원』[284]을 다듬고 있다고 디쯔에게 전하여 주십시오. 그런데 오늘 피셔가 편지를 보내서 3 개씩이나 되는 새로운 서문을 써 달라고 하는군요![285]

당신의

F. E.

수고에 의거함.

맑스 · 엥겔스 저작집,
제38권, 39-41면.

최인호 번역

22

엥겔스가

드레스덴의 막스 오펜하임에게

1891년 3월 24일, 런던 북서구 리전츠파크가 122

5   […]나아가 당신은 몇몇 어려운 문제에 손을 대고 있지만, 이것들은 짧은 편지에서 충분히 논하지 않고 내버려 둔 것입니다. 노동자 협동 조합이 임금 계약과 관련하여 직접 전원의 이름으로 기업가와 교섭할 수 있다면, 그것은 확실히 진보입니다. 여기 잉글랜드에서도 약 50 년 전부터 그러한 노력이 있어 왔지만, 자본가들은 그들의 이익을 너무 잘 알고 있어서 강제

10   되지 않으면 이것에 걸려들지 않습니다. 1889년의 부두 대파업[269]에서는 빠르든 늦든 이미 여기저기서 일시적으로나마 그것이 관철되었습니다 ; 그러나 신사 분들은 곧바로, 협동 조합의 이러한 '견딜 수 없는 전제'로부터 다시 벗어나 제3자, 무자격자가 그들과 그들의 노동자들 사이의 가부장적 관계에 개입하는 것은 승인할 수 없다고 언명하고 있습니다. 이것은 오래된

15   이야기입니다 : 호황기에는 신사들은 노동에 대한 수요로 인해 대범하게 되지만, 불황기에는 그들은 이 모든 양보를 다시 회복하기 위해 노동의 과잉 공급을 죄다 이용합니다. 그러나 대부분의 경우 노동자의 저항은 그들의 증대되는 조직과 함께 증대합니다. 그것은 일반적인 상태 —— 평균 —— 가 어느 정도 상승하는 만큼, 어떤 공황도 지속적으로 노동자를 제로 점, 즉 이

20   전의 공황의 **최저 점 이하** 혹은 약간 이상으로 다시 끌어 내리지 않는 만큼 증대합니다. 그러나 우리가 한번이라도 장기적이고 만성적인 5-6 년에 걸

친 **전반적인** 산업 공황을 체험하게 되면, 어떻게 될 것인지를 말하기란 매우 어렵습니다.

국가 또는 지방 자치체에 의한 과잉 노동자의 고용과 생활 수단 상업의 국유화는, 제 의견으로는 당신의 편지에 드러난 것 이상으로 **훨씬** 더 포괄적으로 이해되어야 할 점들입니다. **상업**뿐만 아니라 국내에서도 제조할   5
수 있는 생활 수단의 **생산**도 여기에 포함되어야 할 것입니다. 그렇지 않으면 당신은 어떻게 과잉 노동자를 고용하려고 하는 것입니까? 그들이 정말 과잉인 것은 바로 그들의 생산물의 판로가 없기 때문입니다. 그러나 이후에 우리는 토지를 강제 수용하였는바, 이는 이미 오늘의 독일 혹은 오스트리아에서 진행된 것보다 훨씬 더 앞선 것입니다. 그리고 이러한 경우 우리는 둘   10
가운데 어느 한편에도 그런 일을 맡길 수가 없습니다. 융커가 융커를 강제 수용하게 된다면 어떻게 되는지 그리고 어떤 결과가 생기는지는 여기 잉글랜드에서 볼 수 있는데, 여기서는 어떠한 중세적인 형태 아래서도 에르츠게비르게 산맥의 우측과 좌측보다도 **훨씬** 더 현대적인 국가 생활이 지배하고 있습니다. 소유 계급이 정권을 잡고 있는 한 어떤 국유화도 착취의 폐지가   15
아니라 그 변형일 뿐이라는 것, 이것이 바로 고통스러운 점입니다; 프랑스 공화국, 아메리카 공화국, 스위스 공화국에서나 군주주의적인 중앙 유럽과 전제주의적인 동유럽에서나 사정은 마찬가지입니다. 그래서 소유 계급을 정권으로부터 몰아내기 위해서는 무엇보다도 우선 노동자 대중의 머리를 변혁하는 것이 필요한데, 물론 이것은 오늘날——비교적 완만하게——실   20
행되고 있습니다; 그리고 이것을 성취하기 위해서, 우리는 보다 급속한 속도로 생산 방법을 변혁하고, 더 많은 기계를 도입하고 더 많은 노동자를 구축하며, 더 많은 농민 및 소시민을 파멸시키고 현대적 대공업의 불가피한 결과들을 만들어 내야 합니다.

이러한 경제적 변혁이 보다 급속하고 보다 철저하게 실시됨에 따라,   25
여러 가지 조치들도 필연적으로 생겨납니다. 그 결과 갑자기 불가피한 큰 문제가 된 폐해에 대한 응급책에 지나지 않는 것으로 보일 뿐인 이 조치들은 종래의 생산 방식의 뿌리를 파괴합니다; 그리고 노동자 대중은 보통 선거권을 통해 들을 귀를 가지게 될 것입니다. 어떤 조치가 이 경우 최초의 조치가 될 것인지는 국지적이고 일시적인 사정들에 의존하며, 이것에 대해서는 아무것도 미리 또는 일반적으로 말할 수 없습니다. 그러나 제 생각으로는 경제적인 변혁을 통해 대규모 노동자 대중이 자신들의 처지를 의식하게 되고 이를 통해 정치적 지배의 길을 열어 나갈 때 비로소 실질적인 해방책이 가능하게 될 것입니다. 다른 계급들은 쪽모이나 그럴듯해 보이는 일만 할 수 있을 뿐입니다. 그리고 노동자 두뇌의 명석화라는 이 과정은 지금 매일매일 급속하게 진행되고 있으며 5 년에서 10 년 안에 숱한 의회들은 완전히 다른 것으로 보이게 될 것입니다.[…]

수고에 의거함.

맑스 · 엥겔스 저작집,
제38권, 63-65면.

정선희 번역

23

엥겔스가

베를린의 아우구스트 베벨에게

1891년 5월 1일, 런던

[…]나는 맑스의 강령 비판[278]으로 되돌아오지 않을 수 없습니다. 바라   5
건대 이번이 마지막이 되었으면 합니다. "발표 자체에 대해서 아무도 이의를
제기하지 않았을 것"이라는 말에 나는 이론을 제기하지 않을 수 없습니다.
리프크네히트 L[ie]bk[necht]였다면 결코 발표를 기쁜 마음으로 인정하지 않
았을 것이며, 발표를 저지하기 위해 모든 노력을 기울였을 것입니다. 이 비
판은 1875년 이래 그의 뱃속에 남아 있습니다. 그래서 「강령」에 대한 이야   10
기가 나올 때마다 그는 그것을 떠올렸습니다. 그의 할레 연설[281] 전체는 이
비판을 중심으로 전개되었습니다. 『전진』에 실린 그의 두툼한 논문[283]은 바
로 이 비판에 대한 그의 양심의 가책을 표현한 것일 뿐입니다. 그리고 사실
이 비판은 우선적으로 그를 향한 것이었습니다. 우리는 그를 통합 강령[166]
의 아버지로──그의 추잡한 측면에서 볼 때──보았으며, 나는 지금도 그   15
렇게 보고 있습니다. 그리고 나로 하여금 일방적 조치를 결심케 한 것은 바
로 이 점이었습니다. 만약 내가 당신하고만 그 문제에 대해 충분히 토의하
고 토의를 끝낸 즉시 그것을 K. 카우츠키 K[autsky]에게 보내서 인쇄하게
할 수 있었다면, 우리는 두 시간이면 의견 일치를 보았을 것입니다. 그러나
나는 당신이──개인적 차원에서 그리고 또한 당 차원에서──리프크네   20
히트 L[ie]bk[necht]에게도 상의할 의무가 있다고 생각했습니다. 그리고 나

는 일이 어떻게 될지 알고 있었습니다. 은폐되던가 적어도 한동안 공개적
소란이 벌어지던가 둘 중 하나였을 것입니다. 만약 내가 처리했다면, 당신
과도 말다툼이 벌어졌을 것입니다. 내가 틀리지 않았다는 것은 다음의 사실
이 증명합니다 : 당신이 감옥에서 나온 것은 [1875년] 4월 1일이었고 그 문
5   서의 서명 날짜는 5월 5일이었기 때문에, 분명한 것은──그 밖의 설명이
있기 전까지는──그 문서가 당신에게 고의적으로 은폐되었다는 것이며, 이
런 짓을 할 수 있는 사람은 리프크네히트 L[ie]bk[necht] 밖에 없습니다. 리프
크네히트는 당신이 감옥에 있었기 때문에 그 문서를 볼 수 없었다는 거짓말
을 퍼뜨리고 있습니다. 그러나 당신은 당신이 애호하는 평화를 위해서 그것
10   을 용인하고 있습니다. 아마도 당신은 지도부에 대한 추문을 피하기 위해서
인쇄 전에도 그의 입장을 고려했을 것입니다. 당신으로서는 그럴 만하다고
생각합니다. 그러나 나는 십중팔구 그러한 행동이 취해졌을 것이라는 것을
고려했습니다. 당신도 또한 나로서는 그럴 만하다고 생각해 주기 바랍니다.
     나는 지금 막 그 문서를 한 번 더 통독했습니다. 전체적 내용이 손상
15   되지 않는 한에서 몇몇 구절이 생략되는 것은 있을 수 있는 일입니다. 그러
나 많은 구절이 생략되는 일은 절대로 있을 수 없습니다. 당시의 상황은 어
땠습니까? 여러분과 우리가 알고 있다시피, 그리고 예컨대 내가 본 75년 3
월 9일의 『프랑크푸르트 F[rank]furter 신문』이 전했다시피, 여러분의 전권
대표에 의해 초안이 채택되는 것으로 그 건은 결정되었습니다. 따라서 맑스
20   M[arx]는 그의 양심을 구하기 위해서 그 문서를 썼을 뿐인 셈입니다. 나는
말하였고, 그리하여 나의 영혼을 구했노라 dixi et salvavi animam meam
가 그 문서 안에 증거로 있습니다만, 결과를 바라고 있는 것은 아니었습니
다. 그러므로 "단호한 거부"[286]라는 리프크네히트 Liebk[necht]의 호언 장
담은 순전한 허풍 이외에 아무것도 아닙니다. 그리고 그 역시 그것을 알고
25   있습니다. 여러분이 여러분의 대표를 뽑는 데서 실수를 저질렀던 한, 그리
고 두 파의 통합에 해를 미치지 않기 위해서 그 강령을 꿀꺽 삼켜버릴 수밖
에 없었던 한, 15 년이 흐른 지금 여러분은 최종 결정을 내리기 전에 여러분
앞에 던져진 경고를 발표하는 것에 대해 아무런 이의도 제기할 수 없습니
다. 이것은 여러분을 바보로 낙인 찍는 것도 아니고 사기꾼으로 낙인 찍는

것도 아닙니다. 물론, 여러분이 여러분의 공적인 활동에 오류가 있을 수 없다는 주장을 펼친다면, 이야기는 달라지겠지만 말입니다.

물론 당신은 그 경고문을 읽지 않았습니다. 그러나 그것은 발표되었습니다. 그러므로 당신은 그것을 읽고도 그 초안에 순응해 버린 다른 사람들에 비해서 예외적으로 유리한 형편에 있습니다.   5

나는 동봉한 편지를 매우 중요한 것으로 여깁니다.[287] 왜냐하면 거기에는 유일하게 올바른 정책이 서술되어 있기 때문입니다. 일정한 시험 기간 동안의 행동의 병행, 이것이 여러분을 원칙의 거래에서 구출할 수 있는 유일한 정책입니다. 그러나 리프크네히트 L[ie]bk[necht]는 통합을 이루어냈다는 명성을 얻고 싶어 했으며, 그 명성을 어떤 것과도 바꾸려 하지 않았습   10
니다. 그러므로 그가 더 양보하지 않은 것이 이상한 일입니다. 그는 그전부터 진짜 통합에 대한 광기를 지니고 있었습니다. 그리고 통합에 대한 그의 광기는 부르주아 민주주의로부터 넘겨받은 것입니다.

라쌀레 Lass[alleaner] 파가 협상에 응했던 것은 **그럴 수밖에 없었기** 때문이라는 것, 그들 당파 전체가 산산조각났기 때문이라는 것, 그들의 지도   15
자들이 룸펜이나 멍청이들이어서 대중이 더 이상 그들을 따르려 하지 않기 때문이라는 것을 이제는 점잖은 표현으로 이야기할 수 있습니다. 그들의 '엄격한 조직'은, 당연한 일이지만 완전한 해체로 종말을 고했습니다. 그러므로 리프크네히트 L[ie]bk[necht]가 라쌀레 파가 자신들의 '엄격한 조직'을 희생했기 때문에 그 대가로 라쌀레의 Lass[alleschen] 신조를 통째로 받아들   20
였다고 변명하는 것은 참으로 웃기는 일입니다 —— 왜냐하면 그들은 희생할 그 무엇도 더 이상 갖고 있지 않았습니다!

당신은 다음과 같이 의아해 합니다. 강령의 그 불명료하고 혼란스러운 공문구들은 어디에서 왔는가? 그러나 그 공문구들은 다름아닌 리프크네히트 L[ie]bk[necht]의 현신입니다. 우리는 그 공문구들을 놓고 그와 몇 년 동   25
안 다툼을 벌였으며, 그는 바로 그 공문구에 심취해 있습니다. 그는 이론적으로 언제나 불명료했습니다. 그리고 오늘날까지도 그는 우리의 날카로운 정식화에 기겁을 합니다. 이에 비해 과거에 인민당[288] 원이었던 사람답게 그는, 오늘날까지도 그 모호한 공문구들, 이렇게도 해석될 수 있고 저렇게

도 해석될 수 있는 그 공문구들을 사랑하고 있습니다. 당시에 불명료한 프
랑스 인들, 영국인들, 아메리카 인들이 잘 몰랐기 때문에 노동자 계급 해방
이라고 말하는 대신에 '노동 해방'이라고 말했던 한, 그리고 인터내셔널의
문서에서조차 때때로 그러한 용어가 쓰일 수밖에 없었던 한, 그것은 리프크
5 네히트 L[ie]bk[necht]에게 독일 당의 어법을 이미 극복된 바로 그 관점으
로 억지로 되돌리는 좋은 근거로 작용했습니다. "더 나은 지식에 대항해서"
라는 말은 결코 할 수 없습니다. 왜냐하면 그는 정말로 더 나은 지식을 알
지 못했기 때문입니다. 그리고 나는 이 말이 지금도 유효한지 유효하지 않
은지에 대해서는 확신이 서지 않습니다. 어쨌든 그는 지금도 틈만 나면 과
10 거의 몽롱한 어법으로 되돌아가고 있습니다──물론 그러한 어법은 수사
학적으로 쓰기에 편합니다. 그리고 그가 스스로 이해한다고 믿고 있던 민주
주의적 기본 요구들은 적어도 그가 전혀 명료하게 이해하지 못했던 경제학
적 명제들만큼 중요했기 때문에 그가 라쌀레 파의 독단들과 민주주의의 재
고 상품을 교환하고서 훌륭한 거래를 했다고 믿는다면, 그로서는 정직했던
15 셈입니다.

　　라쌀레에 대한 공격에 대해서 말하자면, 앞에서도 말했다시피 그것은
내게 매우 중요한 일이었습니다. 아이제나하 파는 라쌀레의Lass[alleschen]
중요한 경제적 공문구와 요구들 모두를 받아들임으로써 사실상 라쌀레 파가
되었습니다. 적어도 강령상으로는 그렇습니다. 라쌀레 파는 아무것도 희생하
20 지 않았으며, 그야말로 그들이 갖고 있을 수 있었던 것을 전혀 희생하지 않
았습니다. 라쌀레 파의 승리를 완전한 것으로 만들어 주기 위해 여러분은
아우도르프 씨가 라쌀레를 칭송하기 위해 운을 맞춰 지은 도덕적인 체하는
산문을 여러분의 당가黨歌로 삼았습니다. 그리고 말할 필요도 없이, 사회
주의자 법[148]이 지배했던 13 년 동안에는 당 내부에서 라쌀레 숭배에 반대
25 하는 움직임이 생겨날 수 없었습니다. 그러한 라쌀레 숭배에 종지부를 찍어
야 했습니다. 그리고 그 일을 꾸민 것은 나였습니다. 나는 라쌀레의 잘못된
명성이 맑스의 희생 위에 유지되고 새로이 선전되는 것을 더 이상 묵과하지
않을 것입니다. 아직 개인적으로 라쌀레 Lass[alle]와 친하고 그를 숭배하는
사람들은 드문드문 있습니다. 그 밖의 모든 사람들에게서는 라쌀레 숭배

Lass[alle]kultus 는 깨끗이 사라졌습니다. 그것을 사라지게 만든 것은 더 나은 지식에 대항한 우리의 과묵한 인내였습니다. 그러므로 라쌀레 숭배는 개인적인 충성의 근거를 갖고 있지 않습니다. 그 문서가 『신시대 N[euen] Z[eit]』에 발표됨으로써, 아직 경험이 없는 신참들에 대한 고려는 충분히 이루어진 셈입니다. 그러나 내가 도대체 인정할 수 없는 것은, 그러한 상태에서 는——15년 동안 양처럼 온순한 인내를 보인 뒤에도——당내의 충돌 가능성을 예방하기 위해서, 그리고 편의를 위해서 역사적 진리가 후퇴해야 한다는 따위의 주장입니다. 그럴 경우 몇몇 용감한 사람들이 다치게 되겠지만, 그것은 불가피합니다. 그리고 그들이 불평을 늘어놓는 것 또한 불가피합니다. 그리고 그들이 맑스 M[arx]는 라쌀레 L[assalle]를 시기하고 있다고 말한다 하더라도, 독일의 신문들이 그리고 심지어(!!) 시카고의 『선구자』(독일 전체에서보다 더 라쌀레 파의 특징을 드러내면서——시카고에서——글을 쓰고 있는)가 거기에 동조한다 하더라도, 그것은 제게 모기의 앵앵거림으로밖에 들리지 않습니다. 우리는 신경써야 할 다른 일들이 많으며, 이미 다음의 의사 일정으로 넘어갔습니다. 이미 맑스가 신성 페르디난트 라쌀레를 거칠게 다루는 시범을 보였었고, 당분간은 그것으로 충분합니다.

또 한 가지가 더 있습니다 : 여러분은 그 논문의 발표를 억지로 방해하려 하였고 당에 의해서 국유화되고 검열을 받게 될지 모른다는 경고를 『신시대 N[euen] Z[eit]』에 보냈습니다. 그렇기 때문에 당이 여러분의 언론 전체를 점령한다는 것은 내게는 참으로 기묘한 일로 여겨지지 않을 수 없습니다. 여러분이 여러분 자신의 대열 속에 사회주의자 법을 도입한다면, 여러분은 무엇으로 푸트카머와 구별될 수 있겠습니까? 나 개인으로 봐서는 그것은 아무래도 좋은 일이라고 할 수 있습니다. 어느 나라의 어떤 당도 내가 말하려고 결심한 이상 나를 침묵시킬 수 없습니다. 그러나 나는 여러분에게 심사숙고하라고 그리고 신경질을 덜 부리고——프로이센적인——행동을 덜 취하라고 권하고 싶습니다. 여러분은——당은——사회주의 과학을 필요로 합니다. 그리고 사회주의 과학은 운동의 자유 없이는 존재할 수 없습니다. 그러므로 여러 가지 불편함을 참아야 합니다. 그리고 태연하고 품위 있게 행동하는 것이 가장 좋습니다. 독일 당과 독일 사회주의 과학 사이의 느슨할 뿐인 긴장은 우리를 곤란하게 할 것이며 비할 데 없는 수치를 안겨다 줄 것입니다. 하물며 그 둘 사이에 균열이 생긴다면 어떻게 되겠습니까. 지도부 내지 당신 개인이 『신시대 N[eue] Z[eit]』와 그 밖의 모든 간행물에 중대한 정신적 영향력을 미치고 있고 또 그럴 수밖에 없다는 것은
5   자명합니다. 그러나 여러분은 그것으로 만족해야 하며 만족할 수 있습니다. 『전진』은 언제나 신성 불가침의 토론의 자유를 뽐내고 있습니다. 그러나 그것에 대해서는 더 길게 이야기하지 않겠습니다. 강제 조치로 기우는 그러한 경향이 여기 외국에서는 얼마나 기묘한 것으로 여겨지는지 여러분은 전혀 모르고 있습니다. 여기서는 당의 가장 원로급의 인물에 대해서조차 당내에
10   서 벌어지는 일에 대해서 책임을 추궁하는 것이 관행이 되어 있습니다(예를 들면 토리-정부와 랜돌프 처칠 경). 그리고 여러분이 잊어서는 안 될 것은, 거대한 당내의 규율은 조그만 분파 내의 규율보다 엄격할 수 없다는 것 그리고 라쌀레 파와 아이제나하 파를 하나로 묶고(리프크네히트 L[ie]bk[necht]에 따르면, 물론 이것을 계기로 그의 명名 강령이 탄생하였
15   습니다!) 긴밀히 단결하도록 만들었던 사회주의자 법이 더 이상 존재하지 않는다는 것입니다.[…]

수고에 의거함.   맑스 · 엥겔스 저작집,
                                                            제38권, 89-95면.

                                                            최인호 번역

24

엥겔스가
베를린의 아우구스트 베벨에게

92년 7월 23일, 런던

[···]폴마르 사건은 그 자가 당과의 모든 접촉을 상실했다는 것을 다시 5
증명해 줍니다.[289] 올해나 내년 안에 틀림없이 그와 결별해야 할 것입니다;
그는 당에 국가 사회주의적인 규준을 억지로 강요하려는 것으로 보입니다.
그러나 그는 교활한 음모가이기 때문에, 그리고 나는 그러한 종류의 인간들
과 투쟁하면서 온갖 경험을 다 했기 때문에 —— 맑스 M[arx]와 나는 이런
종류의 인간들에 맞서 싸우면서 종종 전술상의 실수를 저질렀고 그에 상응 10
하는 쓰라린 경험을 맛보아야 했습니다 ——, 외람되게도 여기서 당신에게
몇 가지 충고를 할까 합니다.

이 자들은 무엇보다도 우리를 **형식상의 오류**에 빠뜨리려 합니다. 그리
고 우리는 이것을 피해야 합니다. 그렇지 않으면 그들은 이러한 주변적 문
제를 붙잡고서, 그들이 약점이라고 느끼는 중심적 문제를 애매모호하게 만 15
들 것입니다. 따라서 공적으로나 사적으로나 표현에 주의해야 합니다. 당신
도 알다시피 그 자는 리프크네히트 L[ie]bk[necht]에 대한 당신의 발언을
교묘히 이용해서 리프크네히트 L[iebknecht]와 당신 사이에 다툼이 벌어지
게 만들었으며 ——그는 여러분들 상호간의 입장을 너무나 잘 알고 있습니
다!——또한 당신을 두 개의 의자 위에 겹쳐 앉게 만들었습니다.[290] 20

둘째로, 주요한 문제를 애매하게 만드는 것이 그들에게는 중요한바,

여러분은 그렇게 할 만한 핑계를 만들어 주지 않도록 해야 합니다 ; 그들이 제기하는 온갖 주변적 문제들을 가능한 한 짧고 단호하게 물리치십시오. 그리하여 다시는 그러한 문제들을 가능한 제기하지 못하도록 하십시오. 또한 여러분 **스스로도** 옆길로 새거나 주변적인 문제들을 언급하게 만드는 온
5 갖 유혹을 물리쳐야 합니다. 그렇게 하지 않으면 논쟁의 장은 점점 더 확대될 것이고 원래의 논점은 더욱 희미해져서 시야에서 사라지고 말 것입니다. 그렇게 되면 논쟁에서 결정적 승리를 거두는 것은 점점 더 불가능해집니다. 그리고 그것은 그 도당들의 입장에서는 충분히 성공을 거두는 것이 되며, 우리의 입장에서는 적어도 도덕적 패배가 되는 것입니다.

10 세 번째는 1.과 2.에서 도출됩니다. 그런 자들에 대해서는 당연하게도 그들 스스로 약점을 노출할 때까지는 순수한 **방어적 자세**를 취하는 것이 최선의 전술입니다──그때 한 방의 강력한 대포로 그들을 날려 버리고 결정적인 총검 공격을 감행하는 것입니다. 요컨대, 이런 경우에야말로 마지막 순간까지 탄약과 예비 병력을 아끼는 것이 긴요합니다.

15 우리가 바꾸닌주의자들, 프루동주의자들, 독일의 교수들 및 그 밖의 이러한 종류의 패거리들과 투쟁하면서 이러한 규칙을 지키지 않을 때마다, 우리는 그 대가를 치러야 했습니다. 그렇기 때문에 여기서 다시 한 번 그것을 당신의 자유에 맡깁니다.[…]

수고에 의거함.   맑스 · 엥겔스 저작집,
                                                       제38권, 407/408면.

                                                       최인호 번역

25

엥겔스가
슈투트가르트의 칼 카우츠키에게

92년 9월 4일, 라이드

[…]만약 당신이 최근의 선거[291] 기간 동안 여기 있었다면, 당신은 페   5
이비언[292]에 대해 달리 말하였을 것입니다. 우리의 전술 가운데 다음과 같
은 한 가지 사실은 모든 현대적인 국가에서나 모든 시대에서나 확고합니다 :
노동자는 자기 자신의 독립적인, 모든 부르주아 당에 대립하는 당을 결성
해야 한다. 잉글랜드 노동자는 최근의 선거에서 처음으로, 여전히 본능적일
뿐이긴 하지만, 사태의 진행을 따라가 이 방향에서 결정적인 일보를 내딛었   10
습니다 ; 이 일보는 놀라운 결과를 초래했으며, 20 년대 이래 어떤 사건보다
도 더 노동자 두뇌의 발전에 기여했습니다. 그런데 페이비언들은 무엇을 했
습니까――이 사람 저 사람이 아니라 페이비언 협회 전체는? 협회는 **노동
자가 자유당에 참가할** 것을 설교하고 이를 실행하였습니다. 그리고 기대되었
던 바가 일어났습니다 : 자유당은 획득 불가능한 네 자리를 그들에게 할당하   15
였고, 페이비언의 후보자는 보기 좋게 낙선했습니다. 역설적인 통속 작가
쇼――통속 작가로서는 비상한 재능이 있고 기지가 넘치지만, 경제학자나
정치가로서는 성실하고 출세지향적이지 않다 하더라도 전혀 소용이 없는
――는 베벨에게 다음과 같이 썼습니다 : 그들이 자유당에 그들의 후보자들
을 밀어넣는 이 정책을 시행하지 않으면 그들은 패배와 치욕 defeat and   20
disgrace 이외에는 얻을 것이 없다(패배 defeat 가 종종 승리보다 더 영예롭

지 않기나 한듯이)──그리고 지금 그들은 그들의 정책을 시행하여 양자를
얻었습니다.

　　이것이 이 문제 전체의 핵심입니다. 노동자가 처음으로 독립적으로 행
동하는 그 순간에, 페이비언 협회는 그들에게 자유당의 꼬리가 되라고 훈계
5　합니다. 그리고 이 사실은 대륙의 사회주의자에게 분명히 말해야 합니다.
얼버무려 넘긴다면 공범이 됩니다. 그래서 저는 에이블링의 메모가 보이지
않는 것을 유감스럽게 생각합니다.[293] 그것은 사후 약방문도 아니었고, 나
중의 생각도 아니었습니다. 그 논문을 일찍 제출하려고 급히 서두르다 간과
했을 뿐입니다. 선거에 관한 그 두 사회주의 조직의 태도가 서술되어 있지
10　않으면 그 논문은 완전한 것이 아닙니다──『신시대 N[euen] Z[eit]』의 독
자는 그것을 알 권리가 있습니다.

　　저는 지난 편지에서도 당신에게 말했다고 생각하는데, 사회 민주주의
연합[263]에서도 페이비언 협회에서도 지방 회원들이 본부보다 더 낫습니다.
그러나 본부의 태도가 단체의 태도를 결정하는 한, 아무런 소용이 없습니
15　다. 저는 그 밖의 유명한 사람들 중──베너를 제외하고는──아무도 알
지 못합니다. 베너는 페이비언 협회에 입회한 이후로는 기묘하게도 나에게
얼굴을 내밀지 않았습니다. 짐작컨대, 사회 민주주의 연합에 대한 혐오와
어떤 조직의 필요성이──아마도 약간의 환상 또한──그를 규정한 듯합
니다. 그러나 이 제비로는 여름이 왔다고 할 수 없습니다.

20　　　당신은 페이비언 협회에서 미완성을 봅니다. 반대로, 사람들은 너무 완
성되어 있을 뿐입니다 : 출세주의자에서부터 감성적 사회주의자와 박애론자
에 이르기까지 잡다한 종류의 부르주아 '사회주의자' 패거리들은 임박한 노
동자 지배에 대한 두려움 앞에서만 일치하고 있으며, 그들의 지도, 즉 '교양
인들'에 의한 지도를 확보함으로써 이 위험을 누그러뜨리기 위해 전력을 다
25　하고 있습니다. 그리하여 그들이 그들의 본부에 두세 명의 노동자만 허용하
고 따라서 이 노동자들이 그곳에서 다수결에서 항상 패배하는 소수파로서
1848년의 노동자 ouvrier 알베르의 역할을 한다 하더라도, 그것은 어떤 사
람도 속이지 못할 것입니다.[…]

수고에 의거함.   맑스 · 엥겔스 저작집,
                                          38권, **446/447**면.

                                          정선희 번역

26

엥겔스가

베를린의 프란쯔 메링에게

1892년 9월 28일, 런던

5   친애하는 메링 씨,

   카우츠키가 문의 사항이 적힌 당신 편지의 일부를 나에게 보냈더군요.
당신이 몇 년 전에 두 번이나 편지를 보냈는데 내가 한 번도 답장을 하지
않음으로 해서 당신이 내게 편지를 할 수 없다고 생각하신다면, 나로서는
거기에 불평을 할 권리가 없습니다. 당시에 확실히 우리는 다른 진영에 있
10 었고, 또 사회주의자 법[148]이 시행 중에 있었습니다. 이 때문에 우리들 사
이에 다음과 같은 것이 하나의 규칙이 되고 말았습니다 : 우리를 지지하지
않는 자는 우리의 반대자이다. 게다가, 내 기억이 맞다면, 당신은 한 편지에
서 당신 스스로 어떠한 답변도 기대하지 않는다고 말했습니다. 그렇지만 그
것은 이미 오래 전의 일입니다. 그리고 그 후로 우리는 같은 진영에 있었
15 고, 당신은 『신시대 N[euen] Z[eit]』에서 탁월한 활동을 보여 주었으며, 나
는 예컨대 베벨에게 보내는 편지들에서 그 활동을 칭찬하는 데 인색하지
않았습니다. 그러므로 나는 당신에게 직접 답변할 수 있는 기회를 얻게 되
어 너무나 만족스럽습니다.

   물론, 유물론적 역사관의 발견은 역사 학파의 프로이센 낭만파에 기인
20 한다는 주장은 내게는 새로운 것입니다. 마르비츠의 『유고』는 나 자신도 갖
고 있으며 그 책을 나는 몇 년 전에 읽어 보았습니다. 그런데 거기서 나는

기병대에 관한 멋진 사실들과 귀족이 평민을 다룰 때 채찍을 다섯 번 때리
는 경우에 생겨나는 불가사의한 힘에 대한 확고 부동한 믿음밖에는 발견할
수 없었습니다. 그 외에는 이 문헌은 1841-42년 이래 나와 아무 상관도 없
었습니다——나는 그 책을 대충 훑어보았을 뿐입니다——그리고 나는 문
제가 되는 방향에서 이 문헌에 아무것도 빚진 것이 없습니다. 맑스는 본 시   5
기와 베를린 시기[294]에 아담 뮐러와 할러 씨의 『부활』 등등을 알았습니다
만, 그는 프랑스의 낭만주의자들인 조제프 드 메스뜨르와 추기경 보날을 본
뜬 이 무미 건조하고 헛소리로 가득 찬 과장된 모방작들에 대해 다만 상당
한 경멸을 표시했을 뿐입니다. 그가 설사 라베르뉴-페길렝이 인용한 그 구
절[295]을 보았다 하더라도, 당시에 그 사람들이 말하고자 하는 것을 대체적   10
으로 이해했다 하더라도, 그는 거기서 아무런 인상도 받을 수 없었을 것입
니다. 맑스M[arx]는 당시에 헤겔주의자였으며, 헤겔주의자에게는 그러한
문구들은 절대적인 이단이었습니다 ; 그는 당시에 경제학에 대해서 아무것
도 알지 못했으며, 따라서 "경제 형태"라는 말을 보고 아무것도 떠올릴 수
없었습니다. 그리고 **설령** 그가 그 구절을 알았다 하더라도 그는 그것을 한   15
귀로 듣고 한 귀로 흘렸을 것이 틀림없으며, 따라서 그의 기억 속에 특별한
흔적을 남기지 못했을 것입니다. 그리고 나는, 1837년과 42년 사이에 맑스
M[arx]가 읽은 역사-낭만파의 저작들이 그러한 반향을 얻었다고 믿기 어
렵습니다.

　　물론 그 구절은 매우 진기합니다. 그렇지만 인용문이 틀림없는지 검증   20
해 봤으면 합니다. 나는 그 책을 모르며, 저자에 대해서는 물론 '역사 학파'
의 지지자라는 것밖에 모릅니다. 그 구절은 두 가지 점에서 현대의 견해와
어긋납니다. 1. 그 구절은 생산에서 경제 형태를 도출하지 않고 역으로 경
제 형태에서 생산과 생산 분포를 도출합니다. 2. 그 구절은 경제 형태에 "적
절한 이용"이라는 역할을 부여하고 있습니다. 그러나 그 책을 직접 보지 않   25
는 한 저자가 말하려는 바를 알 수 없으며, 가능한 모든 것을 생각하게 됩
니다.

　　그러나 가장 기묘한 것은, 올바른 역사 파악이 구체적으로 역사를 가
장 악용한——이론적으로나 실천적으로나——사람들에게서 추상적으로

540

존재한다는 것입니다. 이 사람들은 봉건주의와 관련하여 이 경우 어떻게 국
가 형태가 경제 형태로부터 발전해 나오는가를 알았을지도 모릅니다. 왜냐
하면 이 경우에, 사태는 말하자면 명확하고 숨김없이 파악될 수 있기 때문
입니다. 나는 **알았을지도 모른**다고 말했습니다. 왜냐하면, 검증되지 않은 위
5   의 구절——당신 스스로가 그 구절을 사람들에게서 **받았**다고 말했습니다
——을 제외하면, 나는 거기에서 당연하게도 봉건주의 이론가들이 부르주
아 자유주의자들보다는 덜 추상적이라는 것밖에 발견할 수 없었기 때문입
니다. 그런데 그들 중의 한 명이 봉건 사회 내부에서 문화의 파급 및 국가
형태가 경제 형태와 맺고 있는 연관에 대한 이러한 파악을 더욱 일반화하
10 여 이 파악이 **모든** 경제 형태와 국가 형태에 타당하다는 주장을 편다면, 바
로 그 낭만주의자들이 **다른** 경제 형태, 즉 부르주아 경제 형태 및 그 상이
한 발전 단계에 조응하는 국가 형태——중세의 쭌프트 꼬뮌, 절대 군주제,
입헌 군주제, 공화제——가 문제가 되자마자 그토록 완벽한 장님이 되는
것은 어떻게 설명할 수 있겠습니까? 앞뒤가 맞지 않습니다. 그리고 경제
15 형태가 사회 조직 및 국가 조직 전체의 기초라고 보는 바로 그 사람은 역사
학파에 속해 있습니다! 그리고 이 역사 학파에게 17 세기와 18 세기의 절
대 군주제는 이미 타락, 진정한 국가 교의의 배신을 의미합니다!

그러나 물론 그것은, 남녀의 성교에서 아기가 태어나듯이 국가 형태는
불가피하게 경제 형태와 그 경제 형태의 **적절한 이용**에서 나온다는 의미입
20 니다. 저자가 속해 있는 학파의 교의, 온 세상이 다 알고 있는 그 교의를 고
려할 때, 나는 그것을 다음과 같이 설명할 수밖에 없습니다 : 진정한 경제
형태는 봉건적 경제 형태이다. 그러나 악의를 가진 자들이 이 진정한 경제
형태에 반대하는 음모를 꾸미기 때문에, 이 경제 형태를 "적절히 이용해야"
한다. 그리하여 이러한 공격으로부터 이 경제 형태의 현존을 보호하고 영구
25 화해야 한다. 또한 "국가 형태" 등등이 이 경제 형태와 계속 조응하도록 해
야 한다. 요컨대 가능하면 경제 형태를 13 내지 14 세기로 되돌려야 한다.
그렇게 되면 가장 좋은 세계와 가장 훌륭한 역사 이론이 동시에 실현되고,
라베르뉴-페길렝 L[avergne]-P[eguilhen]의 일반화는 다시 그 진정한 내용
으로 환원될 것입니다 : 봉건 사회는 봉건적 국가 질서를 낳는다.

나는 당분간, 라베르뉴-페길렝 L[avergne]-P[eguilhen]이 자신이 쓰고 있는 것을 스스로도 이해하지 못했다고 생각할 수밖에 없습니다. 속담에도 있듯이, 동물도 진주를 발견할 때가 있는 법입니다. 그리고 프로이센 낭만주의자들 사이에 그런 동물이 많이 있습니다. 그 밖의 점들도 역시 그들의 프랑스 모범과 비교될 수 있을 것입니다——이것도 또한 차용한 것이 아 닌지 모르겠습니다만.

5

당신에 대해서는 이 점에 나의 주의를 돌리게 한 데 대해 감사할 수 있을 뿐입니다. 유감스럽게도 지금으로서는 이 점에 대해서 더 이상 검토할 것이 없습니다.

당신의 진정한

F. 엥겔스

수고에 의거함.

맑스·엥겔스 저작집,
제38권, 480-482면.

최인호 번역

27

엥겔스가

베를린의 아우구스트 베벨에게

92년 11월 6일, 런던

5   [···]여러분의 지도부의 보고를 나는 어제 저녁에 즐거운 마음으로 읽었습니다.[296] 아주 좋았습니다. 냉정하고 객관적이었으며, 사실만을 서술하였고, 사실들 스스로가 말하게 했으며, 끝에만 자부심을 드러내는 몇 마디 간략한 말을 넣었더군요. 에이블링이 이것을 발췌하지 않고 여러 신문에 보낼 수 있는지 알아 보겠습니다. 그러나 여러분은 여기서 순수한 영국 국수

10   주의에 의해서 말 그대로 보이콧 당하고 있습니다. 영국의 노동자 운동과는 완전히 다르게 움직이는, 여기서 복음서의 역할을 하고 있는 노동 조합과 의회 정치의 규칙을 모두 무시하면서도 승리를 거두며 진군하는 노동자 운동, 그러한 노동자 운동이 독일에 존재한다는 사실에 이곳 사람들은 매우 화를 내고 있습니다. 이것은 부르주아를 염두에 두고 하는 말이 아닙니다.

15   낡은 노동 조합은 여러분의 성과를 자신들과 자신들의 행동 방식의 패배로 보고 있습니다. 페이비언들[292]은 여러분이 모든 부르주아 급진파에 맞서 전쟁을 치름에도 불구하고 전진하고 있는 것에 화를 내고 있습니다. 사회 민주주의 연합[263]의 지도자들은 여러분을 증오하고 있습니다. 왜냐하면 여러분이 그들과 한패가 되는 것도 거부하고 『정의』가 몇 년 동안 여러분에게

20   때로는 당근으로 때로는 채찍으로 권유했던 상호 칭찬 동맹도 거부했기 때문입니다. 그리고, 영국의 대중이 외국의 사정에 캄캄하고 조상 전래의 오

만함으로 말미암아 외국인을 이류의 인간으로 간주하고 모든 외국의 사건들에 별다른 관심을 기울이지 않는 태도를 갖고 있는 상황에서는, 묵살은 아주 간단합니다. 『크라니클』은 노동자 문제에 관한 한 페이비언들의 손아귀에 있습니다. 『정의』는 하인드맨을 통해서 쥐새끼 같은 길레스와 결탁하고 있습니다. 『노동자 시대』는 또한 영국식의 대노동 조합 조직이라는 기초가 없이는 아무것도 되지 않는다고 믿고 있습니다——상황이 이런데 어디에 무엇을 실을 수 있겠습니까? 부르주아 신문에 일반적으로 흥미 있는 뉴스로서 싣는 것밖에 길이 없습니다. 일년 동안만 독일의 운동에 관한 단순한 보고만이라도 실어 주는 신문이 하나만 있다면, 이런 일은 없을 것입니다; 왜냐하면 그래도 은밀하게 국제적 감각이 충분히 존재하기 때문에, 여기에 약간의 영양분만 제공하면 적어도 대다수의 경우에 어리석은 영국인들의 오만함을 뒤흔들 수 있기 때문입니다. 그러나 이런 형편으로는!

『노동자 시대』가 곧 폐간될 듯합니다——거기에는 무언가가 있으며 우리는 그 흔적을 찾아보려 합니다. 이곳에서는 속임수가 없는 한 그런 종류의 일은 일어나지 않습니다.

이제 폴마르에 대해서 ad vocem. 내 생각으로는 이 자에 대한 공격은 매우 서툴렀습니다. 국가 사회주의라는 말에 속아 넘어가고만 것입니다. 이 말은 아무런 명확한 개념도 나타내지 않습니다. 그것은 '사회 문제' 등등처럼 단순한 저널리스트 식의 표현일 뿐이며, 모든 것으로도 아무것도 아닌 것으로도 해석할 수 있는 순수한 공문구일 뿐입니다. 그 말의 진정한 의미가 무엇인가를 놓고 논쟁하는 것은 아무런 쓸모 없는 짓입니다; 그 말의 진정한 의미는 아무런 의미가 없다는 데에 있습니다. 『신시대 N[euen] Z[eit]』에서는 이 이른바 개념의 검토를 회피할 수 없었으며, K. 카우츠키 K[au-tsky]가 그것에 대해서 말한 것 또한 그런 대로 괜찮았습니다(그 또한, 그 배후에 틀림없이 진정한 의미가 있어야 한다고 여기고 있는 것만큼은). 그러나 국가 사회주의란 무엇이고 또 무엇이 아닌가를 놓고 폴마르와 다툰다면 그것은 그를 너무나 기쁘게 하는 일입니다. 그것은 끝도 없이 돌아가는 나사와 같은 것이며, 아무 목적 없는 난로 앞 정담입니다. 내 생각으로는, 당 대회에서 이렇게 말해야 할 것입니다 : 친애하는 폴마르 V[ollmar], 당신이

544

국가 사회주의라는 것을 어떻게 표상하든 그것은 우리에게 아무래도 좋습니다. 그러나 당신은 당신이 발표한 글에서 정부에 대해서 그리고 정부에 대한 우리 당의 태도에 대해서 이러저러한 이야기를 했습니다. 이것은 당신도 발뺌할 수 없는 사실입니다. 그것은 무당적자들의 허튼소리와 꼭 마찬가지로 당의 전술에 반하는 것입니다. 여기서 우리에게 변명해 보십시오. 빌헬름[297]과 카프리비에 대한 이러한 그의 직접적인 아첨만은 꼬리를 잡을 수 있습니다. 또 쉽게 잡을 수 있는 것이기도 합니다. 그리고 또한 당 대회 전에 바로 이 점에 당신의 주의를 돌리고 싶었습니다.[…]

5

수고에 의거함.

맑스·엥겔스 저작집,
제38권, 510/511면.

최인호 번역

28

엥겔스가

베를린의 아우구스트 베벨에게

93년 1월 24일, 런던

[…]『전진』에 발표된 증권 거래소에 관한 징어의 연설은 아주 뛰어난 것으로서 나는 그 속기록을 꼭 보고 싶습니다. 그러나 이 주제와 관련해서 우리가 간과하기 쉬운 것이 한 가지 있습니다 : 증권 거래소는 부르주아들이 노동자들을 착취하는 기구가 아니라 부르주아들이 **서로를** 착취하는 기구입니다 ; 증권 거래소에서 거래되는 잉여 가치는 이미 **현존하는** 잉여 가치이며, 과거에 노동자들을 착취한 산물입니다. 노동자들에 대한 착취가 완료된 다음에 비로소 잉여 가치는 증권 거래소의 사기에 이용될 수 있습니다. 증권 거래소는 무엇보다도 간접적으로만 우리의 관심을 끕니다. 왜냐하면 증권 거래소가 자본주의의 노동자 착취에 미치는 영향, 즉 반작용은 간접적이고 우회적일 뿐이기 때문입니다. 증권 거래소에서 융커, 공장주, 소부르주아들이 고혈을 짜내는 것에 대해서 노동자들이 직접적 관심을 가지고 그것에 분노할 것을 요구하는 것은, 노동자들이 무기를 들어 그들의 직접적 착취자가 그들에게서 **빼앗은** 잉여 가치를 보유할 수 있도록 보호할 것을 요구하는 것과 마찬가지입니다. 우리는 이것을 사절합니다. 그러나 부르주아 사회의 가장 귀중한 성과로서, 극도의 부패의 화덕으로서, 파나마 스캔들[298]과 그 밖의 스캔들의 온상으로서 —— 따라서 또한 자본 집적을 위한, 부르주아 사회의 자연 성장적 연관의 마지막 잔재의 와해와 해체를 위한, 그리고 동

시에 모든 관습적인 도덕 개념을 파괴하고 그것을 그 반대의 것으로 바꾸기 위한 가장 훌륭한 수단으로서——비할 데 없는 파괴적 요소로서, 닥쳐올 혁명의 가장 강력한 촉진자로서——이러한 역사적 의미에서 증권 거래소는 직접적으로도 우리의 관심을 끕니다.[…]

수고에 의거함.

맑스 · 엥겔스 저작집,
제39권, 13/14면.

최인호 번역

29

엥겔스가

르뻬뢰의 뽈 라파르그에게

1893년 6월 27일, 런던

[···]나는, 당신들의 성명[299]이 프랑스에서 효력을 갖게 되기를 바라며,   5
그것이 독일에서는 눈에 띄지 않게 되기를 마찬가지로 바랍니다. 그 이유는
다음과 같습니다——그것은 결코 중대한 문제는 아니지만, 나로서는 당신
들이 다음 번에는 그러한 문제를 예방할 수 있도록 당신들이 그것에 주의
를 기울이도록 해야 한다고 생각하고 있습니다——:

나는 애국자라는 말을 사용하는 것에 대해서, 즉 당신들이 스스로를   10
얼마 안 되는 '진정한' 애국자들이라고 칭하는 것에 대해서 말하고 싶지
않습니다. 그러한 말들은 아주 협소한 의미——혹은 보다 정확히 말하면,
사정에 따라서는 매우 불확정적인 의미——를 갖고 있는 것으로서 나로서
는 그러한 명칭을 내 자신에게 붙일 생각은 결코 없습니다. 나는 독일인으
로서 독일인이 아닌 사람들에게 말을 했고, 마찬가지로 단순한 인터내셔널   15
의 회원으로서 독일인에게 말을 합니다 ; 그리고 내 생각에는, 당신들이 프
랑스 인으로서 언명했다면 보다 큰 영향력을 획득할 수 있었을 것입니다
——이것은 하나의 **사실**을, 그것으로부터 생긴 논리적 결과들까지 포괄하
는 하나의 사실을 표현하고 있습니다. 그러나 이 문제는 그만두도록 합시
다. 이것은 문체의 문제입니다.   20

당신들이 프랑스의 혁명적 과거를 자랑스럽게 여기고 그 혁명적 과거

가 프랑스의 사회주의적 미래를 보장한다고 생각한다면, 당신들은 충분한
이유를 갖고 있습니다. 그러나 내가 보기에는 당신들은 다소 지나치게 블랑
끼주의에, 즉 프랑스는 프롤레타리아 혁명에서 1789-98년의 부르주아 혁명
에서 했던 것과 같은 역할(선도자로서의 역할뿐만 아니라 **지도자의 역할**)을
5 해야 한다는 이론에 **빠져** 있는 것 같습니다. 그것은 오늘날의 경제적, 정치
적 사태와 모순됩니다. 프랑스의 산업 발전은 영국에 뒤쳐져 있습니다 ; 지
금은 1860년 이후 크게 발전한 독일에도 뒤져 있습니다 ; 프랑스의 노동자
운동은 지금은 독일의 그것에 견줄만 하지 못합니다. 그러나 프랑스 인도
독일인도 영국인도 홀로 자본주의를 전복시켰다는 명성을 누리지 못할 것
10 입니다 ; 프랑스가 —— **혹시** —— 신호를 보낸다면, 가장 철저하게 사회주의
에 붙들려 있고 그 이론이 가장 철저하게 대중 속에 스며들어 있는 나라인
독일에서의 투쟁이 결정적인 것이 될 것입니다 ; 하지만 프랑스도 독일도,
영국이 부르주아지의 손아귀에 남아 있는 한, 최종적인 승리를 확보할 수
없을 것입니다. 프롤레타리아트의 해방은 국제적인 행동일 수밖에 없습니
15 다 ; 당신들이 단지 프랑스 인으로서만 행동하려 한다면, 당신들은 그 해방
을 불가능하게 만들 것입니다. 부르주아 혁명을 전적으로 프랑스가 지도했
다 —— 다른 국가들의 무지와 비겁함 때문에 불가피했더라도 —— 는 것을
인정한다고 하더라도, 그것은 무엇을 낳았습니까? —— 나뽈레옹을, 정복을,
신성 동맹의 침입을 낳았습니다. 장래의 프랑스에 이와 동일한 역할을 전가
20 하려고 하는 것, 즉 국제 프롤레타리아 운동을 일그러뜨리는 것, 즉 프랑스
를 웃음거리로 만드는 것은 블랑끼주의자들이 하는 짓과 같은 것입니다. 왜
냐하면 당신들의 국경 저편에서 사람들은 그러한 월권에 대해서 비웃을 것
이기 때문입니다.

　　그것이 무엇을 낳고 있는지를 보도록 합시다 : 당신들은 "프랑스는
25 1889년에 **자신의** 불멸의 빠리 대회에서 기치를 높이 들었다"고 하는 등등
의 말을 합니다. 만약 벨기에 인이 다음과 같이 말한다면 빠리에 있는 당신
들은 비웃게 될 것입니다 : 벨기에는 1891년에 **자신의** 불멸의 브뤼셀 대회
에서, 혹은 스위스는 **자신의** 불멸의 쮜리히 대회에서![300] 왜냐하면 이들 대
회의 행동은 프랑스 인의, 벨기에 인의, 혹은 스위스 인의 행동이 아니라

국제적인 행동이기 때문입니다.

그리고 나서 당신들은 말합니다 : 프랑스 노동자당은 "독일 사회 민주주의당과 하나가 되어 **독일 제국에 대항**하고, 벨기에 노동당과 하나가 되어 코부르크 가의 군주제에 대항하고, 이딸리아 인과 하나가 되어 사보아 군주제에 대항한다" 등등 등등.

만약 당신들이 다음과 같이 부언한다면 이 모든 것에 대하여 어떤 이의도 제기하지 않았을 것입니다 : 그리고 이 모든 당은 우리와 하나가 되어 우리를 억압하고, 우리를 파나마 사건에 연루시키고, 우리를 러시아의 짜르[184]와 결부시키는 부르주아 공화국에 대항한다. 당신들의 공화국은 결국에는 늙은 빌헬름[251]과 비스마르크가 만든 것이며, 그것은 우리의 모든 군주제 정부와 꼭 마찬가지로 부르주아적입니다. 그리고 당신들이 파나마 스캔들[298] 이후에 아침마다 다음과 같이 부르짖음으로써 유럽 전체에서 단 한 사람일지라도 지지자를 발견할 것이라고 하는 것은 잘못된 생각입니다 : 공화국 만세! 공화국이라는 형태는 군주제에 대한 단순한 부정에 지나지 않습니다 —— 그리고 군주제의 전복은 혁명의 단순한 부수 현상으로 성취될 것입니다 ; 독일에서는 부르주아 정당들이 거의 망해 버려서 우리는 군주제로부터 직접 **사회 공화국**으로 이행해야만 합니다. 따라서 당신들은, 다른 국민들이 목표로 해야 하는 것으로서의 당신들의 부르주아 공화국을 더 이상 군주제에 대립시킬 수 없을 것입니다. 당신들의 공화국과 우리들의 군주제 —— 그것은 프롤레타리아트에게 있어서는 똑같은 것입니다 ; 만약 당신들이 우리의 군주주의적 부르주아에 대항하여 우리를 돕는다면, 우리는 당신들의 공화주의적 부르주아에 대항하여 당신들을 도울 것입니다. **이것은 상조 相助 의 문제로서 결코 마음이 넓은 프랑스의 공화주의자가 군주제 하에 있는 불쌍한 사람들을 구제하는 것과는 상관이 없습니다** ; 그것은 국제주의의 이념에 어긋나는 것이며, 게다가 그것은 당신들의 공화국을 짜르의 발 아래 굴복시켰던 역사적 정세와도 어긋나는 것입니다. 프랑스가 짜르의 이해와 원조로 독일에 전쟁을 선포한다면, 독일이 혁명의 중심이 될 것이라는 사실을 잊지 마십시오.

그런데 여기서 또 하나의 매우 불운한 사건을 언급해야 합니다 : 당신

들은 "독일 사회 민주주의당과 하나가 되어 독일 제국에 대항 contre l'Em-
pire d'Allemagne"합니다. 이것은 부르주아 신문에서는 다음과 같은 말로
번역됩니다 : "gegen das *deutsche Reich*". 그리고 이것이 바로 여기에서 세
상 사람들이 읽게 되는 바입니다. 왜냐하면 "Empire"는 "Reich"도 "Kaise-
5   ertum"(제정)도 의미하기 때문입니다 ; 그러나 "Reich"라는 말에서는 **민족
통일**의 대표자로서의 중앙 권력에 중점을 두는데, 독일 사회주의자들은 자
신들의 생존의 정치적 조건인 이 통일을 위해서 최후까지 싸울 것입니다.
우리는 다시는 독일을 1866년 이전의 분열과 무력의 상태로 되돌리는 것을
그냥 두지 **않을** 것입니다. 만약 당신들이 "황제에 대항하여" 혹은 "제정에
10 대항하여"라고 말했다면, 사람들은 이의를 제기할 수 없을 것입니다. 이 가
련한 빌헬름[297]이 그러한 영예를 얻을 만한 자격이 없다고 할지라도 말입
니다 ; 적은 소유 계급, 토지 소유자와 자본가입니다 ; 이것은 독일에서 매우
잘 이해되고 있어서, 우리 노동자들이 베를린의 멍청이를 정복할 수 있게끔
도와주겠다는 당신들의 의사 표시가 어떤 의미를 가지는지를 우리 노동자
15 들은 이해하지 못할 것입니다.

그래서 저는 리프크네히트 Liebk[necht]에게 부르주아 신문이 그것에
대해 말하지 않는 한 당신들의 성명에 대해서 말하지 않기를 부탁했습니다 ;
그러나 만약 이 불행한 표현에 기대어 우리 사람들을 매국노라고 공격한다
면, 그렇다면 그것은 상당히 고통스러운 토론으로 이어질 것입니다.
20 요컨대 : 좀더 상조 정신이 있었다면 해가 되지 않았을 것입니다——
민족들 사이의 평등은 개인들 사이의 평등과 마찬가지로 필요한 것입니다.

다른 한편으로 공화제를 프롤레타리아트가 본래 소망하는 어떤 것으
로 그리고 프랑스를 선택된 인민들로 말하는 당신의 방식 때문에, 러시아
와의 동맹 혹은 러시아의 신하라는 불유쾌하지만 부인할 수 없는 사실을
25 ——당신들은 말하지 못하고 있습니다.

이제, 이 정도면 충분하다고 생각합니다. 당신들은 되살아나고 있는 애
국주의의 최초의 열기에 사로잡혀 다소 도를 지나치고 있다는 것을 납득하
길 바랍니다. 그것은 중요한 것은 아닙니다. 저는 소란을 일으키지 않고 일
이 끝나기를 바랍니다 ; 그래도 이러한 일이 되풀이 된다면 그것은 불유쾌

한 논쟁을 낳을 것입니다. 당신들이 공개한 문서는, 비록 프랑스를 목표로 삼고 있지만 외국에서도 "검열을 통과 pass muster"해야 합니다. 덧붙여 말하면, 우리 선량한 독일인들도 그 표현에서 항상 옳았던 것은 아닙니다.[…]

수고에 의거함.   맑스·엥겔스 저작집,
                                                      제39권, 88-91면.

원문은 프랑스 어이지만 독일어로부터 번역.

                                                      정선희 번역

30

엥겔스가
베를린의 프란쯔 메링에게

93년 7월 14일, 런던

친애하는 메링 씨,

오늘에야 비로소 『레싱 전설』을 보내 주신 데 대해 감사의 말씀을 드리게 되었습니다. 나는 당신에게 그 책을 받았다는 것을 정식으로 통지할 뿐만 아니라 동시에 그 책에 관해서——그 책의 내용에 관해서——이야기하고 싶었습니다. 늦어진 까닭은 여기에 있습니다.

끝에서부터——「역사적 유물론에 관하여」라는 부록에서부터——시작하겠습니다. 거기서 당신은 훌륭하게 또 선입견이 없는 사람이라면 누구나 이해할 수 있도록 핵심 사항을 정리해 놓았습니다. 나로서 다른 의견이 있다면, 그것은 당신이 내가 받아야 할 이상의 공적을 나에게 돌리고 있다는 것입니다. 내가——시간이 흐르면——혹시 독자적으로 발견했을지도 모를 모든 것들——그러나 맑스가 더 빠른 혜안 Coup d'œil과 더 넓은 시야로 훨씬 더 빨리 발견해 버린 것들——을 감안한다 하더라도 그것은 과분합니다. 누군가 맑스 같은 사람과 사십 년 동안 함께 일하는 행운을 잡았다면, 그는 후자가 살아 있는 동안 그가 받아야 할만한 인정을 받지 못하는 것이 보통입니다 ; 그러나 일인자가 세상을 뜨면, 이인자가 과대 평가되기 쉽습니다——그리고 이것이 바로 나의 경우인 듯합니다 ; 역사는 결국 모든 것을 제자리에 갖다 놓겠지만, 그때가 되기 전에 나는 행복하게도 이 세상을 떠나 아무것도 알지 못할 것입니다.

이 밖에도 또 한 가지가 간과되고 있습니다. 이것은 사실 맑스와 나의 저작에서도 보통 충분히 강조되지 못한 것으로 이 점에서는 우리 두 사람에게 같은 잘못이 있습니다. 즉, 우리 두 사람은 무엇보다 정치적 관념, 법적 관념, 기타 이데올로기적 표상들과 이런 표상들에 의해 매개되는 행동을 5
경제적 기초 사실로부터 **추론하는** 데 중점을 두었으며 또 **그럴 수밖에 없었습**니다. 당시에 우리는 내용적 측면에 치우쳐 다음과 같은 형식적 측면을 간과하였습니다 : 이 표상들 등등이 태어나는 양식. 그리하여 이것은 적들에게 오해 내지 곡해를 위한 좋은 구실을 주었습니다. 파울 바르트가 적절한 예입니다.[276]   10

이데올로기는 이른바 사상가가 의식을 가지고 수행하는 과정이긴 하지만, 그 의식은 그릇된 의식입니다. 그를 움직이게 하는 진정한 추동력을 그는 여전히 모르고 있습니다 ; 그렇지 않다면 그것은 결코 이데올로기 과정이 아닐 것입니다. 따라서 그는 그릇된 혹은 겉보기의 추동력을 상상합니다. 그것이 사유 과정이기 때문에 사상가는 그 내용과 형식을 자기 자신의 15
것이든 선행자의 것이든 간에 순수 사유로부터 도출합니다. 그는 오로지 사상 재료만을 갖고 일합니다. 그는 살펴보지도 않고 이 사상 재료가 사유에 의해서 만들어진 것이라고 받아들일 뿐, 시야를 더 넓혀 사유로부터 독립한 더 먼 원천이 있는가를 검토해 보지 않습니다. 게다가 이것은 그에게 매우 자명한 일입니다. 왜냐하면 그에게 모든 행위는 사유를 **매개로** 이루어지는 20
것, 종국적으로 사유에 **기초를 둔** 것으로 여겨지기 때문입니다.

역사적 이데올로그(여기서 역사적이라는 것은 정치적, 법률적, 철학적, 신학적, 요컨대 자연뿐만 아니라 **사회**의 모든 영역을 간단하게 뭉뚱그린 말입니다)——역사적 이데올로그는 이리하여 각 과학 영역에서 모종의 소재, 즉 선행 세대들의 사유에서 독자적으로 형성되어 후속 세대들의 머리 속에 25
서 자기의 독자적인 발전 과정을 거친 소재를 가집니다. 물론 이 발전에는 고유 영역 혹은 다른 영역에 속하는 외적 사실들이 함께 영향을 미칠 수 있지만, 이러한 외적 사실들도 암묵적 전제에 따르면 사유 과정의 단순한 열매로 치부될 뿐입니다. 그리하여 우리는 극히 엄연한 사실조차 무난히 소화해 버리는 듯한 단순한 사유의 영역에 계속 머물러 있게 됩니다.

　　국가 제도, 법 체계 등등 각각의 특수 분야의 이데올로기적 표상들이 자립적 역사를 가지고 있는 듯한 외관, 이 외관이 무엇보다도 대부분의 사람들의 눈을 멀게 합니다. 루터와 깔뱅이 공식 카톨릭교를, 헤겔이 피히테

5　와 칸트를, 루쏘가 그의 공화주의적 '사회 계약'으로 입헌주의적 몽떼스끼외를 간접적으로 '극복한다' 하더라도, 그것은 신학, 철학, 국가학의 내부에 머문 채 진행되는 과정이며, 이 사유 영역의 역사 안에서의 한 단계를 나타내는 것일 뿐이며 결코 사유 영역 자체를 벗어나지 않습니다. 그리고 여기에 자본주의적 생산의 영원성과 궁극성에 대한 부르주아적 환상이 첨부된 다

10　음부터는, 중농주의자들과 A. 스미스가 중상주의자들을 극복한다 하더라도 그것은 사상의 승리로만 여겨질 뿐입니다 ; 변화한 경제적 사실들이 사상에 반사된 것으로서가 아니라 언제 어느 때나 존재하는 사실적 조건들에 대한 올바른 통찰이 마침내 획득된 것으로 여겨집니다 ; 이는 만약 사자 왕 리차드와 필립 오귀스뜨가 십자군 원정에 휘말리는 대신 자유 무역을 도입했더

15　라면 우리가 500 년에 걸친 빈곤과 우둔을 면할 수 있었을 것이라고 말하는 셈입니다.

　　나는 문제의 이러한 측면을 여기서 간단히 언급할 수밖에 없었습니다만, 내 생각으로는 우리 모두가 이러한 측면의 공헌을 소홀히 다루었다고 여겨집니다. 이것은 오래 된 이야기입니다 : 처음에는 언제나 내용에 치우쳐

20　형식을 소홀히 합니다. 앞에서 이야기했듯이, 나도 똑같이 행했으며, 언제나 일이 벌어진 후에 오류를 깨닫게 됩니다. 따라서 나는 당신에게 그 어떤 비난을 할 생각이 전혀 없으며——그 점에 있어서 오히려 당신과 같은 잘못을 먼저 저지른 나로서는 그럴 권리가 전혀 없습니다——, 다만 당신이 앞으로 이 점에 주의하게 되었으면 하는 마음뿐입니다.

25　　이와 관련하여 또한 이데올로그들의 다음과 같은 황당 무계한 표상을 이야기할 수 있습니다 : 우리가 역사에서 일정한 역할을 하는 다양한 이데올로기적 영역들의 독자적인 역사적 발전을 부인하기 때문에, 그것들의 역사적 작용도 부인한다는 것입니다. 여기에는 원인과 결과를 영원히 상호 대립하는 두 극으로 간주하고 그것들의 상호 작용을 완전히 망각하는 조잡한

비변증법적 표상이 깃들어 있습니다. 이 신사들은, 역사적 계기가 또 다른, 결국 경제적인 원인들에 의해 일단 생겨나자마자 그 주변 환경에 대해서, 심지어 그것을 낳은 원인들에 대해서까지도 반작용을 미칠 수 있다는 사실을 종종 거의 의도적으로 망각하고 있습니다. 예컨대 당신의 책 475면에 나오는 사제단과 종교에 대한 바르트의 이야기가 그러합니다. 당신이 믿을 수 없을 정도로 천박한 이 인간과 결별한 것을 나는 매우 기쁘게 생각합니다. 그런데 이러한 인간이 라이프찌히의 역사학 교수에 임명되는군요! 그래도 그곳에는 천박한 머리의 소유자이긴 마찬가지지만 사실에 대해서는 뛰어난 감각을 가지고 있는 전혀 다른 인물인 늙은 바흐스무트가 있지 않았습니까.

  이 저서의 그 밖의 점에 대해서는 나는 그 논문들이 『신시대 N[euen] Z[eit]』에 게재되었을 때 이미 누차 이야기했던 것을 반복할 수밖에 없습니다: 이 저서는 프로이센 국가의 생성을 서술한 현존하는 저작 중에서 단연 최고의 것일 뿐더러, 심지어 대부분의 사항에서 그 연관을 세부에 이르기까지 올바르게 전개한 유일한 저작이라고 말할 수도 있습니다. 다만 유감인 것은 당신이 비스마르크에까지 이르는 그 후의 전체 발전 과정도 함께 다룰 수 없었다는 것입니다. 당신이 다음 기회에 그렇게 하게 되기를, 그리고 선제후 프리드리히 빌헬름에서 늙은 빌헬름[251]에 이르는 전체 그림을 치밀하게 그려내기를 나는 은연중에 기대하고 있습니다. 사실 당신은 예비 연구를 이미 완료하였고 적어도 대체적으로는 다 완성한 것과 마찬가지 상태가 아닙니까. 그리고 이것은 낡은 마차가 다 부숴지기 전에 해치워야 할 일입니다; 군주주의적-애국적 전설을 해체하는 것은 계급 지배를 은폐하고 있는 군주제(왜냐하면 독일에서는 순수한 부르주아 공화제는 성립되기도 전에 시대에 뒤떨어진 것이 되어 버렸기 때문입니다)를 제거하는 데 필수 전제는 아닐지라도 그것을 위한 아주 효과적인 지렛대 중의 하나입니다.

  그때에는 당신도 프로이센의 지방적 역사를 독일의 전체적인 비참함 Gesamtmisère의 한 조각으로서 서술할 수 있는 여지와 기회를 더 많이 갖게 될 것입니다. 이 점이 내가 당신과 약간씩 견해를 달리하고 있는 부분입니다. 요컨대 독일의 분열과 16 세기 독일 부르주아 혁명의 실패의 예비 조건들에 대한 파악에서 그렇습니다. 이번 겨울에는 그렇게 됐으면 좋겠다고

바라는 것처럼 만약 내가 나의 『농민 전쟁』에 대한 역사적 서론을 새로 다
듬을 수 있게 된다면, 나는 거기서 이와 관련된 사항들을 전개할 수 있을
것입니다. 당신이 열거한 조건들이 옳지 않다고 생각하는 것은 아니지만,
나는 그것들과 아울러 다른 조건들을 제시하고 또 약간 다른 방식으로 분

5　류할 생각입니다.

나는 독일의 역사——정말이지 끝없는 비참함으로 점철되어 있습니다
——를 연구할 때에 거기에 대응하는 프랑스의 시기를 비교해야만 비로소
올바른 척도를 구할 수 있다고 항상 생각했습니다. 왜냐하면 프랑스에서는
우리 나라와 정반대의 일이 일어났기 때문입니다. 우리 나라에서 대붕괴가

10　일어난 바로 그때에 프랑스에서는 봉건 국가의 분열된 사지 disjectis mem-
bris 가 모여 국민 국가가 형성되었습니다. 프랑스에서는 과정의 전 행정에
서 드물게 볼 수 있는 객관적 논리가 있었지만, 우리 나라에서는 갈수록 어
수선한 난장판이 있습니다. 프랑스에서는 중세에 북프랑스 민족체에 반대
하고 프로방스 민족체를 지지하는 영국 정복자의 간섭이 외국의 간섭을 대

15　표하였습니다 ; 영국과의 전쟁은 말하자면 30 년 전쟁을 떠올리지만, 그러나
이 전쟁은 외국의 간섭을 물리치고 남부가 북부 아래 복속하는 것으로 끝
났습니다. 뒤이어 외국의 재산에 의거하고 있는 가신 부르고뉴 공[301]과 중
앙 권력 사이에 투쟁이 일어났고, 이 부르고뉴 공이 브란덴부르크-프로이
센의 역할을 했지만, 투쟁은 중앙 권력의 승리로 끝나고 국민 국가가 종국

20　적으로 성립되었습니다. 그러나 바로 이 시기에 우리 나라에서는 국민 국가
가 완전히 붕괴하고(신성 로마 제국 내부의 '독일 왕국'을 국민 국가라고
부를 수 있다면), 독일 영토의 대규모적 약탈이 시작되었습니다. 이것은 독
일인들에게는 극히 수치스러운 비교지만, 바로 그렇기 때문에 그만큼 더 교
훈적입니다. 그리고 우리 나라의 노동자들이 독일을 다시 역사 운동의 제1

25　열에 세운 이래, 우리는 과거의 굴욕을 한결 쉽게 참을 수 있게 되었습니다.

독일의 발전에서 극히 특이한 특징은 결국 독일 전역을 나누어 가진
두 부분 국가 중 어느 하나도 순수한 독일 지역이 아니라 정복된 슬라브 인
지역에 만들어진 식민지라는 것입니다 : 오스트리아는 바이에른의, 브란덴
부르크는 작센의 식민지입니다. 그리고 이 두 부분 국가들이 독일 내에서

권력을 얻게 된 것은 오로지 그 국가들이 독일 아닌 국외 재산에 의거했기 때문입니다 : 오스트리아는 헝가리(보헤미아에 대해서는 말하지 않더라도)에, 브란덴부르크는 프로이센에 의거했습니다. 가장 큰 위협을 받고 있던 서부 국경에서는 이렇다 할 만한 일이 일어나지 않았고, 북부 국경에서는 독일을 덴마크 인들에게서 보호하는 일이 덴마크 인들에게 위임되었으며, 남부 국경에서는 방위의 필요성이 별로 없었기 때문에 국경 수호자였던 스위스 인들 자신이 독일에서 분리될 수 있을 정도였습니다!

　주변적인 이야기들을 너무 이것저것 늘어놓았습니다──이런 잡담들이 당신의 노작이 저를 얼마나 흥분시켰는가를 증명하는 것이 되었으면 합니다.

　다시 한 번 진심으로 감사드립니다.

당신의

F. 엥겔스

수고에 의거함.

맑스·엥겔스 저작집,
제39권, 96-100면.

최인호 번역

31

엥겔스가

프라하 근교 프루호니체의 루돌프 마이어에게

1893년 7월 19일, 런던

5   […]따라서 당신은 베벨의 『여성』에서 농업의 이론과 실제에 반하는 서술을 보고 있습니다. 그런데 농업과 공업에서 오늘날의 낭비적인 또 대체로 검소하지 못한 경영을 비판하는 것, 이와 아울러 경제적 조건들로부터 저절로 생겨나는 사회 제도 하에서는 이와 다른 그리고 이보다 더 훌륭한 경영이 가능하며 그와 동시에 각 개인의 노동 시간을 단축하면서도 훨씬
10   더 대량의 생산물을 공급할 수 있다는 암시를 주는 것——이 모든 것은, 사실상 이러저러한 분야에 정통한 사람들에게 약점을 보이지 않고서는 거의 불가능합니다. 그러므로 베벨이 글루텐의 단백질 성분을 완전히 이용하면 곡물 밭의 수확을 세 배 이상 증가시킬 수 있다고 말한 것은 명백히 잘못된 표현을 한 것이거나 자신의 전거를 오해한 것입니다. 그런 것은 문제
15   가 되지 않습니다. 그러한 사소한 잘못은 이 책에서 한 묶음이라도 지적할 수 있습니다 ; 그러나 그것은 기본 문제를 조금도 변화시키지 못합니다.

    해외에서 육류를 수송해 오는 문제에 대해서도 마찬가지로 말할 수 있습니다. 아직까지도 이러저러한 형태로 유럽에 보낼 것들이 충분히 존재합니다 ; 그러나 수요가 증대하고——해외에서——방목지가 경지로 더욱 많
20   이 전환하게 되면, 이것은 곧 한계에 도달하고 감소할 것이 **분명합니다**. 이렇게 되는 데 이삼십 년이 걸리는가 아니면 더 짧은 시간이 걸리는가 하는

것은 별문제가 되지 않습니다.

  그러나 당신이 제기한 중요한 이론 異論 은 공업 노동자들이 농업 노동을 할 수 없다는 것, 농업에서는 노동일을 단축하여 일년 내내 동일한 노동일이 되게 할 수 없다는 것입니다. 그러나 당신은 이 점에서 선반공 베벨을 오해했습니다.

  노동 시간에 대해서 말하자면, 파종기, 수확기 그리고 노동력의 급속한 추가가 필요한 매 시기에 요구되는 만큼의 노동자를 배치하는 데는 아무런 어려움이 없습니다. 노동일이 8 시간이라면 일일 이 교대, 삼 교대로 노동자를 배치할 수 있습니다 ; 심지어 각각이 하루에 2 시간만 일해야——이 전문 노동에서—— 할 경우라도, 이러한 종류의 노동에 대한 훈련을 한 사람들이 충분히 존재한다면 8 교대, 9 교대, 10 교대로 노동자들을 연이어 배치할 수가 있습니다. 다름아니라 바로 이것이 베벨이 말하고 있는 것입니다. 또한 공업에서도, 예를 들어 방적 공장에서 두 시간 노동이 이루어지는 경우, 방추의 수를 늘려 각 방추를 두 시간 움직임으로써 수요를 충족하는 방법을 택할 만큼 어리석은 사람은 아무도 없을 것입니다. 그렇게 하는 대신에 단지 두 시간만 일하는 교대조를 즉 두 시간마다 새로운 교대조를 배치하면 방추를 10-12 시간 돌릴 수 있을 것입니다.

  그런데 평생 동안 농업 노동에 적합하지 않은 몸이 되어 버린 가난한 도시인들에 대한 당신의 항변에 대해서 말하자면, 그것은 전적으로 옳은 말일 수 있습니다. 나 자신이 밭을 갈 줄도, 씨를 뿌릴 줄도, 수확을 할 줄도 모르며, 심지어 감자를 캐는 것조차 할 줄 모른다는 것을 나는 기꺼이 인정합니다. 그러나 다행스럽게도 우리 독일에는 막대한 양의 농촌 인구가 있기 때문에, 합리적인 경영을 한다면 당장에 각인의 노동 시간이 대폭 단축될 것이며 여전히 일손이 남아돌게 될 것입니다. 만약 독일 전역을 2,000-3,000 모르겐——자연 조건에 따라 다를 수 있습니다——의 경영으로 바꾸고, 기계제 경영과 모든 현대적인 개선책을 도입한다면 : 우리는 농촌 인구 중에서 충분한 만큼의 숙련 노동자를 갖게 되지 않겠습니까? 그러나 이 인구를 일년 내내 고용하기에는 농업 노동만으로는 부족합니다. 그들을 공업에서 고용하지 않는다면 오랫동안 엄청난 수의 사람들이 빈둥거리며 지내

게 될 것입니다. 그리고 또한 우리의 공업 노동자들도 야외에서, 특히 농촌
에서 노동할 기회를 얻지 못한다면 그들의 육체는 위축되고 말 것입니다.
확실히 현재의 성년 세대는 그러한 노동에 적합하지 않습니다. 그러나 젊은
이는 그것을 습득할 수 있습니다. 남녀 젊은이들이 몇 년 동안 농번기인 여
름에 교대로 농촌에 간다면,──그들이 경작, 수확 등등의 작업을 졸업하는
데 몇 학기가 걸리겠습니까? 설마 당신은 일생 동안 한 가지 일만 해야 한
다거나 우리 나라의 농민들처럼 농업에 쓸 만한 기술을 다 습득할 때까지
바보가 될 정도로 열심히 일해야 한다고 주장하려는 것은 아니겠지요? 내
가 베벨의 책에서 읽은 것은 바로 다음과 같은 것입니다:"생산 자체도, 인
간의 정신적-육체적 성숙도, 도시와 농촌의 분업, 농업과 공업의 낡은 분업
을 철폐할 때 비로소 최고의 단계로 발전할 수 있다."

　　다음으로 소경영에 비한 대농장의 수익성 문제에 대해서 말하자면, 내
생각으로는 이 문제는 대농장은 시간이 흐르면 소경영을 만들어내고 소경
영은 다시 필연적으로 아주 똑같이 대농장을 만들어낸다는 것으로 귀결됩
니다. 고삐 풀린 경쟁이 독점을 야기하고 독점이 다시 고삐 풀린 경쟁을 야
기하는 것과 꼭 마찬가지입니다. 그러나 이러한 순환은 불가피하게 공황과
전체 인민층의 급성적 만성적 고통 및 주기적으로 반복되는 파멸과 결합되
어 있으며, 또한 생산 수단과 생산물의 엄청난 낭비와 결합되어 있습니다;
그리고 우리는 지금 다행스럽게도 대농장 소유자들이 없어도 그리고 이에
못지않은 농민적 소유자들이 없어도 살아갈 수 있는 단계에 와 있습니다.
그리고 우리가 볼 때, 농업 생산도 공업에 못지않게 사회에 의한 일괄 접수
가 가능할 뿐만 아니라 요구되는 그러한 발전 단계에 도달해 있습니다. 그
렇기 때문에 우리는 이 악순환의 고리를 끊어야 합니다. 이러한 목표에 도
달하는 데 있어서 대농장과 기사의 대영지는 소농민의 영지보다 더 적합한
수단이며, 이는 공업에서 대공장이 소규모 수공업 경영보다 더 좋은 수단인
것과 마찬가지입니다. 그리고 이것은 정치적으로 다음과 같이 반사됩니다.
즉, 대영지의 농촌 프롤레타리아들은 도시 프롤레타리아들이 자신들에게
접근할 수 있게 되자마자 그들과 마찬가지로 즉각 사회 민주주의자들이 되
는 반면, 파산해 가는 농민과 도시 수공업자들은 반유태인주의라는 우회로

를 거친 뒤에야 비로소 사회 민주주의자들이 된다는 것입니다.[302]

봉건주의에서 생겨나 성장해 온 기사 영지 소유자들 ── 지주 귀족 혹은 대지주 ── 이 부르주아로서 경영하는 것을 배우는 것, 그리고 부르주아처럼 어떤 상황에서도 매년 획득한 잉여 가치의 일부를 자본화하는 것을 자신들의 제1의 의무로 삼게 되는 것 ── 그것은 이전에 봉건적이었던 모든 나라들의 모든 경험과 모순되는 것입니다. 당신의 말대로, 곤궁 때문에 이 자들이 자신들의 신분에 걸맞는 생활 방식의 일부를 버릴 수밖에 없다는 것을 나는 기꺼이 인정합니다 ; 그러나 이들이 수입 한도 내에서 생활하고 어려운 때를 대비해서 비축하는 것 to live within their incomes and lay beyond something for a rainy day 을 배운다는 이야기를 나 자신은 들어본 적이 없습니다. 예외적으로라면 모를까, 그런 일은 계급적 차원에서는 결코 일어난 적이 없습니다. 그 자들은 200 년 동안 오직 국가의 보조에 의지해서 살아왔으며, 이 보조 덕분에 그들은 그때그때의 위기를 넘길 수 있었습니다……

출전 : 『기독교 사회-개혁을 위한 월간지』
제3호, 1897년, 빈-라이프찌히.

맑스 · 엥겔스 저작집,
제39권, 101-104면.

최인호 번역

32

엥겔스가

브레슬라우의 W. 보르기우스에게

1894년 1월 25일, 런던 북서구 리전츠파크가 122

5 [···]당신의 질문에 다음과 같이 대답합니다!

1. 우리가 사회사의 규정적 토대로 보고 있는 경제적 관계들에 대해서,
우리는 그것을 특정한 사회의 인간들이 그들의 생활 자료를 생산하고 생산
물을 상호 교환하는(분업이 존재하는 한) 양식으로 이해합니다. 따라서 거
기에는 생산 및 운수의 기술 **전체**가 포함됩니다. 우리가 파악한 바에 따르
10 면 이 기술은 또한 교환의 양식을 규정합니다. 더 나아가 생산물의 분배를
규정하고, 따라서 씨족 사회의 해체 후에는 계급들로의 분열을, 따라서 지
배 및 예속 관계를, 따라서 국가, 정치, 법 등등을 규정합니다. 더욱이 경제
적 관계들에는 이 관계들이 진행되는 바탕인 **지리적 기초**도 포함되고, 사실
상 이전의 경제적 발전 단계에서 전승된 잔재들 즉 종종 전통 혹은 타성 vis
15 inertiae 에 의해서만 계속 유지되는 잔재들도 포함되며, 또 당연히 이 사회
형태를 둘러싸고 있는 외부 환경도 포함됩니다.

만약 당신이 말하는 것처럼 대부분의 기술이 과학의 상태에 의존한다
면, 과학은 **훨씬** 더 기술의 **상태와 필요**에 의존합니다. 사회에 기술적 필요
가 나타나면, 그 필요는 10 개의 대학보다 더 과학의 진전에 도움이 됩니다.
20 유체 정역학(토리첼리 등등) 전체는 16 세기와 17 세기에 이딸리아에서 계
류 조절의 필요가 제기됨에 따라 생겨났습니다. 전기에 대해서 말하자면,

우리는 그것의 기술적 응용 가능성이 발견된 이후부터 비로소 쓸모 있는 어떤 합리적인 것을 알게 되었습니다. 독일에서는 유감스럽게도 과학사를 하늘에서 떨어진 것처럼 기술하는 것이 습관이 되어 있습니다.

2. 우리는 경제적 조건들을 역사 발전을 종국적으로 제약하는 것으로 봅니다. 그러나 인종人種 자체는 하나의 경제적 요인입니다. 그런데 여기 서는 다음 두 가지 점을 간과해서는 안 됩니다 :

a) 정치, 법, 철학, 종교, 문학, 예술 등등의 발전은 경제적 발전에 근거 하고 있습니다. 그리고 그것들 모두는 서로에 대해서 그리고 경제적 토대에 대해서 반작용을 가합니다. 경제적 상태가 유일하게 **능동적인** 원인이고 다른 모든 것은 단지 수동적인 결과에 불과한 것은 아닙니다. 그것이 아니라, **종 국적으로** 언제나 관철되는 경제적 필연성에 기초한 상호 작용이 있는 것입 니다. 예컨대 국가는 보호 관세, 자유 무역, 재정 상태의 불량 여부에 의해 영향을 미칩니다. 그리고 심지어 1648년에서 1830년에 이르는 독일의 경제 적 빈곤 상태에서 발생하여 처음에는 경건주의로 나타났고 다음에는 감상 주의와 군주 및 귀족에 대한 비굴한 예속으로 나타난 독일 속물의 극도의 허약함과 무기력조차 경제적 작용을 하지 않은 것이 아닙니다. 그것은 부흥 의 최대의 걸림돌 중의 하나였는데, 이 걸림돌은 혁명 전쟁과 나뽈레옹 전 쟁이 만성 빈곤을 급성 빈곤으로 만들자 비로소 흔들거리기 시작했습니다. 그러므로 일부의 사람들이 자기들 편한 대로 생각하듯이 경제적 상태가 자 동적으로 작용하는 것이 아닙니다. 인간들은 스스로 자신들의 역사를 만들 되, 그들을 제약하는 주어진 환경 속에서, 기존의 사실적 관계들에 기초하 여 만듭니다. 비록 여타의 정치적 이데올로기적 관계들에 영향을 받는다 하 더라도, 이 사실적 관계들 중에서 경제적 관계들이 종국적인 결정적 관계 들이며, 경제적 관계들을 추적해야만 이해에 다다를 수 있습니다.

b) 인간들은 스스로 자신들의 역사를 만듭니다. 그러나 인간들은 오늘 날까지 하나의 일정한 경계 안의 주어진 사회 내에서조차 전체적 계획 아 래 전체의 의지로 역사를 만든 것이 아닙니다. 그들의 노력들은 서로 교차 하며, 또 바로 그렇기 때문에 그러한 모든 사회에서는 **우연**을 그 보충물과 현상 형태로 가지는 **필연**이 지배합니다. 여기서 온갖 우연을 통해 관철되는

필연은 역시 결국 경제적 필연입니다. 여기서 이른바 위인 偉人 의 문제로
가 봅시다. 그러한 위인, 그것도 다름아닌 이 위인이 이 일정한 시대에 이
특정한 나라에서 나타나는 것은 물론 순전한 우연입니다. 그러나 우리가 그
를 제거해 버린다면, 그를 보충하려는 수요가 생길 것이고 또 그러한 보충
이 나타납니다. 좋건 싫건 tant bien que mal 일정한 시간이 흐르면 나타
납니다. 나뽈레옹, 다름아닌 이 꼬르스 인이 전쟁으로 피폐해진 프랑스 공
화국이 필요로 했던 군사 독재자였다는 것은 우연이었습니다 ; 그러나 나뽈
레옹이 없었다면 다른 사람이 그 자리를 채웠을 것입니다. 이는 그러한 인
물이 필요할 때마다 매번 나타났다는 사실에 의해서 증명됩니다 : 케사르,
아우구스투스, 크롬웰 등등. 맑스가 유물론적 역사 파악을 발견한 경우를
들더라도, 띠에리, 미네, 기조와 1850년까지의 모든 영국 역사 서술가들은
이것을 발견하려는 노력이 있었음을 증명하고 있으며, 모건에 의한 유물론
적 역사 파악의 발견은 그것을 발견할 때가 성숙하였고 그것이 발견되지
않으면 안 되었다는 것을 증명하고 있습니다.

역사상의 다른 모든 우연들과 우연으로 보이는 것들에 대해서도 마찬
가지로 말할 수 있습니다. 우리가 연구하는 영역이 경제적 영역에서 멀어지
고 순수하고 추상적인 이데올로기 영역에 가까워질수록, 우리는 그 영역의
발전에서 더 많은 우연들을 보게 되며, 그 발전 곡선은 더욱 지그재그 운동
을 합니다. 만약 당신이 이 곡선의 중축을 그린다면, 연구 시기가 길고 연
구 영역이 넓을수록 이 축이 경제적 발전의 축과 더욱 가까운 지점에서 평
행하여 달린다는 것을 알게 될 것입니다.

독일에서 올바른 이해를 가로막는 최대의 걸림돌은 경제사 문헌에 대
한 무책임한 경시입니다. 학교에서 주입한 역사 관념을 교정하기가 극히 어
려울 뿐만 아니라 거기에 필요한 재료를 모으는 것도 아주 어렵습니다. 예
컨대 무미 건조한 자료집이지만 그래도 그 안에 무수한 정치적 사실들을
해명할 수 있는 수많은 소재를 담고 있는 늙은 G. v. 귈리히의 책만이라
도 읽은 사람이 있습니까!

또한, 맑스가 『브뤼메르 18일』[215]을 통해 보여준 모범은, 바로 그것이
실제적 실례이기 때문에 그것만으로도 당신의 질문에 대해 상당히 많은 것

을 답해 줄 것이라고 믿습니다. 또 대다수의 문제에 대해서는 『반뒤링』, 제
1편 제9-11장과 제2편 제2-4장 및 제3편 제1장 또는 서설[244]에서, 그리고
『포이에르바하』[274]의 마지막 장에서 이미 언급했다고 생각합니다.

　　이상 제가 드린 말씀에서 어구를 하나하나 따지지 말고 연관을 눈여겨
보시기 바랍니다 ; 유감스럽게도 출판물에 발표하는 글처럼 정확하게 다듬
어진 글을 쓸 시간이 없었습니다.[…]

출전 : 『사회주의 학사』,　　　　　　　　　　　맑스 · 엥겔스 저작집,
제1권, 제20호, 1895년 10월 15일, 베를린　　　　제39권, 205-207면.

최인호 번역

33

엥겔스가

르뻬뢰의 뽈 라파르그에게

94년 3월 6일, 런던 북서구 리전츠파크가 122

[…]저는 이제 막 곡물 관세에 관한 조레스와 게드의 연설을 읽었습니다. 조레스 J[aurès]의 연설은 실제로 놀랄 만한 것입니다. 그런데 그의 수정안을 당의 이름으로 제출하는 것을 그에게 허락한 것은 유감스러운 일이라고 여겨집니다. 저는 국가가 곡물 가격의 최저 한도를 25 프랑으로 유지해야 한다는 그의 제안에 대해 말하려고 하는 것이 아닙니다. 이것은 가장 순수한 보호 무역주의이며 더욱이 대지주의 이익만을 위한 것입니다. 왜냐하면 소지주는 그들의 수확으로는 자신의 소비조차 충족시키지 못하기 때문에 **판매할 곡물을 조금도 가지고 있지 않기** 때문입니다 ; 게드도 그것을 옳다고 말하였지만, 그는 레옹 세이를 **따라서** 그렇게 말하였습니다. 반면에 우리는 처음으로 그것을 소리 높여 선언했어야 했으며 세이 씨의 바짓가랑이에 붙어 따라가서는 안 되었습니다. 그리고 거기에서 조레스의 수다가 우리를 방해했습니다.

그러나 곡물의 수입을 국가에 위임해야 한다는 그 제안만을 생각해 봅시다. 조레스 J[aurès]는 투기를 방지하려 합니다. 그런데 그는 어떻게 합니까? 그는 외국의 곡물을 사들이는 것을 정부에 위임합니다. 정부는 **하원의** 다수파의 집행 위원회이며, 하원의 다수파는 곡물, 주식, 공채 등등의 바로 이 투기꾼들의 가장 엄밀한 대표입니다. 이것은, 파나마 사건[298]의 관계자에게 파나마 사건의 조사를 위임한 이전의 하원의 경우와도 같습니다! 그리고 작년 8월에 재선된 이 파나마 사건 관계자들은 당신들에게 투기를 진정시키는 일을 맡기려 하고 있습니다! 당신들에게는, 그들이 매년의 예산과 적어도 자신의 자본과 자신의 신용을 사용하는 곳인 증권 거래소의 도움으로 프랑스에서 도적질을 하는 것으로는 충분치 못했습니다——당신들은   5
그들에게 수십 억의 돈과 국가 신용을 쓰도록 하여, 그 결과 그들은 국가 사회주의의 도움으로 당신들의 주머니를 한층 더 가볍게 하고 있습니다!

그리고 조레스는 정말로 새로운 전대 미문의 제안을 했다는 망상을 하고 있습니다. 그러나 쮜리히 깐똔의 소부르주아-사회주의자들이 그를 앞질렀습니다 ; 수년 전부터 그들은 곡물의 국가 전매를 요구하고 있습니다 ; 그   10
들의 국가는 어떤 경우이든지 프랑스 공화국보다는 훨씬 민주적이어서, 심지어 소부르주아-사회주의자를 경찰 서장으로 허락하고 있으며(포겔장어 씨), 또 전능한 지사는 알지 못합니다 ; 더욱이 그들의 국가는 너무 작아서 과도한 일도 용인될 수 있는데, 그것들은 그들 나라에서는 별로 중요하지 않지만 대국이라면 그러한 유치한 행동을 처벌하지 않고 내버려 두지 않을   15
것입니다.

게드의 연설은 당연히, 조레스의 두서너 번의 변덕을 적어도 형식상으로나마 지지하지 않으면 안 된다는 사실 때문에 시달렸습니다. 다행스럽게도 그의 청중들은 그를 일반적 원칙의 영역으로 이끌었습니다——그것이 우리들을 구해 주었습니다 ; 그는, 조레스의 제안을 피상적으로 가볍게 언급   20
하는 것으로 만족할 수 있었습니다. 나로 말하자면, 만약 게드가 조레스와 관계없이 정식으로 등장하였다면 그리고 우리 그룹의 대변인으로서 연설하였다면, 나는 그의 연설을 보다 애정어린 눈으로 보았을 것입니다. 그러나 결국 그는 그가 할 수 있는 것을 했습니다.

이 모든 것은 우리가 하지 않을 수 없었던 이전의 급진파와의 동맹의   25
결과입니다. 첫째로 : 왜 조레스는 급진파의 선거인에게, 자신이 지킬 수 없다는 것을 알고 있는 약속을 한 것인가? 그것은 급진파[303]의 습관 때문입니다. 그러나 그것은 결코 사회주의자의 것이 아닙니다. 우리는 그것을 옹호하지 않을 것입니다. 다음으로 이 조레스 씨, 이 공론가, 그러나——특히 정치 경제학에——무지한 교수, 이 최고 수준의 천박한 인재는, 제1위로 돌진하고 자기가 한번도 이해한 적이 없는 사회주의의 대변자인 양 행세하기 위해 그의 수다스러움을 악용하고 있습니다. 그렇지 않다면 그는 프롤레타리아 사회주의의 소아병 가운데 하나인 국가 사회주의를 감히 전면에 내세우지 않았을 것입니다. 이 소아병은, 예를 들면 독일에서는 사람들이 십이년 전에 예외법[148]의 지배 아래 체험한 병이어서 그 당시 그것은 정부에 의해 묵인된 (보호되기까지 한) 유일한 형태였습니다. 그러나 짧은 시간 동안이나마 그것에 속아 넘어간 것은 당의 사멸되고 있던 소수파뿐이었습니다 ; 비덴 대회[146] 이후 그들은 모두 사멸되었습니다.

그러나 이전의 급진파는 당신들에게 말할 것입니다. 우리는 프랑스에서 공화국을 가지고 있다!——우리 경우에는 사태가 다르며, 우리는 사회주의적 방책을 실시하는 데 정부를 이용할 수 있다!——프롤레타리아트에게 있어 공화국이 왕정과 다른 것은 그것이 프롤레타리아트의 장래의 지배를 위해 완성된 정치 형태라는 점뿐입니다. 당신들은 이미 그것을 가지고 있다는 점에서 우리보다 유리합니다 ; 우리는 다릅니다. 우리는 그것을 세우기 위해 24 시간을 소비해야 합니다. 그러나 공화국은 다른 모든 정부 형태처럼 그 내용에 의해 규정됩니다 ; 부르주아지의 지배 형태인 한 그것은 어떠한 왕정과도 똑같이 우리들에게 적대적입니다(이러한 적대의 형태들을 제쳐놓고라도). 따라서 그것을 본질적으로 사회주의적인 형태로 보는 것이나 혹은 그것이 부르주아지에 의해 지배되고 있는 한 그것에 사회주의적인 사명을 맡기는 것은, 완전히 근거 없는 환상입니다. 우리는 공화국으로부터 양보를 얻어낼 수는 있지만 결코 우리 자신의 일을 맡길 수는 없습니다. 가령 우리가 하룻밤에 다수파로 바뀔 수 있는 그런 강력한 소수파에 의해 그것을 제어할 수 있다고 해도![…]

수고에 의거함.   맑스・엥겔스 저작집,
                                                                제39권, 214-216면.

원문은 프랑스 어이지만 독일어로부터 번역.

                                                                정선희 번역

34

엥겔스가

르뻬릐의 뽈 라파르그에게

94년 6월 2일, 런던

[…]저는 프랑스의 현대적인 사회주의에 대한 당신의 서술을 보고 웃 5
었습니다. 그러나, 그것은 중대한 전환점이 될 수 있습니다. 만약 당신이 정
말로 독일에 있는 200만의 투표자처럼 견고하고 강력한 군대를 가지고 있
다면, 그것은 확실히 새로이 등장하는 혼미한 대중을 결정적으로 제압할 것
입니다. 그러나 의회 내에서 다른 모든 파 위에 군림하고 있는 밀레랑 류 a
la Millerand 의 이전의 급진파는 말할 필요도 없고 맑스주의자, 블랑끼주 10
의자, 아르망주의자, 브루스주의자, 그 외의 많은 주의자로 분열되어 있는
당의 경우에는, 이러한 새로운 풍조가 당신들을 어디로 이끌고 갈 것인지를
말하기는 매우 어렵습니다. 당신들은 이것을 불랑제주의 ―― 수개월 내내
야단법석을 떤 후에 오욕과 불명예로 끝을 맺은 불랑제주의와 비교하고 있
습니다. 이러한 종류의 운동에서는, 조레스 류 a la Jaurès 의 공론가들이 지 15
배할 것이라는 것은 거의 확실합니다. 이들은 의회 내에서 당신들 모두의
이름으로 말하는 월권을 행사하고 있습니다. 오늘은 그들이 우리들을 침묵
하게 하는 장소인 의회가 그들의 말을 듣지만, 내일은 전국이 그들의 말을
들을 것입니다.
　어쨌든 이 모든 것이 그렇게 나쁘게 되지 않고 오히려 잘 진행될 가능 20
성이 항상 있습니다 ; 그러나 그 사이에 당신들은 호기심 어린 모험을 잘 견

며 냈으며, 그리고 저는 행동으로 전쟁을 결정할 강고한 전투 부대가 독일
에 존재한다는 것으로 우리 모두에게 축사를 보냅니다. 당신들에게서 보이
는 이러한 사회주의적인 심취는 결정적인 충돌에까지 나갈 수 있고 당신들
은 거기에서 최초의 승리를 획득할 것입니다 ; 나라와 수도의 혁명적 전통,
1870년 이후 처음으로 민중적인 토대 위에 보다 더 강고하게 재편성된 당
신들의 부대의 성격, 이러한 것 모두가 그러한 것을 가능하게 합니다. 그러
나 승리를 확보하기 위해서는, 자본주의 사회의 토대를 파멸시키기 위해서
는, 당신들이 지금 행하고 있는 것보다 더 강력하고 더 수가 많고, 더 확실
하고, 더 의식적인 사회주의 당의 적극적인 원조가 당신들에게 필요합니다.
그것은 우리가 수년 전부터 예견하고 예언해 왔던 것을 실현시킬 것입니다 :
프랑스 인이 신호를 보내어 공격을 개시하고, 독일인이 전투를 결정합니다.

    그러나 지금은 우리가 아직 그러한 것으로부터 멀리 떨어져 있으며,
그래서 저는 당신들을 사로잡고 있는 혼란스러운 열광이 어떻게 해결될 것
인지 매우 궁금합니다.[…]

수고에 의거함.

맑스 · 엥겔스 저작집,
제39권, 254/255면.

원문은 프랑스 어이지만 독일어로부터 번역.

정선희 번역

35

엥겔스가

베를린의 빌헬름 리프크네히트에게

1894년 11월 24일, 런던[London] 리전츠파크가 41

친애하는 리프크네히트!

나는 베벨 B[ebel]에게 편지를 썼습니다. 거기서 나는 정치적 논쟁에서는 모든 것을 냉정하게 생각해야 하며 서두르거나 처음의 흥분된 상태에서 행동해서는 안 된다는 점을 그에게 당부했습니다. 나 자신도 이 때문에 종종 애를 먹었습니다. 그런데 당신에게도 이 점과 관련해서 몇 가지 경고할 것이 있습니다.

베벨 B[ebel]이 대회에서 **적절치 않은** 행동을 취했는가에 대해서는 논쟁의 여지가 있습니다. 그러나 문제가 되는 부분에서 그는 결정적으로 옳았습니다. 물론 당신은 중앙 기관지의 편집자로서, 조정 활동을 하고, 실제로 존재하는 차이까지도 논쟁에서 배제하고, 만사를 어느 쪽에서도 받아들일 만한 것으로 만들고 to make things pleasant all round, 분열하는 날까지 당의 단결을 도모할 의무가 있습니다. 그러므로 **편집자로서의** 당신에게는 베벨의 행동이 치명적인 것일 수도 있습니다. 그러나 편집자에게 불쾌한 일이 **당 지도자**에게는 바람직한 일이 될 수 있습니다 : [즉] 없어서는 안 될 편집자의 안경을 반드시 낄 필요가 없는 사람들, 편집자에 대해서도 당 지도자의 자격으로 때때로 조화의 안경을 벗고 태어날 때부터의 눈으로 세상을 관찰하는 것이 좋다는 것을 상기시키는 사람들이 존재합니다.

바이에른 인들은 프랑크푸르트 당 대회 직전에 뉘른베르크에서 정식으로 **분리 동맹**을 결성했습니다. 그들은 의심할 바 없는 **최후 통첩**을 들고 프랑크푸르트에 왔습니다. 이것도 모자라 폴마르는 제 갈 길을 가자고 말했고, 그릴로[304]는 다음과 같이 말했습니다 : 당신들이 어떤 결정을 내리든 우리는 거기에 **따르지 않겠다**. 그들은 바이에른의 특별한 권리를 선언하고 당 내에 있는 자신들의 반대자를 '프로이센 인' 및 '베를린 인'으로 취급했습니다. 그들은 예산 표결에 동의할 것을, 그리고 이미 소부르주아적인 것을 넘어서서 **우경화**되고 있는 농민 정책에 동의할 것을 요구했습니다. 당 대회는 이전에도 늘 그랬듯이 이런 행위를 정력적으로 제지하지 못하고 아무런 결의도 채택하지 못했습니다. 이런 형편에서 베벨에게 소부르주아 분자들의 당내 진출에 대해서 이야기할 때가 오지 않았다고 한다면, 나로서는 도대체 그런 때가 언제 오는지를 알 수 없습니다.

그리고 『전진』은 무엇을 하고 있습니까? 『전진』은 사태가 그렇게 나쁘지는 않다고 이야기하면서 베벨의 B[ebel]schen 공격 형식을 문제삼고 그리하여 베벨에 '정면으로 대립하는' 태도를 취했습니다. 그리하여 당신은 베벨 B[ebel]의 적의 '오해'——이것은 이런 상황에서는 불가피한 것이지요——가 있고서야 비로소 당신이 정면으로 대립하는 것은 베벨의 B[ebel]-schen 공격 **형식**일 뿐 **내용**——예산 건과 농민 문제——에서는 베벨이 옳다고 생각하며 그를 지지한다는 성명을 발표할 수밖에 없게 되었습니다. 당신이 **사후**에 이러한 성명을 발표할 수밖에 없게 **되었다**는 것은 당신이 저지른 우경의 오류가 베벨 B[ebel]이 저지를 수 있는 좌경의 오류보다 더 심각했다는 것을 당신에게 증명해 준다고 나는 생각합니다.

그리고 토론 전체에서 문제가 되었던 것은 결국 단지 이 두 가지 사항을 정점으로 하는 바이에른 인들의 행동이었습니다 : 소부르주아를 잡는 덫으로서의 예산 표결이라는 기회주의, 중농과 대농을 잡기 위한 폴마르의 농촌 선전이라는 기회주의. 이 두 기회주의와 바이에른 인들의 분리 동맹적 입장이 현존하는 유일한 실제적 문제입니다. 그리고 만약 베벨 B[ebel]이 당 대회가 당을 위험 속에 방치하고 있을 때 이 문제를 제기하였다면, 당신은 그에게 감사해야 합니다. 만약 그가 당 대회에 의해 만들어진 참을 수

없는 상태를 당내에 속물파가 증대한 데 따른 결과로 서술했다면, 이것은
올바른 일반적 관점으로 특수한 문제를 다룬 것에 지나지 않으므로 이것
또한 승인할 만한 행동입니다. 그리고 그가 이 모든 문제에 대한 토론을 하
도록 강제했다면, 이것은 자신의 어쩔 수 없는 책무를 수행한 것이며, 다음
당 대회에서는 프랑크푸르트에서처럼 긴급한 문제를 맞이하여 허둥대는 일   5
이 없이 사태를 완전히 인식하고 판단하도록 하기 위해서 취한 행동입니다.

분열의 위험은 사태를 솔직히 말한 베벨 B[ebel]에게 있는 것이 아닙
니다. 그것은 여태까지 당내에서 전대 미문의 오만 방자한 행동 방식을 취
하였고, 『프랑크푸르트 신문』의 속류 민주주의자들 —— 이들은 폴마르와
바이에른 인들을 자신들의 사람들로 보고 있지요 —— 의 환호성을 불러일으   10
키고, 기뻐하며 더욱 뻔뻔스럽게 된 바이에른 인들에게 있습니다.

당신은 폴마르 V[ollmar]가 배신자가 아니라고 말합니다. 그럴 수도
있습니다. 저도 그가 자신을 배신자로 생각할 거라고 믿지 않습니다. 그러
나 10-30 헥타의 소유자인 상부 바이에른의 대농과 중농의 오늘날의 상태,
고용 농민과 날품팔이들에 대한 착취에 기초한 이 상태를 영구화할 것을   15
프롤레타리아 당에 요구하는 사람을 ˙당신은 무엇이라고 부릅니까. 프롤레
타리아 당은 임금 노예제를 영구화하기 위해서 특별히 창립된 것입니까!
이런 사람은 반유태인주의자, 부르주아 민주주의자, 바이에른 분립주의자,
그 밖의 어떤 것으로 불러도 좋지만 사회 민주주의자라고 할 수 있겠습니
까?! 어쨌든 **성장하는** 노동자 당내에 소부르주아 분자들의 증대는 불가피하   20
며 손실도 아닙니다. 그것은 '학사들', 낙제한 학생들 등등이 증대하는 것과
마찬가지입니다. 몇 년 전에는 그들은 위험 요소였습니다. 그러나 우리는
이제 그들을 소화할 수 있습니다. 그러나 또한 이 소화 과정을 촉진하기도
해야 합니다. 거기에는 염산이 필요합니다 ; 만약 염산이 충분하지 않다면
(프랑크푸르트가 확인해 주고 있다시피), 이런 비非 프롤레타리아적 분자들   25
을 훌륭히 소화할 수 있도록 염산을 부어 주는 베벨 B[ebel]에게 감사해야
합니다.

당내의 진정한 조화를 이루는 길은 실제하는 내부 논쟁 문제를 부인하
고 묵살하는 데 있는 것이 아니라 여기에 있습니다.

　당신은 "효과적인 행동을 초래하는 것"이 문제라고 말했습니다. 매우 좋은 이야기지만, 도대체 언제 그러한 행동이 시작되겠습니까?

타자기로 친 사본에 의거함.　　　　　　　　　　　　　맑스·엥겔스 저작집,
　　　　　　　　　　　　　　　　　　　　　　　제39권, 330-332면.

　　　　　　　　　　　　　　　　　　　　　　　　　최인호 번역

36

엥겔스가

베를린의 리하르트 피셔에게

95년 3월 8일, 런던[London] 북서구 리전츠파크가 41

친애하는 피셔,

나는 여러분의 어정쩡한 망설임의 요체가 무엇인지 도저히 알 수 없음에도 불구하고, 여러분의 중대한 망설임을 최대한 고려했습니다.[305] 여러분은 절대적인 합법성, 어떤 상황에서도 법률을 준수하는 합법성, 발안자 스스로가 파기한 법률까지도 준수하는 합법성에 스스로 육체와 영혼을 팔아넘기려 하고 있습니다. 요컨대 오른쪽 뺨을 때린 자에게 왼쪽 뺨을 내놓는 정책에 육체와 영혼을 팔아 넘기려 하고 있습니다. 나는 여러분의 그러한 행동을 도저히 받아들일 수 없습니다. 물론 『전진』은 여러 차례에 걸쳐 이전에 혁명을 설교할 —— 아마 다음 번에 또 그러겠지만 —— 때만큼이나 정력적으로 혁명을 부인하고 있습니다. 그러나 그것이 기준이 될 수는 없다고 생각합니다.

내 생각으로는, 여러분은 무조건적으로 공격을 포기하자고 설교해서는 아무것도 얻지 못합니다. 그러한 설교를 믿을 사람은 아무도 없으며, 위법에 대해 손에 무기를 들고 저항할 권리를 포기할 당은 어느 나라에도 **없습**니다.

또한 나로서 고려하지 않을 수 없는 점은, 외국인들 —— 프랑스 인, 영국인, 스위스 인, 오스트리아 인, 이딸리아 인 등등 —— 이 나의 글을 읽고 있다는 것, 따라서 그들이 보는 앞에서 내가 그토록 대폭적인 타협을 할 수는 없다는 것입니다.

그런 이유에서 나는 이하의 예외를 제외하고 여러분의 수정을 승인했습니다 : 1. 교정쇄 9, 대중들의 경우에 이하를 다음과 같이 고친다 : "무엇을 위해서 그들이 발을 들여 놓아야 하는지를 그들 스스로 파악하고 있지 않으면 안 된다."[306]——2. 그 다음 단락 : 공격 개시에 관한 문장 전체를 삭제한다. 여러분의 제안은 사실적으로 틀린 내용을 담고 있습니다. 공격 개시의 **구호**는 프랑스 인, 이딸리아 인 등등이 매일처럼 사용하는 것이며, 그만큼 진지하지 않은 것입니다.——3. 교정쇄 10 : "**현재**……로써 생명을 얻고 있는 사회 민주주의당의 전복 활동". 여러분은 이 "**현재**"라는 말을 지우고 싶다고 말합니다. 요컨대 현재의 전술을 지속적인 전술로, 상대적으로 유효한 전술을 절대적으로 유효한 전술로 바꾸고 싶다고 말합니다. 나는 그렇게 하지 않습니다. 나는 큰 웃음거리가 되지 않기 위해 그렇게 할 수 없습니다. 따라서 나는 대립 관계를 피하기 위해 다음과 같이 말하겠습니다 : "바로 지금은 법을 지키는 것이 매우 유리한 사회 민주주의당의 전복 활동."[307]

왜 여러분이 1866년에 헌법 위반을 범한 비스마르크의 선례를 지적하는 것이 위험하다고 보는지 나로서는 도저히 이해할 수 없습니다. 이만큼 명백한 논증argumentum ad hominem 은 어디에도 없습니다. 그럼에도 불구하고 나는 여러분의 뜻을 따르겠습니다.

그러나 그 이상은 **절대로** 양보할 수 없습니다. 나는 여러분과 언짢은 토론을 하지 않기 위해서 최선을 다했습니다. 그러나 합법성의 의무는 예의 보구슬라브스키(긴 s 자입니다)가 여러분에게 모범을 보여주었다시피 법률적 의무일 뿐 도덕적 의무가 아니라는 관점 ; 그리고 권력을 쥔 자들이 법률을 파기할 때는 그 의무는 완전히 사라진다는 관점, 여러분은 이러한 관점을 지키는 것이 좋을 것입니다. 그러나 여러분은 —— 혹은 적어도 여러분 중의 이 사람 저 사람은 —— 적의 요구에 적절하게 대응하지 못하는 약점을 갖고 있었습니다 : 다음과 같이 말하지 못하고 오히려 합법성의 의무를 어떤 상황에서도 준수해야 하는 하나의 **도덕적인** 의무로 인정하는 그러한

약점 말입니다 : 여러분은 권력을 쥐고 있다, 여러분은 법률을 만든다, 우리
가 그것을 위반할 경우에 여러분은 우리를 이 법률에 따라 다룰 수 있으며
우리는 그것을 감수해야 한다, 그러나 그것이 전부이다, 우리는 그 이상의
의무가 없으며 여러분도 그 이상의 권리가 없다. 실제로 이렇게 행동한 경
우로는 오월 법 하의 카톨릭 교도들, 마이센의 노년 루터 파 교도들, 그리   5
고 여러 신문에 모습을 나타내고 있는 메노 파 병사들 등이 있습니다. 그리
고 여러분은 이런 관점을 부인해서는 안 됩니다. 그건 그렇고 전복 법안[236]
은 무산될 것입니다. 그런 것은 성문화될 수도 실시될 수도 없습니다. 그리
고 그 자들은 권력을 갖고 있기 때문에 어떤 형태로든 여러분의 입에 재갈
을 물리고 여러분을 괴롭힐 것입니다.   10

　　만약 여러분이 정부에 있는 자들에게 우리가 아직 스스로를 도울 만큼
충분히 강하지 않기 때문에 그리고 군대가 아직 철저히 오염되지 않았기
때문에, 바로 그 때문에 우리가 기다리려 한다는 것을 알리고 싶어 한다면
——그렇다면, 친애하는 여러분, 여러분은 왜 매일처럼 신문 지상에서 당의
거대한 진보와 성과에 대해 허풍을 떠는 것입니까? 그 자들은 우리가 힘으   15
로 승리를 쟁취하기 위해 나아간다는 것, 우리가 몇 년 안에 아무도 대적할
수 없는 힘을 갖추게 된다는 것을 우리 못지않게 잘 알고 있습니다. 바로
그렇기 때문에 그들은 우리의 목덜미를 누르려 하는 것입니다. 유감스럽게
도 그들은 그 방법을 모르고 있을 뿐입니다. 그들이 우리만큼 모든 것을 알
고 있다고 해서, 그리고 우리가 권력을 갖게 되면 그 권력을 우리를 위해서   20
쓰지 결코 그들을 위해서 쓰지 않으리라는 것을 그들이 알고 있다고 해서,
우리의 견해가 바뀔 필요는 없습니다.

　　그러므로 총회에서 일반 토론을 할 때에 여러분이 다음의 것들을 조금
염두에 두었으면 합니다. 보구슬라브스키가 가졌던 것과 같은 저항의 권리를
여러분도 가지고 있다는 것, 여러분의 청중 중에는 프랑스, 이딸리아, 에스빠   25
냐, 헝가리, 영국의 노혁명가들도 끼어 있다는 것, 그리고 옛날에 비덴[146]에
서 그랬던 것처럼 '합법적'이라는 말을 진짜로 지우게 될 날이 멀지 않아 다
시 올 것이라는 것. 선거권이 빨리 획득되지 않으면 가능한 한 직접적이고
폭력적인 실력 행사에 들어가는 오스트리아 인들을 보십시오! 또다시 여러

분의 발목을 채우려고 하는 사회주의자 법[148] 하에서 여러분 자신이 했던 위
법 행위를 생각해 보십시오! 합법성은 우리에게 적합한 한에서만 합법성이
며, 어떤 대가를 치러서라도 획득해야 하는 것이 아닙니다. 그것은 공문구조
차 지불할 필요가 없습니다!

당신의
F. E.

인용문(대부분은 이미 본문에 있습니다)의 독일어 번역은 이제는 너무
늦었습니다. 이미 보겐으로 조판이 되었습니다.
교정본은 여기서 함부르크로 보냅니다.

출전:『사회사 국제 평론』.　　　　　　　　　　　맑스·엥겔스 저작집,
제12권, 제2책, 1967년, 암스테르담.　　　　　　　　제39권, 424-426면.

최인호 번역

37

엥겔스가

브레슬라우의 베르너 좀바르트에게

95년 3월 11일, 런던 북서구 리전츠파크가 41

친애하는 선생께,

지난 달 14일 자로 당신께서 보내 주신 편지에 정중히 답장을 드리면서 더불어 맑스에 관한 당신의 노작을 보내 주신 데 대해 감사의 말씀을 드립니다 ; 나는 이미 Dr. H. 브라운이 내게 친절하게 보내 준 『잡지』의 한 책을 통해서 매우 홍미롭게 읽었습니다. 그리고 독일의 대학에서도 마침내 『자본』에 대한 이러한 이해를 발견할 수 있게 되었다는 사실에 기뻤습니다. 당신은 맑스의 서술을 군데군데에서 당신 나름의 표현으로 바꾸어 놓았는데, 물론 나는 그러한 표현들 모두에 동의할 수는 없습니다. 특히 576면과 [5]77면에서 당신은 가치 개념을 바꾸어 쓰고 있는데, 이것은 어느 정도 확대 해석의 여지가 있다고 여겨집니다 : 나라면 첫째 이것에 역사적 경계를 그을 것입니다. 즉 지금까지 가치만이 문제였고 문제가 될 수 있었던 경제적 단계——상품 교환 내지 상품 생산이 이루어지는 사회 형태——에 엄밀히 한정해서 이것에 역사적 경계를 그을 것입니다 ; 원시 공산주의는 가치를 몰랐습니다. 그리고 둘째 그 명제는 개념상 좀더 엄밀한 표현 양식을 취할 수 있다고 여겨집니다. 그러나 이것은 지나친 요구일지도 모르겠습니다. 중요한 지점에서 확실히 당신은 옳은 것을 말했습니다.

그런데 당신은 586면에서 직접 내게 호소하였더군요. 그래서 나는 당신이 제 가슴에 권총을 겨누는 그 방식이 아주 마음에 들었으며 웃지 않을 수 없었습니다. 그러나 안심하셔도 좋습니다. 나는 당신에게 "반대한다고 확언하지 않을" 것입니다. 맑스는 개념상의 이행을 매개로 개별 자본주의적 기업에서 생산되는 다양한 가치 $\frac{m}{c} = \frac{m}{c+v}$로부터 일반적이고 균등한

5 이윤율에 도달했습니다. 이 이행은 개별 자본가의 의식과는 전혀 무관합니다. 이 이행이 역사적인 상응물을 갖는 한에서 즉 우리의 머리 바깥에 존재하는 실재성을 갖는 한에서, 이 이행은 예컨대 자본가 A에 의해 이윤율 이상으로 생산된 개별 구성 성분이 혹은 총잉여 가치에서 자본가 A가 차지하는 몫 이상으로 생산된 잉여 가치 부분이 보통은 자신의 손에 [auf] 들어오

10 는 배당 이하에 머무는 잉여 가치를 생산하는 자본가 B의 주머니로 이행한다는 것에서 그 상응물을 발견합니다. 그러나 이러한 과정은 객관적으로, 사물의 차원에서, 무의식적으로 이루어집니다. 그리고 우리는 이에 대한 올바른 의식을 얻기까지 얼마만큼의 노고가 들었는가를 이제서야 판단할 수 있습니다. 만약 평균 이윤율이 확립되기 위해서 개별 자본가들의 의식적인

15 협력이 필요했다면, 또 만약 개별 자본가가 자신이 잉여 가치를 생산한다는 것을 알고, 게다가 그것을 얼마만큼 생산한다는 것을 알고, 많은 경우에 그가 자신의 잉여 가치에서 일정한 부분을 넘겨주어야 한다는 것을 **알았다면**, 잉여 가치와 이윤의 관계는 애초부터 상당히 명확했을 것이며 페티는 힘들더라도 애덤 스미스 정도면 그것을 명확히 밝혀 놓았을 것입니다.

20 　맑스의 파악에 따르면, 지금까지의 모든 역사는 중대한 결말에 관한 한 무의식적으로 이루어집니다. 즉 이러한 결말들과 그에 뒤이은 결과들은 원했던 바가 아닙니다 ; 역사적 인물들이 직접적으로 원했던 것들은 달성된 것들과는 다른 것들이었으며, 그렇지 않은 경우에도 이 달성된 것들은 전혀 예측하지 못했던 또 다른 결과들을 낳았습니다. 경제에 적용해 봅시다 : 개

25 별 자본가들은 누구든지 간에 더 **많은** 이윤을 추구합니다. 각 개인에 의한 이러한 더 **많은** 이윤의 추구는 결과적으로 일반적인 **균등한 이윤율**, 누구에게도 대략 **균등한** 이윤율을 낳는다는 것을 부르주아 경제학은 발견했습니다. 그러나 자본가들도 부르주아 경제학자들도 알지 못했던 것은, 이러한

추구의 실제적 도달점이 총잉여 가치를 균등하게 백분율로 총자본에 분배
하는 것이라는 점입니다.

그런데 현실에서 이러한 균등화 과정은 어떻게 이루어집니까? 이것은
아주 흥미로운 사항입니다만, 맑스 자신은 이에 대해 많은 것을 이야기하지
않았습니다. 그러나 맑스의 전체 견해는 공리 공론이 아니라 하나의 방법입   5
니다. 그것은 완성되어 있는 교의가 아니라 계속적 연구를 위한 발판, 요컨
대 그러한 연구를 위한 방법을 제공합니다. 그렇기 때문에 이 최초의 초안
에서 맑스 M[arx] 자신이 아직 손을 대지 않은 한 가지 일을 여기서 수행해
야 하는 것입니다. 이것에 대해서는 무엇보다도 제3권, 제1분책, 153-156면
의 진술[308]이 남아 있습니다. 이것은 가치 개념을 당신의 표현으로 바꾸는   10
문제에 대해서도 중요하며, 가치 개념이 당신이 생각하는 것 이상의 실재성
을 가지고 있거나 있었다는 것을 증명하고 있습니다. 교환이 시작되고 생산
물이 점차 상품으로 전화되었을 즈음에 교환은 점차 가치에 비례해서 이루
어졌습니다. 두 대상에 지출된 노동이 두 대상을 양적으로 비교하는 유일한
기준이었습니다. 따라서 당시에 가치는 **직접적인 실재적 존재**였습니다. 이와   15
같은, 교환에 의한 가치의 직접적 실현이 중단되었고 이제는 더 이상 존재
하지 않는다는 것을 우리는 알고 있습니다. 저 직접적-실재적 가치에서 자
본주의적 생산 형태의 가치 — 이것은 철저히 은폐되어 있기 때문에 우리
나라의 경제학자들은 안심하고 이것의 존재를 부인할 수 있습니다 — 에 이
르기까지의 중간항을 대체적으로나마 보여 주는 것은 당신에게 그리 어려   20
운 일이 아닐 것입니다. 나는 그렇게 믿습니다. 이 과정을 실제로 역사적으
로 서술하려면 물론 철저한 연구가 필요합니다. 그러나 그것은 또한 충분한
성과가 약속되어 있는 일이기도 합니다. 그것은 『자본』에 대한 매우 가치
있는 보충[309]이 될 것입니다.

마지막으로 나는 당신이 제게 품고 있는 호의에 대해서 감사드리지 않   25
을 수 없습니다. 당신은 내가 제3권을 지금의 모습보다 더 훌륭하게 만들
수 있었을지도 모른다는 견해를 밝히셨더군요. 그러나 나 자신은 거기에
동의할 수 없습니다. 나는 맑스의 저작을 맑스의 말로 출판함으로써 나의
의무를 다 했다고 믿습니다. 설령 독자에게 좀더 스스로 생각할 것을 요구

하는 위험을 안게 된다 하더라도 말입니다.

당신께 최고의 경의를 표하며

F. 엥겔스

수고에 의거함.

맑스 · 엥겔스 저작집,
제39권, 427-429면.

최인호 번역

38

엥겔스가
쮜리히의 콘라트 슈미트에게

95년 3월 12일, 런던 북서구 리전츠파크가 41

친애하는 슈미트,

당신이 부친 작년 11월 13일과 이번 달 1일의 편지 두 통이 지금 내 앞에 있습니다. 가장 긴급한 제2번부터 시작하겠습니다.

파이어맨에 대해서는 그대로 놔 둬도 괜찮습니다. 렉시스는 다만 문제를 제기했을 뿐이며, $\dfrac{\sum m}{\sum(c+v)}$ 에서는 당신도 마찬가지입니다.[310] 그는, 당신이 합계한 수열 $\dfrac{m'}{(c'+v')} + \dfrac{m''}{(c''+v'')} + \dfrac{m'''}{(c'''+v''')}$ … 등등을 **분류**하고 그것을 자본 **구성**의 차이에 따라 그 사이의 균등화가 경쟁을 통해서만 일어나는 여러 생산 부문군群으로 구분하여 올바른 길을 잡고 **한걸음** 더 나아갔습니다. 이 한걸음이 다음의 중요한 한걸음이었다는 것은 맑스의 텍스트 자체가 당신에게 보여 주고 있으며, 이 지점까지는 정확한 과정을 밟고 있습니다. 파이어맨의 F[ireman]s 오류는 그가 여기서 중단한 채 이것으로 안심했다는 것, 그리하여 이 책[277] 자체가 출판되기 전까지 이 오류가 등한히 될 수밖에 없었다는 것입니다.──그렇지만 당신은 안심하십시오. 당신은 맹세코 만족해도 괜찮습니다. 당신은 이윤율의 경향적 저하의 원인과 상업 이윤의 형성을 혼자 힘으로 발견했습니다. 파이어맨이 이윤율을 발견한 것처럼 $^2/_3$ 의 혼자 힘이 아니라 완전히 혼자 힘으로 말입니다.

    당신이 이윤율 부분에서 어떻게 옆길로 샜는가는 당신 편지의 설명을 통해서 어느 정도 알 수 있을 것 같습니다. 나는 거기서 세부 문제에 빠져드는 경향을 볼 수 있습니다. 그리고 나는 이것을 48년 이래 독일의 대학들에서 만연하고 있는 절충적 철학 방법에 기인한다고 보고 있습니다. 이 방법에 의존하면 전체를 조망하지 않고 개별적인 문제들에 대해 끝없이 또 아무 성과도 없이 심사 숙고하는 일만 왕왕 일어날 뿐입니다. 그런데 당신은 이전에 고전 작가들, 특히 칸트에 몰두한 적이 있습니다. 칸트는 당시 독일 철학의 상황 때문에, 또 옹졸한 볼프의 라이프니쯔주의와 대립하다 보니 형식상 볼프의 이러한 심사 숙고에 외견상 다소 양보할 수밖에 없었습니다. 그렇게 보면 당신 편지의 가치 법칙에 관한 여담에서 보여 주고 있는 경향, 즉 개별적인 문제들에 너무 깊이 빠져들고 전체적 연관에 대해서 언제나 주의를 돌리지 않는 듯한 경향이 제게는 이해가 됩니다. 그리하여 예를 들면 칸트가 신의 존재를 실천 이성의 요청으로 격하시킨 것처럼, 당신은 가치 법칙을 하나의 허구로, 필요한 허구로 격하시키고 있습니다.

    가치 법칙에 대한 당신의 비난은, 현실성의 관점에서 보는 한 **모든** 개념들에 해당됩니다. 헤겔의 표현을 빌리자면 사유와 존재의 동일성은 당신의 원과 다각형의 예와 완전히 일치합니다. 바꿔 말하면, 한 사물의 개념과 현실, 이 두 가지는 두 개의 점근선漸近線 처럼 나란히 달리되 언제나 서로 접근할 뿐 결코 교차하지 않습니다. 이 양자의 차이는, 개념이 그대로 직접 실재가 아니고 실재가 직접 개념이 아니기 때문에 생기는 차이입니다. 개념은 개념의 본질적 본성을 가지고 있기 때문에, 따라서 개념은 실재와 곧바로 첫눈에 prima facie 일치하지 않기 때문에, 개념은 먼저 실재로부터 추상되어야 하는 것이기 때문에, 그것은 어쨌든 허구 이상의 것입니다. 당신이 현실과 사유 결과는 긴 우회로를 거쳐서만 또 점근선처럼 근사적으로만 일치하기 때문에 모든 사유 결과는 허구라고 생각하지 않는 한 말입니다.

    일반적 이윤율도 그렇지 않습니까? 일반적 이윤율은 어떤 순간에도 근사적으로만 존재합니다. 이윤율이 두 개의 공장에서 완전히 똑같이 실현된다면, 두 공장이 임의의 연도에 **완전히 동일한 이윤율**을 얻는다면, 그것은 순전히 우연입니다. 이윤율은 실제로 사업마다의 상이한 사정에 따라, 해마다 변합니다. 그리고 일반적 이윤율은 많은 사업들과 일련의 연도의 평균으로서만 존재합니다. 그러나 우리가 이윤율이 —— 말하자면 14.876934……식으로 소수점 100 자리까지 어느 사업 어느 해나 완전히 동일해야 하고 그렇지 않으면 허구로 격하해야 한다고 요구하려 한다면, 우리는 이윤율과　5
경제적 법칙 일반의 본질에 대해서 완전히 오인하고 있는 것입니다.—— 경제적 법칙들은 모두 근사로서의, 경향으로서의, 평균으로서의 실재성을 가질 뿐, 결코 **직접적** 현실성으로서의 실재성을 가지지 않습니다. 이것은 한편으로 그 법칙들의 작용이 다른 법칙의 동시적 작용에 의해서 저지되기 때문이고, 다른 한편으로 법칙의 개념으로서의 본성 때문입니다.　10

　혹은 임금 법칙, 즉 노동력 가치의 실현을 생각해 보십시오. 노동력 가치는 항상 그러한 것은 아니지만 오직 평균으로서만 실현되며 지역과 부문과 통상적 생활 수준에 따라 변화합니다. 혹은 독점된 자연력 때문에 일반적 [이윤]율 이상으로 생기는 초과 이윤을 표현하는 지대를 생각해 보십시오. 이 경우에도 현실적 초과 이윤과 현실의 지대는 결코 그대로 일치하지　15
않습니다. 그것들은 오직 평균을 통해서 근사적으로만 일치합니다.

　가치 법칙에서나, 이윤율에 의한 잉여 가치의 배분에서나 사정은 똑같습니다.

　1. 이 양자가 가장 완전하게 근사적으로 실현되는 것은 자본주의적 생산이 어디서나 완전히 수행되고 있다는 전제, 요컨대 사회가 토지 소유자,　20
자본가(산업가와 상인) 및 노동자라는 현대적 계급으로 집약되어 있고 일체의 중간 단계들이 배제되어 있다는 전제하에서 가능합니다. 영국에서조차 그런 일은 아직 한 번도 없었으며 앞으로도 결코 없을 것입니다. 우리는 결코 그렇게 되도록 내버려 두지 않을 것입니다.

　2. 지대를 포함한 이윤은 여러 가지 구성 부분들로 이루어져 있습니다 :　25
　a) 사기에 의한 이윤 —— 이것은 대수적 총계에서 상쇄됩니다 ;
　b) 재고품(예를 들면 다음 해에 흉작이 들 때 전 해에 수확한 나머지)의 가치 상승에서 생기는 이윤. 이것 또한 다른 상품의 가치 하락에 의해 상쇄되지 않는 한, 이론적으로 결국 평균화되기 마련입니다. 왜냐하면 구매

하는 자본가들이 판매하는 자본가들이 얻은 만큼 잃을 수밖에 없거나 노동
자들의 생활 수단일 경우에는 시간이 지나면 임금이 오를 수밖에 없기 때
문입니다. 이러한 가치 상승에서 가장 본질적인 것은 시간이 **지나면 상승하
지 않는다**는 것입니다. 그러므로 평균화는 오직 몇 년 간의 평균으로만, 그
5   것도 극히 불완전하게, 주지하다시피 노동자들의 희생으로 이루어집니다;
노동자들은 더 많은 잉여 가치를 생산하게 되는데, 그것은 그들의 노동력이
받아야 할 보수를 제대로 받지 못하기 때문입니다;

　　　c) 잉여 가치의 총액. 그러나 이 총액에서 다시 **구매자에게 증여되는** 부
분을 빼게 되며, 특히 공황 시에 그러합니다. 공황 시에는 과잉 생산은 사
10   회적 필요 노동이라는 생산의 실질적 내용으로 축소되기 때문입니다.

　　　이렇게 볼 때, 총이윤과 총잉여 가치는 오직 근사적으로만 일치할 수
있다는 결론이 애초부터 확실하게 나옵니다. 게다가 총잉여 가치나 총자본
도 불변량이 아니라 나날이 변화하는 가변량이라는 것을 고려한다면, 이윤

율의 $\dfrac{\Sigma m}{\Sigma(c+v)}$ 와의 일치는 근사적 급수와의 일치가 아니면, 총가격과

15   총가치의 합치는 끊임없이 통일을 추구하지만 끊임없이 통일에서 멀어지는
그러한 일치가 아니면 완전히 불가능합니다. 바꿔 말하면, 개념과 현상의
통일은 본질적으로 무한한 과정으로서만 나타나며, 다른 모든 경우에서와
마찬가지로 이 경우에서도 그러합니다.

　　　도대체 봉건 제도가 그 개념과 일치한 적이 있습니까? 서프랑크 왕국
20   에서 기틀을 잡고, 노르망디에서 노르웨이 정복자에 의해 한층 더 발전하
고, 영국과 남부 이딸리아에서 프랑스의 노르망 인들에 의해 육성된 봉건
제도, 이 봉건 제도가 그 개념에 가장 가깝게 다가간 것은——잠시 있다
사라진 예루살렘 왕국에서였습니다. 이 왕국이 남긴 예루살렘 법전은 봉건
질서의 가장 전형적인 표현이었습니다. 봉건 질서가 팔레스타인에서만 그
25   리고 그것도——대부분——종이 위에서만 완벽한 고전성을 지닌 짧은 생
애를 누렸다고 해서 봉건 질서가 허구였습니까?

　　　그렇지 않으면 자연 과학의 지배적 개념들이, 그것들이 항상 실재와
일치하지 않기 때문에, 허구인 것입니까? 우리가 진화론을 받아들인 그 순

간부터 유기적 생명에 대한 우리들의 모든 개념은 현실과 오직 근사적으로만 상응합니다. 그렇지 않다면 어떤 변화도 일어나지 않을 것입니다 ; 유기계 有機界 의 개념과 현실이 절대적으로 일치하는 날이 온다면, 그날로 발전은 끝납니다. 어류라는 개념은 아가미로 호흡하고 물 속에서 사는 생명을 뜻합니다 ; 이 개념의 파괴 없이 어떻게 당신은 어류에서 양서류로 나아갈 5 수 있겠습니까? 실제로 이 개념이 파괴되었기 때문에 우리들은 부레를 폐로 더욱 발전시켜 공기를 호흡할 수 있게 된 많은 어류를 알고 있습니다. 파충류와 포유 동물이라는 이 두 개념 가운데 어느 하나가 혹은 둘 다 실재와 충돌하지 않고서 어떻게 당신은 난생 파충류에서 살아 있는 새끼를 잉태하는 포유 동물을 생각할 수 있겠습니까? 그리고 실제로 단공목 單孔目 10 이라는 난생 포유 동물의 완전한 아강 亞綱 이 있습니다——1843년에 나는 맨체스터에서 오리너구리의 알을 본 적이 있습니다만, 그때 나는 편협하고 오만하게도 포유 동물이 알을 낳는 법이 어디 있느냐며 조롱을 했습니다. 지금은 그것이 증명되었습니다! 그러므로 후에 내가 오리너구리에게 용서를 빌지 않으면 안 되었던 것처럼 당신이 가치 개념에 대해서 그와 같은 처 15 지에 빠지게 되지 않기를 바랍니다!

    제3권에 대한 좀바르트의 논문은 다른 점에서는 아주 좋지만, 가치 이론을 회석시키는 경향이 있습니다 ; 그 역시 무언가 다른 해답을 기대한 것이 틀림없습니다.

    『중앙 신문』에 실린 당신의 논문은 아주 좋습니다. 그리고 맑스의 이윤 20 율 이론과 과거 경제학의 이윤율 이론의 독특한 차이를——양적 규정에 의해——증명한 것은 아주 훌륭합니다. 저 총명하다는 저명한 로리아조차 제3권에서는 가치 이론이 직접적으로 방기되고 있다고 보고 있지만, 당신의 논문 자체가 그것에 대한 완벽한 답변입니다. 지금 두 사람이 이 문제에 관심을 가지고 있습니다. 그들은 로마의 라브리올라와 『사회 비판』에서 로 25 리아와 논쟁 중에 있는 라파르그입니다.[311] 그러므로 당신이 논문 한 부를 로마 비또리오 엠마누엘레가 251번지의 안또니오 라브리올라 교수 앞으로 보낸다면, 그는 그 논문의 이딸리아 어 번역판을 내기 위해 전력을 다할 것입니다 ; 또 다른 한 부를 프랑스 세느 르삐의 뽈 라파르그에게 보낸다면,

그는 그것을 논쟁에 필요한 논거로 삼을 것이며 당신의 논문을 인용할 것입니다. 나는 이 두 사람에게 편지를 보내서 당신의 논문에는 주요한 논점에 대한 답변이 완비되어 있다고 썼습니다. 만약 그 두 부를 보낼 수 없다면, 제게 알려 주십시오.

5   이것으로 펜을 놓아야겠습니다. 그렇지 않으면 언제 끝날지 모르겠군요. 안녕히 계십시오.

당신의
F. 엥겔스

수고에 의거함.

맑스 · 엥겔스 저작집,
제39권, 430-434면.

최인호 번역

39

엥겔스가

빈의 빅토르 아들러에게

1895년 3월 16일, 런던

친애하는 빅토르,   5

여기에 요청하신 문의 사항에 당장 답변을 보냅니다. 좀바르트의 논문은 매우 훌륭합니다. 단, 가치 법칙에 대한 그의 파악은 이윤율 문제를 해결하려는 데서 오는 약간의 실망에 시달리고 있습니다. 그는 명백히 하나의 기적을 기대했지만, 그가 실제로 본 것은 기적과는 거리가 먼 합리적인 것이었습니다. 따라서 그는 가치 법칙의 의미를 결정적인 경제적 힘으로서의   10
노동 생산력의 관철로 환원하고 있습니다. 그것은 너무 일반적이고 불명확합니다.──『사회 정치 중앙 신문 Soz[ial] pol[itischen] Centralblatt』에 실린 키 작은 콘라트 슈미트의 논문은 매우 훌륭합니다. E. 베른슈타인의 논문은 매우 혼란스럽습니다. 그는 아직 변함없이 신경 쇠약증에 걸려 있는데다가 이런저런 잡다한 일로 시달리던 와중에 논문 일을 내팽개쳐 두고   15
있다가 갑자기 K. 카우츠키 K[autsky]의 독촉을 받은 것입니다.

당신은 감옥[312]에서 『자본』 제2권과 제3권을 열심히 공부하려 합니다. 해서 나는 당신에게 몇 가지 힌트를 주려고 합니다.

제2권, 제1편, 1장을 철저히 읽을 것. 그러면 2장과 3장을 쉽게 읽을 수 있음. 4장은 요약으로서 다시 면밀히 읽을 것 ; 5장과 6장은 쉬우며 특히   20
제6장은 주변적인 것들을 다루고 있음.

590

제2편. 7-9장이 중요. 10장과 11장이 특히 중요. 12, 13, 14장도 마찬가지. 반대로 15, 16, 17장은 일단은 대충 읽어도 무방함.

제3편. 이 부분에서 중농주의자 이래 처음으로 자본주의 사회에서의 상품과 화폐의 총순환을 다루고 있는데, 아주 탁월한 서술임 ── 내용상 탁월하지만, 형식의 면에서 보면 공포스러울 만큼 난해함. 이유 1. 두 개의 서로 다른 방법에 의해 처리된 두 개의 원고가 함께 편집되어 있기 때문. 이유 2. 제2번 원고는 만성 불면증으로 머리가 아픈 상태에서 억지로 끝까지 써내려 간 것이기 때문. 나라면 마지막까지, 그러니까 제3권의 첫 통독을 마칠 때까지 보류할 것임. 이 부분은 또한 당신이 읽지 않고 넘어가도 좋은 첫 번째 부분임.

그 다음 제3권.

여기서 중요한 부분: 제1편에서는 1-4장. 반대로 일반적인 맥락의 측면에서 보면 별로 중요하지 않음. 그러므로 우선은 많은 시간을 들일 필요가 없음. 5, 6, 7장.

제2편. 8, 9, 10장이 아주 중요함. 11장과 12장은 대충 읽어도 좋음.

제3편. 전부가 아 주 중 요 함. 13-15장.

제4편. 마찬가지로 아주 중요함. 그러나 16-20장은 쉽게 읽을 수 있음.

제5편. 21-27장이 매우 중요함. 28장은 그만큼 중요하지는 않음. 29장 중요함. 전체적으로, 당신의 목적을 위해서는 30-32장은 중요하지 않음. 지폐 등등이 문제가 되는 즉시 33-34장이 중요함. 국제 환 시세와 관련해서는 35장이 중요. 36장은 당신에게 매우 흥미로우며 쉽게 읽을 수 있음.

제6편. 지대. 37장과 38장이 중요. 그만큼 중요하지는 않지만 39장과 40장도 같이 읽어 두면 좋음. 41-43장(차액 지대 II, 각각의 경우들)은 넘어가는 편이 더 좋음. 다시 44-47장이 중요함, 그러나 대부분 쉽게 읽을 수 있음.

제7편은 아주 훌륭함. 유감스럽게도 미완성이며 게다가 불면증의 흔적이 강하게 남아 있음.

이런 식으로 중요한 부분은 철저하게 읽고 중요하지 않은 부분은 우선 대충 통독해 본다면(미리 제1권의 중요한 부분들을 다시 읽어 두는 것이

가장 좋습니다), 당신은 전체를 조망할 수 있게 될 것이며 대충 읽은 부분
을 나중에 쉽게 소화할 수 있을 것입니다.

그 신문에 대해 당신이 알려준 소식들은 우리를 매우 기쁘게 했습니
다. **정치적 효과**가 중요한 것이고 재정적 효과는 그 뒤를 따를 뿐입니다. 전
자의 효과가 확실해지면 후자의 효과는 쉬워지고 빨라집니다. 나는 제1면   5
의 선거 개혁 단신에 실린 당신의 기사를 만족스럽게 읽고 있습니다──
결정적 효과를 일으키는 기반fulcrum 은 여기에 있는 것입니다.

옛날부터 주기적으로, 특히 봄에 나를 괴롭히던 병이 다시 도져서 몸
이 좋지 않습니다. 그러나 이번에는 전만큼 심하지는 않고 그보다는 가볍습
니다. 14 일 정도 지나면 괜찮아지리라 생각합니다. 93년이나 94년 때처럼   10
해변의 공기를 마셔야만 하는 일은 생기지 않을 것입니다.

이곳의 운동은 다음과 같이 요약됩니다 : 대중 속에서는 계속해서 본능
적인 진보가 이루어지고 있으며, 그 **경향**은 유지되고 있습니다 ; 그러나 일
단 이 본능과 이 충동적인 경향에 의식적인 표현을 부여하는 문제에서는
여러 분파의 지도자들이 너도나도 달려들어 너무나 어리석고 편협한 방식   15
으로 행동하고 있기 때문에, 사람들은 뺨을 오른쪽과 왼쪽으로 나누고 싶어
합니다. 그러나 확실히 이것은 올바른 앵글로색슨적인 방법입니다.

여러 곳에 안부 전해 주십시오.

당신의
F. E.

출전 : 빅토르 아들러,   맑스 · 엥겔스 저작집,
『논설, 연설, 편지』, 제1분책, 빈, 1922년.   제39권, 436-438면.

최인호 번역

[1] 본 『저작 선집』 제1권의 412/413면 및 432/433면과 비교하라. 2

[2] 1804년에 나뽈레옹 1세의 권유로 도입되어 오늘날까지 프랑스 민법전으
     로 통용되는 나뽈레옹 법전은 1900년까지 라인 지방의 일부에서도 통용
     되었다. 4 73 79

[3] 1794년의 「프로이센 국가의 일반 주 법」은 판결에 있어서 봉건 프로이
     센의 후진적 성격을 고착시켰으며, 본질적인 부분에서는 1900년에 부르
     주아 법전이 도입될 때까지 통용되었다. 4

[4] 프리드리히 엥겔스, 「프랑크푸르트 의회」(본 『저작 선집』 제1권의 453
     -457면을 보라). 6

[5] 칼 맑스, 「6월 혁명」(본 『저작 선집』 제1권의 463-467면을 보라). 8

[6] 1848년 2월 24일에 프랑스에서는 군주제가 전복되고 공화정이 선포되었
     다. 8

[7] 본 『저작 선집』 제1권의 533-572면을 보라. 9

[8] 『맑스·엥겔스 저작집』 제6권의 519면을 보라. 10

[9] 1849년 6월 13일에 빠리에서 소부르주아 민주주의자들이 지도하는 평화
     시위가 군대에 의해 해산되었다. 이 시위의 좌초는 프랑스에서의 소부
     르주아 민주주의자들의 정치적 파산을 드러냈다. 10 230

[10] 엥겔스는, 1849년 3월 28일에 프랑크푸르트 국민 의회에서 결의된 제국
     헌법을 옹호하기 위해 1849년 5월과 6월에 민주주의 세력에 의해 수행

된 제국 헌법 원정에 참가했다. 이 원정은 1848/49년 부르주아 민주주의 혁명의 최후의 단계였다. 10

[11]   저술 『가족, 사적 소유 및 국가의 기원』으로 엥겔스는 맑스주의 국가 이론의 심화와 더 한층의 발전에 발군의 기여를 하였다. 그는 원시 사회의 역사, 그 점차적 몰락, 적대적 계급들로 분열된 사회의 형성 등에 관한 깊이 있는 역사 유물론적 분석을 제공하였다. 풍부한 역사적 사실 등에 의거하여 엥겔스는, 가족 관계, 소유 관계, 계급, 국가 등의 형태들이 역사적으로 제약되며 또 따라서 변화하며, 유물론적 역사 파악 및 사회 파악이 인류 역사의 모든 단계들에 대해 보편 타당성을 지니고 있음을 증명하였다.

엥겔스는 『가족, 사적 소유 및 국가의 기원』을 1884년 3월 말에서 5월 말까지 집필하였다. 맑스의 수고를 교열하던 중, 엥겔스는 맑스가 1880/1881년에 아메리카의 민속학자 루이스 헨리 모건의 책 『고대 사회, 또는 야만에서 미개를 거쳐 문명에 이르는 인류의 진보 경로에 대한 연구』에 관해 작성해 둔 상세한 개요를 발견하였고, 모건의 책에 붙인 맑스의 비판적 주석을 이용하여 역사 유물론의 관점에 선 그 연구 성과를 분석하고 일반화하기로 결심하였다. 동시에 엥겔스는 자본주의 이전의 사회 구성체 등에 관한 북아메리카, 영국, 독일, 러시아, 프랑스 등의 과학자들의 최신 연구 성과들을 비판적으로 충분히 이용하였다. 그 밖에도, 그리스 및 로마와 게르만 인 및 고대 아일랜드의 역사에 관해 엥겔스 자신이 다년 간에 걸쳐 이전에 행한 연구의 결과들도 거기에 활용하였다.

원래 엥겔스는 자신의 저술을 독일 사회 민주주의당의 합법적 이론지 『신시대』에 발표하려고 하였다. 하지만 그의 노작은 사회주의자 법이라는 조건에서는 독일에서도 인쇄될 수 없었다. 그것은 1884년 10월 초에 쮜리히에서 책으로 나왔지만, 이미 1886년에는 제2판이, 1899년에는 무정정 제3판이 슈투트가르트에서 발간되었다. 그 직후에 엥겔스의 이 저술은 이딸리아 어, 루마니아 어, 덴마크 어, 프랑스 어 등으로 번역되었다.

엥겔스는 원시 공동체의 역사에 관한 새로운 자료들을 수집한 후, 1890년에 새로운 판의 준비를 시작하였다. 그는 이 문제에 관한 모든 신간물 특히 러시아의 학자 M. M. 꼬발레프스끼의 간행물을 연구하였다. 최신의 인식 —— 무엇보다도 고고학과 비교 민속학의 영역에서의 ——

에 근거하여, 그는 원래의 텍스트에 많은 변경을 가했고, 특히 제2장 「가족」에는 중요한 보론을 달았다. 이 저술의 개정 증보 제4판은 1891 년 11월에 슈투트가르트에서 발행되었다 ; 그 후에는 더 이상 이 노작에 소소한 변경도 취해지지 않았다. 엥겔스는 이 판에 새로운 서문을 썼는 데(본 서 18-31면을 보라), 그것 또한 「가족의 원사 原史(맥레넌, 바호 펜, 모건)」라는 제목으로 『신시대』, 제9년차, 1890/91년, 제2권, 41호에 독립적인 논문으로 발표되었다. 11

[12]   J. H. W. 디쯔를 말한다. 18

[13]   존 퍼거슨 맥레넌, 『고대사 연구. 『원시 결혼. 결혼식에서의 약탈 형태의 기원에 대한 연구』 재판 수록』, 런던 및 뉴욕, 1886년. 25

[14]   루이스 헨리 모건, 『고대 사회, 또는 야만에서 미개를 거쳐 문명에 이르는 인류의 진보 경로에 대한 연구』. 런던, 1877년. 32 41 49 58 68 69 77 95 96 101 104 119 121 132 151 175

[15]   고대 그리스의 유명한 서사시 『일리아드』는 호머가 쓴 것이다. 37 73

[16]   엥겔스는 자신의 노작을 위해 다음과 같은 맥레넌의 책을 이용하고 있다 ; 『원시 결혼. 결혼식에서의 약탈 형태의 기원에 대한 연구』, 에딘버러, 1865년. 『고대사 연구. 『원시 결혼. 결혼식에서의 약탈 형태의 기원에 대한 연구』 재판 수록』, 런던, 1886년. 제4판을 준비할 동안에 엥겔스는 특히 뒤에 언급한 저작의 1886년에 런던과 뉴욕에서 발행된 신판을 연구하였다. 40 147

[17]   알렉시 지로-뙬롱은 앙리 드 소쉬르의 이러한 의견을 자신의 책 『결혼 및 가족의 기원』(주네브 및 빠리, 1884년)에서 인용하고 있다. 44

[18]   엥겔스는 알프레드-빅또르 에스삐나를 알렉시 지로-뙬롱의 책 『결혼 및 가족의 기원』(주네브 및 빠리, 1884년)에 의거하여 인용하고 있는데, 거기에는 에스삐나의 이 노작의 발췌가 부록으로 수록되어 있다. 44

[19]   이 편지가 남아 있는지에 관해서는 알려져 있지 않다. 엥겔스는 1884년 4월 11일 칼 카우츠키에게 보내는 편지(『맑스 · 엥겔스 저작집』 제36권의 133면을 보라)에서 이 편지를 언급하고 있다. 48

[20]   엥겔스는 리하르트 바그너의 오페라 3부작 『니벨룽엔의 반지』를 가리키고 있으며, 『발큐레. 3부작 「니벨룽엔의 반지」, 제1부』에서 인용하고 있다. 48

[21]   엥겔스는 구 『에다』에 나오는 노래 「외기스드렉카」의 제32절과 36절에서 인용하고 있다. 48

596

[22] 「잉글링가 사가」는, 아이슬랜드의 시인이자 연대기 작가인 스노리 스투르루손이 13 세기 전반기에 편찬한 책 『헤임스클링글라』에 나오는 고대부터 12 세기 말까지의 노르웨이 왕들에 관한 열여섯 편의 전설 가운데 최초의 것이다. 49

[23] 루이스 헨리 모건, 『인류의 혈족 및 친족 체계들』(워싱턴, 1871년). 54 96

[24] 엥겔스는 아더 라이트의 편지를 루이스 헨리 모건의 『고대 사회, 혹은 야만에서 미개를 거쳐 문명에 이르는 인류의 진보 경로에 대한 연구』(런던, 1877년)에 의거하여 인용하고 있다. 60

[25] 막심 꼬발레프스끼의 『원시 제도, 제1분책, 「씨족」』(모스크바, 1886년)을 보라. 70 152

[26] 야로슬라브 법전 Jaroslaw Prawda 이란, 고대 러시아 인들의 법령집인 『루스까야 법전』의 가장 오래된 판본의 제1부를 가리킨다. 『루스까야 법전』은 11 세기와 12 세기에 형성되어, 당시 사회의 경제 관계 및 사회 관계를 반영하였다. 70

[27] 달마치야 법전은 15 세기에서 16 세기까지 달마치야의 한 지역인 포리차에서 시행되고 있었던 법령집으로서, 포리차 법령이라는 명칭으로 알려져 있었다. 70

[28] 네아르코스의 소견은 슈트라보의 『지리학』 제15편 제1장에 언급되어 있다. 71

[29] 칼풀리스 Calpulhs 란, 에스빠냐 정복 시기의 멕시코 인디언의 세대 공동체를 말한다. 각각의 세대 공동체는, 소유권을 몰수할 수도 있고 상속인들 사이에 배분할 수도 있는 땅뙈기를 공동으로 보유하고 있었다. 71

[30] 본 서 70/71면을 보라. 72

[31] 『오딧세이』는 호머가 쓴 고대 그리스의 유명한 시이다. 73 120

[32] 원래는 이주민 스파르타 인들에게 복속된 펠로폰네소스 남부의 원주민들인 헬로트들은 스파르타 국가의 노예이다. 75

[33] 맑스/엥겔스, 『독일 이데올로기』(본 『저작 선집』 제1권의 211면을 참조하라). 77

[34] 히에로둘레 Hierodulen 란, 고대 그리스와 그리스 식민지들에 있던 사원에 속한 남녀 노예들이다. 78

[35] 샤를르 푸리에, 『보편적 통일론』 제3권. 수록 : 『전집』, 제2판, 제4권(빠리, 1841년). 83

[36]   「구트룬」(「쿠드룬」)은 13 세기 중고지 中高地 독일어로 된 익명의 서사
　　　시이다. 90

[37]   본『저작 선집』제1권의 400-412면을 참조하라. 91

[38]   1519-1521년의 에스빠냐에 의한 멕시코 정복을 말한다. 103

[39]   '중립 민족'이란 17 세기에, 이리 호수 북부 연안에 살았으며 이로쿼이
　　　족과 후론 족 사이의 전쟁에서 중립을 지켰던 이로쿼이 족과 친족 관계
　　　에 있는 몇몇 인디언 부족들의 군사 동맹을 말한다. 110

[40]   고대 그리스의 철학자 디캐아르쿠스의 보존되어 있지 않는 저작에 나오
　　　는 이 문장은, 빌헬름 바흐스무스의『국가의 관점에서 본 그리스 고대
　　　학』(할레, 1826년) 제1부 제1편에서 인용되고 있다. 114

[41]   호머,『일리아드』두 번째 시가. 117 120

[42]   애쉴로스,『테바스를 공격한 7 인』. 118

[43]   아테네에 정주하며 주로 수공업자와 상업 종사자였던 외국인들인 이른
　　　바 메토이코이를 말한다. 이들은 인신의 자유 이외에는 어떤 권리도 보
　　　유하고 있지 않았으며, 특별한 인두세를 지불해야 했으며, 완전한 시민
　　　대열 출신의 이른바 후견인의 중개에 의해서만 공중 기관에 청원할 수
　　　있었다. 131

[44]   기원전 510-507년에 옛 씨족 귀족의 지배에 맞선 아테네 데모스의 투쟁
　　　을 지도하였던 클레이스테네스는, 씨족 제도의 마지막 잔재를 제거하는
　　　법률을 통해 봉기자들이 획득한 승리를 공고히 하였다. 131

[45]   피시스트라투스(페이시스트라투스)는 기원전 560년에 아테네에서 독재
　　　를 수립하였다. 이 독재는 중간에 중단된 적은 있지만 기원전 510년까
　　　지 존속하였다 ; 그 직후에 클레이스테네스 휘하에서 노예 보유주 민주
　　　주의가 성립하였다. 134

[46]   십이표 법은 세습 귀족에 대한 평민의 투쟁이 벌어진 후인 기원전 5 세
　　　기 중엽에 기초되었으며, 이전에 로마에서 지배적이었던 관습법을 대체
　　　하였다. 136

[47]   제2차 포에니 전쟁(기원전 218-201년)은 서부 지중해의 지배권을 놓고
　　　고대의 양대 노예 소유주 국가인 로마와 카르타고 사이에 일어났다 ; 전
　　　쟁은 카르타고의 패배로 끝났다. 137

[48]   루트비히 랑에는 자신의 책『고대 로마』제1권(베를린,1856년)에서, 필
　　　립 에두아르트 후쉬케의 논문「원로원의 결의로 부여한 페케니아 히스
　　　팔라의 특권에 관하여」(괴팅엔, 1822년)을 인용하고 있다. 141

[49]   테오도스 몸젠, 『로마사』, 전 3 권, 제5판(베를린, 1868-1869년). 143

[50]   막심 꼬발레프스끼, 『가족 및 재산의 기원』(스톡홀름, 1890년). 147

[51]   잉글랜드 인들의 웨일즈 정복은 1283년에 종결되었다. 하지만 웨일즈는
        그 후에도 자치를 유지하였다 ; 잉글랜드와의 최종적인 통합은 16 세기
        중엽에 일어났다. 148

[52]   엥겔스는 여기서 「아일랜드 사」(『맑스 · 엥겔스 저작집』 제16권 459-498
        면을 보라)의 미완성 원고를 암시하고 있다. 148

[53]   『웨일즈의 고대 법률과 제도』 제1권, 1841년. 149

[54]   1745년에 스코틀랜드 고지인 高地人 들이 토지로부터 추방되는 것에 반
        대하여 일으킨 봉기는 패배로 끝났는데, 그 결과 클란 제도는 완전히 절
        멸하였으며 스코틀랜드 농민들은 자신들의 토지로부터 가속적으로 추방
        되었다. 151

[55]   '알라만 부족법'은 게르만의 알레만(알라만)의 관습법을 6 세기 말이나
        7 세기 초와 8 세기에 기록해 둔 것에서 유래하는데, 이 부족은 5 세기
        이래로 알자스, 스위스, 남동 독일 등에 정주하였다. 엥겔스는 이 법률
        의 81호(제84호)를 암시하고 있다. 152

[56]   단편적으로 보존되어 온 8 세기의 고대 독일의 영웅적 서사시인 「힐데
        브란트의 노래」는 전해 내려오는 독일 전설 가운데 가장 오래된 것이다.
        153 180

[57]   「벨루스파」는 구 『에다』(후주 21을 보라)에 나오는 노래 가운데 하나이
        다. 154

[58]   69년에서 70년(또는 71년)까지 로마의 외국인 지배에 맞서 키빌리스 휘
        하에서 일으킨 갈리아와 게르마니아 부족의 봉기는 갈렌의 상당 부분과
        게르마니아의 영토를 장악했으나, 처음의 승리 후에 패배를 당했다. 156

[59]   본 서 70면을 참고하라. 158

[60]   12 세기에 작성된 「로르슈 문서 Codex Laureschamensis」는 로르슈 수
        도원의 필사본이며, 8 세기와 9 세기의 농민적 토지 보유 및 봉건 토지
        보유의 역사에 관한 가장 비중 있는 출전에 속한다. 159

[61]   은대지 恩貸地 는 8 세기 전반기에 프랑크 왕국에 광범위하게 확산되어
        있던 토지 분배 형태이다. 은대지로서 양도된 토지는 그 토지에서 살아
        가고 있던 예속 농민과 함께, 일정한 부역 급부의 의무가 있던 수령자
        (은차인 恩借人)의 용익에 일생 동안 넘겨졌다. 은대지는 봉건적 생산
        방식의 형성에 기여하였다. 170

[62] 가우 백작들은 프랑크 왕국에서 국왕의 관리로서 가우, 즉 백작구를 관리하였으며, 사법, 경찰, 군사 등의 책무를 맡아야 했다. 백작직 세습제가 도입됨에 따라 가우 백작들은 주권을 지닌 봉건 영주로 발전하였다. 171

[63] 이르미농 토지 대장은 생-제르맹-드-쁘레 수도원의 예농, 토지, 수입 등에 관해 9 세기에 수도원장 이르미농 의해 작성된 목록이다. 171

[64] 반자유민 Liten 은 부역 의무와 납세 의무가 있는 반半 자유 농민으로서, 콜로누스 및 노예와 함께 메로벵 왕조와 카롤렝 왕조 시대에 예속 농민의 주요한 부분이었다. 171

[65] 보호 위탁 제도 Kommendation 는 8 세기와 9 세기에 유럽에 보급된 약정이었다. 이를 통해 약자들은 일정한 조건하에 강자들의 보호를 받았다. 이것은 농민들에게는 인격적 자유의 상실을 의미했으며, 소지주에게는 대봉건 영주에 대한 예속을 의미했다. 173

[66] 샤를르 푸리에, 『네 가지 운동과 일반적 운명에 관한 이론』, 수록 : 『전집』, 제3판, 제1권, 빠리, 1846년. 174 196

[67] 1066년 헤스팅스 전투에서, 앵글로색슨족은 잉글랜드에 침입한 노르만디의 공작이며 이후 잉글랜드의 왕인 윌리엄의 군대에 의해 전멸당하였다. 180

[68] 장-밥띠스뜨 몰리에르, 『조르주 당댕, 혹은 끽소리 못하는 남편』, 제1막, 제9장. 185

[69] 본 서 134면을 보라. 185

[70] 홀슈타인 서해안에 위치한 디트마르센 지방은 작센의 한 부족 집단의 거주지였다. 이곳은 공식적으로는 브레멘 대주교의 영주권 하에 있었으나 실제로는 13 세기 초부터 16 세기 말까지 정치적으로 독립되어 있었다. 디트마르센 제도의 기초는 16 세기에는 많은 경우에 낡은 농민 씨족에 의존하고 있는 자치 농민 공동체 총체였다. 14 세기까지는 모든 자유로운 토지 보유자들의 주민 회의가 강력한 권력을 행사하였다. 이후 이것은 대의 제도——3 개의 피선거 기관——로 바뀌었다. 187

[71] 게오르크 빌헬름 프리드리히 헤겔, 『법 철학 강요, 혹은 자연법과 국가학의 기본 개요』. 수록 : 『저작집』, 제8권, 베를린, 1833년. 187

[72] 맑스의 저작 『철학의 빈곤, 프루동의 『빈곤의 철학』에 대한 응답』은 1847년 빠리와 브뤼셀에서 프랑스 어로 출판되었다. 이 저작에 대한 발췌는 본 『저작 선집』, 제1권, 265-297면을 보라. 198

[73] 본『저작 선집』제3권 21-30면을 보라. 198

[74] 맑스/엥겔스, 『성명』(『맑스·엥겔스 저작집』, 제16권, 79면을 보라). 199

[75] 『맑스·엥겔스 저작집』, 제24권, 7-26면을 보라. 199

[76] 요한 칼 로드베르투스-야게초프, 1871년 11월 29일 「루돌프 마이어에게 보내는 편지」. 수록:『서한과 사회 정책론집』, 루돌프 마이어 편, 제1권, 베를린, 1880년. 199

[77] 요한 칼 로드베르투스-야게초프, 1875년 3월 14일자 「J. 젤러에게 보내는 편지」. 수록:『통합 국가학 잡지』, 35년차, 2분책, 튀빙겐, 1879년. 199

[78] 『맑스·엥겔스 저작집』, 제24권, 7-26면을 보라. 200

[79] 『맑스·엥겔스 저작집』, 제4권, 98면을 참조하라. 200

[80] 『맑스·엥겔스 저작집』, 제13권, 47면을 참조하라. 201

[81] 요한 칼 로드베르투스-야게초프, 『표준 노동일』, 『베를린 평론』으로부터의 별쇄, 베를린, 1871년. 205

[82] 맑스의 저작 『정치 경제학의 비판을 위하여』의 발췌(『맑스·엥겔스 저작집』, 제13권, 66-68면을 보라)를 가르킨다. 이것은 『철학의 빈곤』 독일어 초판에는 부록으로 실려 있다. 205 214

[83] 요한 칼 로드베르투스-야게초프, 『우리 나라 경제 상태의 인식을 위하여』, 노이브란덴부르크와 프리틀란트, 1842년. 205 208

[84] 본『저작 선집』, 제1권, 334-359면을 보라. 214

[85] 엥겔스는 맑스의 소책자 「쾰른에서의 공산주의자 재판에 대한 폭로」 독일어 제3판(『맑스·엥겔스 저작집』, 제8권, 405-470면을 보라)의 서론으로 이 저술을 썼다. 맑스의 노작 이외에도 이 판은, 맑스의 논쟁서 「포크트 씨」(『맑스·엥겔스 저작집』, 제14권, 659-665면을 보라)의 부록 「4. 쾰른에서의 공산주의자 재판」, 이 소책자의 독일어 제2판에 대한 맑스의 「후기」(『맑스·엥겔스 저작집』, 제18권, 568-571면을 보라), 「동맹에 보내는 중앙 위원회의 1850년 3월의 호소」(본『저작 선집』, 제2권, 115-126면을 보라)와 「1850년 6월의 호소」(『맑스·엥겔스 저작집』, 제7권, 306-312면을 보라)를 싣고 있다. 215

[86] 바뵈프주의는 18 세기 말 프랑스 혁명가 그락쿠스 바뵈프와 그의 추종자들이 주창한 유토피아적 평등 공산주의 경향의 하나이다. 216

[87] 공화주의적이고 사회주의적 비밀 단체인 계절단은, 오귀스뜨 블랑끼와

아르망 바르베의 지도 아래 1837년 부터 1839년까지 빠리에서 활동하였다. 216

[88]   주로 급진파 학생들로 이루어진 일군의 집단은 프랑크푸르트암마인의 경찰서와 파출소를 공격하였다. 이들은 이를 신호로 연방 의회를 전복하고 독일 전역에서 혁명적 봉기를 일으키려 하였다. 이 공격은 진압되었다. 217

[89]   1834년 2월에 부르주아 민주주의자인 주제삐 마찌니는, 1831년에 자신이 창립한 비밀 동맹인 청년 이딸리아의 회원들 및 혁명적 이민자들과 함께 스위스에서 사브와를 침입하였다. 그 목적은 이딸리아를 통일하고 독립된 이딸리아 부르주아 공화국을 수립하기 위한 민중 봉기를 사브와에서 조직하기 위한 것이었다. 마찌니의 집단은 왕의 군대에 패배하였다. 217

[90]   데마고그란 독일 지식인들과 학생 단체 가운데 반정부 운동 참가자들을 가리킨다. 이들은 1815년 빈 회의가 끝나고 난 후 독일에서 소국 분립주의를 청산할 것을 주장하였다. 217 324

[91]   엥겔스는 런던에 있는 공산주의 노동자 교육 협회를 염두에 두고 있는데, 이 협회는 1865년에 국제 노동자 협회에 참여한 최초의 조직들 가운데 하나였다. 협회는 1918년에 영국 정부에 의해 금지되었다. 218

[92]   칼 맑스, 「기사 「프로이센 왕과 사회 개혁. 한 프로이센 인이」에 대한 비판적 평주들」(본 『저작 선집』, 제1권, 17면을 보라). 219

[93]   주간지 『호민관』을 가리킨다. 223

[94]   「전쟁에 반대하는 회람」(『맑스·엥겔스 저작집』, 제4권, 3-17면을 보라)을 의미한다. 223

[95]   본 『저작 선집』, 제1권, 424-427면을 보라. 224

[96]   엥겔스는 「공산주의자 동맹 규약」(본 『저작 선집』, 제1권, 360면을 보라)에서 인용하고 있다. 226

[97]   「독일에서의 공산주의당의 요구들」의 정확한 본문은, 본 『저작 선집』, 제1권, 446-450면을 보라. 227

[98]   빠리에 있는 독일 노동자 클럽은 1848년 3월 8-9일에 공산주의 동맹의 지도적 대표자들에 의해 창립되었다. 이 클럽은 맑스에 의해 지도되었다. 229

[99]   「동맹에 보내는 중앙 위원회의 1850년 3월의 호소」(본 『저작 선집』, 제2권, 115-126면을 보라)를 가리킨다. 231

[100] 엥겔스는 「동맹에 보내는 중앙 위원회의 1850년 6월의 호소」(『맑스·엥겔스 저작집』, 제7권, 306-312면을 보라)에서 인용하고 있다. 232

[101] 『루드비히 포이에르바하 그리고 독일 고전 철학의 종말』은 맑스주의의 가장 중요한 저작이다. 엥겔스는 여기에서 변증법적 유물론과 역사적 유물론의 기초를 체계적으로 설명하고 있다. 그는 과학적 공산주의의 철학적 원천, 특히 헤겔의 변증법적 방법과 포이에르바하 철학의 유물론을 비판적으로 평가하고 있다. 또 그는, 맑스주의 철학으로 헤겔의 관념론적 변증법과 포이에르바하의 형이상학적 유물론을 지양하였고 철학적 사고의 발전에 있어 하나의 새로운 시대가 시작되었다는 것을 증명하고 있다. 이것과 관련하여 엥겔스는, 모든 철학의 근본 문제는 사유와 존재의 관계에 의거한다는 것을 정식화하고 있다. 그는 이 질문에 대한 대답이 유물론자와 관념론자를 구분하는 결정적인 기준이 된다는 것을 증명하고 있다.

　　　　엥겔스는 이 노작으로 국제 노동자 운동에 맑스주의를 관철시키는 데에 있어 아주 중요한 역할을 하였다. 이 노작은, 노동자 계급, 과학적 세계관, 혁명적 계급 정당은 하나의 분리할 수 없는 통일을 이루고 있으며 또 부르주아 철학에 맞선 노동자 계급의 투쟁에서 중요한 이론적 기초라는 의식으로 노동자 계급을 무장시키는데 결정적으로 기여하였다.

　　　　이 저술은 1886년 4월과 5월 『신시대』에 발표되었다 ; 이 저술은 1888년에 소책자로 발행되었다. 237

[102] 본 『저작 선집』, 제1권, 194-264면에 발췌되어 있는 『독일 이데올로기』를 가리킨다. 241

[103] 본 『저작 선집』, 제2권, 479면을 보라. 241 454

[104] 본 『저작 선집』, 제1권, 185-189면을 보라. 242

[105] 엥겔스는, 독일에서의 철학의 혁명에 관하여 하인리히 하이네가 언급한 것을 염두에 두고 있다. 이것은 하이네가 1833년에 쓴 「독일에서의 종교와 철학의 역사에 관하여」라는 논문에 수록되어 있다. 244

[106] 엥겔스의 이 인용문은 헤겔의 저서 「법철학 강요, 혹은 자연법과 국가학의 기본 개요』(수록 :『저작집』, 제8권, 베를린, 1833년)의 서문에서 바꾸어 말한 것이다. 244

[107] 게오르크 빌헬름 프리드리히 헤겔, 『철학적 학들의 엔치클로페디 강요』, 제1부, 『논리학』, 수록 :『저작집』, 제6권, 베를린, 1840년. 244

[108] 괴테, 『파우스트』, 제1부, 서재. 245

[109]   엥겔스는 분명히, 1883년에 런던에서 발행된 에버러트 페르디난드 임
         던의 『기아나 인디언 사이에서 : 영국령 기아나 오지에 관한 주로 인류
         학적인 스케치』를 염두에 두고 있다. 253

[110]   천문학자 요한 갈레가 1846년에 발견한 해왕성을 말한다. 256

[111]   엥겔스는, 칼 그륀 편 『그의 왕복 서한, 유고 그리고 그의 철학적 특징
         의 발전에서 본 루드비히 포이에르바하』(제2권, 라이프찌히와 하이델베
         르크, 1874년)에서 포이에르바하에 관한 격언을 인용하고 있다. 257 260

[112]   이신론은 세계 창조자로서 신을 인정하지만 세계의 전진적 발전에 대한
         신의 영향력을 부인하는 종교 철학적 관점을 말한다. 262 517

[113]   엥겔스는 포이에르바하의 저작 「신체와 영혼, 육체와 정신의 이원론에
         대한 반대」, 「필요는 모든 법칙을 지배하고 지양한다」, 「철학의 원칙들.
         변화의 필연성」에서 인용하고 있다. 267

[114]   게오르크 빌헬름 프리드리히 헤겔, 『법 철학 강요, 혹은 자연법과 국가
         학의 기본 개요』, 『종교 철학 강의』, 수록 : 『저작집』, 제8권, 베를린
         1833년 그리고 제12권, 베를린, 1840년. 267

[115]   루드비히 포이에르바하, 「나의 철학적 이력의 성격 묘사를 위한 단편
         들」, 수록 : 『전집』, 제2권, 라이프찌히, 1846년. 268

[116]   엥겔스는 포이에르바하의 저작 「신체와 영혼, 육체와 정신의 이원론에
         대한 반대」, 「필요는 모든 법칙을 지배하고 지양한다」에서 인용하고 있
         다. 269

[117]   엥겔스는, 1866년 프로이센-오스트리아 전쟁에서 프로이센이 자도바에
         서 승리한 이후 독일의 반동적인 부르주아 신문에서 유행하던 상투어를
         쓰고 있다. 이에 따르면 프로이센의 승리는 프로이센 교육 제도에 기인
         한다고 한다. 269

[118]   엥겔스는 다비트 프리드리히 슈트라우스의 저서 『기독교 교리론. 그 역
         사적 발전과 현대 과학과의 투쟁』(전 2 권, 튀빙겐-슈투트가르트, 1840
         -1841년)를 가리키고 있다 ; 이 책의 방대한 제2편은 「기독교적 신앙론
         의 실제적 본질, 혹은 본래적 교의론」이라는 제목으로 되어 있다. 272

[119]   엥겔스는 헤겔의 『역사 철학 강의』(수록 : 『저작집』, 제9권, 베를린, 18-
         37년)에서 인용하고 있다. 279

[120]   325년에 열린 니케아 회의는 로마 제국 기독교 교회의 최초의 세계 회
         의로서 모든 기독교도들에게 의무적인 신조를 작성하였는데, 이 신조를
         인정하지 않으면 국가 범죄로써 처벌되었다. 285

[121]   알비 파란 12-13 세기에 남부 프랑스 및 북부 이딸리아에 널리 퍼져 있던 한 종파로서, 그 본거지가 남부 프랑스의 도시 알비였다. 그들은 봉건 제도에 대한 상업과 수공업에 종사하는 도시 주민들의 저항을 종교적 형태로 표현하였다. 20 년 간의 전쟁과 가혹한 탄압으로 이 운동은 진압되고 말았다. 286

[122]   1688/1689년에 스튜어트 왕조가 전복되고 오라니엔 공 윌리엄 3세가 왕권을 이양받았다. 이 쿠데타로 부르주아적이고 자본주의적 관계가 성립되고 입헌 군주제를 통하여 이 관계가 확실히 보장되었다. 287 516

[123]   엥겔스는 1887년 5월에 발행된 『잉글랜드 노동 계급의 처지』 아메리카 판 서문으로 「아메리카에서의 노동자 운동」을 썼다. 같은 해에 그는 이 논문을 독일어로 번역하여 6월 10일 및 17일자 『사회 민주주의자』에 발표하였다 ; 프랑스 어로는 그는 『사회주의자』 1887년 7월 9일, 16일, 23일자에 이것을 발표하였다. 이후에 이 서문은 독일어와 영어 단행본으로 출간되었다.

  엥겔스의 저작 『잉글랜드 노동 계급의 처지』 발췌는, 본 『저작 선집』, 제1권, 125-185면을 보라. 290

[124]   아메리카 사회주의자 플로렌스 켈리-비슈네비츠키를 가리킨다. 290

[125]   프리드리히 엥겔스, 『잉글랜드 노동 계급의 처지』 아메리카 판 「부록」(『맑스・엥겔스 저작집』, 제21권, 250-256면을 보라). 290

[126]   북아메리카 사회주의 노동자당은 1876년 필라델피아에서 창립되었다. 창립 대회에서 채택된 강령은 기본적으로 제1인터내셔널의 입장을 지지하였다. 그러나 그들의 종파적인 정책 때문에 혁명적 맑스주의 대중 정당으로 발전하지는 못하였다. 290 492

[127]   아메리카 합중국에서는 1886년 봄에 8 시간 노동일을 도입하기 위한 아메리카 노동자 대중 운동이 전개되었다. 이 운동은 1886년 5월 1일에 시작하여 수일간의 총파업으로 최고조에 달하였는데, 무엇보다도 대공업 중심지의 350,000 이상의 노동자들이 참여하였다.

  1889년 빠리에서 개최된 국제 사회주의자 대회는, 이 총파업을 기념하여 매년 5월 1일을 노동자 계급의 국제적 투쟁일로 축하할 것을 결의하였다. 291

[128]   1886년 가을에 있었던 뉴욕 지방 선거의 준비 기간 동안에 통합 노동자당이 결성되었다. 다른 도시의 노동자들도 이러한 뉴욕의 예를 따랐다. 새로운 노동자 정당들의 지도 하에 노동자 계급은 뉴욕, 시카고, 밀워키

의 지방 선거에서 상당한 성과를 거두었다. 292

[129] 노동 기사단(Noble Order of the knights of Labor)은 1869년 필라델 피아에서 창립된 비밀 조직으로 비밀 조직 형태를 포기하면서(1878년) 전국적 규모의 아메리카 노동자 계급 조직으로 발전하였다. 그렇지만 이 단체는 1886년의 8시간 노동일을 위한 대중 운동(후주 127을 보라)에 참가하지 않았으며, 그 결과 그들은 아메리카 노동 조합 운동에서 그들의 지도적 역할과 그들의 영향력을 상실하였다. 293

[130] 『맑스·엥겔스 저작집』, 제23권, 741-802면을 보라. 295

[131] 본 『저작 선집』, 제1권, 412/413면과 431면을 보라. 299

[132] 엥겔스가 자신이 준비하였던 『독일 농민 전쟁』의 신판과 관련하여 이 미완성 저작을 썼다는 것은 분명하다. 1884년 12월 31일에 프리드리히 아돌프 조르게에게 보낸 자신의 서한에서 나타나다시피, 그는 자신의 책을 철저하게 손볼 것을 계획하였다 ; 그는 책의 처음과 끝에 중요한 역사적 보충을 하려 하였다. 이 수고의 내용으로 판단컨대, 이 수고는 분명히 신판의 서문의 일부가 되어야 했다. 그러나 다른 일들이 너무 많아, 엥겔스는 자신의 계획을 실현할 수 없었다. 300

[133] 「루트비히의 노래」는 고古 고지 독일어(라인프랑크 어)의 각운 서사시로 9세기 말에 무명 시인이 쓴 것이다. 304

[134] 동프랑크 왕 독일 왕 루이와 서프랑크 왕 대머리 왕 샤를르는, 그들의 형제 로테르에 맞선 전투에서 신뢰와 원조를 맹세하였다. 선서문은 고 고지 독일어와 고古 프랑스 어로 보존되어 남아 있다. 304

[135] 셸데 강, 라안 강, 마스 강, 사오네 강의 중간 지역에서 형성된 중부 프 랑크를 가리킨다. 이 나라는 로테르 2세가 그의 아버지 황제 로테르 1세 에게서 9세기 중엽에 상속 받았는데, 그의 이름을 따라 그 나라의 명칭 이 정해졌다. 로테링기아는 870년에 대략 언어 경계선에 따라 분할되었 다. 304

[136] 엥겔스는 프랑스와 영국의 백년 전쟁(1337-1453)을 가리키고 있다. 이 전쟁이 진행되는 동안 영국인들은 여러 번에 걸쳐 프랑스 주요 지역을 획득하였다. 308

[137] 독일의 황제이며 오스트리아 공작인 알브레히트 1세는 그의 전임자인 아돌프 폰 나사우가 스위스 깐똔들의 특권을 인정한 것을 거부하였는데, 그것은 깐똔들을 오스트리아 공작의 통치 아래 두기 위한 것이었다. 14-15세기에, 스위스는 자신의 독립 전투에서 오스트리아 봉건 영주들

의 군대를 물리치고자 자신의 국가로서의 지위를 굳히는 데 성공하였
고, 이후 스위스 깐똔들은 단지 형식상으로 독일 제국에 속하게 되었다.
308

[138] 영국과 프랑스의 백년 전쟁의 가장 대규모 전투 가운데 하나인 끄레시
(프랑스 북서부) 전투에서, 대부분 자유 농민으로 구성된 영국군은 1346
년 8월 26일에 프랑스 기사군을 물리쳤다.

1815년 6월 18일 바텔로에서 영국-네덜란드-프로이센 군대는 나뽈
레옹 1세에 최종적으로 승리하였다. 309

[139] 부르고뉴 공국은 9 세기에 동프랑스에서 성립되어 광대한 영토를 병합
하여 14/15 세기에는 자립적인 봉건 국가로 발전하였으며, 중앙 집권적
프랑스 왕국의 형성을 방해하였다. 1474-1477년 전쟁에서 프랑스의 왕
루이 11세는 부르고뉴 군대를 격파하였다. 310

[140] 프랑스의 왕 샤를르 8세는, 이딸리아의 정치적 분열을 이용하여 1494년
에 이딸리아를 침입하여 나폴리 왕국을 점령하였다. 이듬해에 이딸리아
국가 연합은 황제 막시밀리앙 1세와 에스빠냐의 왕 페르디난드 2세의
지지하에 다시 프랑스 군대를 몰아내었다. 310

[141] 엥겔스는 프랑스에서의 위그노 운동을 염두에 두고 있는데, 이 운동은
16 세기에 깔벵주의의 종교적 기치 하에 발전하였으며 봉건 귀족과 하
급 귀족이 절대주의 국가의 중앙 집권화 정책에 맞서 자신의 이해를 옹
호하는 데 이용되었다. 310

[142] 장미 전쟁(1455-1485)은 과거의 영국 봉건 가문을 신속하고도 철저하게
절멸시켰으며 영국에 절대주의를 수립한 새로운 튜더 왕조의 헨리 7세
의 권력 장악으로 종결되었다. 310

[143] 1890년 3월 21일에 오스트리아의 은행원 이지도르 에렌프로인트는, 빈
주민들 일부에 반유태인주의가 강하게 퍼지고 있고 유태인 자본에 반대
하는 선전이 행해지고 있다는 편지를 엥겔스에게 보냈는데, 엥겔스는
이 편지로 그에게 답하였다.

엥겔스의 편지는, 빈의『노동자-신문』에,『베를린 인민 잡지』1890
년 5월 13일자에, 뮌헨 사회 정책 주간지『노동의 권리』1890년 5월 28
일자에 게재되었다. 311

[144] 런던 유태인 노동자의 파업을 말한다 : 1889년 8월과 9월의 재단사 및
모피 직공의 파업, 1889년 11월의 제빵공들의 파업 및 1890년 3월과 4
월의 제화공들의 파업. 313

[145]   『사회 민주주의자』는 예외법이라는 조건 하에서 사회 민주주의당의 중
       앙 기관지로서 중요한 역할을 하였는데, 사회주의자 법(후주 148을 보
       라)이 폐지된 후인 1890년 9월 27일에 발행이 중지되었다. 318

[146]   1880년 8월 20일부터 23일까지 스위스 비덴 성에서 독일 사회 민주주의
       당의 최초의 비합법 당 대회가, 사회주의자 법(후주 148을 보라)의 조건
       하에서 열렸다. 대회는, 당은 "모든 합법적인 수단으로" 그 목적을 달성
       할 것이다라고 정식화한 강령에서 "합법적"이라는 말을 삭제할 것을 결
       의하였다. 이를 통해 합법적 투쟁 형태와 비합적 투쟁 형태를 결합시킬
       필요성이 승인되었다. 319 568 577

[147]   1888년 4월에 스위스 연방 의회는, 독일 당국의 재촉으로『사회 민주주
       의자』의 다수의 편집부원과 기고자들을 국외로 추방하였다. 1888년 10
       월 1일에 런던에서 잡지는 계속 발행되었다. 320

[148]   사회주의자 법(「공안을 해칠 우려가 있는 사회 민주주의 지향을 규제
       하는 법」)은 1878년 10월 19일에 제국 의회에서 통과되어 1878년 10월
       21일에 효력을 발생하였다. 이 법은 당의 모든 조직을 금지하였고, 사회
       주의적 목적을 추구하는 한에서의 모든 노동 조합을 금지했다. 중요한
       모든 사회주의적 언론 기관들이 탄압받았고, 사회주의적 성격의 모든
       집회가 엄금되었다. 1890년 1월 25일에 제국 의회는 대중의 압력 아래
       사회주의자 법의 연장을 부결하였다. 시행 기간은 1890년 9월 30일로
       다했다. 321 324 340 361 436 451 457 459 489 494 501 504 506 522
       530 538 568 578

[149]   엥겔스는, 맑스의 저작『프랑스에서의 내전』(본『저작 선집』, 제4권,
       37- 96면을 보라) 서설에서 빠리 꼬뮌의 교훈을 새롭게 지적하고 맑스
       에 의한 그것의 이론적 일반화의 중요성을 강조하였다. 그는 꼬뮌의 역
       사, 특히 블랑끼주의자들과 프루동주의자들의 활동에 관해 추가로 기술
       하였다.
             엥겔스는 빠리 꼬뮌 20주년 기념일에 발행된 독일어 제3판을 위해
       이 서설을 썼다. 이후에 여러 언어로 발행된 단행본은 대부분 엥겔스의
       서설을 포함하여 출판되었다.
             1891년 3월 17일에 리하르트 피셔가 엥겔스에게 보낸 편지에서
       알 수 있듯이, 본문의 마지막 단락에 사용된 "사회 민주주의적 속물"이
       라는 정식은, 피셔의 제안으로 "독일의 속물"로 바뀌었다. 323

[150]   본『저작 선집』, 제3권, 170-176면을 보라. 323

[151]　본『저작 선집』, 제2권, 277-393면을 보라. 323

[152]　본『저작 선집』, 제3권, 172면을 보라. 323

[153]　본『저작 선집』, 제3권, 182면을 보라. 324

[154]　의회 내 반정부파는, 7월 왕정(1830-1848) 동안 산업 및 상업 부르주아
　　　　지의 정치적 견해를 대표하였으며 또 온건한 선거법 개정을 위해 전력
　　　　하였다. 325

[155]　정통 왕조파와 오를레앙 파 그리고 보나빠르뜨 파를 가리킨다.
　　　　　정통 왕조파란, 프랑스에서 1589년부터 1793년까지의 기간과 1814
　　　　에서 1830년까지의 왕정 복고 기간에 통치했던 부르봉 왕조의 추종자들
　　　　을 말한다.
　　　　　오를레앙 파란, 7월 왕정(1830-1848) 당시 프랑스를 통치했던 오를
　　　　레앙 왕조의 추종자들을 말한다.
　　　　　보나빠르뜨 파란, 1871년에 정당을 결성한 보나빠르뜨의 추종자들
　　　　을 말한다. 326

[156]　1870년 9월 1일과 2일에 스당에서 벌어진 전투는, 프랑스 군의 패배로
　　　　종결되었다.
　　　　　황제 나뽈레옹 3세는 포로가 되어 카셀 근교의 빌헬름스회에 유
　　　　폐되었다. 327

[157]　1871년 2월 26일 베르사이유의 예비 강화 조약을 말한다. 이에 따르면
　　　　프랑스는 알자스와 로렌 동부 지역을 독일에 할양하고 50 억 프랑의 전
　　　　쟁 배상금을 지불해야 했다. 최종적인 강화 조약은 1871년 5월 10일에
　　　　프랑크푸르트암마인에서 조인되었다. 328

[158]　1871년 3월 31일자 빠리의『프랑스 공화국 관보』가 게재한 빠리 꼬뮌
　　　　선거에 대한 선거 위원회의 보고서로 부터. 329

[159]　엥겔스는 여기에서 빠리 꼬뮌 당시의 교육 대표인 에두아르 바이양의
　　　　훈령 내용을 분명하게 옮겨 쓰고 있는데, 그것은 1871년 5월 12일에 빠
　　　　리의『프랑스 공화국 관보』에 게재되었다. 329

[160]　대주교 조르주 다르브와를 말한다. 330

[161]　본『저작 선집』제4권의 68면을 참조하라. 333

[162]　가능주의자란 뽈 브루스와 브느와 말롱 등등의 지도 하에 있던 프랑스
　　　　노동자 운동 내부의 기회주의적 조류로 1882년에 프랑스 노동자당에서
　　　　분리하여 스스로 사회주의적 노동자 연맹이라 불렀다. 333 485

[163]　게오르크 빌헬름 프리드리히 헤겔,『법 철학 강요, 혹은 자연법과 국가

학의 기본 개요』, 수록 :『저작집』, 제8권, 제를린, 1833년. 335

[164]   독일 사회 민주주의당의 내부 강령 초안에 대한 엥겔스의 비판은 과학
적 공산주의의 가장 중요한 강령 문서이다. 이 비판은 당내에 맑스주의
의 기본 원칙을 관철시키기 위한 기회주의에 반대하는 비타협적 투쟁의
모범이다. 이 비판에서 엥겔스는, 민주주의와 사회주의를 위한, 민주주
의 공화국을 위한, 프롤레타리아 독재를 위한 투쟁의 연관에 관한 문제
에 집중하였다. 엥겔스는 당내의 기회주의적 세력을 무자비하게 공격하
였다. 동시에 그는, 강령 초안에 나타나고 있는 혁명 이론 및 국가 이론
의 불명료함을 지적하고 있는데, 이는 혁명적 당 지도자들에게 존재하
는 혁명 이론 및 국가 이론에서의 불명료함을 제거하기 위해서이다.
1891년 7월 4일에 당 지도부가『전진』에 발표한 공식 강령 초안에서 보
다시피, 엥겔스의 비판은 그 속에 체화되어 있으며, 1891년 에어푸르트
당 대회에서 채택된 강령은 본질적으로 맑스주의적 입장을 견지하였다.
　　엥겔스의 비판은, 1901년에 처음으로『신시대』에 발표되었다. 337

[165]   사회 민주주의당 당 지도부 내부 강령 초안은 아우구스트 베벨과 빌헬
름 리프크네히트가 작성하였는데, 이 초안은 1891년 6월 18일에 '극비'
라는 메모를 달고 수고 인쇄본으로 당원과 유력한 당 지도자들 및 이론
가들에게 우송되었다. 339

[166]   1875년 고타 통합 당 대회에서 채택된 독일 사회주의 노동자당 강령을
말한다. 맑스는 자신의「독일 노동자당 강령에 대한 평주」에서 이 강령
초안에 대한 비판적 평가를 내린 바 있다(본『저작 선집』, 제4권, 363-
390면을 보라). 339 527

[167]   본『저작 선집』, 제3권, 14-17면을 보라. 341

[168]   본 서 353면을 보라. 345

[169]   헌법 분쟁은, 60년대 초에 프로이센 정부와 정부가 요구한 군대 개편
비용을 거부한 프로이센 하원의 자유주의적 다수파 사이에 일어났다.
이 분쟁은, 프로이센이 오스트리아와의 전쟁에서 승리하고 난 후 프로
이센 부르주아지가 비스마르크의 철혈 정책에 승복한 1866년 후반에야
비로소 해결되었다. 347

[170]   맨체스터주의는 자유 무역과 경제 생활에의 국가의 불간섭을 주장했던
경제학적 교의였다. 이것은 산업 부르주아지의 이해를 반영하고 있었다 ;
선전 본부가 맨체스터에 있었다. 348

[171]   연방 국가들, 주로는 바이에른, 작센, 뷔르템베르크의 특별권(독립적인

우편 및 전신 행정, 철도 행정 및 군사 행정에서의 확실한 자율성 등등)은 1870년 11월 북독일 연방 가입 조약과 1871년 4월 독일 제국 헌법에서 확정되었다. 349

[172]   1880년 르아브르 대회에서 채택된 프랑스 노동자당 강령을 말하는 것으로, 맑스는 이 강령의 서설을 썼다(『맑스·엥겔스 저작집』, 제19권, 238면을 보라). 352

[173]   1888년 바르셀로나 대회에서 채택된 에스빠냐 사회 민주주의 노동자당의 강령을 가리킨다. 352

[174]   수고에서 삭제된 이 문장 다음 부분에 나오는 최초의 초고는 다음과 같다 : 프롤레타리아트에게 매달릴 것인가 품에 안길 것인가, 그리고 노동자 계급의 적이 될 것인가 꼬리가 될 것인가. 354

[175]   프랑스 맑스주의자의 바램에 따라 쓴 논문 『독일에서의 사회주의』에서 엥겔스는, 전쟁이 발발할 경우에 독일과 프랑스의 사회주의자들이 어떻게 행동해야 하는가라는 문제에 대해 논하고 있다. 엥겔스에게 있어 이 문제의 해답을 구하는 것은, 국제 노동자 운동 전체의 이해였고 노동자 운동이 안정적으로 최고로 성장할 수 있다는 것을 인식하는 것이었다.

엥겔스는 이 저작에서, 미래의 전쟁은 엄청난 규모로 발발하여 아무런 성과도 없이 황폐함만을 남길 것이라는 천재적인 예측을 하고 있다. 그리고 그는, 노동자 계급은 전쟁의 위험에 반대하여 투쟁하며 전쟁이 발발할 경우에는 자신의 이익을 위해 이용해야 하는 모든 일을 행해야 한다는 결론을 이끌어 내고 있다.

엥겔스의 논문은 1891년에 『1892년도 노동자당 연감』에 게재되었다. 그 직후 엥겔스는, 『신시대』를 위해 이것을 독일어로 번역하였으며 여기에 짧은 서문을 덧붙이고 결론 부분을 추가하여 썼다. 이것은 1892년 2월에 『신시대』에 게재되었다.

이 저작은 각국의 사회주의적 신문에 게재되어 광범위하에 보급되었다; 이것은 이딸리아 어, 폴란드 어, 루마니아 어, 영어, 러시아 어로 출판되었다. 355

[176]   온건 부르주아 공화주의자들의 당을 말한다. 이 당은 산업 부르주아지에 근거를 두었고 이들과 결합한 프랑스 자유주의 지식인들을 지지하였다. 359 398

[177]   루이 블랑은, 자신의 저서 『노동의 조직』에서 자신의 소부르주아적-사회주의적 강령을 서술하고 있다. 360

[178] 1869년 8월 7일부터 9일까지 열린 아이제나하 대회에서 창립된 사회 민
주주의 노동자당을 말한다. 이 당은 국제 노동자 협회의 영향 아래에서,
그리고 부르주아 자유주의 및 라쌀레주의에 대한 수년에 걸친 투쟁의
산물로서 성립하였다. 아우구스트 베벨과 빌헬름 리프크네히트는 맑스
와 엥겔스의 지지하에 이 투쟁을 지도하였다. 사회 민주주의 노동자당
은 그 강령과 규약으로 독일에서의 계급 투쟁의 요구들에 응했으며, 이
를 통해 독일의 노동자 운동은 혁명적 방향을 설정하였고 투쟁 능력이
있는 조직을 갖게 되었다. 360

[179] 1975년 5월 22일부터 27일까지 열린 고타 통합 당 대회에서 사회 민주
주의 노동자당(아이제나하 파)과 라쌀레의 전독일 노동자 협의는 독일
사회주의 노동자당으로 통합되었다. 360

[180] 아우구스트 베벨과 빌헬름 리프크네히트를 말한다. 361

[181] 오스트리아 왕위 계승 전쟁(1740-1748) 기간 중 프랑스 근위병 장교들
가운데 한 사람이 한 말에 대한 암시. 그는 퐁트누아 전투에서 영국-네
덜란드-하노버 군대를 향해 다음과 같이 외쳤다 : "먼저 쏘시지요, 영국
선생들!" 363

[182] 스당 지역에서 1870년 9월 1일과 2일에 독일-프랑스 전쟁 가운데 가장
큰 전투가 벌어졌다. 여기에서 프랑스 군은 참패하였다. 365

[183] 본『저작 선집』, 제3권 182면을 보라. 365

[184] 알렉산드르 3세를 말한다. 367 471 549

[185] 프랑스 대혁명 당시 프랑스 공화국 군대는 1793년에 반혁명적인 유럽
동맹군의 침입을 격퇴하였다. 368

[186] 1891년 7월 크론슈타트에서는 프랑스 함대 환영식이 열렸다. 이 환영식
은 짜르 러시아와 프랑스의 친선에 대한 공공연한 시위였다. 369

[187] 『맑스 · 엥겔스 저작집』, 제23권, 773-774면을 보라. 372

[188] 『잉글랜드 노동 계급의 처지』독일어 제2판 서문의 주요 부분은, 편집
상 몇몇을 변경한 것을 제외하고는 자신의 책에 대한 1892년 영어 판
서문을 독일어로 번역한 것이다. 결론 부분은 엥겔스가 독일어 판을 위
해 특별히 썼다.
　　　　엥겔스의 저서『잉글랜드 노동 계급의 처지』의 발췌는 본『저작 선
집』, 제1권, 125-184면을 보라. 375

[189] 『잉글랜드 노동 계급의 처지』아메리카 판 부록을 가리킨다. 이것은 원
래 아메리카 판 서문으로 생각된 것이지만, 엥겔스는 이후 아메리카의

노동자 운동에 대해 다룬(본 서 290-299면을 보라) 별도의 서문으로 이 것을 대체하였다. 375

[190] 1876년 5월 필라델피아에서 열린 제6회 만국 산업 박람회에 출품된 독일 산업의 전시품은 대부분 다른 나라 제품에 비해 수준 이하였다. 엥겔 스는, 이 사건을 '공업의 예나 industrielles Jena'라고 표현하여 1806년 10월 프로이센 군대가 예나에서 나뽈레옹의 프랑스에 패배한 것을 암시 하고 있다. 376

[191] 1815년 영국에서 대토지 소유자들의 이해에 따라 도입된 외국으로부터 의 곡물 수입의 제한이나 금지를 의도했던 곡물법은, 저렴한 노동력을 얻기 위한 산업 부르주아지의 주도로 1846년에 폐지되었다. 376

[192] 10 시간 법(10 시간 노동일에 대한 법률)은 아동과 여성 노동자에 대해 유효한 것으로, 1847년 6월 8일 영국 의회에서 채택되었다. 377

[193] '소 아일랜드 Little Ireland'란 주로 아일랜드 인들이 거주하는 맨체스터 남쪽의 노동자 지구를 말한다.

　　'세븐다이얼스 Seven Dials'란 런던 중심부의 노동자 지구를 말한 다. 379

[194] 독채 제도는 자본가들이 노동자들에게 처분 가능한 공장 주택을 제공하 는 제도이다 ; 이 주택의 임대료는 임금에서 곧바로 공제된다. 379

[195] 『계간 평론』, 제71권(런던, 1843년), 273면을 보라. 382

[196] 인민 헌장의 채택을 요구하는 제3차 청원은, 1848년 4월 10일 런던에서 대중 시위로 지지를 얻을 계획이었다. 정부가 이 시위를 금지시키자 차 티스트 지도자들은 시위를 단념하고 시위 참가자들을 해산시켰다. 382

[197] 선거 개혁에 대한 법률은 1831년 하원에서 채택되어 1832년 6월에 국왕 에 의해 확정되었다. 그 개혁은 지방 귀족 및 금융 귀족의 정치적 독점 에 반대하였으며 공업 부르주아지의 대변자들이 의회에 입장하는 길을 열어 놓았다. 이 법안에서 노동자 계급과 소부르주아 층은 선거권을 전 혀 가지지 못했다. 382

[198] 1867년 노동자 대중 운동의 압력에 의해 영국에서는 제2차 의회 개혁이 수행되었다. 이 개혁 법안을 통해 소부르주아 층과 노동자 계급 가운데 형편이 좋은 층이 선거권을 갖게 되었다 ; 그러나 노동자 계급의 대부분 은 그 이전이나 이후나 제외되어 있었다.

　　1884년에 제3차 의회 개혁은 1867년의 선거권을 농촌 지역에까지 확대시켰다. 그러나 농촌 프롤레타리아트, 도시 빈민, 모든 여성들은 여

전히 제3차 선거 개혁 이후에도 선거권을 가지지 못했다. 384

[199] 『맑스·엥겔스 저작집』, 제13권, 414-416면을 보라. 384

[200] 『영국 학술 진흥 협회 제53차 대회 보고서 ; 1883년 9월 사우스포트에서 개최』(런던, 1884년), 608/609면을 보라.

영국 학술 진흥 협회는 1831년에 창립되어 지금도 영국에 존재하고 있다 ; 협회의 연차 대회 자료는 보고서 형태로 출간되고 있다. 387

[201] 제임스 케어 하디와 존 번즈를 말한다. 390

[202] 존 하벨록 윌슨을 가리킨다. 390

[203] 이 인사말은 1893년 12월 22일부터 25일까지 주네브에서 열린 국제 사회주의 학생 대회에 초대한 것에 대해 엥겔스가 회답한 것이다. 대회는 무엇보다도, 각국의 사회주의 학생들 간의 연락을 도모하고 이를 강화하기 위해서 주네브에 국제 서기국을 둘 것을 결의하였다. 392

[204] 본 논문을 통해서 엥겔스는, 이딸리아에서 성숙되고 있는 혁명적 위기에서의 당의 전술에 대하여 의견을 개진해 달라는, 이딸리아 사회주의 노동자당의 지도자들, 즉 필립포 투라티와 안나 쿨리쇼바의 요구에 답하고 있다. 엥겔스는 이 글을 프랑스 어로 썼다 ; 이것은 투라티에 의해 이딸리아 어로 번역되어 『사회 비판』의 1894년 2월 1일자에 투라티에 보내는 서한 형식으로 공표되었다. 투라티의 번역은 엥겔스 수고본의 본래의 입장에서 벗어나고 있다.

이딸리아 사회주의 노동자당(Partito socialista de'lavoratori italiani)은 1892년 제노바 당 대회에서 창립되었다. 이 당은 무정부주의자들과 단호하게 선을 그었으며, 90 년대에 이딸리아 노동자 계급의 대중 운동을 이끌었다. 394

[205] 『맑스·엥겔스 저작 선집』, 제23권, 12-15면을 보라. 395

[206] 중소 부르주아지의 이익을 대변하였고 사회주의자들과 여러 차례 협정을 맺었던 이딸리아 급진주의자들을 가리킨다. 395

[207] 본 『저작 선집』, 제1권, 412면과 431면을 보라. 396

[208] 본 『저작 선집』, 제2권, 295면을 보라. 396

[209] 엥겔스의 논쟁서 『프랑스와 독일의 농민 문제』는, 동맹과 농업 문제에 대한 가장 중요한 맑스주의 문헌 가운데 하나이다. 과학적 공산주의의 원칙들을 공격하는 가능주의자들과의 논쟁에서, 엥겔스는 노동자 계급과 농민 층의 동맹에 관한 문제는 노동자 계급의 역사적 사명이라는 전망 하에서만 올바르게 해답을 구할 수 있다는 사실을 증명하였다. 엥겔

스는 우선 자신의 저작에서 농업의 사회주의적 전망을 만들어 내는 데에 집중하였다. 엥겔스는 사회주의적 농업 정책의 원리를 발전시켰는데, 레닌은 소비에트 연방에서 농업을 사회주의적으로 개조시키는 계획을 만들 때 이 원리와 결부시켰고 이후 독일 민주주의 공화국과 여타의 사회주의 국가에서도 이를 성공적으로 적용하였다. 399

[210] 프랑스 노동자당의 제10회 대회는 1892년 9월 24일부터 28일까지 마르세유에서 열렸다. 대회는 농촌에서의 당의 활동 등에 관해 다루었으며 농촌 프롤레타리아트와 소농들의 이해에 상응하는 일련의 구체적인 요구들을 포괄하는 농업 강령을 채택하였다. 405

[211] 고한 제도(영어로는 sweating system) 혹은 도급 장인 제도는 자본주의에서 독특하게 궁리한 도급제 임금 지불 형태이다. 자본가들은 장인이나 다른 중개인과 임금 상한선에 대해 계약을 맺는데, 여기에서 장인이나 중개인은 자신이 판단하여 개별 노동자와 자기 자신의 임금 할당분을 확정한다. 맑스는,『자본』제1권에서 이 직공 감독 제도에 관해 서술하고 있다(『맑스·엥겔스 저작집』, 제23권, 576/577면을 보라). 409

[212] 1894년 9월 14일부터 16일까지 낭뜨에서는 제12회 프랑스 노동자당 대회가 열렸다. 대회의 가장 중요한 결의는, 농업 강령에 이론적 근거를 부여하는 것을 승인하고 강령을 보충하는 것이었다. 421

[213] 엥겔스는 1895년 베를린에서 발행된 맑스의 노작『1848년에서 1850년까지의 프랑스에서의 계급 투쟁』(본『저작 선집』, 제2권, 1-114면을 보라) 신판을 위해 이 서설을 썼다. 그는, 맑스의 노작의 이론적 의의를 강조하고, 1848년 이후 특히 빠리 꼬뮌 이후의 계급 투쟁의 경험을 십분 평가하였으며, 또 19 세기 말의 변화된 조건들 하에서 일반적으로는 혁명적 노동자 운동이 그리고 특수하게는 독일 사회 민주주의당이 어떤 전략과 전술을 따라야 하는가 하는 문제에 대해 답하였다. 그는 민주주의 투쟁과 사회주의 투쟁의 밀접한 결합을 기초하였으며, 그리고 또 프롤레타리아트는 혁명적 방법으로 정치 권력을 획득해야 하며 민주주의 투쟁은 이러한 혁명적 투쟁에 종속되어야 한다는 입장을 일관되게 주장하였다. 이러한 확신 하에 그는, 전술적 방법과 투쟁 형태는 구체적인 역사적 조건에 의존해야 하며 이것의 변화에 따라 변경되어야 하는 이유를 증명하였다.

새로운 사회주의자 법의 위험과 관련하여 리하르트 피셔는, 독일 사회 민주주의당 지도부 명의로 엥겔스에게 정치적으로 가장 민감한 몇

몇 구절을 순화시킬 것을 부탁하면서 교정쇄에 기입된 몇 개의 변경안을 엥겔스에게 보냈다. 엥겔스는 1895년 3월 8일에 피셔에게 보낸 자신의 편지(본 서 575-578면을 보라)에서, 당 지도부의 의혹을 검토하고 자신의 확고한 혁명적 입장을 공고히 하였다. 엥겔스는 서설을 집필할 때 이미 독일의 정치 상황을 폭넓게 고려하였음에도 불구하고, 피셔가 그 것을 교정했을 때에, 그는 게라쇄에서 피셔의 대부분의 변경안을 승인하였으며 또한 몇몇 구절은 다른 구절로 표현하였다. 이 판에서는, 교정지에서 없어진 원문의 구절들은 꺾쇠로 표시되고 있다 ; 피셔가 고친 부분은 후주에 상세히 설명될 것이다.

　　엥겔스도 모르는 사이에 『전진』은, 1895년 3월 31일에 「오늘날 어떻게 혁명을 일으킬 것인가」라는 제목의 사설에서, 엥겔스는 어떤 상황에서도 평화를 사랑하는 합법성 숭배자라는 인상을 심어주는 발췌를 게재하였다. 그런 까닭에 엥겔스는, 카우츠키가 소책자의 출간과 동시에 『신시대』에 서설을 온전하게 발표하는 것을 환영하였다. 426

[214]　이 인용은 맑스와 엥겔스가 쓴 『평론. 5월에서 10월까지』(본 『저작 선집』, 제2권 103면을 보라)에서 따온 것이다. 428

[215]　본 『저작 선집』, 제2권, 277-393면을 보라. 428 510 517 564

[216]　본 『저작 선집』, 제2권, 39/40면을 보라. 429

[217]　작센발트는, 1871년에 비스마르크가 빌헬름 1세로부터 선사 받은 함부르크 근교의 프리드리히스루에의 속령이다. 429

[218]　이 표현은 맑스와 엥겔스가 종종 국외에 있는 망명 정부를 지칭하는데 사용하는 것이다. 430

[219]　프랑스는 1854/1855년에 크림 전쟁에 참여하였고, 1859년에는 오스트리아와 전쟁을 벌였으며, 1856년부터 1858년까지 그리고 1860년에는 중국과의 전쟁에 참가하고 인도차이나 정복을 시작하였으며, 1860년부터 1867년까지는 시리아와 멕시코 원정을 조직하였고, 1870/1871년에는 독일과 전쟁을 벌였다. 434

[220]　'민족체 원리'는 프랑스 제2정의 지배층이 나뽈레옹 3세의 정복 계획과 정치적 모험을 정당화시키기 위해서 내세운 것이다. 이것은 피억압 민족의 민족적 이해를 말살하고 프랑스의 헤게모니를 강화시켰다. 434

[221]　프랑스는 1870/1871년 독일-프랑스 전쟁의 패배로 독일에 50억 프랑의 전쟁 배상금을 지불해야 했다. 436 467

[222]　엥겔스는 맑스가 기초한 『프랑스 노동자당 강령 전문』(『맑스·엥겔스

저작집』, 제19권, 238면을 보라)에서 인용하고 있다. 437

[223] 교정쇄에는 다음과 같이 변경되어 있다 : 더욱이 이러한 기회는 이미 1849년에는 상당히 적었다. 440

[224] 교정쇄에는 다음과 같이 변경되어 있다 : 또한 봉기자들의……가담한다 하더라도. 440

[225] 독일-프랑스 전쟁이 벌어지는 동안 스당에서 프랑스 군이 패배하였다는 보도가 전해지자 1870년 9월 4일에 빠리에서 혁명적 인민 봉기가 일어났다. 이 봉기는 제2제정을 전복하고 공화국을 선포하였다. 441

[226] 메츠에서의 항복과 국민 방위 정부의 프로이센과의 교섭이 알려졌을 때, 빠리 노동자들과 국민 방위대의 혁명적 분자들은 1870년 10월 31일에 봉기를 일으켰다. 그들은 오귀스뜨 블랑끼의 지도 하에 혁명적 권력 기구인 공안 위원회를 설치하였다. 그러나 정부는 지배권을 되찾는 데 성공하였다. 441

[227] 교정쇄에는 다음과 같이 변경되어 있다 : 계급들. 441

[228] 1809년 7월 5일과 6일의 바크람 전투에서 프랑스 군은 오스트리아 군대를 무찔렀다.
　　　　　바텔로 전투는 후주 138을 보라. 441

[229] 교정쇄에는 다음과 같이 변경되어 있다 : 무엇을 위해 그들이 발을 들여놓아야 하는지. 442

[230] 1755년 로스톡에서 맺은 연방 기본법에 의거한 상속 협정은, 메클렌부르크 귀족들에게 자유와 특권을 보장하였고 연방 신분제 의회에서와 그 기관에서의 귀족들의 지도적 지위를 강화시켰다. 443

[231] 교정쇄에는 다음과 같이 변경되어 있다 : 지배하고 있는. 443

[232] 교정쇄에는 다음과 같이 변경되어 있다 : 결정. 444

[233] 1866년 오스트리아와의 전쟁에서 승리한 이후, 프로이센은 하노버 왕국, 헤센-카셀 선제후국, 나사우 대공국, 프랑크푸르트암마인 자유시를 병합하였다. 444 460

[234] "그락쿠스 형제가 반란을 불평한다면 누가 순순히 참고 듣겠는가"라는 말은 유베날리스의 『풍속시』에서 인용한 것이다. 444

[235] 교정쇄에는 다음과 같이 변경되어 있다 : 바로 지금은 법을 지키는 것이 매우 유리한. 445

[236] 엥겔스는, 1894년 12월 5일에 제국 의회에 제출되어 1895년 5월 11일에 부결된 독일 사회 민주주의당에 대한 새로운 예외법 초안을 지칭하고

있다. 446 577

[237] 『사회 민주주의자』는 1883년 6월 28일에 「법정에 선 루이스 미셸」이라는 기사를 게재하였다. 여기에서 『사회 민주주의자』는 기소된 프랑스 여성 혁명가의 변론 발췌문을 실으면서 프랑스 공화국을 탄핵하였다. 1883년 7월 5일에는 사설에서, 6월 28일의 기사를 언급하면서 공화국 일반에 대한 문제를 다루었다. 449

[238] 본 『저작 선집』, 제2권, 277-394면과 제4권 218-236면을 보라. 449

[239] 1861년에 창립된 진보당을 말한다. 이 당은 자신의 강령에서 프로이센 주도 하의 독일의 통일과 전독일 의회 그리고 하원이 책임지는 자유주의적 내각의 설치를 요구하였다. 1866년에 진보당의 우익과 다른 자유주의 세력은 국민 자유당을 결성하였다. 450 489

[240] 엥겔스는, 1884년 3월 말부터 5월 말까지 쓴 자신의 노작 『가족, 사적 소유 및 국가의 기원』(본 서 11-197면을 보라)을 암시하고 있다. 엥겔스는 애초에는 이것을 독일 사회 민주주의당의 합법적 이론지인 『신시대』에 발표하려 하였다. 451

[241] 아우구스트 베벨의 저작 『여성과 사회주의』를 말한다. 이것의 비합법 제2판은, 1883년에 슈투트가르트에서 『과거, 현재, 미래의 여성』이라는 제목으로 디쯔 출판사에서 출판되었는데, 쮜리히의 야콥 샤벨리츠 출판사라는 상호가 붙여졌다. 452

[242] 본 서 195-196면의 엥겔스의 각주를 보라. 452

[243] 1884년 8월과 9월에 칼 카우츠키는 『신시대』에 「로드베르투스의 『자본』」이라는 자신의 비판을 발표하였다. 여기에 대해 칼 아우구스트 슈람은 『신시대』에 발표된 것에 대한 응답을 카우츠키에게 보냈다. 카우츠키는 「반론」을 써서 그 수고를, 슈람의 응답 수고와 함께 감정을 받기 위해 엥겔스에게 발송하였다. 슈람의 논문 「K. 카우츠키와 로드베르투스」와 카우츠키의 「반론」은, 『신시대』, 2년차, 1884년, 제11호에 발표되었다. 453

[244] 프리드리히 엥겔스, 『오이겐 뒤링 씨의 과학 변혁』(본 『저작 선집』, 제5권, 1-358면을 보라). 454 510 565

[245] 『맑스 · 엥겔스 저작집』, 제4권 98면을 보라. 455

[246] 『맑스 · 엥겔스 저작집』, 제23권 741-802면을 보라. 455

[247] 1884년 10월 28일 제국 의회 선거에서 사회 민주주의당은, 사회주의자 법에도 불구하고 큰 성과를 거두었다. 약 550,000의 유권자(유효 투표

전체의 약 10%)들이 이들의 정책을 지지하였다. 사회 민주주의당은, 새로 구성된 제국 의회에서 24석을 차지하였다. 456 459

[248] 아우구스트 베벨이 4,151 표를 득표하여 낙선한 쾰른에서, 국민 자유당과 중앙당(후주 252를 보라)의 후보자들이 결선 투표에 나가게 되었다. 『쾰른 신문』은 1884년 11월 4일과 6일자 사설에서, 사회 민주주의당 계 유권자들이 국민 자유당의 후보에게 투표할 것을 선전하였다. 456

[249] 1881년 11월 17일 황제의 포고에서, 사고, 질병, 노후, 신체 장애에 대한 사회 보장을 예정하고 있는 사회 정책 개선책이 선포되었다. 비스마르크는 이것으로 사회 민주주의당을 노동자 계급에게서 고립시키고 당을 분열시키며 광범한 반군국주의적 그리고 민주주의적 인민 운동을 저지시키려 하였다. 그러나 비스마르크는 이 목적을 달성하지 못 하였다. 457

[250] 샤를르 10세를 가리킨다. 460

[251] 빌헬름 1세를 가리킨다. 461 549 555

[252] 1871년에 결성된 중앙당은 카톨릭 고위 성직자들과 남부 독일의 부르주아지 및 지주들의 이익을 대표하였다. 중앙당은 그 계급적 성격이 불분명하여 카톨릭 신봉 소부르주아, 노동자, 농민에 대중적 기초를 두었다. 461

[253] 『쾰른 신문』은, 1884년 11월 4일, 6일, 8일의 자신의 사설에서 독일 사회 민주주의당이 자신의 혁명적 강령을 포기한다면 국민 자유당은 사회주의자 법(후주 148을 보라)을 폐지하는 데에 찬성할 것이다라고 하였다. 464

[254] 엥겔스는, 1884년 5월 10일에 사회주의자 법(후주 148을 보라) 유효 기한 연장에 관한 토론 중에서 행한 브루노 가이저의 연설을 암시하고 있다. 이 연설은 아우구스트 베벨의 연설과 함께 『사회주의자 법의 유효 기한 연장에 관한 의사록으로부터』라는 제목의 소책자로 칼 그릴렌베르거 출판사에서 발행되었다. 464

[255] 다름슈타트 선거 선언에서는, 사회 민주주의당 소속 의회 의원인 필립 하인리히 뮐러가 작성한 선전 전단이 문제로 되었다. 이 전단에서 뮐러는 무엇보다도 역사적 사실에 의거하여 빠리 꼬뮌과 프롤레타리아 혁명에 대한 자신의 지지를 밝혔다. 이 선전 전단은 1884년 11월 14일에 「사회 정치 개관」이라는 표제로 『사회 민주주의자』에 게재되었다.

하노버 선거 선언은 하노버의 사회 민주주의당 당원들이 발행한

선거용 선전 전단을 가리킨다. 이것은 독일에서 반동파를 강화시키는
데 기여하였던 국민 자유당의 소심함과 나약함을 폭로하였다. 이 선전
소책자는 「사회 정치 개관」이라는 표제로 1884년 11월 21일자 『사회 민
주주의자』에 게재되었다. 465

[256] 인민의 의지의 회원들은 1881년 3월 13일에 짜르 알렉산드르 2세의 암
살을 기도하였다. 471

[257] 게오르크 빌헬름 프리드리히 헤겔, 『철학사 강의』, 수록 : 『저작집』 제14
권, 베를린, 1833년. 471

[258] 본 서 464-469면을 보라. 475

[259] 정통 왕조파란, 프랑스에서 1589년부터 1793년까지의 기간과 1814년에
서 1830년까지의 왕정 복고 기간에 통치했던 부르봉 왕조의 추종자들을
말한다. 483

[260] 엥겔스는 1832년 6월 5일과 6일에 있었던 빠리에서의 공화주의자들의
봉기를 가리키고 있다. 노동자들이 세운 바리케이트 가운데 하나는 생-
메리 수도원이 있는 도로에 있었다. 이 바리케이드는 최후에 무너졌다.
483

[261] 엥겔스는 1872년 9월 2일에서 7일까지 열린 국제 노동자 협회 헤이그
대회를 염두에 두고 있다. 이 대회는 무정부주의자들의 분열 행위에 대
해 단죄를 내리고 이들의 지도자들을 국제 노동자 협회에서 제명하였다.
485

[262] 노동 중개소는 1880 년대 후반부터 주로 프랑스 대도시들의 시 행정 기
관에 설립되었으며, 각종 노동 조합의 대표자들로 구성되었다. 그것은
실업자를 위한 노동 공급, 새로운 노동 조합의 설립, 노동자의 노동 조
합 교육, 파업 투쟁 등을 다루었다. 485

[263] 1889년 5월 25일에 신문 『정의』에 공표된 사회 민주주의 연합의 선언
(「사회 민주주의 연합 선언. 1889년 파리에서 개최된 국제 노동자 대회
에 관한 진상」)을 말한다.
　　　사회 민주주의 연합은 1884년 8월 초에 설립되어, 주로 각계의 지
식인 출신의 각종 사회주의적 분자들을 규합했다. 연합 지도부의 종파
적 정책은 영국 노동자 운동과의 긴밀한 결합을 방해했으며, 1884년 12
월에는 마침내 분열을 초래했다 ; 종파적 정책에 대해 반대 입장을 견지
했던 그룹은 독자적인 조직인 사회주의 연맹을 설립했다. 485 536 542

[264] 엥겔스는 1871년 11월에 송비예에서 개최된 바꾸닌 파의 스위스 쥐라-

620

연합 대회에서 채택된, 국제 노동자 협회의 모든 지부에 보내는 회람
(「국제 노동자 협회가 모든 연합들에 보내는 회람」)을 가리키고 있다.
485

[265] 1887년 독일 사회 민주주의당의 장트갈레 대회는, 1888년 가을에 국제
노동자 대회를 소집하는 것을 당 지도부에 위임했다. 486

[266] 1876년에 창립된 덴마크 사회 민주주의 노동자당(Det Socialdemokra-
tiske Arbejderparti)의 기회주의적 지도부는 1889년에 혁명적 소수파를
당에서 제명했다. 488

[267] 1870년에 창립된 덴마크의 소부르주아-민주주의 당을 말한다. 489

[268] 전독일 노동자 협회는 1863년 5월 23일에 라이프찌히에서 창립되었다.
거기에는 부르주아지로부터 독립된 독일 노동자 계급의 조직을 향한 많
은 노동자들의 노력이 표현되어 있다. 1864년에 죽을 때까지 협회의 의
장이었던 페르디난트 라쌀레는, 부르주아지로부터 노동자 계급이 조직
상 분리에 커다란 역할을 하였다. 하지만 그는 국가의 도움으로 평화적
으로 성장하여 사회주의에 도달할 수 있다는 유해한 환상을 유포했으며,
노동자 계급에게 프롤레타리아 계급 투쟁의 목표 설정과 전술에서의 잘
못된 방향 설정을 제시하였다. 1875년에 전독일 노동자 협회의 지도자
는 회원들의 요구에 의해, 고타 합동 대회에서 사회 민주주의 노동자당
과 통합하지 않을 수 없었다. 490

[269] 1889년 8월 12일부터 9월 14일까지 런던에서 30,000 명의 부두 노동자
와 다른 직업을 가진 30,000 명 이상의 노동자가 파업을 했다. 493 524

[270] 「페이비언 사회주의 논집」(런던, 1889년)을 말한다. 494

[271] 1890년 6월 14일, 28일, 7월 12일자『베를린 호민관』에 「각자에게 그의
노동의 완전한 수익을」이라는 제목의 페르디난트 도멜라 니오이벤후이
스와 파울 에른스트의 사설 및 '한 노동자'라고 서명된 한 사설이 게재
되었다; 7월 5일에는 파울 피셔의 「「완전한 노동 수익에 대한 권리」 재
론」이라는 제목의 사설이 게재되었다. 7월 12일에는 「논쟁에 붙이는 결
론」을 발표되었다. 500

[272] 1890년 10월 12일부터 18일까지 할레에서 개최된 독일 사회 민주주의당
의 당 대회를 말한다. 503

[273] 1890년 8월에 당의 새로운 조직 규약 초안이 토론을 위해 당원들에게
제시되었다. 503

[274] 본 서 237-289면을 보라. 510 517 565

[275] 『맑스·엥겔스 저작집』, 제23권, 245-249면, 315-320면, 741-791면을 보라. 518

[276] 엥겔스는 파울 바르트의 저서 『헤겔의 역사 철학 그리고 맑스와 하르트 만까지의 헤겔주의자들의 역사 철학. 비판적 시론』(라이프찌히, 1890년) 을 의미하고 있다. 518 553

[277] 『자본』 제3권을 말한다. 518 583

[278] 엥겔스는 맑스의 「독일 노동자당 강령에 대한 평주」를 말하고 있다. 이 것은 1875년 5월 5일에 빌헬름 브라케에게 보내는 서한과 엥겔스의 서 문과 함께 『신시대』에 「사회 민주주의당 강령 비판을 위하여」라는 제목 으로 『신시대』(9년차, 1890/91년, 제1권, 18호)에 발표되었다. 520 527

[279] 『작센 노동자 신문』은 1891년 2월 6일, 7일, 10일, 12일에 맑스의 「독일 노동자당에 대한 강령 평주」를 「사회 민주주의당 강령 비판을 위하여」 라는 제목으로 발표하였다. 521

[280] 엥겔스는 1891년 2월 10일자 『쮜리히 포스트』에 프란쯔 메링이 쓴 사설 「교수형과 참수형」을 가리키고 있다. 521

[281] 할레에서 개최된 독일 사회 민주주의당 당 대회(후주 272를 보라)에서 빌헬름 리프크네히트는 새로운 당 강령의 개요에 대한 보고서를 제출했 다. 그는 이와 관련하여 과거의 강령(후주 166을 보라)을 분석하고 동시 에 그가 잘 알고 있는 맑스의 「독일 노동자당 강령에 대한 평주」를 근 거로 삼았다. 521 527

[282] 페르디난트 라쌀레는 1846년부터 1854년까지 조피 하츠펠트 백작 부인 의 이혼 소송과 재산 소송을 이끌었다. 522

[283] 『전진』은 1891년 2월 13일에 사회 민주주의당 제국 의회 의원단이 위임 하여 빌헬름 리프크네히트가 작성한 사설을 발표하였는데, 이 사설에서 리프크네히트는 맑스의 비판의 원칙적 내용을 무력화하고 고타에서의 타협적 강령(후주 166을 보라)의 승인을 정당화하려 하였다. 523 527

[284] 프리드리히 엥겔스의 『가족, 사적 소유 및 국가의 기원』(본 권 11-197 면을 보라)은 1892년에 슈투트가르트에서 제4판이 발행되었다. 523

[285] 맑스의 노작 「임금 노동과 자본」, 『프랑스에서의 내전』(본 『저작 선집』, 제1권, 533-572면과 제2권, 37-94면을 보라), 엥겔스의 저술 『유토피아 에서 과학으로의 사회주의 발전』(본 『저작 선집』 제5권 403-475면을 보라)에 대한 서설을 가리킨다. 독일의 사회 민주주의당 당 지도부의 결 의에 따라 이 저술의 신판이 발행되었다. 523

[286]   『전진』의 사설(후주 283을 보라)에서 빌헬름 리프크네히트는, "편지 수
         신인은 칼 맑스와 같은 과학적 권위의 권고를 정언적으로 거부한다"는
         데 대해 반대한다고 썼다. 528

[287]   엥겔스는 맑스가 1875년 5월 5일에 빌헬름 브라케에게 보낸 편지(본
         『저작 선집』제4권 367-369면을 보라)를 염두에 두고 있다. 529

[288]   독일 인민당은, 프로이센의 열강 정책과 친프로이센 자유주의에 반대하
         여 1863년부터 1866년 사이에 진행된 민주주의 운동으로부터 성립되었
         다. 이 당은, 주로 남서 독일과 중부 독일의 민주주의적 소부르주아 층
         을 중심으로 느슨하게 조직된 당이었으며, 인민 혁명의 경로를 긍정했
         지만 분립주의적 경향으로부터 자유롭지는 못했다. 529

[289]   독일 사회 민주주의당 내 가능주의자들의 대변인인 게오르크 폰 폴마르
         와 『전진』의 논쟁을 가리킨다. 게오르크 폰 폴마르는 1892년 6월에 빠
         리의 시사지 『Revue bleu. 정치 문화 평론』에 발표한 논문에서, 에어푸
         르트 강령의 두세 가지 요구는 비스마르크의 '국가 사회주의'와 유사하
         다고 주장하였다. 533

[290]   게오르크 폰 폴마르는, 아우구스트 베벨의 보고를 아주 심하게 왜곡하
         여 베벨이 빌헬름 리프크네히트에게 죄를 뒤집어 씌우고 『전진』의 편집
         자로서의 책임을 이행하지 않고 있다는 인상을 주었다. 베벨은 1892년 7
         월 21일에 『전진』에 발표한 「성명」에서 폴마르의 주장을 거부하였다.
         533

[291]   자유당의 승리로 끝난 1892년 여름의 영국 의회 선거를 가리킨다. 535

[292]   1884년에 부르주아 지식인들에 근거를 두고 결성된 페이비언 협회를 가
         리킨다. 페이비언들은 자본주의를 극복하는 방법을 찾기는 하였지만 부
         르주아적 개혁을 넘어서지 못하였고 계급 투쟁과 사회주의 혁명에 관한
         맑스주의 이론에 반대하였다. 이들의 이념은 영국 노동자 운동에서 개
         량주의의 기초가 되었다. 535 542

[293]   칼 카우츠키는, 에드워드 에이블링과 엘레노어 맑스-에이블링이 『신시
         대』, 10년차, 1891/92년, 제2권, 45호에 발표한 「영국에서의 선거」라는
         논문을 편집하면서, 저자가 사회 민주주의 연합의 가능주의와 페이비언
         협회를 비판하는 구절을 삭제하였다. 536

[294]   1835/1836년 본 대학에서의 그리고 1836년부터 1841년까지 베를린 대학
         에서의 맑스의 연구를 가리킨다. 539

[295]   엥겔스는, 모리츠 폰 라베르뉴-페길렝의 저서 『사회 과학 강요, 제1부,

운동 법칙과 생산 법칙』(쾨니히스베르크, 1838년)을 암시하고 있다. 539

[296] 엥겔스는, 1892년 11월 4일 『전진』의 부록에 발표된 「1892년 베를린 당 대회에서의 당 지도부의 보고」를 염두에 두고 있다. 542

[297] 빌헬름 2세를 가리킨다. 544 550

[298] 엥겔스는 1892년에 파나마 스캔들이란 이름으로 알려진 사기 사건을 암 시하고 있다. 이 사건에는 프랑스 상층 정치가, 관리, 신문들이 연루되었 는데, 이로 인해 소주주들이 대량으로 파멸하고 무수히 파산하였다. 545 549 566

[299] 1893년 봄 프랑스에서는 군주주의자들이 무정부주의자들의 지지를 얻 어 사회주의자들을 비방하는 선전을 개시하였는데, 그들은 프롤레타리 아 국제주의 원칙은 반애국적인 것이며 사회주의자들은 조국이 없는 자 들이라고 주장하였다. 그래서 프랑스 사회주의자들의 지도자인 쥘르 게 드와 뽈 라파르그는 「노동자당 전국 평의회가 프랑스의 노동자들에게」 라는 성명을 통해 노동자에게 호소하였다. 『사회주의자』 신문은 프랑스 노동자당 전국 평의회가 서명한 이 성명을 1893년 6월 17일에 게재하였 다. 547

[300] 1889년 7월 14일부터 20일까지 빠리에서 열린 국제 사회주의 노동자 대 회를 가리킨다. 이 대회가 제2차 인터내셔널 창립 대회가 되었다. 그리 고 1891년 8월 16일부터 22일까지 브뤼셀에서 열린 제2회 국제 사회주 의 노동자 대회와 1893년 8월 6일부터 12일까지 쮜리히에서 열린 제3 회 국제 사회주의 노동자 대회를 가리킨다. 548

[301] 무모한 자 샤를르를 가리킨다. 556

[302] 엥겔스는, 1878년에 기독교 사회 노동자당 이름으로 창립되어 증대하는 사회 민주주의당의 노동자에 대한 영향력에 반기를 든 기독교 사회당을 염두에 두고 있다. 80 년대와 90 년대에 이 당은, 반유태인주의의 가장 강력한 조직으로 발전하였다. 561

[303] 의회 급진파는, 중부르주아와 소부르주아 층의 이해를 대변했던 1880 년대와 1890 년대 프랑스 의회의 한 집단이었다. 그들은 1901년에 당으 로 조직되었다. 567

[304] 칼 그릴렌베르거를 가리킨다. 572

[305] 엥겔스는, 『1848년에서 1850년까지의 프랑스에서의 내전』(본 『저작 선 집』 제2권 1-114면을 보라)의 단행본을 위한 「서설」(본 서 426-446면 을 보라)을 가리키고 있다. 575

[306]   본 서 442면을 보라. 576

[307]   본 서 445면을 보라. 576

[308]   『맑스 · 엥겔스 저작집』, 제25권, 184-187면을 보라. 581

[309]   엥겔스는 1895년 5월에 이 보충을 썼다. 581

[310]   엥겔스는, 1885년 예나에서 잡지 『국민 경제학 및 통계학 연보』, 속편,
         제11권에 발표된 빌헬름 렉시스의 논문 「맑스의 자본 이론」과 1889년
         슈투트가르트에서 발행된 콘라트 슈미트의 저서 『맑스의 가치 법칙에
         기초한 평균 이윤율』을 가리키고 있다. 583

[311]   엥겔스는 뽈 라파르그의 논문 「가치론에 관한 맑스 비판가들에 대한 간
         단한 답변」과 「라파르그의 반론」을 가리키고 있다. 이 논문들은 1894년
         10월 16일과 11월 16일에 『사회 비판』에 발표되었다. 587

[312]   빅토르 아들러는 빈의 『노동자 신문』에서 오스트리아 정부를 비판하는
         몇 개의 논문을 발표하였는데, 그 때문에 그는 7 주 구류를 선고받았다.
         589

문헌 찾아보기

Ⅰ. 맑스와 엥겔스에 의해 인용되고 언급된 저술들 찾아보기

1. 기명 저자 및 익명 저자들의 저술들과 논문들

ㄱ

「공산주의자 동맹 규약」. 수록:『맑스·엥겔스 저작집』, 제4권, 596-601면. 〔Statuten des Bundes der Kommunisten. In : Marx/Engels : Werke, Band 4, S. 596-601.〕 226

괴테, 요한 볼프강 폰:『파우스트』. 비극 제1부. 〔Goethe, Johann Wolfgang von : Faust. Der Tragödie erster Teil.〕 245

「구트룬」(「쿠드룬」). 〔Gutrun(Kudrun).〕 90

『국제 노동자 협회의 모든 연합들에 보내는 회람』. [송비예, 1871년] 〔Circulaire à toutes les fédérations de l'Association Internationale des Travailleurs. [Sonvillier 1871.]〕 485

그레이, 존:『사회 제도:교환의 원리에 관한 연구』. 에딘버러, 1831년. 〔Gray, John : The social system : A treatise on the principle of exchange. Edinburgh 1831.] 204 214

그로트, 조지 : 『그리스 사 ; 태초부터 알렉산더 대왕 세대까지』. 제3권. 런던, 1869
년. [Grote, George : A history of Greece ; from the earliest period to the
close of the generation contemporary with Alexander the Great. Vol. 3.
London 1869.] 113-116

글래드스턴, 윌리엄 유어트 : 『세계의 청춘. 영웅 시대의 신들과 인간들』. 런던, 1869
년. [Gladstone, William Ewart : Juventus Mundi. The gods and men of
the heroic age. London 1869.] 119

꼬발레프스끼, 막심 : 『가족 및 재산의 기원과 진화 개설』. 스톡홀름, 1890년. [Ков
алевский, Максим : Tableau des origines et de l'évolution de la famille
et de la propriété. Stockholm 1890.] 68 70 147 158

[꼬발레프스끼], 막심 : 『원시 제도, 제1분책, 「씨족」』. 모스끄바, 1886년. [[Ковалев
ский] Максим : Перводытное право. Выпускъ I . Родь. Москва 1886.]
70 152

ㄴ

「노동자 계급의 주택에 관한 왕실 위원회의 보고서』. 잉글랜드와 웨일즈, 1885년.
[Report of the Royal Commission on the housing of the working
classes. England und Wales 1885.] 379

「노동자당 강령」. 수록 : 『1875년 5월 22일부터 27일까지 고타에서 개최된 독일 사
회 민주주의당의 통합 대회 의사록』. 라이프찌히, 1875년. [Programm der
Arbeiterpartei. In : Protokoll des Vereinigungs-Congresses der Sozialde-
mokraten Deutschlands, abgehalten zu Gotha, vom 22. bis 27. Mai 1875.
Leipzig 1875.] 339 527

「노동자당 전국 평의회가 프랑스 노동자들에게」. 수록 : 『사회주의자』, 1893년 6월 17
일. [Le Conseil national du Parti ouvrier aux Travailleurs de France. In
: Le Socialiste, 17. Juni 1893.] 547

농업 강령 프랑스 노동자당 농업 강령을 보라.

「니벨룽엔의 노래」. 수록 : 칼 심락 : 『영웅 시가』. 제2권. 슈투트가르트 및 아우크스
부르크, 1856년. [Das Nibelungenlied. In : Karl Simrock : Das Heldenbu-

ch. Bd. 2. Stuttgart und Augsburg 1856.] 89

니부르, [바르톨트] [게오르크]:『로마사』. 전 3 권, 제3판, 베를린, 1828년. [Nie-
buhr, B[arthold] G[eorg]: Römische Geschichte. Bd. 1-3. 3. Ausg. Berlin
1828.] 114 188

[니오이벤후이스, 페르디난트 도멜라:] 「각자에게 그의 노동의 완전한 수익을」. 수
록:『베를린 호민관』. 1890년 6월 14일. [[Nieuwenhuis, Ferdinand Domela :]
Jedem der volle Ertrag seiner Arbeit. In : Berliner Volks-Tribüne, 14.
Juni 1890.] 500

ㄷ

데모스테네스:『에우불리데스 탄핵 연설』. [Demosthenes : Rede gegen Eubul-
ides.] 113

뒤로 드 라 말르:『로마인의 정치 경제학』. 전 2 권. 빠리, 1840년. [Dureau de la
Malle : Économie politique des Romains. T. 1-2. Paris 1840.] 145

드 꾸랑제 퓌스뗄 드 꾸랑제를 보라.

디오도루스 시칠루스:『사서관史書館, 잔간』, 제4권. [Diodorus Siculus : Biblio-
thecae historicae quae supersunt. Vol. 4.] 154 163

[디츠겐, 요제프]:『인간 두뇌 노동의 본질. 한 육체 노동자로부터. 순수 이성 및
실천 이성의 이차적 비판』. 함부르크, 1869년. [[Dietzgen, Joseph :] Das
Wesen der menschlichen Kopfarbeit. Dargestellt von einem Handarbeiter.
Eine abermalige kritik der reinen und praktischen Vernunft. Hamburg
1869.] 274

ㄹ

라베르뉴-페길렝, [모리츠] [폰]:『사회 과학 강요. 제1부. 운동 법치과 생산 법칙』.
프로이센의 쾨니히스베르크, 1838년. [Lavergne-Peguilhen, M[oritz] v[on] :
Grundzüge der Gesellschaftswissenschaft. Th. 1. Die Bewegungs-und Pro-

ductionsgesetze. Königsberg i. Pr. 1838.] 539

라쌀레, 페르디난트:『기득권의 체계. 실정법과 법 철학의 화해』. 전 2 부. 라이프찌히, 1861년. [Lassalle, Ferdinand : Das System der erworbenen Rechte. Eine Versöhnung des positiven Rechts und der Rechtsphilosophie. Th. 1-2. Leipzig 1861.] 194 247

라쌀레, 페르[디난트]:『연설과 저술들. 신전집. 런던에 있는 E. 베른슈타인이 편집한 전기적 서문을 첨부』. 전 3 권. 베를린, 1892-1893년. [Lassalle, Ferd-[inand] : Reden und Schriften. Neue Gesammt-Ausgabe. Mit einer biographischen Einleitung hrsg. von E. Bernstein, London. Bd. 1-3. Berlin 1892-1893.] 361

라파르그, 뽈:『가치론에 관한 맑스 비판가들에 대한 간단한 답변』. 수록:『사회 비판』. 1894년 10월 16일. [Lafargue, Paul : Breve risposta-domanda ai critici di Marx circa la teoria del valore. In : Critica Sociale, 16. Oktober 1894.] 587

──「농민적 소유와 경제 발전. 노동자당 전국 평의회 명의로 낭뜨 대회에 제출한 보고」. 수록:『사회 민주주의자』, 1894년, 10월 18일. [Das bäuerliche Eigenthum und die wirthschaftliche Entwickelung. Referat auf dem Kongreß von Nantes im Namen des Nationalraths der Arbeiterpartei. In : Der Sozialdemokrat, 18. Oktober 1894.] 421

──「농민적 소유와 경제 발전. 프랑스 노동자당 전국 평의회의 명의로 시민 뽈 라파르그가 낭뜨 대회에 제출한 보고」. 수록:『프랑스 노동자당 농업 강령』, 뽈 라파르그 주해. 릴, [1894년]. [La propriété paysanne et l'évolution économique. Rapport, présenté au Congrès de Nantes par le citoyen Paul Lafargue au nom du Conseil national du Parti Ouvrier Français. In : Programme agricole du Parti Ouvrier Français, commenté par Paul Lafargue. Lille [1894].] 421

──「라파르그의 반론」. 수록:『사회 비판』, 1894년 11월 16일. [Replica di Lafargue. In : Critica Sociale, 16. November 1894.] 587

랑에, 루트비히:『고대 로마』. 제1권. 베를린, 1856년. [Lange, Ludwig : Römische Alterthümer. Bd. 1. Berlin 1856.] 141

래덤, 로버트 고든:『서술적 민족학』. 전 2 권. 런던, 1859년. [Latham, Robert Gordon : Descriptive ethnology. Vol. 1-2. London 1859.] 24

러복, 존:『문명의 기원과 인류의 원시 상태』. 런던, 1870년. [Lubbock, John : The

origin of civilisation and the primitive condition of man. London 1870.]
26 27

렉시스, [빌헬름] : 「맑스의 자본 이론」. 수록 : 『국민 경제학 및 통계학 연보』. 속편,
    제11권. 예나, 1885년. [Lexis, W[ilhelm] : Die Marx'sche Kapitaltheorie.In :
    Jahrbücher für Nationalökonomie und Statistik. Neue Folge, 11. Bd. Jena
    1885.] 583

로드베르투스-야게초브 [, 요한 칼] : 『서한과 사회 정책론집』. 루돌프 마이어 편. 제1권.
    베를린, [1880년]. [Rodbertus-Jagetzow [, Johann Karl] : Briefe und Social-
    politische Aufsaetze. Hrsg. von Rudolph Meyer. Bd. 1. Berlin [1880].] 199
    201

──『우리 나라의 경제 상태의 인식을 위하여』. 노이브란덴부르크와 프리틀란트,
    1842년. [Zur Erkenntniß unsrer staatswirthschaftlichen Zustände. Neu-
    brandenburg und Friedland 1842.] 199 205 207-208

──「J. 젤러에게 보내는 편지. 1875년 3월 14일」. 수록 : 『통합 국가학 잡지』. 제
    35년차. 2호. 튀빙겐, 1879년. [Brief an J. Zeller, 14. März 1875. In :
    Zeitschrift für die gesammte Staatswissenschaft. 35. Jg. 2. H. Tübingen
    1879.] 199

──『표준 노동일』. (『베를린 평론』으로부터의 별쇄.) 베를린, 1871년. [Der
    Normal-Arbeitstag. (Separat-Abdruck aus der "Berliner Revue".) Berlin
    1871.] 205

로드베르투스[-야케초브, 요한 칼] : 『폰 키르히만에게 보내는 사회 서한. 제1-3서
    한』. 베를린, 1850-1851년. [Rodbertus[-Jagetzow, Johann Karl] : Sociale
    Briefe an von Kirchmann. Briefe 1-3. Berlin 1850-1851.] 199

로, 존 : 『도시의 소녀. 사실적인 이야기』. 런던, 1887년. [Law, John : A city girl.
    A realistic story. London 1887.] 481 482

롱고스(롱구스) : 『다프니스와 클로에』 [Longos(Longus) : Daphnis und Chloe.]
    88

루쏘, 장-자끄 : 『사회 계약』. [Rousseau, Jean-Jacques : Le Contrat social.] 554

「루트비히의 노래」. 수록 : 『가정 민중시 선집. 동서 고금의 명작과 특이한 민요 모
    음. 독일어 운문 번역』. O. L. B. 볼프 편. 라이프찌히, 1846년. [Das Lud-
    wigslied : In : Hausschatz der Volkspoesie. Sammlung der vorzüglichsten
    und eigenthümlichsten Volkslieder aller Länder und Zeiten in metrisch-
    en dt. Uebers. Besorgt u. hrsg. von O. L. B. Wolff. Leipzig 1846.] 304

르뚜르노, [샤를르] : 『결혼 및 가족의 진화』. 빠리, 1888년. [Letourneau, Ch[arles] : L'évolution du mariage et de la famille. Paris 1888.] 43 44 47

리비우스, 티투스 : 『건도 이후』 [Livius, Titus : Aburbe condita.] 139

리우트프란트 폰 크레모나 : 『응보기』. [Liutprand von cremona : Antapodosis.] 167

리카도, 데이비드 : 『정치 경제학 및 과세의 원리들에 관하여』. 런던, 1817년. [Ricardo, David : On the principles of political economy, and taxation. London 1817.] 200 203

[리프크네히트, 빌헬름 :]『맑스의 강령 서한』. 수록 : 「전진」, 1891년 2월 13일. [[Liebknecht, Wilhelm :] Der Marx'sche Programm-Brief. In : Vorwärts, 13. Februar 1891.] 523 527

ㅁ

마르비츠, 프리드리히 아우구스트 루트비히 폰 데어 : 『프리데르스도르프의 프리드리히 아우구스트 루트비히 폰 데어 마르비츠의 유고로부터』. 제1권과 2권. 베를린, 1852년. [Marwitz, Friedrich August Ludwig von der : Aus dem Nachlasse Friedrich August Ludwig's von der Marwitz auf Friedersdorf. Bd. 1 und 2. Berlin 1852.] 538-539

마우러, 게오르크 루트비히 폰 : 『독일 도시 체제의 역사』. 전 4 권. 에어랑엔, 1869-1871년. [Maurer, Georg Ludwig von : Geschichte der Städteverfassung in Deutschland. Bd. 1-4. Erlangen 1869-1871.] 108 155

——『독일 마르크 체제의 역사』. 에어랑엔, 1856년. [Geschichte der Markenverfassung in Deutschland. Erlangen 1856.] 108

——『독일의 부역 장원, 농민 장원, 장원 체제의 역사』. 전 4 권. 에어랑엔, 1862-1863년. [Geschichte der Fronhöfe, der Bauernhöfe und der Hofverfassung in Deutschland. Bd. 1-4. Erlangen 1862-1863.] 108

——『독일 촌락 체제의 역사』. 전 2 권. 에어랑엔, 1865-1866년. [Geschichte der Dorfverfassung in Deutschland. Bd. 1-2. Erlangen 1865-1866.] 108

——『마르크 체제, 장원 체제, 촌락 체제, 도시 체제, 공권력의 역사를 위한 서설』. 뮌헨, 1854년. [Einleitung zur Geschichte der Mark-, Hof-, Dorf-

und Stadt- Verfassung und der öffentlichen Gewalt. München 1854.〕108

맑스, 칼:「국제 노동자 협회의 일반 규약과 운영 규정」. 독일어 공인 판. 총평의
회 감수. 수록:『인민 국가』, 1872년 2월 10일(『저작집』, 제17권, 440-455면).
〔Marx, Karl : Allgemeine Statuten und Verwaltungs-Verordnungen der
Internationalen Arbeiterassoziation. Amtliche deutsche Ausgabe, revidirt
durch den Generalrath. In : Der Volksstaat, 10. Februar 1872(Werke, Band
17, S. 440-455).〕341

──「기사「프로이센 왕과 사회 개혁. 한 프로이센 인」(『전진!』제60호)에 대한
비판적 평주들」. 수록:『전진!』, 1844년 8월 7일 부, 10일(『저작집』, 제1권,
392-409면). 〔Kritische Randglossen zu dem Artikel : "Der König von
Preußen und die Socialreform. Von einem Preußen."("Vorwärts" Nr. 60.)
In : Vorwärts!, 7. und 10. August 1844(Werke, Band 1, S. 392-409).〕
218-219

──『독일 노동자당 강령에 대한 평주』(『저작집』, 제19권, 15-32면). 〔Rand-
glossen zum Programm der deutschen Arbeiterpartei(Werke, Band 19, S.
15-32).〕

　　──「사회 민주주의당의 강령 비판을 위하여」. 수록:『신시대』. 제9년차.
　　1890/91년. 제1권. 제18호. 〔Zur Kritik des sozialdemokratischen
　　Parteiprogramms. In : Die Neue Zeit. 9. Jg. 1890/91. 1. Bd. Nr.18.〕
　　520 527 528 531

　　──「사회 민주주의당의 강령 비판을 위하여」. 수록:『작센 노동자 신문』,
　　1891년 2월 6일, 7일, 10일, 12일. 〔Zur Kritik des sozialdemokrati-
　　schen Parteiprogramms. In : Sächsische Arbeiter-Zeitung, 6., 7., 10.
　　und 12. Februar 1891.〕520

──「독일-프랑스 전쟁에 관한 국제 노동자 협회 총평의회의 첫 번째 담화문」
(『저작집』, 제17권, 3-8면). 〔Erste Adresse des Generalrats über den
Deutsch-Französischen Krieg(Werke, Band 17, S. 3-8).〕323 324

──「독일-프랑스 전쟁에 관한 국제 노동자 협회 총평의회의 두 번째 담화문」
(『저작집』, 제17권, 271-279면). 〔Zweite Adresse des Generalrats Über
den Deutsch-Französischen Krieg(Werke, Band 17, S. 271-279).〕323 324
365

──독일-프랑스 전쟁에 관한 총평의회의 호소 독일-프랑스 전쟁에 관한 총평
의회의 첫 번째 담화문과 두 번째 담화문을 보라.

——『루이 보나빠르뜨의 브뤼메르 18일』.(『저작집』, 제8권, 111-207면). [Der achtzehnte Brumaire des Louis Bonaparte(Werke, Band 8, S. 111-207).]

　　——『루이 보나빠르뜨의 브뤼메르 18일』. 제2판. 함부르크, 1869년. [Der Achtzehnte Brumaire des Louis Bonaparte. 2. Ausg. Hamburg 1869.] 323

　　——『루이 보나빠르뜨의 브뤼메르 18일』. 제3판. 함부르크, 1885년. [Der Achtzehnte Brumaire des Louis Bonaparte. 3. Aufl. Hamburg 1885.] 428 449 510 517 564

——「6월 혁명」. 수록:『신 라인 신문』, 1848년 6월 29일(『저작집』, 제5권, 133-137면). [Die Junirevolution. In : Neue Rheinische Zeitung, 29. Juni 1848(Werke, Band 5, S. 133-137).] 8

——「임금 노동과 자본」. 수록:『신 라인 신문』, 1849년 4월 5-8일, 11일(『저작집』, 제6권, 397-423면). [Lohnarbeit und Kapital. In : Neue Rheinische Zeitung, 5.-8. und 11. April 1849(Werke, Band 6, S. 397-423).] 9

——『자본. 정치 경제학의 비판. 제1권. 제1부 : 자본의 생산 과정』(『저작집』, 제23권). [Das Kapital. Kritik der politischen Ökonomie. Erster Band. Buch I : Der Produktionsprozeß des Kapitals(Werke, Band 23).]

——『자본. 정치 경제학의 비판. 제1권. 제1부 : 자본의 생산 과정』. 함부르크, 1867년. [Das Kapital. Kritik der politischen Oekonomie. Bd. 1. Buch 1 : Der Produktionsprocess des Kapitals. Hamburg 1867.]

　　——『자본. 정치 경제학의 비판. 제1권. 제1부 : 자본의 생산 과정』. 개정 제2판, 함부르크, 1872년. [Das Kapital. Kritik der politischen Oekonomie. Bd. 1. Buch 1 : Der Produktionsprocess des Kapitals. 2. verb. Aufl. Hamburg 1872.] 295 372

　　——『자본. 정치 경제학의 비판. 제1권. 제1부 : 자본의 생산 과정』. 증보 제3판, 함부르크, 1883년. [Das Kapital. Kritik der politischen Oekonomie. Bd. 1. Buch 1 : Der Produktionsprocess des Kapitals. 3. verm. Aufl. Hamburg 1883.] 15 175 199 200 214 360 380 394-395 455 579 590

——『자본. 정치 경제학의 비판. 제2권. 제2부 : 자본의 유통 과정』(『저작집』, 제24권). [Das Kapital. Kritik der politischen Ökonomie. Zweiter Band. Buch II : Der Zirkulationsprozeß des Kapitals(Werke, Band 24).]

　　——『자본. 정치 경제학의 비판. 제2권. 제2부 : 자본의 유통 과정』. 프리드

리히 엥겔스 편. 함부르크, 1885년. 〔Das Kapital. Kritik der politischen Oekonomie. Bd. 2. Buch 2 : Der Cirkulationsprocess des Kapitals. Hrsg. von Friedrich Engels. Hamburg 1885.〕 510 517

────『자본. 정치 경제학의 비판. 제2권. 제2부 : 자본의 유통 과정』. 제2판. 프리드리히 엥겔스 편. 함부르크, 1893년. 〔Das Kapital. Kritik der politischen Oekonomie. Bd. 2. Buch 2 : Der Cirkulationsprocess des Kapitals. 2. Aufl. Hrsg. von Friedrich Engels. Hamburg 1893.〕 589 590

────『자본. 정치 경제학의 비판. 제3권. 제3부 : 자본주의적 생산의 총과정』. 프리드 리히 엥겔스 편. 함부르크, 1894년(『저작집』, 제25권). 〔Das Kapital. Kritik der politischen Oekonomie. Bd. 3. Buch 3 : Der Gesamtprocess der kapitalistischen Produktion. Hrsg. von Friedrich Engels. Hamburg 1894 (Werke, Band 25).〕 518 581 583 587 589 590

────「자유 무역 문제에 관한 연설. 1848년 1월 9일 브뤼셀 민주주의 협회에서 행해짐」. 수록 : 칼 맑스 : 『철학의 빈곤. 프루동의 『빈곤의 철학』에 대한 응 답』. 슈투트가르트, 1885년(『저작집』, 제4권, 444-458면). 〔Rede über die Frage des Freihandels, gehalten am 9. Januar 1848 in der Demokratischen Gesellschaft zu Brüssel. In : Karl Marx : Das Elend der Philosophie. Antwort auf Proud"Philosophie des Elends". Stuttgart 1885(Werke, Band 4, S. 444-458).〕 214

────『정치 경제학의 비판을 위하여』. 제1분책. 베를린, 1859년(『저작집』. 제13권, 3-160면). 〔Zur Kritik der Politischen Oekonomie. Erstes Heft. Berlin 1859 (Werke, Band 13, S. 3-160).〕 201 205 214 241 454 455

────『1848년에서 1850년까지의 프랑스에서의 계급 투쟁』(『저작집』, 제7권, 9-107면). 〔Die Klassenkämpfe in Frankreich 1848 bis 1850(Werke, Band 7, S. 9 bis 107).〕

────「1848년-1849년」. 수록 : 『신 라인 신문. 정치 경제 평론』. 제1-3호. 1850년. 〔1848-1849. In : Neue Rheinische Zeitung. Politisch-ökonomische Revue. H. 1-3. 1850.〕 426 432

────「평론. 5월에서 10월까지」. 수록 : 『신 라인 신문. 정치 경제 평론』. 제 5-6호. 1850년. 〔Revue. Mai bis Oktober. In : Neue Rheinische Zeitung. Politisch-ökonomische Revue. H. 5/6. 1850.〕 426 432

────『1848년에서 1850년까지의 프랑스에서의 계급 투쟁』. 『신 라인 신문.

정치 경제 평론』. 함부르크, 1850년으로부터의 인쇄본. 프리드리히 엥겔스의 서문 첨부』. 베를린, 1895년. 〔Die Klassenkämpfe in Frankreich 1848 bis 1850. Abdruck aus der "Neuen Rheinischen Zeitung". Politisch-ökonomische Revue, Hamburg 1850. Mit Einleitung von Friedrich Engels. Berlin 1895.〕 426 429

──「1859년에 에르푸르트에서 벌어진 짓거리」, 수록:『인민』, 1859년 7월 9일(『저작집』, 제13권, 414-416면). 〔Die Erfurterei im Jahre 1859. In : Das Volk, 9. Juli 1859(Werke, Band 13, S. 414-416).〕 384

──『철학의 빈곤. 프루동의『빈곤의 철학』에 대한 응답』(『저작집』, 제4권, 63-182면). 〔Das Elend der Philosophie. Antwort auf Proudhons "Philosophie des Elends"(Werke, Band 4, S. 63-182).〕

　　──『철학의 빈곤. 프루동 씨의『빈곤의 철학』에 대한 응답』, 빠리와 브뤼셀, 1847년. 〔Misère de la philosophie. Réponse à la philosophie de la misère de M. Proudhon. Paris und Bruxelles 1847.〕 198 201 214 455

　　──『철학의 빈곤. 프루동 씨의『빈곤의 철학』에 대한 응답. 프리드리히 엥겔스의 서문 첨부』. 빠리, 1896년. 〔Misère de la philosophie. Réponse à la philosophie de la misère de M. Proudhon. Avec une préface de Friedrich Engels. Paris 1896.〕 213

　　──『철학의 빈곤. 프루동의『빈곤의 철학』에 대한 응답』. E. 베른슈타인과 K. 카우츠키의 독일어 번역. 프리드리히 엥겔스의 서문과 주해 첨부. 슈투트가르트, 1885년. 〔Das Elend der Philosophie. Antwort auf Proudhons "Philosophie des Elends". Deutsch von E. Bernstein und K. Kautsky. Mit Vorwort und Noten von Friedrich Engels. Stuttgart 1885.〕 198

──「쾰른에서의 공산주의자 재판에 대한 폭로」. 바젤, 1853년(『저작집』, 제8권, 405-470면). 〔Enthüllungen über den Kommunisten-Prozeß zu Köln. Basel 1853(Werke, Band 8, S. 405-470).〕 233

──「포이에르바하에 관한 테제들」(『저작집』, 제3권, 5-7면). 〔Thesen über Feuerbach(Werke, Band 3, S. 5-7).〕 242

──「프랑스 노동자당의 강령 전문」. 수록:『평등』, 1880년 6월 30일(『저작집』, 제19권, 238면). 〔Einleitung zum Programm der französischen Arbeiterpartei. In : L'Égalité, 30. Juni 1880(Werke, Band 19, S. 238).〕 437

—『프랑스에서의 내전. 국제 노동자 협회 총평의회의 담화문』. 독일-프랑스
전쟁에 관한 총평의회의 두 담화문 및 프리드리히 엥겔스의 서문을 증보한
독일어 제3판. 베를린, 1891년. (『저작집』, 제17권, 313-365면). [Der Bürger-
krieg in Frankreich. Adresse des Generalraths der Internationalen Arbeiter-
Association. 3. deutsche Aufl. verm. durch die beiden Adressen des Ge-
neralraths über den deutsch-französischen Krieg und durch eine Ein-
leitung von Friedrich Engels. Berlin 1891(Werke, Band 17, S. 313-365).]
323 324 331 333 335

—「P. J. 프루동에 관하여」(『저작집』, 제16권, 25-32면). [Über P.-J. Prou-
dhon(Werke, Band 16, S. 25-32).]

  —「칼 맑스의 프루동 론」. 수록 : 칼 맑스 :『철학의 빈곤. 프루동의 『빈곤
  의 철학』에 대한 응답. E. 베른슈타인 및 K. 카우츠키의 독일어 번역.
  프리드리히 엥겔스 서문과 주해 첨부』. 슈투트가르트, 1885년. [Karl
  Marx über Proudhon. In : Karl Marx : Das Elend der Philosophie.
  Antwort auf Proudhons "Philosophie des Elends". Deutsch von E.
  Bernstein und K. Kautsky. Mit Vorwort und Noten von Friedrich
  Engels. Stuttgart 1885.] 198

  —「P. J. 프루동에 관하여」. 수록 :『사회 민주주의자』, 1865년 2월 1일, 3
  일. [Ueber P. J. Proudhon. In : Der Social-Demokrat, 1., 3. und 5.
  Februar 1865.] 198

맑스, 칼/프리드리히 엥겔스 :『공산주의당 선언』. 1848년 2월 출판. 런던(『저작집』,
제4권, 459-493면). [Marx, Karl, und Friedrich Engels : Manifest der Kom-
munistischen Partei. Veröffentlicht im Februar 1848. London(Werke, Band
4, S. 459-493).] 1 2 91 215 224 226 230 298 359 360 395-396 426 429 437
489

—「공산주의당의 요구들」(『저작집』, 제5권, 3-5면). [Forderungen der Kom-
munistischen Partei in Deutschland(Werke, Band 5, S. 3-5).] 227-228

—『독일 이데올로기. 포이에르바하, B. 바우어, 슈티르너를 그 대표자들로 하
는 최근의 독일 철학과 그 다양한 예언자들의 독일 사회주의에 대한 비판』
(『저작집』, 제3권, 9-530면). [Die deutsche Ideologie. Kritik der neuesten
deutschen Philosophie in ihren Repräsentanten Feuerbach, B. Bauer und
Stirner, und des deutschen Sozialismus in seinen verschiedenen Prophe-
ten(Werke, Band 3, S. 9-530).] 77 241

―――「동맹에 보내는 중앙 위원회의 1850년 3월의 호소」(『저작집』, 제7권, 244-254면). [Ansprache der Zentralbehörde an den Bund März 1850 (Werke, Band 7, S. 244-254).] 231

―――「동맹에 보내는 중앙 위원회의 1850년 6월의 호소」(『저작집』, 제7권, 306-312면). [Ansprache der Zentralbehörde an den Bund Juni 1850(Werke, Band 7, S. 306-312).] 232

―――「성명」. 수록:『사회 민주주의자』, 1865년 3월 3일(『저작집』, 제16권, 79면). [Erklärung. In : Der Social-Demokrat, 3. März 1865(Werke, Band 16, S. 79).] 199

―――「쾰른 노동자에게」. 수록:『신 라인 신문』, 1849년 5월 19일(『저작집』, 제6권, 519면). [An die Arbeiter Kölns. In : Neue Rheinische Zeitung, 19. Mai 1849(Werke, Band 6, S. 519).] 9-10

―――「크리게에 반대하는 회람」. 수록:『베스트팔렌 증기선』. 1846년 7월(『저작집』, 제4권, 3-17면). [Zirkular gegen Kriege. In : Das Westphälische Dampfboot. Juli 1846(Werke, Band 4, S. 3-17).] 223

―――「평론. 5월에서 10월까지」. 수록:『신 라인 신문. 정치 경제 평론』. 5/6호. 함부르크, 1850년(『저작집』, 제7권, 421-463면). [Revue. Mai bis Oktober. In : Neue Rheinische Zeitung. Politisch-ökonomische Revue. H. 5/6. Hamburg 1850(Werke, Band 7, S. 421-463).] 232 428

맥레넌, 존 퍼거슨:『고대사 연구.『원시 결혼. 결혼식에서의 약탈 형태의 기원에 대한 연구』재판 수록』. 런던, 1876년. [McLennan, John Ferguson : Studies in ancient history comprising a reprint of primitive marriage. An inquiry into the origin of the form of capture in marriage ceremonies. London 1876.] 26 40 147

―――『고대사 연구.『원시 결혼. 결혼식에서의 약탈 형태의 기원에 대한 연구』재판 수록』. 신판. 런던 및 뉴욕, 1886년. [McLennan, John Ferguson : Studies in ancient history comprising a reprint of primitive marriage. An inquiry into the origin of the form of capture in marriage ceremonies. A new ed. London und New York 1886.] 24 25 30 40 147

맥레넌, 존 [퍼거슨]:『원시 결혼. 결혼식에서의 약탈 형태의 기원에 대한 연구』. 에딘버러, 1865년. [M'Lennan, John [Ferguson] : Primitive marriage. An inquiry into the origin of the form of capture in marriage ceremonies. Edinburgh 1865.] 22 23 147

[메링, 프란쯔 :]「교수형과 참수형」. 수록 : 『쮜리히 포스트』, 1891년 2월 10일. [[Me-
hring, Franz :]Hängen und Würgen. In : Züricher Post, 10. Februar 1891.]
521

메링, 프란쯔 : 「레싱 전설. 프란쯔 메링의 구원」. 수록 : 『신시대』. 제10년차. 1891-92
년. 제1권 제17-26호, 제2권 제30-40호. [Mehring, Franz : Die Lessing-
Legende. Eine Rettung von Franz Mehring. In : Die Neue Zeit. 10. Jg.
1891/92. 1. Bd. Nr. 17-26 und 2. Bd. Nr. 30-40.] 555

——『레싱 전설. 프란쯔 메링의 구원. 역사적 유물론에 관한 부록 첨부』. 슈투트
가르트, 1893년. [Die Lessing-Legende. Eine Rettung von Franz Meh-
ring. Nebst einem Anhange über den historischen Materialismus. Stutt-
gart 1893.] 552

메인, 헨리 섬너 : 『고대법 : 고대법의 초기 사회사와의 관계 및 현대 사상과의 관
계』. 제3판. 런던, 1866년. [Maine, Henry Sumner : Ancient law : its con-
nection with the early history of society, and its relation to modern
ideas. 3rd^{ed}. London 1866.] 91

모건, 루이스 [헨리] : 『고대 사회, 또는 야만에서 미개를 거쳐 문명에 이르는 인류
의 진보 경로에 대한 연구』. 런던, 1877년. [Morgan, Lewis H[enry] :
Ancient society or researches in the lines of human progress from sava-
gery, through barbarism to civilization. London 1877.] 15 27 29 32 41 49
54 58 60 68 69 77 95 96 101 104 119 121 132 151 175 196

——『고대 사회. 야만에서 미개를 거쳐 문명에 이르는 인류의 진보 경로에 대한
연구』. 칼 카우츠키의 협력하에 W. 아이히호프가 영어로부터 번역. 슈투트
가르트, 1891년. [Die Urgesellschaft. Untersuchungen über den Fort-
schritt der Menschheit aus der Wildheit durch die Barbarei zur Zivili-
sation. Aus dem Engl. übertragen von W. Eichhoff unter Mitw. von Karl
Kautsky. stuttgart 1891.] 29

——『인류의 혈족 및 친족 체계들』. 워싱턴, 1871년. [Systems of consan-
guinity and affinity of the human family. Washington 1871.] 26 27 54
96

——『호-데-노-사우-네 또는 이로퀴이 족 연맹』. 록체스터, 1851년. [League
of the Ho-Dé-No-Sau-Nee, or Iroquois. Rochester 1851.] 24

몰리에르, 장-밥띠스뜨 : 『조르주 당댕, 혹은 끽소리 못 하는 남편』. [Molière,
Jean-Baptiste : George Dandin, ou le mari confundu.] 185

638

몸젠, [테오도르] :『로마사』. 전 3 권. 제5판. 베를린, 1868-1869년. [Mommsen,
    Th[eodor] : Römische Geschichte. Bd 1-3. 5. Aufl. Berlin 1868-1869.] 143
——『로마 연구』. 제1권. 제2판. 베를린, 1864년. [Römische Forschungen. Bd.
    1. 2. Aufl. Berlin 1864.] 138-139
뮐러, 필립 :「성명」. 수록 :『사회 민주주의자』, 1884년 11월 14일.「사회 정치 개
    관」. [Müller, Philipp : Erklärung. In : Der Sozialdemokrat, 14. November
    1884. Sozialpolitische Rundschau.] 465

ㅂ

바그너, 리하르트 :『발큐레. 3부작「니벨룽엔의 반지」, 제1부』. [Wagner, Richard :
    Die Walküre. Erster Tag aus der Trilogie : Der Ring des Nibelungen.] 48
바그너, 아돌프 :「서문 : 로드베르투스-야게초브, 칼 :『자본. 폰 키르히만에게 보내
    는 제4 사회 서한』」. 베를린, 1884년. [Wagner, Adolph : Vorwort zu : Rod-
    bertus-Jagetzow, Carl : Das Kapital. Vierter socialer Brief an von Kirch-
    mann. Berlin 1884.] 205
바르트, 파울 :『헤겔의 역사 철학 그리고 맑스와 하르트만까지의 헤겔주의자들의
    역사 철학. 비판적 시론』. 라이프찌히, 1890년. [Barth, Paul : Die Geschichts-
    philosophie Hegel's und der Hegelianer bis auf Marx und Hartmann. Ein
    kritischer Versuch. Leipzig 1890.] 499 518 553 535
바이틀링, 빌헬름 :『가난한 죄인의 복음』. 전면 개정 증보 제2판. 비르스펠트, 1846
    년. [Weitling, Wilhelm : Das Evangelium des armen Sünders. 2. vollst.
    verm. und verb. Aufl. Birsfeld 1846.] 224
——『조화와 자유의 보장』. 비비스, 1842년. [Garantien der Harmonie und
    Freiheit. Vivis 1842.] 219
바호펜, 요한 야곱 :『모권. 종교적, 법적 특징에서 본 고대 세계의 여성 통치에 관
    한 연구』, 슈투트가르트, 1861년. [Bachofen, J[ohann] J[akob] : Das Mutter-
    recht. Eine Untersuchung über die Gynaikokratie der alten Welt nach
    ihrer religiösen und rechtlichen Natur. Stuttgart 1861.] 20 42 51 52-53
    60-64 93-94
바흐스무트, 빌헬름 :『국가의 관점에서 본 그리스 고대학』, 제1-2부, 할레, 1826-

1830년. 〔Wachsmuth, Wilhelm : Hellenische Alterthumskunde aus dem Gesichtspunkte des Staates. Th. 1-2. Halle 1826-1830.〕 75 114

반크로프트, 휴버트 하우 : 『북아메리카 태평양 연안 주들의 원주민 종족들』, 전 5 권, 뉴욕, 1857-1876년. 〔Bancroft, Hubert Howe : The native races of the pacific states of North America. Vol.1-5. New York 1857-1876.〕 46 60-64 176

발자끄, 오노레 드 : 『인간 희극』. 〔Balzac, Honoré de : La comédie humaine.〕 483

방, 〔안톤〕 크리〔스티안〕 : 『벨루스파와 무녀의 신탁』. 크리스티아니아, 1879[1880]년. 〔Bang, A[nton] Chr[istian] : Vøluspaa og de Sibyllinske Orakler. Christiania 1879[1880].〕 154

베다 베네라빌리스 : 『앵글로 족 교회사』. 〔Beda Venerabilis : Historiae ecclesiasticae gentis Anglorum.〕 151

베르무트/슈티버 : 『19 세기의 공산주의자들의 음모』. 전 2 부. 베를린, 1853-1854년. 〔Wermuth/Stieber : Die Communisten-Verschwörungen des neunzehnten Jahrhunderts. Th. 1-2. Berlin 1853-1854.〕 215 226

베른슈타인, 에두〔아르트〕 : 『『자본』 제3권』. 수록 : 『신시대』, 제13년차, 1894-95년, 제1권, 제 11-14, 16, 17, 20호. 〔Bernstein, Ed[uard] : Der dritte Band des "Kapital". In : Die Neue Zeit. 13. Jg. 1894/95. 1. Bd. Nr. 11-14, 16, 17 und 20.〕 589

베벨, 아우구스트 : 『과거, 현재, 미래의 여성』. 쮜리히, 1883년. 〔Bebel, August : Die Frau in der Vergangenheit, Gegenwart und Zukunft. Zürich 1883.〕 452

——『여성과 사회주의』. 쮜리히-호팅겐, 1879년. 〔Die Frau und der Sozialismus. Zürich-Hottingen 1879.〕 558 560

베스테르마르크, 에드바르트 : 『인류 결혼사』. 런던 및 뉴욕, 1891년. 〔Westermarck, Edward : The history of human marriage. London und New York 1891.〕 44 47 61

베커, 빌헬름 아돌프 : 『카리클레스, 고대 그리스 풍속도. 그리스 인의 사생활에 대한 상세한 지식을 위하여』. 제1-2부. 라이프찌히, 1840년. 〔Becker, Wilhelm Adolph : Charikles, Bilder altgriechischer Sitte. Zur genaueren Kenntniss des griechischen Privatlebens. Th.1-2. Leipzig 1840.〕 114

「벨루스파」. 수록 : 『고대 북유럽 어 독본. 14 세기까지의 스칸디나비아의 시와 산문으로부터』, 프란츠 에두아르트 크리스토프 디트리히 편……, 제2판. 라이프찌히, 1864년. [Völuspá. In : Altnordisches Lesebuch. Aus der skandinavischen Poesie und Prosa bis zum XIV Jahrhundert, zusammengestellt...von Franz Eduard Christoph Dietrich. 2. Aufl. Leipzig 1864.] 154
155

[볼프, 빌헬름] : 「슐레지엔의 십억」. 수록 : 『신 라인 신문』, 1849년 3월 22일, 25일,
27일, 29일, 4월 5일, 12-14일, 25일. [[Wolff, Wilhelm :]Die schlesische
Milliarde. In : Neue Rheinische Zeitung, 22., 25., 27. und 29. März, 5.,
12.-14. und 25. April 1849.] 9

부게, [엘세우스] 소푸스 : 『북유럽의 신화, 영웅 이야기의 기원에 대한 연구』. 크리
스티아니아, 1881-1889년. [Bugge, [Elseus] Sophus : Studier over de nordiske Gude-og Heltesagns Oprindelse. Christiania 1881-1889.] 154

부제르, 알프레드 : 『인민의 벗 마라』, 전 2 권. 빠리, 1865년. [Bougeart, Alfred :
Marat, l'Ami du peuple. T. 1-2. Paris 1865.] 7

브레이, [존] 프[란시스] : 『노동의 부당한 처우와 그 구제책 : 혹은 힘의 시대와 정의
의 시대』. 리즈, 1839년. [Bray, J[ohn] F[rancis] : Labour's wrongs and labour's remedy ; or, the age of might and the age of right. Leeds 1839.]
200

블랑, 루이 : 『노동의 조직』. 빠리, 1841년. [Blanc, Louis : Organisation du travail. Paris 1841.] 360

비르트, 모리츠 : 「현대 독일에서의 헤겔의 비행과 헤겔의 추방」. 수록 : 『독일어』,
제10년차. 1890년. [Wirth, Moritz : Hegelunfug und Hegelaustreibung im
modernen Deutschland. In : Deutsche Worte,10. Jg. 1890.] 499

ㅅ

「사회 민주주의 연합 선언. 1889년 빠리에서 개최된 국제 노동자 대회에 관한 진
상」. 수록 : 『정의』, 1889년 5월 25일. [Manifesto of the Social-Democratic
Federation. Plain truths about the international congress of workers in
Paris in 1889. In : Justice, 25. Mai 1889.] 485

「사회주의자 법 연장에 관한 의사록으로부터」. 뉘른베르크, 1884년. [Aus den Verhandlungen über die Verlängerung des Socialistengesetzes. Nürnberg

1884] 464

살비아누스 드 마르세유 : 『신의 통치에 관하여』. [Salvianus de Marseille : De gubernatione dei.] 168

쇼에만, [게오르크] [프리드리히] : 『고대 그리스』. 베를린, 1885년. [Schoemann, G[eorg] F[riedrich] : Griechische Alterthümer. Berlin 1855.] 75 118

[슈람], [칼] [아우구스트] : 「K. 카우츠키와 로드베르투스」. 수록 : 『신시대』. 제2년차. 1884년. 제11호. [S[chramm], C[arl] A[ugust] : K. Kautsky und Rodbertus. In : Die Neue Zeit. 2 Jg. 1884. H. 11.] 453

슈미트, 콘라트 : 『맑스의 가치 법칙에 기초한 평균 이윤율』. 슈투트가르트, 1889년. [Schmidt, Conrad : Die Durchschnittsprofitrate auf Grundlage des Marx'schen Werthgesetzes. Stuttgart 1889.] 583

──「『자본』제3권」. 수록 : 『사회 정치 중앙 신문』, 1895년 2월 25일. [Der dritte Band des "Kapital". In : Sozialpolitisches Centralblatt, 25. Februar 1895.] 587 589

슈타르케, [칼] [니콜라이] : 『루드비히 포이에르바하』. 슈투트가르트, 1885년. [Starcke, C[arl] N[icolai] : Ludwig Feuerbach. Stuttgart 1885.] 242 243 256 261 263 265

슈트라보 : 『지리학』. [Strabo : Geographica.] 71

슈트라우스, 다비트 프리드리히 : 『기독교 교리론. 그 역사적 발전과 근대 과학과의 투쟁』. 전 2 권. 튀빙겐-슈투트가르트, 1840-1841년. [Strauß, David Friedrich : Die christliche Glaubenslehre in ihrer geschichtlichen Entwicklung und im Kampfe mit der modernen Wissenschaft. Bd. 1-2. Tübingen und Stuttgart 1840-1841.] 272

──『예수의 생애』. 전 2 권. 제4판. 튀빙겐, 1840년. [Das Leben Jesu. Bd. 1-2. 4. Aufl. Tübingen 1840.] 250 272

슈프루너-멘케 : 『중세 및 근세사를 위한 휴대용 지도 책』. 제3판. 고타, 1874년. [Spruner-Menke : Hand-Atlas zur Geschichte des Mittelalters und der neueren Zeit. 3. Aufl. Gotha 1874.] 304

ㅇ

아가씨, 루이 : 『브라질 여행』. 보스톤, 1868년. 〔Agassiz, Louis : A journey in Bra-
zil. Boston 1868.〕 62

아리스토텔레스 : 『정치학』. 〔Aristoteles : Politik.〕 121

아리스토파네스 : 『데메테르 축제를 경축하는 여자들』. 〔Aristophanes : Thesmo-
phoriazousai.〕 75

아우도르프 야콥 : 『독일 노동자의 노래』. 〔Audorf, Jacob : Lied der deutschen
Arbeiter.〕 530

암미아누스 마르켈리누스 : 「암미아누스 마르켈리누스 선집」, D. 코스트 박사 번역.
수록 : 『독일 선사 시대의 역사 서술가들, 독일어 판, 원시 시대.』 제2권. 라이
프찌히, 1879년. 〔Ammianus Marcellinus : Auszüge aus Ammianus Mar-
cellinus, übersetzt von Dr. D. Coste. In : Die Geschichtschreiber der deu-
tschen Vorzeit in deutscher Bearbeitung. Urzeit. Bd. 2. Leipzig 1879.〕 81
106

애쉴로스 : 『구조를 요청한 여자들』. 〔Äschylos : Supplices.〕 118

──『아가멤논』. 〔Agamemnon.〕 74

──『오레스테이아』. 〔Oresteia.〕 20 21

──『테바스를 공격한 7인』. 〔Septem contra Thebas.〕 118

『에다』, 스칼다의 신화적 설화를 덧붙인 신구 新舊 에다, 칼 심락이 번역하고 주석
을 덧붙임. 개정 증보 제2판. 슈투트가르트 및 아우크스부르크, 1855년.
〔Die Edda, die ältere und jüngere nebst den mythischen Erzählungen der
Skalda, übersetzt und mit Erläuterungen begleitet von Karl Simrock. 2.
verm. u. verb. Aufl. Stuttgart und Augsburg 1855.〕 49

에드몬즈, 〔[토마스] [로우〕: 『실천 도덕, 정치 경제학 ; 혹은 개인의 행복과 국력에
가장 잘 이바지하는 정부, 종교 및 제도』. 런던, 1828년. 〔Edmonds, Tl[ho-
mas] R[owe] : Practical moral and political economy ; or, the government,
religion, and institutions, most conducive to individual happiness and to
national power. London 1828.〕 200

에[른스트] [파울] : 「각자에게 그의 노동의 완전한 수익을! (반론)」. 수록 : 『베를린-
호민관』, 1890년 6월 28일. 〔E[rnst], P[aul] : Jedem der volle Ertrag seiner
Arbeit!(Erwiederung.) In : Berliner Volks-Tribüne, 28. Juni 1890.〕 500

에스뻬나, 알프레드 : 『동물 사회』. 빠리, 1877년. [Espinas, Alfred : Des sociétés ani-
males. Paris 1877.] 44

에우리피데스 : 『오레스테스』. [Euripides : Orestes.] 75

에이블링, 에드[워드]/맑스 에이블링 엘레노어 : 「아메리카에서의 노동 운동」. 수록 :
『타임』, 1887년 3월, 4월, 5월. [Aveling, Edw[ard], und Eleanor Marx-
Aveling : The labor movement in America. In : Time, March, April and
May 1887.] 290

에이블링, 에드워드/맑스 에이블링, 엘레노어 : 「영국에서의 선거」. 수록 : 『신시대』. 제
10년차. 1891-92년. 제2권. 제45호. [Aveling, Edward, und Eleanor Marx-
Aveling : Die Wahlen in Großbritannien. In : Die Neue Zeit. 10. Jg.
1891/92. 2. Bd. Nr. 45.] 536

엥겔스, 프리드리히 : 『가족, 사적 소유 및 국가의 기원. 루이스 H. 모건의 연구와
관련하여』.(『저작집』, 제21권, 25-173면). [Engels, Friedrich : Der Ursprung
der Familie, des Privateigentums und des Staats. Im Anschluß an Lewis
H. Morgans Forschungen(Werke, Band 21, S. 25-173).]

—— 「가족, 사적 소유 및 국가의 기원. 루이스 H. 모건의 연구와 관련하여」.
수록 : 『동시대인』, 1885년 17-21호, 1886년 22-24호. [Originta famil-
iei, Proprietătei private şi a statului. In legătură cu cercetările lui
Lewis H. Morgan. In : Contemporanul, Nr. 17-21, 1885 und 22-24,
1886.] 18-19

—— 『가족, 사적 소유 및 국가의 기원(루이스 H. 모건의 연구와 관련하여)』,
앙리 라베의 프랑스 어 번역. [빠리], 1893년. [L'origine de la famille,
de la propriété privée et de l'état(Pour faire suite aux travaux de
Lewis H. Morgan). Trad. française par Henri Ravé. [Paris] 1893.] 19

—— 『가족, 사적 소유 및 국가의 기원. 루이스 H. 모건의 연구와 관련하여』,
저자 교열 덴마크 어 판, 게르손 트리어 번역. 코펜하겐, 1888년. [Fa-
miljens, Privatejendommens og Statens Oprindelse. I Tilslutning til
Lewis H. Morgans Undersøgelser. Dansk, af Forfatteren gennem-
gaaet Udgave, besørget af Gerson Trier. København 1888.] 19

—— 『가족, 사적 소유 및 국가의 기원. 루이스 H. 모건의 연구와 관련하여』,
저자 교열 판, 파스칼레 마리치네치 번역. 베네벤또, 1885년. [L'ori-
gine della famiglia, della proprietà privata e dello stato. In rela-
zione alle ricerche di Luigi H. Morgan. Versione riveduta dal-

l'autore di Pasquale Martignetti. Benevento 1885.] 18

——『가족, 사적 소유 및 국가의 기원. 루이스 H. 모건의 연구와 관련하여』. 제4판, 슈투트가르트, 1892년. 〔Der Ursprung der Familie, des Privateigenthums und des Staats. Im Anschluss an Lewis H. Morgan's Forschungen. 4. Aufl. Stuttgart 1892.〕 18 48 150 523

——『가족, 사적 소유 및 국가의 기원. 루이스 H. 모건의 연구와 관련하여』. 호팅엔-쮜리히, 1884년. 〔Der Ursprung der Familie, des Privateigenthums und des Staats. Im Anschluss an Lewis H. Morgan's Forschungen. Hottingen-Zürich 1884.〕 15 18 451

——「독일에서의 사회주의」. 수록:『1892년판 노동자당 연감』. 릴(『저작집』, 제22권, 245-260면). 〔Le socialisme en Allemagne. In：Almanach du Parti Ouvrier pour 1892. Lille(Werke, Band 22, S. 245-260).〕 357

——『독일 농민 전쟁』. 제3쇄, 라이프찌히, 1875년(『저작집』, 제7권, 327-413면). 〔Der Deutsche Bauernkrieg. Dritter Abdr. Leipzig 1875(Werke, Band 7, S. 327-413).〕 556

——『루드비히 포이에르바하 그리고 독일 고전 철학의 종말』. (『저작집』, 제21권, 259-307면). 〔Ludwig Feuerbach und der Ausgang der klassischen deutschen Philosophie(Werke, Band 21, S. 259-307).〕

　　——「루드비히 포이에르바하 그리고 독일 고전 철학의 종말」. 수록:『신시대』, 제4년차, 1886년, 4호와 5호. 〔Ludwig Feuerbach und der Ausgang der klassischen deutschen Philosophie. In：Die Neue Zeit. 4. Jg. 1886. H. 4 und 5.〕 242

　　——『루드비히 포이에르바하 그리고 독일 고전 철학의 종말』.『신시대』로부터의 교열 별쇄본. 부록「1845년 맑스의 포이에르바하 론」을 덧붙임. 슈투트가르트, 1888년. 〔Ludwig Feuerbach und der Ausgang der klassischen deutschen Philosophie. Revid. Sonder-Abdruck aus der "Neuen Zeit". Mit Anhang：Karl Marx über Feuerbach Jahre 1845. Stuttgart 1888.〕 242 243 510 517 565

——「부록」. 수록:프리드리히 엥겔스:『1844년 잉글랜드 노동 계급의 처지. 1886년 쓰여진 부록과 1887년의 서문을 첨부함』. 플로렌스 켈리-비슈네비츠키 번역. 뉴욕, 1887년(『저작집』, 제21권, 250-256면). 〔Appendix. In：Friedrich Engels：The condition of the working class in England in 1844. With appendix written 1886, and preface 1887. Transl. by Florence Kelley-

Wischnewetzky. New York 1887(Werke, Band 21, S. 250-256).] 290 291
375

——『아일랜드 사』(『저작집』, 제16권, 459-498면). [Die Geschichte Irlands
(Werke, Band 16, S. 459-498).] 148

——『오이겐 뒤링 씨의 과학 변혁. 철학. 경제학. 사회주의』. 라이프찌히, 1878년
(『저작집』, 제20권, 1-303면). [Herrn Eugen Dühring's Umwälzung der
Wissenschaft. Philosophie. Politische Oekonomie. Sozialismus. Leipzig
1878(Werke, Band 20, S. 1 bis 303).] 454 510 565

——「유럽의 정치 정세」. 수록 : 『레비스타 쏘씨알라』, 1886년 12월 1일(『저작집』,
제21권, 310-318면). [Starea politica socială. In : Revista socială, 1. Dezem-
ber 1886(Werke, Band 21, S. 310-318).] 478

——『잉글랜드 노동 계급의 처지』 아메리카 판 부록 「부록」을 보라.

——「『잉글랜드 노동 계급의 처지』 아메리카 판 서설」 「부록」을 보라.

——『잉글랜드 노동 계급의 처지』 아메리카 판. 『잉글랜드 노동 계급의 처지…
…』 뉴욕, 1887년을 보라.

——「『잉글랜드 노동 계급의 처지』 영어 판 서설」 「서문」을 보라.

——『잉글랜드 노동 계급의 처지』 영어 판 『잉글랜드 노동 계급의 처지……』
런던, 1892년을 보라.

——『잉글랜드 노동 계급의 처지. 저자 자신의 관찰과 확실한 출전들에 의거하
여』(『저작집』, 제2권, 225-506면). [Die Lage der arbeitenden Klasse in
England. Nach eigner Anschauung und authentischen Quellen(Werke,
Band, 2, S. 225-506).]

    ——『잉글랜드 노동 계급의 처지. 저자 자신의 관찰과 확실한 출전들에 의거
    하여』. 라이프찌히, 1845년. [Die Lage der arbeitenden Klasse in Eng-
    land. Nach eigner Anschauung und authentischen Quellen. Leipzig
    1845.] 375 380

    ——『잉글랜드 노동 계급의 처지. 저자 자신의 관찰과 확실한 출전들에 의
    거하여』. 수정 제2판, 슈투트가르트, 1892년. [Die Lage der arbei-
    tenden Klasse in England. Nach eigner Anschauung und authen-
    tischen Quellen. 2. durchges. Aufl. Stuttgart 1892.] 375 379 380

    ——『1844년 잉글랜드 노동 계급의 처지. 1886년에 쓰여진 부록과 1887년
    서문을 첨부함』. 플로렌스 켈리-비슈네비츠키 번역. 뉴욕, 1887년.
    [The condition of the working class in England in 1844. With

appendix written 1886, and preface 1887. Transl. by Florence Kelley-Wischnewetzky. New York 1887.] 290 375 380

──『1844년 잉글랜드 노동 계급의 처지.』. 플로렌스 켈리-비슈네비츠키 번역. 런던, 1892년. [The condition of the working-class in England in 1844. Transl. by Florence Kelley-Wischnewetzky. London 1892.] 290

──「서문」. 수록 : 프리드리히 엥겔스 : 1884년 잉글랜드 노동 계급의 처지. 런던, 1892년(『저작집』, 제22권, 265-278면). [Preface. In : Friedrich Engels : The condition of the working class in England in 1844. London 1892(Werke, Band 22, S. 265-278).] 388-390

──「주택 문제에 대하여」. 수록 :『인민 국가』, 1872년 6월 26일, 29일, 7월 3일, 12월 25일, 28일, 1873년 1월 4일, 8일, 2월 8일, 12일, 19일, 22일(『저작집』, 제18권, 209-287면). [Zur Wohnungsfrage. In : Der Volksstaat, 26. und 29. Juni, 3. Juli, 25. und 28. Dezember 1872, 4. und 8. Januar, 8., 12., 19. und 22. Februar 1873(Werke, Band 18, S. 209-287).] 449

──「1845년과 1885년의 잉글랜드」. (『저작집』, 제21권, 191-197면) [England 1845 und 1885(Werke, Band 21, S. 191-197).]

　　──「1845년과 1885년의 잉글랜드」. 수록 :『공공 복지』, 1885년 3월. [England in 1845 and in 1885. In : The Commonweal, March 1885.] 381-388

　　──「1845년과 1885년의 잉글랜드」. 수록 :『신시대』, 제3년차. 1885년. 제6호. [England 1845 und 1885. In : Die Neue Zeit. 3. Jg. 1885. H. 6.] 381-388 .

──「프랑크푸르트 의회」. 수록 :『신라인 신문』, 1848년 6월 1일(『저작집』, 제5권, 14-17면). [Die Frankfurter Versammlung. In : Neue Rheinische Zeitung, 1. Juni 1848(Werke, Band 5, S. 14-17).] 6

엥겔스, 프리드리히/칼 맑스 :『신성 가족, 혹은 비판적 비판의 비판. 브루노 바우어와 그 일파에 반대하여』. 프랑크푸르트암마인, 1845년(『저작집』, 제2권, 3-223면). [Engels, Friedrich, und Karl Marx : Die heilige Familie, oder Kritik der kritischen Kritik. Gegen Bruno Bauer und Consorten. Frankfurt a. M. 1845(Werke, Band 2, S. 3-223).] 251 271

「영국 학술 진흥 협회 제53차 대회 보고서」; 1883년 9월 사우스포트에서 개최. 런던, 1884년. [Report of the fifty-third meeting of the British Association for the Advancement of Science ; held at Southport in September 1883. London 1884.〕 387

왓슨, 존 포브스/존 윌리엄 케이 : 『인도의 주민. 사진 해설집. 힌두스탄 종족들과 부족들에 대한 설명적인 활판 기사 첨부. 원래 인도 정부의 명령에 의해 작성되어 참사회 인도 대신의 명령에 의해 복제됨』. 제2권. 런던, 1868년. 〔Watson, J[ohn] Forbes, and John William Kaye : The people of India. A series of photographic illustrations. With descriptive letterpress, of the races and tribes of Hindustan, originally prepared under the authority of the Government of India, and reproduced by order of the Secretary of State for India in council. Vol. 2. London 1868.〕 52

『웨일즈의 고대 법률과 제도』. 제1권, 발행지 미상. 1841년, 〔Ancient laws and institutes of Wales. Vol. 1. o. O. 1841.〕 148

유베날리스 : 『풍속시』. 〔Juvenalis : Satirae.〕 444

ㅈ

조에트베르, 아돌프 : 『아메리카의 발견에서부터 현재까지의 귀금속 생산과 금은의 가치 관계』. 고타, 1879년. 〔Soetbeer, Adolf : Edelmetall-Produktion und Werthverhältnis zwischen Gold und Silber seit der Entdeckung Amerika's bis zur Gegenwart. Gotha 1879.〕 512

좀바르트, 베르너 : 「칼 맑스의 경제학 체계의 비판을 위하여」. 수록 : 『사회 입법과 통계학을 위한 잡지』. 제7권. 제4호. 베를린, 〔1894년〕. 〔Sombart, Werner : Zur Kritik des ökonomischen Systems von Karl Marx. In : Archiv für soziale Gesetzgebung und Statistik. Bd. 7. H. 4 〔1894〕.〕 579 587 589

주겐하임, 사무엘 : 『19 세기 중반 경까지 유럽에서의 농노제와 예농제 폐지의 역사』. 상트뻬쩨르부르크, 1861년. 〔Sugenheim, Samuel : Geschichte der Aufhebung der Leibeigenschaft und Hörigkeit in Europa bis um die Mitte des neunzehnten Jahrhunderts. St. Petersburg 1861.〕 64

주리타, 알롱조 드 : 「새로운 에스빠냐의 여러 족장들, 주민의 법과 풍습, 정복 전후의 세제 등등에 관한 보고서」. 수록 : 『아메리카 발견사 자료로 쓰이기 위한 여행기, 견문록 및 회상록 원본』, H. 테르노 꽁팡에 의한 프랑스 어 초역, 제

11권. 빠리, 1840년. [Zurita, Alonzo de : Rapport sur les différentes classes de chefs de la Nouvelle-Espagne, sur les lois, les mœurs des habitants, sur les impôts établis avant et depuis la conquête, etc., etc. In : Voyages, relations et mémoires originaux pour servir à l'histoire de la d écouverte de l'Amérique, publiés pour la première fois en français, par H. Ternaux-Compans. T. 11. Paris 1840.] 71

지로-뛸롱, 알렉시 : 『가족의 기원. 가부장 사회에 선행하는 사회의 문제들』. 주네브 및 빠리, 1874년. [Giraud-Teulon, A[lexis] : Les origines de la famille, questions sur les antécédents des sociétés patriarcales. Genève und Paris 1874.] 27 30

——『결혼 및 가족의 기원』. 주네브 및 빠리, 1884년. [Les origines du mariage et de la famille. Genève und Paris 1884.] 30 44 45

징어, 파울 : 「1893년 1월 19일 제국 의회에서의 연설」. 수록 : 『전진』, 1893년 1월 20일. [Singer, Paul : Rede im Reichstag am 19. Januar 1893. In : Vorwä rts, 20. Januar 1893.] 545

ㅊ

1821년의 소책자 국가적 곤란의 원천과 그 해결책을 보라.

「1892년 베를린에서 열린 당 대회에서의 당 지도부의 보고」. 수록 : 『전진』, 1892년 11 월 4일, 부록. [Bericht des Partei-Vorstandes an den Parteitag zu Berlin 1892. In : Vorwärts, 4, November 1892, Beilage.] 542

총평의회의 호소 맑스의 총평의회의 두 번째 호소를 보라.

ㅋ

카우츠키, 칼 : 「로드베르투스의 『자본』」. 수록 : 『신시대』, 제2년차. 1884년. 제8호와 9호. [Kautsky, Karl : Das "Kapital" von Rodbertus. In : Die Neue Zeit. 2. Jg. 1884. H. 8 u. 9.] 453

——「반론」. 수록: 『신시대』. 제2년차. 1884년. 11호. [Eine Replik. In: Die Neue Zeit. 2. Jg. 1884. H. 11.] 454

케사르, 가이우스 율리우스: 『갈리아 전기』. [Cäsar, Gajus Julius: De bello Gallico.] 37 52 157

쿠노브, 하인리히: 「고대 페루의 촌락 공동체와 마르크 공동체」. 수록: 『외국. 지리 학과 민속학을 위한 주간지』, 1890년 10월 20일, 27일 및 11월 3일 [Cunow, Heinrich: Die altperuanischen Dorf- und Markgenossenschaften. In: Das Ausland. Wochenschrift für Erd- und Völkerkunde, 20., 27. Oktober und 3. November 1890.] 71

ㅌ

타일러, 에드워드 버넷: 『인류의 원시사 및 문명의 발전에 관한 연구』. 런던, 1865 년. [Tylor, Edward Burnet: Researches into the early history of mankind and the development of civilization. London 1865.] 19

타키투스: 『게르마니아』. [Tacitus: Germania.] 17 27 37 80 105 154 155-158

톰슨, 윌리엄: 『인간의 행복에 최고로 기여하는 부의 분배 원리에 관한 연구. 새롭 게 제안된 부의 자발적 평등 제도에의 응용』. 런던, 1824년. [Thompson, William: An inquiry into the principles of the distribution of wealth most conducive to human happiness; applied to the newly proposed system of voluntary equality of wealth. London 1824.] 200

투키디데스: 『펠로폰네소스 전쟁사』. [Thukydides: Geschichte des Peloponnesischen Krieges.] 121

ㅍ

파이슨, 로리머/A. W. 호위트: 『카미라로이 족과 구루나이 족. 집단혼과 친족 그리 고 눈맞은 남녀가 도망가서 하는 결혼』. 멜버른, 시드니, 아드리드 및 브리스 번, 1880년. [Fison, Lorimer, and A. W. Howitt: Kamilaroi and Kurnai.

Group-marriage and relationship, and marriage by elopement. Melbourne, Sidney, Adelaide, and Brisbane 1880.〕 54

『페이비언 사회주의 논집』. G 버나드 쇼, 시드니 웹, 윌리암 클라크, 시드니 올리버, 에니 베전트, 그레이엄 웰리스, 휴버트 브랜드 저. G. 버나드 쇼 편. 런던, 1889년. 〔Fabian essays in socialism. By G. Bernard Shaw, Sidney Webb, William Clarke, Sidney Olivier, Annie Besant, Graham Wallas and Hubert Bland. Ed. by G. Bernard Shaw. London 1889.〕 494

포이에르바하, 루드비히 :『기독교의 본질』. 라이프찌히, 1841년. 〔Feuerbach, Ludwig : Das Wesen des Christenthums. Leipzig 1841.〕 251

──「나의 철학적 이력의 성격 묘사를 위한 단편들」. 수록 :『전집』, 제2권. 라이프찌히, 1846년. 〔Fragmente zur Charakteristik meines philosophischen Curriculum vitae. In : Sämmtliche Werke. Bd. 2. Leipzig 1846.〕 268

──「신체와 영혼, 육체와 정신의 이원론에 대한 반대」. 수록 :『전집』, 제2권. 라이프찌히, 1846년. 〔Wider den Dualismus von Leib und Seele, Fleisch und Geist. In : Sämmtliche Werke. Bd. 2. Leipzig 1846.〕 267 269

──「유고로 남긴 격언들」. 수록 : 같은 책, 제2권. 〔Nachgelassene Aphorismen. Ebendort, Bd. 2.〕 257 260

──「철학의 원칙들. 변화의 필연성」. 수록 :『그의 왕복 서한, 유고 및 그의 철학적 특징의 발전에서 본 루드비히 포이에르바하』, 칼 그륀 저. 전 2 권. 라이프찌히와 하이델베르크, 1874년. 제1권. 〔Grundsätze der Philosophie. Nothwendigkeit einer Veränderung. In : Ludwig Feuerbach in seinem Briefwechsel und Nachlass sowie in seiner Philosophischen Charakterentwicklung, dargestellt von Karl Grün. Bd. 1-2. Leipzig und Heidelberg 1874. Bd. 1.〕 267

──「필요는 모든 법칙을 지배하고 지양한다」. 수록 : 같은 책, 제2권. 〔Noth meistert alle Gesetze und hebt sie auf. Ebendort, Bd. 2.〕 267 269

푸리에, [샤를르] :「네 가지 운동과 일반적 운명에 관한 이론」. 수록 :『전집』, 제1권, 제3판. 빠리, 1846년. 〔Fourier, ch[arles] : Théorie des quatre mouvements et des destinées générales. In : Œuvres complètes, T. 1. 3me^ed. Paris 1846.〕 174 196

푸리에, [샤를르] :『보편적 통일론』. 제3권. 수록 : 같은 책, 제4권, 제2판. 빠리, 1841년. 〔Fourier, Ch[arles] : Théorie de l'unité universelle. Vol. 3. Ebendort. T. 4. 2me^ed. Paris 1841.〕 83

퓌스뗄 드 꿀랑제:『고대 도시. 그리스와 로마의 종교 의식, 법, 제도에 관한 연구』. 빠리 및 슈트라스부르크, 1864년. [Fustel de Coulanges : La cité antique, étude sur le culte, le droit, les institutions de la Grèce et de Rome. Paris und Strasbourg 1864.] 117

「프랑스 노동자당 농업 강령」. 뽈 라빠르그가 주석을 붙임. 수록:『노동자 도서관』. 릴, [1894년]. [Programme agricole du Parti Ouvrier Français commenté par Paul Lafargue. In : Bibliothèque du Parti Ouvrier. Lille [1894].] 405-408 410 412-415

프로코피우스:『고트 전기』 [Prokopius : Der Gotenkrieg.] 81

프루동, [삐에르] [조제프]:『경제적 모순들의 체계, 혹은 빈곤의 철학』. 전 2 권. 빠리, 1846년. [Proudhon, P[ierre]-J[oseph] : Système des contradictions économiques, ou philosophie de la misère. T. 1-2. Paris 1846.] 198 204

──『19 세기 혁명의 일반 이념. (혁명과 산업의 실천에 관한 시론선)』. 신판. 수록:『전집』, 제10권. 빠리, 1868년. [Idée générale de la révolution au XIXe siècle. (Choix d'études sur la pratique révolutionnaire et industrielle.) Nouv. éd. In : Œuvres complètes. T. 10. Paris 1868.] 332

프리먼, 에드워드 [오거스터스]:『비교 정치학』. 런던, 1873년. [Freeman, Edward A[gustus] : Comparative politics. London 1873.] 17

플루타크:『윤리학』 [Plutarch : Moralische Schriften.] 75

플리니우스:『박문지』 [Plinius : Naturgeschichte.] 159 164

피셔, 파울:「「완전한 노동 수익에 대한 권리」재론」. 수록:『베를린 호민관』, 1890년 7월 5일. [Fischer, Paul : Nochmals das "Recht auf den vollen Arbeitsertrag". In : Berliner Volks-Tribûne, 5. Juli 1890.] 500

ㅎ

하크니스, 마가렛 로, 존을 보라.

할러, 칼 루트비히 폰:『국가학의 부활 혹은 자연적-사회적 상태의 이론 ; 인위적-부르주아적 상태에 대한 환상을 반대하며』. 제1권. 증보 개정 제2판. 빈터투르, 1820년. [Haller, Carl Ludwig von : Restauration der Staats-Wissenschaft oder Theorie des natûrlich-geselligen Zustands ; der Chimâre des

652

künstlich-bürgerlichen entgegengesezt. Bd. 1. Zweyte verm. und verb. Auflage. Winterthur 1820.] 539

헤겔, 게오르크 빌헬름 프리드리히 : 『논리학』, 레오폴트 폰 헤닝 편. 수록 : 『저작집』, 고인의 친구에 의한 완전판. 제3-5권. 베를린, 1833-1834년. [Hegel, Georg Wilhelm Friedrich : Wissenschaft der Logik. Hrsg. von Leopold von Henning. In : Werke. Vollst. Ausg. durch einen Verein von Freunden des Verewigten. Bd. 3-5. Berlin 1833-1834.] 247 274

──『법 철학 강요, 혹은 자연법과 국가학의 기본 개요』, 에두아르트 간스 편. 수록 : 같은 책, 제8권. 베를린, 1833년. [Grundlinien der Philosophie des Rechts oder Naturrecht und Staatswissenschaft im Grundrisse. Hrsg. von Eduard Gans. Ebendort, Bd. 8. Berlin 1833.] 187 244 247 267 335

──『역사 철학 강의』, 에두아르트 간스 편. 수록 : 같은 책, 제9권. 베를린, 1837년. [Vorlesungen über die Philosophie der Geschichte. Hrsg. von Eduard Gans. Ebendort, Bd. 9. Berlin 1837.] 267

──『정신 현상학』. 요한 슐쩨 편. 수록 : 같은 책, 제2권. 베를린, 1832년. [Phanomenologie des Geistes. Hrsg. von Johann Schulze. Ebendort, Bd. 2. Berlin 1832.] 261

──『종교 철학 강의. 혹은 신의 존재 증명에 관한 저술』, 필립 마르하이네케 편. 수록 : 같은 책, 제12권. 베를린, 1840년. [Vorlesungen über die Philosophie der Religion. Nebst einer Schrift über die Beweise vom Daseyn Gottes. Hrsg. von Philipp Marheineke. Ebendort, Bd. 12. Berlin 1840.] 267

──『철학사 강의』, 제2권, 칼 루트비히 미헬레트 편. 수록 : 같은 책, 제14권. 베를린, 1833년. [Vorlesungen über die Geschichte der Philosophie. Bd. 2. Hrsg. von Karl Ludwig Michelet. Ebendort, Bd. 14. Berlin 1833.] 471

──『철학적 학들의 엔치클로페디 강요』, 레오폴트 헤닝 편. 제1부 『논리학』. 수록 : 『저작집』, 고인의 친구에 의거한 완전 판. 제6권. 베를린, 1840년. [Encyclopädie der philosophischen Wissenschaften im Grundrisse. Hrsg. von Leopold von Henning. Th. 1. Die Logik. Ebendort, Bd. 6. Berlin 1840.] 244

헤로도투스 : 『역사』. [Herodotus : Geschichten.] 52 75

호머 : 『오딧세이』. [Homer : Odyssee.] 73 120

──『일리아드』. [Ilias.] 37 73 117 120

호이즐러, 안드레아스 : 『독일 사법 제도들』, 제2권. 라이프찌히, 1886년. [Heusler, Andreas : Institutionen des Deutschen Privatrechts. Bd. 2. Leipzig 1886.] 70

「힐데브란트의 노래」. 수록 : 하인리히 쿠르츠 : 『독일 문학사, 주요 작가 저작선을 첨부』, 제4판, 제1권. 라이프찌히, 1864년. [Hildebrandslied. In : Heinrich Kurz : Geschichte der deutschen Literatur mit ausgewählten Stücken aus den Werken der vorzüglichsten Schriftsteller. 4. Aufl. Bd. 1. Leipzig 1864.] 153 180

2. 정기 간행물

계간 평론. 제71권. 런던, 1843년. The Quarterly Review, Vol. 71. London 1843. 382

노동자 신문 Arbeiter-Zeitung. 1891년 2월 6일. 521

베를린 호민관 Berliner Volks-Tribüne. 1890년 7월 12일. 500

사회-민주주의자 Der Social-Demokrat. 1865년 2월 1일, 3일, 5일. 198

사회-민주주의자(쮜리히) Der Sozialdemokrat(Zürich). 1884년 11월 21일. 465

신 라인 신문 Neue Rheinische Zeitung. 1848년 6월 2일. 4

신시대, 제9년차. 1890-91년. 제1권. 제21호. Die Neue Zeit, 9. Jg. 1890/91. 1. Bd. Nr. 21. 521

작센 노동자-신문 Sächsische Arbeiter-Zeitung. 1890년 8월 31일. 314

프랑스 공화국 관보(빠리) Journal Officiel de la République française(Paris). 1871년 3월 31일. 329

── 1871년 5월 12일. 329

프랑크푸르트 신문 및 상업 신문 Frankfurter Zeitung und Handelsblatt. 1875년 3월 9일. 프랑크푸르트, 3월 8일. 528

쾰른 신문 Kölnische Zeitung. 1884년 11월 4일. 456 464

── 1884년 11월 6일. 456 464

── 1884년 11월 8일. 464

Ⅱ. 언급된 잡지들과 신문들 찾아보기

개혁 La Réforme —— 1843년부터 1850년까지 빠리에서 발행된 일간 신문 ; 소부르주아 민주주의자, 공화주의자 및 사회주의자들의 기관지 ; 엥겔스는 1847년 10월부터 1848년 1월까지 이 신문에 많은 논문을 게재하였다. 223 395

계간 평론 The Quarterly Review. 382

공공 복지 The Commonweal —— 1885년부터 1891년까지 그리고 1893년부터 1894년까지 런던에서 발행된 주간지, 사회주의자 연합의 기관지 ; 엥겔스는 1885년과 1886년에 이 잡지에 약간의 논문을 발표했다. 381

과학 Science. 288

나씨오날 Le National —— 1830년부터 1851년까지 빠리에서 발행된 일간 신문 ; 온건 부르주아 공화주의자들의 기관지. 359

노동자당 연감 Almanach du Parti Ouvrier —— 1892년부터 1894년까지 그리고 1896년에 릴에서 발행된 사회주의 연감. 357

노동자 시대 The Workman's Times —— 1890년 8월부터 1894년 9월까지는 후더스필드에서 이후 런던과 맨체스터에서 발행된 주간지. 543

노동자-신문 Arbeiter-Zeitung —— 오스트리아 사회 민주주의당의 기관지. 1889년부터 1893년까지는 주간으로, 1894년에는 주 2회, 1895년 1월부터는 일간으로 빈에서 발행되었다 ; 신문의 편집자는 빅토르 아들러였다 ; 이 신문은 1890년대에는 엥겔스의 많은 논문을 게재했다 ; 아우구스트 베벨, 엘레노어 맑스 에이블링과 그 외의 노동자 운동의 지도자들도 이 신문의 기고자로 있었다. 313

독불 연보 Deutsch-Französische Jahrbücher —— 칼 맑스와 아르놀트 루게의 편집으로 빠리에서 독일어로 발행되었다 ; 1844년 2월에 합본호 제1호만 발행되었다 ; 맑스와 엥겔스의 여러 노작들이 발표되었다. 222

독일어 Deutsche Worte —— 1881년부터 1904년까지 빈에서 발행된 사회-정치 잡지 ; 1881년부터 1883년 7월까지는 주간으로, 그 후에는 월간으로 발행되었다. 499

독일어-브뤼셀 신문 Deutsche-Brüsseler-Zeitung —— 브뤼셀에 있는 독일인 정치 망명자들에 의해 창간되어 1847년 1월 3일부터 1848년 2월까지 주 2회 발행되었다 ; 1847년 9월부터 맑스와 엥겔스는 고정 기고자로 있었다 ; 그들의 영향 아래 이 신문은 당시 조직 중이던 혁명적 프롤레타리아트 당인 공산주의

자 동맹의 기관지로 발전하였다. 223

동시대인 Contemporanul —— 루마니아의 사회주의적 경향의 문예학 및 정치 잡
　　지로, 1881년 7월부터 1890년 12월까지는 처음에는 반 半 월간으로, 그 후는
　　월간으로 야시에서 발행되었다. 19

매일 신문 The Daily Chronicle —— 1855년부터(이 이름으로는 1877년까지) 1930
　　년까지 런던에서 발행된 자유주의적 신문 ; 1880 년대 말부터 1890 년대 초
　　까지 이 신문은 영국 노동자 운동에 관한 기사를 게재하였다. 543

베를린 호민관 Berliner Volks-Tribüne ——'청년파'의 반 半 무정부주의적인 그룹
　　과 친밀한 입장을 지닌 사회 정치적 주간지 ; 1887년부터 1892년까지 발행되
　　었다. 500

북극성 The Northern Star —— 1837년부터 1852년까지 처음에는 리즈에서, 후에
　　는 런던에서 발행된 주간지 ; 차티스트의 중앙 기관지 ; 엥겔스는 1845년 9월
　　부터 1848년 3월까지 이 잡지의 통신원으로 있었다. 223

사회-민주주의자 Der Social-Demokrat —— 1864년 12월 15일부터 1871년까지 베
　　를린에서 전독일 노동자 협회의 기관지로 주 3회 발행되었다. 198

사회 민주주의자 Der Sozialdemokrat —— 독일 사회 민주주의당의 중앙 기관지 ;
　　사회주의자 법이 시행되던 1879년 9월부터 1888년 9월까지는 쮜리히에서,
　　1888년 10월부터 1890년 9월 27일까지는 런던에서 발행되었고, 독일에서는
　　불법화되어 금지 되었다 ; 1881년에 맑스와 엥겔스는 고정 기고자가 되는데,
　　이는 그들의 기사를 발표하는 것을 넘어 혁명적 신문을 지도하는 모든 영역
　　으로 확장되었다 ; "『사회 민주주의자』는 독일 당의 깃발"(엥겔스)이었다.
　　313 314 318-322 449

사회 민주주의자 Der Sozialdemokrat 1894년 4월부터 1895년까지 베를린에서 발
　　행된 주간지 ; 독일 사회 민주주의당의 기관지. 421

사회 비판 Critica Sociale —— 1891년부터 1926년까지 월 2회 메일랜드에서 발행
　　된 이딸리아 사회주의당의 이론지 ; 1890 년대에 이 잡지는 맑스와 엥겔스의
　　노작을 게재하였다. 587

사회 입법과 통계학을 위한 잡지 Archiv für soziale Gesetzgebung und Statistik
　　—— 1888년부터 1903년까지는 튀빙겐에서, 이후에는 베를린에서 계간으로
　　발행된 진보적인 잡지. 579

사회 정치 중앙 신문 Sozialpolitisches Centralblatt —— 1892년 1월부터 1895년 3
　　월까지 이 이름으로 발행된 사회 민주주의적 주간지. 587 589

선구자 Vorbote —— 1874년부터 1876년까지 독일어로 발행된 아메리카의 주간지 ;

1876년부터는 사회주의적인 『시카고 노동자 신문』의 주간 부록으로 발행되었다. 535

신 라인 신문. 민주주의의 기관지 Neue Rheinische Zeitung. Organ der Demokratie —— 독일 프롤레타리아트 최초의 독자적이고 전국적인 일간 신문이며, 맑스의 편집 아래 1848년 6월 1일부터 1849년 5월 19일까지 쾰른에서 발행되었다 ; 민주주의 운동의 좌익의 투쟁적 기관지였으며 실제로 1948/ 49년 혁명 동안에 공산주의자 동맹의 정치적-이데올로기적 중앙이었다 ; "혁명적 프롤레타리아트의 최고의, 비할 데 없는 기관지"(레닌)였다. 229 319 426

신 라인 신문. 정치 경제 평론 Neue Rheinische Zeitung. Politisch-ökonomische Revue —— 맑스와 엥겔스에 의해 1849년 12월에 창간되어 1850년 11월까지 출판된 잡지 ; 공산주의자 동맹의 이론적, 정치적 기관지이며, 1848/49년에 맑스와 엥겔스에 의해 출판된 『신 라인 신문』의 후속지였다 ; 런던에서 편집되고 함부르크에서 인쇄되었다. 232 428

신시대. 정신 생활과 공적 생활에 대한 평론 Die Neue Zeit. Revue des geistigen und öffentlichen Lebens —— 1883년부터 1890년 10월까지는 월간으로, 그후 1923년 가을까지는 주간으로 슈투트가르트에서 발행된 독일 사회 민주주의당의 이론지 ; 엥겔스는 1885년부터 1894년까지 이 신문의 기고자였다 ; 제1차 세계 대전 전후에 이 신문은 중앙파적 입장을 취하였다. 242 381 451 478 521 523 531 532 536 538 543 555

신 프로이센 신문 Neue Preußische Zeitung —— 1848년부터 1938년까지 베를린에서 발행된 일간 신문 ; 프로이센 융커 층과 상층 귀족의 극히 반동적인 기관지 ; 『십자 신문』이라는 이름으로도 알려졌다. 6

십자 신문 신 프로이센 신문을 보라.

외국 Das Ausland —— 자연 과학, 지리학, 인종학에서의 가장 최근의 연구에 대한 개요 —— 1828년부터 1893년까지 발행되었으며(처음에는 일간으로 1853년부터는 주간으로), 1873년부터 슈투트가르트에서 발행되었다. 71

인민의 벗 L'Ami du peuple —— 1789년 9월 12일부터 1793년 7월 14일까지 빠리에서 발행된 일간지 ; 자코뱅 파의 영수 장-뽈 마라가 편집했다. 7

작센 노동자-신문 Sächsische Arbeiter-Zeitung —— 1890년부터 1908년까지 드레스덴에서 발행된 사회 민주주의 일간 신문 ; 1890 년대 초에는 반半 무정부주의적인 그룹 '청년파'의 기관지였다. 314 503 521

전진! Vorwärts! —— 1844년 1월부터 12월까지 빠리에서 독일어로 주 2회 발행된 신문 ; 1844년 중반부터 프로이센에 반대하는 날카로운 공산주의적 견해들에

접근한 급진 민주주의적인 경향을 띠게 되었다 ; 맑스와 엥겔스는 이 신문에
많은 기고문들을 게재하였다. 218

전진. 베를린 인민 잡지 Vorwärts. Berliner Volksblatt —— 1884년부터 1890까지
『베를린 인민 잡지』라는 이름으로 발행된 사회 민주주의적 일간지 ; 1891년
부터 사회 민주주의당의 중앙 기관지였다 ; 빌헬름 리프크네히트가 편집장이
었다 ; 엥겔스는 이 잡지에 논문을 발표하고, 조언과 지시로 편집부를 지원하
였고, 기회주의에 대한 투쟁에서 이 잡지를 도왔다. 523 532 571 572 575

정의 La Justice —— 1880년부터 1930년까지 빠리에서 발행된 프랑스 어 일간 신
문 ; 1880년부터 1896년까지 이른바 급진주의자 당 극좌파의 기관지. 542
543

정자亭子. 삽화가 들어 있는 가정 신문 Die Gartenlaube. Illustrirtes Familienblatt
—— 1853년부터 1903년까지는 라이프찌히에서, 1903년부터 1943년까지는
베를린에서 발행된 소부르주아 주관지. 313

정치와 상공업을 위한 라인 신문 Rheinische Zeitung für Politik, Handel und
Gewerbe —— 1842년 1월 1일부터 1843년 3월 31일까지 쾰른에서 발행된
일간 신문 ; 1842년 4월부터 맑스는 『라인 신문』의 기고자였고, 1842년 10월
15일부터 1843년 3월 17일까지는 이 신문의 편집장이었다. ; 맑스의 편집 아
래 점차 뚜렷이 혁명적-민주주의적 성격을 띠었다 ; 프로이센 정부에 의해
1843년 4월 1일부터 폐간되었다. 250

쮜리히 포스트 Züricher Post —— 1879년부터 1936년까지 발행된 민주주의 일간
신문. 521

쾰른 신문 Kölnische Zeitung —— 1802년부터 1945년까지 발행된 일간지 ; 라인
지방의 대부르주아지와 국민 자유당의 기관지 ; 70 년대에는 비스마르크의
대변자였다. 456

크로니클 매일 신문을 보라.

타임 Time —— 사회주의적 경향의 월간지 ; 1879년부터 1891년까지 런던에서 발
행되었다. 290

프랑스 공화국 관보 Journal Officiel de la République française —— 1871년 3월
20일부터 5월 24일까지 빠리에서 발행된 빠리 꼬뮌의 공식 기관지 ; 베르사
이유 정부의 기관지가 동일한 제호로 발행되었다. 329

프랑크푸르트 신문과 상업 신문 Frankfurter Zeitung und Handelsblatt —— 1856년
부터(1866년부터는 이 이름으로) 1943년까지 프랑크푸르트암마인에서 발행
된 소부르주아-민주주의 일간지. 528

학문과 예술을 위한 독일 연보 Deutsche Jahrbücher für Wissenschaft und Kunst
——1838년 1월부터 1841년 6월까지『학문과 예술을 위한 할레 연보』라는
이름으로 발행되었으며, 이후 1841년 7월부터 1843년 1월까지 라이프찌히에
서 처음의 이름으로 발행되었다 ; 청년 헤겔파의 문학-철학 기관지. 250

호민관 Der Volks-Tribun ——1846년 1월 5일부터 12월 31일까지 뉴욕에서 발행
된 주간지 ; 독일의 '진정한' 사회주의자들의 기관지. 223

인명 찾아보기

ㄱ

Schack) (1845-1905) 1880 년대에 부르주아 여성 운동에서 프롤레타리아 여성 운동으로 전환했다 ; 1886년에 영국으로 가서 이후 무정부주의로 전향 했다. 473-474

기조, 프랑스와-삐에르-기욤 François-Pierre-Guillaume Guizot (1787-1874) 프랑 스의 역사가 및 정치가, 오를레앙 파 ; 1840-1848년에 프랑스의 내무 정책과 외무 정책을 주도했으며, 대금융 부르주아지의 이해 관계를 대변했다. 280 564

기펜 경, 로버트 Robert Giffen (1837-1910) 영국의 국민 경제학자 및 통계학자, 금융 전문가. 385 413

길레스, 페르디난트 Ferdinand Gilles (약 1856년 생) 독일의 저널리스트, 1886년 에 런던으로 망명했다 ; 1891년에 독일의 사회 민주주의 언론에 의해 경찰의 첩자임이 발각되어, 1892년에 런던의 공산주의 노동자 교육 협회로부터 제 명되었다. 543

까발로티, 펠리체 Felice Cavalotti (1842-1898) 이딸리아의 정치가, 언론인, 민족 해방 운동에 참가하였으며, 부르주아 급진파의 지도자 ; 1873년 이후 하원 의 원. 395

깔벵, 장 Jean Calvin (1509-1564) 주네브의 종교 개혁가, 깔벵주의의 창시자. 286 554

꼬발레프스끼, 막심 막시모비치 Максим Максимович Ковалевский (1851-1916) 러시아의 사회학자, 역사가, 인종학자, 법학자 ; 자유주의적 성향의 정치가 ; 원시 공동체의 역사에 관한 많은 저서가 있다. 68 70 71 147 152 158

꽁스땅, 장-앙뜨완느-에르네스뜨 Jean-Antoine-Ernest Constans (1833-1913) 프랑 스의 정치가, 온건 부르주아 공화주의자 ; 내무 장관(1880/1881, 1889-1892). 367 368

꿀랑제 Coulanges 퓌스뗄 드 꿀랑제, 뉘마 드니를 보라.

뀌비에 남작, 조르주-레오뿔드-끄레띠엥-다고베르 Georges-Léopold-Chrétien-Frédé -ric-Dagobert Cuvier (1769-1832) 프랑스의 동물학자 및 고생물학자 ; 비 교 해부학을 과학으로 끌어올렸다. 41

끌레망소, 조르주 벵자멩 Georges-Benjamin Clemenceau (1841-1929) 프랑스의 언론인, 정치가 ; 급진파의 의회 그룹의 지도자 ; 『정의』의 창립자이자 편집장, 수상(1906-1909, 1917-1920), 유럽 내에서의 프랑스의 제국주의적 우위의 완고한 옹호자. 368

ㄴ

나데지데, 이온(죠안) Ion(Joan) Nǎdejde (1859-1928) 루마니아의 언론인, 사회 민 주주의자 ; 엥겔스의 저작을 루마니아 어로 번역했다 ; 1890 년대에는 기회주 의자, 1899년에 국민 자유당에 입당하였으며 노동자 운동을 반대했다. 19 478-480

나뽈레옹 1세, 보나빠르뜨 Bonaparte Napoleon Ⅰ. (1769-1821) 프랑스의 황제 (1804-1814, 1815). 99 264 329 333 367 402 496 548 564

나뽈레옹 3세, 루이 보나빠르뜨 Louis Bonaparte Napoleon Ⅲ. (1808-1873) 나뽈 레옹 1세의 조카, 제2공화국의 대통령(1848-1852), 프랑스의 황제(1852- 1870). 323 326 327 384 428 434 435 436 449 467

나사우 대공 Nassau 아돌프를 보라.

네아르코스 Nearchos (기원전 약 360-312) 마케도니아의 함대 사령관, 인도에서 부터 메소포타미아까지의 마케도니아 함대의 원정기를 썼다. 71

노트융, 페터 Peter Nothjung (약 1821-1866) 독일의 재단사 ; 공산주의자 동맹 쾰 른 지부의 회원, 쾰른 노동자 협회의 위원회 위원 ; 쾰른 공산주의자 재판 (1852년)에서 6 년 금고형을 선고받았다. 233 234

니꼴라이 1세 Николай Ⅰ. (1796-1855) 러시아의 짜르(1825-1855). 370

니꼴라이 2세 Николай Ⅱ. (1868-1918) 러시아의 짜르(1894-1917). 443

니부르, 바르톨트 게오르크 Barthold Georg Niebuhr (1776-1831) 독일의 역사가 고대 연구가, 고대사에 관한 저서가 있다. 114 116 142 187

ㄷ

다니엘스, 롤란트 Roland Daniels (1819-1855) 쾰른의 의사 ; 공산주의자 동맹 쾰 른 지부 회원, 1850년 이후 공산주의자 동맹의 쾰른 중앙 위원회 위원, 쾰른 공산주의자 재판(1852년)의 피고로서 배심 재판에서 무죄 판결을 받았다 ; 변증법적 유물론을 자연 과학의 영역에 적용시키려 했던 최초의 사람이었다 ; 맑스와 엥겔스의 친구. 233

다르브와, 조르주 Georges Darboy (1813-1871) 빠리의 대주교 ; 1871년 5월에 꼬

뮌에 의해 인질로 사살되었다. 330

다모클레스 Damocles (기원전 405-367) 시리쿠스 왕, 디오니사우스의 신하. 324

다윈, 찰스 로버트 Charles Robert Darwin (1809-1882) 영국의 자연 탐구자, 식물 종과 동물 종의 발생 학설과 진화 학설의 창시자. 28 260 276

데까르뜨(까르떼시우스), 르네 René Descartes(Cartesius) (1596-1650) 프랑스의 이 원론 철학자, 수학자, 물리학자. 256 258 499

데모스테네스 Demosthenes (기원전 384-322) 고대 그리스의 유명한 웅변가, 아테 네의 정치가. 113

데포우, 다니엘 Daniel Defoe (약 1660-1731) 영국의 저술가, 언론인, 소설 『로빈 슨 크루소』의 저자. 455

뒤로 드 라 말르, 아돌프-쥘르-세자르-오귀스뜨 Adolphe-Jules-César-Auguste Du-reau de la Malle (1777-1857) 프랑스의 작가, 역사가. 145

뒤링, 오이겐 칼 Eugen Karl Dühring (1833-1921) 독일의 절충주의 철학자, 속류 경제학자, 소부르주아 사회주의의 대표자 ; 자신의 철학에서 관념론과 속류 유물론과 실증주의를 결합시켰다 ; 형이상학자 ; 베를린 대학의 사강사(1863-1877). 454 510

드뤼몽, 에두아르-아돌프 Édouard-Adolphe Drumont (1844-1917) 프랑스의 반동 적 언론인, 반유태인주의적 저서와 논문을 많이 썼다. 311

디드로, 드니 Denis Diderot (1713-1784) 프랑스의 철학자, 기계적 유물론의 대표 자, 무신론자 ; 프랑스의 혁명적 부르주아지의 이데올로그 ; 계몽주의자, 백과 전서파의 우두머리. 262

디오니시우스, 디 할리카르나수스 Dionysius di Halicarnassus (기원전 1 세기-기원 후 1 세기) 그리스의 역사가, 수사학자. 118

디오도루스, 시칠루스(디 시칠리아) Diodor(us) Siculus(di sicilia) (기원전 약 80-29) 그리스의 역사 저술가. 154 163

디오클레티안(디오클레티아누스), 가이우스 아우렐리우스 발레리우스 Gajus Aurelius Valerius Diocletian(Diocletianus) (약 245-313) 로마의 황제(284-305). 446

디쯔, 요한 하인리히 빌헬름 Johann Heinrich Wilhelm Dietz (1843-1922) 독일의 식자공, 출판업자, 사회 민주주의자 ; J. H. W. 디쯔 출판사, 후에는 슈투트가 르트의 사회 민주주의당 출판부의 창립자 ; 독일 제국 의회 의원(1881-1918). 말년에는 기회주의와 수정주의에 대하여 유화적인 태도를 취했다. 18 521 523

디츠겐, 요제프 Josef(Joseph) Dietzgen (1828-1888) 독일의 피혁공, 노동자 출신

ㄹ

노동자 선동가 ; 1848/49년 혁명에 참가했고, 그 이래로 맑스와 엥겔스를 알
게 되었다(1862년까지 서신 교환) ; 자유주의적 부르주아와의 조직상의 분리
를 위한 선진 노동자들의 노력에 1863년 5월 전독일 노동자 협회의 창설로
부응했지만, 노동자 계급에게 혁명적인 전망을 전해 주지는 못했다 ; '왕정-
프로이센 정부 사회주의'라는 이데올로기로 인해 비스마르크 및 융커-대부
르주아 프로이센 군사주의와 협정을 맺게 되었으며, 그럼으로써 프로이센
국가의 헤게모니 아래 '위로부터의' 독일 통일을 이룩하는 데에 가담하게
되었다. 194 313 314 359-361 437 476 521 522 529 530 531

라이트, 아더 Arthur Wright (1803-1875) 아메리카의 선교사, 1831년부터 1875년
까지 인디언의 세네카 부족 내에서 생활했고, 그들의 언어를 사전으로 편집
했다. 60

라이프, 빌헬름 요제프 Wilhelm Joseph Reiff (약 1824년 생) 공산주의자 동맹의
회원, 쾰른 노동자 협회의 회원 ; 1850년에 공산주의자 동맹으로부터 제명되
었다 ; 쾰른 공산주의자 재판(1852년)에서 5 년 요새 금고형을 선고받았다.
233 234

라파르그, 뽈 Paul Lafargue (1842-1911) 프랑스의 의사, 사회주의자 ; 맑스주의의
선전가, 맑스와 엥겔스의 제자이자 전우 ; 국제 노동자 협회 총평의회 평의
원, 에스빠냐 담당 통신 서기(1866-1868), 국제 노동자 협회 프랑스 지부
(1869/1870)의 공동 창립자, 에스빠냐 및 뽀르뚜갈 지부(1871/1872)의 공동
창립자 ; 헤이그 대회(1872년) 대의원 ; 프랑스 노동자당의 공동 창립자, 프랑
스 노동자당과 제2인터내셔널의 거의 모든 대회의 대의원 ; 1868년에 맑스의
딸 라우라와 결혼했다. 421 547-551 566 570 587

라파예뜨(라 파예뜨) 후작, 마리-조제프-뽈-로끄-입스-질베르 모띠르 Marie-Joseph-
paul-Roch-Yves-Gilbert Motier Lafayette(La Fayette) (1757-1834) 프랑
스의 정치가 및 장군, 프랑스 대혁명과 1830년 부르주아 7월 혁명 당시 대부
르주아지의 지도자. 7

랑에, 크리스티안 콘라트 루트비히 Christian Konrad Ludwig Lange (1825-1885)
독일의 철학자, 고대 로마의 역사에 관한 저서가 있다. 141

래덤, 로버트 고든 Robert Gordon Latham (1812-1888) 영국의 철학자 및 인종학
자, 런던 대학의 교수. 24

러복 경, 존 (1899년 이후) 애버리 경 John Lubbock (1834-1913) 영국의 생물학
자, 다윈 추종자, 인종학자 및 고고학자, 재정 전문가, 정치가, 자유주의자 ;
원시 사회사에 대한 저서가 있다. 26 27

레스너, 프리드리히 Friedrich Leßner (1825-1910) 독일의 재단사 ; 맑스와 엥겔스의 친구이자 전우 ; 의인 동맹의 회원, 공산주의자 동맹의 회원, 1848/49년 혁명 참가자, 쾰른 공산주의자 재판(1852년)에서 3 년 금고형을 선고받았다 ; 1856년 이래로 런던 망명자, 런던 공산주의 노동자 교육 협회의 회원 ; 국제 노동자 협회 총평의회 평의원(1864-1872), 런던 회의(1865년과 1871년) 및 1867-1872년의 모든 대회의 대의원이며, 맑스와 엥겔스의 정책을 관철시키기 위해 적극적으로 투쟁했다 ; 영국 연합 평의회 평의원, 독립 노동자당 (1893년)의 공동 창립자. 225 234

렉시스, 빌헬름 Wilhelm Lexis (1837-1914) 독일의 경제학자 및 통계학자, 대학 교수. 583

로드베르투스(-야게츠브) 요한 칼 Johann Karl Rodbertus(-Jagetzow) (1805-1875) 프로이센의 대지주, 경제학자 ; 프로이센 융커의 '국가 사회주의'의 이론가. 199 200 201 202 204-213 453-455

로리아, 아낄레 Achille Loria (약 1857-약 1943) 이딸리아의 사회학자 및 경제학자, 맑스주의의 왜곡자. 587

로물루스 Romulus 로마의 전설적인 창건자이자 초대 로마 왕. 137 143

로베스삐에르, 막시밀리앙-마리-이지도르 드 Maximilien-Marie-Isidore de Robespierre (1758-1794) 프랑스 대혁명 당시 자꼬뱅의 지도자, 혁명 운동의 수뇌 (1793/1794). 265

로젠베르크, 빌헬름 루트비히(가명 폰 데어 마르크) Wilhelm Ludwig Rosenberg(von der Mark) (1850년 생) 아메리카의 독일계 저널리스트, 사회주의자 ; 1880년대에 북 아메리카의 사회주의 노동자당 집행 위원회의 서기, 당내 라쌀레파의 지도자, 1889년에 당으로부터 제명되었다. 491

로크, 존 John Locke (1632-1704) 영국의 철학자, 감각주의자 ; 경제학자. 516

로트쉴트 Rothschild 국제적인 은행. 311 312 378

로흐너, 게오르크 Georg Lochner (약 1824년 생) 독일의 가구 제조공 ; 맑스와 엥겔스의 친구이자 전우 ; 1848/49년 혁명 참가자, 공산주의자 동맹의 회원, 런던 노동자 교육 협회의 회원, 국제 노동자 협회 중앙 평의회 평의원(1864-1867, 1871/1872). 225

롱고스 Longos (2-3 세기) 그리스의 시인. 88

뢰슬러, 콘스탄틴 Konstantin Roßler (1820-1896) 독일의 공사관 참사관, 비스마르크 정책의 지지자. 445

뢰저, 페터 게르하르트 Peter Gerhard Röser (1814-1865) 쾰른의 담배 제조공 ; 쾰

ㅁ

들의 조합의 공동 조직자 ; 1884년 이래로 에드워드 에이블링의 반려자. 290

맥레넌, 존 퍼거슨 John Ferguson McLennan(M'Lennan) (1827-1881) 스코틀랜드
의 법합자, 역사가, 혼인과 가족의 역사에 관한 저서가 있다. 22-30 40 59 73
99 147

맥밀란 경, 프레드릭 오리쥐 Frederick Orridge Macmillan (1851-1936) 영국의 출
판업자, 맥밀란 출판사의 공동 소유자. 15

메링, 프란쯔 Franz Mehring (1846-1919) 독일의 역사가, 언론인 ; 1880 년대에
맑스주의 운동에 참가했다 ;『신시대』의 기고자 ; 독일 사회 민주주의당 내 좌
파의 이론가이자 지도자였으며, 혁명적 계급 정책을 혐오하고 군주주의와
제국주의 전쟁에 반대하는 투쟁을 선전했다. 538-541 552-557

메스뜨르 백작, 조제프-마리 Joseph-Marie Maistre (1753-1821) 프랑스의 저술가,
군주주의자, 귀족적-교권적 반동의 이데올로그, 프랑스 대혁명의 불구대천
의 적. 539

메인 경, 헨리 제임스 섬너 Henry James Sumner Maine (1822-1888) 영국의 법학
자, 법제사가. 91

멘케, 하인리히 테오도르 폰 Heinrich Theodor von Menke (1819-1892) 독일의
지리학자. 303

멘텔, 크리스티안 프리드리히 Christian Friedrich Mentel (1812년 출생) 독일의 재
단사, 의인 동맹의 회원. 219

모건, 루이스 헨리 Lewis Henry Morgan (1818-1881) 아메리카의 인종학자, 고고
학자, 원시 사회 역사가, 자연 발생적 유물론의 대표자. 11 15-18 24 26-32
34 37 38 39 41-43 48-50 54 58 77 95-98 101 108 115 116 119 123 132
141-142 151 157 175 196 451 452 564

모건 Morgan 아메리카의 장군 ; 루이스 헨리 모건의 형. 30

모리스, 윌리엄 William Morris (1834-1896) 영국의 시인, 저술가, 공예가, 사회주
의자 ; 사회 민주주의 연합의 회원, 사회주의자 동맹의 지도적 대표자(1884년
이후), 1889년 이후 다시 사회 민주주의 연합의 회원 ; 국제 사회주의 노동자
대회의 대의원. 489

모스쿠스 Moschus (기원전 2 세기) 그리스의 시인. 88

몰, 요제프 Joseph Moll (1813-1849) 쾰른 출신의 시계 제조공, 의인 동맹의 지도
자, 공산주의자 동맹 중앙 위원회의 위원 ; 1848년에 짧은 기간 동안 런던으
로 망명하였으며, 이후 외국 이름으로 독일의 여러 지역에서 선동 활동을 하
였다 ; 바덴-팔쯔 봉기(1849년) 참가자로서 무르크 전투에서 전사했다. 217

ㅂ

어서의 이른바 사회 법학파의 대표자, 지도적 강단 사회주의자. 205

바꾸닌, 미하일 알렉산드로비치 Михаил Александрович Бакунин (1814-1876) 러시아의 언론인, 혁명가 ; 1848/49년 독일 혁명 참가자 ; 이후 무정부주의의 주요 대표자 ; 분열 활동으로 인해 헤이그 대회(1872년)에서 국제 노동자 협회로부터 제명되었다. 250 272 486

바로, 까미유-야생뜨-오딜롱 Camille-Hyacinthe-Odilon Barrot (1791-1873) 프랑스의 정치가 ; 수상(1848년 12월-1849년 10월) ; 반혁명적 왕조파 블록에 의지하였다. 444

바루스, 푸불리우스 크인크틸리우스 Publius Quinctilius Varus (기원전 약 53-기원후 9) 로마의 정치가, 장군, 게르마니아 지방 최고 사령관(기원후 7-9) ; 게르마니아 부족들의 봉기 당시에 토이토부르크 숲에서 자결했다. 136

바르, 헤르만 Hermann Bahr (1863-1934) 오스트리아의 예술 및 문학 평론가, 저술가, 연극 평론가. 495 498

바르베, 아르망 Armand Barbès (1809-1870) 프랑스의 소부르주아 민주주의자 ; 7월 왕정 당시 비밀 결사 계절단의 지도자 ; 헌법 제정 국민 의회의 대의원 (1848) ; 1848년 5월 15일의 시위에 가담했다는 죄목으로 종신형을 선고받았고, 1854년에 특사로 나왔다 ; 그 후 망명하여 정치 활동에서 은퇴했다. 216

바르트, 에른스트 에밀 파울 Ernst Emil Paul Barth (1858-1922) 독일의 부르주아 철학자, 사회학자, 교육학자, 대학 교수. 499 501 517 553 555

바뵈프, 프랑스와-노엘(그락쿠스) François-Noël BaBeuf(Gracchus) (1760-1797) 프랑스의 혁명가, 유토피아 공산주의자, 1796년 "평등자의 음모"의 조직가이며, 1797년에 사형당했다. 216

바우어, 브루노 Bruno Bauer (1809-1882) 독일의 철학자, 종교사가, 언론인 ; 청년 헤겔주의자 ; 관념론적 입장에서 성서와 정통적 신神 개념을 비판하였다 ; 1866년 이후 국민 자유당원. 250 251 272

바우어, 하인리히 Heinrich Bauer 독일의 제화공, 독일 노동자 운동의 영광스러운 투사, 의인 동맹의 지도자 ; 공산주의자 동맹 중앙 위원회 위원, 1851년에 오스트레일리아로 이주하였다. 216-218 228 231 233

바이양, 에두아르 Édouard Vaillant (1840-1915) 프랑스의 의사, 블랑끼주의자 ; 국제 노동자 협회 총평의회 평의원(1871/1872), 로잔느 대회(1867년) 대의원, 런던 회의(1871년) 대의원, 헤이그 대회(1872년) 대의원 ; 빠리 꼬뮌 의원 ; 헤이그 대회 이후 국제 노동자 협회에서 탈퇴했다 ; 국제 사회주의 노동자 대회(1889년)의 부의장 ; 프랑스 사회주의당(1901년)의 공동 창립자 ; 제1차 세

자. 216

베다 베네라빌리스 (존경받을 만한) Beda Venerabilis (of holy) (약 673-735) 앵글
로색슨의 학자, 수도사, 역사가. 151

베렌츠, 율리우스 Julius Berends (1817년 생) 베를린의 인쇄소 주인, 소부르주아
민주주의자 ; 1848년에 프로이센 국민 의회 의원(좌익). 6

베르무트 Wermuth 하노버의 경찰청장, 쾰른 공산주의자 재판(1852년)의 검사 측
증인. 215 226

베르텔로, 삐에르-으젠느-마르슬랭 Pierre-Eugene-Marcelin Berthelot (1827-1907)
프랑스의 화학자, 부르주아 정치가 ; 유기 화학, 열 화학, 농업 화학 분야에
종사했다. 265

베른슈타인, 에두아르트 Eduard Bernstein (1850-1932) 독일의 편집자 및 언론인,
1872년 이후 사회 민주주의 노동자당의 당원 ; 1880년 12월 이후 맑스와 엥
겔스를 알게 되어, 그들의 영향 아래에서 맑스주의의 신봉자가 되었다 ;『사
회 민주주의자』의 편집자(1881-1890) ; 1896년 이후 수정주의 이론의 창시자
; 독일 사회 민주주의당과 제2인터내셔널의 지도적 기회주의자. 313 449-450
518 589

베벨, 아우구스트 August Bebel (1840-1913) 독일의 선반공, 독일 노동자 운동 및
국제 노동자 운동의 탁월한 지도자, 맑스와 엥겔스의 친구이자 제자 ; 1863년
독일 노동자 협회의 공동 창립자, 1867년 이래로는 의장 ; 1866년 이래로 국
제 노동자 협회의 회원, 사회 민주주의 노동자당(1869년)의 공동 창립자 ; 북
독일 제국 의회 의원(1867-1870), 독일 제국 의회 의원(1871-1881, 1883-
1913) ; 독일-프랑스 전쟁 당시 프로이센의 병합 계획에 맞서고 빠리 꼬뮌을
방어하는 데 적극적으로 활동했다 ; 혁명적 민주주의의 길에 입각한 독일 통
일을 위해 프로이센의 군사주의에 맞선 단호한 적으로서 온 힘을 기울였다 ;
"가장 유능한 유럽의 의원, 가장 재능 있는 조직가이자 전술가, 개량주의와
기회주의에 적대적으로 맞선 국제 사회 민주주의의 가장 영향력 있는 지도
자"(레닌)였다. 360 361 437 456 459-469 475-477 486 519 521 527-535 538
542-546 558-560 571-573

베스테르마르크, 에드바르트 알렉산더 Edvard Alexander Westermark (1862-1939)
핀란드의 민족학자, 사회학자. 44 45 47 61

베커, 빌헬름 아돌프 Wilhelm Adolf Becker (1796-1846) 독일의 역사가, 라이프찌
히 대학의 교수, 고대사에 대한 여러 저작들의 저자. 114

베커, 아우구스트 August Becker (1814-1871) 독일의 언론인, 스위스 의인 동맹의

회원, 바이틀링의 추종자 ; 1848/49년 독일 혁명 참가자, 1850 년대 초에 아메리카 합중국으로 이주하여, 그곳에서 민주주의적 신문들에 협력하였다. 218

베커, 헤르만 하인리히 Hermann Heinrich Becker (1820-1885)　독일의 지방 법원 사법관 시보, 언론인, 민주주의자 ;『서독일 신문』의 편집자(1849/1850), 1850 년 이후 공산주의자 동맹의 회원, 쾰른 공산주의자 재판(1852년)의 주요 피고 ; 진보당원으로서 1862년 이래로 프로이센의 하원 의원 ; 1872년에 상원 의원 ; 1867-1874년에 북독일 제국 의회 의원, 이후 독일 제국 의회 의원 ; 도르트문트 시장(1870), 쾰른 시장(1875-1885). 233

베크, 알렉산더 Alexander Beck　마그데부르크의 재단사의 우두머리, 의인 동맹의 회원, 1846년 말에 체포되었다 ; 쾰른 공산주의자 재판(1852년)의 증인. 219

벨, 삐에르 Pierre Bayle (1647-1706)　프랑스의 회의주의 철학자, 신학 및 사변 철학에 맞서 투쟁하였다 ; 프랑스 계몽주의 및 유물론 사상의 선구자. 287

벨레다 Veleda (1 세기)　게르마니아의 브룩테르 족의 무녀이자 예언자, 로마의 지배에 대항하여 키빌리스의 지휘하의 게르마니아 및 갈리아 부족들의 봉기(69/70 또는 71)에 참가했다. 156

보구슬라브스키, 알베르트 폰 Albert von Boguslawski (1834-1905)　프로이센의 장군, 반동적 군사 문제 저술가, 폴란드 봉기(1863/64년) 진압에 참가하였다 ; 1890 년대에는 국가주의적 신문들에 기고하였다. 443 445 576 577

보나빠르뜨 Bonaparte 나뽈레옹 3세를 보라.

보날 자작, 루이-가브리엘-앙브르와즈 Louis-Gabriel-Ambroise Bonald (1754-1840)　프랑스의 언론인 및 정치가, 군주주의자, 왕정 복고기에 귀족적-교권적 반동의 이데올로그. 539

보르기우스, 발터 Walther Borgius　브레슬라우 대학의 법학도(1893-1895). 562-565

보른, 슈테판 (본명 지몬 부테르밀히) Stephan Born (Simon Buttermilch) (1824-1898)　독일의 식자공, 편집자, 공산주의자 동맹의 회원, 1848/49년 혁명 참가자, 노동 조합의 조직자 및 지도자, 혁명 당시 경제주의적-기회주의적 노선을 추구하였다 ; 1850년에 공산주의자 동맹으로부터 제명되었고, 노동자 운동에서 은퇴하였다. 229 230

보른슈테트, 아달베르트 폰 Adalbert von Bornstedt (1808-1851)　일찌기 프로이센의 장교, 언론인, 소부르주아 민주주의자, 공산주의자 동맹의 회원, 1848년 3 월에 동맹으로부터 제명되었다 ; 독일 망명자의 의용군 부대를 조직한 독일 민주주의 협회의 지도자 ; 1848년 바덴 봉기에 참가하였다 ; 한때는 프로이센

정부의 비밀 요원. 228

보방 후작, 세바스띠앙 르 쁘레뜨르(쁘레스뜨르) Sébastien le Prêtre(Prestre) Vauban (1633-1707) 프랑스의 원수, 중요한 군사 기술자, 요새 구축과 포위 공격에 관한 일련의 저작이 있다. 372

보에니크, 오토 폰 Otto von Boenigk (1867-1930) 브레슬라우(1889-1892)와 하이델베르크(1892)의 국민 경제학도, 후에 할레와 잘레의 상공회의소의 법률 고문. 506-527

볼떼르, 드 (본명 프랑스와-마리 아루에) de Voltaire (François-Marie Arouet) (1694-1778) 프랑스의 이신론 철학자, 풍자적인 저술가, 역사가 ; 부르주아 계몽주의의 대표자. 262 287

볼프, 빌헬름 Wilhelm Wolff (1809-1864) 독일의 프롤레타리아 혁명가, 교사 및 언론인 ; 1846년 이래로 브뤼셀에 있었고, 거기서 맑스와 엥겔스의 최초의 전우였으며, 죽을 때까지 그들의 절친한 친구였다 ; 공산주의자 동맹의 공동 창립자, 1848년 3월 이후 공산주의자 동맹 중앙 위원회의 위원 ; 1848/1849년 『신 라인 신문』의 편집자, 프랑크푸르트 국민 의회의 대의원(급좌파), 1849년 7월에 스위스로 망명했고 1851년 중반에 영국으로 망명하였다. 9 10 226 228 229

볼프, 율리우스 Julius Wolf (1862-1937) 독일의 속류 경제학자. 584

볼프람 폰 에셴바하 Wolfram von Eschenbach (약 1170-1220) 중고지 독일어의 서사 시인. 81

뵈르네, 칼 루트비히 Karl Ludwig Börne (1786-1837) 독일의 언론인 및 비평가, 소부르주아 공화주의적 급진주의의 대표자. 313

뵈른슈타인, 아르놀트 베른하르트 칼 Arnold Bernhard Karl Börnstein (1808-1849) 독일의 소부르주아 민주주의자, 빠리에 거주하는 독일인 망명자 의용군 부대의 지도부에 속했다 ; 1848년 4월의 바덴 봉기에 참가하였다. 228

부게, 엘세우스 소푸스 Elseus Sophus Bugge (1833-1907) 노르웨이의 언어학자, 고대 스칸디나비아 문학과 신화에 대한 과학적 논문이 있다. 154

부르봉 왕조 Bourbonen 프랑스의 왕조 ; 프랑스를 통치하였고(1589-1792, 1814/1815, 1815-1830), 에스빠냐(1701-1931, 중간에 아닌 적도 있음)와 나폴리-시칠리아(1735-1860), 파르마(1748-1859)를 지배하였다. 280

부제르, 알프레드 Alfred Bougeart (1815-1882) 프랑스의 좌파 언론인, 프랑스 대혁명사에 관한 저작을 썼다. 7

부터밀히, 지몬 Simon Buttermilch 보른, 슈테판을 보라.

불랑제, 조르주 에르네스트 장 마리 Boulanger, Georges Ernest Jean Marie (1837-
1891) 프랑스의 장군, 국방 장관(1886-1889) ; 독일에 대한 적대 감정을 부
추겨 국민적 영웅이 되었다. 569

뷔르거스, 하인리히 Heinrich Bürgers (1820-1878) 독일의 급진적 언론인 ; 1844/45
년에 빠리에서 맑스를 알게 되었다 ; 공산주의자 동맹 쾰른 지부 회원, 『신
라인 신문』의 편집부원(1848/1849), 1850년에는 공산주의자 동맹 쾰른 중앙
위원회 위원, 쾰른 공산주의자 재판(1852년)의 주요 피고의 한사람으로 6
년의 금고형에 처해졌다 ; 1860 년대에 부르주아지 편이 되었으며, 급진당의
대표자로서 독일 제국 의회 의원(1877/1878). 4 233

뷔흐너, 게오르크 Georg Büchner (1813-1837) 독일의 작가, 혁명적 민주주의자 ;
1834년에 『헤센의 파발군』을 통해서 헤센 농민들에게 봉기를 호소하였다.
217

뷔흐너, 루트비히 Ludwig Büchner (1824-1899) 독일의 생리학자, 자연 과학자,
철학자 ; 1848/49년 혁명 참가자이며, 소부르주아 민주주의의 극좌익에 속했
다 ; 국제 노동자 협회의 회원, 로잔느 대회(1867년)의 대의원 ; 독자적인 노
동자 운동을 거부했다 ; 기계적 유물론의 대표자. 257

브라운, 하인리히 Heinrich Braun (1854-1927) 오스트리아의 저널리스트, 사회 민
주주의자, 수정주의자 ; 『신시대』의 공동 창간자, 『사회 입법과 통계학을 위
한 잡지』, 『사회 정치 중앙 신문』 및 기타 잡지들의 발행인 ; 독일 제국 의회
의원. 579

브라이트, 존 John Bright (1811-1889) 영국의 공장주, 급진적-자유주의적 부르주
아지의 지도자 ; 자유 무역의 신봉자 ; 자유주의적 내각의 장관을 수차례 역임
하였다. 348 382

브레이, 존 프란시스 John Francis Bray (1809-1895) 영국의 경제학자, 유토피아
사회주의자, 로버트 오언 추종자. 200 207

브렌타노, 루요(루트비히 요셉) Lujo Brentano(Ludwig Joseph) (1844-1931) 독일
의 경제학자 ; 지도적 강단 사회주의자. 385

브로드허스트, 헨리 Henry Broadhurst (1840-1911) 영국의 목수, 정치가 ; 구식 노
동 조합에서 지배적인 자유주의파의 지도자, 노동 조합 회의의 의회 위원회
서기(1875-1890), 국회 의원(자유당), 1886년에 글래드스턴 내각의 내무 차
관. 390

브루스, 뽈-루이-마리 Paul-Louis-Marie Brousse (1844-1912) 프랑스의 의사 및
정치가, 소부르주아 사회주의자 ; 빠리 꼬뮌 참가자이며, 에스빠냐로 망명했

ㅅ

○

기고자. 481

아피아(노스) 디 알렉산드리아 Appian(os) di Alexandria (1 세기 말-약 170) 로마의 역사 서술가. 284

아피우스 클라우디우스 Appius Claudius (기원전 약 448년에 사망) 로마의 정치가, 집정관(471, 451), 451-449년에 『십이표 법』 작성에 참여한 10인 위원회의 구성원 ; 독재관이 되려고 하였다. 137

알렉산더 대왕 Alexander der Große (기원전 356-323) 마케도니아의 왕(기원전 336-323), 군 사령관, 정치가. 71

알렉산드르 3세 Александр Ⅲ. (1845-1894) 러시아의 짜르(1881-1894). 367-369 471 549

알베르 (본명 알렉상드르 마르땡) Albert(Alexandre Martin) (1815-1895) 프랑스의 노동자, 사회주의자 ; 칠월 왕정기 당시 블랑끼주의 비밀 조직의 지도자 (1830-48), 임시 정부의 각료(1848). 536

알브레히트, 칼 Karl Albrecht (1788-1844) 독일의 상인 ; 반정부적 대학생 학우회 운동에 참여하여 6 년 구금형에 처해졌다 ; 1841년에 스위스로 이주하여 종교적, 신비적인 자세로 바이틀링의 유토피아적 공산주의에 가까운 사상을 주장했다. 224

알브레히트 1세 Albrecht Ⅰ. (약 1250-1308) 오스트리아 공작, 1298년 이래 독일 황제. 308

알브레히트 황제 Kaiser Albrecht 알브레히트 1세를 보라.

애쉴로스(애쉴루스, 아이스킬로스) Äschylos(Äschylus, Aischylos) (기원전 525-456) 그리스의 극작가, 고전 비극의 작가. 20-22 74 118

야로슬라브 현공賢公 Ярослов (978-1054) 끼에프의 대공(1019-1054). 70

야코비, 아브라함 Abraham Jacobi (1830-1919) 독일의 의사, 공산주의자 동맹의 회원, 쾰른 공산주의자 재판(1852년)의 피고 ; 1853년에 영국으로 망명했다가 이후 아메리카 합중국으로 망명했다 ; 1850 년대 중반에 노동자 운동을 그만두었다 ; 아메리카 내전(1861년-1865년)에서 북부 주 편에 가담했다 ; 뉴욕 의학 아카데미(1885-1889) 및 여러 의학 학교의 교장. 233 234

에드몬즈, 토마스 로우 Thomas Rowe Edmonds (1803-1889) 영국의 경제학자, 유토피아 사회주의자. 200

에르하르트, 요한 루트비히 알베르트 Johann Ludwig Albert E(h)rhard (약 1820년생) 쾰른의 상점원, 공산주의자 동맹의 회원, 쾰른 공산주의자 재판(1852년)의 피고, 배심 재판에서 무죄 판결을 받았다. 234

578 582 591

오도바카르(오도아케르) Odovacar(Odoacer) (약 434-493) 서로마 황제에 의해 임명된 게르만 군의 지휘자 ; 476년에 로물루스 아우구스투스 황제를 전복하여 이딸리아 지역의 최초의 '이민족' 왕국의 왕이 되었다. 162

오언, 로버트 Robert Owen (1771-1858) 영국의 가장 위대한 유토피아 사회주의자. 482

오코너, 피어거스 에드워드 Feargus Edward O'Connor (1794-1855) 차티스트 운동에서 좌익의 지도자 ;『북극성』의 창간자이자 편집자 ; 1848년 이후 개량주의자. 490

오토, 칼 부니발트 Karl Wunibald Otto (1808년 출생) 독일의 화학자, 1848/1849년에 쾰른 노동자 협회의 회원 및 공산주의자 동맹의 회원 ; 쾰른 공산주의자 재판(1852년)에서 5 년 요새 금고형을 선고 받았다. 233 234

오펜하임, 막스 Max Oppenheim 프라하 및 드레스덴의 상인, 1874년 이래로 맑스와 친교를 맺었다. 524-526

왓슨, 존 포브스 John Forbes Watson (1827-1892) 영국의 의사 및 정치가 ; 오랜 기간 동안 인도에서 활동했다. 52

울필라스(울필리아) Ufilas(Wulfila) (약 311-383) 서고트의 교회 정치가, 주교 ; 고트 어의 알파벳을 만들고, 성경을 고트 어로 번역했다. 143

웨스트민스터 공작 Westminster 그로스베너, 휴 루퍼스를 보라.

웰링턴 공작, 아더 웨리슬리 Arthur Wellesley Wellington (1769-1852) 영국의 최고 지휘관 및 정치가, 토리 당원 ; 1808-1814년과 1815년에 나뽈레옹 1세에 맞선 전쟁에서 영국 군대를 지휘했다 ; 군대의 최고 사령관(1827/1828, 1842-1852), 수상(1828-1830), 외무 장관(1834/1835). 308

윌슨, 존 하벨록 John Havelock Wilson (1858-1929) 영국의 노동 조합주의자, 선원 및 석탄 운반 인부 조합의 조직자 및 서기(1887년 이후) ; 1892년 이래로 여러 차례 국회 의원, 부르주아지에 협력하였고, 제1차 세계 대전 당시 사회 국수주의자. 390

율리우스 Julius 로마의 명문가. 152

융, 헤르만 Hermann Jung (1830-1901) 스위스의 시계 제조공, 1848/1849년 혁명 참가자이며, 런던으로 망명했다 ; 국제 노동자 협회 총평의회 평의원, 스위스 담당 통신 서기(1864-1872), 총평의회의 회계(1871/1872) ; 주네브 대회(1866년) 부의장, 브뤼셀 대회(1868년) 부의장, 바젤 대회(1869년) 부의장, 런던 회의(1871년) 부의장 ; 영국 연합 평의회 평의원 ; 헤이그 대회 때까지는 총평

ᅕ

ㅊ

ㅋ

카니츠 백작, 한스 빌헬름 알렉산더 Hans Wilhelm Alexander Kanitz (1841-1913) 독일의 정치가, 보수당의 지도자, 북독일 제국 의회 의원(1869/1870), 프로이센 하원 의원(1885-1890), 독일 제국 의회 의원(1889년 이후), 대지주의 이해를 대변했다. 411

카우츠키, 칼 Karl Kautsky (1854-1938) 독일의 저술가 및 편집자 ; 1883-1917년 『신시대』의 편집자 ; 90 년대에 독일 사회 민주주의 노동자당과 제2인터내셔널의 이론가이며, 초기에는 맑스주의의 보급에 크게 기여하다가 후에는 중앙주의의 대변자가 되었다 ; 제1차 세계 대전 당시 맑스주의를 배반하고 혁명적 노동자 운동의 적이 되었다. 451-458 520-523 527 535-536 538 543 589

카톨릭 왕 페르디난드 5세 Ferdinand der Katholische V. (1452-1516) 카스띠야의 왕(1474-1504) 및 섭정(1507-1516), 페르디난드 2세라는 이름으로 아라곤의 왕(1479-1516)이었다. 63

카프리비 백작, 레오 Leo Caprivi (1831-1899) 프로이센의 정치가, 장군, 제국 제상(1890-1894). 351 367 544

칸트, 임마누엘 Immanuel Kant (1724-1804) 독일 고전 철학의 창시자. 245 255 256 258 261 270 517 553 584

컴벌랜드 공작, 에른스트 오거스트 Ernst August Cumberland (1845-1923) 하노버 왕 조지 5세의 아들. 461

케사르(가이우스 율리우스 케사르) Cäsar(Gajus Julius Caesar) (기원전 약 100-44) 로마의 장군 및 정치가. 27 37 51 52 103 149 152 157-159 161 163 564

케이 경, 존 윌리엄 John William Kaye (1814-1876) 영국의 전쟁사가 및 식민지 주둔 관리. 52

켈리-비슈네비츠키, 플로렌스 Florence Kelley-Wischnewetzky (1859-1932) 아메리카의 여성 사회주의자, 후에 개량주의자 ; 엥겔스의 『잉글랜드 노동 계급의 처지』를 영어로 번역했다. 290 375

코슈트, 라요쉬 (루트비히) Lajos (Ludwig) Kossuth (1802-1894) 헝가리의 법률가, 정치가 ; 민족 해방 운동의 지도자, 1848/49년 혁명에서 부르주아-민주주의 세력의 선두에 섰고 헝가리 혁명 정부의 수반이었다 ; 혁명이 패배한 후 망명하여 합스부르크 전제주의에 대항하는 다뉴브 민족의 단결을 위해 활동

했다. 232

코프, 헤르만 프란쯔 모리츠 Hermann Franz Moritz Kopp (1817-1892) 독일의 화학자, 화학의 역사에 관한 많은 저서가 있다. 265

콘스탄티누스 1세(대제)(플라비우스 발레리우스 콘스탄티누스) Constantinus Ⅰ. (der Große)(Flavius Valerius Constantinus) (약 274-337) 러시아의 황제(306-337). 446

콥든, 리차드 Richard Cobden (1804-1865) 맨체스터의 공장주, 자유주의자 ; 자유 무역의 신봉자 ; 국회 의원. 348

쾰러, 에른스트 마티아스 폰 Ernst Matthias von Köller (1841-1928) 프로이센의 정치가, 독일 보수당원, 독일 제국 의회 의원(1881-1888) ; 프로이센의 내무부 장관(1894/1895), 사회 민주주의 운동을 박해했다. 446

쿠노브, 하인리히 빌헬름 칼 Heinrich Wilhelm Karl Cunow (1862-1936) 독일의 역사가, 사회학자, 인종학자, 사회 민주주의자 ; 1880 년대와 1890 년대에는 맑스주의자의 편에 섰다 ; 후에 수정주의자, 제1차 세계 대전 당시에는 사회 국수주의자. 71

쿨만, 게오르크 Georg Kuhlmann (1812년 출생) 스위스에서 종교적인 공문구를 써서 '진정한' 사회주의를 설교한 협잡꾼 ; 오스트리아 정부의 헌신적인 선동가. 224

크롬웰, 올리버 Oliver Cromwell (1599-1658) 영국의 정치가 ; 17 세기 부르주아 혁명 당시 부르주아지와 부르주아화한 귀족의 지도자 ; 잉글랜드, 스코틀랜드, 아일랜드의 호민관(1653-1658). 564

크룹, 프리드리히 알프레드 Friedrich Alfred Krupp (1854-1902) 독일의 대산업가. 423

크리게, 헤르만 Hermann Kriege (1820-1850) 독일의 저널리스트, 브뤼셀의 공산주의 통신 위원회 위원, 의인 동맹의 회원 ; 1845년에 아메리카 합중국으로 가서 '진정한' 사회주의를 선전했으며, 1848년 귀국 후 독일 민주주의당의 중앙 위원회 위원이 되었다 ; 혁명 후 다시 아메리카 합중국으로 돌아갔다. 223 224

크인틸리아 크인틸리우스를 보라.

크인틸리우스 Quintilius 로마의 명문가. 136

클라우디우스 Claudius 로마의 명문가. 136 137

클라인, 요한 야콥 Johann Jacob Klein (약 1818년 생) 쾰른의 의사, 공산주의자 동맹의 회원, 쾰른 공산주의자 재판(1852년)의 피고, 배심 재판에서 무죄 판

<h1 style="text-align:center">ㅎ</h1>

혁명적 자유시의 지도적 대표자 ; 1842년 이래로 맑스와 사귀었다 ; 1848년 2
월 혁명 이후 빠리의 독일 민주주의 협회의 지도적 회원 ; 스위스에서 오랜
기간 망명 생활을 했다 ; 1860 년대에는 독일 노동자 운동의 전사, 국제 노동
자 협회의 회원. 228

헤센의 선제후 Kurfürst von Hessen 프리드리히 빌헬름 1세를 보라.

호머 Homer 고대 그리스의 전설적인 서사 시인, 서사시 『일리아드』와 『오딧세
이』가 그의 작품으로 알려져 있다. 37 73 74 117 118 120

호엔쫄레른 Hohenzollern 브란덴부르크 선제후들의 왕조(1415-1701), 프로이센
왕들의 왕조(1701-1918), 독일 황제들의 왕조(1871-1918). 8

호위트, 알프레드 윌리엄 Alfred William Howitt (1830-1908) 영국의 인종학자 및
오스트레일리아 연구자, 오스트레일리아 식민지 주둔 관리(1862-1901). 56

호이즐러, 안드레아스 Andreas Heusler (1834-1921) 스위스의 법률가, 바젤의 대
학 교수, 스위스 법과 독일 법에 관한 노작들의 저자. 70

홉스, 토머스 Thomas Hobbes (1588-1679) 영국의 철학자, 기계적 유물론의 대표
자 ; 사회 정치적 견해에서 반민주주의적 경향을 보였다. 256 516

홉킨스, 토머스 Thomas Hopkins (19 세기 초) 영국의 경제학자. 200

회히베르크, 칼 (가명 루트비히 리히터 박사) Karl Höchberg (1853-1885) 독일의
저술가 및 출판인, 사회 개량주의자 ; 1876년 이래로 독일 사회주의 노동자당
의 당원 ; 『미래』의 발행인(1877/1878), 『사회 과학과 사회 정치학 연보』의
발행인(1879-1881). 503

후쉬케, 게오르크 필립 에두아르트 Georg Philipp Eduard Huschke (1801-1886)
독일의 법률가, 로마법에 관한 노작들의 저자. 141

흄, 데이비드 David Hume (1711-1776) 영국의 철학자 및 역사가, 주관적 관념론
자, 불가지론자. 255 256

문학 작품과 신화에 나오는 인명 찾아보기

이 책은 각각의 글 뒤에 밝힌 것처럼
최인호, 김태호, 박기순, 이수흔, 정선희, 양정필이 번역,
김태호, 이수흔이 공동 교열하였다.
편집에는 김미정, 김태호, 양정필, 이수흔이 참여하였다.

칼 맑스/프리드리히 엥겔스 저작 선집 제6권

발행처	박종철출판사
주소	(10497) 경기도 고양시 덕양구 화중로104번길 28 704호(화정동)
전화	031-968-7635(편집), 969-7635(영업), 964-7635(팩스)
신고번호	제 2013-000045호 (구: 제12-406호)
신고연월일	1990년 7월 12일
초판 1쇄 발행일	1997년 02월 10일
초판 9쇄 발행일	2018년 11월 30일

값 35,000원

ISBN   978-89-85022-08-8   04300
       978-89-85022-01-9   (전6권)